中國科學基金年鑒

卢嘉锡题

1990年

中国管理科学学会科学基金专业委员会编

科学出版社
1991

(京)新登字 092 号

内 容 简 介

本书是《中国科学基金年鉴》的开创本，汇编了 1989 年底以前全国有关科学基金的创立、发展概况，记录了科学基金事业的成就及其沿着具有中国特色科学基金制前进的足迹，为科学基金制理论、方法研究和管理经验交流提供依据。内容包括文献与专论、工作概况与进展、基金会章程及工作条例、资助项目获奖成果、大事记、基金会名录、附录七部分。可供科学基金工作者、科研管理干部、研究人员，以及大专院校教师、研究生参考。

中国科学基金年鉴
中国管理科学学会科学基金专业委员会　编
责任编辑　马素卿　梁淑文
科学出版社 出版
北京东黄城根北街 16 号
邮政编码：100707
冶金印刷总厂印刷
*
新华书店北京发行所发行　各地新华书店经售
1991 年 12 月第　一　版　开本：787×1092　1/16
1991 年 12 月第一次印刷　印张：32
印数：3 400　字数：990 000
ISBN7-03-002866-X/Z・173
定价：39.00 元

团结全国科学基金
工作者，為发展有中
国特色的科学基金
制而共同奋斗。

宋健

一九九一年七月

发挥桥梁纽带作用，使研究会成为推进科学基金制的信息中心和研究中心。

朱光亚

一九九一年七月廿日

办好《年鉴》，推动科学基金工作的经验交流和理论探索，为科学基金制的发展和完善作贡献！

国家自然科学基金委员会

张存浩贺

一九九一年七月廿二日

《中国科学基金年鉴》

顾　问　胡兆森　师昌绪　黄　坚
主　编　潘振基　商玉生
编　辑　武长白　李　典　纪　思

主要撰稿、审稿和资料提供者（以姓氏笔画为序，不含署名文章的作者）

于永正　马素卿　王士禧　王子豪　王　笑　王远忠　王建平　王镇华
尹兆民　乌　恩　乌维钧　卢荣和　卢春树　田竹英　冯政光　史兴河
包国华　刘士元　刘小波　刘启茂　刘明善　刘培育　刘　煜　刘　德
朱明权　许卫华　任保成　孙凤英　孙承志　吕向一　吕秀山　汤锡芳
邱若瑞　李乃湘　李生田　李光岭　李胜长　李　跃　李宣海　李念祥
李　典　李晏婴　汪平忠　吴宁远　吴述尧　吴　勇　吴祖聪　杨中润
杨仁宝　杨兴科　杨建俊　杨　靖　杜太山　陈于果　陈开俊　陈芝英
旷建伟　苏均平　辛少华　邵　新　邹良玉　陆剑英　张学勤　张劲勋
张　黎　张俊岫　张鹤龄　赵宝珍　武长白　金雪娟　易定芬　胡　剑
宣晓冬　徐振明　郭师曾　郭怡甘　高　声　夏树人　黄文昆　章　洁
商玉生　彭秀琴　董桂苹　董云霓　谢良安　楼兆美　蔡　珍　潘春枝
潘振基　谭仁泰　谭克非　樊龙江

编者的话

对基础研究和应用基础研究(简称基础性研究)实行科学基金制，是我国科技体制改革的一个重要内容。它的主要特点是：按照分类管理的原则，为基础性研究设立稳定的专门经费渠道；在科研管理中引入竞争机制，按照择扰支持的原则选择资助项目，用按项目拨款代替按部门、按地区、按单位、按人头分配经费；建立科学、民主、公正的专定评审制度，以专家评审代替单纯行政办法审批项目；实行单位领导下的申请者负责制，充分发挥科研人员在选题、制订研究方案、物色合作人员、实施研究计划等过程中的主动性和创造性。这种管理体制，有利于基础性研究的稳定发展，合理部署科研的纵深配置；有利于激发科研人员的荣誉感、责任心和奋发进取精神，促进科研水平的提高和优秀人才的脱颖而出；有利于正确掌握经费的使用方向，打破部门封锁、条块分割，避免研究项目的低水平重复，把有限的人力、物力、财力用于支持学科发展前沿和对现代化建设有重要意义的研究工作。

我国科学基金制的试行始于 1982 年。1981 年 5 月，中共中央、国务院根据中国科学院 89 名学部委员的建议，批准拨专款，设立面向全国的自然科学基金——中国科学院科学基金，成立了由各方面专家、学者组成的中国科学院科学基金委员会及其办事机构，挂靠在中国科学院，独立开展资助工作。经过三年卓有成效的试验，中共中央在 1985 年 3 月发布的《关于科学技术体制改革的决定》中作出了进一步实施科学基金制的决策。国务院于 1986 年 2 月发出了《关于成立国家自然科学基金委员会的通知》。国家科委、财政部通过改革科技拨款，鼓励国务院各有关部门设立面向全国的行业科学基金(含科技基金，下同)。在科技体制改革形势的推动下，科学基金制在我国迅速发展。已设立的科学基金及其组织，包含了国家、行业(或部门)、地方、基层、民间等多种类型。科学基金制逐渐成为我国基础性研究一种可靠的经费来源和科学化、民主化的管理模式。

为了全面、翔实地介绍我国科学基金制的创立、发展概况，记录科学基金事业的成就及其沿着具有中国特色科学基金制前进的足迹，为科学基金制理论、方法研究和管理经验交流提供系统、完整的依据，中国管理科学学会科学基金专业委员会应全国科学基金工作者和科学基金组织的要求与期望，决定组织编纂《中国科学基金年鉴》。计划每 2 年出版一册，1990 年《年鉴》汇编的是 1989 年底以前的情况、资料和数据。未及供稿的，将在今后出版的《年鉴》中一并反映。

《年鉴》的编纂出版工作，得到各科学基金组织和科学出版社的大力支持，国家自然科学基金委员会、国家社会科学基金委员会、机械工业技术发展基金委员会、地震学科联合基金会、浙江省自然科学基金委员会、云南省科委应用基础研究基金委员会等为 1990 年《年鉴》的出版提供了捐助。在此，谨向关心和支持《年鉴》出版工作的单位和个人致衷心的感谢！并望今后继续给予支持和配合，以冀通过这一工作，逐渐把科学基金研究会办成科学基金制的研究中心和信息中心，更好地为各科学基金组织、科学基金工作者，以及一切有志于科学基金制研究的人员服务。

由于编辑人员的水平、能力、时间所限，疏漏、错误之处在所难免，望予批评指正。

目　　录

题　　词

编者的话

第Ⅰ部分　文献与讲话

第Ⅱ部分　经验与探索

第Ⅲ部分　基金会概况与工作进展

第Ⅳ部分　基金会章程、条例与管理办法

第Ⅷ部分　附　　录

第Ⅰ部分

文献与讲话

中共中央关于科学技术体制改革的决定（摘录）

（1985年3月13日）

随着城乡经济体制改革的逐步展开，必须相应地改革科学技术体制。这是关系我国现代化建设全局的一个重大问题。为此，中央作出如下决定。

（一）

中国人民正在进行社会主义现代化建设的伟大事业。我们要在本世纪末实现党的十二大提出的工农业年总产值翻两番的目标，并进而再以三五十年的时间，使我国的经济接近世界发达国家的水平，使人民的生活达到比较富裕的程度。振兴经济，实现四化，是全党和全国人民一切工作的中心。科学技术工作必须紧紧地围绕这个中心，服务于这个中心。

现代科学技术是新的社会生产力中最活跃的和决定性的因素。随着世界新的技术革命的蓬勃发展，科学技术日益渗透到社会物质生活和精神生活的各个领域，成为提高劳动生产率的重要的源泉，成为建设现代精神文明的重要的基石。在社会主义现代化建设中，全党必须高度重视并充分发挥科学技术的巨大作用。

35年来，我国广大科学技术人员发扬献身精神，自力更生，大力协同，克服困难，为社会主义建设作出了重大贡献。我国的科学技术事业有了很大的发展，积累了不少成功的经验。但是，应当看到，长期以来逐步形成的科学技术体制存在着严重的弊病，不利于科学技术工作面向经济建设，不利于科学技术成果迅速转化为生产能力，束缚了科学技术人员的智慧和创造才能的发挥，使科学技术的发展难以适应客观形势的需要。

我们应当按照经济建设必须依靠科学技术、科学技术工作必须面向经济建设的战略方针，尊重科学技术发展规律，从我国的实际出发，对科学技术体制进行坚决的有步骤的改革。

当前科学技术体制改革的主要内容是：在运行机制方面，要改革拨款制度，开拓技术市场，克服单纯依靠行政手段管理科学技术工作，国家包得过多、统得过死的弊病；在对国家重点项目实行计划管理的同时，运用经济杠杆和市场调节，使科学技术机构具有自我发展的能力和自动为经济建设服务的活力。在组织结构方面，要改变过多的研究机构与企业相分离，研究、设计、教育、生产脱节，军民分割、部门分割、地区分割的状况；大力加强企业的技术吸收与开发能力和技术成果转化为生产能力的中间环节，促进研究机构、设计机构、高等学校、企业之间的协作和联合，并使各方面的科学技术力量形成合理的纵深配置。在人事制度方面，要克服“左”的影响，扭转对科学技术人员限制过多、人才不能合理流动、智力劳动得不到应有尊重的局面，造成人才辈出、人尽其才的良好环境。

（二）

改革对研究机构的拨款制度，按照不同类型科学技术活动的特点，实行经费的分类管理。

中央和地方财政的科学技术拨款，在今后一定时期内，应以高于财政经常性收入增长的速度逐步增加。同时，广开经费来源，鼓励部门、企业和社会集团向科学技术投资。

对列入中央和地方计划的重大科学技术研究、开发项目和重点实验室、试验基地的建设项目，分别由中央财政和地方财政拨款。计划管理也要利用经济杠杆，尊重价值规律，并逐步试行面向社会公开招标和签订承包合同的管理方法。

对技术开发工作和近期可望取得实用价值的应用研究工作，逐步推行技术合同制。主要从事这类工作的独立研究机构，应当通过承包国家计划项目、接受委托研究、转让技术成果、合资开发、出口联营、咨询服务等多种方式，在为社会创造经济效益的过程中，取得收入，积累资金。原由国家拨给的事业费，要逐步减少，争取在三五年左右的时间内，这类研究机构中的大多数能够做到事业费基本自给。减下来的事业费，国家仍用于支持科学技术的发展。

对基础研究和部分应用研究工作，逐步试行科学基金制，基金来源，主要靠国家预算拨款。设立国家自然科学基金会和其他科学技术基金会，根据国家科学技术发展规划，面向社会，接受各方面申请，组织同行评议，择优支持。主要从事上述研究工作的机构，应争取几年之后做到科研经费主要靠申请基金，国家只拨给一定额度的事业费，以保证必要的经常费用和公共设施费用。

对从事医药卫生、劳动保护、计划生育、灾害防治、环境科学等社会公益事业的研究机构，以及从事情报、标准、计量、观测等科学技术服务和技术基础工作的机构，仍由国家拨给经费，实行经费包干制。

对于变化迅速、风险较大的高技术开发工作，可以设立创业投资给以支持。

从事多种类型研究工作的机构，其经费来源可以分别具体情况，通过多种渠道解决。各类研究机构的基本建设投资，均按国家基本建设管理制度规定的渠道解决。

银行要积极开展科学技术信贷业务，并对科学技术经费的使用进行监督管理。

（三）

合理部署科学研究的纵深配置，以确保经济和科学技术发展的后劲。

在大力推进技术开发工作的同时，加强应用研究，并使基础研究工作得以稳定地持续发展。对于各种不同类型的研究工作，应当采取不同的政策和评价标准。

应用研究是把基础研究成果转化为实用技术的必要环节，对于开拓新技术、发展新产业和革新现有生产技术具有重要意义。应当选择可望获得重大效益的课题作为重点，集中人力物力，争取尽快取得突破性的成就。

当代科学发展的事实表明，基础研究的重大突破往往为技术发展开辟新的道路，基础研究的成果转化为技术的过程正在日益缩短。要重视有应用前景的基础研究工作，尤其是针对我国自然条件、自然资源特点的研究工作。对于一时看不出应用前景，但对认识自然现象、自然规律确有价值的工作，也要根据财力的情况给以支持。对基础研究成果，应着重考察其学术意义和科学水平。

高等学校和中国科学院在基础研究和应用研究方面担负着重要的任务。产业部门的研究机构，也要根据需要加强应用研究。各方应当密切合作，人员相互兼职，开展合作研究，联合建立实验室或研究机构。基础研究、应用研究应当同人才的培养密切结合。有条件的高等学校也可以建立一些确有特色的精干的研究机构。

国务院关于成立国家自然科学基金委员会的通知

（1986年2月14日国发〔1986〕23号文件）

为了加强基础研究和部分应用研究工作，逐步试行科学基金制，国务院决定成立国家自然科学基金委员会。

一、国家自然科学基金委员会（以下简称国家科学基金会）暂挂靠在中国科学院。

国家科学基金会与国家教育委员会、中国科学院密切联系，独立开展工作，并充分发挥科学家、专家在管理中的作用。

二、国家科学基金会的任务是：根据国家发展科学技术的方针、政策和规划，有效地运用科学基金，指导、协调和资助基础研究和部分应用研究工作，发现和培养人才，促进科学技术进步和经济、社会发展。其主要职责是：

1. 根据国家科学技术发展规划，制订和发布基础研究和部分应用研究项目指南，受理课题申请，组织同行评议，择优资助。

2. 接受委托，对国家的基础研究和应用研究方面的重大问题提供咨询。

3. 支持其他面向全国的科学基金会的工作，并在课题安排上给予协调和指导。

4. 同其他国家的科学基金会和有关学术组织建立联系并开展国际合作。

三、国家科学基金会的基金，主要来自国家财政拨款（包括一定额度的外汇），同时接受国内外单位和个人的捐赠。

在国家财政拨款中，当前主要由以下几部分组成：原由中国科学院管理的面向全国的科学基金，国家科委用于支持基础研究的经费，从中国科学院等国务院有关部门划转的基础研究和部分应用研究的研究经费，国家每年对基础研究和部分应用研究增加的经费，以及国家的专项拨款。

四、国家科学基金会的基金面向全国，各部门、各地区、各单位的科技工作者均可按规定申请。

科学基金主要用于获准资助课题的研究经费和管理费等，并应有一定额度的经费用于国际合作、学术交流和支持优秀青年研究人员的科学研究工作。

五、国家科学基金会设委员25名，由科学家、管理专家担任，实行任期制。其中主任1人，副主任若干人。国务院任命唐敖庆同志为国家科学基金会主任；副主任及其余委员由主任与国家科委、国家教育委员会、中国科学院等有关方面协商后报国务院科技领导小组任命。国家科学基金会的重大问题由委员会讨论决定，必要时以表决程序决策。国家科学基金会的日常工作由主任负责。

国家科学基金会设顾问委员会，由国家科学基金会主任聘请中外知名学者、专家和实业家 50 人左右组成，实行任期制。顾问委员会对学科发展和资助方向等重大问题提供咨询。

国家科学基金会只设职能机构，不设科学研究实体，所需工作人员根据精简的原则配备，实行聘任制，其工资福利等费用在科学基金中列支。

国务院关于科学技术拨款管理的暂行规定

（1986 年 1 月 23 日）

第一条　为了加强科技经费的宏观管理，合理和有效地使用科技拨款，推动科学技术工作面向经济建设，搞好科学研究的纵深配置，保证国家科学技术规划的实施，特制定本规定。

第二条　从第七个五年计划（以下简称“七五”计划）开始，由财政部会同国家计委，按照科技经费拨款的增长高于财政经常性收入增长速度的原则，安排中央财政支出的科技三项费用（中间试验、新产品试制、重大科研项目补助费，下同）和科研事业费的预算拨款额度。

第三条　列入国家计划的重大科技项目的经费，按下列规定管理：

（一）国家重大科技项目，由主持项目的部门或省、自治区、直辖市会同国家教委、中国科学院和有关部门向全国招标，保证所有投标单位的同等权利，保证项目指标达到国家计划要求。凡列入“七五”计划的国家重大科技项目，原则上都应当实行招标，主持项目的部门或省、自治区、直辖市应当积极进行试点，取得经验迅速推广。

（二）国家重大科技项目普遍实行合同制。用于这些项目的科技三项费用或其他财政拨款，应当根据项目的预测经济效益和偿还能力，分别实行有偿或无偿使用。凡经济效益好、具备偿还能力的项目，应当在合同中规定全部或部分偿还投资。承担单位是企业的，应当在缴纳所得税前，用该项目投产后的新增利润归还；是科研单位的，用该项目实现的收入归还。凡没有偿还能力的项目，可在合同中规定免还。在执行过程中，出现不可抗拒的因素而丧失偿还能力的，经主持项目的部门和开户银行审核批准，并报财政部、国家计委和有关部门备案，可以减免。

（三）国家重大科技项目的经费，由主持项目的部门或省、自治区、直辖市委托银行监督使用，并负责按照合同规定回收应该偿还的资金。回收的资金，一半上交中央财政，一半留在主持项目的部门或省、自治区、直辖市，继续用于国家的重大科技项目，并将项目报国家计委和有关部门备案，财政部门不予冲抵按计划应拨的经费。

第四条　国务院各部门科研事业费，以 1985 年度调整预算数（扣除一次性拨款，不扣除因进行改革试点而减发的拨款），加上 1985 年因工资改革按规定应由财政负担的经费为基数，连同增长的额度，自 1986 年度起，由财政部全部拨交国家科委统一管理。

国务院各部门科研事业费的年度计划，由各部门报国家科委审核后下达，抄送财政部备案。

国家科委应当向财政部报送科研事业费的年度预、决算和资金使用情况。

第五条　各类科研单位的科研事业费，按下列规定管理：

（一）主要从事技术开发工作和近期可望取得实用价值的应用研究工作的单位，国家拨给的科研事业费在“七五”期间逐年减少，直至完全或基本停拨。

（二）主要从事基础研究和近期尚不能取得实用价值的应用研究工作的单位，其研究经费应该逐步作到主要依靠申请基金，国家只拨给一定额度的事业费，以保证必要的经常费用和公共设施费用。

（三）从事医药卫生、劳动保护、计划生育、灾害防治、环境科学等社会公益事业的研究单位，从事情报、标准、计量、观测等技术基础工作的单位和农业科学研究单位，其科研事业费仍由国家拨给，实行包干。这些单位在完成国家规定的任务外还能取得合理收入的，其纯收入不超过本单位当年包干事业费百分之十的，全部留给本单位；超过部分，一半用以冲抵下一年度的单位事业费拨款，一半留给单位。单位留用部分，分别用作发展基金、福利基金和奖励基金，其中发展基金不得少于百分之五十。

（四）从事多种类型研究工作的单位，其经费来源可以分别具体情况，通过多种渠道解决。

（五）科研单位减下来的科研事来费，三分之二留给国务院主管部门用于行业技术工作和国家重大科研项目，三分之一由国家科委用作面向全国的科技委托信贷资金和科技贷款的贴息资金。凡建立面向全国的行业技术开发基金的部门，经国家科委批准，其减下来的事业费，全部留给行业主管部门用作技术开发基金。国家教委和中国科学院建立面向全国的开放实验室的费用，可在交给国家科委的三分之一中给予支持。

第六条　各类科研单位的基本建设投资，按照国家基本建设管理规定办理。

第七条　各类科研单位离、退休人员的离、退休金由科研事业费开支，不予减少。完全停拨科研事业费的单位，离、退休金仍应当照拨。

第八条　企业委托科研单位和高等院校承担的科技任务，其费用由企业支付。

第九条　国家自然科学基金的拨款办法，另行规定。

第十条　国防科技拨款管理办法，由国防科工委另行制订。

省、自治区、直辖市人民政府根据本规定的原则，结合当地实际情况，制定本地区科技拨款管理办法。

第十一条　本规定由国家科委负责解释。

第十二条　本规定自发布之日起施行。

国家科委、财政部
关于科学事业费管理的暂行规定（摘录）*

第二条　独立的科研单位，按其主要从事科学技术活动的特点，划分为技术开发类型，基础研究类型，社会公益事业、技术基础、农业科学研究类型和多种研究类型进行管理。

1. 主要从事技术开发工作和近期可望取得实用价值的应用研究的科研单位，属于技术开发类型，逐步推行技术合同制。

2. 主要从事基础研究和近期尚不能取得实用价值的应用研究的科研单位，属于基础研究类型，应逐步实行基金制。

3. 从事医药卫生、劳动保护、计划生育、灾害防治、环境科学等社会公益事业研究，从事情报、标准、计量、观测等技术基础工作和从事农业科学研究的科研单位，属于社会公益事业、技术基础、农业科学研究类型，原则上实行经费包干制。

4. 从事多种类型研究工作（指含技术开发类型和基础研究类型）的科研单位，属于多种类型，经费要多种渠道解决。

科研单位类型的划分，由主管部门根据科研单位主要从事的科学技术活动特点提出建议，报国家科委核定。

第三条　各种类型科研单位的科学事业费，和其他来源的经费统一核算，分别按以下办法进行管理。

1. 属于技术开发类型的科研单位，实行差额预算管理。其中，经费已经自立单位的离退休人员经费作为定项补助，仍由国家拨给；经费尚未自立单位由国家拨给的科学事业费在“七五”期间要逐年减少，直至完全或基本停拨。这类科研单位的经费，主要通过纵向和横向的技术合同，在为社会创造经济效益中取得收入，积累资金。事业费可实行按比例逐年递减的方法，也可实行以收入的一定比例折减事业费的方法。

这类单位应以 1985 年划转指标为基数，制订逐年核减事业费的计划，由主管部门审核汇总后报国家科委审定。

2. 属于基础研究类型的科研单位，实行全额预算管理。其研究经费应该逐步作到主要依靠申请基金，国家只拨给一定额度的事业费，以保证必要的经常费用和公共设施费用。必要的经常费用，包括定编人员工资、补助工资、职工福利费、离退休人员费用、人民助学金、公务费和小额科学预研费；必要的公共设施费用包括房屋修缮费、小型公用科研仪器设备费。科学研究费，应逐步转出作为自然科学基金。这类单位取得的合理收入，暂可留给本单位。

3. 属于社会公益事业等社会服务性质的科研单位，科学事业费仍由国家拨给，并按经费与任务挂钩的原则，实行全额管理、经费包干。这些单位取得的合理收入，其纯收入不超过本单位当年包干事业费拨款百分之十的部分，全部留给本单位，超过部分一半冲抵下一年度拨

---

* 摘自《中国科学技术政策指南——科学技术白皮书》，第 2 号，1987 年，p. 369。

款，一半留给单位。

要鼓励和推动上述科研单位中可以实行技术商品化的科技工作，其经费管理办法向技术开发类型的科研单位过渡和转变。

4. 属于多种类型的科研单位，其科学事业费按照审定的科学技术活动分类比重，分别按上述 1.，2. 款的办法管理。

5. 技术开发型和多种类型科研单位减下来的科学事业费，三分之二留给主管部门用于行业技术工作和国家重大科技项目补助费，三分之一由国家科委用作面向全国的科技委托信贷资金和科技贷款的贴息资金。按照规定的办法和条件，经国家科委批准，建立面向全国的行业技术开发基金的部门，其减下来的事业费，可留给行业主管部门用作技术开发基金。国家教委和中国科学院面向全国的开放性实验室的费用，可在其交给国家科委三分之一的经费中给予支持。

发展基础研究的战略性措施

（1986 年 2 月 14 日人民日报评论员）

国务院决定成立国家自然科学基金委员会。这是改革科技体制的又一项配套政策措施，是一项持续稳定地发展基础研究的战略性措施。

以往，基础研究项目由各部门、各地方按行政隶属关系分别管理、分别拨给经费，实行基金制后，项目审批和经费安排由国家自然科学基金委员会统一管理。这是一个很大的改变。

基础研究、应用研究和技术开发工作都是科技工作的有机组成部分，都是四化事业所不可缺少的。前不久，国务院明确规定：对技术开发项目和近期可望取得实用价值的应用研究项目普遍实行合同制，这些项目将主要通过纵向和横向的合同取得经费。当时就有人担心：基础研究怎么办呢？现在清楚了，办法是实行基金制。

为了持续稳定地发展基础研究，国家决定继续拨出专款，并根据国家财政情况，逐年给以较大幅度增长。但在经费管理上，不再沿用传统的办法。过去基础研究由于分散管理，往往造成好几个单位上同一个课题，都在低水平上重复。一些思想活跃、有创造性见解的中青年科技工作者难以及时得到应有的支持。现在，实行科学基金制，就可以从根本上克服上述弊端。

科学基金制实质上是以科学家、专家民主管理为中心的面向全国的学术管理体制。实行科学基金制的中心是在科技发展规划、项目指南指导下，在全国范围开展竞争，择优支持。基础研究的领域极为广泛，而我国的财力有限，不可能都予以支持。中央关于科技体制改革的决定明确指出："要重视有应用前景的基础研究工作，尤其是针对我国自然条件、自然资源特点的研究工作。对于一时看不出应用前景，但对认识自然现象、自然规律确有价值的工作，也要根据财力的情况给予支持。"国家科学基金会将根据科技发展规划，提出研究的主攻方向，颁布基金项目指南。谁的思想新颖、有创造性，谁的技术路线优越，谁就可以通过竞争得到资助，这样就能增加对某些真正有价值课题的资助，把有限的经费用在刀刃上。这也能使一代有开拓精神的新人冲破论资排辈的束缚，冲破“部门所有”的罗网，脱颖而出。科学基金制将推动我国的基础研究面向应用，面向科学前沿，走向世界科学舞台。

发展具有中国特色的科学基金工作*

方　毅

同志们：

今天，国家自然科学基金委员会第一次全体委员会议在这里隆重召开。借此机会，我就科技体制改革和科学基金工作讲些意见。

一、我国科学基金工作取得了重要进展

根据中央关于科技体制改革决定的精神，今年2月，国务院决定成立国家自然科学基金委员会，并且任命著名科学家和教育家唐敖庆教授为主任。国家自然科学基金委员会十个月来创业维艰，在基金有限、工作量大、人员不多的情况下，积极开展业务，做了大量的工作，结合当今世界科技发展的趋势和基础研究、应用研究的特点，明确了科学基金工作为我国四化建设服务，促进基础研究和应用研究长期稳定发展，搞活搞好运行机制的战略思想；按照“依靠专家，发扬民主，择优支持，公正合理”的评审原则，认真对待科技人员的每一份申请，组织近4万人次的专家，从12 000份申请书中，评审选出3 400多项予以资助，体现了竞争、择优和“高门槛”的工作方针；已经确定的资助项目中，有相当数量的项目理论意义大，应用前景强，不少属于学科发展前沿，经过努力可望进入世界前列；开始摸索按面上项目、重点项目、重大项目进行科学管理的新做法；在开拓基础研究和应用研究的国际合作渠道方面，也初见成效。我国科学基金工作在诞生的第一年已经迈出了可喜的一步，取得了重要进展。

由于预期的各项组建工作已经完成，经国务院批准，今后国家自然科学基金委员会属国务院领导，具有管理和学术机构双重性质，独立开展各项工作。

科学基金工作已经成为我国科技事业必不可少的重要组成部分。正因为我国四化建设需要，我国科技基础薄弱，我们更需要通过基金制竞争择优，推动基础研究和部分应用研究。实施科学基金制，是关系中华民族振兴的大事。这一事业，前途光明，前景灿烂。从事科学基金工作的同志肩负历史重任，应当充满信心，继续克服困难，努力作出新贡献。

---

* 1986年12月25日在国家自然科学基金委员会第一次全体委员会议上的讲话。

二、我国科技体制改革的深化

1987 年将是开始政治体制改革、发展经济体制改革、深化科技体制改革非常重要的一年。

中央作出关于科技体制改革决定的两年来，为贯彻“经济建设必须依靠科学技术、科学技术工作必须面向经济建设”的战略方针，在许多方面采取了重大措施。包括改革科技拨款制度，开拓技术市场，扩大科研机构自主权，推动科研与生产联合，强化企业的技术吸收和开发能力，改革专业技术干部管理制度，以及实行科学基金制等，这些措施已经取得一定成效。

明年科技体制改革总的要求是，一方面要继续巩固、消化、补充、改善已经取得的各项成果；一方面要采取若干新的措施，以适应我国开放和改革形势的发展。

要继续推动多种形式的横向联合。这样，将逐步从根本上扭转科技与生产脱节的状况，革除科技与生产两个封闭系统，促进科研工作与国民经济的紧密结合。

要进一步放宽放活对科技机构和科技人员的政策。这样，将加速技术成果的商品化，促进新技术、新产业的兴起，造就一批既懂科学技术，又懂经济管理的企业家。

按照这个总的部署，国家自然科学基金委员会要以改革的精神，创造性地工作，具体安排 1987 年的计划。

三、关于科学基金委员会今后的工作

对基础研究在我国经济、科技、社会发展中的作用，在为下个世纪飞跃储备后劲中的地位，在人类进步、物质文明和精神文明中的意义，要有足够认识并给予充分重视。因此，对科学基金工作，也应充分重视和有足够的认识。我国基础研究某些方面成就很大，个别领域在世界上占有领先地位。但总的来看，与世界科技发展差距还相当大。如果我们对基础研究缺乏战略眼光，抓得不紧，那就会发生历史性的失误。

要研究我国科学基金工作的发展战略。世界上许多国家建立了科学基金组织，有不少可供借鉴的经验，我们应当紧密结合中国国情，在改革和开放中逐步探索、建立、完善具有中国特色的科学基金制。我国是发展中的社会主义国家，科学基金工作必须为本世纪末工农业年总产值翻两番，为物质文明和精神文明建设，为我国高科技发展计划的实施和下个世纪科技飞跃作出应有的贡献。

在拓宽思路，多想办法，把科学基金工作搞好搞活，富有生机。要加强对重要基础研究和有前景的应用研究的支持，加速科技成果商品化的进程，为经济振兴服务。在国家有限的科学基金总额下，开辟多种途径，采取多种形式。除国家拨款外，还要鼓励财政贷款、联合资助和资金增值。对国内外社会团体、企业、个人给予我国科学基金的捐赠，应有优惠政策。国际合作既是促进人类进步与世界和平的桥梁，又是促进我国经济、科技发展的重要条件。面向世界，加强多种形式的国际合作，是搞活搞好我国科学基金工作的重要途径。

发展基础研究和部分应用研究，同培养高水平、高质量的专门人才紧密结合，在这方面，科学基金工作应当有所作为。科学的未来在于青年，青年科学基金的实施将会使人才脱颖而出，促进群星灿烂的新时代的到来。

必须强调公正性、民主性、科学性，这是能否得到广大科技人员信赖、科学基金制能否生存发展的关键所在。要摸索一套科学的、民主的、符合我国实际情况的评审和管理制度，并加强相应的法规工作。国家自然科学基金委员会团结、联系着一批高水平的专家，在工作中要充分依靠他们，发挥他们的作用。

同志们！

科学基金工作是新生事物，不可避免地存在许多困难，人们也有个逐步了解的过程。国家自然科学基金委员会是改革的产物，更要有改革、开放精神，保持运行活力。希望各级计划、财政、税收、基建、物质、人事等部门对科学基金工作继续给予支持，促进它成长壮大，共同为繁荣和发展我国科技事业而努力。

我国科技界的一件大事*

周培源

国家自然科学基金委员会第一次全体委员会议今天在这里隆重召开。刚才方毅同志代表党中央、国务院讲了话，对明年科技体制改革的安排和如何做好我国科学基金工作作了重要的指示。对方毅同志的讲话，我完全赞同。各位专家会聚一堂，共商如何以开拓创新的精神努力工作，在开放和改革的实践中逐步完善具有中国特色的科学基金制，这确是我国科技界的一件大事。

今年2月国务院决定成立国家自然科学基金委员会，这是我国科技体制改革的一个重要部署，又是我国科技事业兴旺发达的一个标志。在国务院领导下，在以唐敖庆同志为主任的领导班子及全体工作人员的共同努力下，国家自然科学基金委员会成立10个月来，艰苦创业，齐心协力，克服困难，做了大量的工作，取得了很大的成绩，受到广大科技人员的赞扬。我作为一名长期从事教育和研究工作的科技界人士，一名科技工作者，对我国科学基金工作取得的每一步进展，每一分成绩，都感到由衷高兴和欢欣鼓舞。

在我国，党和国家十分重视自然科学的基础研究工作。在我的记忆中，老一辈无产阶级革命家非常关心我国基础研究工作的状况，关心有关研究领域的进展，关心这支研究队伍人才的成长。现在，中央确定"经济建设必须依靠科学技术，科学技术工作必须面向经济建设"的战略方针，使包括基础研究和应用研究在内的科技工作沿着正确轨道发展。党中央、国务院领导特别强调要重视科技工作，多次指示要保证基础研究持续地发展。对此，我有切身体验。我们科技工作者，要无负党和国家的重托，通过自己的研究工作，努力为振兴中华、发展科技作出尽可能多的贡献。

同志们知道我带着研究生。讲句心里话，我认为基础研究工作的发展，与人才开发培养，是紧密相连的。国家通过基金资助，对基础研究和部分应用研究给予稳定支持，也有利于高

* 1986年12月25日在国家自然科学基金委员会第一次全体委员会议上的讲话。

质量高水平科技人才的成长。我感受更深的是，这一措施尤其有利于具有特殊才能的青年科学工作者脱颖而出。我们对中华民族科技事业后继有人抱有殷切期望。

对中国而言，经济振兴是头等大事。从全局考虑，国家对不同的科技工作领域有不同的要求，科技工作本身有个力量分工的问题。我们发展科学基金事业，要结合中国的实际，从四化建设大业出发，办得具有自己的特色。譬如，正因为国家经费有限，就更需要强调高门槛，要把有限的资金用在刀口上。正因为冲破部门局限，就更能站在国家利益高度，公正严格地审批资助项目。正因为困难不少，就更要多想办法，以改革精神做好工作，探索开源节流的各种途径。正因为国家对科学基金工作寄予厚望，就更要努力促进联合，提倡单位之间的社会主义大协作，多出成果，早出人才。

最后，衷心祝贺国家自然科学基金发员会第一次全体委员会议圆满成功！衷心祝愿我国科学基金工作取得更大的进展！

卢嘉锡教授就设立科学基金的积极意义对新华社记者发表谈话

（1981年11月29日）

新华社北京11月28日电　中国科学院科学基金委员会主任卢嘉锡，就中国科学院设立科学基金的积极意义、可能产生的影响，以及基金资助的方向、要求等问题，对新华社记者发表谈话。

卢嘉锡说，在今年5月召开的中国科学院第四次学部委员大会上，几十位学部委员建议中国科学院设立科学基金，以充分发挥学部的作用，发掘我国的科学潜力，发现和培养人才，加强基础性研究工作，促进我国科学事业的发展。这个建议，受到了政府和中国科学院主席团的高度重视，科学基金就是根据这个建议设立的。

谈到设立基金的积极意义和可能产生的影响时，卢嘉锡说，设立科学基金这在我国还是首次。这项决定是对我国现行科研经费分配办法进行改革的重要尝试。《条例》规定，科学基金面向全国。全国各部门、各单位的科学工作者均可按规定手续申请，不受部门、单位、地区的限制，这就可以使那些科学发展需要的、经济建设急需的、有重要科学意义的基础性科研项目，可望在短期内得到预期的结果。地处边远地区的科研单位，优秀的中青年科技人员所从事的有重要意义的研究课题，也可以在经费方面得到支持。这就改变了以往科研经费分散，“撒胡椒面”的现象，保障了重要的、急需的科研课题的顺利进行。

他说，科学基金资助的范围主要是全国自然科学方面的基础研究和应用研究中的基础性工作，也适当资助某些可望得到重要成果的应用研究项目。《条例》规定，资助的项目要经过同行评议，择优支持。这样就可以将许多申请的项目进行比较，从中挑选出最好的研究课题和研究方案。这不仅避免了目前存在的科研课题的盲目性和重复、浪费，而且可以使优秀的人才和意义重大的课题，不至于被埋没。

卢嘉锡说，《条例》还规定，凡是申请科学基金的单位或个人，必须在申请书上写明准备采取什么样的研究方案和技术路线，研究起止时间等，如果不按照批准的申请书办理，将停止资助；学部科学基金组织定期就有关情况向学部常委会报告工作，学部常委会也要关心和指导科学基金组的工作等。这些规定，都有助于尽快地出成果、出人才，从而避免了目前存在的所谓科研计划是"橡皮计划"，今年完不成有明年，明年完不成还有后年的马拉松式研究的许多弊病，把有限的经费有在最需要的地方。

卢嘉锡最后说，国家设立科学基金在我国是个新生事物，它必将在国内外产生积极的、深远的影响，其中不完善之处，我们期望在试行中不断得到改进、充实，使它在促进我国科学事业的发展方面，发挥应有的作用。

89 名中国科学院学部委员关于设立中国科学院科学基金写给邓小平等中央领导同志的两封信*

（一）

你们和其他领导同志关心并出席科学院第四次学部委员大会，给了全体学部委员以巨大的鼓舞，使我们信心更足了，劲头更大了，也感到肩负的担子更重了。为了多出成果、多出人才，使科学院学部在"四化"建设中发挥更大的作用，现在将我们经过较长时间酝酿的一个问题向你们报告如下。

为保证基础科学研究在稳定的基础上逐步发展，使若干重要课题能受到有关方面注意，同时，也为了最恰当地使用有限的资金，以取得最大的效果，建议国家专门拨出一笔资金，设立中国科学院学部科学基金。这样做好处是：第一，这个基金面向全国，各单位科学工作者均可根据所要开展的课题，提出申请。如有科学价值和实现的可能，即可能取得资金支持。这样，可以在更大程度上调动科学工作者的积极性。第二，课题的选择，经过学部组织同行评议，择优支持，并且通过逐年申请的办法，根据工作成绩，确定资金支持的数额。第三，对于一些新设想、新苗头，通过学术论证后，可以不失时机地给予支持。第四，可以打破部门之间的界限，鼓励各部门、各单位科学家之间的协作，同时有利于边缘学科的生长。第五，通过对科学基金的分配，可以对科学研究方向起一定的指导和协调作用；另一方面，国家还可以根据科学发展的趋势和实际应用的需要，提出一些课题，在全国征求承担的单位。

关于基金的数额，考虑目前国家经济上的困难，我们建议近几年可先每年拨付 5 000 万元，以后随着经济情况的好转再酌情增加。我们认为，在当前国民经济调整时期经费较少的

---

* 这两封信经中共中央、国务院领导批准，决定从 1982 年起，由国家拨专款，设立面向全国的中国科学院科学基金。落款的学部委员不包括已除名的。

情况下，这样做对于发挥科学院对全国基础研究的指导和支持作用，是非常必要的。恳请领导同志能予批准同意。

中国科学院物理学数学部委员：

张文裕　谢家麟　李　林　管惟炎　何泽慧　黄祖洽　施汝为　杨澄中　林同骥
张钰哲　胡　宁　柯　召　何祚庥　庄逢甘　胡世华　魏荣爵　马大猷　谈镐生
胡济民　谢希德　戴传曾　王承书　章　综　周培源　江泽涵　华罗庚　苏步青
王淦昌　段学复　朱光亚　吴式枢　于　敏　金建中　邓稼先　赵忠尧　唐孝威
洪朝生　徐述瑢　彭桓武　黄　昆　程开甲　余瑞璜　冯　端　沈　元　王湘浩
谷超豪　程民德

1981 年 5 月 15 日

（二）

我们参加了这次盛况空前的学部委员大会，心情十分激动。党和国家对科学工作的关心和重视，给了我们以巨大的鼓舞。现将我们共同关心的一个问题，向你们报告如下。

中国科学院是国家自然科学的最高学术机构，其基本任务之一是，促进院属研究机构同全国高等学校以及各部门、各地方科研机构的联系、合作、交流，在科学发展方向上进行研究与指导，推动我国科学技术事业的发展。同时，学部还要采取各种形式，帮助和支持全国各方面的基础研究以及应用研究中的基础性工作，以努力提高我国的科学水平。

鉴于基础研究和应用基础研究对提高我国科学技术水平、培养科学技术人才和为国民经济、国防现代化建设服务的重要性；鉴于国家科委“三项费用”主要是用来支持发展研究（中间试验、新产品试制）和少数应用研究项目；鉴于基础研究和应用基础研究在各单位事业费中得不到保证；还鉴于科学发达国家通过国家拨款设立科学基金，用来支持基础性研究所取得巨大成效的先例，我们特向党中央和国务院建议：由国家逐年拨专款给中国科学院，用以设立中国科学院学部科学基金。目前，国家经济困难，每年先拨 5 000 万元人民币和少量外汇。以后随着经济状况的好转，再逐步增加。

中国科学院学部科学基金，用来资助全国自然科学方面的基础研究和应用基础研究工作。中国科学院内外研究单位要开展基础研究和应用基础研究的课题时，都可以提出申请。经过同行评议和中国科学院学部审定的课题，可以获得一定资助。

设立中国科学院学部科学基金的好处是：中国科学院及其学部可以依靠全体学部委员，对全国自然科学实行有效的学术领导；可以更好地帮助和支持全国各部门的重要基础理论和应用基础研究工作；有利于全国各部门优秀的中、青年科技人员的成长；还可以冲破科技界的“封建割据”、“部门和单位所有制”的束缚，避免许多研究课题不必要的重复，促进不同单位的同行的协作。

设立中国科学院学部科学基金，是我国科学体制上的一项重大改革，必将对我国科学事业的发展，对四个现代化的建设起重大的作用。恳请给以支持。

中国科学院生物学部委员：

曹天钦 吴旻 汪堃仁 周廷冲 阎逊初 钟惠澜 陈华癸 施履吉 梁栋材
贝时璋 王德宝 朱既明 钮经义 王世真 梁植权 黄桢祥 谈家桢 庄孝僡
姚鑫 方心芳 裘维蕃 吴征镒 殷宏章 熊毅 李连捷 娄成后 蔡旭
黎尚豪 王伏雄 鲍文奎 李竞雄 侯学煜 李庆逵 徐冠仁 朱祖祥 戴松恩
俞德浚 赵洪璋 吴中伦 沈允钢 郑国锠

1981 年 5 月 15 日

国务院科技领导小组关于《建立地震学联合科学基金的请示报告》的批复

国家地震局、中国科学院、教育部：

国家地震局地球物理研究所、工程力学研究所，中国科技大学地球和空间系，北京大学地质系四单位提出报告，要求建立地震学联合科学基金。经研究，认为该项改革的方向正确，条件比较成熟，同意按请示报告意见，进行改革试点。

在科技体制改革中，对基础研究、应用研究、发展工作等不同性质和任务的科研工作，应实行不同的管理办法。对基础研究和部分应用研究采取基金制，实行同行评议、择优支持的办法，有利于提高科研工作的水平，有利于加强责任制，提高科技人员的积极性和创造性。上述四单位改事业费拨款为基金制拨款的经费管理办法，并面向全国同行，建立地震学科的定向基金，这种勇于探索、大胆创新的改革精神应予以支持。请你们对他们的改革试点工作积极给予指导和帮助。

对试点中有关拨款渠道、基金中奖励部分所占比重等具体问题，请有关部门按照有利于实行基金制的原则，积极协助，研究解决。

附：关于建立地震学联合科学基金的请示报告

国务院科技领导小组（章）

1984 年 9 月 11 日

关于建立地震学联合科学基金的请示报告

国务院科技领导小组：

国家地震局地球物理研究所、工程力学研究所、中国科技大学地球和空间科学系、北京大学地质系，均有相当的力量从事地震学的基础研究和应用研究。我们四个单位在上级主管部门的同意和支持下，协商一致，申请建立地震学联合科学基金会。拟通过试点，探索逐步由事业费开支过渡到基金制的途径。

地震学是地球科学的一个三级学科。近20年来,由于地震预报研究在世界各国的蓬勃发展,给予了地震学研究以极大的推动,使地震学成为一个日益活跃和日趋成熟的学科。我国现在已有一支较大的地震学研究队伍。但由于现行科技体制很不合理,特别是科研机构部门所有,经费按行政隶属关系切块拨付。极其普遍存在的"大锅饭"造成科研单位的潜力不能充分发挥,科研人员的积极性不能充分调动,研究工作长期处于低水平重复的状态。为克服上述弊端,我们认为设置地震学联合科学基金,将是一条有效的途径。

我们四个单位,特别是地球物理所和工程力学所将把本单位属于地震学基础和应用研究的全部事业费(包括有关人员工资)和科研经费投入基金。地震学联合科学基金将由上述四个单位的共同投入的基金和上级部门的支持性投资构成,并积极争取国内外集体和个人的捐赠和资助。

地震学联合科学基金将面向全国。全国各部门、各单位的科学工作者不受部门、单位、地区的限制均可按规定手续申请。对申请的课题一视同仁,鼓励竞争,实行同行评审,择优资助。

我们相信,从事基础研究及一部分应用研究的科研单位,逐步由事业费开支过渡到基金制,将有利于克服目前科技体制的许多弊端;有利于保持从事基础研究和应用研究的科技队伍的稳定;有利于提高研究所的素质,增加科研单位的动力和活力;有利于加强科研人员的责任感,鼓励科研人员创新精神的发挥。我们也相信,科技体制的改革必将促进地震学的发展。可以期望,在本世纪末,我国地震学这一学科将进入国际先进行列。

地震学联合科学基金设立地震学联合基金委员会,委员会的人员组成如下:

主　任　安启元(国家地震局局长,党组书记)

副主任　胡聿贤(研究员,工程力学所所长)

　　　　陈　颙(副研究员,国家地震局地球物理所代所长)

委　员　傅承义(学部委员,中国科学院地球物理所名誉所长)

　　　　翁文波(学部委员,石油科学研究院总工程师)

　　　　刘光鼎(学部委员,地质矿产部海洋地质司总工程师)

　　　　王　仁(学部委员,北京大学地质系学术委员会主任)

　　　　刘恢先(学部委员,工程力学所名誉所长)

　　　　顾功叙(学部委员,国家地震局地球物理所名誉所长)

　　　　曾融生(学部委员,国家地震局学术委员会副主任)

　　　　秦馨菱(学部委员,国家地震局地球物理所学术委员会主任)

　　　　陈鑫连(研究员,国家地震局科技监测司副司长)

　　　　许绍燮(研究员,国家地震局地球物理所副所长)

　　　　谢君斐(副研究员,工程力学所副所长)

　　　　徐果明(副教授,科技大学地球物理教研室主任)

以上报告当否,请批示。

国家地震局地球物理研究所　　国家地震局工程力学研究所

中国科技大学地球和空间科学系　　北京大学地质系

1984年7月6日

第Ⅱ部分

经验与探索

科学家谈科学基金

对于我国建立科学基金委员会深感欣慰。这是我国科技体制改革的重大措施，它标志着我国科学技术活动的管理水平获得了显著的提高。

科学技术活动是一种创造性的劳动，需要充分发挥科技人员的作用，换言之，要造成一种环境条件，使科技人员能够充分发挥创造性，而基金制恰好能起到这种作用。基金制的特点是资助部门直接与科技人员见面，十分有利于发挥科技人员的创造性。

基金制在市场经济体制的国家中很久以来就被广泛采用了，只不过有些国家，如瑞典，不直接算为"基金委员会"罢了。各国实践的结果，均感到是促进科学技术事业发展的好办法，所以我们也要注意借鉴国外的经验教训。

我预祝我国科学基金工作兴旺发达，取得好成绩。

——中国科学院学部委员、中国科协名誉主席茅以升教授

（《中国科学基金》1987 年第 1 期贺信）

国家设立自然科学基金，意义重大，必将促进和推动我国科技事业的发展。这是加强基础研究和应用研究的基础性工作的重大改革措施。

——第七届政协副主席、中国农工民主党主席、原中国科学院科学基金委员会主任、学部委员卢嘉锡教授

（1986 年）

在中国建立基金会我预测会有好几个问题，总体上会面临两个问题：

第一、权威的影响太大，老先生的影响太大。一开始对此就要注意，不要使老先生的影响太大。这是中国的传统，比如一个权威写个申请报告，没人敢说不给。在美国不靠这个。有的年纪大了，所作的课题过时，基金会应有胆量指出来。因此，我建议你们在考虑基金委员和顾问委员时，60 岁以上的科学家不要超过 10%，最高不要超过 20%。

第二、项目太多不都是有价值的，因此在考虑项目时，要宁缺勿滥，好的要奖励，不好的去掉。坚决不能吃"大锅饭"。

在尖端科研上不能讲平均主义，中国平均主义太厉害，价值观念混淆，对科研影响太大。因此，设立基金委就很有必要，目的就是要打破平均主义，应该在这方面作出些贡献。

在美国，国家科学基金会的地位是很高的。因此你们基金委下设的机构和学部也不能搞得太低，使其具有一定的权威性。

——美籍著名物理学家杨振宁教授

（1986 年）

国家科学基金促进从事基础研究的科学家寻求横向联合，发挥优势，互通情报。现在联合申请科学基金状况的出现，十分可喜。

——全国科协主席钱学森教授

（1986年）

我非常高兴在报上看到国务院已批准了博士后流动站和博士后科学基金的设立，同时，也将成立一全国性的国家科学基金委员会。这对将来的发展有相当的重要性。为了更好地和其他各方面的配合，我有如下一些建议：

(1)为积极吸引留学生回国，博士后研究人员日常的科研经费加上生活费用，由中央拨款，请确立为每人每年人民币一万二千元。同时工资最好不要固定得太低太死，应有一定的灵活度。

(2)国家科学基金委员会必须有极浓厚的学术风气，必须有独立性。因此最好成为国家的一个独立机构，不属于国务院现有的任何行政机构，如计委、经委、科委、教委、科学院和其他部门。

国家科学基金委员会的负责人必须是对基础科学和应用基础科学确有个人直接经验，并有充分的全面了解的一流科学家，这样，加上独立性，才可保证其特殊的学术风气，才能对请求基金的项目有公正的评议和核准。

(3)较大规模的研究项目，必须有长期的计划。不用基金和合同方式。请仍经国家核准后，用拨款方法支持，设立在科学院和各大学中的开放性的国家实验室。

当然，以上三点仅为局部性的建议。

——美籍著名物理学家李政道教授

(《人民日报(海外版)》1985年7月12日)

基金委主要是以资助基础研究为已任的。现在在科技界，有些人不愿做艰苦的基础工作而总想走捷径。基金委不应鼓励这种不求实的倾向，而应大力资助真正的基础研究，特别是应用基础研究。

现在科研机构之间各自不联系造成了极大浪费，各自为政的情况依然非常严重，横向研究项目往往彼此封闭起来，在同一水平上多家重复，互不通气并严加保密，这不利于推动科学研究。基金委应使用经济杠杆使科研单位开展协作。

——中国科学院学部委员、国家地震局地球物理所名誉所长顾功叙研究员

(《中国科技报》1986年9月15日)

如何使有限的基金发挥最大的效益？我认为，首先，基金要用在各学科领域的前沿研究课题上，不论科学或技术都应这样。科学与技术是不同的，前者重在理论，后者贵在应用。科学要深，技术要新、要精，二者相辅相成。基金分配应兼顾，不可偏废。如果只注重基金使用的直接成果，必然会忽视对基础理论的支持，那对长远规划是不利的。其次，对申请者要进行必要的审核，了解其工作作风与态度，尤其要注意在引进技术的潮流中，是否盲目抄袭外国的，区别引进与创新。再次，对于基金使用，应报请必要的方案，请有关部门加以控制，对使用不当者，应给以必要的处理。

——中国科学院学部委员、动物研究所郑作新研究员

(《中国科技报》1986 年 9 月 22 日)

我国自然科学基金的设置，比工业化程度高的国家意义更大，也更重要。如果我国不重视自己钻研，没有在经济上扶植更多的着眼于提高的工作，青出于蓝而胜于蓝，就不可避免地要仰制于他人。

——中国科学院南京古生物研究所卢衍豪研究员

(《中国科技报》1986 年 9 月 22 日)

为促进科研工作的合理布局，纵深配备，增加储备，应大力支持和加强思想新颖、应用背景明确的基础和应用研究，以缩小与发达国家之间的差距，提高开发工作的水平。

高等学校特别是重点高等学校，有较雄厚的科学研究力量，对基础和应用研究有其有利条件，建议给予优先考虑。

在管理上，在有重点、有规划、有组织地通过科技发展规划、项目指南等方式加以引导的同时，更应鼓励思想新颖、有开创性的中小型自选项目。

科学基金的专家评议是一种较好的办法，但对一些应重点支持的和成果比较突出的项目，希望基金委员会深入了解，组织专题评审。

对一些成果好又有发展前途的项目，为使其向纵深方向发展，应给予持续稳定的经费支持，以免研究工作中断。有些有较高造诣的学术领导人及较强的梯队，没有拿到“七五”规划项目，要注意予以支持。

——中国科学院学部委员、清华大学学术委员会主任潘际銮教授

(《中国科技报》1986 年 9 月 15 日)

我愿意在此引用美国著名生物化学家李普曼教授的一段话。他说：“正是由于公共基金的分配考虑周密，才使美国科学跃进到无可争辩的世界最高地位。国家卫生研究院和国家科学基金会……决定了一项赠予基金的政策，保证了判定给与基金时是公平而严格的。这就使基金分配对有天赋、有前途的男女青年以及那些已经显示他们能力的人受惠，特别是对青年人给予基金资助和较高的薪金，不仅吸引了国内有天赋的人到科学领域里来，而且把全世界有科学才能的人吸引到这个国家来。”

我阅读了国家科学基金委员会今年 4 月 5 日的通告，对“通告”第 5 条特别感到兴奋与鼓舞，即对优秀青年科学工作者的申请和边远地区科学工作者结合当地条件和特点的申请项目，优先予以考虑。这一条是富有战略眼光的条文。最近我又阅读了中国科学院决定在若干科学前沿和有广泛应用前景的科学领域，选择部分研究所和实验室向国内外开放的消息，这也是一个创举。

——中国科学院学部委员、军事医学科学院周廷冲研究员

(《中国科技报》1986 年 9 月 22 日)

申请科学基金要求具备完成项目的人力和其他辅助条件，这样，可以保证资助的科研项目不致于落空。对科学工作者来说，如果获得资助，主观上要提高责任感，客观上会有压力。所以科学基金是振兴科学的有效办法。

我建议:①如果申请项目在规定期间尚未完成,但已做了大量工作,得到明显的进展,留下的部分工作指日可以完成时,基金委应予以继续资助;②基金委应掌握一定数目的小额外汇,申请外汇的手续要简便。这样,可以帮助获得基金资助者临时向外购买少量急用的药品或制剂,以利工作顺利进行。

——中国科学院学部委员、军事医学科学院朱壬葆研究员

(《中国科技报》1986年9月15日)

我认为科学基金对新兴学科要支持,对老学科也要支持,特别要支持老学科中对国民经济建设影响大或采用新技术(或高技术)有成绩的研究工作。

重视那些对经济建设有直接影响、近期就能看到经济效益的研究工作,是必要的。但另一方面,对那些有意义的基础理论及应用科学理论的研究也应给予必要的支持,这是关系到我国的学术水平及较长远的经济发展的问题。从事这类研究因得不到产业部门的支持,经费无来源,即使在高等学校,从事这类研究的人也愈来愈少了,前途颇令人担忧。

高等学校有一支相当大的科研队伍,如我们西安交通大学就有580多名专职科研人员,每年还有数百名研究生要做科研论文。所以,每年要进行大量的科研工作,他们所进行的研究,其他方面的科研机构是代替不了的。但是科研经费及条件问题较大。殷切希望自然科学基金委员会对高等学校的科研给予更多的支持。

——西安交通大学史维祥教授

(《中国科技报》1986年9月22日》)

我国是一个发展中的国家,从整体上说,生产技术水平不高,科研力量薄弱,经费极为有限。因此,如何使用有限的人力、财力,最大可能地促进国民经济的发展,就极为重要。

为有利于引导我国科技工作者更好地面向国民经济建设,并考虑到国家自然科学基金与生产部门科研经费的分工,建议:国家自然科学基金的大部分要用于支持与我国实际相结合的应用基础研究;加强对基金支持项目的效益考核。在效益的考核中,论文只应占部分比例,重要的是考核对我国经济和科技发展的价值。应在报刊上公布基金申请办法、评审条件,进行必要的宣传。

——哈尔滨船舶工程学院杨士莪教授

(《中国科技报》1986年9月22日)

在国家科学基金的管理工作中,制订《科学基金项目指南》是关键性的一环。《指南》应该是一个指导性文件,它既能指引科学家按《指南》的方向提出课题,又能起到一种组织作用,组织多学科、多兵种协同作战,攻克一些重大理论问题。

评审工作如何做到公正,是一个问题。据我所知,美国某卫生研究院每年收到上万份申请书,设立二三百个评审组。所以基金委应根据课题内容组织好评审小组。另外,还可考虑请国外专家参加评审工作。评审时,采用面对面的评审,建议建立初审和终审制。申请人要解答问题,把评审作为一次学习、提高的机会。应制订严格的保密制度,保证申请人的设计思路不被泄露和剽窃。

——中国医学科学院院长顾方舟教授

(《中国科技报》1986年9月22日)

农业科学也是知识、技术高度密集的领域。长期以来，我国农业科学面向生产建设，取得了很大成就。但是，农业科学的基础工作和理论研究，长期不被人们所重视，再加上目前科研经费的严重不足，使农业科学基础工作和理论研究十分薄弱，亟需加强。应重点资助基础的、前沿带头的技术领域。如农业资源保护、开发和利用，动植物遗传、生理生化、生态系统的研究。对农业科学有深远影响的生物技术、微电子技术，以及光合作用、生物固氮、抗性机制、激素控制等也应作出安排。有些基础研究的实际应用暂时还难以预见，有条件的也要安排适当力量去探索，为 90 年代乃至 21 世纪初的农业振兴，提供必要的科学技术储备，以解决生产发展的“后劲”问题。

建议组织精干的农业科学基础工作和理论研究的“国家队”。通过国家自然科学基金资助，开展必要的基础工作和理论研究，逐步把精干的“国家队”组织起来。

——中国农业科学院院长卢良恕教授

（《中国科技报》1986 年 9 月 22 日）

（国家自然科学基金）这样的体制、组织和评审原则将突破我国长期以来形成的条块分割的科研管理体制和按行政隶属关系拨款的经费管理制度，从而有可能摆脱各种弊端，并充分体现科学家当家作主的精神，开创以民主和科学方法管理科学研究的新局面；使有限的科研经费发挥更好的投资效果，使我国中高级科技人员的创造性科学思想可以及时获得必要的合理的资助。基金的申请评审过程也会促进科技信息的交流，鼓励同行之间的竞争，促进创新意识，起到激发我国科技队伍创造力的积极作用……

由于科学研究是探索和创造的过程，因此科学基金要把尊重和支持科学家的创新思想放在首位，在按照世界科技发展的大趋势和我国四化建设的实际需要提出一些方向性选题指南的同时，应该敏感而积极地支持那些具有创新思想、有应用前景、又在近期可望进行研究的新构思。只有解放思想、在学术上实行民主自由，才有可能迎来科学园地的百花争艳、硕果累累。科学基金只占全国各类科学技术投资的不足 1%，科学基金应当坚持指南引导、自由选题、专家评审、择优支持的原则。

现代科学技术的发展日趋综合，学科之间互相渗透和交叉越来越深刻和广泛。现代科学研究要想取得卓有成效的进展，必须走联合、协作的道路。这已成为科学历史发展的必然。然而由于众所周知的历史和社会原因，我国科研体制还存在一些弊端，如：严重的条块分割、部门分割、力量分散，教学、科研、生产相互结合比较松散，基础研究、应用研究、开发和技术推广衔接不够紧密等。这些都是科技体制改革的重要目标。我们科学基金委员会直接隶属国务院，面向全国，不受部门掣肘之苦，这是我们最大的优势。我们应当充分运用这有利的条件，制定出相应的资助政策，积极主动地推动跨学科、跨部门、跨地区的联合，通过联合发挥各方面的设备优势和智力优势，从而提高科研水平、缩短工作周期、节约科研投入和避免低水平的重复；促进高等院校、科研机构和生产企业之间的联合。对一些在近期可望取得重要社会和经济效益的项目，可以列为重点资助项目，争取多渠道联合资助和分工协作的办法。对于一些值得探索的研究方向可以先由科学基金给予前期支持，然后争取其他专项拨款或企业方向的资助进行后续研究。新的一代科研人员是我们科学事业的未来和希望，科学基金应注意在同等条件下优先支持与培养研究生相结合的科学研究项目，使高层次科学研究的过程和我国高层次人才培养的过程紧密结合起来。这不仅有利于发挥青年科技人员的创造精神，而且有利于造就他们理论联系实际的优良学风和对我国四化建设奋力攻关的献身精神。同时，也有利于进一步发挥我国高等院校人才优势，发挥高校的科研潜力。

当代科学技术发展具有广泛国际性的特点。我国当前实行全面对外开放的正确方针、努力吸收先进的科学技术和管理经验、跟踪世界高科技的发展是迅速缩小我国和世界先进国家科技差距的重要措施。我国科技界与国外同行联系十分广泛，自1978年以来我国派出的进修生、留学生、访问学者已超过3万人。其中许多人已经学成回国或即将学成回国，他们大多数比较了解自己专业领域内科技发展的前沿。自我国颁布学位条例以来，我国自行培养的硕士生和博士生也已成批充实到科研、教学岗位。他们是在80年代开放形势下培养的新一代高级科技人才，不但有扎实的理论基础，而且对本学科发展的前沿比较熟悉和了解。因此，我认为科学基金应该注意资助下列项目：有重要科学意义或在我国四化建设中有重大应用前景、我国力量比较薄弱的国际合作项目，留学回国人员结合我国需要和继续发展在国外已经取得初步成果或经验的研究项目，国内培养的博士或硕士研究生提出的优秀项目。有重点地和国外基金会合作资助我国著名学者和国外同行进行合作研究的项目。积极发展和国外的国家或民间科学基金会的交流和合作。目前世界各国这类科研资助机构很多，他们都积累了相当多的经验，并取得显著成效。

我国幅员广大，地域辽阔，经济和科技水平很不平衡，自然和社会条件也各具特色。有许多带有区域特点的研究项目需要支持。建议科学基金会注意支持"老区、少数民族及边远地区"具有地区特色的研究项目，鼓励发达地区的科研机构及高等院校和"老、少、边"地区合作的研究项目，为开发"老、少、边"地区的地方资源和振兴区域经济做一些有益的工作。

在我国四化建设事业中软科学越来越显示出重大的作用。一项正确的决策、系统科学对工程和经济的指导往往带来难以估量的经济效益和社会效益。而且现代软科学的研究已改变了过去单纯靠个人思维、论证、推断的特点，而需要多门类自然科学家和社会科学家的协作才能进行。因此，我建议自然科学基金委员会可否考虑试点资助少量软科学课题，为国家一些重大的经济技术决策提供科学的方法和依据，并为组织软科学研究探索出有益的经验。

国家自然科学基金委员会的主要任务旨在资助基础研究和部分应用研究。为我国科学技术的持续稳定发展奠定坚实基础和增添后劲。因此，我们的工作应该不务虚名、讲究实效、不图近利、放眼长远、做好科技振兴的奠基铺路工作。科学基金的作用应该经得起历史的考验并越来越显示其对我国科技发展的独特作用。最后，祝愿国家自然科学基金财源茂盛、兴旺发达，在振兴中华的两个文明建设中功绩卓著。

——浙江大学校长路甬祥教授

(《中国科学基金》1987年第1期)

国家自然科学基金应该首先支持具有重要科学意义和应用前景的项目，尤其是针对我国的社会、经济和自然条件、资源特点和实际需要的研究项目；支持学术思想新颖、立论充分、目标明确、技术路线合理，既有远景目标又可望取得近期结果的项目，应优先支持优秀中青年科技人员、归国留学人员提出的申请；注意支持少数民族、边远地区科技人员提出的优秀项目；并鼓励跨学科、跨单位、跨部门、跨地区进行联合研究。也可以试点支持中外科技人员合作研究的有价值的项目。

为了便于交流信息和经验，建议出版国家自然科学基金年鉴；积极展开对外联络，发展与世界上著名的科学基金会之间的联系，探索合作的可能，交流基金的管理经验。

——浙江大学校长路甬祥教授

(《中国科技报》1986年9月15日)

国家自然科学基金委对于稳定我国的基础研究工作及其队伍，在很困难的条件下，继续贯彻国家重视基础研究的方针，起了非常重要的作用，所取得的成绩，有目共睹。

——中国科学院学部委员、中国科学院院长周光召研究员

(《中国科学基金》1989年第2期)

这几年基金委工作做得很好。我参加了基金委组织的几次重大项目和面上项目的评审，大家畅所欲言，充分发扬民主，很畅快。基金委的同志辛辛苦苦，做了许多有成效的工作，我接触到的科学家还是满意的。

基金委员会的章程应明确基金委的性质、任务、责任，让每个委员更好地为基金委做点工作。现在能起的作用，被动时多。请我来开评审会，如果与其他会议冲突，我总是来参加基金委的会议，这可能是责任心。人总是要把自己承担的工作做好的。如果基金委有个章程，有个要求，就更好一点。

设立青年科学基金我是很赞成的。现在博士、硕士分配难。因为博士、硕士的待遇极低，工作环境也不理想。听说，科学院科技大学的毕业生原来是90%的人报考研究生，70%录取，但是1988年报考研究生下降到50%。听说北大比科大的比例还低。研究生毕业都不愿做研究工作了，有的却去搞推销工作，这个工作收入多。研究生的待遇太低，刚毕业的博士生的收入不能支持正常生活。基金委应该增加对青年人的资助经费。

关于批准率，如果把水平较低的项目都算在分母里是不太科学的。我接触到科学院物理研究所的许多同志，没有申请到基金，他的工作也搞得不错，相当一部分研究人员很伤心。我一再鼓励他们明年再申请，但他们说："不再申请了"。情绪很复杂，他觉得太难了，如果再申请不着的话，面子要没处放。人活着总是要有所作为的，基础研究搞不下去，就要转去搞别的。实际上基础研究队伍的流失还是很严重的。队伍稳定不住。基金是搞基础研究的人员唯一能得到救命的钱了，如果连这个救命钱都求不着，他只有自找出路了，比如去搞开发公司。所以批准比例太少是个大问题。当然，增加强度也是对的。

我希望对优秀的工作要尽量给以资助，优秀人才流失过多，对基础研究工作不利。面上工作也是很重要的，应处理好重点和面上的关系。诺贝尔奖获得者，当时有的课题并不是前沿课题，但取得了重大的突破，因此不能忽视面上项目。

关于管理方面，基金委有许多成功的经验，原来建立的基本设想是好的，但可以简化。通讯评议和会议评议基本是好的，不可大动，要相对稳定。专家会议评审很重要，但评审工作可以减轻，专家开会应主要讨论科学发展方向，重大项目立项等。评审工作要简化，广泛运用通讯评议，经5位专家通讯评议后，由组长、副组长商议一个意见。专家会议可以两年召开一次，讨论立题、方向和《指南》。

——中国科学院学部委员、中国科学院数理学部主任章综研究员

(《中国科学基金》1989年第2期)

这几年来，基金会的工作的确是有成效的，使用科研经费比较公正合理，而且的确产生许多成效，这一点，大概是从中国科学院的基金成立以后继承下来，又巩固发展了，这是应该让社会上、领导上充分了解的。基金委的这种工作方式，在科学投资上，实现决策科学化、民主化、值得推广，尤其是更大型的科学投资，更应该走这条路子。

最近我看到日本人论经济起飞的一些文章，总结他们的经验，日本人分析它不是从二次世界大战起，是从明治维新以后进行的一次科学革命。从明治一上台，大概 1868 年，下令建立一批帝国大学，而帝国大学一开始时就建立研究生院，培养博士生；从 1878 年到 1888 年有一系列的学会建立，1900 年左右，日本的科学革命基本完成了。现在科学已经深入到教育体系，而且自己可培养出科学家出来，到工业革命大规模展开的时候，他们已经有了科学的基础。对比一下，中国当时正好是李鸿章、张之洞搞洋务运动的时代，买枪炮、军舰，只想到兵器是有用的，但是没想到科学是有用的。这个差别造成中日"甲午战争"时，结果海战败于日本。这个经验教训值得吸取。

现在不能说日本只重视应用不重视基础科学，这是一种误传，不符合事实。日本在 30 年代长川的工作，获得诺贝尔奖；40 年代，朝勇的工作获得诺贝尔奖，都是纯基础研究的。当然获奖没有美国那么多。

我国要借鉴日本的经验的话，就要重视人才。他们对人才的素质很关心，基础研究出成果出人才。

要不断地大力宣传基础研究的重要性。基础研究的重要性可以有很多例子说明：例如 CT 工作，大家都知道有很重大的发展，实际上是个数学问题，在发现的时侯，并没有认真考虑到数学问题，其中提到"若顿变换"，"若顿变换"成为许多搞机器的人都要熟悉的理论基础。这就说明，原来若顿研究出这一理论成果，为以后研究的 CT 奠定了基础。

所以有些东西可以预见得到，有些预见不到。支持基础研究就是有些东西预见不到，所以才需要支持。例如高温超导研究是缪勒和伯诺斯得诺贝尔奖的工作，并不是他们研究所列入计划的课题，换句话说是没得到研究所支持的黑课题。

我在这里强调的是一些非定向的研究，需要有个人的才智、机会。苏黎士实验室的条件并不好，缪勒做了工作以后，后来过了好长时间，才由别人做出麦氏效应。伯诺斯做论文，是用放在晶体振荡实验室门外烧陶瓷的一个炉子。所以我说支持一些非定向的基础研究课题，是有它的意义的。过分强调基础研究的直接效果，会妨碍科学工作者的自由度。

我的经验，基础研究如果深入下去的话，总会有一些应用的。这个应用有个周期问题，时间可能要长一点。

基础研究的队伍不在于非常大，也不在于经费非常多，当然适当的经费是必要的。不要对它施加压力。基础研究是会"冒泡"的，也会出一些有应用价值的成果。但是过分强调现在就要"冒泡"，是不符合基础研究自身发展规律的。

应该呼吁重视基础研究工作。但是基础研究的界限要划清楚。否则的话，你做了大量的工作，用了基础研究的不少经费，而不一定是基础研究的事。现在支持应用研究，开发研究的渠道很多。而对基础研究能旗帜鲜明支持的渠道已经很少了。自然科学基金是当前最主要的渠道，所以，应旗帜鲜明地、理直气壮地支持基础研究，并向领导呼吁，这个钱是不会白花的。

——中国科学院学部委员、南京大学研究生院院长冯端教授我们基础研究向来就是广义的。联合国科教文组织的定义早已经不用了。我们实际上从中国科学院的基金到现在为止，这六年多来，咱们这些批准的项目，向来都是广义的内容。

从国家科学研究布局来说，主战场是攻关，经费是大量的，另外一个是高技术，钱亦多，少数人搞，有具体目标，剩下的就是基础研究，本来就是要分散一点，因为学科很多么！在学部下面的若干个学科，在这些地方，布置一些或是长远一点，或是近期一点，都是有应用背景的，或者绝大多数都是有应用背景的。我说是没有一个东西是没有用的。认识自然，总是运用这个规律去改造自然。所以，为什么不能有这一点呢？从经费分配来说随便在哪儿少一点浪费，都比咱们一年1亿多。从1万多个项目中间挑选25%，通过这么多科学家来通讯评议，还要他来答辩、汇报。我从中国科学院到现在，已经参加了四届，从我们所做的工作中间，没有按照一定发展方向、想入非非就把它批了，没有这个事情。就从这个意义上，我们是不是还保守了一点，人家确有新概念的，我们这些科学家还跟不上啦，没有批人家的。所以说，我们把握方向是不是还过了一点。

引进老厂的改造，有哪一个不要我们基础研究的成果。最近，我们分析了一个金山工厂，60年代进口的设备，进行技术改造，使产量翻番(70%)，从热力学，两相流体力学，从设备的结构，我们花了近一年的功夫进行研究，做了可行性的报告，这个报告说明若干年基础研究的积累是能在主战场上起作用的。“863”的论证亦离不开基础研究工作的积累。

——中国科学院学部委员、清华大学汪家鼎教授

(《中国科学基金》1989年第2期)

农业方面大部分是应用基础研究。应用基础研究是很重要的。我国是有五千年历史的农业古国，保存着大量的种质资源。现在我们已收集了30万份的资料，每个品种都要经过鉴定。如研究它的耐寒、耐旱性能，对光的反应和对碱性土壤的反应，抗病性能等。我国肥料不够，人们到处抢肥，但缺乏对土壤和肥料的基础研究资料。基础工作总的来讲有了一定的开展，但还没有受到应有的重视。

现代农业也要有现代的科学和管理来武装。随着科学发展的大趋势，出现了社会科学同自然科学的交叉，技术科学同经济学的交叉。发展生产，既要考虑自然规律，也要考虑经济规律。我们研究自然科学的，同样也要有自然规律和经济规律的头脑。我认为科学基金对交叉的自然科学要给予相当重视，支持前沿，生长点，方向性的东西。

温饱解决之后就要求动物性的食品增加，我们现在的口粮并不缺少，而缺少的是奶、蛋、瓜果这些东西。最近有一个统计数字。十年以来，鸡蛋增加了90%，鸭蛋增加了90%，猪肉增加88%，鱼增加54%。而这些东西是粮食转化的。10亿人民吃饱以后，如何吃的好一点，吃的营养一点，仍是一个问题。我们前一个时期是吃饱求生存，第二个阶段是吃饱求口味，第三个阶段是吃饱求健康，如何搞好这个问题是需要科学研究的。例如：大豆有高蛋白，能不能代替动物蛋白，代替到什么程度谁也解答不了。这就需要做基础研究。大豆作为优质蛋白一定要开发，我国是大豆的故乡，但是却发展不起来，一年才1 100万吨，而美国6 000万吨。自然科学基金委员会以自然科学为主，结合社会科学来研究国家的决策问题，是很重要的。

——中国农业科学院院长卢良恕教授

(《中国科学基金》1989年第2期)

自然科学基金会虽然成立不久,但在科技界留下了声誉。在资助基础研究,支持新思想、新构思方面,已经成为我国鼓励创新的一个途径。科学基金在稳定基础研究队伍,特别在支持培养研究生,培养我国自己的新的科技力量,发展和提高我国科研队伍的水平方面做出了重要的贡献。

现在的钱实在太少,问题是如何从少变多?基金会有一批专家,有全国科技工作者的支持,各行各界的优秀的专家都在我们周围。我讲的是把工作做的层次更高一点,更科学一点,更系统一点,使领导更加能接受一点。我提议,基金会可以专门立一个项目,从更高的层次研究我国科学技术的发展战略,从更高的层次研究科学基金的重要性。今后 10 年国民经济应转到依靠科技进步、依靠提高人民素质上来。只是讲还是不够的,还要有科学的论证。基金会可以考虑列项目公开招标,请一些大学、一些研究机构来作这个题目。

要充分考虑到国内外大量的优秀人才,要想法把这些人吸收到基础研究队伍中来。我们派往国外的留学生已有 4 万多人。从今明年开始,已经取得博士学位的留学生应该回国,国内每年培养的博士研究生已上千人,硕士研究生每年有 2 万左右。所以,大批的青年人要到研究机构和高等院校中去工作,而其中有一部分是相当优秀的,应该为他们提供研究工作条件,青年科学基金应有比较大的增长。

现在资助率 25%左右,这是很低的,大大挫伤申请者的信心。获得基金的数目,可影响到学校的声誉,也标志着一个教授、副教授在同行中的地位。我们做了许多工作,每年都专门开会动员,但申请的积极性不是在不断增加,而是在下降。其主要原因是:中选率比较低,拿这个钱非常不容易。我校在 1988 年 10 月份通过了一个决定,在升高级职称时,副教授一级有没有申请到过自然科学基金,要做为重要指标之一。想用这个因素来激发大家申请的积极性。建议努力增加经费,使获准率达到 50%左右。

——浙江大学校长路甬祥教授

(《中国科学基金》1989 年第 2 期)

基金委这几年工作不错,希望今后更好努力。关于资助面的问题,现在有的资助项目用于研究工作的经费,最低限度都不够,不能再低了。要限制申请范围,资助基础研究。坐冷板凳的不能马上转化为生产力的项目要资助;热门的不要资助,有些好的项目可以推荐给其他部门。

不要扼杀好苗头,钱不一定多,提倡大家来干一件新的有意义的实事。重大项目占 4%为好,要从重点项目中产生,从过去好的题目中出,重大项目不宜多搞。要保证有前途的学科。《项目指南》的面太广了点,看不出真正的发展重点。

——中国科学院学部委员、中国石油学会会长侯祥麟博士

(《中国科学基金》1989 年第 2 期)

这几年,科学基金对高校建设,包括学科建设,体制建设,起了很大的作用。目前如果没有基金的补助,研究生的队伍就会垮掉。我们学校的研究生、博士生,1988 年每人需要用钱 7300 元,实际教育部门只给了 6000 元,不足部分靠基金补助。我们北京医科大学 800 多研究生,其中博士生 200 多人,如果没有科学基金,这些人的学习就很困难。科学基金面上自由选题这部分基金不能再减了,如果减了,高校的队伍可能会散,特别是现在正搞厂校联系的

情况下，搞基础研究的困难会更多一些。基金对稳定队伍是非常重要的。

关于广义或狭义的基础研究概念问题。从医学口来讲，广义的概念是比较适合的。就外科来说，到了再造的时代。如肿瘤问题，肝切掉了，要换肝，带来器官移植、组织移植和细胞移植等问题。这些工作如果没有基础研究配合是不会有成效的。器官移植，如不搞免疫研究是不会有成效的。最近自然科学基金批准资助的有些项目中，有肝细胞的移植、神经细胞的移植和胰腺细胞的移植等等。在这些方面的基础研究都还没跟上。如果不在细胞水平、分子水平上研究多种生物细胞的特性和移植以后的生物细胞特性，要收到疗效，基本上是不可能的。肿瘤问题，即使你手术做得漂亮，如果做完后，你的放射治疗、化学治疗、免疫治疗，或者免疫炮弹等跟不上去，要疗效也基本上是不可能的。原来搞细胞融合时，从来也没想到单克隆问题会出来。用单克隆抗体做炮弹，扫描、早期化疗等等，一下子水平就提高了一步。另外一个例子，就是要搞再造，这是外科非常大的一个问题，搞再造就要对人工器官、人工材料、人工组织进行研制，以及人工心脏、人工耳膈、人工肢体等等。此外，还有人工关节、人工肌腱、人工膜等等。搞人工心脏时，血液动力学、血液粘稠学要搞，一系列的化学问题要研究。搞器官移植，一定要搞反流问题、心肌缺氧的研究，不然，移了白移。断肢再植，如果不研究断了以后缺氧多长时间就不能恢复，待胳臂、腿移植上了，胳臂、腿就不会动颤。所以，一系列基础研究不做，要得疗效是不可能的。

另外一个问题，就是到底我们的基础研究工作是超前发展了还是滞后了，从医学看，这几年刚刚起步。

成果转化的问题，利用时间差把未拨款的一部分，支持一下成果转化问题，能够创一部分东西，我看这个办法可行。我们那里是这么干的，我们这部分钱拨了以后，先存到银行里去可以拿到一点利息，我们拿这点利息，又搞了一个专门支持我们学校里的青年基金，因为他钱一时还花不完，我先把钱存到这里。这部分钱，一部分可养我们的动物实验室，一部分可用运转，都是用在科研上。现在又学到一个利用基金拨款的时间差，我们又可以支持成果转让，订合同转让，我觉得这些经验都是很好的。

至于说要不要搞一个留学生基金，我觉得是可以搞的。设留学生基金，可能会吸引到一些人才。这个问题，基金会无论如何也要想办法解决，否则我们这几年培养的人，就白培养了。

——北京医科大学校长曲绵域教授

（《中国科学基金》1989年第2期）

要打破那种说好听的假话；不好听的话，该说的也要说，要实事求是。如果我们的基础研究达不到一定水平，就无法生存。不能说别人已做出来的，我们再做出来就是有国际水平。有人说科学家往往不是从国家需要的角度来看问题。我听了很反感，我们不是为自己挣钱而是为了将来我们的经济发展。因种种原因现有相当一部分人留学生回国了。我们这些人完全可以在国外做研究不回国，我本人就是个例子，为了建设祖国回来了，但我回国后，只有二分之一的时间从事研究工作。

我记得过去有一个淘汰制，我们能否在批准的项目中，淘汰一部分进展不好的项目，支持一些更好的项目。比如考大学，一些人考大学时很用功，一旦考上大学就不念书了。

只从现实出发，不考虑长远，好比树没有根。要重视基础理论关键在投资，应该提高基础研究经费的比例。

——中国科学院学部委员、中国科学院生物物理研究所邹承鲁研究员

（《中国科学基金》1989 年第 2 期）

基金委三年来取得了大量的成绩。问题是钱少，事情难办。面上项目批准率在 25%左右，如果提高到 30—35%就能资助更多较好的项目，是否可以把重大项目缩小一点，能够把自由申请批准率提高一点，昨天一个同志谈到：在国外留学的有 6.1 万人，里面有 2 万左右搞生物，另 5000 人与生物医学有关，如果回来一部分就要资助他们开展工作。

生物学部申请的项目和金额是全委最高的。生物学部的同志很辛苦，要成立一个医学学部不大可能，我们是不是可以多借几个人，把生物医学、农林工作做得更好一点。基金委制定了廉政措施，这很好，但在基金委工作的同志也不要太清苦，委里才 170 人，工作量相当大。资助项目取得了很多成果，获得自然科学奖的比例不少，这令人高兴。今后每年可以评选优秀论文。

——中国医学科学院院长顾方舟教授

（《中国科学基金》1989 年第 2 期）

我们有这么多大学，它的研究经费却不足。通讯专业几乎每所工科院校都有，申请世界银行贷款用于通讯、计算机的差不多有十来个单位。假若只靠世界银行，最后评到可能只是几个，其余学校怎么办？

现在好像什么都变成钱的关系了，科学院或学校去做课题，就要工业部门你拿钱来。工业部门说，我没有钱，我靠外国引进更方便，钱让外国人赚去。假若是这样一种关系的话，我觉得是有问题的。国家要有措施，自己能解决的问题要自己解决，不要找外国人，要制订这样一个法律，中国的科技才能得到发展。决不能把基础研究工作看成好像是一百年以后的事。

——中国科学院学部委员陈芳允研究员

（《中国科学基金》1989 年第 2 期）

工 作 报 告

中国科学院科学基金四年工作总结

中国科学院科学基金委员会

（1985 年 12 月 26 日）

根据中国科学院学部委员的建议，经国务院批准设立面向全国的中国科学院科学基金，四年来在支持基础研究和应用研究中的基础性工作（以下简称基础性研究），探索科研管理体制改革途径等方面，进行了有效的尝试。今年 3 月，《中共中央关于科学技术体制改革的决定》明确指出：对基础研究和部分应用研究工作逐步试行科学基金制，并设立国家自然科学基金会。这是对基础性研究工作的重视和支持，也是对试行科学基金制的有力推动。

在国家科学基金委成立之后，中国科学院科学基金经费和已批准的资助项目将全部转入国家科学基金的渠道。为此，我们对四年来的工作进行了总结，供将要成立的国家科学基金委参考。

（一）

四年来，共受理申请项目 9 344 个，申请总金额 75 339.35 万元；评审 9 292 项，评审项目申请金额 73 672.17 万元；批准资助 4 426 项，资助总金额 17 270.66 万元，分别为评审项目的 47.6％和评审项目申请金额的 23.4％。批准资助金额中：基础研究占 17.7％，应用研究（主要是基础性工作）占 82.3％；高等学校占 73.8％，科研单位和其他单位占 26.2％；中央各部门和地方所属单位占 83.6％，中国科学院占 16.4％（对中国科学院所属单位的申请有所限制）。各学科占的比例分别为：数理学11.3％，化学20.4％，生物学37.6％，地学 8.4％，技术科学 22.1％，管理学和其他 0.2％。

科研人员和所在单位对获得科学基金资助普遍重视，不仅看做是经费上的支持，而且看做是学术上的荣誉。绝大多数资助项目的安排、落实、管理工作做得较好，一般都把它列为重点项目，指定专人分管，定期检查督促，及时解决存在的问题。不少单位结合实际情况，制订了具体管理办法。由于受资助科研人员的勤奋工作和所在单位的积极支持，资助项目研究工作的进展总的说是好的。只有少数项目由于申请人出国、调动工作、重病、死亡或仪器设备供应不及时等原因，研究工作进展受了一些影响。我们已对这一部分项目采取了撤销或中止资助、改变项目承担单位、调整项目负责人等措施。有些管理较差的单位，经我们检查或通报批评，工作有所改进。据1985年上半年的不完全统计，科学基金资助项目在过去研究工作积累的基础上，已完成学术论著8 228篇，其中在国内外有影响的学术刊物和学术会议上发表的3 097篇，163项成果已通过了专家评议或鉴定。有些理论成果达到了世界先进水平，受到国内外同行的好评和重视；一些有应用价值的成果正在扩大试验或推广，其中清华大学诸国桢副教授主持研究的“液晶中指向波的机理及其应用”，国家地震局地质研究所副研究员徐道一主持的“天文地质学基本问题探讨”，华东化工学院教授施亚钧主持的“原料气中脱除二氧化碳”和“原料气、烟道气冶炼废气脱除硫化物”研究，东北工学院朱泉教授主持的“板带材异步轧制时金属变形规律及力能参数的研究”，武汉建工学院袁润章教授主持的“粉煤灰、矿渣及硅酸盐玻璃态胶凝材料的组分结构及性能研究”等研究成果，已作过报告。现再选择一些，举例如下：

四川大学孙顺华副教授主持的“线性算子理论及其应用”研究，成功地解决了著名的Holmos第五问题，经同行专家审议，认为“孙不只解决了著名的公开问题，也发展了人们注目的Toeplitz算子理论，工作是深刻的、漂亮的”，“是我国在算子理论方面很突出的贡献”。

中国科学院福建物质结构研究所陈创天副研究员主持的“新型极性材料——(B-O)基团化合物的制备、结构、性能及其应用研究”，在多年理论工作的基础上，经过大量的实验研究，首次找到制备并培养成功具有实用价值的新型非线性光学晶体材料B-BaB_2O_4，生长出大尺寸、高质量的晶体。经国内几个主要激光研究单位测试和使用，证明该晶体具有良好的紫外倍频性能和优良的热电性能。中国科学院组织的鉴定认为，该晶体是我国通过结构与性能、物理与化学、理论与实际三结合研究创制出来的优良非线性光学晶体，性能和所采用的研究方法在国际上是先进的，它是我国研究新型晶体材料工作的重要成就。国外已有十多个单位提出购买晶体或开展合作研究。

华中师范学院宁远谋副教授主持的“无间隔电解方法的研究”，已取得阶段成果“零极距离子膜电解法制碱”，并通过了技术鉴定。该成果在国内首次提出并实现了零极距电解制碱，槽压可降低0.4伏以上，具有明显的节能价值。所用膜的电沉积制备方法，国内外均未见报道，较国外的埋入法经济，适用性广。有关部门已安排扩试和中试。

武汉大学余先觉教授主持的“中国主要淡水鱼染色体组型的研究”，考察了150余种鱼类，发现了鲤科鱼类染色体数目新的下限和上限，对鲤科鱼类染色体的特征、进化方式提出了有力的见解，并从细胞分类角度对其系统演化和各亚科的划分提出新的方法，具有开拓性意义；发现了4种鱼类具有性染色体和一些多倍化种类，建立和发展了一些染色体实验技术，其中鱼类细胞DNA含量测定技术已在国内被广泛应用。美、日、苏等国的专家多次索要论文并引用。他们完成的《中国淡水鱼染色体图册》，是世界上第一部这方面的专辑，对我国鱼类遗传学研究有重要作用。

南京农业大学马育华教授主持的“大豆新品种选育与数量性状遗传研究”，在大豆地方品种资源主要经济性状与遗传变异、大豆杂种优势及配合力、抗大豆花叶病毒等方面均取得很大进展。筛选出4种高蛋白质(48%以上)高脂肪(22%以上)的大豆资源，并提供了育种方法和依据材料。1983年至1985年在南京、南通地区已推广4种大豆新品种88万亩，一般比当地品种增产一成以上，总增益500多万元，而且促进了长江下游地区复种制度的发展，有利于综合增收。

西北大学霍世诚教授完成的“中国南部寒武纪高肌虫研究”，取得了许多独创性见解，提出了新的分类标准、分类方案及高肌虫的世界分区和我国扬子地台分区的意见。他们撰写的专著《中国南部寒武纪高肌虫》，描述了63个属、245种高肌虫，其中有新属(包括亚属)12个、新种(包括亚种)90个，所描述的种占世界总种数的60%左右，地质古生物学家们认为，这是国际高肌虫研究中的一部重要著作，它对寒武纪有关磷矿资源的寻找与研究也具有指导意义。

中国科学院地理研究所研究员吴传钧主持的“1∶100万中国土地利用图编制研究”，组织全国45个有关单位300多位科学工作者协作，在各地区有关单位的支持下，已完成编稿图45幅(其中6幅已绘制出彩色打样图)，比批准资助时确定的目标多20幅，占全国需编绘64幅的70%，并已在京、津、唐地区国土规划，黄、淮、海平原农业区划和规划，北京市、海南岛、新疆塔里木河流域等地区土地资源的合理开发利用中，发挥了重要作用。这套土地利用图全部完成之后，将是世界上第一套这样大面积的较详细、系统、全面反映土地利用全貌的图件。

清华大学王补宣教授主持的“高流速高过冷度下的膜沸腾”的研究取得很好成绩，经该校组织评议，认为他们对流体受迫对流时的膜沸腾传热这类复杂现象，不仅有理论分析和计算，而且进行了难度较大的实验研究及数据分析处理。在理论上、测试技术上都有所创新，为冶金工业中急冻高温型材、板材的淬火过程和轧制新工艺提供了有价值的科学数据。

上海交通大学潘健生讲师主持的“微处理机可控氮化”研究，解决了国内外长期存在的可控渗氮技术中的重现性不良和生成膜的硬度分布不均匀两个技术关键，建立了最优扩散条件可控氮化数学模型。按此模型进行氮势控制的电子计算机辅助设计软件和优化控制软件，已于1985年1月由上海市科委主持鉴定，认为该成果填补了国内热处理渗氮工艺模型微机控制方面的空白，属国内首创，达到国际水平。能使铸模的寿命提高三四倍，滚锻模的寿命提高十几倍，现已与有关部门签订了技术推广协议。

科学基金资助项目在取得进展、获得研究成果的同时，一批有才能的中青年科研人员在实践中迅速成长。例如：苏州医学院的阮长耿，1982年申请科学基金时是刚从法国学成回来的讲师，学校的实验条件很差，他申请的“血小板生理机制的研究”得到同行评议和生物学基金组的一致肯定后，基金会根据他的申请，批准给予20万元的资助。经过努力工作，已于1985年3月提前1年完成了预定任务，还培养了5名硕士研究生。经1985年5月核工业部组织鉴定，认为这项成果在我国首次成功地建立了分泌抗人血小板苏州2号、苏州21号单克隆抗体，其功能有别于已知的同类型抗血小板抗体，达到国际水平。对血小板功能障碍性疾病、血栓性疾病、巨核细胞异常增长、未分化型白血病的诊断，具有较高价值。由于阮在研究工作中成绩优异，破格提工资两级，晋升为副教授，先后被评为苏州市、江苏省、核工业部的劳动模范。

南京工学院韦钰申请的“非几何光学断层成像理论的研究”在得到科学基金资助后，深入研究了国际各种几何光学重组成像的理论，在全国学术会议和刊物上发表论文15篇，得到了衰减型和速度型超声CT图。《速度型超声CT系统的建立及测试》论文获中国电子学会生物医学电子学会青年论文一等奖。成像方法用于“六五”攻关项目“超声回波探伤系统”已初见成效，受到了“六五”科技攻关经验交流会的表彰。

浙江大学青年讲师潘云鹤，在“计算机智能模拟美术图案创作研究”中研制的美术图案创作软件，在日本筑波国际科技博览会上展出，引起了各国参观者的注目，专家们认为这项成果是世界第一流的。

上海第一医学院博士研究生陈惠方，在导师熊汝成教授的指导下，在“器官移植前预处理的效果及其作用机理的探讨”研究中，证实移植器管经刀豆素 A 预处理后能延长其存活时间，并已初步在临床应用于肾移植。1985 年 5 月经著名医学家吴阶平等主持的鉴定，认为该成果在国内处于领先地位，具有一定的理论意义和应用价值。

科学基金资助项目在完成预定研究目标过程中所建立的新的研究方法、实验装置、实验技术，也是科研成果的一个组成部分，并为今后深入开展研究工作、培养人才创造良好条件，其中有的填补了国内空白，具有自己的特色。例如：核工业部原子能研究院孙汉城副研究员主持的“电子中微子静止质量测定”研究，经过很大努力，建成高分辨 β 磁谱仪，填补了我国中微子静止质量研究领域的空白。

重庆大学吴云鹏教授主持的“胆道流变学的理论及应用研究”，建成了相当规模、有较高水平的生物力学实验室，培养了 6 名研究生，所完成的“胆汁力学特性的测定”、“胆道振荡排石装置”和“涡流自激振荡扫描喷射器”等阶段成果，已应用于临床或移交工厂生产。

厦门大学刘士毅教授主持的“光伏效应”研究，提出并建立了光强表面光伏测定半导体材料的少数载流子扩散长度，该方法不仅可测量少子扩散长度分布，且不破坏样品，不受样品形状影响，与国际通用的标准方法相比有一定的特色。

（二）

科学基金制在我国是初创，经过 4 年的努力探索，已初步形成了一套适合我国国情的科学基金申请、评审、拨款、管理办法。基本做法可以概括为四句话：宏观指导，自由选题，直接申请；同行评议，基金会审定，择优支持；按项目一次核定经费，分期拨款，专款专用；申请者负责，单位监督保证，定期检查总结。其指导思想是，从基础性研究探索性强、自由度大等特点出发，改革管理方法，充分发挥申请者的主动作用和专家的指导作用，提高选题准确度和经费使用效果，促进出成果、出人才，更有效地为四化建设服务。

1. 宏观指导，自由选题，直接申请

科学基金会根据党的科技方针，结合基础性研究工作的特点，制定了“重点支持原则”、“择优条件”和一些领域的选题指南，用以引导申请。科技人员根据基金会的资助方向及自己的专长、积累和所在单位的工作条件，选择最能发挥优势、最有竞争力的项目，物色志同道合的合作者和协作者，自愿结合，组成人员精干、结构合理、配合默契的研究小组，制订研究方案，编写科学基金申请书，经单位学术委员会和领导审查、平衡并签署意见，直接送交中国科学院基金会。

2. 同行评议，基金会审定，择优支持

所有申请科学基金的研究项目，均须经过同行专家评议。同行评议的方式有两种：一是通讯评议，每项申请须取得 3—5 名同行专家客观、公正的书面评议意见，方能作为审定依据。另一种是开会评议，集中同一领域的申请项目，邀请一定人数的同行专家一起评议，讨论前每一项目均指定 1 名有关专家分工主审。在同行评议的基础上，由学科基金组审议，批准

限额以下资助项目，并对限额以上资助项目提出评议意见，提请基金会全体会议审定。评审资助项目的依据是择优原则和经费可能，重点支持有重要科学意义和应用前景，研究方案先进、具体、可行，申请者和合作者水平高、能力强、工作有基础的研究项目。对中青年和边远地区科技工作者的申请及大协作研究项目，评审时注意给予积极的支持。整个评审过程充分发扬学术民主，依靠专家独立决断，不受行政干预。4 年来参加科学基金评审工作的专家 9 800 多人，约 4 万人次。发出通讯评议函 37 504 件，收回 34 415 件，通讯评议的回收率 92%。这种严格的专家评审制度，不仅提高了选题水平，而且给科研人员以精神上的激励，成为奋发、进取的动力。

3. 按项目一次核定经费，分期拨款，专款专用

在审定资助项目的同时，对资助年限内所需研究经费，一次核定，然后根据研究工作进度，分期拨至申请者所在单位，由申请者支配使用。在研究工作结束前，任何人无权挪用。这样便于科研人员主动安排研究工作，解除后顾之忧。同时也便于基金会在资助项目无法继续进行或发生违反财务规定时，及时采取措施或中止资助。科学基金经费使用范围限于资助项目直接需要的仪器设备、实验材料、动力燃料、计算测试、业务考察、实验室改装等费用。

4. 申请者负责，单位监督保证，定期检查总结

资助项目的管理主要依靠基层单位，同时充分尊重课题组的自主权，获准项目直接下达给申请者及所在单位，申请者根据批准的金额、研究年限和评审意见，制订实施计划，并对研究工作的完成负全责。每年定期向基金会书面汇报一次进展情况和下一年度工作安排，研究工作结束后提出全面总结和有关论著。在不改变研究计划总目标、用款总额和不超越财务允许开支范围的前提下，申请人对研究工作的安排、调整和经费的使用有比较充分的自主权。所在单位负责研究工作的全面领导，凡同意上报的申请项目，一旦获准，就要全力支持，保证所需工作条件，对研究工作和财务开支进行监督，定期检查，写出本单位全部受资助项目进展情况和管理情况的综合报告送中国科学院基金会。资助项目获得的研究成果，由所在单位组织评议鉴定，或报请上级主管部门主持评议鉴定。

（三）

中国科学院科学基金是我国第一代全国性、多学科自然科学基金，它设立的时间虽然不长，对促进科学事业的发展和科研管理体制的改革，已初步显示积极的作用，证明国务院四年前批准设立中国科学院科学基金的决策是有远见的。

1. 加强了国家对基础性研究工作的支持，对弥补国家计划不足，发掘我国科学潜力，起了一定的作用

我国过去不分研究工作类型，按隶属关系层层切块分配科研经费的拨款制度，导致了基础性研究经费缺乏稳定、可靠的保证。中国科学院科学基金的设立虽然是初步试验，每年经费只有 3 000 万元，但毕竟是国家专为基础性研究增辟的一条经费渠道，不仅科学基金总经费有保证，而且受资助的每一个项目在一定期限内的经费也有保证，使一批有重要科学意义或应用价值的研究工作得以顺利开展，深受科研人员欢迎。4 年来，已有 3 万多名科技人员得到科学基金资助，他们分布在 35 个部门和 27 个省、市、自治区的 500 多个单位。一些亟待开展工作、缺乏经费的科研人员在获得资助后，激动地把科学基金比喻做“及时雨”、“雪中炭”、“救命钱”，看成是基础性研究稳定、可靠的经费来源。

2. 促进了高等学校的科研工作以及教学和研究的结合，密切了科研部门和教育部门的联系

中国科学院科学基金有四分之三的经费用于资助高等学校申请的项目，对支持高等学校科研工作的发展和高水平人才的培养，促进科研和教学的结合，起了很好的作用。在一些高等学校的基础性研究经费构成中，科学基金已占相当比重，有的高等学校由于得到科学基金资助，稳定了科研队伍；有的高等学校在科学基金支持下，发展了新的、薄弱的学科领域。中国科学院、高等学校及其他有关部门的专家、学者共同参加科学基金申请项目的评审，不仅充分发挥了科学家的咨询、指导作用，而且为科研、教育部门互通信息、交流学术思想，提供了更多的机会，对科研水平和教学水平的提高，都大有益处。

3. 为我国实行科学基金制提供了直接的经验

科学基金制是对我国传统科研管理办法的一项改革，改革的关键是：建立专门的经费渠道，用按项目拨款代替按部门、按地区、按单位分配经费；建立严谨、公正的专家评审制度，用同行评议、择优支持代替行政办法审批项目。4 年来的实践证明，实行科学基金制有利于为基础性研究的稳定发展提供可靠、持续的经费保证，合理部署科学研究的纵深配置，落实科技长远发展规划，保持经济和科学技术发展的后劲。有利于正确掌握经费使用方向，提高科研投资效果，把有限的人力、物力、财力主要用于学科发展前沿、对四化建设有重要意义、高水平、创造性的研究工作，避免研究项目的低水平重复。有利于增强科研人员的责任心、荣誉感，调动他们的积极性、主动性，发挥他们在研究工作中的主导作用，增进研究集体的团结合作，提高研究工作效率。有利于克服吃大锅饭的弊病，推动基础性研究工作的竞争，促进科研水平的提高，为年轻科研人员的成长和优秀人才的脱颖而出提供了更多的机会。有利于冲破部门分割、地区分割、单位分割，促进不同学科、不同单位科研人员的合作研究和学术思想的交流渗透，加强对全国性大协作和新兴、边缘学科研究项目的支持；在人事制度改革并制订相应的政策之后，科学基金制在促进科研人员的合理流动方面，也将产生积极的作用。有利于充分发挥专家的作用，加强对基础性研究工作的学术领导，避免不适当的行政干预，减少工作失误。

4. 推动了基础性研究管理体制的改革

科学基金制是一些资本主义国家支持、干预科学事业的一种方式。我国是社会主义国家，科研经费一向由国家拨款，有无必要采用基金制，开始认识是不一致的。经过中国科学院科学基金的初步实践，在科研人员中产生强烈的反响，逐渐消除了疑虑。现在，有些部门已经参照中国科学院科学基金的做法，建立了学科基金、专业基金或部门基金，还有一些部门正在准备用基金制的办法改革科研管理，中央关于扩大试行科学基金制和设立国家科学基金会的决策，是总结了国内外经验，特别是国内试行科学基金制的经验做出的结论。中国科学院科学基金会的工作，为这一形势的到来做出了贡献。它4年来积累的经验，已经形成的相当规模的同行评议队伍，以及在实践中成长的我国第一批科学基金管理干部，将继续为科学基金制的健全和发展做出贡献。

（四）

中国科学院科学基金建立4年来，虽然做了许多工作，但毕竟时间不长，经验不足，制度不够完善，工作中还有不少问题需要解决。如经费太少，平均单项资助金额过低；从上而下指导不具体，没有编制出真正起作用的选题指南；专职人员过少，评审周期偏长，管理工作薄弱，等等。现就今后实行科学基金制有关几个问题，提出如下意见：

1. 理顺科学基金制与其他拨款方式的关系

根据中央关于科技体制改革决定的精神，基础性研究的拨款方式在逐步实行基金制的同时，对有关部门、有些单位、有些工作实行计划拨款、经费包干等办法。因此，在改革科研经费拨款方式时，应对基础性研究的经费渠道，根据项目来源、单位性质、研究工作类型，加以理顺、明确，统筹安排，各得其所。以免一哄而起，涌向科学基金；或互不衔接，经费落空。例如，国家重大科技项目、重点建设工程和引进项目中的基础性研究，应由批准任务的部门拨给经费；横向委托的基础性研究，应由委托单位提供经费；营利单位从事基础性研究的经费，应向主管部门申请或从收入提成中解决；实验室建设改造费、公用大型仪器设备购置费、图书情报费、公共设施费、固定职工工资、新开研究项目预研费、照顾老科学家的研究费以及从事社会公益科研工作的经费等，应采用计划拨款或经费包干的办法。

2. 从实际出发，逐步建立具有我国特色的社会主义科学基金制

对基础性研究应实行多渠道资助，不宜也不可能把资助任务全部集中在国家科学基金会。科学基金制的模式和资助方式，要实事求是，灵活多样。除了国家设立面向全国的科学基金外，从事基础性研究的有关部门，也可设立开放、半开放或部门的科学基金，以利于保护不同学派和部门特色，扶植新生幼苗；同时也有利于发挥部门优势，组织一些多学科、跨单位的综合性研究项目。在实行按项目择优资助的同时，对一些杰出的科学家、中青年和边远地区的科学工作者，国际合作研究和学术交流，以及其他与基础性研究有关的重要学术活动，也应当有适当的资助方式和相应的经费安排。争取经过几年努力，逐步建立起具有我国特色的科学基金体系。

3. 加强学科政策研究，做好申请科学基金自上而下的引导与重大基础性研究项目的组织协调

中国科学院科学基金在整个科研经费中的比重甚微，因而在制订学科政策、编制选题指南等工作上虽做过一些努力，但没有取得突破性的进展。建议国家科学基金会加强这方面的工作。从实际出发，制订真正起指导作用的选题指南或优先支持领域，并根据经济、社会、科技发展的需要和学科发展新动向，在有关部门和专家建议的基础上，组织一些重大的基础性研究项目，使之更有效地服务于四化建设的总任务、总目标。

4. 加强宣传和情报资料工作

创办科学基金专门刊物，作为沟通信息、交流经验、政策讨论、引导申请、报道成果的园地。开展国外情报资料的收集、整理、出版、服务等工作。信息的贮存、处理要尽早计算机化，为同行评议、研究项目管理、研究成果管理、财务管理等工作服务。

5. 国家科学基金经费应建立在较高的起点上

中国科学院科学基金仅是试验性质，1985 年的申请金额就达 33 000 多万元。国家科学基金会建立后，申请规模将成倍增长。按申请金额增长 1 倍，批准率 50%，头一年拨款占资助总金额的 40%估算，加上国家科委、中国科学院科学基金已批准资助项目需要继续拨付的费用，1986 年约需经费 17 000 万元。即使 1986 年申请金额按比 1985 年增长 50%计算，科学基金也应在 14 000 万元的基础上起步。

6. 制订有利于基础性研究队伍相对稳定的措施

基础性研究是探索性、积累性的工作，不仅需要持续、稳定的经费支持，而且需要相对稳定、高水平的研究队伍，建议国家制订必要的政策，如科学基金资助经费可含一定比例的津贴，使从事基础性研究科研人员的收入，与从事开发、咨询服务科技人员的收入相差不致过于悬殊。

7. 重视基金会职能机构的建设

四年来，基金会办公室的工作人员在拟订规章制度、受理申请、组织评审、财务拨款、检查管理等方面做了很大的努力，完成了繁重的任务，受到了很好的锻炼。但由于人手太少，基本上只做了申请项目的受理和组织评审，而且做得不深、不细。还有大量必不可少的工作如学科政策研究、制定计划指南、资助项目的检查管理、结束项目的验收和成果评价、国际合作研究和学术交流、科技情报等都无力开展或做得很不够。建议将要成立的国家基金会根据工作需要，保证专职管理人员的数量和质量。同时可聘请一批有一定学术造诣和管理能力、知识面较宽、熟悉学科前沿最新动向的科研人员，定期参加管理工作，增强职能机构学术上的鉴别、组织能力，进一步提高工作效率和质量。

总结经验，深化改革，巩固和完善科学基金制*

唐 敖 庆

（国家自然科学基金委员会主任）

国家自然科学基金委员会（以下简称基金委）是根据《中共中央关于科学技术体制改革的决定》和《国务院关于成立国家自然科学基金委员会的通知》，于 1986 年 2 月开始组建的。国务院赋予基金委的任务是："根据国家发展科学技术的方针、政策和规划，有效地运用科学基金，指导、协调、资助基础研究和部分应用研究工作，发现和培养人才，促进科学技术进步和经济、社会发展。"三年来，我们遵循中共中央和国务院规定的方向、任务，肩负广大科学工作者的期望，在有关部委的支持下，兢兢业业地进行工作。以有限的经费，对基础研究和应用基础研究（以下简称基础性研究）的稳定发展和运行机制改革，发挥了一定的作用。

（一）资助工作全面开展，初步形成了合理的工作格局

基金委成立后，相继设立了自由申请项目、重大项目、青年科学基金项目、高技术新概念新构思探索项目、国际合作交流项目等不同的资助项目类型，今年又试设地区科学基金，形成了既有自由申请又有主动组织，既有全面安排又有纵深部署，既有计划性又有灵活性的资助工作格局，较好地适应了不同层次研究工作和不同资助对象的需要。

（1）自由申请项目。全国各部门、各地区、各单位的科技人员，均可参照《国家自然科学基金项目指南》，结合自己研究工作积累和所在单位优势，选择最有竞争力的研究项目，自愿组织优化的研究集体，按规定手续，向基金委提出申请。1986—1988 年，共受理申请 32 521 项，申请总金额 212 784.65 万元。经组织同行评议和学科评审组审查，批准资助 8 690 项，资助率 26.72%；资助总金额 25 814.66 万元，资助率 12.13%；单项平均资助强度 2.97 万元。自然形成的资助项目和资助经费分布是，国家教委直属高等院校 32.26%和 30.68%，中国科学院 24.20%和 28.33%，工交农医军等部门 30.90%和 30.50%，地方所属单位 12.64%和 10.49%，即通常所说的 3：3：3：1 大致比例。按单位性质统计，高等学校受资助项目和经费占 66.36%和 61.63%；研究单位受资助项目和经费占 33.07%和 37.78%。参加资助项目研究工作的人员共 74 601 人（次），其中高级科技人员 20 087 人（次），占 26.93%；中级科技人员 21 383 人（次），占 28.66%；博士后、博士生、硕士生 16 600 人，占 22.25%。在项目负责人中，高级科技人员 7 185 人（次），占 82.68%；年龄 55 岁以下的 5 983 人（次），占 68.85%。

在评审自由申请项目时，根据资助项目的重要性、取得成果的可能性和资助强度，从中

* 1989 年 2 月 13 日在全国基础研究和应用基础研究工作会议上的报告。

选出一批重点项目，进行重点管理。

此外，原中国科学院科学基金 1982—1985 年资助项目 4 424 个，资助总金额 17 029 万元，转入基金委继续拨款的 3 501 项，需拨经费 7 116 万元。

（2）重大项目。根据学科发展战略和四化建设需要，参考有关部门和专家的建议，采取自下而上、自上而下、上下结合的办法进行组织。选择一批科学意义重大或应用目标明确、研究基础好、研究力量强、研究内容有特色、可望取得突破性成果的项目，组织多学科、跨学位联合研究，给以强度较大的经费支持，以期在一些全局性、战略性、前沿性的基础性研究工作中，较快地出成果、出人才。重大项目的批准除须经同行专家评议外，还逐项成立专家组，对研究方案、课题结构、队伍的组织和经费预算，进行面对面论证答辩和背靠背的评审。1986—1988 年共批准资助 56 项，含 400 个课题，资助总金额 8 144.4 万元。资助强度平均每项 145.44 万元，平均每课题 20.36 万元。参加研究的人员共 7 252 人（次），其中高级科技人员 2 072 人（次），占 28.57％；中级科技人员 1 981 人（次），占 27.32％；博士后、博士生、硕士生 1 911 人，占 26.35％。

（3）青年科学基金项目。用以资助年龄在 35 岁以下，已取得博士学位（或同等水平），有开拓、创新精神，能独立开展研究工作的青年科研人员。1987 年和 1988 年共受理申请 959 项，申请总金额 3 805.24 万元。经组织专家评审和面试，共批准资助 267 项，资助率 27.84％；资助总金额 875.75 万元，资助率 23.01％；资助强度平均每项 3.28 万元。青年科学基金还有选择地资助全国性重要青年学术交流和青少年科学教育活动，促进科技后备力量培养。两年资助 32 项，资助金额 32.85 万元。基金委与中国科协、国家教委共同资助的参加国际中学生数学、物理、化学三项奥林匹克竞赛，参赛者全部得奖，有的得金奖。

（4）高技术新概念、新构思探索项目。从国家高技术研究发展经费中划出 2％，由基金委负责组织。根据国家科委、国防科工委、原国务院科技领导小组有关领导同志的意见，资助范围包括：同高技术研究发展计划并行的新理论探索，为下一代高技术发展提供理论储备的超前研究工作，以及高技术发展相关领域的基础性研究工作。高技术探索项目的确定，采取发布指南、定向申请、专家评审、择优支持的办法。项目指南发布前，征求高技术相应领域专家委员会的意见；评审时邀请高技术专家委员会的有关成员参加。1987 年和 1988 年共受理申请1801项，申请总金额17351.85万元；批准资助392项，资助率21.77％；资助总金额 1 782.71 万元，资助率 10.27％；资助强度平均每项 4.55 万元。

（5）国际合作交流项目。紧密结合资助项目研究工作需要，为提高研究水平和培养人才服务。国际合作交流资助的重点是合作研究和在国内召开国际学术会议。已先后与加拿大、德国、英国、美国、比利时、奥地利、保加利亚、瑞士、瑞典等国和香港地区的科学基金组织或有关学术组织，签订了合作协议或备忘录；与芬兰、法国、新西兰、匈牙利、原苏联签订合作协议的洽谈，正在顺利进展。三年共资助国际合作研究 161 项，在华召开国际学术会议 153 个；此外，还资助了一批出国参加国际学术会议及国内外专家、学者互访活动。

（6）地区科学基金项目。设立地区科学基金的目的是，加强对边远地区、少数民族地区和科学基础薄弱地区科研工作的支持，为这些地区所属单位的科研人员创造同等竞争的环境，以促进全民族科学水平的提高。资助的重点是结合当地资源特点和自然条件的研究工作，资助范围和申请、评审程序与自由申请项目相同。1989 年暂定资助内蒙古、新疆、西藏、青海、宁夏、广西、海南 7 个省、自治区。今后视财力情况和试行结果，对资助地区进行调整。

国家自然科学基金资助年限一般平均3年，重大项目平均5年。现在，各类资助项目每年滚动资助的规模共约1千个单位、1万个研究项目、10万人(次)科研人员。

(二)组建了专家评审系统，保证决策的科学化、民主化和资助工作的公正性

科学基金制是一种以专家为主体的科研管理制度，专家评审系统的组建，是资助工作顺利开展的保证。因而基金委成立后，立即着手组建一个懂政策、识方向、有威望、学术水平高、公正的专家评审系统。现在，这个专家评审系统已经组成，它包含同行评议专家、学科评审组成员和委内专家三部分。这三个方面专家，互相配合、补充，互相制约，保证了评审工作的公正性和权威性。在各项评审工作中，发挥了核心作用。

(1)同行评议专家。约1.5万名，分布在科技第一线，直接从事科研工作，没有固定的组织形式，根据工作需要和评审质量，不断进行调整。这类专家学科覆盖面宽，是申请者的小同行，对被评议项目的国内外研究工作情况有较多了解，评议意见往往比较具体，针对性强。大多数项目同行评议采取通讯评议的方式。

(2)学科评审组。由612名专家组成了50个学科评审组，在同行评议的基础上，对申请项目进行复审、平衡，根据择优条件和经费可能，提出资助方案，做为基金委委务会议审批的依据。学科评审组成员由学术造诣深、知识面较宽、作风严谨公正、有威望、热心科学基金工作的专家担任，两年一届，每届约更换三分之一。评审组成员的选择，注意了分支学科的覆盖面，学术观点的代表性，部门、地区分布和年龄结构的相对合理。这样的专家群体，有决策能力，对资助方向的掌握和资助项目的选择，起了决定性的作用。

(3)在基金委工作的专家。负责学科发展战略与政策研究及拟订项目指南的组织、申请、评审工作的部署和指导，申请项目的初审，同行评议专家的选择和评议结果的综合分析，学科评审组会议的准备和送审项目的分类排队，评审结果的复核和提请委务会议审批，审批结果的下达等。基金委没有直属科研机构，超脱于部门、地区之外，在编人员不允许申请科学基金，评审过程订有保密、回避措施，评审结果全部公开，在保证公正性方面，得到了各方面的好评。

公正性是科学基金工作的生命线，竞争越激烈，对公正性的要求就越严格。只有全心全意依靠专家群体，公正性才有保证。因此我们始终把"依靠专家、发扬民主、择优支持、公正合理"做为我们评审工作的根本原则。

依靠这个公正、权威的专家评审系统，我们不仅高质量地完成了科学基金项目的评审工作，而且承担了有关部委委托的评审任务，充分发挥他们在科技决策中的作用。例如，接受国家科委和国家自然科学奖励委员会的委托，承担了自然科学奖励项目的组织申报、复审、征求异议等工作，为此，基金委成立了国家自然科学奖励委员会办公室；接受国家科委和人事部的委托，承担了1986—1988年非教育系统留学回国人员科研资助的评审；协助国家计委组织专家组，对第六批世界银行贷款"重点学科发展项目"组织复审和可行性论证，今后还将接受国家计委委托，承担对国家重点实验室定期组织评估等工作。

(三)建立了新的运行机制,给基础性研究带来了生机和活力

我国实施科学基金制的试验始于1982年。基金委成立后,在原中国科学院科学基金和国家科委基础研究重点项目工作经验的基础上,建立了完全不同于旧体制的基础研究运行机制,制订了一整套相应的科学基金申请、评审、拨款、管理制度,基本做法是:

(1)按照分类管理的原则,为基础性研究工作设立稳定、可靠的经费渠道。根据国务院通知规定,国家自然科学基金主要由原中国科学院科学基金、国家科委资助基础研究经费、各部门划拨的经费、国家增加对基础研究拨款、专项拨款等五个方面组成,1986年共8 011.3万元,1987年共10 553.5万元,1988年共11 803.5万元。其中,各部门划拨经费1986年11.3万元,1987年和1988年各53.5万元。

(2)把发挥科研人员的积极性、创造性和加强国家的引导、组织作用结合起来。通过发布《项目指南》,公布资助范围、鼓励研究领域和定向课题,指导科研人员申请;申请项目的选择、研究方案的拟订、研究集体的组合,充分发挥申请者的主动作用和所在单位的协调作用。对重大项目,在充分听取专家意见的基础上,加强自上而下的组织、协调。

(3)打破部门、地区界限,在全国范围竞争、择优,坚持高门槛、有限目标,恰当处理受资助面和资助强度的关系。积极促进跨学科、跨单位、跨部门、跨地区的合作研究,发挥联合优势。

(4)充分发挥专家群体在择优中的决策作用,领导不批条子,不定调子,不搞花架子。评审结果高透明度,接受社会监督,确保资助工作的公正、合理。

(5)在择优的基础上,按项目一次批准资助总金额,根据研究工作需要,分年度拨款,专款专用,彻底摈弃按部门、按地区、按单位层层切块分配经费的做法。

(6)在坚持择优的前提下,注意资助工作的政策性和灵活性。对青年科学工作者和边远少数民族地区科学工作者的申请,除在相似条件下优先予以考虑外,设立了专项基金,为他们创造平等竞争的环境。加强对交叉学科的支持,并划出专款资助跨科学部的交叉学科研究项目。设立了委主任基金和科学部主任基金,用于支持每年定期评审之后需要适时资助的好项目、已获资助项目取得突破性进展需要追加经费、暂时不被理解的新苗头等,增强了资助工作的快速反应能力。

(7)实行单位监督保证下的申请者负责制。申请者对资助项目的完成负全责,在不降低研究目标、不超过资助总金额的前提下,对研究工作安排和经费使用有较大自主权;所在单位负责申报前的组织指导和获准资助后的检查、监督、管理,保证所需工作条件,解决研究计划执行中存在的问题。

实践证明,上述做法符合基础性研究工作的特点、规律和我国的国情,给研究工作带来了生机和活力,正在对我国基础性研究工作的发展和改革,产生重要的作用。

(1)对基础性研究工作的稳定作用。自然科学基金的设立,为基础性研究工作开辟出一条稳定、可靠的专门经费渠道,科研人员都有参加竞争机会,政治上无后顾之忧。使思想新颖、意义重要、水平高、有特色的研究项目通过竞争得到了支持,从而为我国基础性研究工作

在动态中保持一支精干、有攻坚能力、相对稳定的研究队伍提供了可能。现在，国家自然科学基金已成为一些高等学校基础性研究的重要经费来源，有些高等学校在国家自然科学基金的支持下，发展了有特色的学科，建立了相应的实验条件和学术梯队。有些单位根据自然科学基金的评审结果调整学科发展方向，用自筹经费贴补自然科学基金资助项目。

(2)对科研人员的激励作用。科学基金制在基础性研究工作中引入竞争机制，冲击了部门分割、吃大锅饭、铁饭碗、低水平重复等弊端，激发了科研人员的荣誉感和责任心，促进了研究效率和质量的提高。他们把获得国家自然科学基金资助，看做不仅是经费上的支持，而且是同行的信任和学术上的荣誉，感到外有压力、内有动力，对研究工作的完成十分认真，对经费的使用慎之又慎，努力用高水平的研究成果，保持信誉，争取国家自然科学基金的进一步支持。申请者所在单位也把获资助项目的多少，与本单位的学术地位、社会信誉相联系。有些单位组织力量或联络其他受资助单位，开展了提高命中率的研究。有些单位设立了预研基金，资助本单位有希望的苗头，以提高申请国家自然科学基金的竞争力。

(3)对科技发展的先导、储备作用。科学基金竞争机制和鼓励创新原则，促进了科学水平的提高及理论研究与应用的结合，为四化建设提供了一批有重要理论意义或应用价值的研究成果。据 1 972 项已结束的自然科学基金资助项目(含原中国科学院科学基金资助项目)统计，共在国际性、全国性学术会议和学术刊物上发表论文 28 720 篇，出版学术专著 521 册；获 1988 年国家自然科学奖 54 项，国家科技进步奖与国家发明奖 59 项，部门、省级奖 914 项。在南京第二十五届国际配位化学会议、北京国际生物化学会议、武汉全国高分子化学会议的国内专家学术论文中，自然科学基金资助项目的论文均占一半以上。自然科学基金资助项目研究成果对我国科技水平的提高和经济、社会发展，起了“第一个馒头”作用。例如：

在世界性高温超导研究处于不景气的时期，自然科学基金陆续资助了一批高温超导研究项目，中国科学院物理研究所、北京大学、中国科技大学、南京大学等国内研究高温超导的主要单位，都得到过资助，积累了经验和人才，在国际高温超导热出现时，显示了我国的实力和水平。现在，国家已成立高温超导领导小组，拨专款予以支持。基金委仍然在理论研究上给以资助，召开过两次全国性高温超导理论研讨会。

由华中农业大学、武汉大学、湖北省农科院联合开展的湖北光周期敏感核不育水稻育性转换机理和利用的研究，不仅对植物生理学和遗传学的研究有重要意义，而且将为简化杂交稻育种方法，提高杂交稻产量和米质，开拓新途径。1984 年获自然科学基金资助后，在光敏核不育系的繁殖、广亲和性的选择、籼粳亚种杂交优势的发挥、两系法杂交稻制种和试种等方面，取得了国内外领先水平的进展。现已列入国家高技术研究发展计划生物技术领域的第一个项目；基金委也组织了重大项目，在理论研究方面继续给以支持。

自然科学基金资助中国科学院福建物质结构研究所开展的晶体生长动力学、非线性光学晶体结构与性能研究，生长出可用于高功率激光倍频晶体——偏硼酸钡(简称 BBO)，使我国在新型非线性激光晶体材料研究方面达到国际领先水平。在美国评选的 1987 年国际激光高技术 10 大品种中，BBO 晶体被列入榜首，现已占领国际市场，供不应求。基金委在过去资助的基础上，把非线性光学晶体的研究列为重大项目予以支持，1988 年又研制出性能更好的三硼酸锂(LBO)晶体。陈创天研究员由于在研究非线性晶体中有突出贡献，荣获 1988 年第三世界化学奖。

我国动物志、植物志、孢子植物志和百万分之一的土地资源图、土地利用图、土地类型图、地貌图、草场类型和资源图、土壤图、植被类型图的研究编制工作，都是组织全国几十个单位上百人参加的大协作项目，过去因受“分灶吃饭”的束缚，经费无保障，几度濒于停顿；自然科学基金设立后，冲破部门所有制的界限，给予了重点支持，工作进展加快，为我国资源的开发利用提供了重要的科学技术基础数据，有一部分成果已在科学研究、土地规划和农业规划中发挥了作用。

(4)对人才培养的促进作用。基础研究不仅是科技、经济、社会发展的先导，也是培养高质量科技人才的摇篮。科学基金制摈弃了论资排辈的陋习，为人才创造了良好 的环境。特别是青年科学基金的设立，为青年优秀人才的脱颖而出创造了环境和机会，对吸引留学人员回归也有积极作用。在中国科学院地学部第二次学部委员会议上作学术报告的中青年地质学家，几乎全是科学基金资助项目负责人。科学基金资助项目吸收研究生参加工作，有力地支持了高质量科技人才的培养。科学基金三分之二经费资助高等院校的研究工作，对支持高校的人才培养，促进科研和教学的结合，提高教学质量，有更直接的作用。

(5)对科学基金制发展的推动作用。设立全国性自然科学基金的试验成功，为科学基金制在我国的实施提供了直接的经验，许多部门和部分省、市、自治区结合各自具体情况，设立了行业、学科、部门、地区的自然科学基金、科技发展基金或人才培养基金。目前已经和基金委建立联系的部、省级科技基金组织近 30 个，筹集基金约 1 亿元。

(四)从基础性研究的特点出发，贯彻面向经济建设的方针

“经济建设必须依靠科学技术，科学技术工作必须面向经济建设”，是科技工作的总方针。国务院规定国家自然科学基金的资助范围是基础研究和部分应用研究，具体包括三方面内容：①基础研究(含理论与实验)；②应用基础研究(含应用研究中的创新性、开拓性工作)；③科技基础数据的采集研究。在科技工作战略布局中，属第三个层次。这个层次的研究工作，是整个科技工作的基础，虽不以获取直接经济效益为目的，但从更广泛、更深入、更长远的意义上讲，也是为经济建设服务的，只是发挥作用的角度和形式与其他两个层次有所不同而已。特别是现代科学的发展，研究成果转化为生产力的周期越来越短，有些基础性研究成果一旦取得突破，所产生的效益是无法估量的。因此，我们一开始就把从基础研究特点出发贯彻面向经济建设方针，做为资助工作的指导思想。具体做法是：

(1)高举支持基础研究的旗帜，理直气壮地支持对学科前沿发展有重要意义的研究工作，争取在我国有优势的领域做出世界第一流水平的成就；以科技发展方向和未来市场为引导，支持有重要应用前景的研究工作，为国民经济建设提供科学指导和理论储备；支持结合我国自然资源和自然条件特点的研究工作和科技基础数据的采集研究，为制订规划、开发资源、发展有我国特色的科学技术提供依据。

(2)争取与有关部门联合资助，使有限经费发挥催化剂、粘合剂的作用。这类项目，应用目标明确，有利于研究成果的推广。1987，1988 两年和中国科学院、国家教委、水电部、城乡建设部、地质矿产部、交通部、铁道部、冶金部、能源部、地震局、环保局、北京水电局、甘肃省科委联合资助了 110 项，吸引委外投资 1 475 万元。

(3)在不影响对资助项目拨款的前提下，使用少量待拨暂歇经费和国家拨给的专款，有偿资助一些意义大、效益高、短期回收资金确有保证的推广项目，支持研究成果或阶段成果

转化为生产力，并为科学基金增值。至1988年底，共支持了25个项目，已经为科学基金增值108万元。

(4)注意与科技攻关计划、高技术研究发展计划及国家重点实验室、重点学科项目的配合衔接。已批准资助的56个国家自然科学基金重大项目，与40个国家重点实验室、7个开放实验室有联系。据53个国家重点实验室和开放实验室统计，受国家自然科学基金资助的研究项目共240项，资助金额1 188.9万元。

(五)全面加强管理，提高科学基金资助效果

科学基金管理是一个复杂的系统工程，包含科学基金制理论与方法的研究，学科发展战略与政策的研究制订，项目指南的制订发布，申请项目的选择与研究方案的制订，申请项目的受理、组织评审和批准下达，研究计划与经费预算的修订，资助经费的审核、下拨与核销，研究工作进展和经费使用情况的检查监督与信息反馈，结束项目的总结与验收，研究成果的评价和跟踪，各项规章制度的制订与实施等。按工作过程，可分为前期管理和后期管理两个阶段。前期管理的任务是选准资助项目，后期管理的任务是保证资助项目研究工作顺利完成，出尽可能多的成果、人才。这两个阶段的管理工作相辅相成，缺一不可。

基金委创建初期，为了保证资助工作不间断地继续进行，花了较多的时间、精力抓前期管理，建立了一系列规章制度，工作基本走上了正轨。

在后期管理方面，从1987年开始也做了一些工作，建立了资助项目的定期报告、研究总结、成果登记制度；组织了部分资助项目的检查和研究成果的评议鉴定，出版了研究成果汇编；正在清理1982—1986年已完成资助项目情况；对重大项目实行定期检查、滚动计划、浮动拨款、动态管理的办法，根据研究工作进展情况，对课题结构、参加单位、经费分配进行调整，使之持续保持高水平；召开了两次科学基金管理工作会议，商讨全面加强管理的措施。但是，和前期管理相比，后期管理仍然比较薄弱。

现在，国家自然科学基金资助项目已达一定规模，到了花力气认真抓后期管理的时候了。特别是在目前科学基金经费严重不足的情况下，更要重视全面管理，提高资助效果。我们的打算是：首先，要在基金委和受资助单位有关人员中，树立全面加强科学基金管理的意识，在继续改进前期管理的同时，把后期管理摆到同前期管理同等重要的地位。其次，按照“宏观控制，微观放活”的原则，建立健全规章制度，后期管理也要引入竞争机制。第三，依靠受资助单位，搞好资助项目的检查管理，并把受资助单位按地区组织起来，成立国家自然科学基金管理工作地区联络网，沟通信息，交流经验，开展管理工作的地区协作。第四，逐步实现管理工作的程序化、规范化、现代化，充分发挥计算机在管理中的作用，并逐步与地区联络网建立远程通讯联系，提高信息传递的速度和质量。

(六)巩固改革成果，发展和完善科学基金制

科学基金制虽然已经在我国确立，但它仍然是科技体制改革园地中的一株幼苗，有赖于党和国家的关怀、重视及有关部门、社会各界的支持，不断给以浇灌、施肥，才能茁壮成长。

(1)进一步发展科学基金制。从1982年到现在，我国试行科学基金制已达7年，设立了

一批不同类型、不同层次的科学基金，取得了成功的经验，证明党中央、国务院关于在我国试行科学基金制的决策是正确的。现在应因势利导，把科学基金制规定为改革基础性研究工作管理制度的主要形式，不论经费来自哪一渠道，都要引入竞争机制，都要采取专家评审、择优资助、按项目拨款、专款专用的办法进行管理。

(2)充分发挥国家自然科学基金专家评审系统的作用。随着科技决策的逐步科学化、民主化，专家的评审、咨询任务势必越来越重。国家自然科学基金专家评审系统学科门类齐全，有较高的学术水平和公正性、权威性，除承担自然科学基金的评审工作外，在国家科技决策中可以发挥更大的作用。我们将积极承担有关部委委托的评审、咨询任务。

(3)较大幅度提高国家自然科学基金的资助能力。科学基金资助能力的大小，是科学基金制优越性能否充分发挥的最重要制约因素。国家自然科学基金是我国最高层次的综合性科学基金，它的资助能力大小，对我国实施科学基金制至关重要，广大科学工作者对此非常关心。我们体会，有保证的专门经费渠道，公正的专家的评审系统，有活力的管理制度，是科学基金制的三根支柱，而目前第一个支柱太细，国家自然科学基金的经费起点太低。经费严重不足，已成为我们面临的主要困难。国家自然科学基金资助率和资助强度在世界上是很低的，也比1982—1985年中国科学院科学基金时低得多，科研人员反映强烈。科学基金制采取宏观引导和自由申请相结合的办法，必须有一定的财政支撑条件，否则一大批该资助的项目得不到支持，不仅浪费人力物力，而且会挫伤科研人员的积极性，广大科学工作者殷切期望国家领导和有关部门予以考虑。

(4)建议全国人大制订科学基金法。通过立法，明确科学基金制在科技体制中的地位、作用和经费保证，规定资助者、受资助者及评审专家的责任、权利和义务，以法律形式巩固改革成果，促进科学基金制的发展和完善。

基金委成立三年来，为在我国实施科学基金制，支持基础性研究的发展，尽了最大努力。但总的来说，我们的工作还处在起步阶段，今后的路更长，任务更艰巨。我们将遵循党的十三届三中全会的精神，按照这次会议的部署，继续勤勤恳恳地努力工作。谦虚谨慎，戒骄戒躁，总结经验，深化改革，不断完善有我国特色的科学基金制，多出成果，快出人才，为科学事业发展服务，为广大科学工作者服务，为社会主义现代化建设服务。请各位领导、各位同志对我们的工作提出批评、指导。

历史赋予我们新使命

胡 兆 森

（国家自然科学基金委员会常务副主任）

改革是社会主义制度的自我完善和发展，社会主义现代化强国要用几代人的努力才可能建成。在中华民族宏伟改革的长河中，作为科技体制改革产物的科学基金制，已经应运而生。历史赋予我们新使命，要求我们艰苦努力，以创业、开拓的精神去探索，建立和完善具有中国特色的科学基金制。这里，我从若干侧面对科学基金制进行探讨，以期求得大家的指正。

（一）我国科学基金制是改革的产物

从哪个视野来认识我国科学基金制的诞生呢？分析一下科学基金制在我国产生的背景，可以明确地说，我国科学基金制是在改革潮流中呱呱落地的，是科技体制改革的必然产物。

首先，是体制改革的形势所趋。经济体制改革已由农村为主转向以城市为主，正在深入发展。原有的产品经济旧模式正向生机勃勃的商品经济新模式转变。以搞活企业为核心的经济体制改革，也向科技体制、教育体制等方面提出了配套改革的要求。由于经济体制改革的推动，举世瞩目的中国改革正在步入包括政治领域和意识形态领域改革在内的全面改革的新阶段。从总体上看，我国现在处于新旧体制交替的转轨时期。当然，体制改革具有艰巨性、复杂性和长期性，而且新体制的建立不可能一蹴而就。但在世界改革浪潮和新技术革命的挑战面前，中国的改革也不能旷日持久。中央决定尽快促使新体制上升到主要地位，以便在"七五"期间奠定充满生机和活力的具有中国特色的社会主义经济体制新模式的基本框架。这是党中央、国务院关于体制改革的中期战略设想，是实现我国经济体制完全转轨的这一长期目标的正确选择，也是推进我国科技体制改革的动力。

第二，是经济发展的形势所趋。在经济体制转轨的过程中，我国经济发展也处于重大转变时期：从组织产品经济模式的集中计划经济向发展有计划的商品经济转变；由自给、半自给的封闭经济结构向对内、对外全面开放的网络式开放型结构经济转变；由数量速度型经济发展战略向质量效益型经济发展战略转变；由单一发展目标向社会、经济、科技以及生产、生活、生态全面协调发展的目标转变。"七五"计划和国家科技发展战略、方针的提出，将使我国经济发展进一步实行上述转变，为实现本世纪末翻两番打下坚实基础，并对科技体制改革包括科学基金工作提出明确要求。

第三，是科学技术发展形势所趋。80年代以来，世界性的新技术革命浪潮日益高涨。各国的科学技术，特别是高技术竞争日益激化，引起各国科技发展的环境发生急剧变化。美国"星球大战"计划。（1983年3月），日本振兴科技进步综合纲要（1984年11月），欧洲"尤里卡"计划（1985年7月），经互会2000年科学技术进步综合纲要（1985年12月）相继公开亮相，引起国际政治、经济、军事、科技竞争公开化、尖锐化、白热化。面对世界的竞争和挑战，如何发展我国的科学技术事业，从而如何振兴我国的经济，乃是亟关紧要的国家大事。

这就是我国自然科学基金制产生的政治、经济、科技诸方面的深刻社会历史背景和面临的国际环境。中央和国务院把科学基金制作为科技体制改革的中心内容之一，作为科技体制改革的一个产物，作为新体制的一个有机组成部分。我们国家基金委如何冲破旧体制的束缚，克服旧体制的弊端，建立较完善的新型管理体制和管理方式，从而在新旧两种体制并存的过渡时期中发展壮大？无论在认识上和实践上，这都是摆在我们面前的首要任务。我们应当把科学基金制的建立和完善，当作我国科技事业整体的重要一翼，努力使它在经济发展的转轨时期，为建立科学技术知识基础及人才基础，为开发科技知识资源和科技人才资源，发展我国科技事业，为经济与社会发展作出显著贡献。我们要认真研究如何通过基金的组织和资助，使我国基础研究和应用研究，在竞争激烈、强手林立的国际环境中，搞活搞好，并建立广泛而有效的国际合作，发展壮大我国科研力量，使我国科技事业在世界科学技术进步的洪流中占有应有的地位。

我们的工作刚刚起步，还处在艰难创业时期。陈毅元帅说得好，“创业艰难百战多。”借用《大趋势》一书作者奈斯比特的一句话，“这是一个长期不断进行的过程”。我们有决心、也有信心发展并健全我国科学基金事业。

（二）必须首先实现观念的转变

《共产党宣言》指出：“人们的观念、观点、概念，一句话，人们的意识，随着人们的生活条件、人们的社会关系、人们的社会存在的改变而改变。”体制改革，经济发展，对外开放的新形势，必然突破一系列僵化的封闭的传统观念，必将产生一系列新的观念，并且具有新的内涵和价值观。

客观形势的变化，要求人们的观念也随之发生变化。也只有树立起正确的观念，才能正确认识科学基金制的历史使命和作用。所以，为了开创新局面，实现科技发展战略和政策的转变，必须首先实现观念的转变。

1. 社会主义有计划的商品经济观念

这是最重要的基本观念。其他观念以及方针、政策均由此派生。中央在关于经济体制改革的决定中，科学地阐明了有计划的商品经济的基本理论，大胆而正确地回答了社会主义经济的实际问题。实践表明，正是从对这个基本观念的历史性突破出发，我们党才大胆地在神州大地上进行这场伟大而深刻的社会变革，冲破束缚生产力发展的僵化的旧体制模式，创造性地建立具有中国特色的社会主义。

社会主义有计划的商品经济是一种充满活力而又能实现有计划发展的新型的商品经济，它必须遵循并利用价值规律、供求规律、竞争规律、流通规律等等，其根本目的在于：为企业等微观经济活动主体注入活力，建立一个平等的、发育良好的竞争环境——社会主义市场体系；运用经济杠杆等手段实行间接控制，引导微观经济活动。这个基本观念，启发我们提出下列类似问题：如何为科研人员、科研单位，特别是那些水平高、成果多、效益大、效率高的个人和单位注入活力？如何创造一个平等公正的竞争环境？如何利用《项目指南》、资金资助等多种形式引导科研活动并加速将研究成果转化为生产力？

显然，很重要的一条观念，就是要承认脑力劳动是复杂劳动，知识、科学技术是有价值的，而且是有很高价值的。这一条，我们的老祖宗马克思早就讲得很透彻，只是后来被人们淡忘了。一言以蔽之，在社会主义有计划的商品经济社会中，我们也要按价值规律来对待知识和科学技术。

2. 竞争的观念

有段时期，我国科技力量未能得到充分发展，科技人员的才能也没得到充分利用。除了政治等方面的原因之外，就是因为我们原有的科技体制，缺乏一种有效的运行机制，从而造成科研单位吃国家的大锅饭，科研人员吃科研单位的大锅饭的局面。

实行科学基金制，其实质就是从制度上创造一种高效益的竞争机制。我们讲竞争，是指全国范围内的高水平竞争，也就是说面向全国，但门槛要高，要强调高质量。要在全国范围内造成一个竞争局面，首先是择优。国家的科学基金资助基础研究和部分应用研究，全国各部门、各地区、各单位符合资助条件而又缺乏经费的研究工作者，均可按规定提出申请。这种规定利于在全国范围内择优。只要是在资助的范围内，无论你是有声望的老专家，还是初出茅庐的青年人；无论你是重点研究所，还是一般的科研单位，甚至是民办科研单位，都可通过竞争，获得资助。从今年申请基金的情况来看，总项目数约 12 000 项，申请总人数约 99 000 人次；其中中高级人员占一半，博士后 224 人次，博士生 2 224 人次，硕士生约 18 000 人次。对待所有这些人，我们将用同一尺度来衡量。第二是公正。我们采用同行评议及专家评审的方法来保证公正性、权威性和科学性。再有是合理。由于拨款制度的改革，地区差别，以及原有基础不同，加上对青年科研人员如何成长的考虑等等，政策上和经费上就会有所区别。总之，利用竞争，优胜劣汰，使优秀的人才在我们资助下破土而出，腾空升起，并有意识地组织造就一批活跃在世界舞台上的科学家、教授、技术专家，要求他们在国际范围内进行较量，奋力夺取"铜牌"、"银牌"、"金牌"，包括诺贝尔奖。

实行科学基金制还有利于培养中青年科技队伍。从今年按第一申请人年龄统计看，中青年占 64.4%。明年我们还要建立青年科学基金，引导和培养更多的青年人。形成竞争机制是我们冲破旧体制束缚、建立新体制模式的关键措施，也是实行科学基金制的特点。只要我们学会保护竞争，利用竞争，鼓励竞争，科研单位就会充满活力，科技人才就会脱颖而出，科技事业就会生气勃勃。

3. 联合的观念

联合的含义是什么呢？一是指多学科、跨专业的横向联合，互相交叉。这是由现代科学技术的重要特征——各个学科彼此融合，互相渗透，互相推动所决定的。二是指多部门、跨单位的横向联合，破除条块分割，部门所有制。这既是经济体制改革的根本方向，也是科技体制改革的根本要求。三是指教育、科研和生产联合，促进教育界、科技界与产业界相结合。

我们规定："对跨学科、跨单位、跨部门、跨地区的合作研究和有利于促进科研、教学、生产相结合的研究项目，在相同条件下，将优先予以支持。"今年基金申请项目中，合作研究单位 6 155，协作单位 6 061。国务院成立国家科学基金委以来的实践表明，采用科学基金制，有利于冲破地区、部门、单位所有制的束缚，打破各学科、专业的界限，解决科技与经济、社会相脱离的现象。我们既要提倡、支持、促进各种联合，让科技人员和单位在竞争中求联合，又要保护、利用、鼓励各种竞争在联合中去竞争。竞争需要联合，联合又促进更大竞争。这正是实行科学基金制的又一特点。

4. 全局的观念

全局观念不是(条条的)一统天下的垄断观，也不是(块块的)小而全的封闭观。我们的全局观念是具有新内涵的。

首先，要弄清"全局"和"局部"的关系。科学基金制是我国科技战线上有机整体的一部分，这就决定了我们制定的科技发展战略，应当服从国家总体的战略部署；我们制定的科学基金政策，应当符合国家的科学技术政策；我们资助的科技项目，应当有助于经济社会发展和增强国家未来科技发展的潜力。

第二，是指"大科学"的观念。基础研究和部分应用研究是科学技术事业的一部分。我们要主动打破条块分割、独家垄断的观念，实行全国范围内的跨学科的大协作，大联合。既当配角，也当主角。《古文观止》有道："此言虽小，可以喻大"。我在这里是说，既在为经济建设服务，保证翻两番目标实现的科技工作方面演好角色；又在发展基础研究和应用研究，为下世纪起飞准备的方面演好角色。

第三，是指"全球性"的观念。科学技术全球化是当前科技发展的重要趋势之一。我们要面向世界，不仅要开展广泛的合作研究，还要把自己的科技水平放到全世界的水平上去对比、衡量、竞争、提高；我们要面向未来，不仅立足于国内，培养大批的硕士、博士和博士后，还要派出大批优秀的青年人，利用国际上的有利条件，跟踪世界先进水平，培养人才，储备人才。

5. 科学与技术结合的观念

一般认为，科学是创造知识的，是指人类知识的扩大；而技术则是对已获得的知识的实际应用。面对当前科技革命新浪潮的冲击，人们正在重新认识和理解科学与技术的含义。

今天科学的特点是什么呢？众多的科学家使用前所未有的高精度的新仪器设备；许多关键技术，由科学成果转化为商品的周期越来越短；科学与技术的发展已驱使产业结构和经济结构发生巨大的历史性变革。

由于科学结构在发生转变，在许多领域作为知识的科学和作为应用的技术之间的界限在实际中已难以区分，人们对科学含义的认识在深化。美国科学院院长弗兰克·普瑞斯认为，今天的科学已经不是纯科学，技术也不是纯技术；两者之间的界限已经非常模糊不清。可以说科学即是技术，技术即是科学，你中有我，我中有你；两者是相互渗透，相互促进。以空间科学为例，它包括力学、工程热物理、等离子物理、化学和光学等；也包括火箭技术、电子技术、计算机技术、无线电技术等。美国国家科学基金会主席布洛克专门写了《科学、工程和技术的统一》的报告。他认为："用直线概念模型(科学—工程—技术)来描述这种复杂的相互作用不仅仅是太简单了，而且是错误的。应考虑用一种三角模型来代替直线概念模型：将科学、工程和技术放在三个角上，将每个点与其他两点连起来，每个方向均标上箭头，以此来表示它们之间的相互作用"。科学、工程和技术是一个连续的统一体。我们要坚持科学与技术统一和结合的观念。

我们比有些国家而言是科学贫弱，技术落后。国家将制定政策，来改变这种状况，求得科学和技术在我国的均衡协调发展。

科技发展形势的变化引起了人们对科学技术在观念上的变化，从而必然要引起科技政策的变化。美国科学基金会建立以来，其科技政策已经历了几个阶段。1968 年以前，它的资助活动限于基础研究，此后便扩大到应用研究。到 1975 年，基础研究与应用研究费用比例大致是六四开。1977 年，它为了鼓励小企业搞科研的积极性，打破了以往只向高等院校、研究机构和大企业提供资助的惯例，制订了《小企业技术革新计划》。九年来，它资助了七八百个技术革新项目，加强了小企业同大学合作，利用大学的人才和设备，使小企业成为美国科技发展中一支不可忽视的生力军。1985 年，它为了加强大学与工业界的联系，尽快培养出各种有创造性的工程技术人才，同时开发所谓超尖端技术，又作了相应的政策调整，并决定在一些大学资助建立 6 个工程研究中心。随着经费的逐年增加，总投资估计超过 1 亿美元。计划在今后几年内这种中心要增加到 25 个。这一演变过程，从一个侧面给我们以启迪。

科学与技术结合的观念实际上还包含下面一层意思：过去由于我国技术落后提不出难一些的基础性问题，现在随着我国经济技术实力的增加，反过来提出一些新的基础性问题。这就要求从事基础研究的人员目的性更强地去开展工作。

6. 经营观念

或许有人奇怪，我们既不是企业也不是商业，基金来自国家财政拨款，为何要谈这个问题？我们主要是通过基金资助来指导、协调科学研究，而资金的来源和运用的方式，又直接影响工作成果，所以有如下考虑。

一是资金来源要多渠道。我们的基金来源主要是来自国家每年的财政拨款。我们还要开辟多种资金渠道。例如，设名人基金，接受国际组织、国外政府赠款和捐款，社会团体、企业和个人的赠款和捐款等。我们要走出去，用各种适当的方式进行广泛宣传。特别是要与那些热爱祖国、身居国外、热心科学基金事业的侨胞和学者加强联系，而不是守株待兔，等人家送上门。此外，还可以开辟其他的资金渠道，想些生财之道。

二是资金运用多种形式。在有限的科学基金总额下，有三种策略可以供我们选择：①以多取少；②平衡收支；③以少取多。显然，我们应取后一种策略："以小钱生大钱，以应用养基础"的生财、聚财、用财之道。我们的钱，有的可以用于无偿资助，有的还可以用借款和贷款的方式来进行资助。现在许多外国基金组织都采用这种混合的资助方式，甚至借贷方式的比例在不断扩大。

三是重视资金的增值。有些基础研究和应用研究工作，通过横向、纵向的联合，科研成果迅速向生产转移，产生明显效益，资金达到增值，反过来又可投到基础研究和应用研究中去。

将科研成果运用于发展新兴技术，运用于创造社会经济效益，是当前科学发展的主要趋势。我委各个科学部和有关局在工作中都要学会经营，善于经营，使科学知识转变为巨大的社会财富，从而也为扩大基金开辟新财源。

《孙子兵法》有言：静以幽，正以治。拿今天的话来说，就是镇静以求深思，严正而有条理。提出上述观念的转变，就在于理清思路，适应形势，胸怀全局，放眼未来，实现战略转移，开创新局面。我们通过自己的努力和工作，要使科学基金成为培养剂，资助和促进科技工作，发现和培养人才，为我国四化建设服务；催化剂，加快科学成果转化周期；润滑剂，促使各类重点实验研究进行，加快研制过程；粘结剂，促使各学科、各专业、各部门、各单位间的横向联合，打开崭新的局面；种子钱，是开辟新领域、新学科、新技术的种子，培养高产、丰产、中国特产的种子。

三、义不容辞的历史责任

实施科学基金制的组织保证，就是国务院决定成立的国家自然科学基金委员会。它的产生和发展大致可分为三个时期、即创业时期、发展时期和大发展时期。对应三个时期，应有相应的近期、中期和远期目标。

所谓目标，是表明国家基金委发展方向、主要任务、政策策略的比较完整的说明与规定。它是我们组织管理等活动的预期成果，而不是活动的本身；它应包括各个关键的方面，并随着形势变化。我认为重要的就是选择目标。这里仅提出近期的目标，供同志们研究。至于中期目标和远期目标待后讨论。

我们近期(即“七五”期间)的战略目标,是一个相互联系、相互影响的多层次、多目标的体系。在基础研究和部分应用研究范围内,它大致可分为四个方面。

一是科研成果目标,包括:①争取搞出一批高水平的理论成果,其中有达到国际最先进的理论成果,达到国际较先进水平的理论成果,达到国际一般水平的理论成果,国内重要的空白、学科前沿的理论成果等;②开创和发展一批新学科和新兴技术,其中有若干交叉学科及领域,若干具有我国特色、针对我国自然条件和资源特点的学科和技术,若干新兴技术等;③组织一批具有经济效益和社会效益的项目,组织重大项目,重点项目,面上项目,以及政策性问题的咨询研究项目;④基础研究和部分应用研究的基础设施目标也在考虑中。

二是人才培养目标,包括:①造就一批学术带头人,并形成梯队型的科学研究国家队,其中有一批具有世界水平的、富有科学创造能力的科学家;②建立一支学术造诣深,作风严谨、公正,热心科学基金工作,具有权威和一定声望的专家评审队伍;③建立一支具有战略眼光学识渊博的智囊队伍;④培养一大批富有朝气和创造精神的,以博士生和硕士生为主体的青年科研生力军。

三是科学管理目标,包括:①形成平等公正竞争机制;②创造宽松和谐民主的环境;③建立充满活力的管理制度;④采用科学管理方法。

四是国际合作目标,包抱:①一批国际合作研究项目;②一批跟踪世界先进水平项目;③一批国际学术交流项目;④引进国外智力,人才出国培训;⑤建立各种形式的国际联系。

义不容辞的历史责任摆在面前。从长远来看,国家科学基金委应该成为我国经济、社会、科技发展决策的有科学依据、有知识后盾、有世界信息的参谋咨询机构之一。

为此,从战略上、宏观上我们要抓几项重大工作。

(1)由于基金委面向全国开展科学资助活动,在它下面又不设其他层次的行政实体,因而彻底冲破了部门所有制,打破了条块分割。这样,对于部门、企业、科研机构和大学来说,基金委应起桥梁作用。应该为科研—大学—企业这个“金三角”搭桥,促进三者紧密结合起来。这实际上是解决理论与实践结合、基础与应用结合、科学与技术结合的重要途径问题。基金委还可以促进部门、学术界、实业界这个“金三角”牢固地粘结,促进宏观与微观、官方与民间结合,促进实业家、改革家、科学家结合。这是符合中央关于经济体制、科技体制改革要求的。

(2)由于坚持同行评议、择优资助、保证重点的原则,有利于彻底打破“大锅饭”,造成一个平等、公正的竞争环境。这样,基金委对广大科研人员和科研机构来说,应该吸引高质量研究项目,起到激励和提高作用。古语说:一登龙门,则身价十倍。古文观止说:生不愿封万户候,但愿一识韩荆州。科学基金应该成为“龙门”,应该成为“韩荆州”。尤其在资助的初期应是“以质胜量”,“荣誉重于金额”。资助的钱不在于多,而在于一经资助,则“众望所归”。

(3)由于拥有稳定的经费来源,可以支持中长期计划,有利于提高我国的基础研究、应用研究水平,为本世纪末和下世纪我国经济科技发展提供强大的后劲。科学基金委在这方面将起到积极作用。

(4)由于“面向现代化,面向未来,面向世界”,有利于造就强大的高水平的基础研究队伍,发现人才,培养人才,特别是中青年科技人才。这样,科学基金理应促进培养几代至十代、百代科学高手,成为“伯乐园”,桃李满天下,促进我国培养一批又一批的高水平的基础研究和应用研究的科技队伍。

(5)由于既代表国家管理科学基金,又是最高的学术管理机构之一,这样更有利于广泛组织国际科技交流和合作,使我们能跻身于全球性的科技发展和高技术的竞争的先进行列之中。这样,对于世界来说,我们应该成为学术交流、尖端信息的友好使者,成为对人类科技进步作出积极贡献的一员。

(1986年10月)

我国基础研究的现状及国家自然科学基金委员会的作用

师 昌 绪

(国家自然科学基金委员会副主任)

国务院拟在明春结合1988年度自然科学奖授奖召开我国基础研究工作会议,把我国基础研究工作提到议事日程,很高兴借开这次全委会之机,把我个人对我国基础研究的现状及自然科学基金委员会在我国基础研究工作中的作用,谈一些意见,供大家展开讨论。

(一)关于基础研究的含义

基础研究究竟包括哪些范围,一直众说纷纭。因此,谈论有关基础研究的问题就缺乏共同的基础。我认为基础研究可有广义和狭义的两种。狭义的基础研究就是联合国所定义的:基础研究是没有直接应用背景,只以认识自然、揭示客观规律为主要内容。这种定义不能反映现代基础研究的新特点。广义的基础研究应包括三个部分:

(1)没有直接应用背景,只以认识自然、揭示客观规律为其主要内容的纯基础研究。

(2)以基础数据的采集和资料的积累为主的基础性工作,根据所得到的基本数据和资料进行综合分析,从而探索自然界的基本规律。

(3)指有应用背景的定向基础研究,一般来说,这类研究方式和所用工具与纯基础研究没有很大差别,只是具有较强的应用目的。通过这类研究往往可以开拓新的学科领域,发展出新的实验手段,或提出新的科学原理;同时,发展出富有创造性的新技术、新材料、新物种、新流程或新元器件的雏形。这些都是通过基础研究或应用基础研究的重要表现形式。

(1),(2)应属于基础研究。而(3)则是应用研究的一部分,我们称之为部分应用研究,实际就是应用基础研究。它和应用研究的另一部分的区别在于,后者主要为商品化的产品服务,如对产品的消化、吸收以致创新,产品质量的提高或失效分析等等。这些工作也含有大量的科学研究,有的研究成果甚至有普遍指导意义。至于开发工作,针对性就更强了,不但考虑科学技术问题,而且还要考虑经济的可行性及市场的需要等。

从国际上来看,对基础研究这种广泛划分也较为普遍。如日本一直将应用基础研究包括在基础研究之中;美国国家科学基金会主要是支持基础研究,但他们所说的基础研究是把非商业目的的科学研究工作都包括在内；联合国的某些文件也把定向基础研究列入基础研究之中了。

诺贝尔奖在一般人的心目中是基础研究的最高奖励，从1901年起，到今年止已授奖80余届，以物理奖为例，多数是新理论和新发现，但也有1/5左右属于新技术、新材料、新仪器或器件。诸如无线电报的发展、航标灯的自控、超导体的发现、相衬光学显微镜、全息技术，等等。当然，这些都是通过大量基础研究而引发出来的。

因此，基础研究不一定没有应用目的。我们采用广义的基础研究的含义是合适的。我们从事基础研究的同志不能作茧自缚，把自己限制在一个狭小的圈子里。这不但不符合基础研究的规律和特点，也不符合我国“面向”、“依靠”的科技方针，很难得到国家的支持。但也应着重指出，纯基础研究并非不重要，相反，它的重大突破，往往产生划时代的影响，而且对培养人才、提高全民族的文化水平有不可估量的作用。对此，国家自然科学基金委员会感到责无旁贷，应该把它放在优先地位。只要研究内容属于国际前沿，具有新的学术思想和一定的创造性，我们不考虑其是否有应用前景，都给予支持。

（二）我国基础研究的现状

建国以来我国基础研究，总的说是认识上逐步重视和地位上十分脆弱并存。

(1)1956年、1962年、1978年及1984年的科学技术规划，基础研究都占据了相当重要的位置，党和国家领导人周恩来总理起了关键作用。

(2)60年代周总理确定了中国科学院的方向是“侧重基础、侧重提高”，为我国基础研究奠下了良好的基础。

(3)70年代邓小平同志确定高校为“教学与科研”两个中心，从而调动了高校师生从事基础研究的积极性。

(4)进入80年代后，在研究设施上有多项安排，在运行机制上发生了很大变化，在研究体系上也有所提高。

首先，用世界银行贷款装备了重点高等学校，大大增强了学校开展研究工作的能力；其次，国家投资在十多处建立了大型基础研究装置，如对撞机、重离子加速器等；第三，到目前为止，国家投资在“七五”期间已建立了55个国家重点实验室，其中有近半数已投入使用。

从1982年起，我国就开始了自然科学基金制，1986年又正式成立了国家自然科学基金委员会，实行基础研究的竞争机制；同时，基础研究与国家科技攻关、高技术并列为我国科学研究的第三个层次，在党的十三大报告中被列为继续加强的一个方面。

几十年来，我国基础研究做出了不少世人瞩目的成果，科学技术力量和队伍在第三世界中居于领先地位，成为我国经济发展的巨大潜力和动力。

尽管如此，我国基础研究的地位仍十分脆弱，也还存在不少问题，最主要的表现如下：

(1)学科规划与经费不同步和不配套，因而规划不能保证实现，低水平重复难以避免；

(2)应用基础研究与国家需要结合不密切，在生产中的作用不理想；

(3)基础研究受干扰太大，过去常常受到政治运动的冲击，近年来，由于不分情况过分强调经济效益，对从事基础研究的科技人员形成很大压力，幸亏基金制实行了专款专用，对基础研究工作起到稳定作用；

(4)基础研究队伍日趋老化，而年轻人又多重实惠，在基础研究方面的献身精神不够，大有青黄不接之势；

(5)对基础研究投资少是最根本的问题，1987年我国科技投资111亿元，纯基础研究占4%强，与国际(通常是10—15%)差距很大，即使加上应用基础研究，也不过7—8亿元，比例还是太低。这和我们“重视基础研究”的提法很不相称。而且划于基础研究的这块经费，有相当一部分作为购置大型装置和研究设备，真正用于研究课题的经费极少，特别用于以竞争机制为主的科学基金的比例更低，很难实现良性循环。

(三)国家自然科学基金委员会在我国基础研究中所起的作用

我国实行自然科学基金制始于1982年，经过几年实践，颇得科技界的肯定。于是，在1985年中共中央《关于科技体制改革的决定》中明确规定：“对基础研究和部分应用研究工作，逐步试行科学基金制，基金来源，主要靠国家预算拨款。设立国家自然科学基金会和其他科学技术基金会，根据国家科学技术发展规划，面向社会，接受各方面申请，组织同行评议，择优支持”。同时并指出，“主要从事上述研究工作的机构，应争取几年之后做到科研经费主要靠申请基金，国家只拨给一定额度的事业费”。

中央这些政策的出台，决不是偶然的：一是为了打破我国科研系统中的大锅饭局面；二是实行科学基金制是国际上行之有效的制度；三是经过我国三年的实践，认为是可行而且行之有效的。这些政策的制订，不是少数人拍脑袋，而是经过多次大会、小会酝酿，还两次邀请国外知名专家专程来华座谈，最后召开全国科技工作会议，经过认真讨论而后确定并公布于众的。

方针确定之后，紧接着就筹备一个独立于教委和中国科学院以外的国家自然科学基金委员会来承担这部分工作。1986年2月国务院发出正式通知〔国发(1986)23号文件〕，规定了自然科学基金委员会的任务，其中最主要的一条是：“有效地应用科学基金，指导、协调和资助基础研究和部分应用研究工作”。

据此，我们深深地感到国家自然科学基金委员会在发展我国基础研究工作中负有重要责任，必须兢兢业业，全心全意地把工作搞好，通过基金工作，为发展我国科学技术贡献自己的力量。三年来，我们也是这样做的。任何有利于我国基础研究的工作，我们都努力资助，并力求做到“依靠专家，发扬民主，择优支持，公正合理”。

我国科学基金工作已开展了六七年，取得了不少经验，也存在一些问题，现在分别汇报于下：

1. 国家自然科学基金委员会(包括它的前身中国科学院自然科学基金局及国家科委的重大项目)**在我国基础研究中的地位**

我国实行全国范围的科学基金制六年以来，取得不少成绩，在自然科学基础研究工作者中的威信日增，并走出了一条切实可行的科学化、民主化管理的路子。

(1)发表了大量论文。基础研究成果的最主要的表现形式之一是公开发表学术论文。粗略统计，到目前已发表了3万篇以上，在已结束的课题中，平均每项发表论文3.5篇，显示了基金很高的投资效率。这些论文有不少具有国际水平，在国际知名杂志上发表。据1987年三个大型国际会议(在北京召开的生物化学会议,在南京召开的配位化学会议和在武汉召开的高分子化学会议)的初步统计,在中方论文中,有半数以上是受到国家自然科学基金资助的。

(2)取得了可喜的实用成果。在历年资助项目中,据统计约有70%是应用基础研究,其中有些取得了十分显著的成果。如湖北省的光敏核不育杂交水稻1984年一开始研究就受到基金资助,不但效果显著,而且在生物工程方面开拓了一个新的学科领域,已列入我国高技术领域重点支持的课题;陕西省的秦油二号也是受基金资助的,增产效果十分可观,已大面积推广;北京大学的虾饵料的研究成果是从基础研究开始的,他们从研究虾的习性开始,解决了养虾业中的重大问题;我国非线型光学晶体材料在世界上处于领先地位,多数是受到科学基金资助的,如山东大学的蒋民华、中国科学院福州物构所的陈创天、南京大学的冯端等。

(3)基金成为某些单位科研经费的主要来源。根据在北大、清华等九所重点大学的统计,基金在他们的基础研究经费中占有十分重要的地位,都在1/3以上,有的占3/4,如下表所示。

学　　校	基金占基础研究经费比例(%)
南京大学	42
成都科技大学	70
天津大学	50
北京农业大学	75
北京大学	35
清华大学	50
北京医科大学	62
北京师范大学	48

对某些基础研究较少的学校来说,所占比例可能更大,因为他们没有其他经费来源,只有依靠申请基金来开展基础研究。卫生系统的科研经费每年700多万,从基金每年得到的资助两倍于此数。

根据1987年国家科委白皮书所公布的数字,我国科研经费支出的构成为:人员费15.4%,课题费为23.5%,资产建设费35.0%,其他为26.1%。我国基础研究和应用基础研究1987年的投入为8亿元,则课题费仅约为1.9亿。显然,基金委的项目经费占其中一半以上。

(4)基金项目已成为基层单位中衡量其学术工作水平的一个重要指标。基金项目是在竞争中取得的,是在全国范围提出申请,由专家几次严格的评审筛选出来的,平均录取率只有25%左右,有的学科(如地球科学与材料科学)不到20%,确实做到高标准、高门槛。因此,有些单位或地方只要得到一个基金项目,就可以很容易地从其他方面得到更多的资助;有的单位则把是否得到基金资助作为提升的标准之一。

(5)在培养人才与稳定队伍方面起到重要作用。如果说目前我国有10万人是从事基础研究的话(科委汇报提纲中1987年的数字),则受基金资助的人至少有5—6万人,其中包括2万多是研究生。因此,可以说有一半从事基础研究的科技工作者受到了基金的资助。

基金对培养研究生至关重要。因为国家对研究生的投资远远赶不上实际需要,没有另外财源就很难做出高水平的论文,因而基金便发挥了重要作用。有的教授说,“如果没有基金,我就不可能带研究生”，这充分说明了基金在培养人才中的作用。

2. 科学基金制的特点

根据几年来的实践经验，基金制有以下几个特点：

(1)竞争机制。这是打破大锅饭、减少低水平重复的最有效手段。只有竞争才能真正做到择优，杜绝不正之风。

(2)公正合理。基金的评审是通过专家进行的。先是小同行，对申请书的细节提出意见；而后由学部专家进行综合；最后再经专家组做出最后判断。评审采取严格的回避制度，因此，评审结果一般比较公正合理，受到普遍好评。

(3)高透明度。每年发布《项目指南》指导申请范围和方向，次年公布批准课题和批准金额，最后公布所取得的成果。每年还要发布年报，把基金委的财务、人事及各种主要活动公布于全国人民，以便于对基金工作的监督。

(4)跨部门、跨单位、跨地区，无地方色彩和门户之见。这既有利于打破割踞的局面，又促进人才交流和学术交流，对科学技术发展非常有利。

(5)灵活性。基金有较大的灵活性，一旦发现苗头，可以立即采取行动。去年高温超导开始出现时，有些重点单位亟需资助，而国家超导领导小组尚未成立起来，于是由科学基金委为物理所、北京大学、南京大学及中国科技大学分别给予紧急资助，使他们的工作及时地处于国际先进行列。另外，有些确属科学上的新见解，学部主任有权采取临时措施，使其得到发展。

由于基金制有以上特点，所以世界各科技发达国家都在建立类似美国科学基金会一样的组织。

3. 关于对国家自然科学基金委员会的反应

我国实行基金制已有 6 年之久，国家自然科学基金委成立已近 3 年。3 年来，委内人员增加了近 50%，业务范围也不断扩大，与外界的接触也愈来愈多。从去年开始我们曾多方面征求全国科技人员对基金委的意见，以改进我们的工作。例如去年年底我们曾分片召开了中国科学院京区各研究所负责人会议，也曾到上海、广州、西安、南京等地开过座谈会，去冬今夏还召开了两次基金管理会议，征求了对我委工作的意见和建议。去年国家科委组织的全国基础研究调查，也有我委同志参加，我们认真地研究了各方面对我国基金制和基金委工作的反映。

总的来说，人们对我国实行基金制是拥护的。首先，基金确实起到稳定我国基础研究的作用，特别在强调“横向联系”与个人奖金直接挂钩的今天，如果没有这笔专款专用的基金(尽管资助额度并不太大)，整个基础研究队伍将不堪设想。其次，基金对研究生的培养起到决定性的作用，全国有三分之一左右的研究生靠基金的资助开展学术论文工作。第三，许多科研人员和教师由于基金的资助，做出了不少成绩，同时学术水平得到提高，因此加速了晋升。

基金制受到支持和赢得声誉，应该感谢全国有关专家。有些专家为了参加我们的评审会而放弃其他会议，有的刚刚回国，次日就赶赴评审会，等等，出现不少感人的事迹。通信评审专家也很热心，我们发出的同行评审表一般回收率在 90%以上，算是很高的了。

我国基金制尽管为多数科技工作者所肯定，但是也还有不同的看法，这里有必要做些说明。

(1)关于基金资助项目过于分散问题。这是指的自由申请项目。应该指出，自由申请项目的目的，就是鼓励科技工作者的创造性、新思想、新见解，从而发现苗头和发现人才。很难想像，把全国科技人员都集中在少数几十个甚至几个课题上来；这不但对科学技术的发展不利，对培养人才也没有好处。我们必须执行“百家争鸣、百花齐放”的方针，才能使我们的科学技术得到繁荣发展。我们讲自由申请，也并不是自由放任，而是用指南引导，由单位把关，由专家系统严格审查，因而是有适当指导和进行严格控制的。

为了避免过于分散的问题，所以才又设立若干科学前沿，或在经济建设中有发展前途的重大课题，把一部分优势力量组织起来，给以重点支持。

(2)关于实行基金制有损单位的业务领导权问题。有的同志担心目前实行的单位领导负责制，本单位科技人员都去自由申请课题，单位领导失去控制，无法掌握本单位的研究方向。

我们认为这个问题比较容易解决。在调查中，我们发现有些单位做得很好，如中国科学院地理所，他们鼓励科技人员按本所订的方向提出申请，因此，这个所在某些领域明显地处于全国领先地位。基金申请条例规定，每个基金申请项目必须有单位负责人的签字，才能给予受理。因此，任何不符合本所发展方向的课题，单位领导可进行控制。还有一些别的单位也是这样做的。相反，有些单位通过基金项目的申请而砍下了难以下马的胡子课题，帮助单位端正了研究方向。

一个单位是鼓励自由发展，还是把人们的思路限制得死死的，也是值得讨论的问题。特别是基础研究，应该不断开拓新领域，提出新问题，这样才能使本单位生气活泼，有更大的发展。

(3)关于基金制不利于科学研究的稳定性问题。因为基金项目一般只支持 3 年，3 年以后如果申请不到，就得中止。因而有的同志认为这不利于科研工作的稳定性，表面看来，确实如此。须知实行基金制的目的就在于保优淘劣，如果几年以后失去竞争能力，理应停止，而转到自己有优势的地方。如果采取拨款制，使那些没有发展前途的课题得不到清理，是一个很大的浪费。从长远看来，研究能力强的人和单位总是会持续地得到资助的，几年来的实践已证明了这一点。

(4)关于基金制中的资助率与资助强度的矛盾问题。当前，我国实行基金制的最大难处是国家拨款太少，从而造成资助率与资助强度的矛盾。3 年来，我委的平均资助率为 25%左右，资助强度每项只有 3 万元(3 年)，实在太低了。如果降低资助率，提高强度，则会挫伤广大科技人员的积极性，因为在申请书中，大致有 35%左右是属于优秀的。园而从现实情况出发，似乎不宜太低；从国际情况来看，美国科学基金会 1987 年的资助率为 40%，加拿大为 60%，联邦德国则为 70—80%。因此，资助率不宜再减，唯一的出路是提高投入。无论如何，资助率与资助强度之间总会存在矛盾的，往往被评上的希望提高资助强度，而被剔除的则倾向于面广一些。我们认为，应该有一个适宜的数值，那就是资助强度足以开展工作，而资助率应该使绝大多数优秀课题得到资助。

（四）国家自然科学基金委员会应为发展我国基础研究做出更大的贡献

几年来的实践证明，我国实行基金制对基础研究的发展十分有利，国家自然科学基金委员会当前是唯一面向全国对自然科学进行资助的机构，应该有所作为，把发展基础研究做为自己的主要任务。为此，提出几点设想：

1. 基金类型应根据国情不断增加

（1）自由申请基金仍将占主要位置，因为它涉及面广，对培养人才、发现人才和稳定科研队伍有不可代替的作用，也是繁荣我国科学、鼓励创新的必经之路，一定要给予足够的重视。

（2）重点项目与重大项目需要加强。从自由申请项目中产生若干重点项目，提高投资强度并加强管理，以期得到一批令人瞩目的成果。对重大项目要提高其透明度，从列项到承担单位和项目负责人的选择都要采取向全国征求意见和招标的办法。在选题方面要具有科学前沿，或国民经济建设中的重大理论课题。承担单位或项目负责人要真正能胜任，在国内居于前列。

（3）青年基金应不断扩大，注意培养各学科的学术带头人。

（4）地区基金也要根据需要扩大，使科技落后地区尽快地缩小与发达地区的差距。

（5）应尽快建立回国留学人员基金和博士后基金，一方面鼓励国外留学生回国，另一方面为优秀博士生创造良好的研究条件。

2. 加强专家系统的建设，进一步提高其权威性

当前，基金委的专家系统有两种类型，一类是通信评议的专家，一类是专业评审组的专家。前者主要是本专业在第一线工作的科技工作者，他们最了解课题所涉及的细节问题，从而可以提出具体意见；评审组则应包括两类专家，一类是第一线工作的学术带头人，另一类则是经验丰富、站得高、看得远、有全局观点的老一辈专家。只有这两类人员的结合才能做出比较全面而正确的判断。今后，我们对参加同行评议的专家，要根据其成就、对基金评审热心的程度和失误率，不断进行调整和更新，把数以万计的专家输入计算机，形成我们的专家库。对评审组的成员要坚持每两年更新三分之一，以保证其权威性和公正性。

专家评审组的功能应该是多方面的，除了对基金项目的评审以外，诸如《项目指南》的审定、国家级奖励的评定、青年科技人员的选拔、国家实验室的评估，以及为国家科技政策的咨询工作，等等。今后专家评审组成员的确定要充分听取国家计委、科委、教委、中国科学院和有关方面的意见，以便使其成为国家级的专家系统。我们认为，国家级的专家系统不宜过于重复，否则专家们将疲于奔命，浪费他们很多精力，后果是不好的。

3. 及早确定我国学科发展战略，认真编写各分支学科的发展计划，不断充实项目指南的内容

（1）为了使我国在下世纪中叶进入国际先进行列，不但要大力发展经济实力，更要使科学技术在世界上占有一席之地，必须使若干学科在国际上处于领先地位。从现在起就应该选一些我们有较大优势，有较大的带动性，并花钱不多的学科或领域，给以足够的扶持，使它们率先赶上国际先进水平。我们认为数学便是其一。今年基金委员会已拿出十几万元支持在南开大学召开的“21世纪数学展望”的国际性会议，讨论我国数学今后如何发展。我们希望国家拨专款建立“数学特别基金”，并给以特殊政策，鼓励优秀青年数学家回国参加工作。除了数学以外，还应尽快地确定更多领域，在投资强度上提高，在政策上给以优惠。

（2）从今年起开始编写各分支学科的国内外现状，发展前景及我们的对策丛书，为制订《项目指南》提供参考。这些书应该是深入浅出，专家们看了有启发，非本专业科技人员读后也感受益。这些书将由我委各学科主任亲自参加，并组织国内知名学者开展这项工作。一般5年再版一次。对某些发展很快的领域，也许每二三年就要增加新内容。

（3）不断充实《项目指南》的内容，发挥其对基础研究的指导作用。发布《项目指南》是实现我国科技规划的重要措施之一，因此，必须给以足够的重视。今后的《项目指南》除了目前以自由申请为主的范畴以外，应逐步包括以下几方面的内容：重大项目的选题和承担单位的确定；要把工业生产中带有普遍意义的科学技术问题列入定向课题；《项目指南》要和国家攻关计划与高技术密切结合，使这些国家计划的实施有坚强的理论基础；国家重点实验室和某些开放实验室是面向全国的，他们的研究方向和领域也可以纳入《项目指南》，使全国广大科技人员能充分了解，找到他们合适的工作岗位。同时增加这些实验室的透明度，加强实验室间的竞赛和协调。

4. 加强成果管理并促进转化

科学基金的主要任务无非是“出成果、出人才”。因此，基金成果的管理至关重要，而且比基金的分配更为重要，涉及的问题更多，必须予以充分的重视。在这方面我们存在很大差距。

今后对不同类型的成果应采取不同的管理方式：对论文要实行登记管理。凡由基金资助所发表的论文应加以注明，基金委每年将发布由于基金资助所发表的论文目录，并尽可能进行检索，查明论文被引用次数，制定出定量评价标准。对有实用价值的成果，基金委尽可能地促进其转化为生产力，这是当前最薄弱的环节，也是衡量基金工作的一项重要指标。利用基金委员会的广泛联系和影响，可以使某些成果尽快地转化为生产力，这将对国民经济建设产生推动作用，也可以改变某些人对基础研究的看法，从而得到更大更多的支持，进而促进基础研究的发展。而且，从研究成果转化得到的收益，可能有一部分能增加对基础研究的投资，当然，这决不会成为基础研究资金的主要来源，至少在最近几年内是这样。促进基础研究特别是应用基础研究成果转化的方向是正确的，因它符合“依靠”“面向”的方针，也符合目前的潮流，德国和加拿大都是这样做的。为了使研究成果尽快用于生产，他们采取匹配投资的办法，即企业出一半，基金会出一半，以保证研究成果的及时推广。在过去3年中，我们有少量课题也是这样做的，效果不错。

5. 充分利用国家重点实验室和中国科学院及各高等学校的开放实验室

自1984年开始，我国建立了一批“国家重点实验室”；1988年国家计委利用世界银行贷款，又完成了75个国家重点实验室的立项工作。这些实验室除三个属于纯基础研究外，主要集中在能源、原材料、交通和通信、机械电子、农业、生物、新材料、医药卫生和环保与灾害等9个领域，而且以工程科学为主。这些实验室实行开放、搞活和竞争的机制，打破我国科学技术领域中死水一潭的现状。与此同时，中国科学院和教委所属大学若干研究所或实验室也向全国开放了，同样采取从全国各地聘请专家做为学术委员会成员，以掌握实验室的方向，并规定对外开放的比例。

由于国家自然科学基金委员会的资助不包括购置大型设备（这和美国、德国、加拿大等国家的基金制不一样），因此，所有基金项目必须利用现有设备，实行国家实验室或开放实验室与基金项目相结合的方针。这一方面有利于科研工作的顺利开展，另一方面使这些实验室的大型设备的作用充分发挥。为此，我们想采取以下几点措施：

（1）实验室学术委员会所推荐的课题实行同等优先的原则。

（2）尽量以国家重点实验室为牵头单位（但也要通过竞争）组织重点课题或重大课题。

（3）落后地区或不具备试验条件的单位所申请的基金项目，一旦经过批准，即介绍到有关国家重点实验室或开放实验室开展工作。这对提高他们的水平，促进落后地区或单位的科学技术的发展十分有利。这比到国外留学可能更为有效。

（4）设立博士后基金。国内外获得博士学位的科技人员，在他们定点分配以前，可以向国家基金委申请研究项目，一旦经过批准后，可以介绍到与其相关的国家重点实验室或开放实验室去工作。

（5）国家自然科学基金委员会愿意组织包括高等学校、研究所、产业部门和管理专家在内的专家组，根据国家计委所规定的原则，协助计委对国家重点实验室的业务方向进行协调和评估。为了增加实验室的透明度，国家自然科学基金委员会可以承担《国家重点实验室通讯》定期杂志的编辑和出版工作，以交流实验室的管理经验和研究成果；每年出版《年报》，以公布各实验室的主要活动及成果，等等。

总之，国家自然科学基金委员会把国家重点实验室和各部门的开放实验室视作发展我国基础研究的最重要组成部分，没有这些设施和这些实验室的学术带头人，我国基础研究的高速发展是不可能的。

6. 加强国内外学术交流，活跃学术思想是发展我国基础研究的必要条件

基础研究工作具有很强的国际性，只有加强国内外的学术交流才能培养与国际竞争的能力。因此，我委在目前与国际建立广泛联系的基础上，应进一步扩大合作范围。首先是课题的合作，通过合作可以使我们的研究内容处于本领域的前沿；其次是鼓励在国内召开国际学术会议，花钱少、受益大，这是日本人总结出来的经验。国内在本领域薄弱的，可以借此提高，好的，既可宣扬国威，又可集思广益，更上一层楼。

基金委今后将特别重视青少年的活动，为培养下一代做出贡献。

7. 国家自然科学基金委员会要不断加强自身建设

为了搞好我国自然科学的基金事业，必须重视基金委员会的自身建设。首先，应该认识到基金委员会机关的双重性质：一是管理职能，要把国家拨给我们的资金管好用好；二是具有较强的学术性质。和一般国家管理机构不同，基金委要制定发展方向，管到具体项目，不提高工作人员的水平便没有判断能力，容易失误。因此，建设的重点应放在：

（1）提高工作人员的素质。3 年来，基金委员会在这方面做过大量工作；因此，社会反映是好的，但必须更上一层楼。在政治上要提倡全心全意为人民和献身精神，在业务上要创造不断提高的机会。如参加国内外学术会议、脱产进修，等等。为了弥补长期脱离科研第一线

的缺陷，要召聘一批国内一流的学术带头人，定期参加基金管理工作。这样，一方面提高我委在学术上的管理水平，另一方面使这些学科带头人了解全国发展情况和本领域的需要，开阔眼界。

(2)建立科学化的管理系统。基金的管理十分复杂，数以万计的研究课题，十万计的研究人员，不建立计算机管理系统是难以应付的。今后决定政策决不能凭印象或个别现象，而要有科学数据。所以美国科学基金会有 1 200 人，而他们每年批准项目是我们的 4 倍。我们的工作人员(包括流动和兼职人员)不到 200 人，只有他们的六分之一，工作量比他们大得多。这就更促使我们加速建立科学化的管理系统。

最后，也是最重要的一点，就是基金的投入问题。中共中央关于科学技术体制改革的决定(1985 年 3 月 13 日)中明确规定，基金来源，主要靠国家预算拨款。因此，政府拨款是基金的主要来源，世界各国也是这样做的。

所谓基金，就是以金(钱)为基础，没有足够的投入，上述设想只能成为空想。我国当前的情况是基金的起点太低，1986 年为 8 千万元，在国家财政十分困难的情况下，尽管每年的拨款都有所增加，1987 年为 1 亿，1988 年为 1.1 亿元，但人均投资连一个冰棍都不到，这远远满足不了实际需要。由于对基金的投资太少，致使资助强度过低，资助率也不高，从而使申请到的人感到为难，申请不到的人感到失望。我们认为应该以 3 亿元起步，而后每年有所增长。能否做到这一点的关键在于领导对基础研究的认识。如果承认科学技术是第一生产力，而基础研究又是科学技术的基础的话，对基础研究工作就应给以足够的重视。

(1988 年 12 月 26 日)

经验与不足
——三年国家社会科学基金工作回顾

国家社会科学基金会办公室

国家社会科学基金是我国社会科学事业不断发展和对社会科学体制进行改革的产物。早在 1980 年国家即向中国社会科学院拨出专项经费用于资助该院与院外研究机构、高等院校等部门的合作研究项目。1983 年国家又在此基础上增拨经费，形成国家重点研究项目资助经费，为哲学社会科学“六五”国家计划的执行提供了可靠保证。1986 年 6 月，国务院批准了中国社会科学院提出的《关于设立社会科学基金的请示报告》。同年 10 月 27 日召开的全国哲学社会科学规划领导小组会议通过了《国家社会科学基金暂行条例》，自此国家社会科学基金会正式开始工作。《国家社会科学基金暂行条例》的总则中明确规定：社会科学研究必须坚持以马克思列宁主义、毛泽东思想为指导，贯彻理论联系实际的原则和“百花齐放、百家争鸣”的方针，鼓励创造性的探索，力争做出高质量的研究成果。为鼓励和支持青年社会科学工作者的研究工作，国家社会科学基金会自 1989 年从基金中每年划定 50 万元设立了青年社会科学研究基金。国家社会科学基金以及青年社会科学研究基金的设立适应了我国社会科学事业发展的需要，受到了广大哲学社会科学工作者的欢迎，已经并且将继续为繁荣我国社会科学事业发挥重大作用。

国家社会科学基金设立至今，主要资助了下述三类研究课题：

(1)哲学社会科学“七五”期间国家重点研究课题。共资助这类课题 478 项，其中 1986 年确定 421 项、1987 年增补 53 项、1988 年增补 4 项，资助金额共为 2 147.45 万元，平均单项课题资助强度为 4.49 万元。

(2)国家社会科学一般基金课题。这类课题根据每年发布的《课题指南》自由申报，由基金会组织各学科专家评审，择优资助。至今已资助这类课题 906 项，资助金额共为 1 501.34 万元。其中：1987 年资助 217 项，资助金额 368.75 万元，平均单项课题资助强度 1.70 万元；1988 年资助 387 项，资助金额 602.13 万元，平均单项课题资助强度 1.56 万元；1989 年资助 302 项，资助金额 525.26 万元，平均单项课题资助强度 1.74 万元。

(3)青年社会科学研究基金课题。青年社会科学基金于 1989 年设立后，已择优资助了 132 项，资助金额为 73.4 万元，平均单项课题资助强度为 0.56 万元。

国家社会科学基金资助的上述三类课题总数已达 1 516 项，资助金额 3 722.19 万元。此外，为响应中央关于开展国情调查的号召，1988 年基金会又专门从国家社会科学基金中划出 100 万元用于支持国情调查的工作。目前，国家社会科学基金资助的县情、市情调查课题组已经达到 37 个。

经过广大社会科学工作者的努力，受国家社会科学基金资助的课题大多进展顺利，并且已有一批成果陆续问世。例如：《马克思主义哲学史》(第六、七卷)、《列宁认识论与现时代》、《技术美学》、《当代中国社会生产力考察》、《社会主义经济学通论》、《中国原材料工业发展战略及对策研究》、《农村联产承包制及其发展趋势》、《中国法学四十年》、《中国社会治安综合治理的理论与实践》、《诗海》、《东北历史地理》、《中亚近代史》、《中国妇女运动史》、《现行户籍管理制度研究》、《中国社会养老保险问题研究》、《中国西部民族地区经济开发研究》、《中国民族教育史纲》、《世界经济与政治概论》、《欧洲社会主义国家政治体制的理论与实践》、《社会科学学》、《社会科学方法论》等等。其中，有些成果质量较高，得到学术界和实际工作者的好评。有些还被评为优秀科研成果。

在过去几年里，国家社会科学基金会主要做了以下几个方面的工作：

第一，重视《课题指南》的制定，积极引导广大社会科学工作者的研究方向。每年发布的《课题指南》是基金课题申请的指导性文件，不仅直接关系当年基金申请课题的质量，而且对全国社会科学研究的发展也有重大影响。国家社会科学基金会在前后发布的三次《课题指南》中注意坚持了正确的政治和学术导向。1987 年的《课题指南》根据中共中央提出的坚持四项基本原则、反对资产阶级自由化和改革、开放、搞活的总方针，结合社会科学研究的特点，提出了建设有中国特色的社会主义理论问题研究、毛泽东思想发展史、关于人的价值问题、经济体制改革问题、马克思主义法学基本原理、马克思主义国家学说、中国传统思想文化研究、马克思主义文艺思想的历史发展及其在中国的传播等重要选题。1988 年的《课题指南》向社会科学工作者提出了加强对社会主义初级阶段理论的研究和我国国情调查的要求，还提出了马克思主义与当代世界、社会主义改革的理论研究、哲学观念的变革、所有制结构与形式研究、反对官僚主义的理论研究、法律监督制度的完善、中国少数民族传统文化与现代化建设、中国封建社会研究、中国文学与中国文化等重要选题。1989年的《课题指南》除要求社会科学工作者进一步开展我国社会主义初级阶段的理论研究和我国人口、土地(粮食)、资源等综合国情的中长期研究外,还提出了马克思主义基本理论问题的研究,中国当代哲学四十年,关于治理经济环境,整顿经济秩序问题研究,廉政制度研究,民族地区体制改革问题研究,中国现代主义文学思潮等重要选题。

第二,建立和健全各项基金制度。除制定了《国家社会科学基金暂行条例》外,还陆续制定了《对〈国家社会科学基金暂行条例〉若干条款的补充规定》、《青年社会科学研究基金试行办法》、《国家社会科学基金工作暂行规则》、《国家社会科学基金会经费管理办法》、《关于问卷设计、调查的规定》、《关于国家社会科学基金资助成果标志的规定》等规章制度。这些规章制度的制定,对于在科学研究领域里引进竞争机制,贯彻执行公正、平等和择优资助等原则起了积极作用。

第三,依靠社会力量,做好基金工作。国家社会科学基金面向全国社会科学工作者。从数量来讲,基金会每年受理的基金申请已经多达数千份;从地区来讲,申请者遍及全国除台湾省外的30个省、自治区、直辖市;从部门来讲,申请者不仅来自社会科学研究力量相对集中的社会科学院、高等院校、党校、军事院校和党政机关所属研究机构等五大系统,而且还来自工厂、农村、中小学校等。因此,单纯依靠基金会的力量是难以做好各个环节的基金工作的。在以往基金工作中,基金会采取了一些具体措施以调动社会力量参与基金工作。首先,基金申请的评议、审议工作依靠广大专家学者来进行。基金会所属的16个常设学科基金组是由不同地区、不同部门的200余名专家学者组成的,每年还视情况临时邀请百余名专家学者参加基金申请的评议工作。基金课题的入选和通过完全由专家把关,一扫过去单纯依靠行政管理科研所不可避免的片面倾向。其次,基金课题的申请与日常管理主要依靠申请人的主管单位。基金会要求每项基金申请都须有申请人所在单位领导对申请人的政治和业务素质提出明确意见。基金申请被通过后,基金会委托申请人所在单位承担课题研究的业务指导和经费的管理工作。这就使基金工作与有关主管单位的支持结合了起来,保证了基金课题研究能够顺利开展,经费使用能够恪守财务规定。上述措施不仅减轻了基金会本身难以承受的重负,而且强化了基金工作的社会意义,使社会科学基金工作与我国社会科学事业的发展密切联系起来。

设立国家社会科学基金毕竟是一项新生事物,毋庸讳言,它还存在一些有待改进的不足之处。

第一,基金数额不足,来源不畅。目前,社会科学研究经费普遍不足,不少单位已将国家社会科学基金作为其科研经费的主要来源之一。但是,国家社会科学基金主要由国家财政拨款,数额有限。因此,国家社会科学基金暂时还只能资助科学研究工作。设立基金之初确定的资助学科发展、文化遗产的抢救与整理以及出版补助等工作基本未能开展,即使是对研究工作的资助也面临着入选率下降、资助额不足的境况。

第二,基金会机构尚不健全。目前,国家社会科学基金会尚未建立正式的组织机构,其职责暂由全国哲学社会科学规划领导小组及其办事机构代行。这给基金工作的顺利开展造成了一定的困难。由于没有基金委员会,许多基金工作的重大问题难以得到及时的讨论和解决。又由于基金会的办事机构人员大多是兼职,对基金工作不可能投入更多的精力,特别是对基金课题的跟踪管理更为薄弱。这对基金工作质量的提高都是极为不利的。

第三，某些基金工作的经验尚待进一步总结。例如，各类不同课题所需经费的高低、研究周期的长短，需要我们做进一步的科学论证。又如，如何进行基金资助课题的验收工作，同样需要我们开展调查研究。社会科学研究成果的验收具有较大难度。正确的验收工作，不仅是对课题高质量地完成者的鼓励，而且是对课题未完成或质量低劣者的鞭策和批评。

上述不足之处，需要在今后的基金工作中逐步加以完善和改进。

（1989年）

加强基础技术的研究开发是振兴机械工业的一项重要战略措施

——机械工业技术发展基金试行一年的报告

方毅、宋平、宋健同志，
国务院科技领导小组：

在机械工业管理体制改革中，按照国务院(1984)114号文件精神，机械工业部为了在科技工作中，迈开面向全国机械行业的一步，1985年初机械部党组决定，先从部直属研究所减下来的事业费和切块给机械部的三项费用中每年拿出2 000万元，建立面向全国机械行业的技术发展基金，聘请了国内16名有关专家成立基金委员会（科学院学部委员6名、大学教授4名、高级工程师5名、会计师1名）。基金主要资助机械工业的基础技术（共性技术）和社会效益大但企业自身效益近期内不大的产品开发，完成期限在三年左右的研究开发课题。基金委员会根据国家对机械工业发展的的要求和规划，每年发布项目指南，接受全国高校、各部门各地方研究所（包括军工部门和科学院）和企业的申请，经过专家评审，择优资助。1985年底发布了1986年的项目指南，开始接受课题申请。今年年底将发布1987年项目指南。科技体制改革中出现的这一富有远见的新事物，得到了有关部门和科技人员的支持和欢迎。

加强共性技术的研究开发是提高机械工业技术水平的基础

机械工业承担着为国民经济各部门提供先进技术装备的重任。到2000年要达到工农业总产值翻两番的目标，机械工业承担的责任，不仅是使各类机械产品在数量上满足国民经济发展的需要，更重要的是提高机械设备的性能和可靠性，提高产品质量，加快新产品的开发，提高竞争能力。

达到这一目标，可以有两种途径。一种是就各类各项产品分别进行研究开发，对其共性技术进行重复研究开发，这将浪费人力、财力，水平还提不高。另一种是，集中人力、财力抓住产品中的共性技术进行研究开发，产品设计部门、制造厂利用其成果（数据、公式、曲线、程序等等）即可衍生出各式各样产品和提高各类产品的性能。如任何机械产品都有摩擦润滑问题，据资料介绍，全世界目前应用的能源有二分之一到三分之一最终以各种形式表现为摩擦损失。抓住这个共性问题进行研究，减少摩擦损耗，提高机械产品零部件的耐磨性，就能提高整个机械工业这个方面的技术水平。因此，这一途径提供了机械工业产品在技术上发生根本变革的前提和条件，也是缩短与世界机械工业技术水平差距的一种多快好省的途径。

建立机械工业技术发展基金是加强共性技术研究开发的好办法

一年来的实践证明，技术发展基金制发挥了以下的作用。

基金打破了部门界限 机械工业分散于 38 个部门中。国务院民口各部门有机械方面的部属研究所 91 个，其中机械部直属 61 个，地方所属的机械研究所有 493 个，还有高等学校中的有关研究机构。机械工业的许多共性技术如摩擦磨损、各种计算程序、材料应用技术等等，很多部门和单位都在或多或少进行研究开发工作，重复分散，耗费人力、物力，水平难以提高。长期以来，科技经费按部门层层切块，尽管某些单位在某些方面并无优势，但主管部门仍然还是拿有限的经费去扶植自己的直属单位。结果是成效不大，水平不高。基金会通过项目指南，专家评审，不问申请单位的隶属关系，择优支持，发挥较大的投资效益。1986 年的基金项目，经过专家评审，有 217 个单位中选，其中机械部直属单位只有 94 个(包括部属大专院校、设计院)，国务院各部和地方单位 123 个。得到资助的项目经费，机械部直属单位只占基金总额的 67%。

基金贯彻了择优的原则 如重碱离心机项目，在从多的申请单位中，成都科技大学(属国家教委领导)提出的可行性研究报告，方案好、水平高、效益大，经过专家评审而中选，“击败”了机械部直属的这类机械行业的归口单位——合肥通用机械研究所。其他如西安交通大学承担的动静压支承技术和表面强化层磨损特性研究，国防科技大学承担的双向蜗杆回转误差传动补偿技术的研究等项目，都是与同专业的申请单位激烈竞争后中选的。

基金发扬了技术民主 在评审过程中，专家们本着认真负责、公正合理的精神，对申请项目逐一评议，并对申请项目的国内外工作情况，项目的技术方案，与引进技术的结合等方面提出中肯的建议。根据专家的意见，除评审出优选单位外，还对 20 多个项目作了缓评、撤销或合并处理。而以往的科研项目，往往由行政主管部门的有关人员指定，立项不尽合理，方案不可能仔细推敲，经费使用效果更被人所忽视。

技术发展基金与自然科学基金和企业的产品开发上下衔接，构成科学技术研究开发工作的新格局

鉴于目前机械部和兵器部均将撤销，随着改革的深入，企业均将脱离部门而成为自负盈亏、自我发展的经济实体，政府部门也将转为宏观管理。机械工业技术发展基金不仅必要，而且有更好的条件得到发展和加强。经与国家自然科学基金有关部门研究，大家认为两者可以成为互相联系、前后衔接的两种不同层次的基金。国家自然科学基金主要资助基础研究和应用研究，机械工业技术发展基金主要资助机械工业共性技术的研究以及社会效益大但企业自身效益近期内不大的产品开发工作。这两者，再加上企业或企业集团自身的产品开发和技

术开发，三者形成一个整体。

机械工业技术发展基金刚刚试行，缺乏经验，有待摸索改进，1986 年项目指南存在面过大，基础技术研究的比重还不够大等问题。1987 年的项目指南已注意了这些问题。对于如何使科研成果的推广能有利于提高全国机械工业技术水平，又不重复过去成果无偿转让的老路也待进一步研究具体办法。

一点建议

机械工业技术发展基金在体制改革中应运而生，并已显示出优越性和生命力。机械工业技术发展基金委员会目前挂靠在机械部，在机械部、兵器部撤销并成立新的部后，基金委员会可以作为事业单位挂靠在新的部，但不要成为一个行政部门。建议在体制改革中，在国家机构改革中，将机械工业技术发展基金委员会作为整个新体系中的有机组成而予统一考虑，并望得到有关部门的财力支持。

事关机械工业的振兴，直陈所见，恳望指示。

陶亨咸等 16 名机械工业技术发展基金委员会委员

（1986 年 10 月 6 日）

开展具有本省特点的基础性科学研究*

张 永 岺

（山西省自然科学基金委员会主任）

一、科学基金制的建立为我省基础性研究工作带来了新的生机和活力

在省委、省政府的关怀和领导下，我省于 1986 年 12 月在全国各省中第一家建立了省一级的自然科学基金委员会。随即我们同国家自然科学基金委员会取得了密切的联系，较快地建立和完善了科学基金制度的运行机制，经过三年来改革的实践证明，科学基金制度确实是一项具有很强生命力的科研管理模式，受到了广大科技人员的热烈欢迎，为我省的科学技术工作带来了新的生机和活力。

1. 组建了专家评审系统，保证了自然科学基金资助项目评审工作的科学性、民主性和公正性

省基金委组建后，在各单位推荐的基础上由基金委研究聘请了 37 位懂政策、有威望、工作作风严谨、学术造诣较深、热心科学基金工作的专家，组建了数理、化学、农业生物、医药卫

---

* 本文系在“国家自然科学基金第三次管理工作会议”上的报告。

生、技术等五个学科评审组。基金委秘书处通过调查摸底，还掌握了省内外500余名高级技术人员的学术特长，这部分专家一般都分布在科技工作的第一线，对本学科国内外的发展情况了解的比较全面，对本省申请科学基金科技人员的研究能力和设备条件了解的比较深刻，再加上基金委本身的专家初步形成了一个学科比较完善的、工作认真尽责的专家评审系统。在项目评定的程序上。严格地执行了资助项目评定的三个步骤：第一步，对每个申请项目以通信方式请5位同行专家进行定量评判；第二步，将同行专家的定量评判结果，归口各学科评审组进行评审；第三步，由省基金委最终审定年度资助项目计划。这样第一步的定量评判使每个被评项目根据其必要性、先进性和可行性有一个比较科学的综合的量的概念，为第二步的按学科组评审带来了很多的方便，避免了个别专家评审项目的主观性和片面性，同时定量评判的结果又不完全决定资助与否，对一些为一般人不了解或具有特殊意义的项目，学科组可以进行调整，把定量评判和学科组评议结合起来，有效地增强了资助项目评定的科学性、民主性和公正性。

2. 建立健全了科学基金制的规章制度，保证了科学基金制度运行机制的健全发展

科学基金制，在我省来说还是一件新鲜事物，要保证科学基金机制正常运行，必须从头作起，建立健全科学基金运行机制每个活动环节的规章制度。根据我省的具体情况。我们已经编制了《山西省自然科学基金委员会工作条例》、《山西省自然科学基金管理办法》、《山西省自然科学基金项目指南》、《山西省自然科学基金资助项目限额申报办法》、《山西省自然科学基金资助项目定量评审办法》、《山西省自然科学基金资助项目执行情况的动态评审办法》、《山西省自然科学基金资助项目的结题验收办法》，以及《山西省自然科学基础性研究成果的奖励条例》。

为了提高工作效率，减少不必要的人力、财力的浪费，我们充分发挥了申报项目单位的管理作用，采用了限额申报的办法。每年在向省基金委申报前，各单位都要进行一次认真的组织和遴选工作。限额申报的办法是上年申报项目10项以上的单位，根据上一年资助项目数除以历年平均资助率，上年资助为零的单位最多可以申报3项。

我们的定量评审办法是根据我省的实际情况，将每个受理项目按其必要性、先进性、可能性和经费预算合理性四个考虑因素，每个因素分优、良、中、差四个指标。优取整数1，良取1/2，中取1/4，差不取，再根据基础研究和应用基础研究的不同要求给四个考虑因素以不同的权重，组成距阵，进行综合运算，凡得分在0.5以上的项目为合格项目，根据这个办法计算，每个项目的主要考虑因素如果有一项是差将不能被入选，保证了资助项目的质量，经过三年实践证明，这个办法的计算结果，同我们每年计划要列的项目数和要求内容基本是一致的。符合我省的技术优势、资源特点和经济建设的需要，证明是可以应用的。

动态评审的办法也是按学科评审组进行，每年要以学科组为主，对资助项目的执行情况进行一次动态评审。对评审结果由学科组负责人签字，由秘书处组织落实，通过动态评审工作，作到了：①对执行情况好的项目，可以根据需要提出追加经费意见；②对研究方案欠佳的项目提出修改意见；③对一部分执行情况太差的项目进行终止。

完成项目的结题办法是，凡完成的项目都要由承担项目单位将项目完成情况向秘书处汇报，经秘书处审查确实完成原计划研究任务的再填写资助项目研究工作总结，由单位盖章，学科评审组负责人审查签字，秘书处签字盖章，方算课题完结。

3. 稳定了基础性研究队伍，培养了一批有较高水平的科技人才

从 1987—1989 年，三年来我省共受理了自然科学基金申报项目 581 项，涉及的科技人员 4 105 人，申请经费金额为 2 431 万元，经过专家评审三年共资助了 220 个项目，参加科研人员 1 537 人次。审定资助经费 317.6 万元，项目资助率 38.0%，经费资助率为 12.0%；按管理系统分配，资助经费的比例是：省教委系统占 73.4%，省直科研单位占 21.3%；国家在晋科研院所占 5%；地市级单位占 0.3%。按学科分布，资助经费的比例是：数理占 9.75%，化学占 14.75%，技术科学占 28.81%，基础生物和农业占 27.08%，医药卫生占 19.6%。由于科学基金制度实行了依靠专家评审项目，把竞争机制引入科研管理，科研人员把争取到科学基金资助项目，认为是同行专家对自己的信任和重托，有一种光荣感和责任感。因此完成计划的积极性和主动性一般都比较高。对稳定我省的基础科研队伍，切实起了良好的作用。在资助的 220 个项目中，除两项因为主要负责人变动，项目撤销，退回经费外，其余 218 项基本上按计划进度要求完成了科研任务，有 62 项已全部完成科研计划，占到应完成项目 81 项的 76.5%。共发表论文 297 篇，其中国际性学术会议和刊物发表 55 篇，国家级刊物发表的有 109 篇。完成专著 7 部，申报专利 4 项，已获科研成果奖励 3 项。

受资助的 220 个项目的负责人中，高级科技人员有 185 人，占 84.9%；中级职称的有 31 人，占 14.1%；初级职称的 4 人，占 1.8%。这些人员，因为原来就有一定的科研基础，科学基金资助项目的科研成果，更加提高了他们在国内外的威望和地位。如山西大学物理系教授张签祖承担的“粒子物理理论研究”，共完成论文 13 篇，其中 6 篇已被国际著名的物理杂志接受发表。他的费米子双子束缚系统的研究结果被誉为是诺贝尔物理学奖的候选作品。山西大学物理系教授梁九卿承担的“代数拓朴在物理量子中的应用”研究课题，发现了量子学中分数角动量的存在，提出了分数角动量与超导环内磁通量子化的关系，他本人被吸收为“中国高等科学技术中心——世界物理实验室”的特别成员。

还有山西大学数学系教授燕居让，副校长杨频；太原工业大学校长杨桂通，教授陆文雄、徐重、徐文旸；山西医学院院长韩德五，教授赵荣瑞；山西农大校长陈震，教授汤枋德。他们近年来的科研成就均在国内外产生了较大的影响。

在他们的带领下，还培养了一批年轻的科技人才。在参加科学基金资助项目活动的 1 537 人中，有 35 岁以下的博士生、硕士生和研究生 202 人，占参加人员总数的 13%，还有 17 位年轻科研人员作为研究项目的负责人，自己独立主持了科研项目，也取得了较好的成绩。如山西师范大学数学系教授侯晋川，31 岁，在泛函分析量子理论研究方面在国内外已发表论文 20 篇；山西大学化学系副教授王越奎，32 岁，在稀土光学性质与成键结构方面在国内一级杂志发表论文 6 篇；山西大学生物系讲师张峰，32 岁，承担的“山西植被数量化研究”，论文也已被全国性刊物《植物杂志》与《地植物学学报》刊登，他的模糊图论最大树分法已在山西植被区划中应用，这批培养的科技人才无疑将成为我省今后推动科技发展和经济建设的骨干力量。

4. 为四化建设提供了一批有重要应用价值的研究成果

资助项目紧紧地结合了本省的自然特点和社会经济发展的需要，在已结束的 62 个项目中，有 51 项属于应用和应用基础研究项目，占到已完成项目的 82%，有的成果已直接应用

于生产。如太原工业大学的“磨料流加工机理及方法”研究，依据流变学理论，对磨料加工机理进行了分析，使改进后的流体磨料质量达到国际水平，并且成本有所下降，现已在上海、天津等四个厂家使用，在我国的纺织机零件和铅型材料零件的光整加工中发挥了重要作用。太原工业大学承担的“由膨润土制备大孔分子筛及其特性研究”，对本省浑源县膨润土进行了精制处理，制备合成的钠性膨润土已向意大利菲亚特公司提供大样12.5吨，产品售价为10 000元/吨。目前应用于生产的还有省农科院果树所承担的“果树营养生理与诊断研究”，省药物所承担的“葡糖酸锌合成新方法研究”，太原机械学院承担的框图证法开拓弯曲封闭数空间研究；省人民医院的冷冻干燥同种骨移植临床应用；山医二院的胆囊穿刺置管溶解胆石的研究等。

还有很大一部分项目为我省经济建设和人民的卫生健康提供了技术储备，这些成果是化工方面的“激光热化学合成甲胺”、“有机催化剂合成的新工艺”、“高灰煤的气化动力学和灰分的影响”、“金属氧化物与脱硫的反应动力学模型”、“贫金矿萃取金的新工艺”；机械加工方面的“硬齿面齿轮的切削理论与方法”、“不等电位空心阴极放电特性及其在离子渗金属中的应用”、“统计断裂力学在球罐中的应用”；医药卫生方面的“癌症发病机理及其阻断剂研究”、“循环生理研究”；农业方面的“农作物细胞原生质体培养及体细胞杂交在育种中的应用”、“用单克隆抗体诊断治疗鸡法氏囊病研究”等，这些研究成果都达到了国内先进水平，正在准备进行鉴定，在近期内将陆续投入生产应用。

5. 采取自下而上和自上而下上下结合的办法组织了一批重大项目

参考有关部门和专家的建议，具体办法是先由学科组根据本学科的发展战略要求和经济发展的需要，向省基金委提出重大项目的内容和目标，基金委研究同意后，由秘书处采用指标的办法进行组织，然后，将实施方案再请同行专家评议通过。1989 年我们开始组织了两项重大项目：一项是山西大学的“核酸结构与功能关系的研究”，有化学系、生物系和分子科学研究所 12 人参加；一项是山西农大的“黄土高原中低产田增产理论和技术体系研究”，有农学系、土化系和黄土高原作物研究所等三个单位 23 人参加。1989 年第一批已分别下达经费 8 万元和 7 万元，以后再看进展情况给以追加。此外，还有一些跨学科的和一些对全局性、战略性、前沿性、有影响的项目。我们也组织了国内外的科研协作，涉及到国内的有 12 个省市，涉及到国外的有美国、英国、意大利、日本、澳大利亚等国。

6. 从发展战略上重视科学基金工作的政策研究

配合国家科委对加强基础研究和应用基础研究的政策调研，去年年初基金委秘书处承担了省科委的“山西省自然科学基础科研发展战略研究”课题。在有关单位的大力支持下，收回了近百份调查材料，在掌握大量信息的基础上。进行了深入的分析和综合。写出了 1.5 万字左右的研究报告。回顾了我省基础科研的发展历史，进行了山西省主要学科领域基础研究能力的综合评价，提出了我省基础科研的战略目标和定向资助课题。

二、山西省基础性科学研究的方向和任务

山西省的自然资源和经济建设的最大特点是：一是地处黄土高原，水土流失严重，农业

产量低而不稳；二是有得天独厚的煤炭资源，是全国的煤炭能源基地，但大规模的开采引起了严重的生态破坏和环境污染；三是轻工业比较落后。根据这些特点，我省基础性研究的主要方向和任务是：

在工业方面，开展煤矿、铅土矿成矿规律和采掘中的岩石力学研究，要针对经济建设的需要，研制新材料和新器件，探索材料在特殊工矿下的特性和破坏机制。要研究煤炭的热解焦化、气化和液化理论及其深度加工的新工艺路线，要结合山西特点开展节能、节水和减少环境污染的新原理和新工艺，为适应高技术的发展，开展磁性材料，机电一体化和人工智能研究，在轻工领域，要突出农副产品的深度加工和贮藏保鲜技术的基础研究。

在农业方面，要研究土壤与环境间的物质循环、能量传递和合理施肥理论，探索出一条以求产量、品质、效率、资源、环境综合优化为目标的、永久性的持续农业途径。要研究遗传工程、细胞工程等新技术在动植物育种中的应用，要研究动、植物的生理、病理，提高畜禽饲料的利用率、农作物的光合效率和病虫害的防治效率。

在医药卫生方面，要以地方病和职业病的基础科研为重点，开展癌症、矽肺病、大骨节病、工矿外伤等项研究。对于量大面广的心血管病、肝病等也要积极开展研究。特别是从生理、病理和环境因素方面搞清发病机理，并探索新的防治措施。山西的中医中药具有悠久的历史，应以现代手段探索中医中药的机理，提高疗效。

三、采取有效措施，把我省的科学基金工作推向更高水平

我省的科学基金工作虽然取得了一定成绩，但是从科技工作的整体来讲，仍然是一个薄弱环节，为了把我省的科学基金工作搞得更加扎实，进一步把这项工作推向一个更高水平，我们还必须：

1. 要继续提高对基础研究工作重要意义的认识

党的十三大报告中提出“要继续加强对基础研究的支持”。在今年 2 月召开的全国基础研究工作会议上，李鹏总理又指出“要防止对面向经济作狭隘的理解”。力求把技术开发工作、应用研究、基础研究有机结合起来，统筹兼顾，协调发展，最有效地发挥科学技术的整体作用。基础性研究是一项艰苦的探索性劳动，许多科学家为此献出了毕生精力，甚至作了默默无闻的奉献，对他们的工作，应该得到人们的理解和全社会的支持，对他们的成就应该得到政府和社会的鼓励和尊重，我们要把对基础研究的支持当作尊重科学、尊重知识的社会风气的一个重要组成部分。

2. 要继续提高对基础研究投资的比例

近年来我省对基础研究的投资虽然逐步在增加，但因为基数太低，所以，目前经费仍然十分紧张，按 1989 年拨出的科学基金 120 万元计算，仍然占不到全省科技经费的 5%，从近年来我省申请科学基金的实际情况看，有很大一部分应该资助的项目得不到资助，同时资助的强度也较低，影响了一部分基础研究工作者的积极性。另外，近年来有不少在国外学成回国的青年知识分子也希望得到科学基金的资助，但因为经费紧张，没有对他们给予很好的支持。考虑到我省财力状况，我们建议 1990 年的自然科学基金增加至 150 万元左右，并希望能

拨出 50 万元，作为专项青年科学基金，这对我省科学技术的发展和青年科技人员的培养是十分必要的。

3. 要加强同国外的学术交流和合作研究工作

国外对基础研究基本上不保密，都愿意同我们进行合作研究。在基础研究方面同国外搞学术交流和合作研究，是引进国外先进技术的基础资料和数据，摆脱技术引进工作上被动局面的一个重要手段。因此，我们希望在外事工作方面要考虑基础研究的工作特点，充分发挥这个国际交流窗口的作用，为促进我省科学技术水平的提高和培养人才作出更大的贡献。

4. 加强基础研究的管理工作

要继续加强调查研究，根据党中央和国务院对国民经济治理整顿的要求和我省社会经济发展的需要，要编写好 1990—2000 年的科技基金资助项目指南；要注意基础研究和应用基础研究，为振兴国民经济可能作出重要贡献方面的预测和战略安排；要把结合生产所需要的，带有关键性的科学问题，列入指南中的定向课题，集中优势力量进行协作攻关。

自然科学基础研究成果的奖励问题，秘书处已经起草过一个条例，我们也要同有关方面联系尽快落实，对确有贡献的基础研究人员给予必要的奖励，以鼓励他们的积极性，把我省的科学基金工作推向一个新的水平。

(1989 年 12 月)

认真落实“科教兴鲁”的战略方针，努力开创我省科学基金事业的新局面*

马 长 贵

(山东省自然科学基金委员会主任)

(一)

党的十一届三中全会以来，在党中央、国务院关于“经济建设必须依靠科学技术，科学技术工作必须面向经济建设”方针的指导下，我国科技工作的面貌发生了很大的变化，科技体制改革已经初见成效。科学技术对经济和社会发展的巨大作用，已逐步被更多的人所认识，尊重知识、尊重人才的社会风尚，正逐步形成。改革开放促进了科学技术事业的发展，随着科技体制改革的不断深入，我国科技工作按照三个层次进行了战略布局。首先是直接为本世纪末国民生产总值翻两番这个战略目标服务的研究和开发工作；第二是高新技术的研究

* 1989 年 10 月 17 日在山东省自然科学基金委员会第一次会议上的讲话。

开发与跟踪，推动和促进高新技术产生的形成和发展；第三是基础性研究工作。这三个层次的工作是相互促进的、有机联系的整体，缺一不可。全面安排好这三个层次的科技工作，不但是保证我国科学技术本身，也是保证国民经济建设健康发展的重要条件，同时，也是符合我国国情的。

建国以来，党中央和国务院一直是以高瞻远瞩的战略眼光，重视和关怀着我国的基础研究和应用基础研究（以下简称基础性研究）工作的发展。1956 年周总理代表党中央号召全国人民“向现代科学进军”。1978 年邓小平同志在全国科学大会上指出：“大量的历史事实已经证明，理论研究一旦获得重大突破，迟早会给生产和技术带来极其巨大的进步”。1985 年中共中央关于科技体制改革的决定中又一次明确提出：“在大力推进技术开发工作的同时，加强应用研究，并使基础研究工作得以稳定地持续发展。”“高等学校和中国科学院在基础研究和应用研究方面担负着重要任务，产业部门的研究机构，也要根据需要加强应用研究”。1987 年，党的十三大又重申，要继续加强对基础性研究的支持。今年 9 月 29 日，江泽民总书记在庆祝中华人民共和国成立四十周年大会上的重要讲话中强调指出：“发展教育和科学是百年大计，对社会生产力和民族素质的提高具有重大的深远的意义。我们的教育和科学还比较落后，更要采取有效措施，自觉地抓好这项工作”。最近李鹏总理在接见外宾时又强调要抓好基础性研究工作，以促进科技、经济的发展。

基础科学方面的实力是决定一个国家综合国力的重要因素，也是实现国防现代化的基本条件之一。李鹏总理在全国基础研究工作会议上讲话时指出：“如果我们中国不能吸收世界新科学思想和科学成就，在重要的科技领域缺乏应有的能力，就不可能实现现代化，更不能屹立于世界民族之林。因此，我们必须在保证科学技术为经济建设主战场直接服务的同时，继续加强基础性研究工作，使之得到持续稳定地发展，为下个世纪储备技术和人才，迎接 21 世纪世界经济和技术的挑战”。李鹏同志的这一论断，深刻阐明了做好基础性研究工作的重要性。

（二）

为了加强基础研究和应用基础研究，增强我省科技、经济和社会发展的后劲，今年 7 月，省政府决定成立山东省自然科学基金委员会，对基础性研究实行基金制。这是省政府为贯彻落实中共中央关于科技体制改革的决定和我省“科教兴鲁”战略方针所采取的又一项重大措施。这对保证我省基础性研究持续发展是十分重要的。

(1)近几年来，我省已建立了一批以基础性研究为主的科研机构，并增加了一批实验设施。据不完全统计，我省共有各类独立的科研机构近 400 个，高校系统非独立科研机构 150 多个，同时，还有国家在我省投资建立的重点实验室。在人才方面，我省已形成一支学科门类齐全，具有较高水平的研究队伍，1988 年，我省高校和省属科研单位具有高级职称的教学、科研人员有 5 000 多人，在校硕士、博士研究生 2 000 多人，只要充分发挥我省在人才、学科和仪器设备方面的优势，我们一定能在跟踪国际科学发展方面做出更大的成绩。

(2)人们在社会实践中认识到，科学技术是现代社会发展的重要因素。正如邓小平同志指出的，科学技术是第一生产力。今天的开放和引进，为国家经济发展提供了有利条件。但是，我们必须清醒地看到，在尖端高科技领域、前沿科学领域、国防科技领域，我们仍然必须也只能依靠自己的力量，靠我国科学家自己的智慧和创造性的劳动。另一方面，只有我们有一定的基础性研究工作，才有利于引进后的消化和吸收、改进和提高。建国40年以来，我国科学技术的发展，特别是在原子能技术、航天技术、生物科学、农业科学、高能物理、计算机技术、卫星通讯技术等许多领域所取得的巨大成就，都说明了这一点。我们要建立有中国特色的社会主义的经济体系，也只有依靠我们自己的基础性研究的发展。例如，在旧中国，帝国主义断言我国是一个石油资源贫乏的国家。建国后，我国的地质科学家从50年代开始，艰苦奋斗，精心研究，在生油理论方面取得了突破性进展。在这一理论的指导下，我们先后找到大量石油资源并建起了大庆、胜利等一批大油田。近几年，我省地质科学工作者，在探矿和采矿方面取得了一些重大科研成果，在这些理论的指导下，我省的黄金、石墨等矿藏的开采和生产量在全国都居首位。

(3)国家建设要掌握国土及自然资源数据。国家规划，要对与社会发展相关的人口、资源、环境、生态等情况做出预测。在今后几十年内，我国面临的与人口问题相关的农业、医药、卫生、资源与环境等重大社会问题，都有赖于国家规划下的基础性研究的突破性进展，靠我们国家自己的劳动才能得到解决。比如我省水资源问题，人均占有量只是全国人均占有量的1/6，如何合理开发利用我省的水资源问题，成了当务之急，要解决这一重大问题，首先要抓好基础性研究，搞好预测。又如农业发展问题，我省是一个人多地少的大省，农业要有一个大的发展，必须依靠科技进步，必须依靠我省的科技力量，结合我省的气候，生态、土壤等条件，加强基础性研究工作。

还必须指出，搞好基础性研究，对提高教育水平，尤其是高等教育水平，具有重要意义。事实表明，我国的基础性研究工作，不仅取得了大批重大科研成果，而且培育了许多科学巨匠，并为技术开发和科技管理工作输送了大批人才。

总之，我省科学基金的建立，必将对我省经济、科技和社会的发展起到较大的推动作用。

(三)

基础性研究工作是我国整个科技事业中的一个十分重要的组成部分，保证它的持续稳定发展，是我们党和国家一项长期的、基本的方针。基础研究工作的主要任务是，研究和发展新现象、新规律，建立新概念、新理论，探索新的应用。根据这一方针和任务，省政府确定，我省自然科学基金委员会的主要工作是：根据国家和我省发展科学技术的方针、政策和规划，有效地运用自然科学基金，指导、协调和资助基础性研究工作，发现和培养人才，开展学术交流，促进科学技术进步和经济、社会发展。

我省自然科学基金委员会刚刚建立，还有许多工作要进一步加强和提高。为了把我省自然科学基金工作做好，认真落实"科教兴鲁"的战略方针，完善科学基金制，下一步应重点抓好以下两方面的工作。

1. 搞好我省"八五"基础性研究发展规划，拟订《项目指南》，加强宏观指导

根据国家和省发展科技的方针、政策，有效地运用科学基金资助的手段，指导并促进基础性研究工作的开展，我们一方面要为国民经济建设、科学技术进步和社会发展做出贡献，另一方面又要为提高科研的水平提供必要的科学储备。所以，我们必须有计划、有组织地把

我省科技力量组织起来，使他们纳入同一轨道，充分发挥我省科技优势，共同把科学基金工作做好。为此，各学科组在讨论本学科领域基础性研究规划的重点和拟定项目指南时，应考虑以下因素：

第一，要密切结合我国和我省科技发展规划，认真落实“经济建设必须依靠科学技术，科学技术必须面向经济建设”和“科教兴鲁”的方针；第二，要注意学科的前沿，跟踪科学发展；第三，要结合我省的需要，突出重点；第四，要鼓励、促进联合，有利于科研—生产—使用相结合，教学—科研—企业相结合，科研—开发—成果转化相结合；第五，要促进不同学科的相互交叉和相互渗透，不断形成新的学科领域，成为新兴产业的生长点。

2. 加强管理，使我省科学基金工作更有成效

我们这次会议的中心议题之一就是评议和审批第一批省自然科学基金项目，为了管理和使用好省自然科学基金，能够多出成果，多出人才，并促进成果转化为直接的生产力，必须加强管理。

首先要完善各种管理办法，使我省的科学基金工作有所遵循，使管理工作逐步实现制度化、民主化和科学化。这次会议，我们审定了《山东省自然科学基金管理办法》、《山东省自然科学基金项目评议办法》。今后，还要逐步建立其他方面的管理制度。其次要同有关部门、单位和有关科学基金组织密切配合，沟通信息，有利于对项目的管理和监督。

各位专家，科学基金制是我国科技体制改革的产物。早在 1985 年国家自然科学基金委员会成立之前，邓小平同志就指出：“成立国家自然科学基金委员会，大家都赞成，不会反对，应该这样办。这是个新事物，办起来再说，取得经验”。李鹏同志在 1986 年指出：“成立国家自然科学基金委员会，目的是以基础与应用基础为重点，办好这件事，中国知识分子会感到有希望”。自 1982 年国家设立自然科学基金，1986 年国务院批准成立国家自然科学基金委员会，实行科学基金制以来，经过短短六七年的时间，在我国从上到下各具特色的各种类型的科学基金相继设立。实践证明，科学基金制实行“依靠专家、发扬民主、公正合理、择优支持”的原则，用按项目资助代替按部门、按地区、按单位切块分配经费，用专家评议代替单纯行政办法审批项目，科技人员均可按照规定提出申请等做法，有利于破除“部门所有制”，有利于合理分配经费，推动竞争和联合，调动科技人员的积极性，增强科技人员的荣誉感和责任感。正因如此，科学基金制在我国正逐步显示出它的蓬勃生机。

我省的科学基金工作刚刚开始，任务繁重又缺乏经验。我们相信，在省委、省政府的领导下，各部门密切配合大力支持，经过大家的共同努力，我省的科学基金工作一定会有一个大的发展，我省的基础性研究工作一定会出现一个崭新的局面！

专 论

论科学基金会

赵红州 蒋国华

(一)科学基金会:通向国家资助的历史桥梁

科学基金会是在19世纪中晚期才开始产生的。这在科学史上并非一件偶然的历史现象,它是资本主义生产关系和近代科学技术发展到一定历史时期的共同产物,是标志科学发展程度和规模的一座里程碑。

在漫长的人类历史上,科学活动仅仅表现为个人天才的直觉、个人的兴趣爱好和来自生产、生活以至宗教活动的简单需要,即使在"文艺复兴"时期,科学劳动依然处于"一张纸+一支笔"的简单劳动阶段。这种科学劳动,只是用来增长个人对自然界的认识,而不考虑对社会生产有什么贡献。因此,那时从事科学的人们,并不需要特殊的科学资助。

随着社会对科学需要的增长,科学劳动的复杂程度和规模都有了明显的变化。这样就在科学家面前展现了许多超出他们个人智力和财力的研究课题。为便于智力上的相互协作,为了求得社会对科学的资助,为了抵御封建宗教势力的巨大压力,科学家们普遍感觉有必要组织起来。如同现实生活中建立松散的不花钱的组织机构,要比组织出资的经济机构容易千倍一样。在这种情况下,最早出现的科学组织,便是科学学会和其他近代意义上的学术团体。

应当指出,这个时期的科学劳动,尚不是严格意义上的生产劳动。比如,伽利略的自由落体实验、波义耳的化学实验、葛里克的马德堡半球实验等等,都是他们自己出钱,自己出力,自我资助的。虽然有时也花钱很多,像葛里克在1651年马德堡的那次著名的半球真空实验,一次就花费4 000英镑,这相当于当时2个大学教授的年薪。但是,无论是波义耳爵士,还是葛里克先生,都没有从科学研究中取得1分收益。这说明,17世纪的科学,仍然是温室里花草,并没有觉得有移植到社会大田里的必要;同时,社会也没有为科学研究提供大量资助的肥壤沃土。

只是到了18世纪,产业革命的兴起使自然科学"被资本用作致富的手段"[1],科学也就具备了大规模变成直接生产力的历史条件。从此,开始了科学和工业紧密结合的新时代。科学大规模进入物质生产领域,大大提高了资本的生产力;反过来,资本生产力也大大加速了科学劳动社会化的历史进程。随着社会的科学能力的形成和提高,单纯科学家自助性质的科学劳动,愈来愈遇到了不可逾越的障碍。

这个历史特征，在19世纪当中，暴露得格外明显。首先是科学实验技术装备日益复杂，造价日益昂贵，单凭科学家一个人的技巧和财力实在不堪应付。像焦耳的热功量实验装备，他自己就无能力制造。后来，不得不求助于色当。色当在一个具有相当规模的过街作坊里，为焦耳制造了设备。但是，焦耳没有足够的钱，虽然他是一个酿造商的儿子，生活比较优越。焦耳不得不求助于社会的资助。这就是说，科学发展的经济动力问题已经成了科学发展的生死攸关的大事了。这个问题的最初解决，就是"恩主制"的出现。

有趣的是，18世纪的"恩主"，大部分是社会的慈善家(像英国的伦福德公爵)，而19世纪的"恩主"则是工业资产阶级。科学家通过各种(社会的或私人的)关系，找到能出钱资助的"恩主"，依靠"恩主"的施舍来维持自己的复杂的科学研究。比如，英国维多利亚女王时代中期爱丁堡大学的情况就是这样。当时英国政府并不支持爱丁堡大学的研究工作，学校得不到用于科学研究工作的政府财政资助。因此，研究当中消耗的材料和所需要的仪器、工具等设备，就只得由教授自己负担。要当一个教授，背后必须有一个"恩主"的影子，以获得额外的钱财，作为研究费用的后盾[2]。又比如，道尔顿创立原子理论和焦耳发现能量守恒和转换定律，他们俩人在11年间得到的政府"津贴费"，总共才只有4 000英镑[2]，要不是道尔顿的"恩主"亨利父子，把他们化学制造业所得的一笔不小的利润拿出来[2]，道尔顿或许早就穷途潦倒，改行度日了。那么，现代科学史上关于原子理论的那一章节，也许就要改写了。

尽管"恩主"的个人资助制还是属于私人个体资助的范畴，但在某种意义上说，"恩主"资助制度的形成，已经标志着资本主义生产方式在科学劳动领域里以"有限的规模被应用"了，并且作为"向资本主义生产过渡的形式"[3]载入了资本史册。在"恩主制"的条件下，钱是科学的动力，也是科学发展的方向盘。因此，"恩主"个人的兴趣、经济利益和政治权益，必然影响到被资助科学家的研究自由，必然要支配被资助科学家的科研成果的使用。这时，科学家第一次感到，在他们之上出现了一种使他们兴奋、但又使他们不安的异己力量，或者说，就在科学家困惑不解的时候，就在科学家天真地"为科学而科学"的时候，资本的触角已经轻轻地、悄悄地把他们缚住，不得不变成资本用钱招顾的"有学识的劳动力"[4]。

19世纪的各种类型的"恩主"资助，暂时缓和了科学发展对经济资助需要的矛盾，为加速近代自然科学的发展，促进资本主义大工业生产，作出了历史性的贡献。

正像科学史家指出的那样，19世纪德国科学崛起，其中一个重要原因，便是比欧洲各国较为充裕的各种形式"恩主"的财政资助[1]。

产业革命后的19世纪，可以说是近代科学和大工业生产齐头并进的时代。一方面科学愈来愈"被用来为物质生产服务"，"愈来愈为资产阶级服务，为资本主义服务"[3]，并产生了科学劳动职业化和专业化的趋势，要求科学家们组织起来，分工协作，有计划有步骤地承担资本交给的更大规模的科研任务，从而更加有效地利用资本对科研的投资；另一方，科学体系结构本身的发展，也要求科学家们不间断地从整体和部分地去建立近代自然科学的理论大厦。

这样一来，科研的题目越来越大，研究周期也越来越长，科学对经济资助的要求，不仅数目巨大，而且要求持续不断。这种情况便使只有一次性和偶然性的、时断时续的单个"恩主"的资助方式陷入困境。换句话说，科研投资往往超出了单个"恩主"所能支持的限度，必须代之而起的是多个"恩主"的联合资助。比如，1845年英国皇家化学学院需要筹措一笔2 000英镑的科研资金。哪里有一次资助这么大笔钱的"恩主"呢？他们只好用"各种办法来作试验"，都失败了。最后，不得不发出 10 000 封求援信，去请许许多多“恩主”来共同资助[2]。多个“恩主”联合资助的经常化、制度化，就诞生了现代科学基金会。

科学基金会的出现，不仅标志着科学发展规模的日益扩大，而且还标志着单个“恩主”的个体资助方式，向多个“恩主”联合资助的转化，向全社会“恩主”接受募捐和赠款的集体资助方式的进步。这里，量的变化同样产生了质的飞跃。科学基金会以许多“恩主”联合起来的集体经济力量，赢得了比起单个“恩主”的个体经济力量对科学资助的巨大优越性，即科学资助的金额巨大、来源稳定和社会影响深远。

从 19 世纪中叶开始，直到本世纪的中期，在世界各资本主义国家，各种科学基金会犹如雨后春笋，纷纷建立，蓬勃发展。比如，1860 年，德国建立了洪堡基金会，它的最初宗旨是在于接受各国捐赠，以资助德国科学家科学研究或出国考察。1864 年，英国爱丁堡大学建立了贝特基金会，它一方面作为社会舆论的“压力集团”，另一方面真实地资助科学教育和科学研究。1895 年，诺贝尔死后，按他的遗嘱，瑞典建立了诺贝尔基金会。它旨在颁发至今誉满全球的诺贝尔奖金。1911 年，美国卡内基金会建立，该会现有总基金 3 亿美元，旨在传播科学文化知识，偏重资助大专院校和专业科学学会等等。1913 年，美国洛克菲勒基金会建立，该会现有基金 8 亿多美元，它的早期目标主要是支持普通教育和科学实际应用。在本世纪 30 年代后，则偏重于在该会选定的科学研究项目范围内，直接对科学家本人进行资助。此外，在美国，著名的基金会还有许许多多，诸如福特基金会（该会现有基金 31 亿美元）、凯洛葛基金会、茂特基金会、斯劳恩基金会、哈佛基金会、梅隆基金会等等。美国各种大大小小私人基金会的总数，1968 年约有 25 000 个，1971 年约有 26 000 个，1976 年竟增到 30 000 个，每年基金会数目增长率为 4%。有趣的是，在这数以万计的私人基金会中，小基金会的固定基金从 50 美元到 1 000 美元之间不等。如果以 1971 年为例，小基金会的数目虽占全部美国基金会总数的 82%，但是它们拥有的总金额却不到 20 万美元。就大型私人基金会来说，到 70 年代初期，固定基金在 1 亿美元以上者有 38 个，100 万美元以上的有 2 533 个，这些大基金会集中了美国私人基金会 90%以上固定基金，所提供的资助拨款占全国所有私人基金会拨款的 80%以上[5]。

进入 20 世纪以来，随着现代科学的发展，科学实验技术装备向着综合性的技术系统大大迈进了一步。像大型加速器和反应堆、巨型射电望远镜和高倍电子显微镜、洲际弹道导弹和宇宙飞船等等，其造价往往高达数千万美元乃至数亿美元之多。一项研究计划的完成，总费用可达几十亿、数百亿美元。要资助这样规模的科学研究，任何科学基金会都显得无能为力。因此，必须动员整个国家的经济力量来资助和实行有组织、有计划的科学实验活动。这就是现代国家资助的“大科学”事业。一旦国家资助占据了主要地位，科学基金会就完成了自己的历史使命。它自己的社会职能，也就因此而发生了历史性的变化，即由近代科学的“保姆”变成了现代科学的“护士”，成为现代科学技术健康成长中不可缺少的辅助经济力量。

总之，科学基金会是一种科学的社会现象和社会的科学现象。它为近代科学技术的发展建立了不朽的历史功勋。尽管当代国家资助已经占据了统治地位，但是，科学基金作为个人资助过渡到国家资助的历史桥梁，它将永远座落在科学进步的大道上，发挥着自己独特的社会功能。

(二)科学基金会的经济本质:资本增值的“催化剂”

众所周知,资本主义生产的直接目的和唯一动机,就是追求最大限度的剩余价值。马克思说:“生产剩余价值,赚钱发财,是这个生产方式的绝对规律”[6]。资本主义生产方式的一切方面,无论是生产、分配、交换和消费,都受剩余价值规律的支配。科学劳动作为社会的一般劳动,当然也不例外。

诚然,科学基金会的早期表现为社会的慈善事业,并且乍一看上去似乎与资产阶级唯利是图是格格不入的。但是,我们只要把这种慈善事业放到原始积累时期那种悲惨的社会背景上来考察,我们会立即发现,当时的慈善事业,只不过是资本的一种特殊的运动方式罢了。18世纪英国有一个颇为出名的科学家伦福德勋爵,此人是一个保皇党分子。英国革命期间,他逃到北美,在那里发了横财,回国后一方面研究热学,对热的唯动说曾做出贡献。同时,他也拿出大批金钱创办科研机构——皇家研究院(1799年),组织免费的公共讲座,培养有技术的工人。据说,法拉第的成功道路,就是在这种公共讲座的基础上起飞的。

伦福德的慈善事业,表面上看来是与资本无关的。实际上,从资本家阶级整体上来说,从资本运动的全过程来说,这种“慈善事业”只不过是资产阶级用来调和它与无产阶级的尖锐矛盾的一种手法。众所周知,英国产业革命时期,曾经发生过工人捣毁机器的暴力行动。伦福德为此坚决反对搞产业革命,他主张要对工人进行教育和训练,使其成为有教养的奴隶,好为资本生产更多的财富。所以,伦福德的“慈善事业”变成了“结合科学、功利主义和健旺的保皇党精神”,“它像歌剧院一样,大受贵族和上层社会的欢迎”[7]。足见伦福德的“慈善事业”到底是为什么阶级服务的。

就其经济本质来讲,科学基金会也是资本关系在科学劳动领域的应用。它是资本家阶级把资本原始积累起来的金钱中的一部分,投入科学劳动这个资本炼金炉的产物。尽管这种炼金炉周期要长得多,但是,这种投资迟早是会见效的。用最早的慈善资金师培养的第一代技工,后来在产业革命中,为资本家阶级生产出比投入慈善事业中的金钱高几百倍、几千倍的利润,就是一个极好的证明。因此,科学基金会的萌芽阶段,就已深埋于资本关系的这个乱石丛生的土壤里了。

到了19世纪,自然科学越来越被资本家用来作为发财致富的手段。追逐剩余价值和发财致富卑污心理,驱使资本家阶级不顾一切地破费投资,充当“恩主”。历史表明,从“恩主制”到科学基金的正式诞生,资助所到之处,无论是科学家个人研究项目,还是学术机构(包括学院、学会、大学和研究所)的科学技术活动,都是由恩主的意志左右的,或者说都是由代表“恩主”利益的社会集团左右的。“恩主”把金钱投入科学基金,基金会再把钱资助所需要的科研项目。这些项目,直接或间接地,迅速或慢慢地都变成了资本生产力,为资本家阶级剥削工人创造了一种更有效、更文明的手段。与此同时,在资本的生产过程中,这部分钱又如数收回,并且以利息的方式又回到基金会的库存里去。

如此看来,资本主义条件下的科学基金会,完成充当了资本“催化剂”的作用。它的金额虽然不会增值,但是,它却帮助生产领域的资本增值,并且用科学的力量使其大大地增值。科学基金在总的资本运动过程中的地位,可以由下图表示:

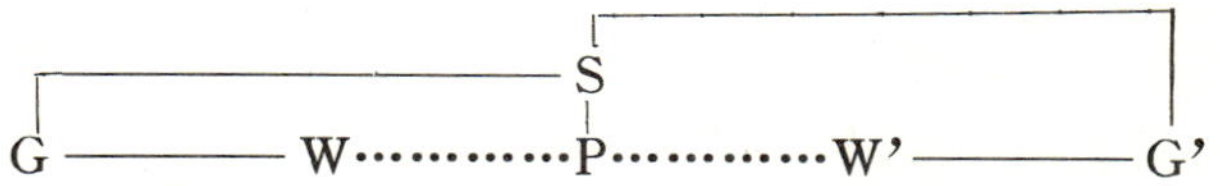

其中G→W为资本用以购买劳动力和生产资料的阶段，W'→G'为资本出卖商品而取回货币的阶段；P为生产阶段，S为科学基金。资本G把一部分钱S，投放在科学基金会里，基金会用这部分钱去资助资本所需要的科研项目。这些科研成果变成资本生产力投入生产过程P，又为资本生产巨额剩余价值。然后，资本又把不多不少的钱S重新投入科学基金会，从而再开始新的运动过程。表面上看，S并没有增值，可是它却帮助了G增值。科学基金会同资本的关系是如此微妙，就像可爱的白令鸟和凶猛的鳄鱼那样，“共栖”于资本关系的海滩上。

科学基金会在这里完全起到了**资本增值的放大器和调控管的作用**。它能使资本的周期性振荡危机得以解除，也能使资本家阶级血淋淋的统治和剥削，披上一层文明生产的外衣。这就是现代资本主义社会大力提倡科学基金会的原因，也是科学基金会的经济本质所在。

拿美国的情况来说，这是一个私人基金会数目众多而又分布广泛的国家。尽管表面上看来，美国法律规定私人基金会是一种非官方、非经营的机构，并且对它的捐赠额也加以一定的限制。但是总的说来，还是鼓励基金会的，因为这些基金会可以免征所得税。可见，限制不过是对资本的各部分有机比例的调整而已。比如，早先美国法律规定，企业或个人的捐助款，如属于“慈善性捐款，且不超过一个固定的最高限额，可以免征所得税。对企业来说，捐助款限额不能超过应征税收的5%；对个人来说，不能超过调查后总收入的20%。受赠者则必须是美国法律承认的学会、社团、基金会，这些机构必须是纯粹的科学机构，或者法律规定的其他慈善机构，不得为私人或股东提供收入或利润”[8]。

这样一来，现代科学基金会又出现了一个新的社会动向，它可以帮助资本家个人或企业逃避国家税收。19世纪末、20世纪初，美国形成起来的庞大的垄断财团，如洛克菲勒财团、摩根财团等十大财团以及苦干中小财团，都是为了逃避税收，才纷纷捐款建立基金会。比如，当时的福特基金会曾为福特家族逃避了约3亿美元的遗产税。因此，美国现代私人科学基金会又是美国税收制度的产物。

据美国《基金会指南》(1975)一书提供的预计资料表明，作为美国税收制度产物的基金会，大量涌现于本世纪40,50和60年代。该书以2 497个百万美元等级的基金会成立时期列表如下：

年　代	基金会创建数	百分比
1900年以前	20	1
1900—1909	16	1
1910—1919	57	2
1920—1929	121	5
1930—1939	181	7
1940—1949	587	23
1950—1959	989	40
1960—1969	482	19
1970—1975	44	2

尽管从表中可以看出，这些有代表性的基金会中大约有84%都是1940年后建立起来的，但是，不完全统计也表明，进入70年代以来，基金会数量增长曲线急剧下降。这是因为科学基金会免征所得税的措施，破坏了资本在生产领域和科学领域的平衡的结果。如果听凭大批资金逃避国家税收，就可能危及资本家阶级的整体利益。为了使资本的炼金炉趋向高级的平衡状态，为了资本家阶级的利润最大值，美国又制订了向私人基金会征收

4%投资纯收入应征税的新税收法律*，来限制新的私人基金会的建立。20世纪科学基金会的遭遇，从另一侧面暴露了科学和资本的矛盾，即科学的革命性和资本的腐朽性之间不可调和的矛盾。科学基金会的经济放大和调控作用，只有在社会主义制度下才能得到最大的发挥。

(三)科学基金会的社会功能：先导、补充、调节、摇篮

1. 科学基金会——国家资助的先导和补充

在资本主义国家中，统治阶级总是把对科学技术给予庞大的国家资助看作是国家垄断资本主义发展的重要原因之一。反之，国家垄断趋势的增长，同样成了资本主义国家中科学发展的必要社会经济条件之一。正因为如此，所有资本主义国家为了适应当代科学技术迅猛发展的情势，加剧争夺直接市场，科研经费的国家资助都在迅速增长。比如，以美国为例，在50年代末和60年代初，在苏联"卫星恐慌"的冲击下，国家科研经费迅速上升**。

如果按资助金额的绝对数字讲，科学基金会资助额和国家资助总额相比，在其完成"桥梁"的历史使命之后是很小很小的，简直可以说小巫见大巫了。比如，1964年美国投入基础研究的科研经费，国家资助为129亿美元，而私人科学基金会总共才为8 920万美元，相差一百多倍。因此，20世纪的"大科学"，国家资助居主导地位，私人科学基金会则成了民间补偿性组织。它作为国家资助的补充手段，广泛地活跃在科学社会的各个角落。

在资本主义条件下，私人科学基金会主要的活动场所乃是被国家资助所忽略了的一切领域或角落。因为资本主义国家的国家资助，本质上代表国家垄断资产阶级的最大利益。资本赢利的本能总是使政府各部门和大资本家倾向于把保押在看得见、摸得着的应用和发展研究上；而不愿冒险地投入看来好像很遥远、无把握的基础性研究。或者说，只重视一些正需要的科学，而忽视一些将来可能需要的科学。国家有选择的资助导致科学发展的不平衡性，给科学基金会提供了活动场所和回旋余地。历史表明，科学基金会也正是在被政府忽视了的地方建树着自己的不朽的功勋，比如，美国在二次大战后，片面重视物理学、化学和生物学，而极度轻视社会科学和人文科学。针对这种情况，众多的私人科学基金会起来积极活动，弥补了国家资助的不足。直到1967年，作为美国国家资助拨款的艺术和人文科学基金会宣告成立，这种情况才有所改变。

其次，私人科学基金会以其资助方式的灵活性和首创性，成了国家资助的最好帮手。在美国，民间私人科学基金会的资助方式要比国家资助灵活和自由得多。因为它们可以相对摆脱政治和宗教等社会因素的羁绊。许多私人科学基金会，一方面他们本身作一部分研究工作，发表论文或专著（如福特基金会、洛克菲勒基金会都是这种机构）；另一方面，他们还采取

---

* 在新的税收法律下，社团基金会(Community Foundation)依然是全部免税的。因此，在最近几年中，又出现了小型私人基金会把他们的财产基金转到社团基金会的趋向，以便在保持相同名称的前提下，逃避对私人基金会的税收压制。〔见《基金会指南》(1975)〕

** 美国科研经费总额　　(单位：10亿美元)

年代	1940	1950	1960	1965	1970	1972	1974
金额	0.34	2.8	13.7	20.5	26.3	28.0	32.1

有别于国家资助的非正统科学资助方式，比如，除了向教育文化和科研机构拨款资助外，还可以向科学家个人直接拨款资助。科学基金会资助的这种灵活性，常常使那些正缺乏资金而不能继续开展研究工作的科研机构和个人如"久旱逢甘露"、"润物细无声"。

历史表明，在美国许多带首创性的新发明、新发现，往往因得不到国家资助而与私人科学基金会结下了不解之缘。比如，美国高能加速器的研制，在其萌芽阶段就得到了私人科学基金会的资助；空间宇航科学则更是在科学基金会的资助下起家的。私人科学基金会在美国被人称为联邦政府所属机构、大学所属机构和私人企业所属机构之外的"第四支力量"，其缘由并不在于它的资助和款额数量方面，而恰恰在于其资助方式的补充性和首创性的特点。资助方式的灵活性使它们处于比政府更为有利的地位。

2. 科学基金会——调节科学活动的杠杆

我们知道，任何国家用于科学的资源总是有一定限额的。一个国家，如果一味增加科学投资拨款，而不考虑如何有效地使用这些拨款经费的做法，显然是不明智的。

因此，对每一个国家来说，都应把世界科学发展同本国具体情况结合起来，采取正确的科学策略，以便在一定限额的资源条件下，寻求获得最丰富的科学产品的方法和手段。

当代科学发展的实践，尤其是那些发达资本主义国家的实践表明，科学基金会乃是以经费为手段，影响、引导和调节全国科研方向、课题选择和科学家布局的有力杠杆。这是因为：第一，国家资助（除大型的国家级项目）总是对科研机构直接拨款，而不对某个具体项目拨款，即使是显然很有价值的项目亦是这样。科学基金会则相反，它具有这样的灵活性。它可以通过资助认为有影响的单个项目和科学家个人的办法，来影响和调节全国的科学政策。第二，科学基金会有它传统发展中形成的评议审查制度。它可以向全国公开招标，引导各大学之间、专业研究机构之间和科学家集团和个人之间，展开激烈的竞争，然后从收到的申请书、建议书中，进行比较和挑选，择优支持，避免了重复和低效率。

科学基金会的这两个特点，现在正受到世界各国的重视。比如美国，早在1950年创设了由总统直接干预的美国国家科学基金会，它主要资助基础性研究课题，面向全国甚至全世界，但不是向有具体任务的科学机构分配经费。1967年，它的基础研究经费拨款达235百万美元，占它总资助额的80—90%。在德国，有洪堡基金会，尽管它历史悠久，但曾因故几度停止工作。二次大战后，在1953年又一次重建，从此绝大部分基金均由国家直接拨款供给，实际上也就成了一种变相的国家科学基金会。在加拿大，成立了由政府拨款的社会科学基金会，以解决社会科学面临的一系列问题。值得注意的是匈牙利，从1981年起，新成立的国家科学基金会已正式开始工作。该基金会由匈牙利国家科学院领导，面向全国，资助五大方面的基础性研究。

总之，科学基金会（包括国家科学基金会和私人科学基金会、民间团体科学基金会）不仅是国家资助的一种不可缺少的补充性式和柔性手段，而且对国家投资方向和投资方案的选择也起着积极的调节作用，它是活跃和调节科学技术活动，以保证科学在全国范围内平衡发展的有力杠杆。

3. 科学基金——有利于发现人才和培养人才

有些国家的科学基金会的宗旨之一就是培养人才。比如，称为巴西的"经济智囊团"的瓦加斯基金会就是如此，它采取的方法就是直接资助开放大学，资助培训机构，以培养高级经济科学人才。其实，科学基金会本身在客观上也是发现人才、培养人才的有效途径之一。

科学基金会一般都把有限的资金集中在资助个别科研项目上，而不是像国家科研机构放在广阔的领域和一般发展上。同时，它又采取公开招标和同行评议的手段。因此，无论什么地方、什么时候出现杰出人才，它都能迅速而有效地去给予鼓励和资助。这样一来，科学家们为了取得经费，可以和多个不同机构(其中包括国家资助、国家科学基金会和各种民间科学基金会等)打交道，这就使之具有多种可能渠道的资金来源，一个或许很有价值的研究课题，就不至于资金缺乏而夭折。

退一步讲，多种可能渠道的经费来源体制，至少可以使这种危险性减少到最低限度。另外，对从事第一流科研工作的年轻人来说更是一种福音。他可以从他本人从事的科研课题出发，去申请取得科学基金会的直接资助，而不必经过他所在单位的所长、系主任或教授的一拖就是几个月、甚至几年的审查批准手续。

显而易见，科学基金会实行和第一线科学家和不出名的年轻人直接挂勾联系的制度，特别有助于年轻人去突破学阀和官僚主义的堡垒(即所谓“马太效应”)。因此，科学基金会乃是保证科学人才健康成长的有效措施。

4. 科学基金会——“潜科学”的摇篮

据有人考证，创设诺贝尔科学奖金的最初用意乃是在于“想用这笔奖金帮助那些需要他帮助，以进行科学研究的人。”[9]也许这是诺贝尔本人对他自己在“未名期”和从事“潜科学”研究时，曾因缺乏经费资助而产生的苦恼和抱怨所作出的最真切的反应。如同美国科学家史密森决定在他死后成立史密森学会，明确规定要专门资助那些被人压制的科研项目一样。显然，这两位科学家异曲同工，其目的都是不要再重演他们自己曾遭遇过的“潜科学”悲剧。

众所周知，“潜科学”乃是相对于常态科学而言的“非常态科学”。它是孕育中的科学，不太成熟的科学。“潜科学”由于它自身的种种特点(比如模糊性、易变性、反常性和超时代的创造性等)，常常被人们误解，在学术上往往遭到传统的常态科学的压制和扼杀。在经费上也得不到国家资助和支持。因此，“不准发表“和”不予资助”就成了盖压在“潜科学”幼芽之上的两层厚厚的冻土和坚冰。比如，惠更斯的助手尼·佩品，因为他所设计的真空抽机被皇家学会否定，最后不得不穷死在伦敦街头。托马斯·杨曾以针孔衍射实验提出光的波动说，结果在“二层冻土”的盖压下窒息了，最后只得放弃科研，改作行医，谋生度日。欧姆提出著名的欧姆定律，被人指责为“黑格尔主义者”，一辈子不能提升教授，只是在他临死前的两年，才被慕尼黑大学聘为正式教授。迈尔因提出能量守恒定律，被人讥讽，逼得跳楼自杀，未遂后又关进疯人院，等等。这充分说明，“潜科学”悲剧，说到底是一个经费资助问题。一般说来，有了经费作支柱，科学家们总可以想方设法把他们的科学“潜流”和“幻想”转化为常态科学。因此，以自己所特有的补充性、灵活性和首创性，支持和资助“潜科学”乃是科学基金会的历史重任。

随着集中管理的强化，科学研究够得上国家资助的第一能级愈来愈高。许多新生学科都很难得到生存的权利，那就更轮不上“潜科学”了。因而，“潜科学”领域便成了科学基金会(尤其是私人基金会)发挥其特长的资助市场。国家资助的局限性把大量的科学假说、科学的思想火花驱赶到了“潜科学”领域，科学基金会又把它们收养在自己的襁褓里。越来越多的科学胚胎在科学基金会的摇篮里成为科学的“巨人”。一旦当他们有能力跃进到国家资助的能级之上，他们就由“潜科学”变成了“显科学”。因此，当代科学基金会的一个最引人的特征，就是它具有对“潜科学”的天然感情。

（四）我国科学基金会势在必行

无产阶级取得政权的国家，消灭了生产资料私有制，建立了以社会主义公有制为基础的生产关系，为发展社会生产力、发展社会的科学能力开辟了广阔的前景。科学基金会也将因摆脱了资本的羁绊而获得新生。人们将会看到，科学基金会一经操在人民的手中，将会为繁荣我国社会主义科学事业作出不可估量的巨大贡献。

（1）我国是社会主义计划经济和集中管理的国家。我国科学事业的“大科学”的程度比资本主义国家还要高。因此，它所要求的科学管理的水平，比资本主义也必然要高得多。但是，我国科学管理的实际水平恰恰相反，不仅在软技术上比较差，而且在基本理论方面也比较差。这就产生一个很大的矛盾，究竟怎样在管理水平较低的情况下，提高“大科学”事业的科学劳动效率？这就必须求助于科学基金会的调控作用和放大作用。

（2）由于科学管理的集中程度较高，我国国家资助的第一级能级要比资本主义分散管理下的普遍要高。这样一来，新生学科和“潜科学”在我国就更难够得上国家的资助条件。因此，在没有人支持的情况下，将会扼杀新的科学创见，严重破坏我国的科学能力。为了克服这一弱点，必须发展社会主义科学基金会，尤其是潜科学基金会。

（3）我国科学领域里的生产关系落后于我国科学能力的发展。尤其是分配关系领域的落后现象，即违背社会主义“按劳分配”的原则，严重挫伤了科学家的积极性。在科学劳动力的再生产基本费用还不能很好满足的情况下，科学家个人是没有任何经济力量来资助被国家否定了的项目的。科学家如果还想要进行研究，只能唯一地依靠科学基金会。

（4）我国科研体制历来是条条块块，互不相通，五路科研大军齐驱，中央地方并驾。为了充分发挥中央和地方两个积极性，为了协调我国科研系统五大方面军的相互关系，突破科研单位的部门所有制和地区所有制的限制，消除科学技术与国民经济脱节的弊端，克服各项制度统得过死、科学家的作用没有得到充分发挥的弱点，并且达到科研方向、科研课题和科学家的合理布局，就必须借助于科学基金会的社会力量，而不专靠国家资助这种单一性的力量。

总而言之，我国是发展中的国家。经济基础还很薄弱，国家每年经费拨款，若和发达国家相比，还少得可怜。在这种条件下，我国科学事业要想起飞，国民经济要想因科学技术而得益，四个现代化要想用科技现代化来启动，就必须讲究经济实效，必须提高我国科研经费结构的最佳程度。

为此，必须建立国家科学基金会，改变单一的国家资助方式，以便用它作为杠杆活跃和调节我国五路大军的相互关系，特别是调动地方科学大军和群众性科学实验队伍的积极性。

为此，必须发展民间的潜科学基金会，鼓励发明，发掘人才，提高全民族的创造能力，为我国科学大树的勃勃生机提供更丰富的经济营养，为我国社会主义的经济战船提供更强大的科学动力。

可以预料，我国科学基金会遍地开花之时，一定是我国科学园地成果累累之日。让科学基金会同样成为我国社会主义经济繁荣昌盛的“催化剂”吧！

（1981 年 9 月 20 日）

参 考 文 献

〔1〕马克思,1861—1863年经济学手稿,第20本笔记,第1 263页。

〔2〕G. L'E. Turner,1676,The Paronage of Science in lg-th Century,Leyton,p. 100,p. 105,p. 175。

〔3〕马克思,马克思恩格斯全集,第26(Ⅰ),第443页。

〔4〕恩格斯,反杜林论,第199页。

〔5〕Foundation Directory,1975,Edition 5,New York。

〔6〕马克思,1963,资本论第一卷,人民出版社,第680页。

〔7〕贝尔纳,1965,历史上的科学,科学出版社,第315页。

〔8〕中国科学院计划局编,1979,美国科学政策述评,上卷,第122页。

〔9〕刑润川,1981,从诺贝尔设置科学奖金的动意谈起,潜科学,第2期,第8页。

我国科学基金制的初步实践

潘 振 基

根据中共中央、国务院的决定,国家自然科学基金委员会已经成立,并开始接受各部门、各地区、各单位科学工作者的申请,这是我国科学事业发展中的一件大事。这一决策,是考虑到国外实行科学基金制的成效,总结了国内试行科学基金制的初步实践,针对基础性研究(包括基础研究和应用基础研究)管理体制上存在的弊端而采取的改革措施,对发现和培养人才,繁荣我国的科学事业,促进经济和社会的发展,将产生深远的影响。

我国第一个全国性、多学科自然科学基金的诞生

科学基金制是动员、聚集政府、社会财力支持科学事业发展和激发科研人员创造力的一种有效方式。它发端于民间基金会对科学研究、科学奖励、人才培养及国际学术交流合作的资助,完善于国家科学基金会的纷纷建立和发展、提高,逐渐成为政府对不以盈利为目的的基础性研究工作的拨款与管理模式。

我国从1982年开始试行科学基金制。在1981年召开的中国科学院第四届学部委员大会期间,89名学部委员联名向中央、国务院提出了设立中国科学院科学基金的建议。这一建议很快得到了批准,于1982年设立了面向全国的中国科学院科学基金,国家每年拨专款3 000万元,用以资助自然科学方面的基础研究和应用研究中的基础性工作。建立了中国科学院科学基金委员会及其专家评审系统,独立开展资助工作。基金委员会由23名来自科学、教育、工业、农业、医药卫生、地质等部门的学部委员组成,其任务是制订管理办法,审定项目指南,审批资助强度超过10万元的项目,决定科学基金工作中的重大问题。委员会成员均不脱离工作岗位,实行任期制。下设精干的办事机构,负责申请项目的受理、初步筛选、选择同行专家、综合同行评议意见、筹组评审会议、通知评审结果,审核实施计划、检查研究工作进展、财务管理、成果管理等日常工作。按学科设立的数学物理、化学、生物学、地学、技术科学、

管理科学等6个专家评审组，是中国科学院科学基金的二级评审机构，分别负责本学科项目指南的编制和申请项目的评审，并有权批准资助强度10万元以下的项目，成员也是来自各部门的高级专家，每个评审组7—18人不等。有些评审组由于包含的学科多，成立分支学科组进行预审。同行评议队伍是科学基金评审系统的基础，由分布在各部门、各单位有一定学术造诣、熟悉所从事领域国内外情况、作风严谨、办事公正的同行专家构成，并在评审工作中不断补充、调整。

中国科学院科学基金随时受理申请，定期集中评审。建立4年来，共受理申请项目9 344项，申请总金额75 339万元，批准资助4 426项，资助总金额17 271万元，平均单项资助强度3.9万元，项数和金额批准率分别为47.6%和23.4%。有82%的经费用于支持有应用前景的基础性研究工作。资助工作体现了面向全国、平等竞争、依靠专家、公正择优的原则，在批准资助总金额中，高等院校占73.8%，科研单位和其他单位占26.2%，在相似条件下，优先考虑对中青年和边远地区科学工作者的支持。

科研人员和所在单位对获得科学基金资助，不仅看做是得到了经费支持，而且看做是学术上的荣誉。绝大多数资助项目的安排、落实、管理都做得较好，受资助单位把它列为重点项目，指定专人分管，定期检查督促，及时解决存在问题。不少单位结合实际情况，制定了资助项目的具体管理办法。由于受资助科研人员的勤奋工作和所在单位的积极支持，资助项目研究工作的进展较快。据1985年上半年的不完全统计，已完成学术论著8 228篇，其中在国内外有影响的学术刊物和学术会议上发表3 097篇。163项成果已通过了专家评议或鉴定。有些理论成果达到了世界先进水平，受到国内外同行的好评和重视；一些有应用价值的成果正在扩大试验或推广；一批有才能的中青年科研人员在实践中迅速成长；在完成预定研究目标过程中所建立的新的研究方法、实验装置和实验技术，为今后深入开展研究工作、培养人才创造了良好的条件。

中国科学院科学基金的历史作用

中国科学院科学基金的建立，在探索基础性研究管理体制改革途径方面，进行了有益的尝试；为国家自然科学基金的诞生，做了思想、经验和干部的准备。从今年起，它的经费和已批准资助项目全部并入国家自然科学基金渠道，从而完成了光荣的历史使命。中国科学院科学基金独立存在的时间虽然不长，但它在我国科学基金制历史上的拓荒者作用，将永志不灭。

1. 加强了国家对基础性研究工作的支持

当代科学的发展表明，基础性研究的重大突破，往往为技术发展开辟新的途径。但是基础性研究探索性强，知识积累周期较长，不要求直接产生经济效益，所需研究经费必须主要依靠政府支持。中国科学院科学基金经费虽然有限，但毕竟是国家专为基础性研究增加的科学投入，凡符合资助条件而又缺乏经费的项目均可申请资助，使一些优秀的研究工作不失时机地得到支持，对缓和研究经费不足、发掘科学潜力，起了一定的作用。在受资助单位和科研人员的心目中，科学基金已成为基础性研究“稳定、可靠的经费来源”。

2. 促进了教学和科研的结合，促进了学术思想交流

高水平科技人才的培养是和科学研究紧密结合的，高等学校不仅是教育基地，同时也是科学研究基地。我国由于历史的原因，过去的体制不利于教学和科研的结合，高等学校从事基础研究的经费没有保证。许多重要的研究课题时断时续；一些受委托科研任务完成后，想进一步做深入的研究工作，也往往由于经费没有着落而作罢。中国科学院科学基金建立后，3/4 的经费用以资助高等学校的申请项目，在部分高等学校的基础研究经费构成中，科学基金已占相当比重，而且大部分受资助项目有研究生参加，促进了高级专门人才的培养；有的高等学校在科学基金支持下，发展了新的研究领域。中国科学院、高等学校及其他有关部门的专家、学者有的联合申请科学基金，有的共同参加科学基金申请项目的评审，促进了科技战线各路大军的联系和学术交流，对科研水平和教学水平的提高，大有裨益。

3. 为我国实行科学基金制提供了直接经验

科学基金制在我国是初创，没有现成的经验可循。中国科学院科学基金建立后，参考国外经验，结合我国具体情况，努力求索，在实践中不断改进、完善，已初步形成了一套适合我国国情的科学基金申请、评审、拨款、管理办法。其具体做法是：

(1)宏观引导自由选题，直接申请。科学工作者根据科学基金的资助范围、重点支持原则和择优条件，结合自己的专长、研究积累和所在单位的工作条件，选择最能发挥优势、最有竞争力的项目，物色志同道合的合作者，制定研究方案，编写科学基金申请书，经单位学术委员会和领导审查并签署意见，直接向中国科学院基金委员会申报。

(2)同行评议，基金会审定，择优支持。同行评议的方式有两种：一是通讯评议，每项申请须取得 3—5 名同行专家客观、公正、有效的书面评议意见，做为评审依据；另一种是开会评议，集中同一领域的申请项目，邀请一定人数的同行专家一起评议，讨论前每一项目指定有关专家分工主审。在同行评议的基础上，由学科评审组开会审议和综合平衡，批准单项资助金额 10 万元以下的资助项目，并对单项超过 10 万元的资助项目提出评审意见，提请基金委员会全体会议审定。审定过程充分发扬学术民主，不受行政干预，对有争议的项目，用无记名投票的方式做出抉择。4 年来参加科学基金评审工作的专家 9 800 余人，约 4 万人次。通讯评审的回收率达 93%。这种严格的专家评审制度，不仅提高了选题水平，而且给科研人员以精神上的激励，成为奋发进取的动力。

(3)按项目核定经费，分期拨款，专款专用。在审定资助项目的同时，对资助年限内所需研究经费，一次核定，然后根据研究工作进度，分期拨至申请者所在单位，在单位监督下由申请者按计划支配使用，使科研人员可以主动安排研究工作，解除后顾之忧。同时也便于基金会在资助项目无法继续进行或发现违反财务规定时，及时采取措施以至中止资助。

(4)申请者负责，单位监督保证，定期检查总结。获准项目直接下达给申请者及所在单位，申请者根据批准的金额、研究年限和评审意见，制订实施计划，并对研究工作的完成负责。每年定期向基金会书面汇报一次进展情况和下一年度工作安排，研究工作结束后提交全面总结和有关论著。在不改变研究计划总目标和用款总额，不超越财务制度允许开支范围的前提下，申请人对研究工作的安排、调整和经费使用有充分自主权。所在单位负责研究工作的全面领导，凡同意上报的项目，一旦获准，就要保证所需工作条件，对研究工作的财务开支进行监督、检查，写出本单位全部受资助项目进展情况和管理情况的综合报告送基金会。

上述做法所体现的基本原则是：在基础性研究管理中引入竞争机制，打破部门、地区界限在全国范围择优，用按项目拨款代替按隶属关系层层切块分配经费；建立科学、民主、公正的专家评审制度，用专家评审代替单纯行政办法批准科研项目；充分发挥科研人员在选择课题、制订研究方案、组织集体、实施计划等研究工作全过程中的主动作用。

4. 推动了基础性研究管理体制的改革

我国是社会主义国家，科研经费一向由国家拨款，有无必要采用科学基金制，人们的认识开始很不一致。中国科学院科学基金建立后所显示的优越性，逐步消除了人们的疑虑。4年来的实践证明，实行科学基金制有利于为基础性研究的稳定发展提供可靠、持续的经费保证，加强科学研究的纵深配置，保持国民经济和科学技术发展的后劲；有利于落实科技发展规划，控制经费使用方向，提高科学投资效果；有利于激励科研人员的开拓、进取精神，增强他们的责任心和荣誉感，调动他们的积极性和主动性，并增进研究集体的团结合作；有利于推动基础性研究工作的竞争，克服吃大锅饭、低水平重复的弊病，促进科研水平的提高和优秀人才的成长；有利于冲破部门、地区、单位分割，促进不同学科、不同单位科研人员的合作研究和学术思想渗透、交流；有利于充分发挥专家的咨询、决策作用，加强对基础研究工作的学术领导，避免或减少失误。在中国科学院科学基金的影响下，有的部门设立了学科基金、行业基金、部门基金，有的省、市、自治区设立了地方科学基金，有的部门和地方准备采用科学基金制的办法改善科研管理。我国试行科学基金制的经验表明，这一发源于西方的科研管理模式，其基本运行机制同样可以为发展社会主义科学事业服务。因而它一在中国地平线上出现，就受到广大科技工作者的欢迎和支持，引起了有关部门的重视。现在，党和政府已经把实施科学基金制列为科技体制改革的一个重要内容，在科技体制改革形势的推动力下，科学基金制正在朝气蓬勃地成长。

迎接我国科学基金工作的新阶段

国家自然科学基金委员会的建立，标志着我国科学基金工作进入了新的阶段。新阶段的科学基金工作，要在总结过去经验的基础上，进行新的探索，开创新的局面，逐步建立起具有我国特色的社会主义科学基金制。

1. 加强宏观指导

实行科学基金制，有利于最大限度地发挥科研人员的聪明才智以及他们在整个研究工作过程中的主动作用。但是，我们是发展中的社会主义国家，政府不能放弃对科研经费使用方向的控制和对科研人员积极性的组织与引导。过去4年工作，在探索科学基金的评审、管理方法上取得了很大成绩，今后在继续改进提高的同时，应加强对学科发展规律、现状和趋势的研究，制订基础研究的发展战略与政策，做为编制发布《项目指南》和开展资助工作的依据。对国民经济长远发展有重要意义、国内研究力量和工作积累有明显优势、处于学科发展前沿、跨部门或跨学科的重大研究项目，要给予重点支持。

2. 坚持择优原则

实行科学基金制的一个重要目的，是改革不合理的科研管理与拨款制度，克服吃大锅饭、条块分割等弊病。实现这个目的，关键在于资助工作要坚决贯彻择优原则，切忌“撒胡椒面”，搞新的平均主义。各有关单位对科研人员申请国家科学基金应加强组织、指导，认真筛选，严格把关，遴选竞争力强的研究项目提出申请，以免造成人力、物力浪费，影响评审进度。这样也有利于维护单位的学术声誉，保护申请者的积极性。

3. 建立民主、公正、权威的专家评审系统

科学基金工作的学术性很强，学科政策和项目指南的制订，申请项目的评审，研究成果的评价，国家委托重大科学问题的论证等，都要依靠专家。因此搞好专家评审系统的建设，至关重要。根据我国情况，科学基金专家评审系统以含两个层次为好：一是分布在各部门、各单位的同行评议队伍；二是按学科设立的专家评审组。这个评审系统必须是民主的、公正的、有权威的。因此必须聘请学术造诣深，知识面较宽，熟悉有关研究领域国内外情况、作风严谨、公正的专家参加，同时要考虑部门、单位和学术观点的代表性。同行评议专家宜尽可能从科研第一线物色。评审组成员应考虑学术声望和分支学科的覆盖面。评审组成员一律兼职，实行任期制。评审过程要充分发扬学术民主，认真考虑各种不同意见。对待通讯评议意见，既要尊重多数，又不以简单多数决定项目取舍。应该让评审人有自由表达意见的权利和气氛，不以行政手段进行干预。要规定必要的回避、保密措施。

4. 创造灵活多样的资助方式

按项目资助，是科学基金的一种主要资助方式，但不是唯一的方式。应根据科学发展和人才培养的需要，创造更丰富多采的资助方式，把科学基金的工作搞活。例如，每年可划出一定经费，资助一定名额思想活跃、有创新精神和开拓能力的青年科学工作者；为了促进科学基金资助项目研究成果的推广应用，可采取跟踪有偿资助的方式，鼓励科研单位、高等学校同生产单位联合研究；为了使我国科技人员能尽快了解国外科学前沿的研究动态，可拨专款鼓励他们参加国际合作研究和学术交流活动；其他如对重点开放实验室、妇女科学工作者、边远地区和少数民族科学工作者、青少年科学教育等，都可以考虑采取一些更适合这些工作特点的资助方式和评审程序。

5. 建立多渠道、分层次、有组织的科学基金资助体系

国家科学基金委员会不应、也不可能包揽对全国基础性研究工作的资助，多渠道资助势在必行。事实上有些部门已经或正在建立不同形式的科学基金。建议国家因势利导，鼓励更多有基础性研究的部门从改革拨款办法后应上交的经费中留用部分或全部，建立面向全国的学科基金，按照面向全国、平等竞争、依靠专家、择优支持、民主公正的原则，受理申请、组织评审。从学科出发的研究课题，分别由有关学科基金会受理、评审、资助；国家科学基金委员会主要负责战略政策的研究，跨部门、跨学科重大研究项目的资助，以及对国际合作交流、优秀青年科学工作者、重点开放实验室等专项基金的管理，并对学科基金会的工作负责指导、协调和支持，包括必要的经费支持。逐步形成以国家科学基金委员会为中心，同各学科基金会密切联系、分工合作的科学基金资助体系，使我国的科学基金工作更加有效地为四化建设服务。

（原载《中国科学院院刊》1986年第3期）

我国科学基金制立法的探讨

贾 大 平

我国建立科学基金制，是近几年来科学技术管理体制进行的一项重大改革。

随着我国科学基金制的发展，科技界和法学界人士提出要加强科学基金制立法的研究。一些全国人大代表还提出立法议案。

本文仅就我国科学技术基金制立法中的几个问题，做如下探讨。

（一）关于我国的科学基金制度

世界上实行科学基金制的国家，由于国情的不同，具体制度也有不少差异。美国国家科学基金会作为联邦政府机关，以对研究工作资助的手段，向大学、研究单位和非盈利组织拨款，是政府促进科技发展的关键性机构。同时，美国又有众多的非政府、非盈利的私人基金会组织，对推动科学研究事业的发展也起着重要作用。而波兰则实行两级科学基金制，即中央基金和企业基金。中央基金由国家拨款，用于国家直接组织的重大科技发展项目和高等院校、波兰科学院的科研项目；企业基金，由企业集资，主要用于本企业科技研究。

我国在建立国家自然科学基金委员会的同时，其他形式的科学基金及其管理组织相继产生。例如，以学科性质而设立的地震、地质科学基金，以行业性质设立的煤炭、机械、石油科学基金，以地区划分设立的上海、山西、贵州、广东、重庆等省、市科学技术发展基金，以及一些高等院校、科研单位设立的基金等。这些科学基金，对推动各学科、行业、地区、单位的科学技术研究都起了很好的作用。根据我国现阶段实际情况，建立和发展多种类型和层次的科学技术基金，是必要的、有利的。设立多种类型、层次的科学技术基金，并且以国家立法承认其存在，将有利于进一步调动和发挥各个方面的积极性。

在各种科学技术基金中，国家自然科学基金是我国主要科学基金制度，用以支持全国自然科学领域较高层次的基础研究和应用研究。其他学科性和行业、地区、单位科技发展基金，是国家自然科学基金的重要补充。对这些科学技术基金和它的管理组织的性质、任务、职能等，都应当做出法律规定，并且需要研究它们相互关系的协调问题。

（二）科学基金来源的法律保障

我国的科学研究，特别是基础研究，过去长期经费不足。建立国家自然科学基金，这种状况虽有好转，但科学基金还远不适应需要。一个突出表现是：申请项目的批准率和项目平均资助金额逐年下降，见下表：

年　　度	受理、评审的项目	批准项目	批准率(%)	平均每项资助(万元)
1982	1 034	504	48.7	5.6
1983	1 527	955	62.4	4.3
1984	2 020	1 237	56.2	4.1
1985	4 531	1 728	38.1	3
1986	11 800	3 436	29	2.77
1987	11 200	2 646	23.3	2.93
1988	9 445	2 544	26.9	3.27

上述情况，与党的十三大所确定的把发展科学技术放在国家建设的首要位置和“继续加强基础研究”的要求，是很不相称的。为保证我国的科学研究，特别是基础研究经费来源及其稳定增长，需要有国家法律保障。国家自然科学基金主要来自国家拨款，它在国家财政支出和科技经费总额中所占的比例，应做出法律规定。

地方和行业科技发展基金的来源，也应做出法律规定。例如，地方科技发展基金应纳入地方财政支出，并确定适当比例。行业科技发展基金，可以来自行业技术改造经费和从有关企业利润中提取。并应通过国家立法，鼓励地方和企业增加科技基金的投入、积累。一些国家这样做，已取得很好效果。如波兰的科技技术基金法，制订鼓励政策，已使企业科技基金占到全国科技基金总额的30%，政府还期望通过努力使其达到50%。

(三)科技技术基金管理机构的法律地位与职能

国家自然科学基金委员会，是全国自然科学基金的国家管理机构。它不仅具有受理全国自然科学基础研究和部分应用研究课题申请、组织同行评议和专家审定、对申请项目择优资助、进行管理和检查等方面的职能；同时，应在全国基础研究与应用研究发展规划的制定和组织实施，重要政策的咨询与制定，对全国科学基金工作的指导，开展国际学术交流与合作等方面，发挥其重要作用，通过国家立法，明确其任务，赋予它必要的职权。地方、行业等其他科技基金组织的性质、任务和职能，也要有法律规定，以便有法可依，依法行使职权，开展工作。

国家自然科学基金委员会及其他科学技术基金组织，都应依法具有独立的法人地位。在受理申请、组织评审、决定资助、检查资助项目研究工作等方面，都应能独立行使职权，而不受行政管理机关和其他组织的非法干预。在组织管理上，各种科学技术基金组织，都应实行民主管理的原则，实行“依靠专家、发扬民主、择优支持、公正合理”的原则。对各种科学基金项目的申请、评议、审定、捐款、检查等，要有法定程序，以保证基金工作的科学化、民主化和法律化。

(四)受资助者的权利、义务及奖惩问题

科学技术基金申请在获得批准后，申请人有权得到基金资助，同时，在不违反国家法律

和科学基金组织的有关规定的情况下，有自主制定和实施研究方案、选择人员、组织研究集体、购置设备、决定经费使用的权利；以自己的研究成果，申请、获得各种奖励，按专利法申请和获得专利权，以及依法享有的发明权、发现权、荣誉权等。另一方面，也负有努力如期完成科研任务，如实报告研究进展、经费使用、研究结果等情况，自觉接受科学基金委员会的检查、监督等义务。对于使用基金所取得的应用、开发研究成果和专利，其实施或转让的收入，也可以规定相应的义务，例如提取适当比例，归还科学基金全部或部分资助的经费，以扩大各种科学技术基金的来源，支持更多的研究工作。

科学基金立法，还有必要制定奖励和惩罚的条款，以推动这方面的研究。现在我国依靠科学基金资助的从事基础研究的单位和人员，由于其研究成果难以转让获得报酬，往往比从事其他研究的单位和人员收入要低，也很难得到其他奖励。长此下去，对于调动这类研究人员的积极性和这支队伍的稳定是不利的，因此，应制订必要的奖励法和规定。例如，设立科学基金奖章、证书和奖金，颁发给取得优异成果的研究人员或对科学基金工作做出其他重大贡献的人员。对于不履行法律规定义务，不执行研究任务，浪费国家基金等行为，应规定必要的惩罚。例如，取消或在若干年内停止其申请基金的资格。责其退还部分以至全部基金等。至于贪污、挪用科学技术基金等违法行为，应追究刑事责任。

(1987 年)

对科学基金的思考

成 银 生

一项行之有效，而且富有生气的改革，正在我国科技领域实施，这就是自然科学基金制。这是科技体制改革深入发展的重大部署，又是促进我国科技进步的重要对策。科学基金制的实施，得到国内科技人员的欢迎和国外各界人士的赞赏。这里奉献给各位的，既不属于工作介绍，也称不上学术报告，而是一份在实践和思索中形成的专题研究，本文试从下述三个侧面探讨。

(一)科学基金的发展

科学基金制在我国的实施，最早可以追溯到 1981 年。当时，国务院根据 80 多位学部委员的建议，决定由财政部每年拨出专款，用于资助自然科学基础研究和部分应用研究，并在中国科学院建立自然科学基金委员会。4 年中，共有 3 万人次，4 000 多项科研课题、项目获得资助。1985 年 3 月，在中央关于科技体制改革的决定中明确指出，对基础研究和部分应用研究工作，逐步试行科学基金制。1986 年 2 月，在充分考虑不同意见并且经过事前反复讨论研究后，国务院决定正式成立国家自然科学基金委员会。1987 年 4 月又正式明确，国家自然科学基金委员会直属国务院，独立开展各项工作。两年来，科学基金工作取得了可喜进展，并且正以人们料想不到的速度和热度向前发展。

首先是国家自然科学基金委员会受理全国基础研究和部分应用研究的申请,涉及数理、化学、生物、地学、信息、材料与工程、管理科学七大领域,面向全国。

其二是学科、行业、部门的科学技术基金工作。学科的基金,最早是国家地震局在1984年集资建立的地震科学联合基金会,现在又加上气象科学基金、邮电科学发展基金等。行业的基金,最早是1985年11月设立的煤炭科技发展基金,主要资助煤炭科技发展中基础研究、中长期应用研究和元部件研究。现在有机械、农业、石油、电子、航空、卫生、地质、计量等行业发展基金。部门的基金,有建设部科学基金、有色金属总公司科技基金等。引人注目的是今年9月由国家经委、中国科学院联合建立科技促进经济发展基金会。据不完全统计,学科、行业、部门的科技基金组织有20个,并有继续增长的可能。

其三是省一级科学基金组织。贵州省科委、财政厅1983年公布科学技术发展基金试行条例,1986年11月成立省科学技术基金委员会,数年来共计投入基金350万元,其中1983年、1984年分别为100万元,1986年为150万元。上海市人民政府1985年1月批准成立上海工业技术发展基金会,是由政府、企业、高校、科研、金融、新闻各界支持并参加的"半官方"联合组织,现有基金5 000万元,进行联合咨询、无偿和风险投资、不同利率贷款,实行智力与财力结合的一体化支持。山西省1986年建立省一级自然科学基金委员会,1987年资助该省科研项目68项,经费100万元,并经省人民政府批准建立专门工作班子。还有许多省市则在科委掌握的经费中专列经费或设立基金,如重庆市掌握5万元用于支持该市基础性、应用性研究。广东省今年资助100项项目,每个项目约3万元。福建省科委去年和今年列出基金300万元,两年资助该省科研项目213项。

我们从上述势头中可以看出,科学基金的发展具有三方面特点。

一是多层次。初步形成了一个包括国家基金和不同层次不同资助范围的行业、部门基金在内的基金网络。有国家的,也有行业的、学科的、部门的;有面向全国的,也有面向省市的;有直属国务院的,也有由部委或省一级科技部门负责的。在众多的基金中,引人注意的是那些用于培养青年科技人才的基金,如国家的博士后基金、博士基金和上海市的青年科技基金、中国科学院的青年科学基金;还有用于扶持群众性科技活动的基金,如中国发明协会设立的发明创造基金。

二是大概念。实际发展已远远越出原来对科学基金内涵和外延的理解。所谓科学基金制,又称科学资助制,是引进的、外来的概念。科学基金属于专用基金,是发展人类知识体系和促进科技进步的一种美好投资。科学基金在一般意义上可以理解为,以资助的方式对科学研究工作及科学研究人员提供经费支持。资助者可能是政府,可能是企业,也可能是社团或个人;受资助的对象往往是科技领域某些层次的研究课题、项目、活动,或者是明确范围的研究团体及个人。在我国,国家自然科学基金支持基础理论研究,基础性工作(如图志、学科分类、考察等),应用研究中基础性工作,以及应用研究中开拓性、探索性、创新性工作;行业科技基金,如煤炭科技发展基金,重点支持科学意义重大、在二三年内可以得到预期结果或阶段性结果的课题;至于科技促进经济发展基金则属非盈利社会经济组织,通过金融部门办理基金投放、贷款业务,主要支持大中型企业与科学院、高等院校合作的开发项目、攻关项目等。科学基金已经涉及基础、应用、开发各个方面。

三是活跃型。科学基金工作没有停留在一般的评审业务上,而是主动、活跃,扩大影响。国家科学基金按面上项目、重点项目及重大项目进行管理,以及设立青年科学基金的做法,获得好评。机械行业发展基金在实践过程中改善管理,提出受资助单位信誉问题。贵州省对应用研究、发展研究采用有偿资助和部分有偿支持,对基础性、探索性研究采用无偿资助。福建省考虑相对集中,突出重点,结合本省自然资源、经济情况,逐步形成具有该省特点的自然科学基金。总的看来,朝气蓬勃,富有生命力,处于一种活跃的状态。

(二)科学基金和科技进步

科技进步的基础是科学研究,科学基金工作支持科学研究,从一个重要侧面和层次促进了科技进步。科学基金之所以具有灿烂的前景,关键在于这项工作有助于科技进步。也只有在科技进步对经济社会发展的作用被人们了解的前提下,科学基金才有发展的支撑环境。

1. 科技进步是全球关心的战略问题

科技进步是社会客观发展的必然,反映人类与自然的相互关系。尽管美国挑战者号航天飞机的爆炸、苏联切尔诺贝利核电站 4 号堆的爆炸,给世界科技发展罩上暗影,但科技悲观论者仍无法抵御以增强科技实力为目标的全球范围激烈角逐。对一个国家来说,社会财富的积累、产品开发的深度、劳动方式的变革、人均收入的增加,都无不依赖科技进步。

西欧各国意识到,他们每个国家经济科技实力以及市场状况都不足以支持全面的现代科研,因此十分重视双边、多边合作。法国曾经提出"以科技进步促进工业发展"的战略,英国意识到科研与企业脱节的危害,也提出"技术立国"的战略。

美国有关人士认为,科技进步是国家进步的基石、国家发展的财富、国家未来的投资。

日本在 80 年代转向"技术立国"的战略,现在则把科技实力同经济实力、金融实力同列为一个国家的基础力量,在振兴科技的政策大纲中充分重视了基础性和独创性研究工作。

苏联把加速科技进步作为实现经济发展战略的根本问题放在首位,强调"在科技进步基础上实现经济改革"。有关人士意识到现有生产关系不能刺激科技进步,而改革就是打破障碍机制,在科技进步和调动人的积极性这两者基础上,建立可靠的、有效的、加速的经济社会发展机制。苏联认为他们国家加速科技进步的根本转折还没有到来,决心切实缩短科技成果转化为生产力的周期,要求企业领导与职工把物质利益同科技进步的效益挂钩。在今年 6 月通过的今后 15 年苏联经济和社会发展构想中,把科技进步同经济结构、社会发展、教育文化等并列为几大要素。

现在,许多有见解的领导人十分重视科技进步,强调科学技术是现代进步的最主要因素,要广泛利用科技进步提高社会劳动生产率。

第三世界科学院院长说,第三世界正在缓慢觉醒,并逐渐认识到南北之间生活水平日趋扩大的差距主要在于科学与技术的差距,在于北方科技开支占其国民生产总值的比率比南方国家大得多。北方科技开支是 2—2.5%,南方则不足 0.2%,相差 10—20 倍!而相应的国防、教育、卫生开支的差距都要小得多。

2. 我国科技进步驱动科学基金发展

我国目前处于社会主义发展的初级阶段,我国经济在改革开放中稳定发展,九年间工农业总产值、国民生产总值、国家财政收入和城乡居民收入均翻一番。但是,目前我国工业企业劳动生产率落后于许多国家几倍、十几倍，甚至几十倍。我国一个农业劳动力生产的粮食养2—3人，而美国养70人，法国养36人，联邦德国养18人。我国人均国民生产总值居世界第130位。要实现本世纪末工农业年总产值翻两番，下个世纪50年代达到中等发达国家水平，不走社会主义道路是没有前途的。在以社会主义经济建设为中心的前进道路上，经济振兴不依靠科技进步是没有出路的。但是，我国科技力量虽然增长较快，但对比世界水平差距不小。倘若形不成刺激科技进步的机制，科技发展就会十分缓慢，经济起飞也会困难重重。“共产主义就是利用先进技术的，自愿自觉的，联合起来的工人所创造出来的较资本主义更高的劳动生产率”(《列宁全集》29卷388页)。“只有大机器工业才引起急剧的变化，把手工技术远远抛开，在新的合理的基础上改造生产，有系统地将科学知识应用于生产”(《马克思恩格斯全集》47卷570页)。

在我国社会主义发展新的历史条件下，“经济建设必须依靠科学技术，科学技术工作必须面向经济建设”这一方针，既明确了科技进步在经济振兴中的战略地位和作用，又给科技工作者一种责任感和紧迫感。要从根本上给科技进步注入活力，建立科技与生产生死与共、休戚相关的联系。据1985年统计，上海127家大企业，只有10家在技术市场买技术，占企业数7.8%。363家中型企业，只有23家买技术，占6%。前者成交额占全市技术市场贸易的0.036%，后者占0.35%。现实状况迫切要求解决面向和依靠的问题，改变各自封闭的弊端，一方面提倡科研单位和企业集团联合；另一方面企业集团要形成善于依靠科技进步的经营机制。

因此，要为刺激科技进步提供支撑环境，主要是配套政策，如税收政策、生产指标、决策方法等。我国中药复方“君臣佐使”，协调配套，药到病除。如果一项一项政策孤零零的，会造成单项政策看起来合理而整体效应不佳的状况，束缚以致妨碍科技进步。而科学基金则是这些协调配套政策中极其重要，也是极富激励作用的一项内容。人们正在议论重视科技进步的投入与产出。进入20世纪以来，科技进步有三方面情况令人瞩目：一是成果和知识量增长快，60年代以来成果比过去两千年总和还多，仅宇宙空间技术就有12 000种新产品；二是研究到应用周期短，蒸汽机80年，电动机65年，电话50年，真空技术33年，飞机20年，原子弹6年，晶体管3年，激光器1年；三是科技进步对经济社会发展直接效益明显，据一些国家统计，国民经济年增长，主要靠科技进步，其余才靠资本和劳力的增加。美国宾夕法尼亚大学教授曼斯菲尔德分析17种技术，平均社会收益率56%，个人收益率25%。可以说，向科技进步投入的是经济资源和人力资源，从科技进步产出的是知识提高和经济效益。但据对我国部分企业的统计，“六五”期间增长的工业产值，依靠科技进步的部分仅占30%左右(有的统计还要低些)，而依靠加大劳动强度和对设备采取超负荷运行来增加的产值却占了多数。我们主张增加国家对科技的投资及吸引社会对科技的投资，最好确定研究经费总额对国民生产总值(GNP)的比，作为必需的、也是必要的措施，也相应确定科学基金在其中间的恰当而适量的比例。

3. 科学基金促进科技进步

科技进步的基础在于提高全民族文化教育水平和科学水平。如果不重视这个因素，有朝一日会成为经济发展和科技进步的“瓶颈”而卡脖子，而科学基金的工作对策恰恰是在人才和科技集合点、汇合点上具有其长处。从科学基金工作的对象看，基础研究和部分应用研究在整个科技发展战略中具有重要地位，对国家的科技进步直接起着推动和促进作用。周恩来同志曾经指出，基础科学的重大突破，往往推动整个科学技术的进展，带来重大的技术革新以至技术革命，从而开拓前所未有的全新生产领域。实践表明，要使整个科学技术的发展有可靠的后备，没有一定的理论性、创新性工作，科技进步的面貌不可能有根本性的变化。科学基金工作支持的正是理论性研究、基础性工作，以及应用研究中开拓性、创新性、探索性工作。所有这些，无疑会加速科技进步。

从科学基金工作根本目的看，是多出成果，早出人才。成果可以转化为生产力，人才是国家建设的栋梁。在这个意义上，科学基金工作将对国家经济、社会、科技发展作出应有贡献。面临全球性科技竞争，许多国家提出科学研究的前景是：在最必要最优厚的条件下，培养明日世界竞争的生力军，迎接最重要的科技领域的学科前沿的挑战，研究成果的转化有利于增添经济活动的后劲及竞争力。这一前景实质上恰恰包含了成果和人才两方面。一个国家的科技发展水平，直接影响这个国家的创造能力、创新能力和竞争能力。在当代，一个国家能否有很强的竞争力，关键在于有没有一大批高水平的人才。为无产阶级事业奋斗的、又红又专的科技队伍，在我国社会主义建设中是必不可少的生力军。国务院关于成立国家自然科学基金委员会的通知规定，国家科学基金委要根据国家发展科学技术的方针、政策和规划，有效地运用科学基金，指导、协调、资助基础研究和部分应用研究工作，发现和培养人才，开展相应的国际合作交流，促进我国科技进步和经济社会发展。由于科学基金的资助直接使研究院所和高等院校研究项目和课题受益，因而直接促进科技人才的成长。

据苏联《技术和科学》杂志统计，苏联经济部门受过高等教育的专家占劳动者 11%，美国就业人员中受过高等教育的占23%。在苏联，职工的平均受教育水平为9.5年，美国为 12.5 年，日本为 14.8 年。据 1985 年普查，我国科技队伍在数量、质量、分布和使用方面仍然有不少问题。如果包括中专、普通中学等低学历层次人员在内，平均每万名社会劳动者中只有自然科技人员 165 人；如不含低层学历，只有 75 人。在全民所有制 781 万科技人员中，高级的占 1%，中级的占 17%，初级的占 80%。从根本上改变这种状况，不是科学基金的任务，但通过科学基金工作可以从一个层次局部改善某些情况。据国家科学基金委生物科学部统计，资助 1 674 项项目，已发表论文 4 453 篇，已完成但未发表论文 1 013 篇，已鉴定成果 421 项，获成果奖 298 项，培养研究生 2 166 名（内含博士生 145 名），可见，在这方面是可以有所作为的。

我们还要通过科学基金资助项目促进国家水平单项队、联合队的形成，促进梯队型结构基础研究和部分应用研究队伍的形成。在 1987 年申请项目成员中，有高级科技人员 27%，中级科技人员 28.4%，初级科技人员 17.2%，博士后、博士生、硕士生 20.1%。青年科学基金的设立，有利于 35 岁以下科技人员健康成长，脱颖而出，其中有关规定对吸引进修人员回国参加四化建设在政策上和心理上均会产生积极影响。与科协、教委已经资助全国中学生数学、物理、化学及相应国际奥林匹克竞赛，以及准备资助的生物等其他学科竞赛，对鼓励青年成长，面向世界，起了扶植作用。

（三）科学基金的真谛

有的国家提出“基金哲学”的问题。在科学基金管理工作中，我们也有许多急待探讨的问题。认真剖析其真谛，寻觅符合我国国情的答案，有利于促进我国科学基金事业的前进。我们认为：①现代科技进步对国家发展起着关键作用，因而国家必然会关心、协调并组织科技活动，我们国家更加重视国家指导，国家指导就具有方向性；②以严谨科学的作风对工作进行管理，行政领导和专家评审相结合，因而具有公正性；③我国处于社会主义发展的初级阶段，属发展中国家，是社会主义有计划的商品经济，而商品经济变化颇大，具有竞争性；④科学基金制是改革开放的直接产物，因而具有开放性；⑤由于科学研究活动是一种创造性劳动，因此要求为科研人员提供充分发挥聪明才智的支撑环境，使科研人员按照国家需要从事研究活动，因而具有创新性、方向性、公正性、竞争性、开放性、这可能就是我们的科学基金真谛所在。

1. 方向性

科学基金的方向性：①体现在整个事业的发展，必须在党中央、国务院领导下，沿着社会主义中国自身的历史方向、轨道，健康向前，而决不是对国外经验的移植或照抄。②体现在工作方针上。在本世纪末工农业年总产值翻两番，到 21 世纪 50 年代达到中等发达国家水平，这是振兴中华的战略目标，也是科技工作和科学基金工作的服务目标。中央要求我们建立和完善具有中国特色的科学基金。所谓特色，似可理解为反映科学基金工作本质，但又同别的国家有区别的那些做法。我们的科学基金工作必须认真贯彻“经济建设必须依靠科学技术，科学技术工作必须面向经济建设”的战略方针，为经济振兴和科技主战场服务，为我国的经济、社会、科技发展作好科学储备并增添后劲；要积极稳定地资助基础研究和部分应用研究，高度重视学科发展前沿，促进科学繁荣和人才成长，为中国基础研究和部分应用研究有世界水平的建树作出贡献；实行“依靠专家、发扬民主、择优支持、公正合理”的原则，高门槛、高水平、高质量，鼓励竞争，支持创新，推动联合。③体现在政策指导和经济杠杆相结合上。经费是科学基金工作的后盾，没有经济杠杆，就不存在基金制。国家对科学基金是重视的，我国科学基金来源，主要靠国家预算拨款。现有经费的构成和来源是：原由中国科学院管理的面向全国的科学基金 5 000 万元；原由国家科委用于支持基础研究的 1 000 万元；国家通过国家计委对科学基金增拨的 4 000 万元；国家科委转拨 50 万元。为使国家有限经费用在刀刃上，基金委从 1987 年起对申请者和研究人员颁发《项目指南》，直接对科研活动进行政策指导。④体现在倡导科研人员运用马列主义世界观、认识论、方法论去认识世界，改造世界，在对自然的探索研究中对中华民族作出应有的贡献。

2. 公正性

科学基金的资助改变切块拨款办法，而是依靠专家，公正评审。对科技经费的切块，有的是需要的，有的则是“大块切小块，小块切成豆腐块”，不利集中力量。许多科技人员指出，科学基金不靠走门道，不靠磨嘴皮，不靠批条子，不靠哪个领导偏爱，而是靠专家系统公正评审，把竞争引向提高申请质量，有利于正确评价科技人员的贡献和挫折，使他们劳动的“合成向量”达到最大值。是否公正，不单是现在面临的一种严峻考验，也是今后继续面临的一种严峻考验。公正是科学基金制赖以生存的支柱；公正是科学基金工作的直观形象；公正是评审工作的根本原则。专家系统是公正的组织保证，严格制度是公正的制度保证，科学道德是公正的思想保证。离开了公正，就谈不上超脱，谈不上活力所在。

国家自然科学基金和其他基金（如机械行业技术基金、山西省科学基金等），采取同行评议及专家评审的方法来保证公正性、权威性和科学性。国家自然科学基金工作有一个和谐而认真的专家评审系统，41 个学科组，近 500 名在学术上有造诣、办事严谨公正、热心科学基金工作的专家。实际参加同行评议工作的队伍有 1 万人。委员会各科学部和办事机构 80% 以上人员是各类专家或管理专家。

为了确保公正性，还要有制度保证。①确保行政领导的权威性。行政领导按干部管理权限由组织、人事部门物色，严格按照党和政府法令、规章制度、方针政策组织科学基金工作，并充分发挥专家作用。②回避制度。国外实行彻底回避制度，我国实际情况比较复杂，实行严格的、直接的回避制度，即允许参与科学基金工作的专家申请项目，但评审时必须回避。③保密制度。对于评审意见的细节严格保密，与申请者见面的意见中不许泄露具体评审者。④工作程序。在大的方针政策上由领导把关，但在项目确定上杜绝领导批条子，一律实行“依靠专家、发扬民主、择优支持、公正合理”的原则。

3. 竞争性

实行科学基金制，是从制度上创造一种高效益的竞争机制，提供一种平等的竞争环境，把竞争真正引入科学研究活动。

这里的竞争，包含三层相互渗透的意思：①共同目标下的竞争，为社会主义四化建设，为促进科技进步，首先按国家需要，充分发挥科技人员的智慧，谁能最好地研究，谁就鱼跃龙门获取资助；②平等条件下的竞争，只要在资助范围，无论你是享有声望的老专家，还是初出茅庐的年轻人，甚至是名不见经传的无名小卒，都用同一尺度衡量，择优资助；③全国水平的竞争，面向全国，门槛高，要求高，强调高质量、高水平，既不是可望而不可及，也不是轻易能获得资助，必须付出辛勤劳动，才有可能获得经费。这种机制，有利于国家集中精力财力抓住那些对国家经济、社会发展有益的科技项目，激励科技人员取得成果；有利于淘汰那些分散、重复、质量效益差的课题。

国家科学基金的情况说明：1986 年，申请项目 1.2 万项，获得资助 3 300 多项，资助率不到 30%；申请经费 10 亿元，获得资助 9 500 万元，资助不到 1/10；申请人次 10 万人次，获得资助 3 万人次，也不到 1/3。可见竞争程度还是很引人注目的。1987 年，收到申请 1.1 万多项，申请经费 6 亿元。现在各个科学部正在组织专家评审，预计总的资助项目和资助率可能略低于去年，评审坚持高门槛，对项目质量和水平要求更严更高，更加严格地择优，因而竞争程度也提高。

4. 开放性

当代社会经济变迁的空间、范围已经扩大到全球，产品交流、知识传播、信息扩大已使世界本身成为一个开放环境。我国科技对外开放是多层次有重点的全国性对外开放格局中有机组成部分。在改革、开放中诞生的科学基金制要成长壮大，离不开开放环境。树立开放观念，扩大国际合作交流，以勇敢姿态利用国际环境，参与国际竞争，取人之长补我之短，对作好我国科学基金工作具有重要意义和推动作用。

我国基础研究和部分应用研究放在强手林立的环境中，有利于研究水平的提高，有利于为中华民族争光。合作研究项目是重要的形式。国家自然科学基金今年对外合作研究项目近50项。另一重要形式是资助在国内召开国际学术会议。今年7月在南京召开的第二十五届国际配位化学会议，我国代表提交406篇论文，其中国家科学基金资助占60%。8月在北京召开的第八届国家发光会议和国际生化会议，中国代表的论文也有近60%属国家科学基金资助课题。中央有关领导和广大科技人员对此十分赞赏。

我们科学基金管理工作也要开放，密切同国外科学基金组织的联系，博采各家之长，提高我们的工作水平。1950年成立的美国国家科学基金会，1951年成立的德意志研究联合会，1956年成立的澳大利亚研究联合会，还有比利时国家科学研究基金会、希腊国家研究基金会、荷兰基础研究促进组织、瑞士国家科学研究委员会、瑞典自然科学研究委员会，匈牙利人民政府1986年1月决定成立的全国科研基金会，保加利亚于同年4月成立的全国性科学基金，都有很多值得我们借鉴的经验。我们吸取他们的有益的部分，结合中国实际，探索具有社会主义中国自身特色的管理路子。

5. 创新性

支持创新，鼓励创新，保护创新，是我们科学基金工作资助基础研究和部分应用研究，所以有活力的关键之一。

一个国家发展，一个社会的前进，都要求人们接受进步，科学研究更需要如此。科学研究，从四层意义上讲必须创新：①探索未知，认识和改造自然，这个活动本身就要求创新；②从事科学研究的人要有所作为，更离不开创新；习以为常，不去创新，纵令你有一定的智力，也只是因循守旧而难以取得成果；③科技进步和知识新陈代谢节奏的加快，也要求创新，因为崛起尚在孕育和探索中的新学科，寻觅那些具有不确定性、不成熟性的新构思，如果思路不活跃，把自己封闭起来，是不可能步入新境界的；④人才成长需要创新，要开发创新能力、创新个性和创新思维。革命导师列宁说得好，要在相当广阔的范围内培养进取心、毅力和大胆首创精神。

基础研究和部分应用研究如果没有创新，就不可能有高水平的建树或高质量的突破。科学创造第一次提出前所未有的观点，发现新事物、新现象、新特点，是创新；对某种旧观点的淘汰，把原有经验系统化为新观念、新方法、新的知识体系，也是创新。有个人创新，独立思考，推敲思索，提取被储存的潜意识；也有集体创新，互相切磋，用思维的共振冲开智慧的闸门，而有所创造。当代科技发展证明，要有创造，就必须要有正确的世界观、认识论和方法论。从这个意义上讲，科技人员必须注意了解和掌握辩证唯物主义和历史唯物主义，以指导具体研究活动。

我们科学基金工作特别注意，支持那些有新思想、新构思、新方法、新工艺和可能取得崭新成果的研究；支持各类学科间有机联系和学科渗透结合因此骤然出现的新的集合点、新的生长点；支持面对21世纪更加诱人的科技前景而提出的，甚至是跃出地平线的领域，以及异军突起、脱颖而出的研究工作；支持敢于攀登的科技人员在世界强手林立的环境中去夺金牌、银牌；支持科学畅想；反对和排除对创造精神的各种压抑、束缚。

在结束这份专题研究的时候，对于科学基金的发展和未来，我们可以说：由于在全国范围内申请项目，因而发挥社会主义条件的威力；由于超脱部门观念，因而消除自我封闭状况；由于发挥专家评审系统作用，因而科学地、民主地、公正地审定资助项目和经费；由于政策指导和经济杠杆结合，因而最大限度调动科技人员积极性。科学基金工作的初步实践，已经显示出这一机制充满着活力和生机。但是，科学基金是改革、开放的产物，因此决定了它一方面不是静止固滞的事物，而是充满生机、蓬勃向上的事物；另一方面又是充满困难、很不完善的事物，人们对科学基金有个了解熟悉的过程，有些同志还存在疑虑，科学基金本身也存在一些缺陷。倘使管理不善，即使机制本身很好，久而久之，工作状况与机制固有的长处相差甚远，也会产生功能麻痹现象。如，机制的威力受到历史条件的局限。国家科学基金1987年获得资助的地区京、津、沪、江、浙五省市，占项目总数三分之二，而边远地区，少数民族地区的西藏、广西、宁夏、内蒙古、青海、贵州、新疆等7省、自治区才117项，占项目总数3.4%。行业科技基金理应面向全国，但由于基金来源之一是核减的科技三项费用返回的，在很大程度上不得不考虑本部门研究机构。中国科研机构、科研队伍在地区、行业上的分布所造成的结构性问题，是历史条件下形成的。现在科学基金的机制，显然受这个状况影响。有些人不能鱼跃龙门，不完全是本人条件不够，而是一定客观原因造成的。又如，经费有限，致使资助强度和资助面的矛盾十分突出。1986年国家自然科学基金项目资助强度是平均每项2.77万元，显然很低。但是如果大幅度增加强度，就不可能从全国范围对基础研究和部分应用研究队伍起稳定作用，即使经费有了一定增加以后，这个矛盾也会存在。如何解决，需要进行定性定量分析后确定一个政策。我们要从系统观念出发，善于从动态上分析其各个环节的相互关系，把握其中缺陷、不足和矛盾，研究并改善对科学基金活动过程的宏观控制，才能从整体上获取科学基金工作最佳效果。

（1987年10月初稿，1989年修改稿）

科学基金制与地震科学联合基金会

吴宁远　金恒启　刘晓春　张爱武

党的十一届三中全会所制定改革、开放总方针，十年来给科学技术管理工作带来了深刻的变革，其中以科学研究拨款制度的变革影响最为深远。科学基金制正是这种改革的重要产物。目前它已在发展我国基础研究与基础性应用研究工作中发挥着主导作用。地震科学联合基金会成立五年来在实行科学基金制改革中起到了先锋与成功的试点作用。回顾科学基金制的建立与发展，总结地震科学联合基金会走过的历程，对进一步巩固和发展科学基金制有积极的作用，是十分必要的，也可为地震系统科技管理工作的改革提供借鉴。

一、科学基金制

科学基金制是国家对科学事业发展的一种管理体制，系指将科学研究的经费以特定拨款形式下达给科研人员的制度，也是国家倡导与支持各种层次、社会团体、企事业单位及私人支持并促进科学事业发展的一种制度或管理方式。这种制度的具体做法是由国家各级政府、各种社会团体、企事业单位以及私人拿出一部分资金（科学基金）交给科学家团体（科学基金会或相应管理部门）予以管理，用于支持科学研究。

基金会的形式是多种多样的，有以支持基础研究与应用基础研究为主的，亦有支持应用研究为主的，或支持发展研究为主的，还有一类是专门用于奖励的。在我国目前科学基金会多以政府出资为主，亦有以吸收民间资助为主的所谓民间基金会。

关于科学研究的分类，联合国教科文组织主张：

基础研究：主要是为了取得关于自然现象和可观察事实的基本原理的新知识所进行的实验性及理论性工作，它不以任何专门的或具体的应用或使用为目的；

应用研究：为获得新知识而进行的独创性研究，它主要是为了达到某一具体实际目的或目标；

试验性发展：任何为了生产新的材料、产品或装置，建立新的工艺、系统或服务，以及对已生产和建立的上述各项进行实质性的改进，利用从研究和实际经验所获得的现有知识所进行的系统性工作。

我国科技界则较多地主张按下述分类：

基础研究、应用基础研究（基础性应用研究）、应用研究和试验性发展，其中应用基础研究定义为：针对具体实际目的或目标，主要为获得应用原理新知识的独创性研究。应用研究定义为：针对具体实际目的或目标，主要为获得应用技术新知识的独创性研究。应用基础研究与应用技术研究则相当于联合国教科文组织所定义的应用研究。

因此，基础研究与应用基础研究其共同特点是获取原理性知识的独创性研究，差别在于前者取得的是自然现象和观测事实的尚无具体实际目的或目标的客观存在的基本原理知识性研究工作，而后者则以获取明确具体应用目的或目标的应用原理知识性研究工作，且应用原理知识往往是服从于基本原理知识的。

正是由于上述基本特点，造成基础研究与应用基础研究工作具有以下极鲜明的研究特征：

(1)探索性极强。特别是基础研究，往往因无从借鉴或未知因素太多而带有极大的探索性。这种探索性研究一旦给科学前沿带来突破则具有极大的开拓性，即使失败也会积累有益的经验。

(2)难度大。由于这种研究要求在原理知识上取得独创性的成果，从而大大增强了研究工作的难度。研究者往往被要求应具有雄厚的科学知识基础，因而这种研究更多地为学历较高的知识分子所从事。

(3)学术研究活动的国际性。科学知识是超越国家与民族界限的人类共同财富。当代的科学研究是否站在学科前沿，必须纵观整个学科的国际发展状况才能确定，任何科学家要想为科学前沿进展做出创造性的贡献，必须努力、及时地消化、吸收世界科学发展中的宝贵经验。基础研究因其自身研究目标而更具国际性特点，当前的改革开放形势为我国基础研究与应用基础研究发展创造了最好的国际条件。

(4)经费投入与成果产出在短期内难以直接比较，效益估价较为复杂。如果说20世纪中期以前，科学研究的进展主要是靠科学家个体或小组的独创性研究，那么当代科学的发展，则大量依靠科学家群体的创造性，特别是基础研究也发展到需要把科学家巧妙地集合在一系列庞大的科学研究计划之中。地学中的地壳上地幔计划、岩石圈计划、数字化全球台网计划均为此列。这些庞大的计划有力地说明，当代基础研究所需经费投入、基础设施、各种人才、技术条件均远远超过了以往任何一个历史时期。当然，科学家个人的独立思维、刻苦钻研、革新精神与创造才能仍然是科学发展的基本因素，但是其效益在科学家群体的卓越组织、密切配合、迅速及时的学术研讨与交流下才能达到最大。这种科学研究活动已经和现代社会生活融合在一起，是一种任何制度的国家所不能离开的国家事业。发达国家对科学事业的投入与发展规模之宏大，使发展中国家要赶上去，则需要付出更多的艰苦努力。科学研究的社会化无疑表明了社会对科学成果及其效益的期望和要求之迫切性，对基础研究与应用基础研究成果与效益的这种迫切性也超过了以往任何时候。但是基础研究与应用基础研究成果的产出受到经费投入、基础设施、人才与现代科学技术条件运用等多种因素的制约，往往需要一定时间的积累，不应用一种急功近利的态度去审视它、要求它。特别是基础研究的成果在取得基本规律的突破之前，需要大量的探索研究和多阶段的成果积累，包括基础性数据、资料的积累；研究经验、技巧的积累；采用现代技术应用设施条件的积累等。有鉴于此，在课题成果刚产生时，往往难以直接判断其科学价值，应有一段时间检验这些成果在科学上的意义，而对其社会效益的判断则更加复杂与困难，这就容易造成社会对基础研究与应用基础研究认识上的模糊与反复。建国以来基础研究发展的不稳定局面，原因与此有关。在科学研究中基础研究与应用基础研究则更迫切地需要具有稳定的环境与不断改善的条件去保障其发展。

(5)制定规划、计划难度越来越大，计划落实也难。正是由于今天基础研究与应用基础研究需要越来越高的投入且越来越社会活动化，没有适当的社会发展规划、计划、没有国家的事业规划与计划去保障它，绝不可能有大的快速的发展，也绝不能满足国民经济发展的需要。以计划经济为主导的社会主义全民所有制国家，长期以来制定国家科学发展规划与计划是政府的职责，也是基础研究与应用基础研究发展的唯一保障。如何制定好这样的规划与计划，不仅需要正确地制定各种科学发展政策，而且需要对科学发展趋势的正确判断，需要不断地研究如何结合国家经济与科学研究实际，以及正确地认识经济与科学的相互依存关系。这种要求决定了单纯地依靠行政办法和手段是绝对搞不好科学事业的，特别是基础与应用基础研究。尽管有越来越多的科学家直接参与甚至直接负起政府的管理职责，但由于这种规划与计划所需要的科学家智慧的广泛性与深刻性，很难由少数负责的政府科学家官员所替代，而必须要有一定的制度来保证能够很好地集中众多科学家的才智才能制定出发展基础与应用基础研究的适当规划与计划。即使有了合适的国家科学规划与计划，在将这些落实到具体科研课题时，仍然存在着科学思路、科学方法、技术路线，以及由谁来承担等一系列需由科学家才能判别好的问题，也就是说需要一种能够集中广泛科学家智力进行科学管理的机制。

(6)对人才的要求高且更新换代不断加快。基础研究与应用基础研究的突破关键在于人才这一环节。因此，谈到基础研究与应用基础研究的发展必定离不开人才的培养与成长，即使对于那些最富于才华的科学家来讲，也并非能在其从事科学研究的任何时期都适合于从事基础与应用基础研究。这是因为这种研究所必需的创造性，极大地依赖于富有创造性的人才，极大地依赖于人才最富创造性的研究时期，因而尽快地促进所需人才的培养与成长，及时而有效地保障人才在处于创造性阶段时，他的研究工作能得到支持是绝对重要的。特别是当这种工作需要长期的卓有成效的努力时更加离不开社会的理解与支持，这也是需要有稳定的管理制度来保障的。

正是针对适应上述基础与应用基础研究特点而产生于上世纪后半叶的科学基金制，在本世纪中叶以来,随这个时期基础与应用基础研究特点越加明显和突出,而获得了空前的发展与巩固。美国国家科学基金会自1950年成立以来,其后每年国家投入的经费几乎呈直线上升,但其所起的积极作用也同样呈直线增长,并为人们所认识与承认。

我国在改革、开放以来不失时机的采用了科学基金制,这具有深远的历史意义,几年来的实践表明科学基金制在我国实施具有明显的优势和特点。科学基金制的基本特点是由科学家自己掌握科学研究的发展方向,确定科学技术发展的具体计划,它所资助项目与课题完全是由科学家的同行评审活动来决定的。应当说对要求予以科研资助的各种课题与项目申请,实行同行专家的科学评审,根据评审优劣,进行择优资助是基金制基本工作方式。择优的原则应是支持创造性的研究工作,特别是属于学科前沿的开拓性研究工作;资助有关导致新知识的产出的研究;资助对科学方法新颖性的应用;资助对应用技术的创新性的研究。基金制的同行专家评议制度给研究课题申请带来了高度的竞争性,这是基金制赋于科学研究活力的独特机制。基金制的特点还在于基金委员会每年通过资助项目指南的形式将科学家对科学发展的判断介绍给申请者,引导他们的研究方向,并不断发布基金会全部资助活动计划,介绍资助研究成果使科学研究的管理具有高层次的透明度。基金会是在众多智慧眼睛的监视下和制约、期望、信任与支持下生存与发展的,因而带来了极强的生命力。

科学基金制为现代科学所出现的前所未有的学科交叉、渗透、综合的主要发展趋势,创造了十分有利的管理条件。有力地资助跨学科的综合研究为科学基金制资助的又一基本特征。

二、地震科学联合基金会的特色

地震科学联合基金会自1984年9月成立以来,始终坚持并发展了科学基金制的基本特点,与国内其他科学基金会相比,无论在体制上、基金机制上、基金会管理工作上都有一定特色。

1. 地震科学联合基金会是学科基金会

正如前面提到的,地震科学基金会自一成立就是学科基金会,起初限于经典地震学领域,1987年后扩大到地震科学这种边缘交叉学科,它资助地震预报、工程地震、地震社会学、减轻地震灾害系统工程学以及与上述科学研究有关的地球物理学、地质学、大地测量学、地球水化学等基础和部分应用研究,但是学科基金会受到整个科研工作所面临的财力支持困难局面影响,事实上基金会的实际资助活动,已不可能将学科的基础研究与应用基础研究全部包下来,近年来重点放在了应用基础研究上。

2. 地震科学联合基金会是面向全国的基金会

地震科学联合基金会成立以来,始终坚持与发展面向全国地震科学研究同行的方针,五年多来已资助了全国不同系统67个单位798个课题项目,其中非地震系统的单位达到41个,资助经费占全部基金经费的10.5%,这种面向全国的工作至今在资助基础研究与应用基础研究的基金会之中是十分突出的。它的积极意义在于以部门管理为主的行业基金,真正打破了部门所有制的界限,是国家科技体制改革中的一个成功试点。

3. 地震科学联合基金会是行业性的联合基金会

地震科学联合基金在始建之时，是以研究所与大学联合集资的基金，按部门隶属关系看，国家地震局的投资经费占基金会总经费 99%以上，这种情况一直延续至今，由于国家地震局也是国家发展地震科学研究的政府行业管理部门，因此，地震科学联合基金会在这个意义上来讲，它是具有行业性的科学基金会，这种行业基金会的特点还表现在尽管是以国家地震局给基金会的拨款为主体，但基金会仍然联合有 8 个国内不同系统的单位（北京大学地质系、中国科学技术大学空间与地球科学系、成都地质学院物探系、东方地球物理公司、北京大学地球物理系、黑龙江省物探队及地质科学院地质力学研究所、中国科技大学研究生院，以上按联合集资时间顺序排列）的投资，上述 8 个单位，分别属于国家教委系统、中国科学院系统、地质矿产部系统以及长春市科委系统，这些基层单位限于所掌握的自行支配的基础研究经费限制，五年多来在对地震科学联合基金的投资上始终难以有所增加，从这一侧面也可以看出至今我国基础研究与应用基础研究的经费，拨款途径仍然以国家财政拨款为主体，基层单位自行支配的基础研究经费仍然只能占很少的一部分，这也是 1984 年时以基层单位联合集资建立基金会难以得到发展的一个原因，没有国家地震局这种政府部门的稳定支持，这种科学基金就难以为继，由于这种基金会集资渠道上的特殊性，决定了这种学科性的基金会必然在目前主要需定向于行业性的科学研究上，其资助重点必然围绕完成行业性国家任务上，对地震科学联合基金来讲，主要是地震预报、减轻地震灾害的国家任务方向。

4. 地震科学联合基金会是独立行使科学基金制的基金会

尽管地震科学联合基金会是行业性的定向基金会，其资金来源主要取决于政府部门的支持性拨款，但在运用这笔科学基金上并不受政府部门的行政干预，特别是在资助项目评审方面实行的完全是由科学家管理的机制。由于在体制改革之初，国务院科技领导小组没有明确地震科学联合基金会的具体管理体制，一直做为体改试点单位在工作。1989 年国务院关于国家地震局“三定”方案中明确国家地震局代管行业科学基金（地震科学联合基金会），国家地震局充分尊重地震科学联合基金的各项规章制度及管理办法，并从各个方面帮助与支持其完善工作，从国家局领导到各职能部门各级领导都力求避免对基金会进行行政干预，从未发生过领导批条子批准资助课题的现象。基金会具有独立的财务拨款部门，各种给基金会的支持性拨款与资助都直接由基金会自主管理，各项课题资助经费均由基金会直接拨款。前者为基金会集资及使基金增值，制造了有利条件，后者为按课题拨款提供了保证。地震科学联合基金会在独立行使其同行专家管理的机制时，严格遵守国家关于科技工作要面向国民经济、面向社会发展的总服务方向，对我国地震科学研究的基础与应用基础研究始终按这一方向，坚持定向资助的原则。为了做好这一工作，除了运用资助项目指南的形式引导申请方向之外，很重要的工作是密切配合国家有关地震科学的任务发展规划、计划。它的独特做法在于每年适时发布基金会年度资助重点，将每年基金会所集中的科学家，管理专家关于地震科学学科前沿、行业发展面临的突出科学问题及具有较雄厚科学计划支持的基础与应用基础研究工作认识，提炼为年度资助重点，积极引导科学工作者选择对科学基金会来讲最具科学价值与社会发展效益的课题，这种年度资助重点较项目指南那种概括长远、全面的学科前沿性指导更为切合国家与社会需要，更具有完成的实际条件以及对设计课题来讲更易于明确具体研究目标和成果目标，也便于科学资助活动及时地跟踪国际、国内学科发展的最新动向。

5. 地震科学联合基金会建立了项目主任责任制的管理方式

地震科学联合基金会在基金活动中采用了聘用项目主任的管理方式。项目主任是科学基金与科学家之间的桥梁与纽带，他们对所管理学科项目应具有坚实而广泛的科学知识基础，应充分了解学科前沿发展的国内外动向，并具有对于创新特色的选题足够的判断力；他们应善于听取并适时公正地集中同行专家的判断意见，应具备判断申请科学基金的科研人员研究能力的直觉，以及相应的组织管理能力。地震科学联合基金所聘项目主任，多数为高级研究人员，在已受聘过的17位项目主任中，副研以上12位，其余为中级研究人员，这些项目主任均为兼职从事基金项目管理工作，他们中大部分是正在第一线从事科学研究的业务中坚，因而他们具有足够的科学研究学识担任基金会管理工作，他们的组织管理能力则是基金管理运用好坏程度的保证，他们中一小部分为来自科研第一线但已在政府有关科研管理部门从事管理工作的专业人员，并为基金会与政府有关科研管理部门的协调与合作创造了有利条件，也具有完成项目主任职责的充分能力。

基金会所聘项目主任每届任期一般为二至三年，每届适当更换一部分，以保持所聘项目主任的基金管理活动充分适应基金会工作发展需要，项目主任的主要职责与任务是：完成基金资助计划指导性工作，完成申请课题与项目的组织评审任务；完成批准资助课题与项目计划执行管理工作；完成运用科学基金所资助的科学研究发现与培养人才工作；完成基金科研成果的验收、评议、鉴定及推广应用组织管理工作；收集研究课题与项目进展情况及学科发展前沿动向，为发展科学基金提出建设性建议；广泛听取科学家及社会对基金会的要求与建议；集体评定除需基金委员会审定的课题申请资助计划。

6. 实行了科学、公正、合理、咨询、指导的同行专家评议制度

同行专家评议是科学基金制的基本工作形式，如何使同行评议发挥最好的效益是一个很值得探讨的问题。地震科学基金会始终认为同行专家评审制度首要之处在于要保证评审的科学性，也就是要有一套制度保证基金申请项目与课题在学科方向、科学意义、研究思路、研究学术水平、研究方法及技术路线、科学研究基础及保障条件、预期成果目标及申请者的承担能力等方面获得科学权威性的评议，为此地震科学联合基金会制定了基金项目评审条例，将评审划分为预审、学术评审、综合性评审及基金委员会的最高评审等几个阶段。

预审由项目主任及基金办公室负责，只淘汰那些申请项目方向明显偏离基金项目指南、学术内容有明显谬误或明显重复前人工作以及申请人所不能胜任的项目申请。申请书填写明显未达到基金会要求的申请，亦需退回并要求申请者改写。但项目主任及基金办一般是非常慎重地行使此预审否决权的，目的是为了使申请者尽可能地获得进入学术评审阶段。

学术评审为同行专家的学术评议，一般以通讯方式由项目主任将项目申请书分送基金会所确认的同行专家对申请做出全面的客观评价，条例规定一项申请应获得3—7人同行专家进行评审，实际工作中绝大多数申请被送至5名专家审查，对同一类的申请也有时采用专题论证会的形式听取同行专家评审意见。为保证这一审查的科学性、公正性，基金会对参与评审的专家要求是：他应具有在被评审研究项目与课题所属专业中显示出相适应的独立学术研究能力并取得了一定的科学成就，他的科学学术判断力应具备一定程度的权威性或至少具备相适应的公认正确性；他还应具备可以信赖的对基金会所聘请担任的评审工作高度负责、认真、客观、公正性等优秀科学道德；他应尊重被审者在申请书中所具有的创新特色所有权并能为之保密或保护这种权力。基金会还力求做到在挑选同行专家评议时，对参与一项申请评审专家选自不同系统，不同单位，不同学派，有时还要注意听取不同地区专家的意见，在对公正性无把握的情况下，务必回避申请者的导师、学生、同学甚至同单位专家参与评审，基金还注意淘汰那些在评审中表现不合格的专家。为此建立了相应的专家评审反馈制度，由项目主任对每项申请的评审意见做出定性分析评价，为保证评审的优质与公正积累资料，这些资料是基金会评审专家队伍不断择优的重要依据，同行评议意见的集中由项目主任负责，他还负责向申请者联系提供同行评议前后所需应由申请者提供的补充资料。

在完成预审、学术评审后，由基金办公室依据基金会当年度投入批准新项目的财力和同行评议定量与定性相结合的评审项目优劣排队情况，统一确定资助评分线，将达到评分线的课题统一提交项目主任联席会议讨论审定，根据实际情况基金办有时邀请一些专家参与审定工作，这就是综合评审，这一阶段，不仅要确定基金资助的项目，还要明确对资助项目的成果要求和资助经费计划。一些申请资助金额较大的项目，还需由项目主任提交基金委员会讨论审定，基金委员会所讨论的审定结论是基金会的最高评审结论，具有权威的确定性。由此可以看出同行评议是整个评审的中心环节，其后的综合评审与最高评审均具有同行评议特点。为了做好这一同行评议工作，地震科学联合基金会吸取了国内外同行评议评审形式的特点，坚持采用定性与定量相结合的评审意见表，定性的分析审查意见不仅是评价申请优劣的文字依据，而且往往是完善优秀申请的科学咨询意见，也是对那些存在学术见解差距的课题申请者难得的充满科学价值的咨询意见，这些意见往往使未获基金资助的落选者及时找出差距，是其重新提出好申请的重要参考。定量地评分则是评审优劣排序的难以替代的选择。基金会在对评审者姓名予以充分保密的情况下，忠诚地将同行专家的正确评价意见转达给被评审者，真正做到了帮助课题负责人完善科学思路，科学技术路线设计以及成果目标，提醒注意研究中可能遇到的问题，也为大多数落选者指明了进一步努力的方向和需具体改进的问题所在，地震科学联合基金的同行评议制度是科学家管理基础研究与应用基础研究工作中具有创新的发展。

7. 重视基金资助项目与课题的后期管理工作

地震科学联合基金会将基金课题的执行计划管理工作看作是取得基金资助成效的关键，坚持课题负责人对课题计划的执行全面责任制是最适合于基础与应用基础研究课题后期管理的最佳形式，课题负责人有权依据基金会所批准的课题研究计划，具体安排各项、各阶段研究工作，有权根据需要调整课题组人员任务安排，有权按经费使用计划具体支配课题经费，有权及时调整研究工作的具体思路，有权更好更灵活地运用最新的科学方法和具体技术路线来完成或超额完成获得批准的预期成果目标，有权尽快发表自己的研究成果，项目主任则有义务密切配合各课题所在单位科研管理部门跟踪课题计划执行进展情况，帮助与指导各课题解决所遇学术上的困难，各单位的科研、财务管理部门则应切实负起监督、检查、支持、帮助和提供相应条件的管理作用，所谓监督主要是指审查课题研究是否偏离原成果目标，研究进度是否按期完成，经费开支是否与所批准计划相适合，有无违纪、违反财务制度的情况，检查主要是定期了解实际执行的真实情况。支持系指从各个方面为课题组创造良好的研究环境和气氛。帮助指负责解决应由单位出面或争取措施加以解决的课题组各方面所遇实际问题，提供相应条件，主要是课题立项申请中赖以依靠的由单位负责的各项条件。

基金会负责从基金政策上鼓励或奖励优秀成果的产出和优秀基础研究人才的成长，尽可能地择优支持受资助者改善研究条件所需要的经费，尽可能进行优秀成果的验收、鉴定及推荐评奖工作，还应与课题所在单位协力加强成果的推广应用。在必要情况下，还应运用按课题拨款的经费拨款制度，及时限制课题组不必要的开支或违反原计划花钱的不良倾向，对无力完成的课题及时中止课题执行，停拨或直至追回相应经费。

8. 资助科学论著的出版工作

科学研究成果以科学论著的形式及时发表是促进科学研究发展之必不可少的方式，特别是基础研究论著的出版，目前没有相当的出版资助几乎是难以完成的，地震科学联合基金会在经费非常困难的条件下，为了保证最低限度的优秀科学基金成果论著得以出版，从1988年起开始资助科学论著出版，这在国内自然科学基金界是唯一的。

9. 实行了科研津贴制度

改革开放以来，社会上所出现的个人收入分配脑体倒挂现象，严重地影响着基础研究与应用基础研究队伍的稳定。在高度竞争的科学基金制下，理应有一定政策与措施鼓励竞争的优胜者，稳定地不受社会干扰地进行科研攻坚，在国务院科技领导小组批准下，地震科学联合基金会实行了科研津贴制度。。该制度规定，以占基金总经费3—5%的经费用于给课题执行人员的科研津贴。科研津贴的发放是依靠基金会核准的课题组每年实际用于该课题研究工作所占人月数来确定的，目前平均每人每年所获津贴为百元以下，虽然数额很低，但却充分体现了国家对基础研究人员的关怀，使被资助者受到了极大鼓舞，为他们在困难条件下完成研究工作起到了一定的关怀鼓舞作用。

10. 高度重视培养人才特别是培养青年学术带头人的工作

地震科学基金会在扶植青年科学工作者成长上也具有特色，首先充分鼓励青年科学工作者直接申请地震科学基金，其中与国内其他科学基金组织相比较的一项优惠政策，就是免去了没有高级职称的科学工作者需由高级研究人员推荐的作法，在实际批准资助项目方面，从优处理青年基金申请，在帮助选题，了解国内外学术研究动态完善科学思路，采用先进科学方法和技术路线上项目主任付出了远高于对其他申请者所付出的精力和更多的工作，基金办往往采用给予青年科学者小额资助的形式，帮助他们从难度适当的小课题起步，待他们取得扎扎实实成果之后，再强化资助以促使其担当较大的、关键性的一些前沿性研究工作，基金会还针对目前学术带头人青黄不接的危机局面，拟定了强化引导资助取得博士学位或具备相应学识的青年科学工作者承担学科前沿中最富开拓性或最具突破性课题具体办法。

（1989年）

民间科技基金会在中国的发展

沈 晓 丹

(一)引言

基金会起源于资本主义国家的私人慈善事业,民间科技基金会主要依靠私营企业和个人的捐赠,支持不以营利为目的的基础科学研究和教育事业。19 世纪以后,随着科学技术的发展,各国政府日益认识到科学技术对经济增长、国防建设、社会发展、文明进步的巨大作用,纷纷采用直接投资与鼓励社会资助的政策,解决科技发展对资金的需求,普遍建立了国家的各种科学基金会,管理国家拨款对基础研究的资助。这样,在科技领域就形成了两种对科技基金进行筹集、管理的组织:依靠政府预算从事活动的国家科学基金会,如美国的“国家科学基金会”(NSF)、“中国的国家自然科学基金委员会”(NSFC);广泛向社会集资开展活动的民间基金会,如美国的“福特基金会”(The Ford Foundation)、“中国科协振华基金会“(F-CAST)。

(二)民间基金会的类型

中国的国家科学基金会与民间科技基金会都是在整个改革形势推动下,于 80 年代初期出现的。1982 年国务院决定设立面向全国的自然科学基金——中国科学院科学基金,进行了科学基金制的试验。1986 年,根据中共中央关于科技体制改革的决议和国务院的具体部署,成立了国家自然科学基金委员会。随后几年,各部门和地区也成立了一系列面向行业或地方的科学基金。现在,全国已有行业、省(市、自治区)科学基金组织近 30 个。中国的民间基金会则是在 1981 年开始出现的,目前共有各类民间基金会 200 多个,其中全国性的民间基金会近 30 个。这些民间基金会大体可以分为以下四种类型:一为会员出资建立,只为会员服务,一般为地区范围的基金会,例如“天津市文艺基金会”、“北京市交响乐基金会”;二为既向社会吸收捐赠,又有较多政府拨款补助的基金会,例如“中国残疾人福利基金会”;三是依靠社会捐赠,运用基金增值开展活动,政府拨款仅用于支持专职机构经费的基金会,例如“宋庆龄基金会”;四是完全依靠社会集资(包括国内外多种渠道)提供全部资金的基金会,这种基金会的全部资金通过各种营利的金融机构开展融通,以基金增值开展活动,并提取很小一个比例支持专职机构的费用,例如“中国科协振华基金会”。这是中国第一家全国性的民间科技基金会,它成立于 1988 年 4 月。中国的民间科技基金会基本都属于第四种类型,它们的产生与科技社团开展社会集资的活动有密切的关系,反映了中国的科技工作者在改革的形势下,力图通过自己的组织建立起科技活动的社会化资金支撑体系。

(三)中国民间科技基金会的集资特点

民间科技基金会的工作基础在于集资,因而,研究海内外对中国科技事业发展的民间捐资情况,已成为我们调研和实践中努力探讨的问题。大致可以概括为四点:

第一,海外捐资基金在民间集资中占有较大的比重。从已吸引的海外捐资情况看,海外捐赠者主要为热爱祖国的华裔实业家,仅宁波籍的海外知名人士王宽诚、邵逸夫、包玉刚等人近年给科教事业捐赠的基金已超过十几亿港元。捐赠基金支持科技事业的第一步在于扶持人才培育(教育),第二步是鼓励人才竞争(设奖)。

第二,非华裔的海外资助主要是与社会和经济发展有关的项目研究。目前,美国的福特基金会、德国的艾伯特基金会等在中国均设有办事机构,他们选择感兴趣的项目资助我国的科技活动,近年得到的资助每年达 1 000 万美元。当然,国外对资助项目的兴趣往往带有一定的政治背景和社会目的,而较少是单纯的自然科学技术项目,所以软科学和社会科学研究课题较易成为资助的项目。

第三,与中国一些传统技术、生态特色有关的基金会具有较强的吸引海内外捐资的能力。在科技类中属于这样的民间基金会包括中医药、野生动物保护、珍贵资源开发利用等基金会,以及用中国古代、近代著名科学家命名的基金,例如:李时珍基金、华罗庚基金、侯德封基金等。

第四,各地民间科技基金会的普遍建立与科技社团的活动有关。近几年,民间科技基金会的发展很重要的一个原因是,各地科协、学会开展技术咨询活动有了可观的收入;而国家又要求科协、学会改变单纯依靠财政拨款,努力开辟多渠道集资来源。因而,用自有资金建立基金会并吸引海内外捐资再扶持科技社团的技术开发,使基金会成为科技社团的"资金水库",已成为中国科技社团经费改革的重要方向。据初步统计,仅省、市(地)两级科协及其所属学会,1988 年的咨询收入已达 12 亿元人民币,扣除各项开支的纯收入也有 1.9 亿元人民币,超过国家对这些科技社团的财政拨款(1.7 亿元)。工作做得较好的地、市级科协,自有资金已有数百万元,由此可见这方面的集资潜力。

这里要指出的是:中国的民间科技基金会的以上集资特点,与我国的"基金会管理办法"的政策原则有很大的关系。据我们研究:美国的民间基金会在吸引捐赠时,税务部门是有优惠政策的;另一方面,基金会不能用各种方式使捐赠的单位、个人(以至其亲属)直接获益,而必须为社会公益事业服务。中国由于税收制度的不健全,要做到以上两点都有困难,因而我们在研讨我国的民间基金会管理办法时,提供了以下三方面进行宏观控制的政策原则:(1)给基金会捐赠不能享受免税,即要用自有的税后盈利捐赠;(2)受基金会资助者获利后,可以自愿给基金会捐资;(3)基金会不能直接投资办企业,而应面向社会投资(例如:通过金融机构融资、扶持具有独立法人资格的单位开展科技开发活动)以求基金增值。因而,更确切地讲,中国的民间基金会是一种非营利的金融机构,所以国家把这些组织的审批与管理交给人民银行,而国外则由税务部门主管。

(四)民间科技基金会与国家科学基金会的区别

国外与国内不少科技人员对于我国推行科学基金制后出现的国家基金会与民间基金会还缺乏了解,对于如何向这些基金会争取资助也没经验。借此机会,我以 NSFC 与 F-CAST 这两个组织为典型,分析对比它们的区别,初步概括为 7 个方面:

(1)法人地位。国家基金会属于政府创办的事业单位,在我国属"事业法人",在西方国家属"公法人"类;而民间基金会在我国属"社团法人",在西方国家属"私法人"类的"财团法人"。

(2)建会的审批程序。不同的社会地位决定了其成立的审批程序。国家基金会由政府决定批准,无须注册登记;而民间基金会由创办的单位向国家归口管理部门(现为人民银行)申请审批,在民政部登记注册。

(3)人员编制。法人地位决定了国家基金会的工作人员属国家编制,领导成员由政府任命;而民间基金会的工作人员不占国家编制,领导成员由有关方面协商推举产生。按《基金会管理办法》规定,民间基金会的领导成员,不得由现职政府工作人员兼任。

(4)基金来源。国家基金会虽也吸引接受社会捐资,但其经费主要靠国家拨款,列入财政预算,民间基金会的经费基本上靠社会集资,有的基金会虽能得到一次性财政拨款资助,但不可能在财政预算中立户给以经常的拨款。

(5)资金运用。国家基金会有政府财政预算拨款,因而每年的基金基本上全部用于资助。这种资助绝大部分用于基础性科研,无须偿还;民间基金会则只能以基金的增值部分开展资助活动,否则本金耗光,基金会也就无法存在了。为了增强基金会的实力,民间科技基金会多选择资助有较高经济效益的技术开发项目,以求成功后取得再增值的可能。

(6)评审与管理。国家基金会对资助项目的评审有较强的、稳定的评审队伍,对批准的资助项目由于属申报单位的课题,因而有较强的计划管理;民间基金会难以维持专门的评审队伍,因而主要依靠各级科技社团的专家进行初审与推荐。F-CAST 目前资助的重点为科技人员的非职务发明与技术开发项目。这种拾遗补缺、自我增值、面向广大科技工作者个人的资助特点,决定了对立项资助的管理主要靠协议的制约。

在本文即将结束前,我还想表达这样的一种观点:从我国政府对科学研究经费的投入,与发达国家科研经费占国民生产总值或财政预算的比例进行比较分析,在目前基金水平很低的时候,NSFC 的基金投入完全应当,而且可能以较快速度大幅度的递增(甚至是倍增)。此外,中国的专利发明申请中,有一半以上是非职务发明,而社会对这些科技活动的扶持更是十分薄弱。在美国,仅一个福特基金会的资产就超过其国家科学基金会的全年经费,而全美有 3 万个民间基金会,其中类似福特基金会这样有数亿、数十亿美元资产的基金会有三四十个。因而促进中国的民间科技基金会有更快的发展确实十分重要,这正是使中国科技工作的资金支撑体系走向社会化的关键。

(原载《中国科学基金》1990 年第 1 期)

本世纪早期我国的科学基金与地质学的发展初析

张 知 非

（一）

我国的科学教育文化基金组织，可以追溯到本世纪初。

1908年美国国会决定将美国攫取的“庚子赔款”的一部分约1 000多万美元（按延续到1941年逐年“退还”累计）“退还”中国，声称“帮助”中国发展文化、教育事业。自1909年起用这笔“退款”资助赴美留学，为此还设立一所留美训练学校，即1911年设立的“清华学校”（今清华大学的前身）。于1917年建立清华基金委员会（后改称清华学校及游美学务基金保管委员会），后自1929年起由中华教育文化基金董事会代管。

1924年美国国会两院又决定将余下的“庚子赔款”（约1 200万美元）继续“退还”给中国，并表示此款当用于发展中国之教育文化事业。当年北洋政府下令成立中华教育文化基金董事会保管这笔“退款”，以其一部分留作永久基金，或存银行，或买股票，等“退款”期满后“仍得以其息金办理必须继续之事业”。这笔款项主要用于科学研究、科学应用、科学教育和图书馆等文化事业。到1932年国民政府停付“赔款”时，该基金董事会手中保存的总资产为170多万美元。

早在1915年一些留美学生发起组织了中国科学社，“为维持事业之久远计”一开始便注意永久基金之募集。尽管有名人著文劝捐，“沿门托钵”，但到1927年仅募集到2.1万元。同年南京政府拨给公债票40万元。中国科学社的活动涉及办出版物（包括《科学月刊》、《科学画报》、《论文专刊》、《科学丛书》、《科学译丛》），办图收馆，建立和资助生物研究所，组织科学名词审定，资助科学家出国参加国际学术会议等。科学社的活动一直延续到1959年秋捐献给人民政府，当时尚余资产8.3万余元。

1922年英国也停受“庚子赔款”，当时尚余款额700多万英镑，加上利息，共1 118万镑，合5 500多万美元。1926年成立“中英庚款董事会”，保管这笔基金，声称用于“教育的或外交部长认为于中英两国互有利益的其他用途”。这笔款项大部分投资于中国的交通运输业，建粤汉路的长沙—韶关段、京沪铁路、钱塘江大桥、招商局等，用投资后所获利息维持文教事业，主要用于支持中国学生赴英留学。平均一年选派20名左右，自1933年到1946年共派出9批193人。

（二）

这些科学教育基金的性质大致可分为两大类。

一类是中国科学社的基金，这是一批爱国的知识分子为实现科学救国之计组织起来募集的资金。自1918—1927年，历时十年，仅募集到2.1万元，但这毕竟是一批有识之士发展科学的壮举，在科学史上留下值得回忆的一页。

另一类是利用一些帝国主义国家“退还”的庚子“赔款”建立起来的基金，这些基金就其本质而论是为帝国主义的侵略政策服务的。证据有三。

(1)1901年腐朽的满清政府与帝国主义侵略者签订了丧权辱国的“辛丑条约”。条约规定中国向帝国主义列强“赔款”4.5亿两白银，40年内付清。加上利息，本利一共9.82亿两，再加上各省的地方“赔款”，总数超过10亿两。一些帝国主义列强仅利用其中的少部分“退还”中国，建立基金。本质上是帝国主义列强榨取中国人民的血汗钱。

(2)帝国主义列强“退回”部分“赔款”的原因，表面上是“为增进两国之邦交及文化关系”，“以发展中国之教育文化事业”，骨子里则是另外一套。

“退还”庚款是首先由美国发起的。1906年向美国国会提出提案的是一个在中国有40年经历的美国商人兼传教士史密斯，他在1907年出版的《今日的中国与美国》这本书里对这一提案的目的做了明确的说明，他全文引述了美国伊利诺伊大学校长詹姆士给美国总统的一份备忘录，备忘录说：

“哪一个国家能做到教育这一代的青年中国人，哪一个国家就将由于这方面所支付的努力，而在精神的和商业的影响上，取回最大可能的收获。如果美国在30年前已经做到把中国学生的潮流引向这一个国家来，并能使这个潮流继续扩大，那末，我们现在一定能够使用最圆满和最巧妙的方式，控制中国的发展——这就是说，使用那从知识与精神上支配中国的领袖的方式！进而结论说：“为了扩张精神上的影响而花一些钱，即使从物质意义上说，也能够比用别的方法收获得更多。商业追随精神上的支配，是比追随军旗更为可靠的”。由此完全可看出“退款”的用心。

(3)在组织上受帝国主义列强的直接控制。中华教育文化基金董事会成立时，由北洋政府大总统任命了15位董事，其中有4人是美国人。在该董事会章程中还明文规定：“美国驻华公使有派遣代表出席董事会旁听议事之权”，还规定在“会计两人内一人为华人，其他一人在赔款支付期内应为美人”。中英庚款董事会由10人左右组成，其中也有一个英国人代表英国方面。由此可见这些“基金”为帝国主义侵略政策服务的意图是有组织保障的。

综上所述，这第二类基金就其本质而论是帝国主义侵略的结果，也是侵略的继续。

(三)

不论这些基金的目的、性质如何，客观上通过多种途径资助了中国的科学、教育、文化事业，地质学是其中受益最明显的一个学科，通过下述渠道得到资助。

(1)向一些事业单位提供常年事业补助。中华教育文化基金董事会规定“补助时，除须有过去成绩及维持现状之能力外，以能自筹款项之一部分为重要条件。地质调查所符合这些条件，当时接受常年事业补助的几十个单位中，地质调查所是得到的补助最多的两个单位之一。据已知的历年所得补助费如下：

1925—1928年，每年35 000元；

1929—1931年，每年50 000元；

1936—1938年，每年96 000元。

这些经费用于①实地调查；②装备试验室；③设置图书馆；④建立博物馆；⑤出版若干幅百万分之一地质图；《地质汇报》、《地质学会会志》、《矿产专刊》、《中国古生物志》等；⑥派人出国进修，进行专门研究。在中华教育文化基金董事会的资助下，地质调查所取得显著进步，因此在董事会年报中有“地质调查所在我国科学团体中，发展最速，专家萃集，成绩斐然”的评价。

(2)通过专家评审有选择地向一些科学家提供科学研究补助金。如1927年有108人申请，批准24人，其中3人是地质学家；

丁文江，考察云贵川诸省地质并编制地质图，给以甲种补助金4 000元。

田奇瑪，研究湖南东南部地质，并详细研究泥盆纪地层之分布，给以乙种补助金2 000元。

叶良辅，浙江宁波之火成岩，浙江中部海岸线之成因及其变迁，给以丙种补助金500元。

又如1930年，发给地质学家的科学研究补助金计有四项：

王竹泉，美国山脉之地文学，给以补助金1 000美元。

斯行健，东亚石炭—二叠系植物群，给以补助金750美元。

杨　杰，法国中央高原之古地质学，给以补助金500美元。

李士林，中国火成岩研究，给以补助金500美元。

(3)资助一些科学家出国进修。如曾资助谭锡畴赴美、孙云铸赴德进修，中英庚款董事会在资助地球科学家出国进修方面更为突出。通过考试选拔，先后资助王之卓、林超、翁文波、任美锷、程裕祺、卢焕章、傅承义、罗开富、徐近之等出国留学。

(4)资助一些科学家出国参加重要的学术会议，如1926年泛太平洋第三次科学会议，在日本东京举行，由中国科学社资助竺可桢等出席。1929年5月第四次泛太平洋科学会议在爪哇举行，中国科学社资助翁文灏、竺可桢、黄国璋等6人出席。

(5)资助一些大学聘请外籍教师教课。如资助北京大学聘请古生物学教授葛利普、燕京大学聘请地质学教授巴布尔。

(6)资助学会活动，自1928年起资助中国地学会活动，每年3 600元，主要用来刊行《地学杂志》。

(7)向优秀大学毕业生发奖金。如1926年向北京大学地质系毕业生赵亚曾颁发了奖金2 000元，奖励他的优秀的毕业论文，题目是《中国各部上部古生代地层之分类与比较及其所含无脊椎动物化石之研究》。

地质学界得到较多的资助其原因可归纳为二：

(1)形势的需要，既是发展初级产品的民族工业的急需，也是帝国主义列强在中国扩张掠夺的需要。

(2)与一批地质界的先辈在基金机构中积极推动有关。中华教育文化基金董事会的第一届董事中就有丁文江(并兼秘书)，丁文江辞职后，又选翁文灏为董事，兼会计。并聘请翁文灏参加科学研究补助金及奖励金审查委员会。聘请李四光、竺可桢参加科学教育顾问委员会，成为地理学组成员。丁文江参加了中英庚款董事会的筹备工作，以后又与李四光一起参加了中英庚款董事会的活动。丁文江、竺可桢还当选为中国科学社第一任理事会理事。

帝国主义列强本想通过“庚子赔款”培植他们的代言人，但与他们的愿望相反，具有反帝爱国传统的中国知识分子却利用了这些资金，掌握了科学知识，为中国的科学、教育、文化的发展打下了基础，准备了骨干，其中包括涌现出的一代地质学家，并在以后的几十年内成为地质科学的学术带头人。这表明培养优秀人材乃是科学基金的最主要的和最深远的作用。

本文是研究过程中的中间产品，随着不断收集资料，将会有许多补充和修正，目前遗漏错误在所难免，敬希读者指正。

本文在准备过程中得到国立北京图书馆多方支持，特别感谢目录厅的周欣欣和王燕廷同志协助查找到历史资料，还要感谢清华大学档案室为查找资料提供方便。

参 考 文 献

〔1〕中华教育文化基金董事会，1926—1930，中华教育文化基金董事会报告。

〔2〕中华教育文化基金董事会，1933，中华教育文化基金董事会报告。

〔3〕中华教育文化基金董事会，1936—1938，中华教育文化基金董事会报告。

〔4〕胡适，1973，丁文江的传记。

〔5〕任鸿隽，1983，中国科学社社史简述，中国科技史料，1期，2—13页。

〔6〕李长久、施鲁佳，1982，中美关系二百年，新华出版社。

第Ⅲ部分

基金会概况与工作进展

全国性科学基金

国家自然科学基金委员会

一、综 述

1. 成立背景和任务

1982 年至 1985 年试设面向全国的中国科学院科学基金的成功经验，为我国实施科学基金制提供了决策依据。1985 年中共中央在《关于科学技术体制改革的决定》中指出："对基础研究和部分应用研究工作，逐步试行科学基金制"，"设立国家自然科学基金会和其他科学技术基金会。"1986 年 2 月，国务院发出了《关于成立国家自然科学基金委员会的通知》，赋予任务是："根据国家发展科学技术的方针、政策和规划，有效地运用科学基金，指导、协调和资助基础研究和部分应用研究工作，发现和培养人才，促进科学技术进步和经济、社会发展。其主要职责是：

(1)根据国家科学技术发展规划，制订和发布基础研究和部分应用研究项目指南，受理课题申请，组织同行评议，择优资助。

(2)接受委托，对国家的基础研究和应用研究方面的重大问题提供咨询。

(3)支持其他面向全国的科学基金会的工作，并在课题安排上给予协调和指导。

(4)同其他国家的科学基金会和有关学术组织建立联系并开展国际合作。"

国家自然科学基金委员会在执行国务院通知规定的任务过程中，根据形势需要承担的任务有所发展。

2. 基金来源

国家自然科学基金主要来自国家财政拨款(包括一定额度的外汇)，同时接受国内外单位和个人的捐赠。1986—1989 年基金构成及增长情况见下表。

1986—1989 年国家拨人自然科学基金委员会经费统计

(单位：万元)

经费来源 \ 年度		1986	1987	1988	1989	合 计
科学事业费		5 000.00	5 000.00	5 160.00	7 415.00	22 575.00
科技三项费用		3 000.00	5 000.00	6 000.00	5 700.00	19 700.00
部门划转经费		11.30	53.50	53.50	53.50	171.80
小计	金 额	8 011.30	10 053.50	11 213.50	13 168.50	42 446.80
	+%		25.5	11.5	17.4	
高技术探索项目专项经费			500.00	750.00	488.00	1 738.00
数学专项基金					100.00	100.00
资助项目岗位补贴				433.64	438.13	871.82
合 计		8 011.30	10 553.50	12 397.14	14 194.68	45 156.62

3. 资助项目类型

为了适应不同层次研究工作和不同资助对象的需要，随着科学基金资助工作的全面展开，相继设立了自由申请项目、重点项目、重大项目、青年科学基金项目、地区科学基金项目、高技术探索项目，以及国际合作交流项目等不同类型的资助项目类型。其中，自由申请项目、青年科学基金项目、地区科学基金项目和高技术探索项目又统称面上项目，与重点项目、重大项目构成三个层次的资助工作格局。面上项目每年受理、评审一次，几乎覆盖了自然科学的所有学科领域，资助金额占各类资助项目基金总额的70%以上。为了使两次集中评审之间出现的优秀项目不失时机地得到支持，从1987年开始，每年划出少量经费作为科学部主任基金和委主任基金。对一些取得突破性进展而经费不足的资助项目适量追加经费，以及个别有获得资助可能的需要采取特殊措施予以支持的重要项目，给予资助。

重点项目来自获准的自由申请项目。评审时，根据资助项目的重要性、取得成果的可能性及资助强度，从中选出一批重大项目进行重点管理。

重大项目是根据国家科技规划和基础性研究学科发展战略，参考有关部门和专家的建议，组织多学科、跨部门联合研究的项目。这类项目要求科学意义重大或应用目标明确，研究基础好，研究力量强，研究内容有特色，可望取得突破性进展，资助强度高，以期在一些全局性、战略性、前沿性的基础研究工作中，较快地出成果，出人才。重大项目的审批不定期，成熟一项，论证一项，批准一项。

1986年至1989年四年间，共受理面上项目6万多项，申请金额近30亿元，批准12 414项，项目批准率约25%；批准金额3.85亿元，金额批准率13%；单项资助金额3.1万元。批准重大项目74项，505个子课题，批准经费1亿余元，平均每项140多万元，每课题约21万元。

4. 评审原则及程序

国家自然科学基金委员会按照“依靠专家、发扬民主、择优支持、公正合理”的评审原则遴选资助项目。为此，建立了公正、权威的专家评审系统和科学化、民主化的评审程序。

国家自然科学基金专家评审系统由三部分组成：

(1)同行评议专家。以分布在科研第一线、熟知所从事研究领域国内外情况、作风严谨公正的具有高级专业职务的专家为主，约15 000人。

(2)学科评审组。由基金委员会主任聘请学术造诣深、知识面宽、作风严谨公正、有威望、热心科学基金工作的专家，分学科组成。每届任期2年，每届更换三分之一，每人任期最长不超过6年。第一届(1986—1987年)，设41个学科评审组，成员488人；第二届(1988—1989年)，设50个学科评审组，成员512人。

(3)基金委员会专家。包括项目管理专家、综合管理专家，是规章制度的拟订者，受请、评审工作的组织者和资助项目的管理者。

国家自然科学基金委员会的评审程序一般包括科学部初审、同行专家评议、学科评审组评审和委务会议批准四个阶段，并规定相应的保密、回避措施，使不同阶段的评审意见、评审系统和决策系统的意见能够互相补充、互相制约，以保证评审结果的客观、公正、准确。面上项目基本受理、评审、批准程序框图如下：

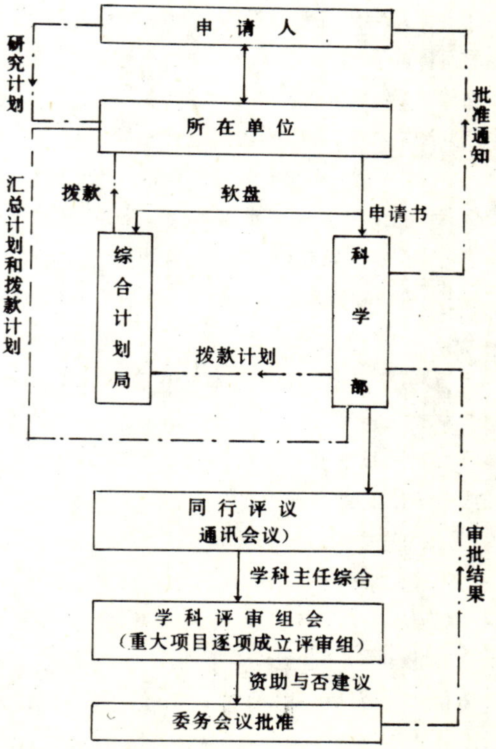

5. 承担有关部门委托的评审任务

(1)国家自然科学奖的复审工作。受国家科委委托，从 1987 年起，承担了国家自然科学奖的复审及日常组织工作，设立了国家自然科学奖励委员会办公室，做为奖励委员会的办事机构。1987 年评出了第三次奖励项目 178 项，1989 年评出了第四次奖励项目 59 项。

(2)非教育系统留学回国人员科研资助的评审工作。这是国家科委和人事部委托的评审任务，1987—1989 年共评审 363 项，推荐 192 项，建议予以资助。

(3)国家重点实验室的定期评估工作。“七五”期间，国家计委共批准建设 71 个国家重点实验室。为推动实验室工作更好地贯彻“开放、流动、联合”的方针，使其真正办成能代表国家学术水平、管理水平的科研基地和学术活动中心，国家计委委托国家自然科学基金委员会对国家重点实验室定期组织评估。

(4)“重点学科发展项目”的评审和跟踪管理试点工作。结合世界银行第六批贷款“重点学科发展项目”，国家计委决定“八五”期间再建一批国家重点实验室，国家自然科学基金委员会受委托组织专家组，负责立项评审，代表国家计委同世界银行的官员、专家对话。在国家教委、中国科学院推荐的基础上，评审出 75 个国家重点实验室和 58 个专业实验室，并根据世界银行的要求，从中选定 7 个实验室，进行建设和管理的跟踪试点，总结经验，指导全局。

(5)国家重点实验室和部门开放实验室运行补助费发放的评议工作。接受国家科委委托，对已经验收或正式批准开放的国家重点实验室和对社会开放一年以上的部门开放实验室，组织专家进行评议，为国家科委发放运行补助费提供依据。

(6)《自然科学进展——国家重点试验室通讯》学术期刊的主办工作。国家计委委托国家自然科学基金委员会主办《自然科学进展——国家重点实验室通讯》，并要求办成“内容丰富、高水平并具有国际影响的综合性学术刊物，使研究成果参与国际、国内学术交流。”

二、组织机构

1. 国家自然科学基金委员会

委员会设 25 名委员，由科学家、管理专家担任，实行任期制。其中主任 1 人，副主任 5 人。重大问题由委员会讨论决定，必要时以表决程序决策；日常工作由主任主持。第一届委员会委员及领导成员如下：

主　任　唐敖庆

副主任　胡兆森(常务)　师昌绪　胡国定(兼)　梁栋材(兼)　王　仁(兼)

秘书长　黄　坚

副秘书长　张培容

委　员(25 人)

唐敖庆　胡兆森　师昌绪　胡国定　梁栋材
王　仁　冯　端　汪家鼎　黄文虎　曲绵域
路甬祥　秦关林　章　综　邹承鲁　刘东生
林兰英　陈金源(专职)　朱光亚　陈芳允
顾方舟　卢良恕　侯祥麟　秦声涛　赵琨熙
黄　坚

2. 国家自然科学基金顾问委员会

国家自然科学基金委员会主任聘请中外知名学者、专家和实业家担任顾问，对学科发展和资助方向等重大问题提供咨询。第一届顾问委员会成员如下(以姓氏笔划为序)：

国内顾问(42 人)

王大珩　王应睐　王淦昌　叶笃正　卢嘉锡
冯德培　朱镕基　沈　元　李国豪　吴文俊
吴阶平　吴仲华　严东生　严济慈　苏步青
杨海波　杨显东　何　康　茅以升　周光召
周培源　张光斗　张　寿　张　维　柯　俊
郭树言　钱三强　钱令希　钱伟长　钱学森
钱信忠　顾功叙　徐克勤　谈家桢　曹天钦
黄汲清　黄辛白　黄　昆　谢希德　曾宪林
滕　藤　戴安邦

国外顾问(10 人)

丁肇中　许靖华　陈省身　李远哲　李政道
吴健雄　吴　瑞　杨振宁　林家翘　袁家骝

国家自然科学基金委员会机构设置图

（1989年12月31日）

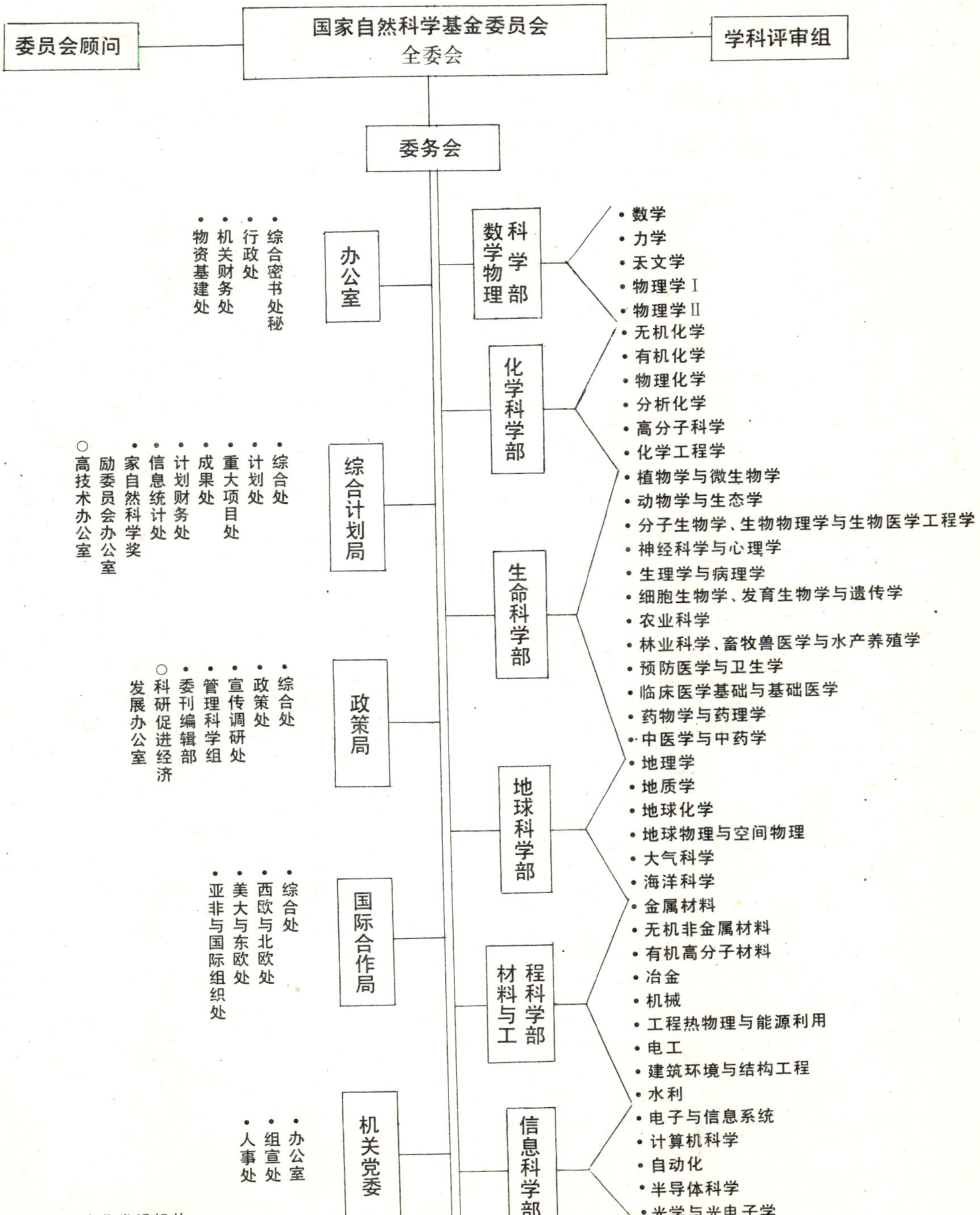

○为非常设机构

3. 科学部

委员会工作机构设 6 个科学部，4 个职能局。1989 年底在编职工 150 人，临时工 17 人。为适应工作需要，还临时借聘兼职人员帮助工作。1989 年兼聘人员共 700 人月，主要是具有高级职称的专业人员。

4. 学科评审组的设置及组成

第一、二届学科评审组

项目＼届次			第一届	第二届
评审组数(个)			41	50
总人数(人)			488	612
平均年龄(岁)			59.6	59.0
来自省区(个)			24	28
京区成员(%)			46.7	42.2
女成员人数			32	47
学部委员人数			108	87
连任成员人数				352 占上届总数 72%
隶属关系	国家教委	人数	158	191
		%	32.4	31.2
	中国科学院	人数	160	164
		%	32.8	26.8
	工交农医国防部门	人数	143	211
		%	29.3	34.5
	各省、直辖市、自治区	人数	27	46
		%	5.5	7.5
高等院校		人数	251	337
		%	51.4	55.1
科研机构及其他		人数	237	275
		%	48.6	44.9

国家自然科学基金委员会第一届(1986—1987 年)学科评审组设置及成员

(1)数学学科评审组(21 人)

王　元　王柔怀　史树中　齐民友　冯　康
成　平　严士健　严绍宗　肖树铁　谷超豪
杨　乐　陈翰馥　周伯埙　金福临　姜伯驹
龚　升　曹锡华　越民义　彭家贵　程民德
游兆永

(2)物理学科评审 1 组(10 人)

甘子钊　冯　端　李家明　李荫远　张光寅
徐叙瑢　黄祖洽　章志鸣　管惟炎　张仁和

(3)物理学科评审 2 组(9 人)

王忠烈　刘乃泉　吴式枢　杨福家　何祚庥
邬恩九　胡济民　黄胜年　薛明伦

(4)天文学学科评审组(5 人)

王绶绾　尹其丰　许邦信　何香涛　陈　彪

(5)力学学科评审组(12 人)

伍小平　孙天风　罗祖道　郑哲敏　唐立民
袁建新　黄文虎　黄克智　郭尚平　舒　玮
傅德薰　黄克累

(6)物理化学学科评审组(15 人)

丁　儆　邓景发　朱起鹤　孙家钟　吴　越
吴征铠　闵恩泽　林祖赓　张存浩　查全性
徐广智　唐有祺　黄金陵　郭燮贤　彭少逸

(7)有机高分子学学科评审组(14 人)

王佛松　王积涛　何炳林　金　声　杨士林
林尚安　陈耀祖　陆熙炎　施良和　钱保功
梁执恕　梁晓天　嵇如运　蒋锡夔

(8)无机分析化学学科评审组(11 人)

邓家祺　汪尔康　苏勉曾　俞汝勤　俞惟乐
高　鸿　徐　燕　徐如人　唐雯霞　倪加缵
倪哲明

(9)化学工程学科评审组(6 人)

汪家鼎　陈家镛　陈敏恒　陈鉴远　施亚钧
袁　权

(10)微生物学科评审组(12 人)

王大耜　田　波　朱关福　朱既明　李季伦
周与良　杨贵贞　陈　弱　胡济生　焦瑞身
谢天恩　廖延雄

(11)植物学学科评审组(11 人)

朱维明　吴征镒　沈允钢　李正理　周以良
杨弘远　徐炳声　胡正海　梁厚果　肖培根
黎尚豪

(12)动物学学科评审组(10 人)

尹文英　齐钟彦　刘建康　刘瑞玉　何承德
庞延斌　周开亚　周本湘　陆宝麟　戴爱云

(13)生物化学、分子生物学学科评审组(17 人)

王德宝　朱德煦　刘士廉　刘树森　严家骐
吴炳辅　杨福愉　张树政　林克椿　范云六
荆玉祥　赵南明　秦文斌　曹天钦　顾天爵
程极济　翟中和

(14)细胞学、发育生物学学科评审组(10 人)

王亚辉　朱洪文　严绍颐　吴尚勤　邹思烙
陈瑞阳　施履吉　贾敬芬　薛社普　施立明

(15)遗传学学科评审组(13 人)

吴　旻　吴鹤龄　沈善炯　李振声　李载平
李集临　杜若甫　周光宇　庚镇城　洪孟民
哈米提　莽克强　童克忠

(16)生理学、心理学、人类学学科评审组(14 人)

王书荣　王伯杨　朱思明　朱祖祥　刘协和
吴汝康　沈　锷　邹　冈　张致一　张席锦
夏家骝　梅镇彤　蔡英年　魏保龄

(17)农学、林学、畜牧兽医学学科评审组(13 人)

丘书院　卢良恕　安　民　朱堃熹　刘若柏
李泽炳　季道藩　陈启文　贺善文　俞新妥
徐冠仁　曾士迈　鲍文奎

(18)医学、生物医学、工程学学科评审组(26 人)

马　泰　王世真　王振华　王翰章　方药中
卢　兴　江　森　江绍基　曲绵域　吴云鹏
吴阶平　吴德昌　李正化　宋圃菊　张友会
陈中伟　林宝爵　陆道炎　周廷冲　武忠弼
侯　灿　赵慰先　顾方舟　程敬之　蔡诗文
熊振平

(19)生态学、环境生物学学科评审组(11 人)

马世骏　王献溥　冯宗炜　朱维明　齐雨藻
庞雄飞　吴宝铃　杨惠芬　沈韫芬　诸葛阳
蒋有绪

(20)地理学学科评审组(17 人)

王华东　王宝灿　刘更另　朱震达　孙鸿烈
吴积善　李文彦　杨　戊　承继成　陈述彭
陈静生　施雅风　黄秉淮　崔功豪　景贵和
鲁如坤　谢自楚

(21)地质学学科评审组(17 人)

马杏垣　王鸿祯　叶连俊　田在艺　刘东生
孙玉科　李廷栋　李星学　张国伟　张咸恭
张绰元　周明镇　陈国达　施央申　郝诒纯
钱祥麟　穆恩之

(22)地球化学学科评审组(9 人)

刘英俊　池际尚　张秋生　张炳善　赵鹏大
涂光炽　程裕淇　董申保　傅家谟

(23)地球物理学学科评审组(11 人)

许厚泽　朱仁益　孙传礼　汪集旸　陈运泰
陈宗基　徐文耀　袁学诚　翁文浪　郭自强
曾融生

(24)大气科学学科评审组(7 人)

丑纪范　叶笃正　周秀骥　高由禧　黄士松
谢义炳　曾庆存

(25)海洋科学学科评审组(9 人)

毛汉礼　业治铮　刘光鼎　刘昭蜀　苏纪兰

汪品先　张正斌　秦蕴珊　巢纪平

(26)金属材料与冶金学学科评审组(16人)

王启东　庄育智　刘业翔　吴自良　李　林
陈南平　陈继志　陈能宽　林栋梁　柯　俊
高　良　涂铭旌　曹楚南　蔡其巩　周本廉
傅恒志

(27)非金属材料学学科评审组(8人)

张孝文　王永令　徐　僖　吴人洁　梁骏吾
姚　熹　宗祥福　冯之榴

(28)机械学学科评审组(12人)

潘际銮　张作梅　黄尚廉　黄树槐　路甬祥
周泽华　斯重遥　范洪才　叶尚辉　闻邦椿
邹自强　王棣棠

(29)工程热物理与能源利用学科评审组(11人)

史绍熙　王补宣　陈学俊　朱　瑾　吴　文
陆孝宽　李宗楠　葛新石　翁史烈　蔡睿贤
马毓义

(30)电工学学科评审组(7人)

王季梅　何大愚　杨昌琪　季杏法　戚庆成
韩祯祥　王宗培

(31)建筑、环境与结构工程学科评审组(10人)

刘恢先　钱令希　吴良镛　吴健生　何光乾
胡春农　宋启根　卢肇钧　高廷耀　刘静宜

(32)水利学学科评审组(6人)

潘家铮　王宏硕　赵人俊　赵耀南　窦国仁
刘光廷

(33)电子学学科评审1组(10人)

冯世章　刘盛纲　吴全德　陈　通　陈敬熊
张其善　张俊荣　保　铮　柴振明　黄宏嘉

(34)电子学学科评审2组(11人)

韦　钰　吴佑寿　余英林　陈芳允　陈宗骘
张树京　茅于海　周炯槃　柯有安　余斯乐
钱宗珏

(35)自动化学科评审1组(13人)

于景元　冯纯伯　吕勇哉　朱良漪　朱培基
陆元九　陈振宇　杨嘉墀　张钟俊　郑维敏
秦化淑　高为炳　黄　琳

(36)自动化学科评审2组(11人)

石青云　史长捷　孙仲康　余达太　张启先
宣国荣　黄泰翼　常　迥　蒋厚宗　蒋新松
戴汝为

(37)光学学科评审1组(12人)

于美文　王启明　母国光　叶培大　刘弘度
汤定元　陈益新　张英华　张洪钧　周炳琨
赵梓森　简水生

(38)光学学科评审2组(12人)

干福熹　万重怡　王大珩　王国文　吴有恺
陈星旦　杨国桢　袁旭沧　唐晋发　梅遂生
蒋民华　薛鸣球

(39)半导体科学学科评审组(10人)

万　群　王　迅　王守武　李志坚　许居衍
林兰英　林金庭　秦国刚　徐元森　黄　敞

(40)计算机科学学科评审组(14人)

孙钟秀　许孔时　吴几康　吴允曾　李华天
张效祥　洪加威　钟万勰　胡保生　高庆狮
谢志良　董韫美　管纪文　慈云桂

(41)管理科学学科评审组(15人)

王纪宽　邓寿鹏　尹毅夫　许庆瑞　刘源张
汪应洛　张信传　郑绍廉　陈炳富　陈德泉
徐联仓　徐肇翔　柴本良　崔　俊　塞　风

国家自然科学基金委员会第二届(1988—1989年)学科评审组设置及成员

(1)数学学科评审组(20人)

程民德　王柔怀　史树中　冯　康　严士健
严绍宗　肖树铁　谷超豪　杨　乐　彭家贵
陈翰馥　姜伯驹　游兆永　刘应明　周伯埙
肖　刚　堵丁柱　陈希儒　周作领　王　元

(2)力学学科评审组(14人)

郑哲敏　黄克智　庄逢甘　傅德薰　伍小平
袁建新　唐立民　郭尚平　顾震隆　余同希
刘延柱　连其祥　周　恒　诸德培

(3)天文学学科评审组(5人)

王绶绾　许邦信　何香涛　张柏荣　何妙福

(4)物理学学科评审1组(12人)

冯　端　章　综　李家明　甘子钊　闵乃本
吴自勤　方俊鑫　张光寅　章志鸣　叶朝辉
张仁和　魏　墨

(5)物理学学科评审2组(11人)

胡济民　唐孝威　王忠烈　杨福家　刘　泉
何祚庥　薛明伦　诸永泰　侯伯宇　卓益忠
胡仁宇

(6)无机化学学科评审组(8人)

倪加缵　苏勉曾　徐如人　唐雯霞　沈瑜生
王方定　高仕扬　刘树堂

(7)有机化学学科评审组(10人)

梁晓天　蒋　锡　陆熙炎　李正名　金　声
赵树伟　刘有成　吴养洁　梁晓光　嵇汝运

(8)物理化学学科评审组(18人)

吴征铠　唐有祺　林祖赓　吴　越　邓景发
徐广智　孙家钟　查全性　黄金陵　郭燮贤
彭少逸　李赫喧　刘若庄　杨孔章　吴世康
鄢国森　李树本　马兴孝

(9)分析化学学科评审组(9人)

高　鸿　庄亚辉　汪尔康　倪哲明　俞汝勤
胡之德　唐孝炎　周同惠　竺　安

(10)化学工程学科评审组(10人)

汪家鼎　陈家镛　施亚钧　陈鉴远　袁　一
朱自强　陈洪钫　闵恩泽　袁　权　张碧江

(11)高分子学科评审组(9人)

何炳林　王佛松　梁执恕　施良和　沈家聪
林尚安　沈之荃　卓仁禧　于同隐

(12)微生物学学科评审组(16人)

焦瑞身　王大耜　朱光福　李季伦　周与良
杨贵贞　陈　驹　胡济生　谢天恩　任贵方
马庆生　朱既明　顾方舟　黄翠芬　李彦勇
丁　鉴

(13)植物学学科评审组(12人)

吴征镒　梁厚果　胡正海　孟繁静　谭克辉
朱维明　肖培根　李正理　周以良　杨弘远
沈允钢　齐雨藻

(14)动物学学科评审组(12人)

尹文英　周开业　齐鍾彦　刘建康　庞延斌
何承德　熊全沫　管致和　唐　觉　郑光美
杨安峰　戴爱云

(15)分子生物学、生物化学学科
评审组(13人)

顾天爵　杨福榆　吴冠芸　王　夔　阎龙飞
荆玉祥　张树政　范云六　钮经义　周　俊
严家骐　刘士廉　刘树森

(16)生物物理学、生物医学工程
学科评审组(13人)

林克椿　吴云鹏　吴德昌　程极济　王世真
赵南明　陈惟昌　秦家楠　郑荣梁　钟慈声
杨桂通　王家槐　胡纪湘

(17)生理学、病理学、心理学
学科评审组(23人)

梅镇彤　王书荣　王伯扬　朱思明　朱祖祥
沈　锷　张致一　张席锦　王振华　马　泰
魏保龄　卢　兴　林宝爵　江绍基　张镜如
吕永达　张厚粲　陈孟勤　匡培梓　李大年
赵庆夏　史轶繁　邹　冈

(18)细胞生物学、组织胚胎发育生
物学、解剖学学科评审组(13人)

施履吉　贾敬芬　翟中和　陈瑞阳　吴祖泽
薛社普　宋今丹　施立明　陈慰峰　吴政安
姜均本　邓滁平　郝　水

(19)遗传学学科评审组(12 人)

吴　旻　许耀奎　庚镇城　童克忠　莽克强
洪孟民　陈宜崎　李集临　李载平　哈米提
魏建昆　李　璞

(20)生态学学科评审组(12 人)

马世骏　吴宝铃　沈韫芬　王献溥　庞雄飞
诸葛阳　冯宗炜　杨惠芳　张经伟　蒋有绪
李隆术　李　博

(21)农林牧渔学科评审组(20 人)

鲍文奎　丘书院　卢良恕　安　民　朱　熹
徐冠仁　李炳泽　俞新妥　季道藩　贺善文
廖延雄　易文仲　叶　飞　何志辉　盖钧益
唐启升　高尚武　陈佐忠　王九龄　任继周

(22)临床医学基础学科评审组(12 人)

曲绵域　陈中伟　张友会　江　森　王翰章
王慕逖　张荫昌　王正国　何慧德　蓝鸿钧
司徒镇强　吴乐正

(23)预防医学学科评审组(10 人)

于维汉　王翔朴　蔡诗文　宋圃菊　钱宗立
何凤生　郭源华　吴绍熙　冯慧敏　张文钦

(24)药物学、中医、中药学学科评审组(10 人)

侯　灿　方药中　李正化　周廷冲　金有豫
刘丽琳　徐国钧　史常永　王绵之　岳凤先

(25)地理学学科评审 1 组(12 人)

施雅风　杨树珍　王宝灿　吴积善　崔功豪
黄秉维　谢自楚　胡序威　刘胤汉　杨　戊
吴　正　黄锡畴

(26)地理学学科评审 2 组(10 人)

陈述彭　唐永銮　承继成　陈静生　鲁如坤
刘更另　孙鸿烈　朱祖祥　万正明　张兰生

(27)地质学学科评审组(25 人)

叶连俊　池际尚　郝诒纯　钱祥麟　傅家谟
刘东生　李星学　田在艺　施央申　赵鹏大
张国伟　张倬元　程裕淇　马杏垣　李延栋
孙玉科　邢裕盛　沈照理　董申保　叶大年
曾允孚　张贻侠　王鸿桢　王德滋　张弥曼

(28)地球化学学科评审组(9 人)

涂光炽　刘英俊　李兆麟　赵一鸣　张本仁
欧阳自远　杜乐天　黎　彤　李曙光

(29)地球物理学学科评审组(15 人)

曾融生　孙传礼　徐文耀　袁学诚　宁津生
黄荣樽　郭自强　汪集旸　许厚泽　陈运泰
王谦身　何继善　许　云　申宁华　李　钧

(30)大气科学学科评审组(9 人)

谢义炳　周秀骥　陈家宜　罗会邦　吕达仁
丑纪范　伍荣生　曾庆存　丁一汇

(31)海洋学学科评审组(10 人)

业治铮　文圣常　秦蕴珊　苏纪兰　顾宏堪
巢纪平　张正斌　刘光鼎　汪品先　甘子钧

(32)金属材料学学科评审组(15 人)

肖纪美　邹世昌　陈能宽　林栋梁　曹楚南
庄育智　陈南平　蔡其巩　傅恒志　何家文
王启东　陈熙琛　邹广田　孔庆平　胡壮麒

(33)无机非金属材料学学科评审组(9 人)

张孝文　周本濂　梁敬魁　严东生　袁润章
宗祥福　姜中宏　陈　楷　姚　熹

(34)有机高分子材料学学科评审组(9 人)

徐　僖　漆宗能　冯之榴　陈耀庭　应圣康
曾汉民　戴行义　赵稼祥　吴人洁

(35)冶金学学科评审组(7 人)

徐采栋　高　良　许志宏　聂大钧　刘邦瑞
杨克努　刘业翔

(36)机械学学科评审组(15 人)

黄树槐　范宏才　潘际銮　黄尚廉　林志航
王棣棠　周泽华　路甬祥　袁哲俊　施雄茂
雷天觉　叶尚辉　万耀青　郦　明　干东英

(37)工程热物理与能源利用学科
评审组(12 人)

吴　文　翁史烈　范维澄　陈学俊　辛明道
吴志坚　闵桂荣　岑可法　史绍熙　陈乃兴
王补宣　朱　瑾

(38)电工学学科评审组(9 人)

韩祯祥　严陆光　高景德　夏道止　胡世雄
季杏法　何大愚　李正赢　顾　炎

(39)建筑、环境与结构工程学科
评审组(11 人)

何广乾　齐　康　徐吉谦　程耿东　高延耀
刘恢先　陈启高　吴健生　刘静宜　吴良镛
王光远

(40)水利学学科评审组(8 人)

刘光廷　李桂芬　张蔚榛　赵人俊　窦国仁
邱大洪　孙　钧　赵耀南

(41)电子学学科评审 1 组(12 人)

刘盛纲　吴全德　陈敬熊　黄宏嘉　蒋建飞
柴振明　杨淑雯　何镇陆　吴培亨　吴永诗
侯　洵　韦　钰

(42)电子学学科评审 2 组(12 人)

陈芳允　吴佑寿　陈宗骘　张其善　熊炳琨
凌燮亭　钱宗珏　周炯磐　柯有安　保　铮
张树京　冯世章

(43)计算机科学学科评审组(14 人)

吴几康　孙钟秀　许孔时　李华天　钟万勰
胡保生　谢志良　董韫美　刘叙华　张效祥
慈云桂　夏培肃　马希文　童　頫

(44)自动化学科评审 1 组(14 人)

杨嘉墀　陆元九　陈振宇　徐南荣　秦化淑
张嗣瀛　高为炳　朱良漪　何善育　郑维敏
张钟俊　黄　琳　吕勇哉　于景元

(45)自动化学科评审 2 组(13 人)

常　迵　蒋新松　唐荣锡　卢桂章　宣国荣
蒋厚宗　施鸿宝　孙仲康　黄泰翼　余达太
汪云九　吴立德　石青云

(46)半导体科学学科评审组(11 人)

林兰英　李志坚　郑有斗　唐璞山　许居衍
秦国刚　林金庭　王守武　王渭源　万　群
白　丁

(47)光学与光电子学学科
评审 1 组(12 人)

叶培大　母国光　汤定元　庄蔚华　顾去吾
赵梓森　周炳琨　刘弘度　陈益新　简水生
李育林　张洪均

(48)光学与光电子学学科
评审 2 组(13 人)

王大衍　杨国桢　彭昆墀　干福熹　唐九华
薛鸣球　夏宇兴　唐晋发　梅遂生　沈乃澂
蒋民华　李富铭　王国文

(49)管理科学学科评审组(22 人)

郑绍濂　柴本良　许庆瑞　邓寿鹏　刘源张
汪应洛　张信传　陈炳富　陈德泉　徐肇翔
崔　俊　刘　豹　傅家骥　王浣尘　王众托
黄梯云　张品乾　王国政　阎善昌　蒋建平
乌家培　梁战平

三、资 助 概 况

1. 各类项目综合统计

1986—1989 年各类项目批准资助情况

(金额单位:万元)

类别 \ 项目		面上项目 自由申请项目	青年基金项目	地区基金项目	高技术探索项目	合计	重大项目课题	总计
批准资助	项数	11 359	557	106	392	12 414	505	12 919
	金额	34 736.94	1 737.88	259.44	1 782.71	38 516.97	10 557.50	49 074.47
批准率(%)	项数	25.4	25.0	25.1	21.8	25.3	—	—
	金额	12.4	19.6	10.2	10.3	12.5	—	—
平均资助强度(万元/项)		3.06	3.12	2.45	4.55	3.10	20.91	3.8

1986—1989 年各类资助项目按科学部统计

(金额单位:万元)

科学部 \ 项目		面上项目 自由申请项目	青年基金项目	地区基金项目	高技术探索项目	合计	重大项目课题	总计
数理科学部	项数	1 623	124	8	54	1 809	103	1 912
	金额	3 670.75	258.50	18.60	218.00	4 165.85	2 064.00	6 229.85
化学科学部	项数	1 539	44	12	25	1 620	120	1 740
	金额	4 476.20	190.00	22.00	92.00	4 780.20	2 050.00	6 830.20
生命科学部	项数	3 985	130	61	60	4 236	52	4 288
	金额	11 046.23	445.4	142.00	421.99	12 055.62	1 541.00	13 596.62
地球科学部	项数	1 081	77	12	24	1 194	47	1 241
	金额	5 023.90	237.00	40.00	105.00	5 405.90	1 358.40	6 763.40
材料与工程科学部	项数	1 627	93	5	81	1 806	109	1 915
	金额	5 780.70	340.20	20.00	354.00	6 494.90	2130.00	8 624.90
信息科学部	项数	1 263	65	4	148	1 480	69	1 549
	金额	4 232.26	206.88	10.84	591.72	5 041.70	1 289.10	6 330.80
管理科学组	项数	241	24	4	—	269	5	274
	金额	506.90	59.9	6.00	—	572.8	125.00	697.80

1986—1989 年面上资助项目参加人员统计

（单位：人次）

项目＼年度	1989	1988	1987	1986	合计
总　计	24 158	23 425	25 996	30 072	103 651
自由申请项目	21 461	20 952	23 572	30 072	96 057
青年基金项目	1 826	1 050	601	—	3 477
地区基金项目	871	—	—	—	871
高技术项目		1 423	1 823	—	3 246

1986—1989 年各类资助项目参加人员构成

（单位：人次）

类别＼项目	自由申请项目	高技术探索项目	地区基金项目	重大项目	合计	
					人　次	比例(%)
合　计	96 057	3 246	871	8 823	108 997	100
高级	27 271	999	327	2 650	31 247	28.7
中级	26 948	861	260	2 398	30 467	28.0
初级	14 185	455	178	1 155	15 973	14.6
博士后	642	24	3	69	738	0.7
博士生	3 933	188	7	692	4 820	4.4
硕士生	16 795	568	51	1 522	18 936	17.4
辅助人员	6 283	151	45	337	6 816	6.2

2. 自由申请项目

1986—1989 年自由申请项目申请项数和金额统计

科学部＼年度＼项目	申　请　项　目　数					申　请　金　额　（万元）				
	1989	1988	1987	1986	合计	1989	1988	1987	1986	合计
合　计	12 155	9 445	11 232	11 844	44 676	66 808.35	51 424.85	61 938.16	99 421.64	279 592.95
数理科学部	1 362	1 187	1 218	1 552	5 319	7 144.67	5 948.80	5 475.30	10 002.64	28 571.41
化学科学部	1 348	1 069	1 310	1 573	5 300	7 393.38	5 324.22	7 272.27	11 207.47	31 197.29
生命科学部	4 063	3 150	3 332	3 567	14 112	20 796.40	17 480.35	18 667.14	28 393.07	85 336.99
地球科学部	1 445	1 040	1 205	1 274	4 964	11 270.04	7 919.56	8 978.42	18 409.44	46 577.46
材料与工程科学部	2 212	1 748	2 320	2 236	8 516	11 405.60	8 885.19	11 734.81	17 492.59	49 518.19
信息科学部	1 341	938	1 617	1 519	5 415	7 276.35	4 565.08	8 901.32	13 284.14	34 026.89
管理科学组	384	313	230	123	1 050	1 591.91	1 301.62	908.90	632.29	4 364.72

1986—1989 年自由申请项目审批结果统计

科学部 \ 项目 / 年度	批准项数					批准金额（万元）				
	1989	1988	1987	1986	合计	1989	1988	1987	1986	合计
合计	2 669	2 544	2 713	3 433	11 359	8 922.78	8 314.41	7 980.31	9 519.44	34 736.94
数理科学部	353	339	324	607	1 623	919.00	930.50	794.35	1 026.90	3 670.75
化学科学部	326	300	367	546	1 539	988.10	976.00	1 051.60	1 460.50	4 476.20
生命科学部	921	942	905	1 217	3 985	2 778.16	2 688.00	2 448.34	3 131.73	11 046.23
地球科学部	285	247	299	250	1 081	1 456.50	1 190.00	1 160.90	1 216.50	5 023.00
材料与工程科学部	405	390	414	418	1 627	1 533.90	1 440.20	1 384.60	1 422.00	5 780.70
信息科学部	299	248	347	369	1 263	1 062.12	909.21	1 047.92	1 213.01	4 232.26
管理科学组	80	78	57	26	241	185.00	180.50	92.60	48.80	506.90

1986—1989 年自由申请项目批准率和资助强度

科学部 \ 项目 / 年度	项数批准率(%)					金额批准率(%)					资助强度(万元/项)				
	1989	1988	1987	1986	平均	1989	1988	1987	1986	平均	1989	1988	1987	1986	平均
平均	22.0	26.9	24.2	29.0	25.4	13.4	16.2	12.9	9.6	12.4	3.3	3.3	2.9	2.8	3.1
数理科学部	25.9	28.6	26.6	39.1	30.5	12.9	15.6	14.5	10.3	12.8	2.6	2.7	2.5	1.7	2.3
化学科学部	24.2	28.1	28.0	34.7	29.0	13.4	18.3	14.5	13.0	14.3	3.0	3.3	2.9	2.7	2.9
生命科学部	22.7	29.9	27.2	34.1	28.2	13.4	15.4	13.1	11.0	12.9	3.0	2.9	2.7	2.6	2.8
地球科学部	19.7	23.8	24.8	19.6	21.8	12.9	15.0	12.9	6.6	10.8	5.1	4.8	3.9	4.9	4.6
材料与工程科学部	18.3	21.6	17.8	18.7	19.1	13.5	13.5	11.8	8.1	11.7	5.4	3.7	3.3	3.4	3.6
信息科学部	22.3	26.4	21.5	24.3	23.3	14.6	19.9	11.8	9.1	12.4	3.6	3.7	3.0	3.3	3.4
管理科学组	20.8	24.9	24.8	21.0	23.0	12.2	13.9	10.2	7.7	11.6	2.3	2.3	1.6	1.9	2.1

1986—1989 年自由申请项目批准项数按单位性质和隶属关系统计

项目 \ 年度			总计	1989	1988	1987	1986
合计			11 359	2 669	2 544	2 713	3 433
隶属关系	国家教委	项数	3 597	793	706	904	1 194
		%	31.7	29.7	27.8	33.3	34.8
	中国科学院	项数	2 728	625	565	636	902
		%	24.0	23.4	22.2	23.4	26.3
	工交农医国防部门	项数	3 640	954	911	849	926
		%	32.0	35.7	35.8	31.3	27.0
	地方	项数	1 394	297	362	324	411
		%	12.3	11.1	14.2	11.9	12.0

（续表）

项目 \ 年度			总计	1989	1988	1987	1986
机构性质	高等院校	项数	7 504	1 737	1 702	1 831	2 234
		%	66.1	65.1	66.9	67.5	65.1
	研究机构及其他	项数	3 855	932	842	882	1 199
		%	33.9	34.9	33.1	32.5	34.9

1986—1989 年的自由申请项目批准金额按单位性质和隶属关系统计

（金额单位：万元）

年度			总计	1989	1988	1987	1986
金额合计			34 736.94	8 922.78	8 314.41	7 980.31	9 519.44
隶属关系	国家教委	金额	10 507.73	2 591.44	2 261.00	2 547.77	3 107.52
		%	30.2	29.0	27.2	31.9	32.6
	中国科学院	金额	9 607.62	2 290.55	2 078.24	2 248.32	2 990.51
		%	27.7	25.7	25.0	28.2	31.4
	工交农医国防部门	金额	11 045.43	3 179.21	2 963.97	2 386.81	2 515.44
		%	31.8	35.6	35.6	29.9	26.4
	地方	金额	3 576.16	861.58	1 011.20	797.41	905.97
		%	10.3	9.7	12.2	10.0	9.5
机构性质	高等院校	金额	21 461.68	5 554.82	5 208.80	5 006.39	5 691.67
		%	61.8	62.3	62.6	62.7	59.8
	研究机构及其他	金额	13 275.26	3 367.96	3 105.61	2 973.92	3 827.77
		%	38.2	37.7	37.4	37.3	40.2

1986—1989 年获准自由申请项目负责人专业职务统计

类别 \ 年度	1989	1988	1987	1986	总计	%
合　计	2 669	2 544	2 713	3 433	11 359	100
教授级	1 142	972	996	1 003	4 113	36.2
副教授级	1 160	1 117	1 232	1 596	5 105	44.9
高工级	77	90	83	49	299	2.6
讲师级	274	335	367	736	1 712	15.1
助教级	7	17	11	15	50	0.4
其他	9	13	24	34	80	0.7

1986—1989 年获准自由申请项目负责人年龄段统计

年龄＼年度	1989	1988	1987	1986	合 计	%
合 计	2 669	2 544	2 713	3 433	11 359	100
35 岁以下	96	97	61	44	298	2.6
36—45 岁	266	332	264	373	1 235	10.9
46—55 岁	1 406	1 413	1 497	1 902	6 218	54.8
56—60 岁	557	443	499	596	2 095	18.4
61—70 岁	307	214	322	438	1 281	11.3
71 岁以上	37	45	70	80	232	2.0

1986—1989 年获准自由申请项目参加人员构成

（单位：人次）

类别＼年度	1989	1988	1987	1986	合 计	%
合 计	21 461	20 952	23 572	30 072	96 057	100
高 级	7 184	6 676	6 859	6 552	27 271	28.4
中 级	5 567	5 619	6 333	9 429	26 948	28.1
初 级	2 932	3 291	3 543	4 419	14 185	14.8
博士后	381	83	81	97	642	0.7
博士生	1 235	793	873	1 032	3 933	4.1
硕士生	3 154	3 352	4 189	6 100	16 795	17.5
辅助人员	1 008	1 138	1 694	2 443	6 283	6.5

1986—1989 年获准自由申请项目地区分布

（按获资助总金额排序）

（金额单位：万元）

地区＼年度	1986		1987		1988		1989		合 计	
	项数	金额	项数	金额	项数	金额	项数	金额	项数	金额
合计	3 433	9 519.44	2 713	7 980.31	2 544	8 314.41	2 669	8 922.78	11 359	34 736.94
北京	1 030	3 192.59	811	2 584.25	754	2705.19	898	3 174.27	3 493	11 656.30
上海	487	1 301.11	361	1 032.75	309	910.50	334	1 017.15	1 491	4 261.51
江苏	228	612.02	180	537.86	175	537.92	177	588.70	760	2 276.50
湖北	173	419.67	137	412.07	151	464.00	137	461.50	598	1 757.24
四川	137	335.68	153	426.48	147	445.19	155	487.10	592	1 694.45
陕西	133	346.70	129	358.49	118	370.16	107	343.80	487	1 419.15
广东	160	387.85	130	349.24	112	336.55	98	311.40	500	1 385.04
辽宁	151	439.85	101	287.18	86	276.60	101	331.50	439	1 335.13
天津	139	353.40	108	295.00	88	336.30	81	270.61	416	1 255.31

（续表）

年度 / 地区	1986		1987		1988		1989		合　计	
	项数	金额	项数	金额	项数	金额	项数	金额	项数	金额
吉林	153	437.00	92	266.40	71	237.00	90	314.40	406	1 254.80
浙江	86	225.25	65	174.28	90	269.95	69	218.20	310	887.68
山东	80	208.45	65	177.59	62	210.75	60	206.20	267	802.99
安徽	66	186.01	62	188.50	63	199.50	65	213.85	256	787.86
甘肃	69	193.65	43	138.10	44	156.30	47	175.90	203	663.95
黑龙江	56	127.16	64	148.20	58	158.25	53	150.70	231	584.31
福建	68	189.90	46	111.40	35	102.10	34	100.90	183	504.30
湖南	45	104.40	30	77.82	39	111.30	52	163.70	166	457.22
贵州	21	86.40	18	82.00	28	114.50	26	116.60	93	399.50
云南	36	84.85	28	85.80	26	86.15	18	52.40	108	309.20
新疆	26	68.00	19	58.00	16	57.70	12	45.50	73	229.20
河北	18	43.25	19	48.00	22	78.90	13	47.60	72	217.75
河南	17	45.80	15	38.50	14	45.50	13	36.90	59	166.70
山西	17	52.10	12	27.00	7	25.10	6	18.30	42	122.50
青海	11	21.35	9	29.00	6	25.90	6	18.90	32	95.15
广西	8	15.00	8	24.90	8	19.50	6	22.50	30	81.90
内蒙古	11	25.50	2	6.00	6	16.50	4	11.50	23	59.50
江西	4	10.00	5	11.00	9	17.10	5	16.70	23	54.80
宁夏	2	3.50	1	4.50	0	0	1	4.00	4	12.00
西藏	1	3.00	0	0	0	[illegible]	0	0	1	3.00
海南	0	0	0	0	0	0	1	2.00	1	2.00

3. 重点项目

1986—1989年重点项目统计

年　　度	资助金额(万元)	项目数(项)	平均强度(万元/项)
1986	304	12	25.33
1987	486.3	68	7.15
1988	890.05	78	11.41
1989	544.40	117	4.65
合　计	2 224.75	275	8.09

4. 重大项目

1986—1989 年批准资助的重大项目按科学部统计

（金额单位:万元）

所属科学部	项目数	课题数	批准金额	项目平均金额	课题平均金额	总人次	项目平均参加人次	课题平均参加人次
数理科学部	15	103	2 064.00	137.60	20.04	1 857	124	18
化学科学部	14	120	2 050.00	146.43	17.08	2 093	150	17
生命科学部	9	52	1 541.00	171.22	29.63	929	103	18
地球科学部	10	47	1 358.40	135.84	28.90	943	94	20
材料与工程科学部	14	109	2 130.00	152.14	19.54	1 997	143	18
信息科学部	11	69	1 289.10	117.19	18.68	842	77	12
管理科学组	1	5	125.00	125.00	25.00	162	162	32
合　计	74	505	10 557.50	142.67	20.91	8 823	119	17

1986—1989 年批准资助的重大项目主持人所在单位分布

隶属关系 / 项数 / 机构性质	合　计	中国科学院	国家教委	工交农医国防	地方
高等院校	34	0	31	3	0
科研单位	40	35	0	5	0
合　计	74	35	31	8	0

1986—1989 年批准资助的重大项目课题负责人所在单位统计

单位分类		合计	占总数百分比(%)	科学部						
				数理	化学	生命	地球	材料	信息	管理
科研单位	小　计	235	46.5	54	58	31	27	42	20	3
	中国科学院	199	39.4	50	56	22	23	32	15	1
	非中国科学院	36	7.1	4	2	9	4	10	5	2
高等院校	小　计	266	52.7	49	62	19	18	67	49	2
	国家教委	225	44.6	44	61	10	16	52	40	2
	非国家教委	41	8.1	5	1	9	2	15	9	0
其　他		4	0.8	0	0	2	2	0	0	0
合　计		505	100.0	103	120	52	47	109	69	5

1986—1989 年批准资助的重大项目课题组成员专业技术职务统计

（单位：人次）

科　学　部	总人次	高级职称	中级职称	初级职称	博士后	博士生	硕士生	辅助人员
数理科学部	1 857	639	459	247	24	158	267	63
化学科学部	2 093	538	549	195	16	196	533	66
生命科学部	929	254	267	174	10	64	102	58
地球科学部	943	350	307	124	3	51	79	29
材料与工程科学部	1 997	551	546	299	10	141	346	104
信息科学部	842	255	221	95	6	76	175	14
管理科学组	162	63	49	21	0	6	20	3
合　　计	8 823	2 650	2 398	1 155	69	692	1 522	337
%	100.0	30.0	27.2	13.1	0.8	7.8	17.3	3.8

1986—1989 年国家自然科学基金重大项目一览表

项目名称	主持人姓名及所在单位		起止年月	资助金额（万元）
数理科学部				
非线性晶体和激光晶体的探索与研究	冯　端	南京大学	1987.5—1991.12	150.00
固体表面和界面的结构与电子态研究	谢希德	复旦大学	1987.5—1991.7	150.00
海洋工程中的力学问题	林同骥	中国科学院力学研究所	1987.7—1991.12	230.00
金属材料的本构关系与断裂	黄克智	清华大学	1987.7—1991.12	100.00
半导体超晶格微结构	黄　昆	中国科学院半导体研究所	1987.6—1991.12	200.00
太阳活动和宇宙活动天体的研究	曲钦岳	南京大学	1988.1—1991.12	200.00
现代数学中若干基本问题的研究	程民德	北京大学	1988.1—1991.12	200.00
理论物理若干重大前沿课题研究	周光召	中国科学院理论物理研究所	1988.1—1992.12	100.00
准晶的结构与性能	郭可信	中国科学院北京电子显微镜实验室	1989.1—1991.12	88.00
漩涡、激波和非平衡起主导作用的复杂流动	庄逢甘	北京空气动力研究所	1989.1—1992.12	134.00
超灵敏小型回旋加速器质谱计	陈茂柏	中国科学院上海原子核研究所	1989.1—1991.12	55.00
激光与凝聚态物质相互作用中的若干前沿问题的研究	杨国桢	中国科学院物理研究所	1989.7—1993.6	125.00
电子与离子原子分子微观相互作用过程的实验和理论研究	于　敏	核工业部应用物理与计算数学研究所	1989.7—1993.3	132.00
非晶态半导体若干物理问题的研究	徐温元	南开大学	1989.9—1993.10	82.00
激光与原子分子相互作用	章志鸣	复旦大学	1989.11—1993.10	118.00

项目名称	主持人姓名及所在单位	起止年月	资助金额（万元）
化学科学部			
传质分离与化学反应工程基础研究	汪家鼎　清华大学	1986.1—1991.12	175.00
结构化学基础研究	唐有祺　北京大学	1986.7—1991.6	175.00
量子化学及其应用	孙家钟　吉林大学	1986.1—1990.12	175.00
分子筛催化剂和稀土催化剂基础研究	吴　越　中国科学院长春应用化学研究所	1986.10—1991.10	175.00
我国独特的、丰产的若干天然产物的研究	邢其毅　北京大学	1986.1—1990.12	200.00
高分子凝聚态的基本物理问题研究	钱人元　中国科学院化学研究所	1988.1—1992.12	90.00
电分析化学和光度分析化学的基础研究	高　鸿　南京大学	1987.1—1991.1	175.00
烯类双烯类聚合反应研究——机理、动力学及产物结构调节	冯新德　北京大学	1986.10—1991.7	175.00
稀土化学基础及应用研究	倪嘉缵　中国科学院长春应用化学研究所	1987.1—1991.12	175.00
一碳化学基础研究	蔡启瑞　厦门大学	1987.1—1989.12	90.00
过渡金属原子簇化合物化学的研究	卢嘉锡　中国科学院福建物质结构研究所	1988.7—1992.12	90.00
金属有机化合物的合成及在高选择反应中的应用	黄耀曾　中国科学院上海有机化学研究所	1988.7—1993.7	175.00
膜分离与分离膜	袁　权　中国科学院大连化学物理研究所	1988.7—1992.12	90.00
分子反应动力学	楼南泉　中国科学院大连化学物理研究所	1988.7—1993.6	90.00
生命科学部			
膜脂-膜蛋白相互作用及其在医学和农业上的应用	杨福愉　中国科学院生物物理研究所	1987.1—1991.12	200.00
双信使和cAMP系统相互作用及其对细胞增殖和细胞恶性转	汪坤仁　北京师范大学	19988.1—1991.12	150.00
体液流变基础理论及其在心血管、肝胆系统中的应用研究	吴云鹏　重庆大学	1988.1—1992.12	168.00
湖北光周期敏感核不育水稻育性转换机理与利用的研究	李泽炳　华中农业大学	1988.1—1992.12	165.00
视觉信息加工	王书荣　中国科学院生物物理研究所	1988.6—1992.12	150.00
蛋白质溶液中构象、构象组装及构象动态学	鲁子贤　中国科学院上海生物化学研究所	1988.6—1992.12	130.00
阿片肽及其他神经肽研究	邹　冈　中国科学院上海药物研究所	1988.1—1992.12	200.00

项目名称	主持人姓名及所在单位		起止年月	资助金额（万元）
中国东南沿海赤潮发生机理研究	齐雨藻	暨南大学	1990.1—1993.12	128.00
建立北方草地主要类型优化生态膜式的研究	张新时	中国科学院植物研究所	1989.10—1993.12	250.00
地球科学部				
中国兴蒙－北疆及邻区古生代岩石圈构造形成和演化的研究	何国琦	北京大学	1987.6—1991.12	85.00
滇川西部古特提斯带岩石圈的构造演化	钟大赉	中国科学院地质研究所	1987.1—1990.12	130.00
喀喇昆仑山－昆仑山地区综合科学考察	孙鸿烈	中国科学院自然资源综合考察委员会	1987.1—1991.12	150.00
黑河地区地－气相互作用的观测实验研究	高由禧	中国科学院兰州高原大气物理研究所	1987.1—1991.12	174.40
中国河口主要沉积动力过程研究及其应用	陈吉余	华东师范大学	1988.1—1991.12	100.00
黄河流域环境演变与水沙运行规律	左大康	中国科学院国家计委地理研究所	1988.6—1992.12	160.00
中国气候与海面变化及其趋势和影响的初步研究	施雅风	中国科学院南京地理与湖泊研究所	1988.6—1991.6	220.00
应用于地球科学的加速器质谱计的研制与建立	陈佳洱	北京大学	1988.6—1990.12	84.00
我国长江黄河两流域旱涝规律成因与预测研究	叶笃正	中国科学院大气物理研究所	1988.8—1992.12	150.00
中国东部金矿重要类型成矿条件富集规律及找矿方向研究	刘英俊	南京大学	1988.11—1991.12	105.00
材料与工程科学部				
材料在海水、大气、土壤环境中腐蚀数据积累及腐蚀与防护研究	师昌绪	中国科学院	1986.1—1990.12	200.00
机械结构强度和振动	杜庆华	清华大学	1986.1—1990.12	150.00
工程热物理中关键性问题的研究	吴仲华	中国科学院工程热物理研究所	1987.1—1991.12	300.00
金属腐蚀与防护机理的研究	曹楚南	中国科学院金属腐蚀与防护研究所	1986.7—1990.12	140.00
金属材料断裂规律及机理的研究	肖纪美	北京科技大学	1986.5—1990.12	150.00
工程建设中智能辅助决策系统的应用研究	刘恢先	国家地震局工程力学研究所	1987.1—1991.12	150.00
几种薄膜材料的若干应用基础问题研究	李　林	中国科学院物理研究所	1987.1—1991.12	170.00

项目名称	主持人姓名及所在单位		起止年月	资助金额（万元）
高分子结构材料成型和破坏的基础研究	徐 僖	成都科学技术大学	1988.1—1992.12	120.00
精细陶瓷的组成、微观结构与性质	严东生	中国科学院上海硅酸盐研究所	1987.9—1991.9	120.00
熔融还原炼铁过程应用基础研究	王大光	中国科学院化工冶金研究所	1989.1—1992.12	60.00
岩土与水工建筑相互作用的研究	汪闻韶	北京水利水电科学研究院	1989.3—1992.12	150.00
机械制造的若干关键技术基础研究	黄树槐	华中理工大学	1989.1—1992.6	150.00
高电压技术基础及其在电力装备研制中的应用研究	刘子玉	西安交通大学	1989.3—1992.12	150.00
非平衡凝固若干理论问题及其应用研究	胡壮麒	中国科学院金属腐蚀与防护研究所	1989.1—1991.12	90.00
信息科学部				
系统集成技术的基础研究	李志坚	清华大学	1987.1—1990.12	115.00
3毫米波段的技术基础研究	李嗣范	东南大学	1987.9—1990.12	190.00
千瓦级电子束控制低温低模一氧化碳激光器的研究	林均岫	大连理工大学	1987.1—1991.12	100.00
支持抽象数据类型的新型计算机系统	谢志良	上海交通大学	1987.1—1990.12	50.00
中国控制系统计算机辅助设计(CADCSC)工程化软件系统	韩京清	中国科学院系统科学研究所	1987.10—1990.6	120.00
超长波段(2—5μm)红外光纤通信物理基础研究	干福熹	中国科学院上海光学精密机械研究所	1988.1—1990.12	95.00
模糊信息处理与机器智能	汪培庄	北京师范大学	1988.9—1990.12	135.00
光学神经网络的研究及其在模式识别中的应用	母国光	南开大学	1989.7—1993.6	81.10
并行计算机及并行算法	冯 康	中国科学院计算中心	1989.6—1993.6	130.00
CAAS集成电路基础技术研究	林金庭	电子工业部第55研究所	1989.7—1992.6	130.00
分子器件基础研究	韦 钰	东南大学	1990.1—1992.12	140.00
管理科学组				
我国工业劳动生产率的管理理论与方法研究	刘源张	中国科学院系统科学研究所	1988.10—1992.10	125.00

5. 青年科学基金项目

1987—1989 年青年科学基金项目申请、批准资助情况

（金额单位：万元）

项目＼年度		1989	1988	1987	合　计
申请	项数	1 271	641	317	2 229
	金额	5 085.20	2 514.25	1 271.53	8 870.98
批准资助	项数	290	170	97	557
	金额	861.45	533*.91	342.52	1 737.88
批准率(%)	项数	22.8	26.53	30.6	25.0
	金额	16.9	21.2	26.9	19.6
平均资助强度（万元/项）		2.97	3.14	3.53	3.12

1987—1989 年青年科学基金资助项目按科学部统计

（金额单位：万元）

科学部＼年度	1989		1988		1987		合　计	
	项数	金额	项数	金额	项数	金额	项数	金额
合　计	290	861.45	170	533.91	97	342.52	557	1 737.88
数理科学部	57	96.50	48	106.00	19	56.00	124	258.5
化学科学部	19	80.50	15	61.50	10	48.00	44	190.0
生命科学部	75	242.60	35	127.80	20	25.00	130	445.4
地球科学部	39	121.00	24	66.00	14	50.00	77	237.0
材料与工程科学部	54	186.50	25	100.20	14	53.50	93	340.2
信息科学部	34	106.45	15	50.11	16	50.32	65	206.88
管理科学组	12	27.90	8	22.30	4	9.70	24	59.9

1987—1989 年青年科学基金资助项目按隶属关系、单位性质统计

（金额单位：万元）

单位类别＼年度		1989		1988		1987		合　计	
		项数	金额	项数	金额	项数	金额	项数	金额
合　计		290	861.45	170	533.91	97	342.52	557	1 737.88
单位性质	高等院校	225	656.95	135	428.11	74	266.02	434	1 351.08
		77.6	76.3	79.4	80.2	76.3	77.7	77.9	77.7
	科研单位及其他	65	204.50	35	105.80	23	76.50	123	386.80
		22.4	23.7	20.6	19.8	23.7	22.3	22.1	22.3

（续表）

单位类别 \ 年度		1989		1988		1987		合计	
		项数	金额	项数	金额	项数	金额	项数	金额
隶属关系	国家教委	105	302.97	69	219.00	42	148.42	216	670.19
		36.2	35.2	40.2	41.0	43.0	43.3	38.8	38.6
	中国科学院	38	116.10	25	74.10	18	59.00	81	249.20
		13.1	13.5	14.7	13.9	18.6	17.2	14.5	14.3
	工交农医国防部门	121	370.78	66	215.81	32	115.50	219	702.09
		41.7	43.0	38.8	40.4	33.0	33.7	39.3	40.4
	地方	26	71.60	10	25.00	5	19.60	41	116.20
		9.0	8.3	5.9	4.7	5.2	5.7	7.4	6.7

1987—1989 年青年科学基金资助项目负责人专业职务和单位统计

（单位：人数）

级别 \ 年度		1989	1988	1987	合计
合计		290	170	97	557
专业职务	教授级	3	0	1	4
	副教授级	12	4	7	23
	高工级	0	0	0	0
	讲师级	239	157	55	451
	助教级	4	6	33	43
	其他	32	3	1	36
学位	博士	179	112	59	350
	硕士	93	49	28	170
	学士	12	2	3	17
	其他	6	7	7	20

1987—1989 年资助青少年科学活动统计

年度	资助次数	资助金额(万元)
1987	16	17.65
1988	16	15.20
1989	15	20.20
合计	47	53.05

注：其中包括与国家科委、中国科协共同资助我国中学生参加国际奥林匹克竞赛。

1987—1989 年资助我国中学生参加国际奥林匹克竞赛统计

学科	年度	资助金额（万元）	我国参赛人数	获奖牌情况				总名次
				小计	金牌	银牌	铜牌	
数学	1987	2.5	6	6	2	2	2	8
	1988	2.5	6	6	2	4	0	2
	1989	2.0	6	6	4	2	0	1
物理	1987	2.5	5	5	0	2	3	—
	1988	2.5	5	4	1	2	1	5
	1989	2.0	5	5	0	4	1	2
化学	1987	2.5	4	4	1	1	2	
	1988	2.5	4	4	2	1	1	1
	1989	2.0	4	4	3	0	1	
信息	1989	2.0	3	3	0	0	3	

6. 地区科学基金项目

1989 年起在内蒙古、新疆、西藏、青海、宁夏、广西和海南七个省和自治区试点设立地区科学基金项目，重点资助结合当地自然资源和自然条件特点的基础研究和应用基础研究工作，资助范围和申请、评审程序与自由申请项目相同。但申请者限于当地所属单位的科技人员，项目组成人员以当地科技人员为主，评审时地区基金项目一起竞争。这些地区的科技人员仍可以申请其他类型的项目，参加全国范围的竞争。中央单位或外省单位的科技人员，可根据地区科学基金项目研究工作的需要，应邀参加合作研究。

1989 年地区科学基金项目受理、批准资助概况

（金额单位：万元）

项目 / 科学部或地区		申请		批准		批准率(%)		平均资助强度（万元/项）
		项数	金额	项数	金额	项数	金额	
合计		423	2 544.11	106	259.44	25.06	10.20	2.45
科学部	数理	16	48.93	8	18.60	50.00	38.01	2.33
	化学	48	310.80	12	22.00	25.00	7.08	1.83
	生命	265	1 527.52	61	142.00	23.02	9.30	2.33
	地球	49	391.72	12	40.00	24.49	10.21	3.33
	材料与工程	20	142.09	5	20.00	25.00	14.08	4.00
	信息	14	66.22	4	10.84	28.57	16.37	2.71
	管理	11	56.83	4	6.00	36.36	10.56	1.50

（续表）

科学部或地区 \ 项目		申请 项数	申请 金额	批准 项数	批准 金额	批准率(%) 项数	批准率(%) 金额	平均资助强度（万元/项）
地区	广西	102	467.49	24	59.60	23.5	12.7	2.48
	海南	20	333.10	6	13.40	30.0	9.0	2.23
	内蒙古	106	604.19	26	57.00	24.5	9.4	2.19
	宁夏	38	227.25	5	17.10	13.2	7.5	3.42
	青海	30	134.90	11	29.10	36.7	21.6	2.65
	西藏	5	30.10	4	9.20	80.0	30.6	2.30
	新疆	122	745.08	30	74.04	24.8	9.9	2.47

1989年地区科学基金资助项目负责人专业职务统计

项目	合计	高级			中级	初级
		教授	副教授	高工	（讲师级）	（助教级）
人数	106	20	55	8	20	3
%	100	18.9	51.9	7.5	18.9	2.8

1989年地区科学基金资助项目组成员构成统计

项目	合计	高级	中级	初级	博士后	博士	硕士	辅助人员
人数	871	327	260	178	3	7	51	45
%	100	37.5	29.9	20.4	0.3	0.8	5.9	5.2

1989年地区科学基金资助项目地方匹配经费前后资助强度对比

地区	资助项数	经费（万元）			平均资助强度（万元/项）	
		资助	地方匹配	合计	匹配前	匹配后
合计	106	259.44	102.75	362.16	2.45	3.42
广西	24	59.60	42.4	102.0	2.48	4.25
海南	6	13.40	1.6	15.2	2.23	2.53
内蒙古	26	57.00	9.75	66.75	2.19	2.56
宁夏	5	17.10	9.0	26.10	3.42	5.22
青海	11	29.10	10.0	39.1	2.65	3.55
西藏	4	9.20	0	9.20	2.30	2.30
新疆	30	74.04	30.0	104.04	2.47	3.47

7. 高技术探索项目

1986年，我国制订了《高技术研究发展计划纲要》（简称863计划），确定了生物技术、航天技术、信息技术、激光技术、自动化技术、能源技术和新材料等7个高技术发展领域。1987年起划出总经费的2%用于支持新概念新构思探索研究，由国家自然科学基金委员会负责受理、组织评审和检查管理。

高技术探索项目的资助范围包括以下三个方面：

（1）根据国家高技术研究发展计划目标，开展科学思想独特、新颖的科学探索，为高技术计划目标的实现提供新理论和新技术途径。这类项目一经突破，其成果有可能替代原定的某些方案而纳入实施计划。

（2）根据高技术的研究发展方向，跟踪世界科学前沿，进行新的理论探索，为2000年以后的高技术发展提供科学储备。

（3）服务于高技术计划目标，能支持和促进相关主导领域的学科发展，但尚不具备条件在高技术计划中安排的基础性研究项目。

高技术探索研究项目采取发布指南、定向申请、专家评审、择优支持的方法，评审工作与自由申请项目同步。

1987—1988年高技术探索项目资助统计

（金额单位：万元；强度单位：万元/项）

年份	项目 \ 科学部		数理	化学	生命	地球	材料与工程	信息	合计
合计	批准资助	项数	54	25	60	24	81	148	392
		金额	218.0	92.0	421.99	105.0	354.0	591.72	1 782.71
		强度	4.04	3.68	7.03	4.38	4.37	4.00	4.55
1988	申请	项数	112	39	153	24	150	325	803
		金额	822.68	253.55	2 033.68	170.32	1 052.33	2 012.22	6 344.78
	批准资助	项数	29	9	29	10	33	68	178
		金额	104.00	37.00	207.00	40.00	148.00	265.22	801.22
		强度	3.59	4.11	7.14	4.00	4.48	3.90	4.50
	批准率（%）	项数	25.9	23.1	19.0	41.7	22.0	20.9	22.2
		金额	12.6	14.6	10.2	23.5	14.1	13.2	16.6
1987	批准资助	项数	25	16	31	14	48	80	214
		金额	114.00	55.0	214.99	65.00	206.00	326.50	981.49
		强度	4.56	3.44	6.94	4.64	4.29	4.81	4.59

1987—1988年高技术探索项目领域分布

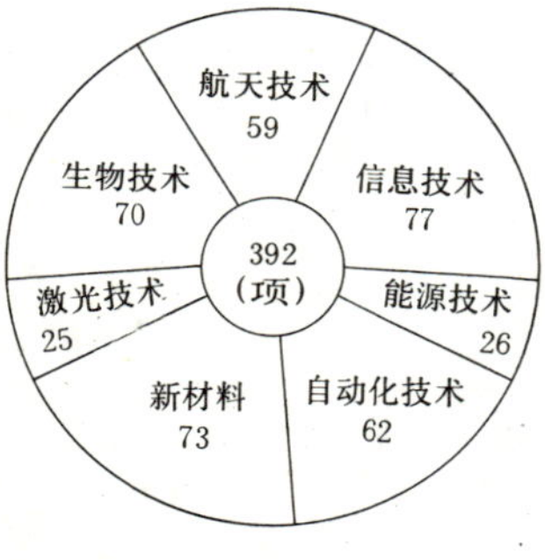

（a）项数

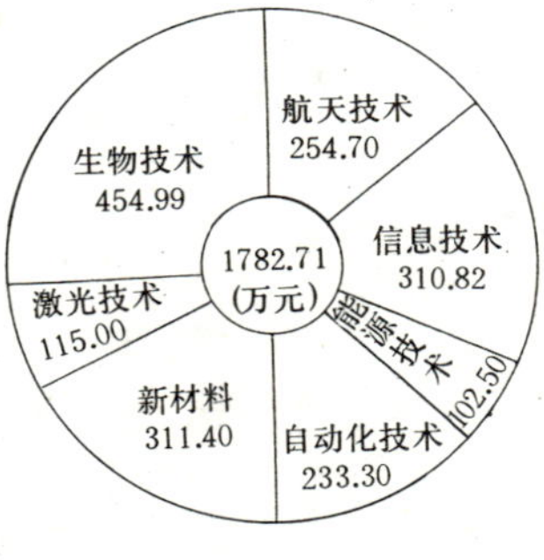

（b）金额

1987—1988 年获准高技术探索研究项目按单位性质及隶属关系统计

分类			资助项目		资助金额	
			项数	%	万元	%
合计			392	100	1 782.71	100
单位性质	高等院校		226	57.7	963.06	54.0
	科研单位		166	42.3	819.65	46.0
隶属关系	国家教委		140	35.7	583.47	32.7
	中国科学院	小计	148	37.7	711.75	39.9
		科研	141	36.0	684.15	38.4
		高校	7	1.8	27.60	1.5
	工交农医国防部门	小计	96	24.5	450.69	25.3
		科研	25	6.4	135.50	7.6
		高校	71	18.1	315.19	17.7
	地方单位	小计	8	2.0	36.80	2.1
		科研	0	0	0	0
		高校	8	2.0	36.80	2.1

1987—1988 年获准高技术探索项目负责人专业职务统计

（单位：人）

年份＼专业职务	高级				中级	其他	合计
		教授	副教授	高工			
1988	151	57	87	7	27	0	178
1987	179	72	103	4	31	4	214
合计	330	129	190	11	58	4	392
比例(%)	84.2	32.8	48.5	7.8	14.8	1.0	100

1987—1988 年获准高技术探索项目负责人年龄段统计

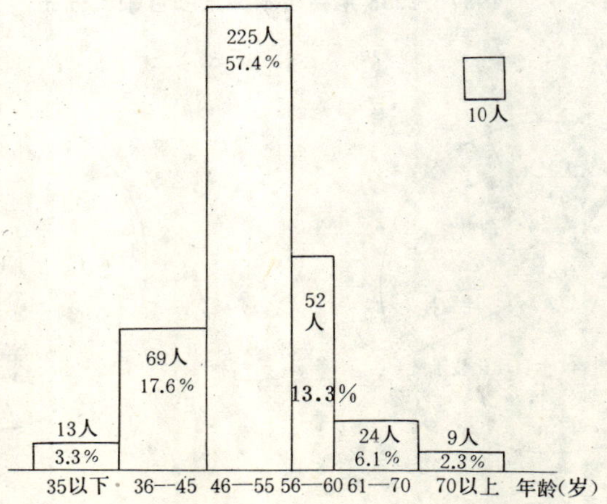

1987—1988 年获准高技术探索项目组成员专业职务分布图示

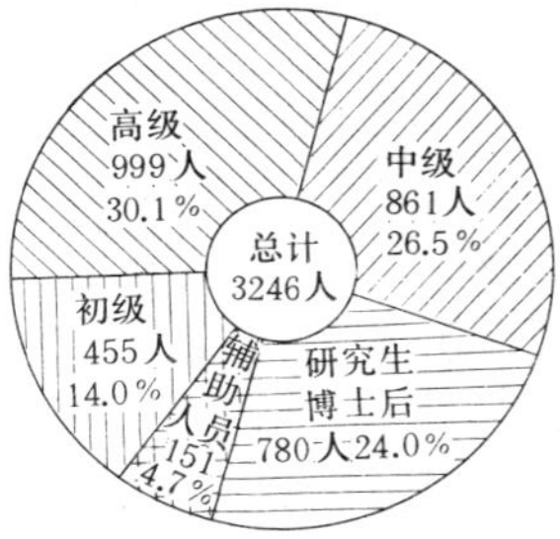

8. 国际合作交流项目

含合作研究、在华召开国际学术会议、出国参加国际学术会议、出国考察、接待来访等形式，其中以合作研究和在华召开国际学术会议为重点。所有国际合作交流项目，必须紧密服务于国家自然科学基金资助项目研究工作的需要，在资助项目开始执行后，确有必要时提出申请。至 1989 年底，国家自然科学基金委员会已与 9 个国家或地区签订了双边合作协议，合作交流项目的实施尽可能纳入协议。

1986—1989 年国家自然科学基金委员会与有关国家和地区有关组织签订双边协议情况

国别(地区)	机构名称	签署地点	签订日期	主要内容
联邦德国	德意志研究联合会	北京	1988.3.25	双方每年拟交流数额 50 人月
英国	皇家学会	北京	1988.3.17	双方在自然科学(包括工程、数学、农业和医学)方面开展合作研究
比利时	科学基金会	布鲁塞尔	1988.1.19	双方每年拟交流数额 12 人月
瑞士	国家科学基金会	北京	1988.10.26	在双方感兴趣的学术问题方面进行合作交流，每年交流数额 30 人月
奥地利	科学基金会和工业研究基金会	维也纳	1988.4.13	支持所属基金项目间的合作交流
香港(地区)	京港学术交流中心	北京	1988.5	双方每年交换 250 人天
加拿大	自然科学与工程研究理事会	渥太华	1987.9.30	双方每年交流科学家人数为 24 人月
保加利亚	部长会议科学委员会	北京	1987.12	双方每年交流科学家人数为 24 人月
瑞典	自然科学研究理事会	北京	1989.4	双方每年交流科学家人数为 24 人月

1986—1989 年国际合作交流项目统计

（单位：项）

项目类别	1986 年	1987 年	1988 年	1989 年	累计
合作研究项目	3	46	161	132	342
在华举办国际学术会议	2	47	94	84	227
出国参加国际学术会议		75	90	188	353
外国专家来华访问		30	43	85	158
出国科学考察	3	9	14	15	41

9. 其　他

数学专项基金(天元基金)

为促进我国在数学方面尽快进入世界先进行列，国家决定从 1989 年起拨专款设立数学专项基金，每年经费 100 万元，主要用于数学研究项目、人才培养以及国内外学术交流等需要。

根据专家建议，数学专项基金又名"天元基金"，以激励我国数学界的自信和赶超世界水平的宏志。

数学专项基金设立专门的专家评审组，管理工作由国家自然科学基金委员会数理科学部负责。

委员会主任基金和科学部主任基金

委员会主任基金用于资助特殊优秀的项目，特殊优秀的人才，以及其他特殊需要的资助。委员会主任基金的使用，由有关科学部推荐，经有关专家评议后，在委务会议上逐项审定。

1986—1989 年使用委主任基金资助项目统计

（金额单位：万元）

科学部	总计		1989 年		1988 年		1987 年		1986 年	
	项数	金额	项数	金额	项数	金额	项数	金额	项数	金额
合　计	68	392.4	5	88.0	6	90.5	21	91.6	36	122.3
数理科学部	21	162.0	1	45.0	11	45.0	12	28.0	7	44.0
化学科学部	3	5.5	1	2.0	—	—	—	—	2	3.5
生命科学部	4	8.0	—	—	—	—	—	—	4	8.0
地球科学部	7	56.0	1	8.0	1	15.0	1	20.0	4	13.0
材料与工程科学部	18	67.0	1	20.0	—	—	3	12.0	14	35.0
信息科学部	3	31.6	—	—	—	—	1	18.6	2	13.0
管理科学组	12	62.3	1	13.0	4	30.5	4	13.0	3	5.8

科学部主任基金主要用于资助两次学科评审组评审会议之间需要紧急支持的优秀项目，或已资助项目取得突破性进展，而又确需增加一些经费的优秀项目，以及科学部认为需要委托的研究项目。科学部主任基金的使用，3 万元以下的项目由科学部主任审批，3 万元以上的项目由委领导审批。审批前，均需经有关专家审查提出意见。

1986—1989 年使用科学部主任基金新立项目统计

（金额单位：万元）

科 学 部	合 计		1989 年		1988 年		1987 年	
	项数	金额	项数	金额	项数	金额	项数	金额
合 计	64	212.4	27	94.5	26	90.9	11	27.0
数理科学部	19	47.5	8	16	11	31.5	—	—
化学科学部	3	9.0	—	—	3	9.0	—	—
生命科学部	2	30.0	2	30.0	—	—	—	—
地球科学部	8	14.9	3	6.0	—	—	5	8.9
材料与工程科学部	12	35.5	7	20.5	5	15.0	—	—
信息科学部	16	68.4	6	18.0	7	35.4	3	15.0
管理科学组	4	7.1	1	4.0	—	—	3	3.1

10. 获准国家自然科学基金面上项目

1989 年底累计完成情况及成果综合统计

1982—1989 年累计批准的面上项目数			16 840[1]
资助项目进展	拨款资助项目数		13 775[2]
	累计结题项目数		5 716
	累计中止项目数		124
完成研究成果	鉴定成果数		2 546
	获奖成果数	合 计	1 876
		国家级	187
		省部级	1 689
	获专利数		218
	推广成果数		771

1982—1989 年累计批准的面上项目数			16 840[1]
发表论著（篇、册）	学术会议宣读	合 计	24 197
		国 际 会 议	8 503
		全国性会议	15 694
	学术刊物发表	合 计	38 607
		国 外 刊 物	7 740
		全国性刊物	30 867
	出版专著		1 077
支持人才培养	合计(人)		17 652
	博 士 后		301
	博 士		1 498
	硕 士		15 853

1)其中含 1982—1985 年中国科学院科学基金批准资助项目 4 426 项。

2)不包括 1989 年度批准、1990 年才开始执行的面上项目 3 065 项。

中国科学院科学基金委员会

一、概 述

1987年3月，党中央召开了有6 000多名代表参加的全国科学大会，提出了我国发展科学技术的一系列重要政策，通过了《1978—1995年全国科学技术发展规划纲要》。邓小平同志在全国科学大会上精辟地阐述了科学技术是生产力，科技现代化是实现四个现代化的关键，知识分子是工人阶级的一部分等马克思主义的观点，为我国在新时期制定科技发展的基本方针和各项正确政策奠定了思想理论基础，大大鼓舞了广大知识分子为我国科学事业的发展而拼搏的精神，迎来了科学的春天。

1981年，中国科学院第四次学部委员大会期间，数理科学部和生物科学部的89位学部委员，联名向中央领导写信，建议国家拨专款，设立中国科学院科学基金；基金面向全国，科学工作者均可根据需要申请；组织同行评议，择优支持，不失时机地支持新设想、新苗头；运用基金指导和协调科学研究方向；打破部门界限，促进边缘学科的生长。中央和国务院的领导同志很快做了批复，决定从1982年开始，设立中国科学院科学基金，每年国家财政拨款3 000万元。

中国科学院成立了科学基金委员会，其任务是掌握资助原则，制定管理办法，编制指南，审批单项资助总金额超过10万元的申请项目。委员会由来自高等院校和研究机构的23位知名专家组成，中国科学院院长卢嘉锡担任主任，中国科学院副院长严东生和复旦大学校长谢希德担任副主任。委员会下设数学物理、化学、生物、地学、技术科学、管理科学等六个科学基金组。

根据《中国科学院科学基金试行条例》规定，基金组成员由中国科学院各科学部推荐提名，经院务会议讨论通过后，由中国科学院院长聘任，任期4年。基金组共聘请49位专家参加。

中国科学院科学基金面向全国，主要用于资助自然科学方面的基础研究和应用研究中的基础性工作。申请者须是副教授（或相当副教授）以上的科技人员，未取得高级职称的申请者，须由两名高级同行专家推荐。根据《中国科学院科学基金试行条例实施办法》规定，科学基金择优资助条件包括：①有重要的科学价值和实际意义，特别是结合社会主义现代化建设需要的课题；②学术思想新颖，立项论根据充足，研究技术路线可行；③研究内容、研究方法及采取的研究技术路线，同国内其他单位的研究工作不重复，或有独到之处；④研究工作已有一定基础，具备深入开展研究的实力；⑤研究目标明确，工作步骤可靠，三五年内可望取得成果。每一份申请书要选择若干同行专家进行评议，科学基金组在同行评议的基础上进行复审，并负责批准单项资助金额10万元以下的项目。单项资助金额超过10万元的项目，由科学基金组提出评审意见，报基金委员会审批。资助经费一次核定，按年度分期拨款，一般资助为三至五年。

中国科学院科学基金实行随时受理申请、一年一次集中评审的做法，从1982年到1985年，共受理申请项目9 344项，申请总金额75 339万元。批准资助4 426项，资助总金额17 270万元。平均单项资助强度为3.9万元，项目资助率为47.6%，金额资助率23.4%。批准资助的项目中，高等院校占73.8%，中国科学院占15.7%。由于中国科学院科学基金是中国科学院代管，中国科学院对所属单位申请项目有所限制。

经过四年的努力探索，中国科学院科学基金初步建立起一套适合我国国情的科学基金申请、评审、拨款和管理的程序、做法，对提高科研人员的探索、开拓能力，促进我国科学事业的发展和科研管理体制的改革，初步显示了积极地作用。

1. 加强了国家对基础性研究工作的支持

传统地按隶属关系层层切块分配科研经费的拨款方式，导致基础研究经费缺乏稳定、可靠的保证。这是我国科技界长期呼吁解决的问题。中国科学院科学基金的设立，是国家专为基础性研究增辟的一条经费渠道，不仅科学基金的总经费有保证，而且受资助的每一个项目在一定期限内的经费也有保证。使一批有重要科学意义或应用价值的研究工作得以顺利开展。科学基金鼓励创新的方针，活跃了学术气氛，支持了探索性研究，有利于优秀人才的发现和培养，有利于新的研究领域的开拓。科学基金资助方式的灵活性，又使一些新思想、新发现在较短的周期内得到资助。这正是我国广大科研人员的殷切期望。结合我国的具体情况，在一定限额的科技投资条件下，科学基金的资助作为国家计划投资项目的补充和贮备，无疑是一种正确的科学策略。

2. 促进了高等院校的科研工作

中国科学院科学基金总额的近 3/4 经费用于资助高等院校的申请项目，对支持高校科研工作的发展和高水平人才的培养、促进科研与教学的结合起了很好的作用。自 1978 年我国实行改革开放的政策以来，大批高校教师和研究人员到国外进修或短期工作，使他们开了眼界，增长了见识，充实了学术思想。80 年代初开始，一批批学成回国的教师和研究人员，带着新思想，带着强烈的研究愿望，在科学基金的支持下，进行探索，进行开拓，奠定了高等院校科研事业的基础。

3. 推动了基础性研究工作管理体制的改革

过去，科研经费一律由国家拨款，各类科研工作的管理，基本采用一种模式，带有很强的行政干予的色彩，久而久之，束缚了科研人员主动性、积极性的充分发挥，也无形地造成了吃大锅饭的安全感。科学基金实行的面向全国，自由申请；专家评审，择优支持；按项目拨款，专款专用；申请者负责，单位监督保证的管理模式，引入了竞争机制，激发了科研人员以新思想、新方法去争取经费。有了稳定的经费保证，研究人员又有支配权力，能够充分地利用已经获得的条件，发挥积极性和创造性。而分期拨款的动态管理，加强了工作的责任感和计划性。科学基金实施的管理是一种为科学研究服务的措施，其宗旨是为科学事业的发展创造一个宽松的、自由的、充满竞争的学术气氛和环境。这种管理模式适应了基础性研究工作的发展规律，为我国科技工作的分层次管理提供了必要的和直接的经验。

4. 为在我国全面实行科学基金制积累了经验，培养了管理人才

尽管科学基金制在世界上有悠久的历史，已经显示了科学资助的巨大优越性，并产生了深远的社会影响。但在我国，毕竟还是一个新生事物。在我国科技体制改革的初期，酝酿成立国家自然科学基金委员会的时候，一些热心的海外华裔科学家也担心在中国实行科学基金制尚缺乏管理人才。然而，四年来中国科学院科学基金委员会在学习外来经验的同时，结合我国的实际，已摸索出一套办法，并且得到了广大科研人员的理解和支持。一批具有研究工作背景，又受到科学基金管理工作训练的人才在成长壮大。1986 年 2 月，国务院决定成立国家自然科学基金委员会，在全国实行科学基金制，当年组建，当年受理申请项目，组织评审，批准下达，适应了我国科技体制改革发展的形势，受到了科技界的赞扬，赢得了信誉。从 1986 年开始，原中国科学院科学基金资助项目和待拨经费并入国家自然科学基金渠道，中国科学院科学基金委员会胜利地完成了在中国探索、创建科学基金制的历史使命。

二、组织机构

1. 中国科学院科学基金委员会委员名单(23 人)

主　任　卢嘉锡

副主任　严东生　谢希德

委　员　卢嘉锡　严东生　谢希德　冯　端
彭恒武　杨　乐　陈　彪　张存浩
汪家鼎　邢其毅　娄成后　朱既明
马世骏　邹承鲁　叶笃正　叶连俊
郭文魁　侯仁之　吴仲华　杨嘉墀
高景德　柯　俊　钱令希

2. 中国科学院科学基金组成员名单

数学物理学基金组(7 人)

组　长　彭恒武

成　员　冯　端　杨　乐　陈　彪　胡济民
谷超豪　林同骥

化学基金组(11 人)

组　长　吴征铠

副组长　朱亚杰　李　海

成　员　杨士林　林　一　殷之文　俞惟乐
倪嘉缵　高振衡　唐有祺　黄维垣

生物学基金组(9 人)

组　长　邹承鲁

副组长　鲍文奎
成　员　刘建康　沈允纲　邹　冈　娄成后
　　　　郑国锡　梁栋材　吴　旻

技术科学基金组(12人)

组长　王大珩
成员　吴仲华　高景德　杨嘉墀　汪闻韶
　　　柯　俊　钱令希　冯　康　吕保维
　　　雷天觉　林兰英　刘翔声

地学基金组(4人)

涂光炽　程裕淇　叶连俊　施雅风

管理学基金组(6人)

何　庥　刘源张　徐联仓　邓裕民　陈炳富
汪敏熙

3. 统计

中国科学院科学基金历年受理项目评审、批准资助及拨款情况统计

年度	类别	学科	合计	数理	化学	生物	地学	技术科学	管理
1982	受理	项数	1 260	213	233	341	109	339	
		金额(万元)	16 527.35	2 302.56	3 233.56	4 480.58	1 616.59	4 590.96	
	评审	项数	1 034	186	206	289	97	256	
		金额(万元)	13 256.82	2 020.26	2 716.58	3 926	1 393.98	3 200	
	资助	项数	504	112	147	96	40	109	
		占评审(%)	48.7	60.2	71.4	33.2	41.2	42.6	
		金额(万元)	2 829.66	426	774.51	785.82	279.38	563.95	
		占评审(%)	21.3	21.1	28.5	20	20	17.6	
1983	受理	项数	1 524	202	267	487	102	461	5
		金额(万元)	1 036.24	911.21	1 930.1	3 773.98	695.33	3 595.62	30
	评审	项数	1 527	203	286	459	99	480	
		金额(万元)	11 306.89	1 101.3	2 101.85	3 677.24	746.5	3 680	
	资助	项数	955	139	221	285	62	248	
		占评审(%)	62.54	68.47	77.27	62.09	62.63	51.67	
		金额(万元)	4 140.14	429.8	961.01	1 452.63	313.05	983.65	
		占评审(%)	36.62	39.03	45.72	39.5	41.94	26.73	

（续表）

年度	类别		合计	数理	化学	生物	地学	技术科学	管理
1984	受理	项数	2 029	272	341	715	115	577	9
		金额(万元)	14 747.57	1 576.51	2 533	6 036.64	629.33	3 912.47	59.62
	评审	项数	2 200	293	341	791	129	629	17
		金额(万元)	15 980.27	1 817.37	2 282.05	6 678.22	695.98	4 409.03	97.62
	资助	项数	1 237	180	215	514	69	251	8
		占评审项目(%)	56.23	61.43	63.05	64.98	53.49	39.9	47.06
		金额(万元)	5 118.84	520.14	877.49	2 286.91	340.5	1 076.5	17.3
		占评审(%)	32.03	28.62	38.45	34.24	48.92	24.41	17.72
1985	受理	项数	4 531	585	773	1 707	327	1 114	25
		金额(万元)	33 128.19	3 323	5 596.34	12 985.8	3 171	7 901	151.05
	评审	项数	4 531	585	773	1 707	327	1 114	25
		金额(万元)	33 128.19	3 323	5 596.34	12 985.8	3 171	7 901	151.05
	资助	项数	1 730	271	345	631	116	352	15
		占评审(%)	38.2	46.3	44.6	37	34.9	31.6	60
		金额(万元)	5 182.02	553.01	916.2	1 969.29	519.5	1 199.22	24.8
		占评审(%)	15.6	16.6	16.4	15.16	16.4	15.2	16.4
四年总计	受理	项数	9 344	1 272	1 614	3 250	653	2 491	39
		金额(万元)	75 339.35	8 113.28	13 293	27 277	6 112.25	20 000.05	240.67
	评审	项数	9 292	1 267	1 606	3 246	652	2 479	42
		金额(万元)	73 672.17	8 261.93	12 696.82	27 267.26	6 007.46	19 190.03	248.67
	资助	项数	4 426	702	928	1 526	287	960	23
		占评审(%)	47.6	55.4	57.8	47	40	38.7	54.7
		金额(万元)	17 270.66	1 928.95	3 529.21	6 494.65	1 452.43	3 823.32	42.1
		占评审(%)	23.4	23.3	27.8	23.8	24.2	19.9	16.9

注:1)“评审项目”包括上年结转待审项目。

2)1983 年生物学科试行小额资助共评审 392 个项目,申请金额 188.16 万元,批准资助 150 个项目,资助金额 73.62 万元,未列入统计表。

中国科学院科学基金资助项目按隶属关系和单位性质统计

年度	学科	合计	按隶属关系					按单位性质		
			教育部	中央各部门	中国科学院	各省市自治区	全国大协作项目	高等院校	科研单位	其他
1982	项数(万元)	504	312	105	27	50	10	447	53	4
	占总数(%)	100	61.9	20.8	5.4	9.9	2	88.7	10.5	0.8
	金额(万元)	2 829.66	1 609.71	638.82	146.7	223.23	211	2 309.86	504.62	15.8
	占总数(%)	100	56.9	22.6	5.2	7.9	7.5	81.6	17.8	0.5
1983	项数(万元)	955	468	271	74	142	—	846	101	8
	占总数(%)	100	49	28.4	7.7	14.9	—	88.6	10.6	0.8
	金额(万元)	4 140.14	1 908.81	1 224.7	380.12	626.5	—	3 545.32	572.22	22.6
	占总数(%)	100	46.1	29.6	9.2	15.1	—	85.6	13.8	0.5
1984	项数	1 237	491	396	130	220	—	985	231	21
	占总数(%)	100	39.7	32	10.5	17.8	—	79.6	18.7	1.7
	金额(万元)	5 118.84	1 827.26	1 719.76	743.5	828.31	—	3 835.89	1 204.25	78.7
	占总数(%)	100	35.7	33.6	14.5	16.2	—	74.9	23.5	1.5
1985	项数	1 730	578	485	464	195	1	1 107	609	12
	占总数(%)	100	33.8	28	26.9	11.3	—	64.1	35.2	0.7
	金额(万元)	5 182.02	1 505.43	1 497.92	1 563	588.79	25	3 065.07	2 027.15	28.3
	占总数(%)	100	29.4	29.3	29.8	11.5	0.5	59.9	39.8	0.6
四年总计	项数	4 426	1 855	1 258	695	607	11	3 385	996	45
	占总数(%)	100	41.9	28.4	15.7	13.8	0.3	76.5	22.5	1
	金额(万元)	17 270.66	6 852.71	5 081.2	2 833.92	2 266.83	236	12 757.64	4 368.24	144.78
	占总数(%)	100	39.7	29.4	16.4	13.1	1.4	73.8	25.3	0.8

中国科学院科学基金资助项目组成员统计表

（单位：人次）

项目		学科	数理	化学	生物	地学	技术	管理	合计
受资助人数	合计		4 698	6 318	13 099	4 454	6 354	163	35 086
	其中	高级	1 398	1 552	3 378	675	1 536	51	8 590
		中级	1 448	2 100	4 476	1 424	2 035	32	11 515
		初级	572	984	3 222	1 795	981	29	7 583
		博士后	9	4	192	2	0	0	207
		博士生	190	197	187	70	267	4	915
		硕士生	1 081	1 481	1 644	488	1 535	47	6 276

（续表）

项目		学科	数理	化学	生物	地学	技术	管理	合计
发表论著篇数	合计		4 599	4 851	6 133	1 662	3 964	56	21 265
	国际会议	大会	265	220	310	58	263	7	1 123
		分组	354	444	285	100	455	7	1 645
	国内会议		1 427	1 606	1 864	847	1 583	22	7 349
	学报	国内一级	1 423	1 429	2 207	315	771	12	6 157
		国外	403	332	339	64	249	4	1 391
	其他		727	820	1 128	278	643	4	3 600
成果评议或鉴定项数	合计		167	205	506	169	343	2	1 392
	国家级		11	1	26	4	26	1	78
	省部级		73	90	150	45	105	1	464
	其他级		26	46	114	46	68	0	300
	待评		57	59	216	74	144	0	550
成果推广或论文被引用	成果推广项数		25	98	344	52	169	0	688
	论文引用篇次		473	476	1 653	418	1 431	0	4 451
获奖项数	合计		142	95	205	55	105	0	602
	国家级		39	17	23	4	19	0	102
	省部级		55	48	109	38	56	0	306
	其他级		48	30	73	13	30	0	194
获专利数			2	13	10	0	20	0	45

国家社会科学基金委员会

一、综　述

国家社会科学基金是我国社会科学事业不断发展和对社会科学体制进行改革的产物。早在1980年国家即向中国社会科学院拨出专项经费用于资助该院与院外研究机构、高等院校等部门的合作研究项目。1983年国家又在此基础上增拨经费，形成国家重点研究项目资助经费，为哲学社会科学“六五”国家计划的执行提供了可靠保证。1986年6月，国务院批准了中国社会科学院提出的《关于设立社会科学基金的请示报告》。同年10月27日召开的全国哲学社会科学规划领导小组会议通过了《国家社会科学基金暂行条例》，自此国家社会科学基金会正式开始工作。《国家社会科学基金暂行条例》的总则中明确规定：社会科学研究必须坚持以马克思列宁主义、毛泽东思想为指导，贯彻理论联系实际的原则和“百花齐放、百家争鸣”的方针。鼓励创造性的探索，力争作出高质量的研究成果。为鼓励和支持青年社会科学工作者的研究工作，国家社会科学基金会自1989年从基金中每年划定50万元设立了青年社会科学研究基金。国家社会科学基金以及青年社会科学研究基金的设立适应了我国社会科学事业发展的需要，受到了广大哲学社会科学工作者的欢迎，已经并且将继续为繁荣我国社会科学事业发挥重大作用。

国家社会科学基金设立至今，主要资助了下述三类研究课题：

（1）哲学社会科学“七五”期间国家重点研究课题。共资助这类课题478项，其中1986年确定421项，1987年增补53项，1988年增补4项，资助金额共为2147.45万元，平均单项课题资助强度为4.49万元。

(2)国家社会科学一般基金课题。这类课题根据每年发布的《课题指南》自由申报,由基金会组织各学科专家评审,择优资助。至今已资助这类课题899项,资助金额共为1 483.26万元。其中:1987年资助217项,资助金额371.95万元,平均单项课题资助强度1.71万元;1988年资助387项,资助金额604.13万元,平均单项课题资助强度1.56万元。1989年资助295项,资助金额507.18万元,平均单项课题资助强度1.72万元。

(3)青年社会科学研究基金课题。青年社会科学基金于1989年设立后,已择优资助了130项,资助金额为73万元,平均单项课题资助强度为0.56万元。

国家社会科学基金资助的上述三类课题总数已达1 507项,资助金额3 703.71万元。此外,为响应中央关于开展国情调查的号召,1988年基金会又专门从国家社会科学基金中划出100万元用于支持国情调查的工作。目前,国家社会科学基金资助的县情、市情调查课题组已经达到37个。

经过广大社会科学工作者的努力,受国家社会科学基金资助的课题大多进展顺利,并且已有一批成果陆续问世。例如:《马克思主义哲学史》(第六、七卷)、《列宁认识论与现时代》、《技术美学》、《当代中国社会生产力考察》、《社会主义经济学通论》、《中国原材料工业发展战略及对策研究》、《农村联产承包制及其发展趋势》、《中国法学四十年》、《中国社会治安综合治理的理论与实践》、《诗海》、《东北历史地理》、《中亚近代史》、《中国妇女运动史》、《现行户籍管理制度研究》、《中国社会养老保险问题研究》、《中国西部民族地区经济开发研究》、《中国民族教育史纲》、《世界经济与政治概论》、《欧洲社会主义国家政治体制的理论与实践》、《社会科学学》、《社会科学方法论》,等等。其中,有些成果质量较高,得到学术界和实际工作者的好评。有些还被评为优秀科研成果。

在过去几年里,国家社会科学基金会主要做了以下几个方面的工作:

第一,重视《课题指南》的制订,积极引导广大社会科学工作者的研究方向。每年发布的《课题指南》是基金课题申请的指导性文件,不仅直接关系当年基金申请课题的质量,而且对全国社会科学研究的发展也有重大影响。国家社会科学基金会在前后发布的三次《课题指南》中注意坚持了正确的政治和学术导向。1987年的《课题指南》根据中共中央提出的坚持四项基本原则,反对资产阶级自由化和改革、开放、搞活的总方针,结合社会科学研究的特点,提出了建设有中国特色的社会主义理论问题研究、毛泽东思想发展史、关于人的价值问题、经济体制改革问题、马克思主义法学基本原理、马克思主义国家学说、中国传统思想文化研究、马克思主义文艺思想的历史发展及其在中国的传播等重要选题。1988年的《课题指南》向社会科学工作者提出了加强对社会主义初级阶段理论的研究和我国国情调查的要求,还提出了马克思主义与当代世界、社会主义改革的理论研究、哲学观念的变革、所有制结构与形式研究、反对官僚主义的理论研究、法律监督制度的完善、中国少数民族传统文化与现代化建设、中国封建社会研究、中国文学与中国文化等重要选题。1989年的《课题指南》除要求社会科学工作者进一步开展我国社会主义初级阶段的理论研究和我国人口、土地(粮食)、资源等综合国情的中长期研究外,还提出了马克思主义基本理论问题的研究,中国当代哲学四十年,关于治理经济环境、整顿经济秩序问题研究,廉政制度研究,民族地区体制改革问题研究,中国现代主义文学思潮等重要选题。

第二,建立和健全各项基金制度。除制订了《国家社会科学基金暂行条例》外,还陆续制订了《对〈国家社会科学基金暂行条例〉若干条款的补充规定》、《青年社会科学研究基金试行办法》、《国家社会科学基金工作暂行规则》、《国家社会科学基金会经费管理办法》、《关于问卷设计、调查的规定》、《关于国家社会科学基金资助成果标志的规定》等规章制度。这些规章制度的制订,对于在科学研究领域里引进竞争机制,贯彻执行公正、平等和择优资助等原则起了积极作用。

第三,依靠社会力量,做好基金工作。国家社会科学基金面向全国社会科学工作者。从数量来讲,基金会每年受理的基金申请已经多达数千份;从地区来讲,申请者遍及全国除台湾省外的30个省、自治区、直辖市;从部门来讲,申请者不仅来自社会科学研究力量相对集中的社会科学院、高等院校、党校、军事院校和党政机关所属研究机构等五大系统,而且还来自工厂、农村、中小学校等。因此,单纯依靠基金会的力量是难以做好各个环节的基金工作的。在以往基金工作中,基金会采取了一些具体措施以调动社会力量参与基金工作。首先，基金申请的评议、审议工作依靠广大专家学者来进行。基金会所属的16个常设学科基金组是由不同地区、不同部门的200余名专家学者组成的，每年还视情况临时邀请百余名专家学者参加基金申请的评议工作。基金课题的入选和通过完全由专家把关，一扫过去单纯依靠行政管理科研所不可避免的片面倾向。其次，基金课题的申报与日常管理主要依靠申请人的主管单位。基金会要求每项基金申请都须有申请人所在单位领导对申请人的政治和业务素质提出明确意见。基金申请被通过后，基金会委托申请人所在单位承担课题研究的业务指导和经费的管理工作。这就使基金工作与有关主管单位的支持结合了起来，保证了基金课题研究能够顺利开展，经费使用能够恪守财务规定。上述措施不仅减轻了基金会本身难以承受的重负，而且强化了基金工作的社会意义，使社会科学基金工作与我国社会科学事业的发展密切联系起来。

设立国家社会科学基金毕竟是一项新生事物，毋庸讳言，它还存在一些有待改进的不足之处。

第一，基金数额不足，来源不畅。目前，社会科学研究经费普遍不足，不少单位已将国家社会科学基金作为其科研经费的主要来源之一。但是，国家社会科学基金主要由国家财政拨款，数额有限。因此，国家社会科学基金暂时还只能资助科学研究工作。设立基金之初确定的资助学科发展、文化遗产的抢救与整理以及出版补助等工作基本未能开展，即使是对研究工作的资助也面临着入选率下降、资助额不足的境况。

第二，基金会机构尚不健全。目前，国家社会科学基金会尚未建立正式的组织机构，其职责暂由全国哲学社会科学规划领导小组及其办事机构代行。这给基金工作的顺利开展造成了一定的困难。由于没有基金委员会，许多基金工作的重大问题难以得到及时的讨论和解决。又由于基金会的办事机构人员大多是兼职，对基金工作不可能投入更多的精力，特别是对基金课题的跟踪管理更为薄弱。这对基金工作质量的提高都是极为不利的。

第三，某些基金工作的经验尚待进一步总结。例如，各类不同课题所需经费的高低、研究周期的长短，需要我们作进一步的科学论证。又如，如何进行基金资助课题的验收工作，同样需要我们开展调查研究。社会科学研究成果的验收具有较大难度。正确的验收工作，不仅是对课题高质量地完成者的鼓励，而且是对课题未完成或质量低劣者的鞭策和批评。

上述不足之处，需要在今后的基金工作中逐步加以完善和改进。

二、基 本 情 况

国家社会科学基金（暨青年社会科学研究基金）由中国社会科学院主管，基金来源于国家财政拨款。

国家社会科学基金会由基金委员会、学科基金组和基金委员会办公室组成，情况如下：

（1）国家社会科学基金委员会由专家15人至25人组成，设主任1人，副主任若干人，秘书长1人。主任主持基金委员会工作，副主任协助主任工作。秘书长在主任领导下负责基金委员会的日常工作。基金委员会的职责是：

①制订基金的使用原则和基金管理办法；

②审定并公布基金课题指南；

③批准重大的申请项目；

④指导各学科基金组的工作。

国家社会科学基金委员会现由全国哲学社会科学规划领导小组代行其职。全国哲学社会科学规划领导小组目前由下列成员组成：

组　长　胡　绳

副组长　王忍之　何东昌

成员（以姓氏笔划为序）

丁伟志　马　洪　刘国光　刘　杲

刘积斌　孙尚清　张云岗　英若诚

房维中　郑必坚　赵可铭　龚育之

梅　益　韩树英　滕　藤

（2）基金委员会下设若干基金组。基金组根据各学科的不同情况，由专家10人至30人组成。基金组的职责是：

①制订本学科领域的基金课题指南；

②参与制订综合性基金课题指南；

③组织同行专家评议本学科申请项目；

④审定本学科的申请项目。

各学科基金组现由全国哲学社会科学规划领导小组所属的常设学科规划组和临时规划组代行其职。在我国“七五”计划期间，全国哲学社会科学规划领导小组共有16个常设的学科规划组，即马克思主义研究、哲学、经济学、政治学、法学、社会学、中国古代史、中国近代史、世界史、考古学、中国文学、外国文学和语言、语言学、民族问题研究、宗教问题研究和国际问题研究等学科规划组。此外，还设立了新闻学、文献情报、国情调查等临时规划组。16个常设学科规划(基金)组成员名单如下(成员名单按姓氏笔画为序)。

(1)马克思主义研究学科规划(基金)组

召集人　林基洲

成　员　江　流　沙健孙　李　骥　赵明义　高　放　龚育之　廖盖隆

(2)哲学学科规划(基金)组

召集人　黄楠森　邢贲思

成　员　方克立　汪子嵩　陈启伟　陈志尚　陈筠泉　罗国杰　姚介厚　胡景钟　胡福明　夏基松　高清海　陶德麟　傅季重　韩树英

(3)经济学学科规划(基金)组

召集人　董辅礽　王积业　黄　达

成　员　王　珏　王贵宸　王茂根　王梦奎　乌家培　田雪原　厉以宁　刘国光　刘诗白　刘　铮　汤在新　张卓元　李兰亭　李京文　李竞能　吴树青　吴敬琏　谷书堂　陈观烈　周叔莲　林　凌　林森木　胡代光　郑绍濂　郑家亨　夏振坤　曾牧野　葛家澍　雍文远　熊映梧　滕维藻

(4)政治学学科规划(基金)组

召集人　赵宝煦

成　员　刁田丁　王邦佐　王惠岩　刘怡昌　刘德厚　许崇德　陈荷夫　徐大同　夏书章　都　淦　黄达强　薛守贤

(5)法学学科规划(基金)组

召集人　张国华　王叔文

成　员　马克昌　王桂五　甘绩华　齐乃宽　李连诚　陈为典　陈鹏生　沈达明　沈宗灵　林文肯　张光博　罗　锋　种明钊　高铭暄

(6)社会学学科规划(基金)组

召集人　何建章　袁　方

成　员　丁水木　王雅林　关　涛　刘　敏　何兆发　李泊溪　苏　驼　宋书伟　李德芳　郑杭生　赵子祥　胡汝泉　柳彬杰　高　德

(7)中国古代史学科规划(基金)组

召集人　林甘泉　戴　逸

成　员　宁　可　邓锐龄　田余庆　刘家和　刘泽华　延永生　陈之安　陈高华　张岂之　胡守为　胡如雷　邱树森　蔡美彪

(8)中国近代史学科规划(基金)组

召集人　王庆成　李文海

成　员　马奇兵　田　珏　汤志钧　余绳武　李　侃　张寄谦　张　磊　陈铁健　姜义华　龚书铎　章开沅　隗瀛涛　魏宏运

(9)世界史学科规划(基金)组

召集人　张椿年　罗荣渠

成　员　齐世荣　李纯武　孙祥秀　朱　寰　吴于廑　陈之骅　杨生茂　陈崇武　程秋原

(10)考古学学科规划(基金)组

召集人　宿　白　张长寿

成　员　王仲殊　石兴邦　安志敏　安金槐　庄　敏　苏秉琦　张忠培　张政烺　贾兰坡　童恩正

(11)中国文学学科规划(基金)组

召集人　程千帆

成　员　马良春　王元化　刘魁立　许觉民　朱　寨　张松如　阿·吐尔迪　严家炎　武兆令　陈伯海　陈韶廉　钱谷融　章培恒　黄天骥　蒋孔阳　傅璇琮　樊　骏　霍松林

(12)外国文学和语言学学科规划(基金)组

召集人　张　羽　王佐良

成　员　王忠祥　王道乾　叶水夫　许国璋　陈　燊　陈韶廉　胡孟浩　夏仲翼　桂诗春　柳鸣九　董衡巽

(13)语言学学科规划(基金)组

召集人　刘　坚　朱德熙

成　员　马希文　王　均　吕必松　吕冀平　李　荣　邢公畹　陈章太　陈韶廉　俞　敏　胡裕树　侯精一　裘锡圭　曾宪通　熊正辉

(14)宗教问题研究学科规划(基金)组

召集人　任继愈　罗竹风　宛耀宾

成　员　马中杰　王奕文　多杰才旦
肖志恬　何炳济　杜继文　陈泽民
卿希泰　勉维霖

(15)民族问题研究学科规划(基金)组

召集人　黄光学　吴向必　宋蜀华
照那斯图

成　员　马　骏　易先培　刘世海　朱　荣
孙若穷　向　零　李绍明　陈国强
拉巴平措　郝时远　高　德
曹玉泰

(16)国际问题研究学科规划(基金)组

召集人　李慎之　王铁崖　柳瑟晴

成　员　王　殊　王益英　孙培钧　朱崇利
李　琮　何　方　苏振兴　张培基
吴念鲁　吴纪先　汪慕恒　陈吕范
陈启懋　郑励志　浦　山　徐　葵
高　锷　夏吉生　葛　佶　褚葆一

各学科规划(基金)组成员的任期为五年,即在"七五"期间履行其职责。任期满后,全国哲学社会科学规划领导小组在新的五年计划期间将根据具体情况对各学科规划组加以调整,并重新聘请其成员。

(3)基金委员会设办公室,处理日常事务。基金委员会办公室的职责现由全国哲学社会科学规划领导小组办公室即中国社会科学院科研局代行。基金委员会办公室现有兼职工作人员 30 名。

(4)国家社会科学基金用于资助我国社会主义现代化建设中具有重大实践意义和理论意义的研究课题和对科学发展具有重要意义的研究课题,扶持和加强社会主义建设急需的新兴学科、边缘学科和交叉学科的建设,支持具有重大科学价值的历史文化遗产的抢救和整理工作。

青年社会科学研究基金用以支持青年社会科学工作者的研究工作。

(5)国家社会科学基金面向全国社会科学工作者和研究单位。要求基金课题申请者必须是副研究员(或相当于副研究员)以上的高级专业人员;其他人员申请,须有两名研究员(或相当于研究员)的书面推荐。

青年社会科学研究基金申请者的年龄,在申请资助的当年以不超过 39 岁为限。

(6)国家社会科学基金课题和青年社会科学研究基金课题由有关基金组、基金会办公室和课题主要负责人所在单位共同管理。日常工作由课题主要负责人所在单位管理。基金组和基金会办公室定期组织人员对资助课题的进展情况和经费使用情况进行检查,并每年通报一次基金资助课题的执行情况。课题负责人每年年底需要提出研究进度和经费使用情况的书面报告,基金会以此作为审核批准下年度拨款的依据。因各种原因需要对课题计划作重要调整、变更或终止者,必须提出专门报告,经基金委员会批准后生效。

基金课题负责人在课题完成后要提出总结报告和提交研究成果,并对成果作出自我评价。评价内容包括是否按预定计划按时按质完成,有何特色,有何新的突破,以及存在的缺点和问题等。基金组、基金会办公室或由基金会办公室委托有关单位,采取一定方式,对基金课题成果进行评议。

国家社会科学基金的申请、评审、批准、拨款程序及做法如下:国家社会科学基金会每年通过向社会公布《国家社会科学基金课题指南》开始基金申请受理工作。基金会办公室统一受理基金申请,并按《国家社会科学基金暂行条例》和当年《课题指南》规定的原则、资助范围对申请课题作初步筛选。

经初选的课题由各基金组组织同行专家评议,也可由基金会办公室征得基金组负责人同意后委托有关单位组织同行专家评议。评议可以采用小型会议或通讯方式。评议专家应是副研究员或是相当于副研究员以上的专业人员。一般情况下,每个课题需经 3—5 名同行专家评议。

各基金组根据评议情况对申请课题进行审议,并采用无记名投票方式表决,三分之二以上(含三分之二)多数通过。青年社会科学研究基金的申请课题为二分之一以上(不含二分之一)多数通过。

基金课题经有关学科基金组审议通过之后,由基金会办公室进行复议,并提出资助总额和分年度拨款意见,办理进一步审批和拨款手续。资助金额在 10 万元以下的课题由基金委员会秘书长审批,10 万元以上(含 10 万元)的课题由基金委员会主任审批;特殊重大课题,由基金委员会集体讨论审批。

青年社会科学研究基金的经费资助为定额资助。根据课题的性质和规模,资助定额分为五个档次,即:2 000 元、4 000 元、6 000 元、8 000 元、10 000 元。

国家社会科学基金和青年社会科学研究基金目前主要资助三种类型的研究课题:即哲学社会科

学“七五”期间国家重点研究课题、国家社会科学一般基金课题和青年社会科学研究基金课题。国家社会科学基金资助的课题主要按下列标准评选：

(1)对我国社会主义现代化建设有重大意义；

(2)对于科学的发展有重要的促进和推动作用；

(3)课题承担者具有按计划完成该课题的素质和条件。

《国家社会科学基金课题指南》的制订以《国家社会科学基金暂行条例》为依据，在征求有关专家意见的基础上，由基金会办公室协同学科基金组负责人制订，并经基金委员会领导审定，每年公布一次。主要内容包括：

(1)关于课题指南的总说明；

(2)每个学科本年度提出的重点研究领域、范围和课题及其说明。

三、统　计

国家社会科学基金经费收支情况

(金额单位：万元)

	年　度	1989	1988	1987	1986	合　计
收入	合　计	1 200.00	1 000.00	1 000.00	1 000.00	4 200.00
	社会科学基金	700.00	500.00	500.00	500.00	2 200.00
	重点课题资助费	500.00	500.00	500.00	500.00	2 000.00
支出	合　计	580.18	727.13	543.85	1 952.55	3 803.71
	重点研究课题		23.00	171.90	1952.55	2 147.45
	一般基金课题	507.18	604.13	371.95		1 483.26
	青年基金课题	73				73
	国情调查		100.00			100.00

1987—1989年国家社会科学一般基金课题资助概况

单位＼项目＼年度	1987 项数	1987 金额(万元)	1987 资助强度(万元/项)	1988 项数	1988 金额(万元)	1988 资助强度(万元/项)	1989 项数	1989 金额(万元)	1989 资助强度(万元/项)	合计 项数	合计 金额(万元)	合计 资助强度(万元/项)
总　计	217	371.95	1.71	387	604.13	1.56	295	507.18	1.72	899	1483.26	1.65
马克思主义研究	15	31.3	2.09	27	27.96	1.04	0	0	0	42	59.26	1.41
哲　学	48	68.0	1.42	53	63.8	1.2	46	63.5	1.38	147	195.30	1.33
经济学	21	62.5	2.98	92	220.96	2.4	71	203.4	2.87	184	486.86	2.65
政治学	12	13	1.08	17	24.5	1.44	0	0	0	29	37.5	1.29
法　学	8	16.7	2.1	21	31.85	1.52	19	34.7	1.83	48	83.25	1.73
历史学	60	76.1	1.27	52	58.22	1.12	59	72.25	1.23	171	206.57	1.21
考古学	8	14.3	1.79	8	14	1.75	8	13.9	1.74	24	42.20	1.76
文　学	6	8.09	1.35	35	28.24	0.81	30	25.35	0.85	71	61.68	0.87
艺术学	1	0.6	0.6	1	0.3	0.3	0	0	0	2	0.9	0.45
语言学	5	9.5	1.9	22	28	1.27	6	6	1	33	43.5	1.32
宗教问题研究	5	3.66	0.73	5	11	2.2	6	10.3	1.72	16	24.96	1.56
民族问题研究	8	27.5	3.44	18	40	2.22	18	25.58	1.42	44	93.08	2.12
社会学	10	24.4	2.44	9	12.3	1.37	18	29.4	1.63	37	66.1	1.79
国际问题研究	6	10.2	1.7	24	37	1.54	14	22.8	1.63	44	70.0	1.60
新闻学	3	3.6	1.2	0	0	0	0	0	0	3	3.6	1.2
情报学	1	2.5	2.5	3	6	2	0	0	0	4	8.5	2.13

1987—1989年国家社会科学一般基金课题申请、批准情况

（单位：项数）

年度	1987			1988			1989			合计		
	申请数	批准数	批准率（%）	申请数	批准数	批准率（%）	申请数	批准数	批准率（%）	申请数	批准数	批准率（%）
总计	800	270	34	1 394	387	28	2 034	295	15	4 228	952	22.5
马克思主义研究	52	15	29	97	27	28	119	未评审	—	268	42	15.7
哲学	170	61	36	176	53	30	264	46	17	610	160	26.2
经济学	208	36	17	310	92	30	436	71	16	954	199	20.9
政治学	35	17	49	75	17	23	79	未评审	—	189	34	18.0
法学	55	11	20	85	21	25	114	19	17	254	51	20.1
历史学	136	66	49	183	52	28	351	59	17	670	177	26.4
考古学	12	9	75	10	8	80	27	8	30	49	25	51.0
文学	48	10	21	156	35	22	185	30	16	389	75	19.3
艺术学	1	1	100	10	1	10	0	0	0	11	2	18.2
语言学	10	7	70	91	22	24	58	6	10	159	35	22.0
宗教问题研究	6	6	100	24	5	21	30	6	20	60	17	28.3
民族问题研究	20	8	40	40	18	45	103	18	18	163	44	27.0
社会学	20	10	50	41	9	22	152	18	12	213	37	17.4
国际问题研究	18	8	44	83	24	29	104	14	14	205	46	22.4
新闻学	4	3	75	6	0	0	8	0	0	18	3	16.7
情报学	5	2	40	7	3	43	4	0	0	16	5	31.2

注：1987年度通过的270项课题中有53项增补为“七五”国家重点研究课题。

1989年青年社会科学研究基金课题申请、批准情况

学科	学科申请项数	批准资助		平均资助强度（万元/项）	项数获准率（%）
		项数	金额（万元）		
总计	1187	130	73	0.56	11
马克思主义研究	40	未评审	—	—	—
哲学	159	19	8.4	0.44	12
经济学	274	32	19	0.59	12
政治学	72	未评审	—	—	—
法学	77	8	5.8	0.73	10
历史学	208	21	10.6	0.51	10
考古学	4	1	1.0	1.0	25
文学	133	19	10	0.53	14
语言学	31	6	3.2	0.53	19
宗教问题研究	24	4	2.6	0.65	17
民族问题研究	42	6	3.8	0.63	14
社会学	75	8	5.6	0.7	11
国际问题研究	43	6	3.0	0.5	14
新闻学	5	0	0	0	0

哲学社会科学"七五"国家重点研究课题资助情况

(金额单位:万元)

学科	资助课题项数				资助金额总数	平均资助强度
	1986年	1987年	1988年	合计		
总计	421	53	4	478	2 147.45	4.5
马克思主义研究	11	—	—	11	25.7	2.3
哲学	32	13	—	45	136.2	3.0
经济学	62	15	—	77	537.05	7.0
法学	30	3	—	33	134.1	4.1
政治学	18	5	—	23	66.2	2.9
教育学	30	—	—	30	90.0	3.0
历史学	48	6	—	54	173.3	3.2
考古学	20	1	—	21	46.8	2.2
文学	21	4	—	25	107.5	4.3
艺术学	12	—	3	15	111.0	7.4
语言学	8	2	—	10	55.1	5.5
军事学	28	—	1	29	136.0	4.7
宗教问题研究	17	1	—	18	57.0	3.2
民族问题研究	9	—	—	9	78.0	8.7
社会学	17	—	—	17	112.5	6.6
国际问题研究	20	2	—	22	57.0	2.6
新闻学	2	—	—	2	20.0	10.0
情报学	3	1	—	4	30.0	7.5
地方性问题研究	33	—	—	33	174.0	5.3

国家社会科学基金资助课题按系统分布情况

类别	合计	高等院校	中国社科院	地方社科院	党政机关	党校	其他
总计	1 507	763	264	206	161	28	85
国家"七五"重点课题	478	179	108	60	68	6	57
1987年一般基金课题	217	112	38	39	14	9	5
1988年一般基金课题	387	233	55	44	42	3	10
1989年一般基金课题	295	150	51	49	29	6	10
1989年青年基金课题	130	89	12	14	8	4	3

国家社会科学基金资助课题按地区分布情况

地区	合计	国家重点课题	一般基金课题			青年基金课题	地区	合计	国家重点课题	一般基金课题			青年基金课题
			1987年	1988年	1989年					1987年	1988年	1989年	
总　计	1507	478	217	387	295	130	台湾	0	0	0	0	0	0
北京	732	307	91	160	131	43	河南	16	3	5	4	4	0
天津	35	12	2	13	5	3	湖北	75	16	11	24	16	8
河北	11	1	2	4	3	1	湖南	16	2	2	6	3	3
山西	6	1	0	2	2	1	广东	30	11	6	2	7	4
内蒙古	12	2	4	1	4	1	广西	10	1	1	4	3	1
辽宁	17	3	4	3	4	3	海南	0	0	0	0	0	0
吉林	50	11	4	20	13	2	四川	67	15	9	18	18	7
黑龙江	12	2	1	4	4	1	贵州	7	1	0	1	3	2
上海	140	37	25	41	23	14	云南	14	2	1	6	4	1
江苏	65	16	11	16	15	7	西藏	0	0	0	0	0	0
浙江	16	1	5	3	4	3	陕西	43	7	6	15	10	5
安徽	6	1	0	1	2	2	甘肃	21	4	4	6	6	1
福建	52	12	13	15	5	7	青海	5	1	0	1	1	2
山东	17	3	5	4	1	4	宁夏	9	3	1	3	1	1
江西	5	1	0	3	0	1	新疆	18	2	4	7	3	2

行业、部门科技基金

中国博士后科学基金会

一、概　况

1. 博士后制度和博士后科学基金的设立

在世界著名物理学家李政道博士的极力倡导和热心推动、邓小平等中央领导同志的亲切关怀和决策下，国务院于1985年7月5日正式批准在我国试办博士后流动站，试行博士后制度。为顺利开展这项工作，成立了由有关部门领导同志和专家组成的全国博士后科研流动站管理协调委员会(以下简称博管会)，负责有关的管理和协调工作。博管会的办事机构设在国家科委科技干部局(1988年中央国家机关机构改革后划归到人事部专家司)。与此同时，设立博士后科学基金，用以鼓励和支持博士后研究人员中有科研潜力和杰出才能的年轻优秀人才，以使他们顺利开展科研工作，迅速成长为高水平的人才。

几年来，博士后科研流动站本着"自愿、择优"的原则，经专家评审和博管会批准，已在全国93个高等学校和科研单位共设立博士后流动站161个，分布在全国21个大中城市。设站领域包括理学、工学、农学、医学、法学等五大门类的31个一级学科。迄今为止，共有651名在国内外毕业的博士生先后被设站单位招收为博士后研究人员，其中，国内毕业的约占总人数的2/3；国外毕业的约占总人数的1/3。

在改革、开放精神的指引下，博管会会同有关部门在博士后的科研工作、生活待遇、职称评定、出站后分配工作，以及解决夫妻两地分居等方面采取了一系列的特殊政策和措施。这些政策和措施的贯彻落实，为博士后创造良好的工作环境和生活条件，为使他们专心致志地从事科研工作和尽快出成果、出人才起到了积极作用，同时还为促进人才流动、打破"近亲繁殖"、推动人事制度的进一步改革探索出新路子。

为了鼓励和支持博士后研究人员中有杰出才能的年轻优秀人才，更好地发挥其科研潜力，为他们提供比较优厚的条件，以便顺利开展科研工作，使其迅速地成长为高水平的专业人才，国家拨给2 000万元人民币(内含200万美元外汇)设立了博士后科学基金，以每年的存款利息等收益作为当年博士后科学基金的资助金。博士后科学基金资助金是一种奖励性和补助性的科研资助金，它有一定数额的外汇配套。资助金的人民币部分可终身使用；外汇部分亦可在出站后一年内保留使用权。因此具有很大的灵活性。

几年来先后进行了七次科学资助金的评审工作，共有413名优秀博士后研究人员获得此项基金资助，总资助金额为人民币300.9万元，外汇43.6万美元。获得资助金的博士后利用这笔经费购买了小型仪器设备、实验材料和图书资料，有的使用资助金聘请了助手，还有100多名博士后利用外汇资助金出国参加国际学术会议或短期进行与博士后研究课题直接相关的合作研究和实验工作。博士后普遍反映，有了这项资助经费，大大促进了他们的科研工作。

2. 我国试行博士后制度和设立博士后科学基金取得显著成绩

实践证明，我国试行博士后制度和设立博士后科学基金，为优秀年轻人才脱颖而出创造了条件，使他们在科研工作中取得了丰硕成果。目前，已有一大批博士后研究人员经过博士后阶段独立工作的锻炼，显露出聪明才智，他们中的一些人已经或将成为有关学科的带头人。1989年博管会办公室对进站时间较早和已经出站的261名博士后的科研工作情况进行了调查，他们共承担和参与了414项国家“七五”科技攻关项目、高技术研究项目、国家自然科学基金项目、省部级重点科技项目，以及探索性较强的科学前沿项目，大都取得了可喜的成绩。据不完全统计，已有 19 人获得国家级和部委级科技奖，申报或已获得国家专利 10 多项，在国际和国内一级学术刊物及国际学术会议上发表的高水平论文 748 篇。据了解，现已出站的 180 名博士后人员，绝大部分已被接收单位聘任或拟聘任为副教授、副研究员或高级工程师，其中 7 名直接被聘为教授或研究员。

年仅 36 岁的博士后苏格，去年被破格晋升，成为陕西省最年轻的教授。复旦大学博士后汤奇被该校聘为副教授时才 27 岁，是上海高校中最年轻的副教授。北京大学副教授王世光在从事博士后研究期间，对液氮温区超导薄膜微桥器件的研究做出显著成绩，他于去年 8 月 28 日作为全国有突出贡献的 21 名专家之一，受到江泽民、李鹏等中央、国务院领导同志的亲切接见。中国科学院上海生物化学研究所博士后郭亚军，在肝癌综合治疗和研究领域取得国际上处于领先地位的突出成绩，受到国际医学界的高度重视。他于去年被评为上海地区的“十大科技精英”之一。

中国科学院数学所博士后林青和西安光学精密研究所博士后常增虎于去年被中国科学院评选为青年科学家。

吉林大学博士后杜国同具有较高的学术水平和较强的工作能力，被聘为国家高技术信息领域光电子与集成技术主题项目专家组成员。

从德国留学回来，现已被浙江大学聘为教授的余福，在做博士后研究的较短时间内，创立了我国第一个细胞生理研究室，并在胆酸离子选择性微电极研究上获得重大成果。

冶金工业部钢铁研究总院博士后沈显璞，从事双相钢研究工作。他所开展的三个课题的研究都取得较大成绩，其研究成果对国际国内双相钢的研究有指导和开拓意义，对我国新钢种的发展及应用有重要价值，他于 1988 年 9 月获得了首届全国青年科技奖。

厦门大学博士后郑兰荪筹建了国际上前沿科学题目之一的“金属原子族研究”实验室，设计和研制出具有国际水平的实验装置，并合成出有催化作用的族合物。

浙江大学博士后陈思平做为主要参加者研制成功的比 B 超和 CT 扫描系统更精确、功能更齐全、图像清晰得可见人的脑纹、无任何放射性伤害的大型精密医疗设备，被称为是迄今世界上最高水平的医用扫描机。

仅上述列举的一小部分博士后在科研工作中所取得的成绩就已经说明，在我国推行博士后研究制度，设立博士后流动站和博士后科学基金，既加速培养了一批高水平的专门人才，又大大推动了我国的科学研究，促进了国民经济建设和社会发展，同时也促进了人才流动和学术交流。对防止人才外流和对争取留学人员回国，以及缓解人才断层都起到了或必将起到积极的作用。

3. 中国博士后科学基金会

我国的博士后工作虽然取得一些成绩，但目前也存在不少困难和问题。为了进一步做好对博士后科学基金的评审、管理和使用，开拓多种渠道，扩大基金来源，便于同国内外各种基金组织进行交流与合作，于 1990 年 5 月 30 日成立了中国博士后科学基金会。

中国博士后科学基金会(英译：China Postdoctoral Science Foundation)是经中国人民银行批准并在中华人民共和国民政部注册的非营利机构，具有法人地位，受全国博士后科研流动站管理协调委员会的领导。

根据国务院公布的《基金会管理办法》的有关规定，制定了中国博士后科学基金会章程、中国博士后科学基金试行条例，并成立了中国博士后科学基金会理事会，理事会理事共 25 人，其中，有 21 名专家，4 名具有高级专业技术职务任职资格的政府工作人员。聘请李政道教授为名誉理事长，中国国际信托投资公司常委董事、中信实业银行董事雷平一同志为理事会顾问。中国博士后科学基金会实行理事会领导下的秘书长负责制。秘书长一人，副秘书长 2 人，均由理事会提名，全国博士后管委会任命。

基金会办事机构在秘书长直接领导下承担基金会的日常工作。

二、组织机构

1. 中国博士后科学基金会组织机构框图

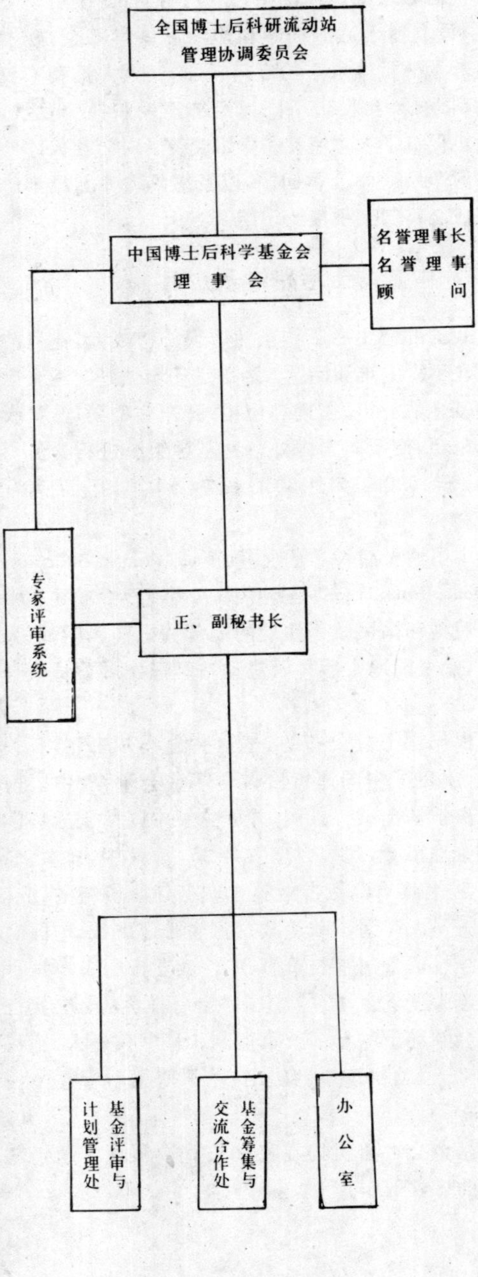

2. 全国博士后科研流动站管理协调委员会组成

主任委员　程连昌

副主任委员　蒋冠庄　朱丽兰

委员　王佛松　刘积斌　郝柏林　肖纪美　沈克琦　吴本厦　关　敦　季延寿　庄　毅

顾问　李政道

财务顾问　雷平一

3. 中国博士后科学基金会理事会组成

名誉理事长　李政道

理事长　沈克琦

副理事长　肖纪美　郝柏林

理事　沈克琦　肖纪美　郝柏林　张恭庆　龚　昇　黄　昆　谢希德　唐有祺　王绶琯　曾庆存　王德滋　邹承鲁　洪国藩　谈镐生　路甬祥　周惠久　吴佑寿　沈聚敏　李椿萱　阎隆飞　韩济生　庄　毅　冯姚平　王忠烈　王文涛

顾问　雷平一

秘书长　庄　毅

副秘书长　冯姚平　杨　靖

三、数据

博士后基金(人民币)经费情况

(单位:万元)

年　度	财政拨款	利息收入	实际支出
1985	1 407.3		
1986		73	
1987		122	37.5
1988		125.1	61.5
1989		187.2	128.6
合计	1 407.3	507.3	227.6

博士后基金外汇经费情况

（单位：万美元）

年　度	拨　款	利息收入	实际支出
1985	200		
1986		15.27	
1987		13.23	7.15
1988		17.49	11.75
1989		11.14	16.05
合　计	200	57.13	34.95

历年申请、批准资助概况

项目 \ 年度			合　计	1989	1988	1987
申请项目	项数		606	356	164	86
	金额	万元	341.3	195	91.5	55
		万美元	55.5	25.5	18	12
批准项目	项数		454	267	123	64
	金额	万元	228.0	130	61	37
		万美元	37.0	17	12	8
批准率	项数		74.9	75.0	75.0	74.4
	%	人民币	66.8	66.7	66.7	67.3
		美元	66.7			66.7
平均资助强度※	万元/项		0.91	0.79	1.05	1.17

※美元折合成人民币计算。

资助项目分布统计

年　度	合　计	单位性质	
		高等学校	研究机构
合　计	454	330	124
1989	267	201	66
1988	123	85	38
1987	64	44	20

高等学校博士学科点专项科研基金

高等学校博士学科点专项科研基金自1985年开始实行，其前身是1982年经国务院批准、对中央部门所属88所重点高等学校增拨的2 000万元科研费。随着科技体制改革的不断深入和高等学校博士学科点的增加，经财政部同意将该项经费改名为“高等学校博士学科点专项科研基金”（以下简称博士点基金），实行基金制管理，并相应成立“高等学校科学技术基金办公室”，机构设在国家教委，负责日常工作。

高级专门人才的培养基本上立足于国内，是我国高等教育发展的一项重要战略目标。研究生的培养必须结合科研工作，博士生的培养更是如此。高等学校的教育经费不足，科研经费很少，博士导师还要用自己争取到的科研经费支付博士生的部分研究费用。因而博士点基金成了博士导师的一项比较重要的科研经费来源。

一、　基金项目的审理工作

（1）博士点基金审理工作的基本做法是：“分口管理、限额申报、专家评议、择优资助、分年拨款、专款专用。”博士点基金按理工、农林、医药、军工、文科五个口分口评审管理，国家教委负责对各口监督审查，并具体分工管理。五年来，博士点基金共批准资助4645项，资助总额约1亿元，平均资助强度2.1万元。其中理工科方面受理申请3 953项，批准2 312项，批准率为58.5%，每项平均资助强度为2.67万元（资助强度逐年增大，1988年每项平均资助强度为3万元，1989年提高到每项平均资助强度为3.76万元）；文科批准924项，资助598万元，每项平均资助强度为0.64万元。

（2）选题重点。

①有较大的科学价值或对我国的经济发展有重要意义。②有利于促进高等学校新学科、新专业的形成和发展，并对加速高校的重点学科建设和重点实验室建设起积极作用。③提倡学科间渗透和开拓边缘学科的选题，以便发挥高校多学科的综合优势。

(3)发挥基层管理职能，限额申报。基金办公室按博士学科点比例计算出各高等学校的平均经费数，并以它的1.5倍作为该校申报基金项目的经费限额，然后通过专家评审择优资助，淘汰1/3以上。学校可根据限额，按照本校重点发展的学科领域和人才培养规划，选择最有竞争力的课题提出申请。这样做，既能保证申请的质量，提高评审工作效率，又能与学校的科研工作、高层次人才培养、重点实验室建设及重点学科发展的规划相结合。

(4)充分依靠同行专家评议，择优资助。每个项目选择5名三级学科内的同行专家进行通讯评议。注意回避申请者所在学校，邀请不同单位的专家评审，尽可能使一位专家评审3—5项本学科的项目，以便进行比较。对于个别评审意见分歧较大的项目，增加评议人数或进行复评分析，以保证评审的公正性、合理性。五年来，理工口发出评议函的平均回收率达91%。

(5)课题经费专款专用，一次核定，分三年拨款。允许基层根据本校各课题每年使用经费的实际需要，通盘考虑各课题按年度的经费分配比例。基层的灵活调剂，可以促使急需经费的课题按计划实施。

(6)建立对项目执行情况的反馈机制。在项目执行过程中，项目负责人每年年终填写《项目年度进展情况简表》，项目结束时，写出《项目工作总结》，学校将总结、成果材料汇总报基金办公室。项目负责人再次申请博士点基金时，原资助项目的执行情况(《年度进展情况简表》及《项目工作总结》)将作为附件与新申请项目的《申请书》一并上报，并列为评价指标体系的一项内容送同行专家评审，利用反馈机制对博士点基金的使用情况进行监督，择优资助。

(7)几年来，我们在组织博士点基金的申请和评审过程中，逐渐完善组织管理程序，制订相应的《管理条例》，出版了以三级学科为基础的《高等学校科学技术基金项目、成果评审学科目录表》，正在筹建按该《目录表》分类的专家库，编制了计算机管理方面的软件，使基金管理工作逐步走向科学化、现代化，减少基金评审过程中的大量事务性工作，提高工作效率。这些工作为建立一个科学、民主、公正的博士点基金管理制度打下了良好的基础。

二、博士点基金资助项目的完成情况

博士点基金是在“高门坎上择优”，在众多学术造诣较深的博士导师中择优使用有限的科研经费，而且博士生是一支长年流动的文化素质好的优秀青年科技队伍，思想活跃，从事科学前沿的研究工作，效益必然是很高的。据我们在48所高校中对1985年度资助的443项博士点基金项目进行抽样调查(占1985年度资助博士点基金项目总数的30%)，博士点基金资助的课题执行情况良好。在443项课题中，按计划完成424项，仅有19项因项目负责人出国、调离原单位等原因未能按期完成，占被调查项目的4.3%。几年来，该443项研究课题取得了一批科研成果和阶段性科研成果，有的已取得一定的效益。据统计，已在国外学术刊物上发表论文591篇，在国际学术会议上发表论文982篇，在国外出版专著5部；在国内学术刊物上发表论文2 416篇，出版专著123部，在全国学术会议上发表论文1 213篇。计每项研究课题平均在国内外发表论文11.7篇。已鉴定科技成果141项，已获专利36项，已推广应用科技成果135项。

三、博士点基金的特点和作用

高等学校担负着培养高级专门人才和发展科学技术文化的双重任务。博士学科点大部分集中在基础较好的重点大学或重点学科内，博士导师结合培养高级专门人才开展科研活动，对于提高博士导师的学术水平和博士研究生的素质，以及促进将一些重点高等院校逐步办成既是教育中心，又是科研中心等方面起到了一定的作用。

(1)既出成果，又出人才。根据对443项研究课题的抽样调查，这些课题的许多科研成果获奖，其中有国家自然科学二等奖1项，四等奖4项；国家级科技进步奖一等奖1项，二等奖5项，三等奖5项；国家发明二等奖1项；中央各部、省(市)科技进步奖142项(其中一等奖26项)。通过博士点基金对该443项课题的资助，有27名博士后、407名博士学位获得者、764名在读博士生及2 696名硕士生参加了研究工作。博士点基金在培养高级专门人才方面所起的作用是无法用数字估量的。以北京大学数学系为例，该系有3个博士点，25位博士导师，1985年度共获得博士点基金21项，资助总额为25.6万元，平均资助强度为每项1.22万元。3年来，21个研究课题发表高水平论文300余篇，研究成果获国家级奖励1项。他们为公安部建立的指纹图像数据库，在检测方法和准确性方面达到国际先进水平，目前已投入使用。在完成21项研究课题的同时，培养出33名博士生和90名硕士生，出现一批优秀人才，如该系博士生张继平副教授，现年31岁，获得1988年全国科协青年科技奖、北京市优秀论文奖和1987年霍英东教育基金会青年教师基金；博士生沈学宁获1987年国家教委优秀年轻教师基金的资助，目前，这两人均成为科研和教学的骨干。

(2)博士点基金是我国重点高等学校开展基础研究和应用研究的重要经费来源之一，为发展我国基础研究和应用研究作出一定的贡献。

北京大学姜伯驹教授的博士点基金课题"低维拓朴学"开展曲面映射的研究，由于首创辨群方法，在不动点问题上取得系统的成果，获1987年国家自然科学二等奖。大连理工大学唐立民教授的博士点基金课题"有限元中的多变量拟协调方法"，研究结果在理论上具有国际先进水平，并可用来解决许多工程实际中的复杂问题，已在一些问题中得到了具体应用，获1986年国家教委科技进步一等奖和1987年国家自然科学三等奖。北京大学尹道乐教授的博士点基金课题"多层调制膜与低维固体研究"取得两方面的重要成果：一是在金属－半导体与金属－金属多层膜的研究中首次在原子半径矢配度高达20%的不溶合二元系铌－铈和铌－镧中发现了新的超晶格和亚稳定相，提出了功函数差异大的两组元可能形成类离子界面键并利于超晶格生成的新论点；二是从1986年开始，利用原项目计划中研究获取的经验与基础，及时开展多层沉淀法高温超导氧化物薄膜，首创了多层沉积后扩散的制取高Tc的YBaCuO超导薄膜的新方法。南京大学龚昌德教授的博士点基金课题在研究中，首次发现铁超细微粒低温下比磁强度随温度升高反常增加的现象，并确认表面层自旋钉扎的存在。南京大学孙钟秀、杨培根教授的博士点基金课题研究成果已用于生产，获1986年度南京市微电脑应用成果一等奖和国家教委科技进步二等奖。华东化工学院苏元复教授的博士点基金课题"有机酸研究"，用萃取法提取拧檬酸，解决了生产柠檬酸中长期未解决的污染问题，且降低生产成本10—15%，获得美国专利，国内转让技术的累计合同收入达195万元。

(3)博士点基金使许多博士生新课题得以起步，在当前教育经费短缺的情况下，无疑是雪中送炭。目前博士生的科研资料、论文印刷、参加学术会议的费用都很高，博士导师招生的积极性因而受到影响。博士点基金为稳定高等学校博士学科点的队伍建设提供了一定条件，有些博士点借此站稳了脚跟，发展了学科建设，成为富于竞争力的有优势的科研集体。例如，北方交通大学简水生教授在1985年招收4名博士生，得到的第一份经费就是博士点基金。他说："当时我们几乎身无分文，博士点基金无疑是雪中送炭，使博士生研究工作得以顺利开展，更重要的是启动了我们向高技术领域进军的步伐。"目前这4名博士生均已取得博士学位，并做出了比较突出的成绩，有的获得邮电部科技进步一等奖，有的研究成果经专家鉴定达到世界先进水平。博士点基金的出色工作提高了导师简水生教授的知名度，使他在光纤领域的竞争中连连夺标，科研工作进入良性循环。目前他领导着拥有20人的科研梯队，实验室有40万美元的先进设备，获得的科研经费超过100万元。

(4)博士点基金实行竞争性拨款，不靠名气拿钱，优生劣汰，使一些新的有活力的研究集体和以中青年为骨干的学术梯队有机会发展起来，逐步使博士学科点上的学术带头人的队伍结构趋向年轻化，增强博士学科点的活力。例如，西安交通大学孔祥利副教授现年36岁，协助导师开展博士点基金项目的研究工作，几年来发表论文20余篇，首次在国际上提出了描述操纵者特性的两级控制模型，不仅在理论上有创新，也有实用价值，获1986年陕西省科研成果二等奖、1987年霍英东教育基金会青年教师二等奖、1988年中国科协首届青年科技奖、1988年国家教委科技进步二等奖，现为中国机械工程学会青年学会副理事长，成为年轻有为的学术带头人。北京师范大学严士健教授曾获1985年博士点基金的资助，他的博士生陈木法在概率论的国际前沿课题的研究中取得了显著成果，几年来共发表论文30余篇，专著2本，获4项科研成果奖。陈木法已成为该校最年轻的教授之一，现兼任中国概率统计协会第一届理事会理事、《数学学报》编委和德国《数学中央公报》杂志评论员，协助严士健教授指导博士生5人，指导及合作指导硕士生12人。

四、 博士点基金数额问题

高等学校是我国科学技术的一支重要力量，但是，高等学校的科研经费问题一直没有得到妥善解决，博士点基金数额太少，急待增加。我国自1981年实施《中华人民共和国学位条例》以来，已先后批准了三批博士和硕士学位授予单位及其学科、专业和博士生指导教师名单。与1982年相比较，高等学校的博士学科点由618个增至1 501个，增加1.43倍；博士导师由836人增至2 786人，增加2.3倍；在校博士生由374人增至10 525人，增加27倍，但博士点基金直至1989年底一直没有增加，使得博士导师争取该项基金变得越来越困难，最终势必影响博士生的培养质量，也不利于吸引出国硕士生学成及时回国。人才难得，拔尖的人才更难得。为了到本世纪末能实现高级专门人才的培养基本上立足于国内这一战略目标，必要的经费支持是必不可少的，迫切希望从国家财政中能相应增加博士点基金的拨款。

国家教委资助优秀年轻教师基金

为了贯彻邓小平同志关于“培养年轻政治家、科学家、经济管理家和企业家”的指示精神，财政部自1986年起每年拨出1 000万元（含40%外汇额度），用于资助优秀回国人员。国家教委负责使用其中的600万元（含40%外汇额度）设立资助优秀年轻教师基金（以下简称“资助基金”），用于资助教育系统的回国留学人员；国家科委（后转人事部）使用其余的400万元（含40%外汇额度），资助非教育系统的回国留学人员。

国家教委设立“资助基金”是培养和造就高等学校新一代又红又专的学术骨干和学术带头人的一项重要措施，也是国家为优秀年轻回国留学人员充分发挥作用所创造的条件之一。通过“资助基金”，每年在全国高等学校中选拔几十名年轻有为的教师给予重点资助，使他们尽快脱颖而出，逐步成长为新一代学术骨干或学术带头人。

一、 申请“资助基金”的对象

“资助基金”是择优资助优秀年轻回国留学人员的研究经费，申请人选以回国留学人员为主，年龄在45岁以下（1990年起改为40岁以下）。

“资助基金”尽可能与国家的发展重点相结合。高等学校应把申请“资助基金”的工作与高等学校的重点学科建设、国家重点实验室建设、国家重大科研任务，以及师资队伍建设规划结合起来，统筹考虑。

本着有利于建立学术梯队、使优秀拔尖人才脱颖而出，以及总体上提高教师队伍素质的指导思想，要选拔能够坚持四项基本原则，拥护党和社会主义，支持改革开放，教学科研工作成绩突出，且科研立项具有国际、国内先进水平的人选。

二、 “资助基金”的资助方向

（1）学术意义重大，学术思想新颖、立论充分并有较重要应用前景的基础研究；或是有较好社会经济效益的应用研究。

（2）为承担国家和部门的重大科技任务而进行的可行性研究。

（3）研究工作有一定基础，所在学校已具备相当的工作条件和相应的科技合作人员，或已争取到与国外合作研究及参加国际学术活动的经费，只需支持部分经费，在短期内即可达到预期效果或取得明显社会经济效益的项目。

三、 “资助基金”的申请办法

（1）为了提高“资助基金”项目的申请质量，“资助基金”采取按学校的隶属关系分配名额，由学校主管部门组织初选，按限额向国家教委择优申报的办法。

（2）申请人必须填写《资助优秀年轻教师基金申请表》，申请人所在学校的校学术委员会对填写申请表的内容的真实性、实现方案的可能性、经费预算的合理性、基本条件能否保证和预期效果能否实现等签署具体的审查意见，同时必须有两位以上教授填写《资助优秀年轻教师基金推荐书》予以推荐。

(3)确定一年内即将学成回国,并已落实国内工作单位的留学人员,可由聘任学校提出申请,填写《资助优秀年轻教师基金申请表》,并附有使领馆教育处(组)的推荐信。成绩突出的留学人员回国后,若错过申请时间,聘任学校可作为特殊情况向教委提出申请。

(4)特殊项目的申请,还需由本人提出详细报告,经主管部门审批后,报国家教委。

四、“资助基金”项目的评审

国家教委“资助优秀年轻教师基金委员会”委托国家教委科技管理中心组织项目的通信评审。科技管理中心组织评审工作的依据是科技管理中建立的按三级学科分类的专家库,目前已征集到按三级学科分类(约分 3 000 类)的专家约 3 万名。对于每份“资助基金”项目,聘请 5 名三级学科的同行专家予以评审。科技管理中心根据评审意见提出资助方案,报国家教委“资助优秀年轻教师基金委员会”审批。

对于特殊项目的申请,由国家教委人事司负责初审,由基金委员会审批。

五、“资助基金”的使用范围

(1)“资助基金”原则上属于一次性资助经费,可以跨年度使用(两年内有效),但所含的 40%的外汇额度仅当年有效。“资助基金”以专项经费下达到申请者所在学校,由申请人主持经费的使用。

(2)“资助基金”主要用于购置科研项目必需的专门仪器设备或实验材料,经过基金委员会批准,亦可用于国际学术交流。

六、“资助基金”的管理及监督

(1)国家教委统一归口管理“资助基金”,负责向财政部编报年度预决算,并负责“资助基金”项目的分配计划。

(2)申请项目被批准后,国家教委将一次性核拨被批准的基金。申请人所在单位要向主管部门上报年终决算,并由国家教委汇总向财政部上报年终决算。

(3)凡使用“资助基金”取得研究成果,在发表论文或成果鉴定时,必须注明“获国家教委优秀年轻教师基金资助。”项目负责人在项目执行期间内,须在每年 12 月 15 日前报《项目年度进展情况简表》,以及当年发表论文的复印本或鉴定证书。项目结束后 3 个月内,写出《项目工作总结》,经主管部门或单位签署意见后,报国家教委。

(4)为督促项目负责人认真执行“资助基金”计划,“资助基金”的管理工作中实行一种对于项目执行情况的反馈机制:在项目负责人再次申请新的“资助基金”项目时,必须将原“资助基金”项目的执行情况(《年度进展情况简表》、《项目工作总结》等),作为“资助基金”申请书的附件一并上报,并列为评价指标体系的一项内容送同行专家评审。

(5)项目申请人因故脱离工作 4 个月以上者(如外语培训、借调、出国留学等),学校应如实把情况上报国家教委,并确定新的负责人。以保证原项目的计划继续下去。若无法完成课题任务时,应将基金退回。如隐瞒不报,国家教委有权追回所有经费。

(6)国家教委负责监督、检查“资助基金”的使用。

七、“资助基金”的重点资助工作

“资助基金”采取限额申报(重点大学每年申报 3 名,一般学校限额更低),因而学校上报的人选都是比较优秀的年轻教师。我们请国家教委科学技术委员会及其学科组的专家组成评审组,对已经获得“基金资助”的年轻教师进行优中选优的工作。近两年来,共筛选出 61 名拔尖年轻教师,1989 年已对其中的 20 余人进行重点投资,使他们更快地脱颖而出。

八、“资助基金”的成果

“资助基金”自 1987 年起实施,每年受理一次申请。三年来,基金委员会共受理限额申请 941 项,经过形式审查,不符合“资助基金”试行办法规定而淘汰的有 199 项,形式审查淘汰率为 21%。对通过形式审查的 742 项,组织专家评审,由基金委员会批准择优资助 247 人，资助率为 26%。在获得“资助基金”的 246 名优秀年轻教师中，由国内培养的 64 人，占 25.9%；留学回国工作的 183 人，占 74.1%。按技术职称分：教授 16 人，占 6.5%；副教授 78 人，占 31.6%；讲师 114 人，占 46.1%；其他 39 人，占 15.8%。按年龄分：30 岁以下 39 人，占 15.8%；31—35 岁 55 人，占 22.3%；36—40 岁 45 人，占 18.2%；41 岁以上 108 人，占 43.7%。

获“资助基金”的优秀年轻教师，不仅在研究工作中有出色成就，从事着十分有意义的科研活动，还承担着教学任务，有的已经成为学术骨干，有的正在成长为学术领导人。例如：华东师范大学肖刚教授，申请“资助基金”时 36 岁。他于 1984 年获法国国家博士，由于他在亏格 2 的纤维化的代数曲面和正指数曲面方面作出重要贡献，国际著名代数几何学家雷诺称赞他是“亏格 2 的世界级专家”，瑞典代数曲面专家 Persson 称他为“最活跃的曲面地理学家”。他的研究工作获 1986 年国家教委科技进步一等奖和 1987 年国家自然科学三等奖。除了科研工作外，肖刚教授十分重视培养研究生，至今带了 8 名研究生并有 2 名已经毕业。他现为博士导师、上海市政协委员、国家自然科学基金会第二届学科评审组成员。北京航空航天大学傅惠民副教授，申请“资助基金”时 31 岁，现兼任中国金属学会理化检验学会理事。他从事结构疲劳可靠性和耐久性问题研究，有 4 项研究成果通过部级鉴定，有的结论纳入了航空工业部颁标准 HB/Z112－86，并已用于航空部材料数据库，解决了不少工程实际问题。他建立的“疲劳强度概率密度函数”更新了原有的疲劳可靠性理论，解决了疲劳强度分布问题，对疲劳寿命估算及安定性评定有重要贡献，获 1988 年国家自然科学三等奖，航空部科技进步奖二等奖和中国金属学会优秀论文奖。在教学工作方面，他每年都承担二门研究生课，指导 2 名硕士生和协助指导 1 名博士生。厦门大学区泽棠教授出生于香港，为英国皇家化学学会认可化学师，1986 年回国定居，兼任中国化学会《电子能谱与表面科学》学科组成员。申请“资助基金”时 34 岁，回国后已发表论文 10 篇，指导博士生 1 名，硕士生 2 名，获厦门大学《南强奖》。西安交通大学孔祥利副教授申请“资助基金”时 34 岁，现兼任陕西省机械工程学会青年工作委员会主任，中国机械工程学会青年学会副理事长。已发表论文 32 篇。以他为主完成的“高炮跟踪模拟系统”，获 1986 年陕西省高教局科技成果二等奖；他与课题组完成的另一项科研成果获 1988 年国家教委科技成果二等奖，在教学工作方面创开 3 门新课，协助指导博士生 3 名，指导硕士生 3 名。由于工作成绩显著，获 1987 年霍英东教育基金会青年教师二等奖和 1988 年中国科协首届青年科技奖。

九、“资助基金”的特色

(1)资助强度较大，平均每项“资助基金”6.5 万元左右，还有 40%的外汇额度，高于国内一般基金的强度。

(2)基金的外汇额度可以购置进口仪器及进行国际学术交流活动，使优秀年轻教师有较多的机会参与国际学术交流活动。

(3)“资助基金”主要用于资助在高校工作的回国留学人员。

(4)学科范围广，包括自然科学与社会科学各个领域。

(5)预留一部分经费，对于已经获得“资助基金”的优秀年轻教师，通过专家评审会进行“优中选优”的工作，并对选拔出来的拔尖的年轻教师的研究工作进行跟踪，对成绩显著又急需经费资助的年轻教师给予再次资助。

(6)评审“资助基金”项目的评价指标体系中包括对年轻教师教学工作的要求。

由于“资助基金”的对象是拔尖的年轻教师，因而此项工作受到高等学校领导的充分重视。不少优秀年轻教师获得“资助基金”后，在学校和老一辈学术领导人的支持下，站稳了脚跟，继而做出出色的成绩，有的已经成为学术骨干，并担负培养研究生的工作。这对于吸引国外留学人员及时回国服务，对于稳定年轻教师队伍并推动拔尖人才尽快脱颖而出起到了很好的作用。

地质行业科技基金会

一、综　述

为了深入贯彻《中共中央关于科学技术体制改

革的决定》，进一步推进地质科技体制改革，更好地引导地质科学技术工作面向国民经济建设和地质找矿，促进地质科学技术事业的发展及科研、教育和生产的密切结合，地质矿产部党组在征询了国家科委、国家自然科学基金委员会意见之后，于1987年9月30日建立地质行业科学技术发展基金委员会。

地质科技基金是国家自然科学基金的补充，是沟通基础研究和技术开发的桥梁。地质科技基金逐步面向全国地质行业科技工作，重点支持应用研究，保证重点项目和重要领域的发展。根据国民经济建设和地质矿产工作的需要及科学技术发展的方针、政策和规划，制订并发布《地质科技项目指南》，受理课题申请，组织同行评议，批准并实施项目计划，发现和培养人才，促进地质科技进步，为四化建设服务。

加强同国家自然科学基金会及其他行业科技基金会的联系，交流信息，协同工作，可联合资助一些共同关心的课题。

地质科学基金设有基金委员会，由地质矿产部和教委系统的综合性大学中知识面广、学术造诣较深、热爱地质科技工作，办事公道的科学家、教授和管理专家组成，由地质矿产部聘任，采用聘任任期制。第一届地质行业科学技术发展基金委员会由15名委员组成。中国地质大学(北京)王鸿祯教授任委员会主任。

基金委员会下设基金办公室，负责处理日常事务。地质行业科学技术发展基金委员会及办公室暂设在中国地质科学院，独立开展工作，10人编制，现有专职4人，兼职9人。

地质行业科技基金会设10个专业评审组，聘请10位项目主任，分工主持各个专业评审组工作。评审组成员由本专业委员和临时聘请的专家组成。

本项基金主要由地质矿产部直属研究所技术开发部分减拨事业费的三分之一经费和地质矿产部部分科技三项费用，以及其他渠道的资金来源组成。由于经费有限，第一步主要是接受地质矿产部系统和综合性大学地质系等单位的申请。第二步，随着基金来源不断扩大，逐步扩大接受申请的面，直至发展到地质全行业。

地质科技基金研究课题，实行自由申请、同行评议、择优资助的原则。申请课题要求有较好的应用前景和经济社会效益。研究周期一般不超过3年。

地质行业科技发展基金主要资助基础地质、矿产地质、环境地质(水文地质、工程地质)及与地质、矿产、环境有关的地球物理、地球化学、探矿工程等方面的应用研究项目，兼顾基础研究项目。

地质行业基金的选题特别强调其成果的应用前景及目的性、针对性，对国民经济发展、对区域性地质特征或成矿区带的认识、对技术方法的改进能够有直接或间接的促进作用。择优支持具备下列条件的研究课题：

(1)在地质矿产和地质环境领域中具有重要科学意义和应用价值、急待解决的关键性课题；

(2)在科学研究方面有创新的学术思想；

(3)有先进、合理、可行的研究方案，研究目的明确、具体；

(4)研究内容、研究方法和技术路线与国内其他单位不重复；

(5)研究工作已有初步积累，具有开展深入研究的实力，可望在2—3年或稍长的时间内获得成果。

地质科技发展基金是一项行业科技基金，围绕国家地质工作任务，重点支持应用研究，保证地质行业具有相应的技术储备，促进地质科技持续发展。

本项基金接受地质矿产部所属科研院所、队，地质院校，地质勘探单位及教委直属综合性大学地质系的科学家、工程师，在资助的专业领域内，提出的课题申请。申请者不受年龄、学历、职称、工作单位的限制。在项目评审中对35岁以下青年人的申请，采取同等优先的原则，优先资助。

本基金会鼓励科学家积极开展国际地学合作，为国际地质科学前沿的发展做贡献。

获准项目，项目负责人报送研究计划，基金办公室根据研究计划核定年度拨款，拨出第一年度款项。项目执行过程中，要求项目负责人每年填报年度进展情况报告，并签署所在单位科技管理部门意见。基金办公室根据项目年度进展情况报告，核定下年度拨款。年度进展情况报告要求每年1月底前报出，未报年度进展情况者，暂停拨款。基金办公室对项目进展较好，已取得较大进展的项目十分重视，派专人去实地考查，对有重大理论意义和突破性进展的项目，组织同行专家进行野外检查，召开现场会，进行评议，提出进一步工作建议。对进展较好、经费确有困难的项目，设法予以调整、增加，以保证成果质量。对个别由于外部条件限制，无法继续进行的项目，同项目负责人及所在单位科技管理部门协商，及时撤销，收回余款。对项目执行过程中派生出新的研究方向，而对总体无大影响的，原则上由项目负责人写出报告，所在单位科技管理部门审核，即同意作适当调整，以确保研究成果的质量。

资助项目研究成果的评审，由地质行业基金会或委托有关科技管理部门组织。不同性质的成果，采取不同的评价方法。理论性研究成果采用学术评审的方法，应用技术研究成果采用技术鉴定的方法。为此，1989 年 4 月 26 日发布了《地质行业科技基金资助项目研究成果评审验收办法》。

为了加强本基金资助项目研究成果的统计和管理，该基金会规定，凡是反映该基金资助课题研究成果的论文、专著、报告、资料，发表时均需标注"地质行业科学技术发展基金资助项目"(The Project by Foundation for Development of Geological Sciences and Techniques of China)。正确地标注研究成果，是考核地质科技基金资助效果的主要依据，也是评审受资助者继续申请科学基金的依据。

该基金资助项目成果，可由所在单位科技管理部门按系统申报各类成果奖。获奖成果应将获奖情况、获奖证书复印件报送基金办公室。

该基金资助项目经费采用无偿资助方式。采取一次核定，分期拨款，年终结转，项目完成后决算核销的办法。经费分年度拨至受资助单位，纳入本单位财务、业务部门管理，由项目组按计划支配使用。

地质行业科技发展基金已进行了 2 个年度的申请项目受理、评审、审批和项目的跟踪管理工作。1988 年接到申请 638 项，申请金额 3 706 万元，经评审，批准 158 项，获准率为 24.8%；批准金额 418 万元，获准率为 11.6%；平均资助强度为 2.65 万元/项。1989 年由于经费太少，采取了限制措施，仍接受申请 492 项，申请金额 2 800 万元，经评审，批准 58 项，获准率 11.8%；批准金额为 160.5 万元，经费获准率 5.7%，平均资助强度 2.75 万元/项。

根据地质行业科技基金会与国家自然科学基金委员会地球科学部达成的有关协议，1987 年地质行业科技基金出资 52 万元，国家自然科学基金会地学部出资 61 万元，联合资助了 29 个项目。1989 年地质行业科技基金出资 50 万元，国家自然科学基金会拿出 56.2 万元，联合资助了 18 个项目。

二、机　构

1. 地质行业科学技术发展基金委员会组成

主　任　王鸿桢

副主任　李兆鼐　沈其韩　赵运昌

委　员　袁忠信　陈　平　常印佛　农开清

刘光鼎　周维屏　袁学诚　张志民

陈　琪　何国琦　李光岑

办公室主任　李光岑(兼)

2. 地质行业科学技术发展基金会项目主任名单

基础地质评审组　李景唐

矿产地质评审组　吴学汉

环境地质评审组　殷正宙

地球物理探矿评审组　陈玉玺

地球化学评审组　羌荣生

探矿工程评审组　倪林祥

岩矿测试评审组　周海生

矿产综合利用评审组　刘正适

石油天然气评审组　石效超

软科学评审组　陆春榕

城乡建设科技发展基金

城乡建设科技发展基金是建设部的专项经费之一，1986 年 6 月建立。其经费来源是从国家计委分配建设部科技三项费用划出的一部分，组成了城乡建设科技发展基金。1986 年至 1990 年已连续 5 年与国家自然科学基金委员会材料与工程科学部联合资助了 103 个项目(其中重大项目 1 个、重点项目 2 个)，匹配经费 269 万元。至今，未单独建立科技发展基金组织，其基金业务由建设部科技发展司承办。

资助的范围是根据国家自然科学基金委员会材料与工程科学部的项目指南和城乡建设科技发展规划来确定的。申请单位直接向国家自然科学基金委员会申报，按国家自然科学基金委员会的评审程序进行，在此基础上，城乡建设部科技发展司选择与建设行业科技发展规划有关的项目匹配经费，进行联合资助。如城乡建设行业的基础性技术研究项目和应用研究项目，以及少量的重点技术开发项目，以增强科技发展的后劲，促进建设行业的科技进步。

城乡建设科技发展基金原则上面向全行业，包括科研单位、高等学校、设计单位、施工企业、生产单位，但通过对5年来与国家自然科学基金委员会的联合资助项目情况分析，几乎均为高等学校和科研单位（建设部单独资助的城乡建设小基金项目未包括在内，见附表）。

5年来，在已完成的科研项目中，对提高城乡建设的社会效益、环境效益和经济效益，有些已起到积极的作用，推动了建设行业的科技进步。

城乡建设部与国家自然科学基金委员会联合资助基金项目统计表

年度	资助项目及金额数		资助单位								备注
			建设部直属				其他部委属				
			科研单位		高等学校		科研单位		高等学校		
	项目数	金额（万元）	单位数	项目数	单位数	项目数	单位数	项目数	单位数	项目数	
1986	25	79	3	6	2	4	1	1	7	14	经费中包括2个重点项目，35万元
1987	20	70	1	3	2	5			7	12	经费中包括1个重大项目，30万元
1988	21	40	1	3	2	8			5	10	
1989	20	40	2	6	2	8			4	6	
1990	17	40	1	1	2	8			6	8	
合计	103	269		19		33		1		50	

机械工业技术发展基金委员会

一、综　述

1. 机械工业技术发展基金委员会的沿革

原机械部遵照中共中央关于科学技术体制改革决定的精神，部党组决定把部属研究所实行技术合同制后，减下来的事业经费和国家计委切块的科技三项费用中的一部分集中起来，建立面向全国机械行业、打破部门界限的技术发展基金。基金主要用于机械工业应用研究、共性技术研究和重点技术开发项目，增强技术储备，以保证机械工业的持续发展。

机械工业技术发展基金的最高权力机构是基金委员会，现届委员会的委员、名誉委员是聘请国内知名专家共21人组成。这21名委员中有：中国科学院学部委员5人，大学教授6人，高级工程师9人，高级经济师1人，其中机电部在职的科技领导干部只有7人。原一机部总工程师、学部委员陶亨咸为主任。在委员会下设秘书机构处理日常工作，机电部科学技术司副司长朱森第兼秘书长。

委员会下设工程农机、重型矿山、通用机械、机床工具、电工机械、仪器仪表和共性技术等7个专业组，为委员会技术咨询机构，聘请有关专业的科研单位、大专院校、工厂及管理部门中共88名专家组成。负责审议本行业的基金《项目指南》和项目中选名单。每个专业组9—15人，其中：机关内专家占21%，高等院校副教授以上占16%，科研院所专家占48%，企业内专家占15%。

机械工业技术发展基金会于1985年开始边学习、边摸索、边建立有关管理制度和实施办法，于1986年开始试行。在整个工作过程中始终坚持“自由申请，依靠专家，发扬民主，公正评审，择优资助”的工作原则。根据国民经济对机械工业技术发展提出的要求以及国家总的政策和机电部的科技规划，通过发布《项目指南》，组织专家评审，公开招标，打破过去管理科技费用采取层层切块、吃"大锅饭"的状况。

为及时总结试点工作情况，于1986年10月召开的基金委员会全体委员会议上，邀请国家计委、经委、科委、体改委、自然科学基金委员会、国务院科技领导小组办公室，以及有关领导部门的代表莅会指导。在听取办事机构的工作报告后，一致肯定了试行基金制是正确的。会后，全体委员将试行总结向国务院科技领导小组写了书面汇报。有关领导十分重视，方毅、宋健、郭树言等领导同志很快作了批示，给予鼓励。方毅同志于1986年11月27日批示："这项措施很好，工作也很有成绩，应予表扬和推广，望继续努力，并向其他行业推广。"宋健同志1986年11月11日批示："亨咸同志(基金会主任)：祝贺基金会一年来取得的成绩。这样，基金会就有可能成为指导全国机械行业的领导机构之一。这证明中央关于改革的决定是完全正确的。希望基金会能继续前进，不断增加金额，形成指导机械工业技术发展潮流的强有力杠杆。一、五机部撤销后，基金会应该更加兴旺而不应削弱"。郭树言同志1986年11月8日批示："这是科技办近两年来同机械部合作试办的一个行业基金会。一年来的实践表明，它是支持行业共性基础研究的好办法。"

1987年，在机械工业部和兵器工业部撤销、组建国家机械工业委员会时，委领导根据中央领导批示精神，为使行政部门更好地进行宏观管理，真正转变职能，摆脱具体事务，经劳动人事部批准，正式成立基金委员会秘书机构，并作为事业单位单独成立，直属机械委领导。业务工作由部科学技术司归口管理。1988年，国家机械工业委员会撤销，成立机械电子工业部时，基金会改属机械电子工业部直接领导。

2. 基金会几年来的工作进展情况

几年来，机械工业技术发展基金会坚持"自由申请，依靠专家，发扬民主，公正评审，择优资助"的原则，坚决贯彻"公正、科学、高效、精干、创新"的工作要求，建立健全了组织机构，制订和完善了有关规章制度，使各项工作能顺利开展。取得了一定的成效。

(1)组织机构的设置和人员配备情况。基金委员会下设秘书机构，负责处理日常业务工作。设有秘书长、副秘书长共4人(秘书长由机电部科技司副司长兼任)，下设办公室、项目室、综合室和技术咨询部等4个业务单位，现有工作人员22名。绝大多数都具有大学、中专以上文化程度，其中高级工程师以上11名。

(2)基金总额和项目安排情况。机械工业技术发展基金的经费来源有二：一是原机械工业部直属科研单位减拨的事业经费；二是国家计划委员会切块给原机械部的科技三项费用中的一部分，两项合计每年3 000—4 500万元。4年来除支付1985年已安排的科研项目结转经费外，基金项目资助总金额约1.2亿元，共招标资助1 200多个项目，平均每项资助约10万元。资助的项目中：由原机械部直属单位承担的任务，约占项目数的60%，占总资助金额的65%；由大专院校和地方厂、所等单位承担的任务，约占项目数的40%，占资助总金额的35%。

(3)《项目指南》和项目申请。机械工业技术发展基金会每年颁发《基金项目指南》。《项目指南》是根据机械工业科技发展规划以及机械工业生产急需的共性基础技术和社会效益大但企业近期效益不大的重大产品开发项目，经征求行业意见，各专业组审议和委员会审定后制定的。《项目指南》具体规定每个项目要求达到的主要技术经济指标、完成期限等。全国机械行业的科研单位、企业、大专院校，不论隶属关系，不需行政主管部门签署意见，均可按《项目指南》，在规定的日期内自由申请，在平等的基础上参加竞争。经专家评审选出最佳方案，择优签订合同，予以实施。个别项目，虽不属《项目指南》所列内容，但对机械工业技术发展具有创新水平，应用价值和经济效益重大的，亦可提出申请。

申请者必须按统一格式，按项目编报基金项目的"可行性分析报告"，并填报"申请表"，作为基金会组织专家评审的依据。

4年来共颁布基金项目指南937项，收到4 500多项申请，申请总金额约5.8亿元，签订合同1 200余项，总资助金额约1.2亿元，中标率为22.6%，资助强度约10万元/项。

(4)项目评审。评审工作是保证公正竞争的最重要环节，是达到择优资助的重要手段。4年来已经组织起一支机械工业有关各行业，分散在科研院所、大专院校、工厂和管理机关工作的工程师、讲师、副教授以上的熟悉行业情况、学有专长、办事公正的评审专家队伍约1 000余人。同时，相应建立了一套组织评审工作的方法和制度。

绝大多数项目均采用通讯评审,即每个项目选聘 5—9 位同行专家评审。由基金会将各申请单位编报的可行性分析报告和申请表,分送评审专家,请专家在"评审意见书"上按统一的评审指标打分。主要的评审指标及经加权后的满分标准为:技术方案(500 分),科学试验、测试条件及生产条件(200 分),科学转化为生产力的落实情况(200 分),与项目有关的科学技术前期工作开展情况(100 分),项目完成时间的合理性(100 分),所报经费是否合理(100 分),成果提供形式是否明确合理(100 分),总分满分为 1 400 分。基金会秘书机构汇总专家评分及专家对各个方案的书面总评价意见,再分别提请各专业组审议,委员会领导核准后,择优中选资助。

为保证评审结果的公正性,并充分发扬技术民主,在评审工作中还采取了下列措施:①参加评审的专家必须是所在单位没有申请(或作为主要协作单位)该项目的;②每个项目的评审专家,应包括科研院所、大专院校、工厂和管理部门等几方面的专家,其中主管部门的专家不得超过 1/3;③在基金会秘书机构工作的人员,不能参加评审工作;④不向申请单位公开评审专家的名单;⑤申请单位可以向基金会查询专家评分情况,但秘书机构不能泄露各项目评审专家的姓名及具体打分和意见;⑥专家要对各申请单位的技术方案保密,不能泄露给其他竞争对手;⑦个别申请单位认为其技术方案易为他人实施的,可以申请保密,经基金会严格审查后,可以不经同行专家评审。但基金会不同意保密,而申请单位坚持时,只能作撤销申请处理。

几年来的实践证明了评审工作的公正性和权威性。例如:不少项目,包括一些重大项目,都是由部外或地方单位在评审中战胜部直属单位而中标的;又如个别项目,经过专家评审,参数被修改,甚至项目被撤销。个别单位也曾对我们是否真招标,是先内定好了,还是只走个招标形式,是否真正在公平的基础上竞争,同行专家评分是否真起主要作用等方面存在疑问。经过我们公开办事程序和同行专家的评分记录资料后,扭转了看法,消除了疑议。

对于某些技术复杂、牵涉面广或资助金额较大的个别项目,也曾采用过请少数专家,包括主要使用部门的代表开会评审,所有的申请单位到会介绍方案,回答问题,然后经必要的协商、协调,最后择优签约。

(5)合同签订及成果验收。在汇总同行专家评审意见后,秘书机构逐项提出中选单位、资助金额及其他需与承担单位商榷的意见(如成果交付形式、技术经济参数、偿还金额等)。经专业组审议、委员会领导批准后,按项目发出中选通知及合同文本格式。如承担单位(即乙方)同意,即可填写合同文本并签章,经基金会(即甲方)签章后,返回文本,合同即正式生效。合同签订后,除按合同管理外,凡项目符合机电部的新产品试制或科研课题条件的,还要同时列入部的科技计划进行管理。

机械工业技术发展基金项目,一般研制期为 3 年。合同资助金额按现行科技经费使用范围一次核定,分年拨款,包干使用。如有的项目完成后需偿还部分经费的,则在签订合同时约定条款,认真执行。

对已签约的合同,按基金管理办法有关规定,承担单位要每年 2 次向基金会填报项目进展情况,每年 1 次填报经费使用情况的有关报表。

项目成果要按基金会《成果管理实施办法》,经组织验收或鉴定,完全达到合同规定的技术经济指标要求后,才算完成合同任务。关于成果的验收、鉴定工作,则由基金会组织或委托有关单位组织专家,分别用鉴定会议、通讯评审、用户验收和测试中心检测等不同形式进行。

(6)严肃合同管理和奖惩办法。基金项目合同内容,除规定要求达到的技术经济指标、完成时间、成果交付及分享形式等,还规定甲、乙双方各应承担的权利义务。过去,一般是对乙方的约束多,对甲方的约束少。从 1988 年开始我们增加了:合同任务完成时间,从双方正式签订合同并生效之日算起,甲方必须于合同年度计划拨款时间 3 个月之内拨款,为正常拨款,超过 3 个月以后拨款,乙方可按超过的时间顺延完成期限……等条款。以强化合同的对等和严肃性。

为了加强基金合同的管理,促使各承担单位按质按量、全面完成合同所规定的各项要求,于 1987 年议定将在基金项目评审中实行"信誉率指标"的考核办法,即对各承担单位当年应完成的合同任务,进行信誉率的考核:正常完成合同各项条款的信誉率指标为 100%;合同各项条款执行好(如提前完成任务、主要技术经济指标超过要求、成果推广和成果效益分享条款执行好等),其信誉率指标为 101—105%;合同条款执行不好的,其信誉率指标为 90—99%。某单位当年应完成各项目的信誉率指标的平均值,即是该单位当年执行合同的信誉率。

现已制订了具体打分的办法。在评审新的项目时，将信誉率指标计入评分，使申请单位前阶段执行合同的好坏、信誉率的高低参与评审，从而使新项目增加或者减少同行专家评分，对新申请项目能否中选、获得资助将产生影响。这项办法，因对于能否得到新的资助将产生直接影响，已引起普遍的重视。

(7)成果的宣传推广。基金项目一定要使成果商品化，迅速投入生产才能产生社会经济效益。过去长期存在科技成果推广应用不力，不少成果成为“礼品”、“展品”、“样品”，基金会为此采取了两个措施：

首先，加强成果的宣传和信息交流工作。通过中国机电报社的《新产品导报》，不定期地编制“基金项目成果”专辑。凡基金会资助的每个项目成果，都必须将其参数、性能、技术水平、应用领域、预计经济效益等，整理成简介资料刊出，扩大宣传介绍，以利有关单位选用。现已编印发行两辑。

第二，针对科技成果常因缺少技术设备、工艺装备、材料配套或流动资金等，而不能在生产领域应用，满足社会需要，取得经济效益的问题，于1988年开始对某些技术成熟、社会效益好、资金回收快的成果，给以部分贷款扶植。具体贷款业务委托金融机构办理，以促进科技成果能尽快转化为商品。

3. 经验教训和存在的问题

4年来，机械工业技术发展基金会在国家关于科技体制改革的有关方针政策指引下，开展各项工作，取得了一定的成效，其主要经验教训、体会和存在问题如下：

(1)领导的重视和支持是开展工作的必要保证。机械工业技术发展基金会的工作，是和各级领导的关怀和支持分不开的。在筹备阶段，得到国务院科技领导小组办公室领导同志的具体指导和帮助；原机械部党组将直属事业单位减下来的事业经费用于基金，还将国家计委切块给机械部的科技三项费用中1 500万元，也进入基金总额。在国家减少三项费用指标的情况下，机械电子工业部领导坚持改革，仍按1 500万元进入基金。当机械、兵器、电子工业部先后撤销，组建国家机械委和机械电子工业部，部领导坚持成立基金会秘书机构，在人员和管理机制方面都得到了加强；当试行基金制刚作出一点成绩时，方毅、宋健等领导同志就及时勉励，有力地促使了基金会工作的开展。

(2)工作规范化，做到有章可循、有据可查。基金会在成立之初我们就认识到：基金工作由于引进了竞争、合同制、依靠专家和面向全行业的工作机制，与过去行政订项目、切块分配费用的办法有很大的不同。基金工作接触到大量的申请单位、众多行业专家，有大量的申报资料、专家评审意见、合同管理等方面文件资料的处理和管理，面临尊重专家、发扬技术民主的新的工作方法，改变过去靠行政手段的管理方法。为此，制订了有关的规章制度和工作程序及工作守则：《机械工业技术发展基金暂行管理办法》、《机械工业技术发展基金暂行管理办法实施细则》、《机械工业技术发展基金组织及工作条例》、《机械工业技术发展基金项目成果管理实施办法》、《机械工业技术发展基金贷款暂行办法》等；以及一些有关的业务工作细则，并在实践中不断修改，逐步走上了科学管理的轨道。

(3)保持廉洁公正的风尚。基金会要求秘书机构工作人员严格按有关管理办法开展工作，不讲情面，不徇私；对来访者，要热情接待，做好服务工作；对不合理要求，要说服；要贯彻机电部的“团结、求实、创新、服务、高效、廉洁”的十二字部风和基金会的“公正、科学、高效、精干、创新”十字会风。4年来，全体同志认真贯彻，身体力行，今后还将保持优良风尚，继续做好工作，为进一步做好基金工作，提高机械工业的科技管理水平而努力奋斗。

(4)行业基金当前面临着主要问题是资金来源不稳定、不固定，且有逐年减少的趋势，将严重影响行业基金制的进行和发展。

二、机　构

1. 机械工业技术发展基金委员会第一届委员会组成

主　　任	陶亨咸			
常务副主任	陆燕荪	范宏才		
副 主 任	姚福生	张作梅	潘际銮	
委　　员	金孝杰	雷天觉	周惠久	孟少农
	路甬祥	李力钧	顾绳谷	陈秉聪
	周仲民	冯子珮	朱森第	
顾　　问	曹锦焕			

第二届委员会组成

主　　任　陶亨咸

常务副主任　陆燕荪　姚福生

副 主 任　朱森第　路甬祥

委　　员　雷天觉　范宏才　李力钧　顾绳谷　陈秉聪　周仲民　冯子珮　史维祥　郭志坚　俞忠钰　王　都　陈杏蒲　吴浚郊　毕东芬

名誉委员　张作梅　潘际銮　周惠久

2. 办事机构

基金会办事机构由正副秘书长负责，处理日常工作。下设3个室、一个部：

(1)办公室：负责管理行政、人事、劳资、党务、政治思想和纪律检查等工作。

(2)综合室：负责拟订基金会的方针、政策、办法、细则及工作制度，加强与委外有关单位的联系，互相交流、学习，促进基金会工作的不断改革提高，组织召开委员会工作例会和处理委员会一切日常工作；承担委托任务、基金项目和日常行政及财务工作，会同委内经济调节司直属处核定年度基金总额，按项目合同分期、分批负责拨款、贷款和偿还等手续，并进行财务监督。

(3)项目室：负责编制基金项目指南草案，组织召开专业组工作例会，受理项目申请，组织同行专家评审，择优资助，按项目进行协调，签订合同，定期督促检查，并负责成果的推广和管理工作。

(4)技术咨询部：负责技术成果商品化贷款和有关技术咨询项目等工作。

3. 机械工业技术发展基金会专业组设置及组成

通用机械专业组

组　长　万长森

副组长　龚明基

成　员　赵寿康　吴业正　金银木　王义行　刁尔芳　柳曾典　姜夔昌　彭汉钦　唐　实　谢长豪　杨崇麟

电器专业组

组　长　钟梓辉

副组长　屈　森

成　员　曹亚琴　周　章　高通文　乐茂生　李哲生　李佩章　王季梅　许士英　朱英浩　熊敬楦

共性技术专业组

组　长　雷慰宗

副组长　于　恒

成　员　张松滨　丁　淳　董一良　张长生　樊东黎　刘元杰　叶杨祥　唐玉林　宋天虎　陈南平　余同希　陆明炯　蒋昌业　傅沛福　林　瑞

仪表专业组

组　长　陈杏蒲

副组长　马　林

成　员　陈铁君　周鹏飞　王璐璐　王善元　黄辑熙　张静华　单大年　陈　和　姜继增　尹翼开　桂祖豪

机床工具专业组

组　长　缪满荣

副组长　么炳唐　虞锡元

成　员　张世萤　闵学熊　陈克栋　陆　诚　孟　苏　周勤之　韩至骏　金根华　刘　珑

工程农机专业组

组　长　刘洪林

副组长　郑　桂

成　员　朱剑秋　阎笃忠　李振宇　杨　杰　陆根源　朱章源　燕　棠　桑正中　马成林　商　镇　袁锡璠

重型机械专业组

组　长　沈光逵

副组长　谢锦成

成　员　庄大象　汤宏武　虞和谦　郁明山　赖家明　连家剑　宋甲宗

共聘请有关专家88人，其中部内专家占21%，高等院校副教授以上占16%，科研院所占48%，工厂企业占15%。

三、统　计

经费情况

（金额单位：万元）

项目＼年度		1989	1988	1987	1986	总计
收入	合　计	3 604	4 644	4 749	4 735	17 732
	科技三项费用	1 500	1 500	1 500	1 500	6 000
	削减事业经费	2 100	3 140	3 246	3 235	11 721
	事业经费拨款	4	4	3		11
支出	合　计	2 872	4 256	4 488	4 786	16 402
	1985 年试点合同			1 003	2 700	3 703
	基金合同款	2 861	4 247	3 480	2 086	12 674
	办公费支出	11	9	5		25

历年申请、批准资助概况

项目＼年度		1989	1988	1987	1986	总计
申请	项　数	477	862	1 300	1 947	4 586
	金额(万元)	7 415	8 780	17 000	25 000	58 195
批准资助	项数	148	204	412	455	1 219
	金额(万元)	1 254	2 096	3 864	4 514	11 728
批准率(%)	项　数	31.0	23.7	31.6	23.3	26.6
	金　额	16.9	23.8	22.7	18.0	20.2
平均资助强度	万元/项	8.5	10.3	9.4	10.0	9.6

1986 年各学科资助情况

专　业	申　请		批准资助		获准率(%)		平均资助强度
	项数	金额(万元)	项数	金额(万元)	项数	金额	(万元/项)
合计	1 974	25 000	455	4 514	23.4	18.0	9.9
工程农机			53	388			7.3
重型矿山			27	320			11.9
通用基础件			44	468			10.6
机床工具			24	268			11.2
电工机械			58	894			15.4
共性技术			88	694			7.9
仪器仪表			161	1482			9.2

1987 年各学科资助情况

专　业	申　请		批准资助		批准率(%)		平均资助强度
	项数	金额(万元)	项数	金额(万元)	项数	金额(万元)	(万元/项)
合　计	1 300	17 000	412	3 864	31.7	22.7	9.4
工程农机			50	300			6.0
重型矿山			23	198			8.6
通用基础件			52	355			6.8
机床工具			38	489			12.9
电工机械			64	892			13.9
共性技术			78	817			10.5
仪器仪表			107	813			7.6

1988 年各学科资助情况

专　业	申　请		批准资助		批准率(%)		平均资助强度
	项数	金额(万元)	项数	金额(万元)	项数	金额(万元)	(万元/项)
合　计	862	8 780	204	2 096	23.7	23.9	10.3
工程农机			15	103			6.9
重型矿山			8	80			10.0
通用基础件			25	188			7.5
机床工具			26	304			11.7
电工机械			43	512			11.9
共性技术			69	768			11.1
仪器仪表			18	141			7.8

1989 年各学科资助情况

专　业	申　请		批准资助		批准率(%)		平均资助强度
	项数	金额(万元)	项数	金额(万元)	项数	金额(万元)	(万元/项)
合　计	477	7 415	148	1 254	31.0	16.9	8.5
工程农机			26	229.6			8.8
重型矿山			13	120			9.2
通用基础件			22	170			7.7
机床工具			21	165			7.9
电工机械			41	344			8.4
共性技术			—	—			
仪器仪表			25	225			9.0

资助项目分布情况

年度	合计	单位性质			隶属关系		
		高等学校	研究机构	企业	直属院校	地方厂所	部外单位
合计	1 219	254	792	173	779	183	257
1989	148	22	107	19	107	19	22
1988	204	38	155	11	153	17	34
1987	412	90	244	78	240	80	92
1986	455	104	286	65	279	67	109

注：1)部外单位，绝大数是高等院校。

2)个别项目由几个单位共同承担。

完成项目情况

项目＼批准年度	1989	1988	1987	合计
合　　计	253	218	63	534
工程农机	37	43	7	87
重型矿山	8	6	0	14
通用基础件	31	29	3	63
机床工具	17	17	5	39
电工机械	44	25	12	81
共性技术	51	44	6	101
仪器仪表	65	54	30	149

资助项目完成研究成果情况

年　　度	省部级鉴定	已推广应用	拟推广应用
合　　计	534	257	24
1989	253		
1988	218	196	22
1987	63	61	2

资助项目成果获奖情况(部委级科技进步奖)

年　度	奖励等级			
	合　计	一　等	二　等	三　等
合计	31	3	10	18
1989	24	2	9	13
1988	6	1		5
1987	1		1	

航空科学基金理事会

一、综　述

1. 航空科学基金理事会成立背景

1985年中共中央在关于科技体制改革的决定中指出："对基础研究和部分应用研究工作，逐步试行科学基金制"。同年11月航空工业部航技函〔1985〕1049号通知指出：为了促进航空科学技术的发展，支持优秀科技人员在航空科学技术新的领域内开展探索性研究，以期形成较为合理的一定纵深部署的科研结构，使科技发展分层次地进行。决定从预研经费中划出一部分航空科研基金，实行基金制管理；决定设立航空科学基金理事会，由24位理事组成，理事长、理事、秘书长由部直接聘任；1986年先在部属高等重点院校试行基金制，然后逐步推广到全行业；设立航空科学基金办公室，作为理事会办事机构，挂靠在航空工业部技术经济论证研究所(620所)，负责基金项目实施的日常工作，人员编制暂定为4人。

党中央、国务院决定在我国试行基金制的方针是全国推行全面改革的措施之一，航空工业部在此历史进程中，为贯彻"经济建设必须依靠科学技术，科学技术必须面向经济建设"的战略方针，把科研、生产、教育有机地结合起来，形成航空科技发展的层次结构。设立基金制，便是从组织制度上，对航空科技在新的领域内开展探索性研究给予适时的、合理的支持，从而摆脱了多年来缺乏科技基础研究为后盾的、以型号研制带科研的方式。

2. 航空科学基金的性质和宗旨

航空科学基金在管理上，以《项目指南》为引导，充分发挥航空科技专家的主观能动性，发掘其对新事物的探索精神，既体现了行政领导的宏观管理与控制，又能使科学家和技术专家发挥个人的聪明才智；采用了个人申请、专家评审、择优资助的方式、改变"大锅饭"的做法。航空科学基金建立了一套从申请、评审、阶段管理到研究结果或成果，以至对成果的交流、推广等的管理制度，把科学、公正的管理和研究者的主导作用相结合，即“以专家为主体，以竞争为动力，以创新为目标，以公正为准则”的科学化、民主化的新型管理机制。

航空科学基金专门用于资助航空科学技术的基础研究和部分应用研究。其目的是为航空科学技术的发展进行技术储备和人才储备，充分发掘科研潜力，发现和培养人才；对航空科学技术研究工作形成合理的纵深配置；为航空工业的持续、稳定和协调发展提供后盾力量；为能独立自主、自立更生地发展航空科技创造条件。

3. 航空科学基金工作特点

航空科学基金至1989年底已有4年时间，由于经费及人员所限，目前管理申请范围暂限于部属6所高等院校和18个专业研究所。

1986年资助的课题基本上进入结束阶段，有的项目已申请了专利，个别项目可以达到推广应用程度。据不完全统计，航空科学基金项目已完成学术论文916篇，其中参加国际会议83篇，在国外学术刊物发表85篇，国内学术刊物发表337篇，其他专著发表6部。航空科学基金实施以来受到了广大科技人员，特别是高等院校的科技工作者的热烈欢迎和支持，不仅把基金当成是研究经费的可靠来源，而且看作是对基础研究工作稳定的支持和信赖。能够获得航空科学基金项目资助，不仅反映了申请者的一定学术水平，而且是一种社会荣誉，因此，在实际研究工作中，大大增强了事业和责任感。在评议方法上，航空科学基金主要采用通讯方法，一份申请书必须请5位同行专家进行评议，尔后用定性与定量相结合的AHP方法进行优先排序，择优支持。对评议专家的选择，主要是从学术和业务水平出发。为避免人际关系造成不利公正、合理的因素，除分送申请书时，注意挑选合适的专家外，并要求评议人勿将申请书内容及评议人意见以任何方式外泄或复制。因此被选聘的同行评议专家，对申请课题的评议是具有一定的权威性的，所以这也是一种社会荣誉。

航空科学技术，是技术密集型的工程技术研究，航空科学技术本身便具有任务导向性质。因此如何结合我国国情和航空事业发展实际，开展航空科学基金是航空基金管理工作的实际课题。经过几年工作实践，已初步使航空科学基金走上轨道，奠定了深入开展的基础。航空科学基金管理工作总的目标要求是科学化、民主化、制度化和公正化。在工作中注意：

(1)支持航空科学技术的基础研究和部分应用研究，以发现和培养人才，推动航空科学技术进步和经济发展。

(2)支持创新，鼓励创新，是基金工作的指导思想。对一些科学前沿和对航空生产技术长期发展具有重大意义，研究力量雄厚，有可能取得突破的基础研究和应用研究领域给予优先支持；重视交叉学科，注意科学研究工作的纵深配置，对有重大应用前景的课题，给予充分资助，力争出高水平成果；注意支持具有新思想、新原理、新方法、新工艺和可能取得崭新成果的研究项目；注意对出国归来人员在国外研究课题工作基础上的延续申请，并给予优先照顾。

(3)坚持“依靠专家，发扬民主，择优支持、公正合理”的原则。

(4)严格按程序办事，确保基金工作的公正性和合理性。

航空科学基金制在实施过程中，得到了部领导和机关同志的有力领导和支持，也得到航空航天领域很多有威望的专家热情帮助和鼓励。现在航空科学基金评审专家近1 500人。这是顺利推行航空科学基金制的重要保证。

二、组 织 机 构

1. 基金名称

1985年航空工业部正式决定，从预研经费中划出部分经费，设立航空科学基金，并成立航空科学基金理事会(全称为：航空工业部航空科学基金理事会)及航空科学基金办公室(全称为：航空工业部航空科学基金办公室)。1988年5月国务院决定航空工业部与航天工业部合并，根据航空航天工业部航计(1988)1264号文《关于航空航天工业部企事业单位名称命名的通知》精神，全称现为“航空航天工业部航空科学基金理事会”及“航空航天工业部航空科学基金办公室”。

2. 航空科学基金理事会

航空科学基金理事会，是在航空航天部领导下的航空科学基金工作组织领导机构。理事会的日常工作由理事长负责主持，重大问题由理事会讨论决定，一般采取协商办法，必要时可以表决程序决策。航空科学基金理事会的任务：审定《项目指南》；审定基金资助原则和管理办法；掌握资助重点及方向；审批资助课题；全面指导基金工作；在业务上争取国家自然科学基金委的指导和帮助。理事会设理事长 1 名，副理事长若干名，秘书长 1 名、副秘书长若干名；理事由航空科学技术领域的管理专家和科学家担任，由部聘任，实行任期制，每届任期 4 年，可以连聘连任。第一届航空科学基金理事会成员共 24 名。理事会全体会议每年召开 1—2 次，全体会议闭会期间，理事长可召开办公会议，研究决定有关基金工作事宜。办公会议由理事长、副理事长、秘书长、副秘书长及办公室有关同志参加会议的议题，由办公室及时通报全体理事，以加强联系，沟通情况。

第一届理事会组成

理事长	方宝瑞		
副理事长	杜金陵	铙书田	
理　事	陈志献	周晓青	李章由
	金德琨	沈士团	文传源
	刘元镛	康继昌	许　棠
	张幼桢	汪瑞富	樊世荣
	吕　澂	邹盛怀	冯培德
	王志良	李成功	秦丕钊
秘书长	林耀芳		
副秘书长	戴　鼎	王金宝	

3. 航空科学基金办公室

航空科学基金办公室是理事会的办事机构，主要任务是：制定基金资助和管理办法；组织编写《项目指南》；受理申请课题；组织同行专家评议；通知经理事会审批的项目并拨款；课题质量检查；成果登记及选编论文集；理事会交办的特别任务及日常工作。

现有专职工作人员 6 人，其中高级工程师 4 人，工程师 1 人，助理工程师 1 人。

4. 专家系统及评审管理程序

航空科学基金暂不设立固定的专家组，只是从航空科学基金管理角度出发，把专业分类为：①空气动力学、飞行力学及水动力学；②飞行器结构强度和设计；③飞行器推进系统；④航空武器与火控技术；⑤飞行控制与导航；⑥航空电子与计算机；⑦航空材料与制造技术；⑧机载机电设备；⑨试验与测试技术；⑩软科学及其他交叉科学。根据专业分类从航空工业部厂、所、院校及航空工业部外的研究部门和高等院校搜集同行专家，建立了评审专家库系统。航空科学基金办公室通过专家调查法建立了一套课题评议指标体系，即三大类；十项指标；每项指标三个级别；每个级别两个档次（见附表），以通讯方式为主进行评议，同行专家评议意见返回后，由航空科学基金办公室用层次分析法（AHP 方法）进行排系，确定各类专业的优良顺序，最后召开航空科学基金理事会，并邀请同行专家参加评审。资助课题审定后，由基金办公室通知申请者所在单位，并转告获得资助者，同时航空科学基金资助课题纳入申请者所在单位的研究计划进行管理。

航空科学基金申请项目及评审管理流程图

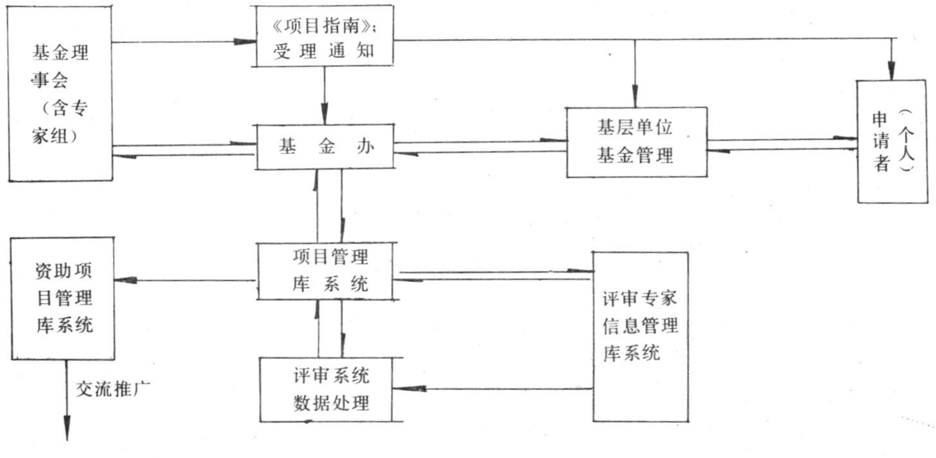

三、统 计

航空科学基金历年申请、资助情况

（金额单位：万元）

年度 / 项目 / 专业类别	1986						1987						1988					
	申请		资助		批准率（%）		申请		资助		批准率（%）		申请		资助		批准率（%）	
	项数	金额	项数	金额	项数	金额	项数	金额	项数	金额	项数	金额	项数	金额	项数	金额	项数	金额
空气动力学	26	120.6	11	34.5	42.3	28.6	22	109.0	9	26.2	40.9	24.0	25	89.6	14	29.5	56.0	32.9
飞行器结构强度和设计	36	157.8	14	49.8	38.9	31.6	31	160.1	19	68.2	61.3	42.6	26	104.2	16	42.8	61.5	41.1
飞行器推进系统	23	108.7	11	45.2	47.8	41.6	23	120.9	12	42.1	52.2	34.8	43	179.7	22	45.9	51.2	25.5
武器火控系统	12	52.8	6	23.0	50.0	43.6	4	16.0	3	8.0	75.0	50.0	10	34.8	7	15.0	70.0	43.1
飞行控制与导航	19	85.8	10	38.7	52.6	45.1	22	112.8	14	39.2	63.6	34.8	37	153.4	15	39.6	40.5	25.8
航空电子及计算机	29	125.1	14	42.7	48.3	34.1	23	102.8	13	35.8	56.5	34.8	60	232.6	27	63.1	45.0	27.1
航空材料与工艺	64	289.8	25	82.6	39.1	28.5	43	235.0	29	77.3	67.4	32.9	81	312.5	41	91.2	51.0	29.2
机载机电设备	20	96.9	10	34.0	50.0	35.1	17	82.2	7	20.0	41.2	24.3	22	94.1	8	17.6	36.4	18.7
试验与测试技术	37	155.4	12	40.0	32.4	25.7	21	83.0	13	31.7	61.9	38.2	46	202.2	18	52.7	39.1	26.1
软科学及其他交叉科学	24	85.4	9	22.1	37.5	25.9	24	112.4	13	36.5	54.2	32.5	31	124.5	17	44.4	54.8	35.7
总计	290	1278	122	412.6	42.1	32.3	230	1134.8	132	384.9	57.4	33.9	381	1527.6	185	441.8	48.6	28.9

（续表）

年度 项目 专业类别	1989						合计					
	申请		资助		批准率（%）		申请		资助		批准率（%）	
	项数	金额	项数	金额	项数	金额	项数	金额	项数	金额	项数	金额
空气动力学	51	228.3	18	48.0	35.3	21.0	124	547.5	52	138.2	41.9	25.2
飞行器结构强度和设计	62	255.7	20	58.1	32.3	22.7	155	677.8	69	218.9	44.5	32.3
飞行器推进系统	63	266.6	18	51.6	28.6	19.4	152	675.9	63	184.8	41.4	27.3
武器火控系统	22	91.0	7	25.9	31.8	28.5	48	194.6	23	71.9	47.9	36.9
飞行控制与导航	41	175.6	14	41.0	34.1	23.3	119	527.6	53	158.5	44.5	30.0
航空电子及计算机	52	213.7	19	43.4	36.5	20.3	164	674.2	73	185.0	44.5	27.4
航空材料与工艺	99	422.6	31	99.6	31.3	23.6	287	1 259.9	126	350.7	43.9	27.8
机载机电设备	22	98.9	7	20.1	31.8	20.3	81	372.1	32	91.7	39.5	24.6
试验与测试技术	33	161.0	9	26.7	27.3	16.6	137	601.6	52	151.1	38.0	25.1
软科学及其他交叉科学	48	147.7	14	28.9	29.2	19.6	127	470.0	53	131.9	41.7	28.1
总　计	493	2 061.1	157	443.3	31.8	21.5	1 394	6 001.2	596	16 82.7	42.8	28.0

1988年航空科学基金资助项目研究性质情况

（金额单位：万元）

专业类别	合计				基础研究				应用基础研究				应用研究			
	项数	%	金额	%	项数	%	金额	%	项数	%	金额	%	项数	%	金额	%
总计	157	100.0	443.3	100.0	10	6.4	22.5	5.1	116	73.9	334.7	75.5	28	17.8	77.7	17.5
空气动力学	18	100.0	48.8	100.0	2	11.1	5.3	11.0	12	66.7	31.5	65.6	3	16.7	8.0	16.7
飞行器结构强度和设计	20	100.0	58.1	100.0	0	0.0	0.0	0.0	17	85.0	49.2	84.7	3	15.0	8.9	15.3
飞行器推进系统	18	100.0	51.6	100.0	2	11.1	5.9	11.4	12	66.7	32.9	63.8	3	16.7	9.6	18.6
武器火控系统	7	100.0	25.9	100.0	0	0.0	0.0	0.0	7	100.0	25.9	100.0	0	0.0	0.0	0.0
飞行控制与导航	14	100.0	41.0	100.0	1	7.1	2.0	4.9	12	85.7	37.0	90.2	0	0.0	0.0	0.0
航空电子及计算机	19	100.0	43.4	100.0	4	21.1	8.5	19.6	13	68.4	30.4	70.0	2	10.5	4.5	10.4
航空材料与工艺	31	100.0	99.6	100.0	0	0.0	0.0	0.0	22	71.0	71.6	71.9	9	29.0	28.0	28.1
机载机电设备	7	100.0	20.1	100.0	0	0.0	0.0	0.0	5	71.4	14.7	73.1	2	28.6	5.4	26.9
试验与测试技术	9	100.0	26.7	100.0	0	0.0	0.0	0.0	8	88.9	23.4	87.6	1	11.1	3.3	12.4
软科学及其他交叉科学	14	100.0	28.9	100.0	1	7.1	0.8	2.8	8	57.1	18.1	62.6	5	35.7	10.0	34.6

1989年航空科学基金资助项目负责人专业职称统计表

（单位：人）

专业类别	合计	教授	副教授	高工	讲师	工程师	助教	其他
总计	157	51	48	15	25	2	0	14
空气动力学	18	7	5	0	3	0	0	3
飞行器结构强度和设计	20	6	7	3	2	0	0	2
飞行器推进系统	18	8	5	0	3	3	0	2
武器火控系统	7	1	3	3	0	0	0	0
飞行控制与导航	14	5	7	1	0	0	0	1
航空电子及计算机	19	7	5	2	2	1	0	2
航空材料与工艺	31	7	11	2	7	1	0	3
机载机电设备	7	1	2	1	3	3	0	0
试验与测试技术	9	3	8	2	3	0	0	1
软科学及其他交叉科学	14	6	3	2	3	0	0	0

1989 年航空科学基金项目按单位申请与资助统计表

（金额单位：万元）

单位	申请		资助		%	
	项数	金额	项数	金额	项数	金额
总计	493	2061.1	157	443.3	32	21.5
北航	142	619.1	56	153.5	39	24.8
南航	149	591.3	43	117.8	29	19.9
西工大	129	528.9	39	118.1	30	22.3
沈航	13	43.9	2	4.0	15	9.1
郑航	2	1.9	1	0.3	50	15.8
南昌航院	2	9.0	1	4.5	50	50.0
六零七所	1	5.0	0	0.0	0	0.0
六零八所	2	9.2	1	3.3	50	35.9
六一零所	5	25.0	2	4.4	40	17.3
六一二所	7	33.6	1	3.5	14	10.1
六一三所	5	25.8	2	6.5	40	25.2
六一五所	7	30.9	2	4.9	29	15.9
六二一所	11	53.0	3	11.0	27	20.8
六二三所	6	27.0	2	5.0	33	18.5
六二四所	3	12.4	0	0.0	0	0.0
六二五所	1	5.0	1	4.0	100	80.0
六二七所	2	14.0	0	0.0	0	0.0
三零三所	3	14.6	0	0.0	0	0.0
三零四所	3	11.5	1	2.5	33	21.7

1988,1989 年度资助项目负责人年龄分布情况

年龄（岁）＼年度	1988		1989		合计	
	人数	%	人数	%	人数	%
总计	185	100.0	157	100.0	342	100.0
35 以下	14	7.6	15	9.6	29	8.5
36—45	10	5.9	17	10.8	27	7.9
46—55	115	62.1	76	48.4	191	55.8
56—60	33	17.8	39	24.8	72	21.1
61—70	12	6.5	8	5.1	20	5.8
71 以上	1	0.5	2	1.3	3	0.9

资助项目科研成果分析

内容			1988	1989	合计
完成论著	会议	国际	28	55	83
		国内	95	170	265
	刊物	国际	31	54	85
		国内	103	234	337
	待发表		58	82	140
	专著		2	4	6
	合计		317	599	916
研究成果	待评鉴		12	0	12
	已评议鉴定		13	8	21
	已推广		1	0	1
	拟推广		0	0	0
	专利	国外	0	0	0
		国内	3	2	5
		待申请	2	0	2
获奖	国家级	自然科学	0	0	0
		科技进步	0	0	0
		发明	0	0	0
	部委级	科技进步	1	5	6
		其他	0	0	0
	省级	科技进步	1	0	1
		其他	0	0	0
人才培养	博士后		1	1	2
	博士生		60	62	122
	硕士生		265	339	604

轻工业科学技术发展基金会

一、概　况

轻工业科学技术发展基金会成立于 1988 年 12 月，隶属轻工业部，业务上由轻工业部科技发展司宏观指导。轻工业科学技术发展基金会的成立是轻工业部机关机构改革方案的一个组成部分。

轻工业部机构改革中，对科研管理体制采取了“三位一体”的管理机制。即轻工业部设科技发展司，主要负责科技工作的宏观管理；组建轻工业科学技术发展基金会，主要负责基金项目的招标、评审和立项工作；中国轻工业新技术组织研究开发中心，主要负责组织、实施轻工业新技术研究、开发，开拓技术市场，开展技术贸易，促进科技成果工业化、商品化，推动轻工业科技进步。

资金来源于国家拨给的部分科技三项费用，有偿合同回收的科技经费，中国轻工业新技术组织研究开发中心在盈利后，每年按一定比例无偿向基金会提供资金以及社会集资等。

基金会的主要任务是：负责筹集轻工业科学技术发展基金；受理根据轻工业科学技术发展规划和项目指南提出的研究课题，以及其他申请轻工业科学技术发展基金资助的项目；组织专家对基金项目进行评议、招标、评审和最终审定；检查督促基金项目的组织实施等。

该基金面向全国轻工行业，用于轻工业的应用研究和重点技术的发展研究，用于符合轻工业科技发展规划，项目指南要求，密切结合生产发展的需要，有较大经济效益和社会效益，对推动轻工业技术进步有较大作用的项目。

应用开发研究工作，包括应用基础工作，重大研究课题及重大应用技术课题。

凡轻工业的有关企业、研究单位、大专院校及轻工行业以外的有关单位或个人，符合轻工业科技发展基金资助范围，需要经费资助的研究项目，均可按规定提出申请。

轻工业科学技术发展基金申请、评审和批准资助按下述六个步骤进行：

(1)受理申请：轻工业部科技发展司每年 12 月底前发布下一年度的项目指南，轻工系统的企业、研究单位、高等院校及非轻工系统的有关单位，科技人员均可按项目指南的要求，在规定的日期内提出申请。

申请基金，必须填写轻工业科技发展基金项目申请书及可行性分析报告，经申请人所在单位学术委员会签署具体意见，加盖公章。凡合作项目，其协作单位也应签署具体意见，加盖公章。

项目申请由基金会办公室受理。每年受理 1 次，申请者需在每年的 3 月 1 日—30 日，将已由申请者所在单位签署意见的申请书，可行性分析报告一式 6 份寄送基金会办公室，并随交评审费，每一项目人民币 60 元。

(2)预审：由基金会办公室进行形式审查，如是否符合科技发展基金资助范围，材料是否齐全等。

(3)初审：凡基金会预审合格的项目，委托行业专家组 3—5 人进行初审。初审意见由基金会办公室进行综合归纳。

(4)评审：基金会办公室组织各行业专家组对项目进行评审。提出本行业中资助项目、资助金额及拨款的建议。基金会办公室汇总各行业专家组的评审结论，进行综合平衡，提交常务委员会讨论通过。

(5)审批：基金会常务委员会通过的项目，报部审批，批准后的项目由基金会办公室寄送获资助通知书。

(6)拨款：接到资助项目通知书的申请者，与中国轻工业新技术组织研究开发中心有关部门签定合同。合同生效后，经基金会办公室负责人签章后交由财务拨款。

根据申请项目的不同情况，项目经费分全额资助和部分资助，一次核定，分次或一次拨给，对于基础性工作、软科学研究项目原则上为无偿资助；除基础性工作外的所有研究项目，资助金额、还款比例，均视项目的经济效益来确定。原则上，有一定经济效益或有特大经济效益的项目，在项目完成后应还款 50—100%。

项目承担单位每年年中及年终两次向中心报送项目进行情况，并抄送轻工业部科技发展司及基金会办公室。

按合同规定的指标完成的项目，承担单位应向中心(基金会办公室)提出项目鉴定或验收申请，经中心进行技术、经济指标及成果资料审查后，按轻工业部规定的验收鉴定办法办理。

项目鉴定或验收后，其成果管理按轻工业部科技发展司成果专利处有关规定执行。

轻工业科学技术发展基金会的领导机构是基金委员会，第一届委员会由 23 位委员组成，任期 3 年。委员会设主任 1 人，副主任 2 人，秘书长 1 人，副秘书长 1 人。

基金会的常设职能机构为基金会办公室。由秘书长、副秘书长及工作人员 6 人组成，在秘书长的领导下开展日常工作。

基金会的项目评审的基础是行业专家组。现设有造纸，食品(糖、罐头、乳品)，发酵，皮鞋，日化(洗涤用品、化妆品、油墨、感光材料)，家电，塑料制品，轻工机械，玻璃搪瓷，陶瓷，日用机械(钟表、自行车、缝纫机)，制盐，室内装饰(五金、家具)，电光源等 14 个行业专家组。

每个专家组由 5—11 人组成，聘请有关行业中学术、技术水平较高的、办事公道、在行业中有一定影响的专家兼任。

行业专家组的任务是：

(1)研究本行业科技发展方向，提出研究应用新技术、高技术、实用技术的规划设想，为提高本行业技术水平和经济、社会效益提出组织实施建议。

(2)负责本行业基金项目的选择工作，参加本行业基金项目的同行评议。

两年来，批准资助的项目分为软科学、基础性工作、重点行业项目(含高附加值产品项目、三白共性技术等)和一般项目三大类。大部分为研究试制项目，主要是工艺性研究的小试、中试及新产品的研制，资助的项目中行业分布体现了倾斜政策，突出轻工原材料开发、高附加值产品开发、共性技术、加强轻工装备等。

二、组 织 机 构

轻工业科学技术发展基金会基金委员会组成

主　　任　俞福良
副 主 任　马啸虎　徐蓓蕾
委　　员　马继麟　王葆初　冯维康
　　　　　李运棠　李兆雄　余贻骥
　　　　　陈振刚　杨国柱　周永健
　　　　　俞士忠　俞志洪　胡　楠
　　　　　徐　浩　张学元　常沙娜
　　　　　雷渊超　魏　进
秘 书 长　王　珏
副秘书长　霍杜芳

三、统　计

1989 年按资助项目类型统计

(金额单位:万元)

专　业	申　请		批准资助		批准率(%)		平均资助强度(万元/项)
	项 数	金 额	项 数	金 额	项 数	金 额	
总　计	643	14 492.59	133	924.4	20.7	6.4	6.92
A01 造纸	34	1 253.6	7	78.2	20.6	6.2	8.5
B01 制糖	22	344.9	8	71	36.4	20.6	8.88
B02 糖果及食品	36	555.9	4	23	11.1	4.1	5.75
B04 罐头	9	162.9	4	35	44.4	21.5	8.75
B05 饮料	5	100	—	—	—	—	—
C01 发酵	61	585.5	9	50	14.8	8.5	5.56
C02 酿酒	58	1 317.1	7	57	12.1	4.3	8.14
D01 皮革毛皮	12	234	4	31	33.3	13.2	7.75
H01 塑料	54	1 136.9	11	70.2	20.4	6.2	6.38
I01 轻机	154	3 589.7	27	178	17.5	5.0	6.59
I02 衡器	10	261.8	2	11	20.0	4.2	5.5
J01 钟表	9	211.1	2	11	22.2	5.2	5.5
J02 自行车	4	51.3	1	4	25.0	7.8	4
J03 缝纫机	6	411.2	1	10	16.7	2.4	10
K01 搪瓷	1	8	—	—	—	—	—

（续表）

专业	申请		批准资助		批准率(%)		平均资助强度(万元/项)
	项数	金额	项数	金额	项数	金额	
K02 日用玻璃	6	343.3	2	13	33.3	3.8	6.5
L01 陶瓷	16	439.5	5	26	31.3	5.9	5.2
M01 工艺美术	2	90	—	—	—	—	—
M02 地毯	2	180	—	—	—	—	—
M03 玩具	4	161	2	40	50.0	24.8	20
N01 日用五金	5	226	2	10	40.0	4.4	5
M02 家具	1	28	1	10	100.0	35.7	10
N03 灯光灯具	12	162.8	2	10	16.7	6.1	5
N06 日用杂品	9	189.1	—	—	—	—	—
001 感光材料	4	282	1	5	25.0	1.8	5
002 干电池	11	189.9	3	15	27.3	7.9	5
005 制盐	10	335.6	4	33	40.0	9.8	8.25
007 科技情报	10	36	6	13	60.0	36.1	2.17
008 其他	6	42.5	—	—	—	—	—
E01 洗涤用品	24	372.7	7	54	29.2	14.5	7.71
F01 香精香料	10	162.4	5	22	50.0	13.5	4.4
G01 家电	36	1 027.69	6	44	16.7	4.3	7.33

1989 年资助项目分布统计

合计	单位性质				隶属关系		
	高等院校	研究机构	企业	其他	部直属	部外	部系统内(地方)
133	29	82	16	6	54	30	49

水利技术开发基金委员会

一、综述

水利技术开发基金是原水利电力部于 1985 年设立的一项科技基金，同时成立基金委员会。1988 年机构调整成立水利部时，此项基金成为水利部的一项科技基金。设立此项基金主要考虑：①中国科学院等单位和水利部水利水电科学基金的经验说明基金制有许多优点；②贯彻科技体制改革精神，试验改革科研经费拨款办法；③水利方面科技工作大多为公益性的，经费来源主要靠国家拨款，适合采用基金制。

水利技术开发基金的经费每年 200 万元，来自每年由国家拨给水利部科技三项费用。此项基金面向全国从事水利技术应用和开发的部门，水利行业各有关单位均可按规定申请。基金会每年发布项目指南，由单位提出项目申请，基金委员会专业组组织同行专家评议和专业组评审，择优支持。批准项目，由申报项目单位与基金委员会签订合同，并每年向基金会提交计划执行情况报告。

水利技术开发基金委员会第一届委员会由 18 名委员组成，设主任 1 名，副主任 4 名。正副主任由水利部聘任。由于技术开发与生产关系密切，委员主要由水利部各有关司局的专家担任，由基金会聘任。基金会下设4个专业组，由有关专业的专家组成，正副组长由基金会委员兼任。专业组设秘书，承办专业组日常工作。基金会办公室是基金会办事机构，设在水利部科技教育司。

1985年至1990年共受理申请项目1 349项，经评审批准，签订项目合同335项，约为申请项目的1/4。共批准资助总金额708.45万元。截止到1990年4月底已完成并提交完成工作总结报告的有102项。已完成的项目，大多数成果较好，许多成果经鉴定评价认为达到了国内先进水平，部分项目已经获得了国家、部科技进步奖和其他奖励。

二、组织机构

1.水利技术开发基金委员会组成

第一届委员会

主　任　冯　寅

副主任　崔宗培　徐乾清　陈炯新　戴定忠

委　员　陈家琦　赵珂经　纪云生　何孝俅　李　丰　李春敏　邓尚诗　李纬质　富曾慈　李运涛　姚国祥　陈　川　李生田(兼办公室负责人)

第二届委员会

顾　问　冯　寅　崔宗培

主　任　徐乾清

副主任　戴定忠　郑泽民

委　员　赵珂经　任光照　杨守法　曹松润　乔玉成　郑　贤　李　丰　富曾慈　陈美章　何孝俅　李桂芬　王桂银　李生田(兼办公室主任)　丁瑞麟(兼办公室副主任)

2.专业组设置

水文水资源专业组、江河治理与工程建设专业组、农村水利与水土保持专业组、水利工程管理与综合经营专业组。

三、统计

经费情况

(金额单位:万元)

项目＼年度		1989	1988	1987	1986	1985	总计
收入	合　计		200.0	200.0	200.0	200.0	800.0
	三项费用		200.0	200.0	200.0	200.0	800.0
支出	合　计	185.8	175.2	173.2	108.8	2.0	645.0
	资助项目	185.8	175.2	173.2	108.8	2.0	645.0
	上列经费包括管理开支(包括评审费、临时工资等)拨款6.0万元						

历年申请、批准资助情况

(金额单位:万元)

项目＼年度		1988	1987	1986	1985	总计
申请	项　数	393	217	276	463	1349
	金　额	1744.3	889.6	1364.7	1967.1	5965.7
批准资助	项　数	78	84	91	82	335
	金　额	174.2	187.1	184.0	163.2	708.5
批准率(%)	项　数	20.0	38.7	33.0	17.7	24.8
	金　额	9.7	21.0	13.5	8.3	11.9
平均资助强度	(万元/项)	2.2	2.2	2.0	2.0	2.1

1985年各专业资助情况

(金额单位:万元)

专业	申请		批准资助		批准率(%)		平均资助强度(万元/项)
	项数	金额	项数	金额	项数	金额	
合　计	463	1967.14	82	163.20	17.7	8.3	2.00
水文与水资源	131	502.04	26	46.50	19.8	9.3	1.79
江河治理与工程建设	151	605.27	19	40.00	12.6	6.6	2.11
农村水利与水土保持	101	501.58	20	40.00	19.8	8.0	2.00
工程管理与综合经营	80	358.25	17	36.70	21.3	10.2	2.16

1986 年各专业资助情况

（金额单位：万元）

专业	申请		批准资助		批准率(%)		平均资助强度(万元/项)
	项数	金额	项数	金额	项数	金额	
合计	276	1 364.69	91	183.95	33	13.5	2.02
水文与水资源	72	366.43	27	53.00	37.5	14.5	1.96
江河治理与工程建设	84	340.71	25	50.70	29.8	14.9	2.03
农村水利与水土保持	81	425.47	24	46.50	29.6	10.9	1.94
工程管理与综合经营	39	232.08	15	33.75	38.5	14.5	2.25

1987 年各专业资助情况

（金额单位：万元）

专业	申请		批准资助		批准率(%)		平均资助强度(万元/项)
	项数	金额	项数	金额	项数	金额	
合计	217	889.64	84	187.10	38.7	21	2.23
水文与水资源	55	185.57	21	43.30	38.2	23.3	2.06
江河治理与工程建设	55	173.49	21	51.00	38.2	15.8	2.43
农村水利与水土保持	67	362.61	26	56.00	38.8	17.1	2.15
工程管理与综合经营	40	167.97	16	36.80	40	21.9	2.30

1988 年各专业资助情况

（金额单位：万元）

专业	申请		批准资助		批准率(%)		平均资助强度(万元/项)
	项数	金额	项数	金额	项数	金额	
合计	393	1 744.25	78	174.20	19.8	10.0	2.23
水文与水资源	97	453.51	20	31.70	20.6	7.0	1.59
江河治理与工程建设	114	463.03	18	44.00	15.8	9.5	2.44
农村水利与水土保持	117	527.48	20	52.00	17.1	9.8	2.60
工程管理与综合经营	65	300.23	20	46.50	30.8	10.3	2.33

资助项目分布情况

年度	合计	单位性质			隶属关系	
		高等学校	研究机构	其他	部系统	其他
总计	335	163	66	106	214	121
1988	78	38	12	28	45	33
1987	84	39	20	25	53	31
1986	91	44	21	26	60	31
1985	82	42	13	27	56	26

资助项目完成情况

类别 \ 批准年度	1988	1987	1986	1985	合计
合计	0	11	33	58	102
水文与水资源	0	6	10	22	38
江河治理与工程建设	0	2	7	11	20
农村水利与水土保持	0	1	9	15	25
工程管理与综合经营	0	2	7	10	19

资助项目成果获奖情况

级别	奖励名称	奖励等级					
		合计	二	三	四	论二	论三
国家级	科技进步奖	1		1			
部委级	科技进步奖	7	2	2	1	1	1

水利水电科学基金委员会

一、综述

水利水电科学基金委员会是原水利电力部(现水利部、能源部)的专设机构,于1984年7月正式成立,旨在充分发掘我国水利水电科学研究潜力,发现和培养人才,加强全国水利水电科学基础研究,以便落实水利水电长远科技发展规划任务,促进水利水电科学事业的发展。水利水电科学基金经费由部科技三项费用中每年拨款100万元。

水利水电科学基金会的资助活动面向全国水利水电行业,初期着重为部属科研单位和有关大专院校的水利水电科技人员,基金申请者须是副教授或相当于副教授的高级科技人员;讲师、工程师申请必须具有从事本专业或相近专业的相当研究能力。符合条件者均可按规定手续申请。每次申请限额为3万元。基金会自1984年10月正式开始受理申请,到1988年4月底,共受理35个单位的申请项目704项,申请资助总金额1 752.86万元,审查批准资助项目共337项,批准资助总金额454.65万元,其中:经常委副主任批准资助金额在1万元以下(含1万元)的项目29项,资助金额共20.5万元。项目平均资助强度为1.35万元。

水利水电科学基金会的管理工作方法是,自愿组合,直接申请,专家评审,择优支持,基金会(1万元以下可例外)审批,按项目一次审定经费,分期拨款,专款专用,申请者负责,单位监督保证,定期检查总结,以保证其科学性和公正性。

择优支持具备以下条件而又缺乏科研经费的研究课题:①对水利水电建设和水利水电科学发展有重要意义的基础科学研究;②学术思想较新颖,有立论根据,研究技术路线可行;③同国内其他单位研究工作不重复,或有独到之处;④研究工作已有一定基础,具备较强的研究实力;⑤研究目标明确,二三年内能取得一定成果。在评议过程中还注意到对中、青年科技人员、边远地区科研单位和新建院校科技人员的鼓励和支持。

基金委员会由22名委员组成,其中:主任1名,副主任3名。委员会下设办公室,负责有关申请、组织评议、汇总评议情况、向全委会提出评议意见以及负责基金管理等方面的日常工作。基金委员会现已建立约500多名专家组成的评审网络。

二、组织机构

基金委员会组成

主任委员　张泽祯

副主任委员　窦国仁　郑泽民　赵佩钰

委员(按姓氏笔划为序):　左东启　许协庆　李生田　李祯祥　陈享樑　陈道阁　沙金煊　沙锡林　沈淦生　汪闻韶　余开德　张有天　张宪宏　张蔚榛　赵之谦　盛崇文　董曾南

三、统计

历年申请、批准资助概况

(金额单位:万元)

项目 \ 年度		1988	1987	1986	1985	1984	总计
申请	项数	220	180	112	139	53	704
	金额	522.0	395.4	304.16	376.35	154.95	1 752.86
批准资助	项数	86	83	61	73	34	337
	金额	93.7	95.8	80.7	113.55	70.9	454.65
批准率(%)	项数	39.1	46.0	54.5	52.5	64.2	48.0
	金额	18.0	24.3	26.6	30.2	45.8	25.9
平均资助强度	(万元/项)	1.09	1.15	1.32	1.56	2.09	1.35

1988年度各学科申请、批准资助情况

(金额单位:万元)

学科	申请		批准资助		批准率(%)		平均资助强度
	项数	金额	项数	金额	项数	金额	(万元/项)
水利经济	13	25.12	4	3.2	3.07	12.3	0.8
水力学	45	104.66	20	24.2	44.4	22.7	1.21

（续表）

学　科	申　请		批准资助		批准率(%)		平均资助强度
	项数	金额	项数	金额	项数	金额	(万元/项)
泥沙	14	36.16	5	5.8	35.7	15	1.16
水文与水资源	30	74.26	8	11.1	26.7	14.3	1.39
农田水利	21	50.45	7	7.6	33.3	15.1	1.1
水工结构	35	81.7	13	12.4	37.1	15.2	0.95
抗震防护	9	22.0	7	7.7	77.8	35	1.1
岩土力学	27	56.25	14	13	51.9	23.1	0.93
工程材料	6	14.9	1	1.2	16.7	8.1	1.2
水力机械	12	24.68	2	1.7	16.7	6.9	0.85
自动化仪表	7	18.62	1	1.2	14.3	6.4	1.2
勘　测	7	13.2	4	4.6	57.1	34.8	1.15
合　计	220	522	86	93.7	39.1	18	1.09

资助金额分布情况

（金额单位：万元）

年度	合计	单位性质			隶属关系		
		高等学校	研究机构	设计院	部属	教委	其他部
总计	454.65	266.3	163.25	25.1	384.55	59.6	10.5
1988	93.7	66.9	24.8	2	78	14.1	1.6
1987	95.8	60.2	28.7	6.9	89.4	3.2	3.2
1986	80.7	50.7	23.8	6.2	74.3	5.5	0.9
1985	113.55	54.8	54.75	4.0	102.95	8.8	1.8
1984	70.9	33.7	31.2	6	39.9	28	3

卫生部科学研究基金

一、综　述

为了贯彻党中央提出的“经济建设必须依靠科学技术，科学技术必须面向经济建设”的方针，改革拨款制度，进一步调动科研人员的积极性，发挥科研单位的活力和动力，提高防病治病能力和医学科学水平，多出成果，快出人才，促进医药卫生事业的发展，卫生部从1985年起开始试行科研基金制。这种基金制改变了以往单纯依靠行政手段制定计划，分块划拨经费的管理办法，促进科研任务与经费挂钩，科研投资与效益挂钩，有利于减少经费分散，避免课题重复，调动了科技工作者的积极性、创造性，从而提高了投资效益。

卫生部科学研究基金来源于科技事业费、卫生事业费和科技三项费用，面向全国卫生系统，配合国家重点科技攻关项目和国家自然科学基金，资助医药卫生系统有创造精神和开拓能力的科技工作者从事的科研课题。主要资助范围是应用研究和应用基础研究，同时也有少量开发研究，三者资助比例约为7：2：1。着重解决防病治病和保护人民健康中的关键性科学技术问题。突出重点，发挥优势，力争在重大科研课题上有所突破，努力提高防病治病能力和医学科学水平。

卫生部科学研究基金的基本做法是：计划指导（《项目指南》），公开招标；自由申请，单位审核；提倡竞争，鼓励协作；专家评议，择优支持；按课题拨款，专款专用；申请者负责，单位监督保证。卫生部科学研究基金资助的课题，按研究类别的不同性质，实行无偿和偿还两种拨款方法。基础研究采用资助拨款，应用研究采用无偿合同拨款，开发研究采用有偿合同拨款。

按规定，申请者必须是实际主持和从事申请课题研究工作的具有中级以上技术职务的科技人员，申请时须按《项目指南》规定的内容和格式，认真填写“卫生部科学研究基金申请书”（合同书），经申请者所在单位领导和学术组织审查、筛选，对申请内容的真实性、实现研究方案的可行性、经费的合理性、基本工作条件能否保证等签署意见后，由各省、自治区、直辖市卫生厅（局）和部直属单位统一审核后按规定时间和要求上报基金办公室。

申请标书由基金办公室（设在科技司计划处）受理、汇总、分析，并组织同行专家进行评审工作。评审按照“依靠专家、发扬民主、公正合理、择优支择”的原则，采用面对面讨论、背靠背评分的办法，通过初审、复审后择优支持。对于优秀中、青年科技工作者和老、少、边、穷地区的科技工作者申请的课题，在条件基本相同的情况下，优先给予考虑。

卫生部科学研究基金不设固定的评审组。招标时，根据申请课题所属学科的分布，聘请具有较高学术造诣的高级科技人员。评审专家如有申请或参加申请的课题，在评审时，一定要回避。参加评审的人员对申请书的内容、评审情况和专家意见等要严格保密。

本基金择优支持具有以下直接为防病治病服务而又缺乏经费的研究项目：

(1)具有重要科学价值及效益；

(2)学术思想新颖，立题依据充足，研究方法和技术路线先进、科学、可行；

(3)有良好的专业研究工作基础，并具备深入开展研究工作的基本条件；

(4)研究内容为国内先进水平，目标明确可望在2—4年内取得预期的结果；

(5)经费预算适当。

专家评审后，初步选定的中标课题经卫生部批准后通知承担者单位及本人。

申请者及所在单位在接到批准资助的通知后，如有不同意见，可在1个月内向卫生部科学研究基金办公室提出。逾期不报，则按“同意基金办意见”执行。

卫生部科学研究基金课题批准经费一次核定，分年拨款，受资助者可在规定的经费开支范围内支配使用。课题经费要独立核算，专款专用，年终节余经费可跨年度使用。受资助课题必须按规定时间和要求向卫生部报告课题执行情况和经费使用情况，如有重要进展可随时报告。课题所在单位及其上级主管部门要对受资助的课题进行监督、检查，并在人力、物力、时间上给予支持和保证。

受资助者撰写科研工作报告、发表论文、申报成果时需注明“中华人民共和国卫生部科学研究基金资助”字样，并抄报卫生部。

受资助者在研究工作结束后，应及时认真总结，并请上级主管部门组织验收。验收材料连同经费开支情况及节余经费使用计划，经所在单位领导签署意见、主管部门审核后报卫生部。

1985年进行了第一次招标工作，共收到申请书1 457份。经过初审，筛选出858份，继之组织同行专家复审，从中确定了预中标课题260个。最后经过综合平衡，共确定中标课题196个，其中资助拨款的136个，无偿合同拨款的55个；有偿合同拨款的5个。

1988年进行了第二次招标工作，共收到申请书2 512份，涉及48个学科，分布在29个省、自治区、直辖市和23个卫生部直属单位。组织了283名同行专家(分四批，共55个专家组)对申请书进行了认真评审，择优选出中标课题316个，中标率12.6%。

设立卫生部科学研究基金，试行科研课题面向社会公开招标和科研经费基金制、合同制管理，是医药卫生科技体制改革尤其是拨款制度改革的一项重要内容。因此，得到了卫生部门各级领导的大力支持和广大科技人员、科技管理人员的积极响应。几年来的实践证明，面向社会公开招标有利于克服单纯依靠行政手段分配科研任务和经费的弊端，有利于组织优势、集中投资、避免低水平重复，有利于调动广大科技工作者协作、竞争、进取的积极性，有利于打破单位、部门界限，为研究机构增加了活力，促进了研究机构的协作、联合和发展。

主要经验：

(1)限额申报。由于要求申请基金的人数多，经费有限，为了减少招标工作量，提高申请课题的质量，采取了限额申报的方式。即根据可申报人数(中级职称以上)的比例，向各地区、各部门下达一定数额的申报指标，一般限额数与中标数的比例为8：1。这样各级管理部门层层把关，增强了管理部门的责任感。

(2)要有严格的招标程序。即确定标的，制订《招标指南》，发出招标通知；投标(投标者填写标书)；同行专家评议，择优选标；招标领导小组审核；主持部门批准；主持部门和承担单位或个人签订合同。

(3)集中专家统一评审。评审一般分为初审和复审，专家评议时分别按事先确定好的初审表和复审表的标准进行。招标办公室负责人首先要向专家宣布评审人员工作守则和评审纪律，并就评审表向专家做详细说明，使大家对评审表上的指标体系理解一致、打分一致、公开合理。另外，对一些边缘学科、交叉科学的标书可以请两组专家交换评审。

(4)坚持执行保密纪律和回避制度。参加评审的人员对评审情况不得外传，也没有向单位领导汇报的义务，并对于自己申请的课题，自己参加的课题，本教研室或研究室的课题，自己亲属或研究生的课题，无论在初审或复审时都要实行回避。这对于保证招标工作的公正性，避免嫌疑，是非常必要的。

(5)充分发扬学术民主。评审时,先请专家审阅标书,然后集体讨论。讨论时鼓励大家各抒己见,有什么意见就说什么意见,最后请专家进行"背靠背"评分。这样,即发挥了专家的集体智慧,又保证了专家们个人意见有充分表达的机会,避免了少数专家权威个人说了算的影响。

二、统 计

经费情况

(金额单位:万元)

指标 \ 年度		1989	1988	1987	1986	总计
收入	合 计	708.7	782.2	419.0	419.0	2 328.9
	科技三项费用	177.2	195.6	104.7	104.7	582.2
	科技事业费	265.8	293.3	157.2	157.2	873.5
	卫生事业费	265.7	293.3	157.1	157.1	873.2
支出	合 计	708.7	782.2	419.0	419.0	2 328.9
	应用研究	496.1	547.5	293.3	293.3	1 630.2
	基础研究	141.7	156.4	83.8	83.8	465.7
	开支研究	70.9	78.3	41.9	41.9	233.0

历年申请、批准资助情况

(金额单位:万元)

指标 \ 年度		总 计	1988	1985
申请	项 数	3 969	2 512	1 457
	金 额	41 397	24 139	17 258
批准资助	项 数	512	316	196
	金 额	3 407.7	2 137.9	1 269.8
批准率(%)	项 数	12.9	12.6	13.5
	金 额	8.2	8.9	7.4
平均资助强助	万元/项	6.66	6.77	6.48

1988 年各学科申请、资助情况

(金额单位:万元)

学 科	申 请		批准资助		批准率(%)		平均资助强度
	项数	金额	项数	金额	项数	金额	(万元/项)
合 计	2 512	24 139.16	316	2 137.9	12.6	8.9	6.77
基础医学	673	6 685.57	77	577.2	11.4	8.6	7.50
预防医学	363	3 445.38	44	314.7	12.1	9.1	7.15
临床医学	925	8 393.67	122	747.5	13.2	8.9	6.13
药物学	269	2 967.69	35	273.0	13.0	9.2	7.80
中西医结合	151	1 325.75	19	112.5	12.6	8.5	5.92
社会医学与软科学	83	845.06	12	72.0	14.4	8.5	6.00
地方病	41	428.44	7	41.0	17.0	9.5	5.85
其 他	7	52.60	0	0	0	0	0

资助项目分布情况

(金额单位:万元)

年度	合计	单位性质				隶属关系	
		高等学校	研究机构	企业	其他	部属	省属
总计	512	271	193	37	11	380	132
1988	316	179	102	29	6	233	83
1985	196	92	91	8	5	147	49

基金项目课题负责人组成情况

年 度	合计	高级	中级	初级	博士后	博士生	硕士生	辅助人员
总 计	512	455	55	2	0	0	0	0
1988	316	281	35	0	0	0	0	0
1985	196	174	20	2	0	0	0	0

卫生部青年科学研究基金

一、综 述

十一届三中全会以后，恢复了研究生制，建立了学位制，一大批经过专门训练的硕士生、博士生、回国留学生和其他各个不同层次的青年科技工作者迅速成长。为了给青年科技工作者创造一个脱颖而出的条件，推动医药卫生科学事业的发展，1985年7月在全国医药卫生科技工作会议上提出了“关于增设卫生部青年科学研究基金”的建议。这一建议立即得到了卫生部领导及各级管理部门的充分肯定和大力支持。1986年在北京医科大学、中国医学科学院、上海市卫生局、中国医科大学四个单位进行了试点工作，并在试点取得初步经验的基础上，于1987年，在全国卫生系统设立了卫生部青年科学研究基金，并颁发了“卫生部青年科学研究基金暂行条例”。

卫生部青年科学研究基金用于资助全国医药卫生部门有创造精神和开拓能力的、35周岁以下的优秀青年科技工作者在国内开展基础和应用研究工作。

卫生部青年科学研究基金来源于科技三项费用和部长基金，由部科技司管理，基金办公室设在卫生部科技司计划处。

申请卫生部青年基金必须认真填写《中华人民共和国卫生部青年科学研究基金申请书》，经所在单位两位以上专家(副研究员以上)推荐，所在单位对申请书的真实性、提供保证的基本条件等方面签署意见，然后经主管部门组织同行专家进行评议和答辩，由主管部门审核、盖章后，按规定名额、时间上报。考虑到基金的经费，受资助课题有限，因而招标时按拟资助课题扩大五倍分配名额，限额申请。

由于经费所限，青年基金每三年招标一次，课题执行周期为三年。经几年实践，特别考虑为青年人提供更多得到资助的机会，经研究从1990年起每年招标一次，每次约50个课题，周期为两年。

本青年基金不设固定评审组织，招标时，根据申请课题的学科分布，分别组织相关学科专家组成同行专家组，进行初审和复审。参加评审的同行专家应具有一定的学术水平和造诣(相当于副研究员以上职称)，并能主持公道，严肃认真，实事求是，思想活跃。

根据专家评审意见，卫生部对中标课题进一步审核，核定后向全国公布，并通知获得资助的单位。

课题评审时特别注意以下几方面因素：

(1)在选题方面围绕解决防病治病和提高人口健康素质的关键性科学技术问题；

(2)所立课题根据充分，具有新的学术思想；

(3)有先进、科学、可行的研究方案；

(4)有一定的研究工作基础和科研工作训练，并具备深入开展研究工作的基本条件；

(5)所研究内容有一定的深度，目标明确，可望在2—3年内取得预期成功的结果。

择选条件是：

(1)在条件基本相同的情况下，优先支持老、少、边、穷地区的青年科技工作者；

(2)优先支持交叉、边缘学科研究课题。

资助项目批准经费核定后，按批准金额分年度拨款，受资助者可在经费开支规定范围内自由支配。但由于课题经费少，分年度下达每年经费更少，课题负责人希望集中经费解决科研中急需解决的问题，因此，自1990年起改为，经费核定后，按批准金额一次性下达。

受资助者所在单位负责检查、监督受资助者的经费开支和研究工作，并按要求及时向卫生部科技司汇报计划执行情况。卫生部采取面上发调查表和重点抽查相结合的办法，了解课题进展情况、存在问题及受资助者的意见。

1987年进行了第一次招标工作，共收到标书366份，经专家评审，择优批准了81个课题。包括基础研究、应用基础研究和应用研究。课题平均资助强度为1.85万元，经费分三年下达。

1989年底，卫生部对这81个课题的执行情况进行了一次全面的检查。其中41个课题已全部提前完成了原定计划，35个课题正在按计划进行，将于1990年底完成，5个课题因种种原因中止了研究。青年科技工作者通过卫生部青年科学研究基金课题的研究工作共撰写论文136篇，其中在国际学术会议上交流的有21篇，在全国学术会议上交流的有45篇，在全国性杂志上发表的有27篇；有4个课题已通过了专家鉴定，达到国内先进水平；有三项成果申请了国家专利，其中一项已获批准。

三年来，通过卫生部青年科学研究基金制的实施，在培养年轻的学科带头人方面取得了成绩，有两位课题负责人因科研成果显著被破格晋升为副研究员。他们是中国医学科学院动物研究所的史顺娣、湖南医科大学的何小轩。还有一些同志提前晋升了中级职务。

设立青年科学研究基金，是卫生部科技体制改革的一项内容，取得了一些成功的经验：

(1)鉴于申请卫生部青年科学研究基金的人数多,而经费有限,为了减少不必要的劳动,提高申请课题的质量,采取了限额申报的方式,即向各地区、各部门下达一定数量的申报指标,各级管理部门层层把关,按限额数上报。一般限额数与中标数的比例为5:1。这样,既增强了各级管理部门的责任感,又保护了广大青年科技工作者的积极性。

(2)为了掌握投标者的真正水平,必须采取同行专家当面答辩的形式,以便发现真正的人才。

(3)在建立卫生部青年科学研究基金的同时,有些部门又设立了"伯乐奖",奖励那些在支持青年科技工作者开展科学研究中作出成绩的老年科学家,促进了整个科技队伍的团结和协调。

(4)由于申请者均为青年科技工作者,因此我们聘请参加评审的专家多是思想活跃、知识面广、和青年科技工作者接触比较密切、能够理解和支持青年科技工作者的中年科学家。

(5)在建立卫生部青年科学研究基金的过程中,我们特别注意进行广泛的宣传和动员工作,利用广播、报纸等宣传工具大造声势,引起了各级领导的重视和支持,从而带动起全国不少省市、医学院校,设立了本地区、本单位的青年科学研究基金,形成了一个注重培养人才、大力扶植青年科技工作者的良好环境和风气。这对于加速青年人成长,培养更多的年轻学术带头人,改善我国科技队伍人员老化,克服一个课题,多处申请的现象,起到了推动作用。为此,今后将进一步加强答辩工作的管理,在课题初步中标后,部分课题的负责人将根据需要,到卫生部指定地点进行答辩,以期发现真正的人才,加以资助。

二、统 计

经费情况

(金额单位:万元)

项目 \ 年度		1989	1988	1987	总计
收入	合 计	50.0	50.0	50.0	150.0
	科技三项费用	20.0	20.0	20.0	60.0
	部长基金	30.0	30.0	30.0	90.0
支出	合 计	50.0	50.0	50.0	150.0
	基础研究	11.6	11.6	11.6	34.08
	应用研究	38.4	38.4	38.4	115.2

1987—1989年申请、资助概况

(金额单位:万元)

学科	申请		批准资助		批准率(%)		平均资助强度
	项数	金额	项数	金额	项数	金额	(万元/项)
合 计	366	918.40	81	150.00	22.1	16.3	1.85
基础研究	101	256.06	19	32.50	18.8	12.7	1.71
临床研究	34	178.55	16	30.60	47.1	17.1	1.91
生物技术	32	90.06	8	16.00	25.0	17.8	2.00
肿 瘤	33	93.00	7	13.00	21.2	13.9	1.86
药 学	57	140.00	16	29.50	28.1	21.1	1.84
卫 生	39	80.59	10	19.30	25.6	23.9	1.93
生物医学工程	26	79.60	5	9.10	19.2	11.4	1.82
其 他	44	0.54	0	0	0	0	0

注:基础研究主要为应用基础研究。

1987—1989年资助项目共81项,其中部属53项,省市属28项;按单位性质分,高等学校48项,研究机构28项,医院5项。

1989年资助项目完成科研成果4项,其中省部级研究成果2项,地司级2项。已推广应用的研究成果7项,拟推广应用的6项,获国家专利1项。在国际会议上大会报告论文16篇,分组报告5篇;全国性会议大会报告45篇,在全国性科技期刊上发表27篇,其他期刊上发表32篇。

国家医药管理局新药研究基金

一、综 述

为促进我国创新药物的研制,实现化学药品由仿到创的战略转变,提高我国医药产品在国际上的地位,为国家创造巨大的经济效益,在国家计委和国家科委的支持下,于1987年3月设立了国家医药管理局新药研究基金,基金来自国家拨款和自筹款两部分。由国家医药管理局科技教育司领导,日常管理工作由国家医药管理局新药研究管理中心负责。本基金的宗旨是鼓励和支持创新药物的研究,主要资助结构明确且有肯定的药效学实验结果，与现有同类药相比具有一定特色的天然或合成的新化合物及抗生素的研究项目，使之经研究能够开发成为创新药物，发现有新的药理活性的已知化合物也可酌情予以资助。

凡在药物研究领域有相当工作经验，有志于创新药研究，并具有中级以上(含中级)技术业务职称者，不论所在单位是否属国家医药管理局系统，均可申请资助。

为便于申请资助者了解情况按要求申报，管理中心制定了《申请新药基金指南——新药研究基金资助项目的技术要求》。该指南根据药物研制的要求和本基金的资助范围，着眼于将被资助项目最后开发成为创新药物，参照《中华人民共和国药品管理法》和有关药政法规，介绍了申报时应报告的从初筛至临床各个研究阶段的实验研究内容与要求除指导申请者申报本基金外，对于获准资助项目的研究工作也有指导作用，有助于加快创新药物的研究开发。

每年第一季度末由管理中心发出申报通知及申请书，申请者按要求填写后寄回管理中心。经形式审查，同行评议、专家论证、调研落实并经有关领导批准后正式立项，由管理中心做出预算并拨款。

对资助项目的管理工作管理中心采取立项人定期汇报和亲自到立项单位实地检查相结合的办法，立项人每半年将工作进展书面汇报一次。管理中心对工作中出现的问题予以具体指导，并在必要时邀请有关专家论证，以保证研究工作顺利进行并确定是否继续予以资助。

1987 年至 1989 年底，已有 46 个单位共 82 个项目获得本基金资助，有 944 名具有不同技术业务职称的研究人员参加了被资助项目的研究工作。各类项目中以用于治疗发病率高、危害大的心脑血管疾病和肿瘤的药物为最多，共 42 项，占立项总数的 50%以上，资助金额占总资助金额的 43%。立项单位中，医药局系统 16 个，其他科研院所、高等院校共 30 个。目前已先后有 3 个项目经卫生部批准进入临床研究。

基金的管理工作除按一般程序做申请立项、拨款、检查外，根据创新药物研究的特点，着重在以下三个方面下了功夫：

1. 严格评审论证，把住“立项关”

基金资助的最终目的是把所资助项目开发成创新药物投入生产，而创新药物研究周期长，投资多，风险大，这就要求在目前基金额度较小的情况下，既要保证立项科学合理，又要使有限的资金发挥更大的作用。首先，我们紧密依靠各方面专家，对申报项目的资料做一致而严格的审核与评价，对申报项目的前景做慎密的判定。为此，建立了由 400 多人组成的专家库，其专业囊括了药物化学、植物化学、抗生素、药理学、毒理学、药物制剂、药物分析及临床等新药研究直接涉及的学科，并包括有关单位推荐的 100 多位中青年药物研究工作者。确保有针对性地选择相关学科的专家对项目做多学科全方位的评价。其次，对少数涉及多学科交叉或国内少见的项目，也都单独组织专家评审。具体做法是：每个项目先经同行 4—5 位不同学科专家评议，再由专家论证组集中评审，并允许申请人到会答疑，阐述其项目的特点，回答专家们提出的问题，并就已有工作和今后研究方向听取专家的意见。这样既可澄清疑问，又利于指导立项后的研究工作，有效地保证了立项的科学性。

2. 注重落实，保证质量

对于确定予以资助的项目，立即着手做好“三落实”工作，即试验方案、学科匹配、参加工作人员三落实。为了将项目最后开发成为商品，我们要求确定试验方案时要多方征求有关专家意见，注意按有关新药申报要求设计试验，明确目的、计划、进度，并要有足够的人员投入足够的时间，特别是“中坚”科技力量要落实。由于新药研究是一系统工程，需多学科配合，搞好连接环节对于缩短研究周期、提高工作效率和水平至关重要。在立项单位学科配套有困难的时候，我们积极做好组织协调，尽量寻找国内领先的单位参加协作，以保证研究工作的高速度和高水平。

3. 深入实际，加强进程管理

新药研究周期长，环节复杂，未知因素多，立项后虽经“三落实”也不能完全保证项目进展顺利。因此，我们要求立项单位每半年做一次书面汇报，管理中心每年做一次全面检查，并利用各种机会做实地调研。近一年来我们对三年来立项的 90%以上的课题作了较详细的调查，把工作做在基层，问题发现在前面，对实验方案、进度、计划等及时进行了调整。对于资助时间一年以上的项目，必要时在进展过程中请有关专家进行再论证，评价已有的工作，解决存在的问题，判明前景，研究下步工作方案。对于立项后能按合同条款提前完成计划并获得显著进展的项目，可经调研后增补经费，以缩短研究周期，使有希望的项目早出成果，而对某些无开发前景的项目也做慎重处理。

在各有关领导与部门及各方面专家的支持下，本基金的工作基本上做到了评审严格公正，立项科学合理，立项后检查指导具体细致，经费预算有依据。所资助的课题在原有基础上已分别取得不同程度的进展。实践证明，本基金的设立及其资助方向和工作程序是符合我国国情的。

二、统　计

历年申请、批准资助概况

项目＼年度	1989	1988	1987	总　计
申请项数	61	54	77	192
批准项数	23	20	39	82
批准率(%)	37.7	37.0	50.6	42.7

历年申请、批准资助项目概况

项目类型＼年度	1986			1988			1989		
	申请项目数	批准资助数	批准率(%)	申请项目数	批准资助数	批准率(%)	申请项目数	批准资助数	批准率(%)
心脑血管疾病用药	22	12	54.5	13	8	61.5	13	4	30.8
抗肿瘤药	14	9	64.3	12	2	16.7	22	7	31.8
抗感染及抗炎免疫药	16	7	43.8	15	5	33.3	12	5	41.7
精神及神经系统用药	9	4	44.4	6	2	33.3	3	2	66.7
其他药物	18	7	38.9	8	3	37.5	11	5	45.5
合　计	79	39	49.4	54	20	37.0	61	23	37.7

1987—1989年申请、批准资助项目总数的项目类型情况

项目类型	申请项目数	批准资助数	批准率(%)
心脑血管疾病用药	48	24	50.0
抗　肿　瘤　药	48	18	37.5
抗感染及抗炎免疫药	43	17	39.5
精神及神经系统用药	18	8	44.4
其　他　药　物	37	15	40.5
合　　计	194	82	42.3

资助项目分布情况

年度	合计	单位性质		隶属关系		
		高等院校	科研机构	医药局	各科院※	其他
总计	46	16	30	16	19	11
1989	18	7	11	5	8	5
1988	13	5	8	3	6	4
1987	15	4	11	8	5	2

※包括：中国科学院、中国医学科学院、中国人民解放军军事医学科学院。

基金项目人员专业职务组成情况

年度	合计	高级	中级	初级	博士后	博士生	硕士生	辅助人员
总　计	944	339	257	176	2	9	63	98
1989	278	100	80	53	2	5	15	23
1988	225	95	63	41		2	13	11
1987	441	144	114	82		2	35	64

气象科学基金委员会

一、综　述

气象科学基金委员会(简称气象科学基金会)于1986年2月成立，是国家气象局的直属机构，办公室设在国家气象局科技教育司。其宗旨是有效地资助气象应用基础性、规律性(包括创新的预报方法)的研究，以促进气象事业的发展和预报水平的提高。

气象科学基金是部门的行业基金，主要面向全国气象科研、业务、教学单位。气象部门之外的高等院校、科研单位也可申请。对申请项目实行专家评议，基金项目评审组审定，择优资助，按项目一次核定经费，分期拨款，专款专用。

气象科学基金会的资金，目前主要是来自国家计委拨给国家气象局的科技三项费用的一部分。“七五”期间为300万元。

气象科学基金会的最高领导机构是由11名委员组成的委员会。下设六个评审组：气候、台风、高原气象、热带气象、云雾物理、农业气象，现有30名专家。日常工作由气象科学基金会办公室负责。

二、组织机构

1. 国家气象局气象科学基金委员会组成

主任委员　章基嘉

副主任委员　程纯枢　刘余滨

委　员　陶诗言　周秀骥　章　淹　廖洞贤
　　　　吴贤纬　陈德鉴　牟维丰　黎光清

办公室主任　王远忠

2. 项目评审组设置及组成

台风科研项目评审组

组　长　束家鑫

副组长　陈联寿

成　员　董克勤　秦曾灏　贺　忠

办公室　挂靠在上海市气象局业务科教处

高原气象科研项目评审组

组　长　张鸿材

副组长　郑庆林

成　员　徐裕华　卢敬华　孙国武

办公室　挂靠在四川省气象局科教处

云雾物理科研项目评审组

组　长　胡志晋

副组长　周文贤

成　员　游来光　高子毅　陈励舒

办公室　挂靠在气象科学研究院科技处

农业气象科研项目评审组

组　长　沈国权

副组长　李世奎

成　员　汪永钦　孙玉亭　徐德源

办公室　挂靠在国家气象局气候司农业气象处

气候科研项目评审组

组　长　张家诚

副组长　翁笃鸣

成　员　朱瑞兆　顾庭敏　罗哲贤

办公室　挂靠在气象科学研究院科技处

热带气象科研项目评审组

组　长　李真光

副组长　陈隆勋

成　员　唐东升　薛纪善　高标正

办公室　挂靠在广东省气象局科教处

三、统计

历年申请、批准资助情况

（金额单位：万元）

项目 \ 年度		1986—1987	1988—1989	合　计
申请	项数	333	374	707
	金额	779	576	1 355
批准资助	项数	212	223	435
	金额	117.9	108.9	226.8
批准率(%)	项数	63.7	59.6	61.5
	金额	15.1	18.9	16.7
平均资助强度	(万元/项)	0.56	0.49	0.52

1986—1987年度各学科申请、批准资助情况

（金额单位：万元）

基金项目	申请		批准资助		批准率(%)		平均资助强度
	项数	金额	项数	金额	项数	金额	(万元/项)
农业气象	72	198.0	34	16.0	47.2	8.1	0.47
气　候	86	221.0	45	27.9	52.3	12.6	0.62
云雾物理	34	122.0	31	22.7	91.2	18.6	0.73
台　风	64	111.0	48	20.2	75.0	18.2	0.42
热带气象	39	46.0	26	10.7	66.7	23.2	0.41
高原气象	38	81.0	28	20.5	73.7	25.3	0.73

1988—1989年度各学科申请、批准资助情况

（金额单位：万元）

基金项目	申请		批准资助		批准率(%)		平均资助强度
	项数	金额	项数	金额	项数	金额	(万元/项)
农业气象	57	94	35	21.8	61.4	23.2	0.62
气　候	93	130	57	21.7	61.3	16.7	0.38
云雾物理	60	146	35	15.8	58.3	10.8	0.45
台　风	85	102	40	20.5	47.1	20.1	0.51
热带气象	42	46	30	10.4	71.4	22.6	0.35
高压气象	37	58	26	18.8	70.3	32.3	0.72

资助项目分布情况

年度	直属科研单位	直属院校	各省、市、区气象局	非气象部门院校	合计
1986—1987	43	24	129	15	211
1988—1989	56	34	132	2	224
总　计	99	58	261	17	435

资助项目负责人专业职务组成情况

年　度	高　级	中　级	初　级	合　计
1986—1987	108	99	5	212
1988—1989	148	74	1	223
总　计	256	173	6	435

基金资助项目(1987—1989 年)
发表论著(含审稿通过)情况

国际会议		全国性会议		刊物发表			专著数	合计
大会报告	分组报告	特邀报告	大会报告	全国性期刊	国外刊物	其他		
14	15	5	68	138	22	69	9	340

地震科学联合基金会

一、综　述

地震科学联合基金会的产生背景

1982 年中国科学院自然科学基金委员会的成立为我国实行科学基金制进行了有意义的探索，积累了一定的经验，但基金制尚不够完善。截止 1984 年，国家对研究机构所实行的管理体制中，仍然以不区分科技工作类型和层次进行着经费与计划管理，主要由行政管理部门按单位、按人头切块拨款，即使在研究机构内部，经费的分配与使用也是如此。这种拨款制度的弊病造成了研究工作的严重"大锅饭"状况，科研人员往往在等待与观望国家对研究工作的要求与计划。要求高了与实际脱节实现不了，而计划不周又无法调动科研人员的积极性，使研究机构普遍存在"活不好，也死不了"，应该上去的研究，由于缺乏有力持续而稳定的支持上不去；该下马的项目，缺乏竞争与淘汰机制而下不来。这种违反基础研究与应用基础研究基本特点和规律的管理体制，造成了研究工作与国民经济发展的严重脱节。国家总的科研任务、学科发展定向等工作缺乏科学的管理，从而造成国家在宏观上指导不力，而在微观上又统得过死，难以放活。从全国来看，部门与地方所有制壁垒森严，不是进行高水平的竞争，而是在本来早已形成的科技力量分散状况下，大量进行低水平重复，很多研究工作都片面强调"自力更生"从头到尾，从原理到方法，从元器件到整套设施都在部门或地方内自行研究制造，造成了巨大的浪费与缓慢的发展速度，进一步拉开了与国际先进水平的差距，严重削弱了我国科学技术在国际学术舞台上的竞争力，对于这种局面无论是科研人员、研究所领导和部门的科研管理部门，都强烈要求予以改革，而改革的入手点和症结所在正是拨款制度。

1984 年国家地震局科技体制改革自下而上以及由上而下几乎是同时开展。国家地震局地球物理研究所在陈颙所长的领导下，越来越清楚地认识到，只有改革拨款制度本身，研究所才能把内部的改革工作进行下去，大胆地提出了与其他研究所和大学联合起来，将每年各单位科学研究中基础与应用基础研究切块经费集合起来，成立地震学联合科学基金会，并组建成立相应的基金委员会，打破行政领导界限管理，运用这笔科学基金发展地震学科学研究。

国家地震局党组高瞻远瞩，不仅认为地震学科学联合基金的建立完全符合改革大方向，除决定予以大力支持外，而且认为仅地震学基础与应用基础研究采用基金制还是不够的，应同时将地震科学的其他基础与应用基础研究也采用科学基金制管理，而对任务性或地区性很强的重点地震监测预报工作或重大科研项目，以及重点应用研究项目采取合同制或招标合同制，对用于各单位的人员经费、行政经费和各单位承担的日常监测、分析预报工作费用以及根据各单位的方向、任务安排的一般地震科研等工作项目费用，经考核指标明确任务后，核定各单位经费数额，实行单位责任包干。国家地震局采用这一三制分类管理，奠定了部门的科技体制改革基础，其中地震科学基金制，在局科技司陈鑫连、陈章立同志的具体领导下，实行了不设科学基金会，但运用同行专家科学评审、基金项目申请竞争、择优支持优秀项目的科学基金制管理。

地震学联合科学基金会筹备与建立工作，自始至终得到了国务院科技领导小组的支持与指导。

1984年6月在科学会堂召开了基金会筹备会议，出席会议的有基金会四个兴办单位(国家地震局地球物理所，国家地震局工程力学所，中国科学技术大学地球科学系，北京大学地质系)的负责同志及国家地震局副局长高文学、林庭煌同志，国务院科技领导小组办公室曹锦焕局长等有关领导同志，会议决定①以四个单位名义联合向国务院科技领导小组提出成立地震学联合科学基金会的请示报告；②基金会的基金来源于四个单位的相关学科的科研经费；③高文学局长代表国家地震局表示每年给予基金会不低于50万元人民币的专项支持性拨款；④着手起草有关基金会章程、条例及相应基金制管理办法。

1984年9月国务院科技领导小组以[1984]国科发011号文件形式，将对国家地震局地球物理所等四个单位的“关于建立地震学联合科学基金的请求报告”及所有附件批复给中国科学院、国家地震局、教育部，充分肯定了地震学联合科学基金会的建立符合科技体制改革的大方向，条件比较成熟，同意按请示报告意见进行改革试点。批复文件中强调：在科技体制改革中，对基础研究、应用研究、发展工作等不同性质和任务的科研工作，应实行不同的管理办法，对基础研究和部分应用研究采取基金制，实行同行评议、择优支持的办法有利于提高科研工作的水平，有利于加强责任制，提高科技人员的积极性和创造性。上述四个单位改事业费拨款为基金制拨款的经费管理办法，并面向全国同行，建立地震学联合科学基金。这种勇于探索，大胆创新的改革精神应予以支持，并要求国家地震局、中国科学院、教育部对该科学基金的改革试点工作积极给予指导和帮助。批复意见最后还原则性的肯定了请示报告各附件的原则与精神。9月15日通过中央人民广播电台及人民日报等我国主要报纸发布了建立地震学联合科学基金会的信息，9月25日在国家地震局召开了地震学联合基金会成立大会，在京的第一届基金会委员及国务院科技领导小组、国家科委、中国科学院、财政部、劳动人事部、中国科学院基金会和国家地震局的有关领导及国内主要新闻单位采编人员出席了会议，国务院科技领导小组副组长兼办公室主任宋健同志在会上做了重要讲话，充分肯定了地震学联合科学基金的改革方向，国家地震局局长，基金会主任安启元、国家地震局工程力学所所长基金会副主任胡聿贤分别主持了会议，陈颙同志代表基金会筹备组向大会报告了建立基金会的认识过程、筹备过程并简要说明了基金会章程、基金会成立后，立即全力投入基金会项目的受理与同行评审工作，地球物理学界老前辈、学部委员著名教授付承义亲自撰写了基金会资助项目指南，为地震学科学基金定向资助制定了高水平的引导性文件，在地震科学研究中成功地实行了科学基金制，国家科委副主任郭树言同志在一次会议上明确指出，地震科学基金会为我国科技体制中实行科学基金制，创造了引导性经验。

1986年底，国家地震局及时总结了地震学联合科学基金会及国家地震局科技司科学基金制管理工作的经验，决定更深入地推进科学基金制的改革工作。在与地震学基金委员会取得一致意见后决定将局基金制管辖的科学基金经费及有关基础研究经费全部投入地震学联合基金会，并将该基金会资助范围扩大到整个地震科学基础研究与基础性应用研究领域，将基金会正式定名为地震科学联合基金会，同时按基金会章程条例规定更换了部分委员，将一批德高望重的地学老前辈聘为基金委员会顾问，相应地修订了基金会章程和各项管理条例，这些工作再次得到了国务院科技领导小组的充分肯定。

二、组 织 机 构

地震科学联合基金会基金委员会组成

第一届委员会

主　任　安启元

副主任　胡聿贤　陈　颙

委　员　傅承义　翁文波　刘光鼎　王　仁　刘恢先　顾功叙　曾融生　秦磬菱　陈鑫连　许绍燮　谢君斐　徐果明

第二届委员会：

主　任　安启元

副主任　陈　颙

委　员　刘光鼎　王　仁　曾融生　高文学　陈鑫连　孙　枢　胡聿贤　陈运泰　谢君斐　刘若新　梅世蓉　郭增建　赖锡安　赵国光　徐果明　臧绍先　朱介寿　王妙月　周惠兰

三、统 计

历年经费及来源

（金额单位：万元）

拨款单位 \ 年度	1985	1986	1987	1988	1989	总计
国家地震局	187.1	211.4	325.0	473.0	453.0	1649.5
国家地震局地球物理所	230.0	230.0				460.0
国家地震局工程力学所	26.0	15.0				41.0
北京大学地质系	0.1	0.1	0.3			0.5
科技大学地球和空间科学系	1.0	1.0	1.0	1.0	1.0	5.0
北京大学地球物理系			1.0	1.0	1.0	3.0
成都地质学院物探系			1.0	1.0		2.0
地质力学所				1.0		1.0
东方地球物理公司			1.0	1.0		2.0
黑龙江省物探队			1.0			1.0
合　计	444.2	457.5	328.3	479.0	456.0	2165.0

历年申请、批准资助情况

（金额单位：万元）

项目 \ 年度		1989	1988	1987	1986	1985	总计
申请	项数	444	481	385	194	391	1895
	金额	1412.4	1976.5	1822.6	1414.4	2060.0	2685.9
批准资助	项数	177	186	122	126	187	798
	金额	353.98	389.06	245.88	245.30	642.51	1876.73
批准率(%)	项数	39.9	38.7	31.7	65.0	47.8	42.1
	金额	25.1	19.7	13.5	59.2	31.2	24.4
平均资助强度（万元/项）		2.00	2.09	2.02	1.95	3.44	2.35

1988 年度申请、批准资助项目各学科情况

（金额单位：万元）

学科 \ 项目	申请		批准资助		批准率(%)		平均资助强度（万元/项）
	项数	金额	项数	金额	项数	金额	
地震前兆与地震预测	135	843.13	42	67.39	31.4	8.0	1.6
实验与理论地震学	80	271.36	26	48.25	32.5	17.8	1.85
工程地震学和地震社会学	69	218.86	25	40.00	36.3	18.3	1.6
地壳结构与地球内部物理学	61	209.54	26	51.15	42.6	24.4	1.87
地震的大地构造与地质标志	96	433.59	29	73.4	30.2	17.0	2.53

1989 年度申请、批准资助项目各学科情况

（金额单位：万元/项）

学科 \ 项目	申　请		批准资助		批准率(%)		平均资助强度（万元/项）
	项数	金额	项数	金额	项数	金额	
地震前兆与地震预测	138	435.84	51	74.45	37.0	17.1	1.46
实验与理论地震学	66	183.89	12	11.8	18.2	6.4	0.98
工程地震学和地震社会学	71	316.32	25	47.1	35.2	14.9	1.89
地壳结构与地球内部物理学	69	221.26	16	33.1	23.1	15.0	2.07
地震的大地构造与地质标志	73	253.11	19	49.8	26.0	19.7	2.62

资助项目分布情况

年　度	合　计	单位性质	
		高等学校	研究机构
总　计	519	66	453
1989	125	11	114
1988	146	15	131
1987	122	10	112
1986	126	30	96

基金项目人员专业职务情况

年度	合计	高级	中级	初级	博士生	硕士生	辅助人员
总计	1 536	469	620	269	25	123	30
1989	761	241	288	145	11	64	12
1988	775	228	332	124	14	59	18

资助项目发表论著情况

（单位：篇）

项目 / 年度	刊物发表			专著（部）
	全国性期刊	国外学术期刊	其他	
总计	392	14	40	
1989	83	1	5	13
1988	168	8	17	8
1987	141	5	18	

1986—1988年批准资助项目共112项，完成研究成果105项，其中省部级成果192项，地司级成果86项；获国家科技进步三等奖1项，部委级科技进步二等奖7项，三等奖10项；基层科技进步奖27项。

测绘科技发展基金委员会

一、综　述

1. 基本情况

进入80年代以来，随着我国经济体制改革的不断发展，以及科技体制改革的深入，原来所实行的一套科研项目与经费管理办法愈来愈不适应形势发展需要，如项目与经费相脱节，部分项目重复研究，造成不必要的浪费；科研周期长，同时缺乏约束机制；成果应用与生产实际相脱节，往往通过鉴定之后便被束之高阁，等等。为了改变这种状况，合理使用科研经费，使有限的资金发挥更大的效益，国家测绘局科技管理部门从1984年开始酝酿科研项目与经费管理办法。首先，组织有关人员进行调研，先后走访了中国科学院、机械部、电子部、地质矿产部、交通部、国家地震局等部门和单位，对他们的改革措施和管理办法进行详细了解，并结合测绘行业和本局的具体情况，根据国家有关科技体制改革的精神，于1985年10月正式成立“国家测绘局测绘科学技术发展基金委员会”，同时制定了《测绘科技发展基金管理办法（试行）》。

本基金会的宗旨是，改革科研管理体制和拨款制度，依据测绘科技发展规划，合理使用科研经费，调动科研人员积极性，充分挖掘科研潜力，鼓励科研人员跨单位、跨地区的协作，为大地测量学、摄影测量与遥感学、工程测量学、地图制图学、测绘仪器设计与制造，以及地理信息系统等方面的基础研究、应用研究、开发研究和软科学研究提供资助，以推动测绘科学与技术的进步，加速我国测绘事业的发展，为国民经济建设和国防建设提供适时而可靠的测绘保障。

测绘科技发展基金来源于科技三项费用、部分科研事业费和通过其他渠道获得的费用。

本基金主要用于资助测绘学科中的基础研究（含基础理论和应用基础理论）、应用研究、开发研究和软科学研究。《“七五”测绘事业发展规划》和《“七五”测绘科技发展计划》是指导本基金优选资助项目的依据。

由国家测绘局设立的测绘技术发展基金项目评审委员会，主要职责是评审国家测绘局系统的重大科技基金项目，由从事科研、教学、生产和管理工作的专家、科技人员和专业管理干部组成，其成员由国家测绘局聘任，任期三年。评委会设主任1名、副主任3名。评委会下设大地测量，摄影测量与遥感，地图制图、工程测量、测绘仪器等专业学科组。

测绘科技发展基金会的办事机构为基金会办公室，设在国家测绘局科学技术处，负责受理申请项目、组织项目评审、监督、实施，以及处理有关的日常工作。办公室设有工作人员三人。

测绘科技发展基金的申请者对目前只限于国家测绘局系统的，合作者可以是系统以外的单位。每个项目只能由一个单位或一个人为主进行申请。申请人所在单位要有一定的研究工作基础，具备基本仪器设备和条件，并能够保证项目完成的研究力量。申请人一般应具有中级或中级以上的专业技术职称（或具有同等水平），申请人不具有高级技术职称时，须经1—2名同行高级技术人员推荐。主持研究课题的负责人，不得由不参加研究工作的人员挂名。

测绘科技发展基金实行随时申请、定期评审的办法，一般每年集中评审一次。每年年底以前受理下年度的申请项目，翌年6月份以前审批完毕，对批准的项目及时通知申请单位。申请者应先填写

《测绘科技发展基金项目预报表》，经基金会办公室初审同意后，再填写《测绘科技发展基金申请书》。申请书经申请者所在单位领导和学术组织审查后，一式5份报送基金会办公室。申请人自申请之日起3个月内未得到正式答复，可向基金会办会室提出查询。若申请项目未获批准，申请人可再做准备，修改申请内容，作为新申请项目再次申请。对申请内容没有实质性改变的再申请项目，基金会办公室将不予受理。项目的评审工作由基金会办公室负责组织，一般分为通信评议和综合评审两个阶段。总经费在10万元以内的项目，由基金会办公室直接组织有关人员进行评审；总经费超过10万元的项目，在组织同行专家评议的基础上，由基金会办公室报请评委会进行综合评审，在评审过程中，如果评委会提出对项目内容需作修改，则由基金会办公室将修改意见通知申请人。申请人应按要求在规定的时间内修改完毕。对于不同意评委会修改意见或无正当理由逾期修改申请的项目，按自动撤销申请处理。经评审同意资助的项目，由基金会办公室统一平衡后报国家测绘局领导审批。评委会和基金会办公室进行项目评审的内容包括立题的必要性、目标的正确性、研究内容的重要性、技术路线和工作步骤的可行性，以及经费预算的合理性。经过评审批准的项目，将同上年度结转的项目一起，以国家测绘局文件《下达〈××年度测绘科技发展基金项目计划〉的通知》的形式通知项目承担单位。承担单位接到该通知后，应根据规定尽快编制项目实施方案，报基金会办公室，并同基金会签订合同。项目合同签订以后，即可向基金会办公室申请年度拨款。项目总经费实行一次核定，分年度拨款的办法。

本基金会将根据资助项目的性质和经济、社会效益的预测情况，在合同中规定所资助的经费为无偿、部分有偿和全部偿还三种情况：①属于基础研究、理论研究、前期性高技术性研究或只具有一定的社会效益的项目，所资助的基金不偿还；②研究成果可投入批量生产，可在生产中推广应用，能取得一定的经济效益或可获得专利、进入技术市场进行交易具有一定收入的项目，所资助的基金部分偿还；③研究成果可投入大批量生产，可在生产中广泛推广使用，能取得较大经济效益或可获得专利、进入技术市场进行交易，其经济收入在三年内超过研究经费的项目，所资助的基金全部偿还。

测绘科学技术发展基金会目前虽没有直接开展国际测绘科技合作交流活动，但是根据国家测绘局对外合作交流计划的需要，也资助一些国际合作项目。如果项目费用中需要外汇指标，则从国家测绘局的外汇额度中协调解决。

资助项目执行情况的检查管理、结题验收、成果评价及权益处理等按《基金管理办法》、《国家测绘局测绘科学技术成果鉴定办法》和《测绘科学技术奖励办法》的有关规定。

2. 工作进展与特色

基金会成立四年来，共投入基金720万元，资助了138个项目，平均资助强度为5.2万元/项；其中，1987年安排资助了国家测绘局“七五”期间重点科研项目10项，其投入基金费用约240万元，通过科研、教学、生产单位科学技术人员的通力合作，部分项目已通过技术鉴定，其他项目也取得了重要进展，并将陆续投入鉴定。

测绘科技发展基金的建立与投入，为测绘科学研究提供了资金保障，为测绘科学技术的发展注入了新的生机和活力。四年来，测绘科技工作积极围绕为测绘生产和国民经济建设服务的总目标，在国家测绘局系统科研、教学和生产单位的广大科技人员和管理工作者的共同努力下，取得了良好的成果和重要的进展。

(1)在新的重大测绘生产技术方案及配套技术的研究试验方面，国家一等水准网测量平差、18-23MSP多光谱航空摄影技术、联机空中三角测量技术、四色印刷技术等项研究成果已应用于生产；1：5万地形图更新及应用试点工程、解析－正射投影技术的开发和应用已经通过专家鉴定，正在生产中推广应用；精密水准复测技术方案、遥感图像及系列复制技术、大比例尺数字测图系统及应用等项研究即将完成。

(2)在测绘新技术体系的先导性研究和开发试验方面，JX－3型解析测图仪已批量生产；DIPNET遥感制图和图象处理系统已被世界银行贷款项目国际招标所选中，并达到了批量供货；国土基础信息系统已初具规模；机助制图及自动编绘软件系统、全国测绘资料检索系统和国家测绘局机关办公自动化系统等项研究正在开展；摄影测量技术数字化改造方案及其试点工程、大比例尺地籍测绘内外业装备一体化研究试验等项研究和开发工作正在进行；GPS(全球定位系统)卫星定位技术应用研究正在广泛开展。

(3)在测绘实用技术的开发方面，结合国民经济建设和社会的需要，已将数字地面模型(DTM)数据及地名数据应用于国家防洪救灾准实时监测系统；高精度激光准直技术已成功地应用于北京正负电子对撞机工程的建设；在将测绘遥感信息应用于城市管理规划决策，以及将近景摄影测量技术应用于建筑物形变监测、文物保护、生物细胞分子结构描绘等方面都获得了广泛而有效的成果；古地图珍品选集、盲人用触觉地图集等，都具有良好的社会经济效益。

(4)在测绘技术基础建设方面，建立了湖南宁乡遥感试验场，太原航空摄影机动态试验场和国家光电测距仪检测中心；北京房山人造卫星地面接收站的第三代人卫激光测距仪已开展了应用研究工作；人工智能、模式识别技术在现代测绘中的应用以及整体大地测量等基础理论的研究都在不断深入进行，并取得了实际的进展。

(5)在测绘软科学研究方面，开展了测绘产业政策、测绘经济行政法规和测绘体制改革等方面的研究，取得了测绘技术岗位规范、测绘生产单位承包经济责任制、测绘资料保密制度的科学论证等项成果；同时，为了适应测绘新技术在生产中应用的需要，开展了影像图作业规程、光电测距规程、地理格网和国土基础信息编码等一批新的测绘技术标准的制订研究工作。

3. 主要经验

(1)实行测绘科技发展基金制度以来，改变了过去按单位切块分配、经费与项目不直接挂钩的科研经费拨款制度，引进了竞争机制，使广大科技人员和管理人员在观念上和认识上改变过去等、靠的思想，从而也调动了广大科技人员的积极性。基金项目采取合同制，保证了科研项目立项的科学性，增强了约束性，提高了科技人员的责任心，加快了科研进度，成果的数量和质量都有了显著的提高。

(2)针对测绘生产中存在的技术问题，利用系统工程的方法，组织科研、教学、生产和管理人员共同联合攻关，解决测绘生产中存在的重大技术问题，使科研成果直接在生产中应用，大大简化了成果推广与转化这一中间环节，深受生产单位的欢迎和好评。

(3)测绘科技发展基金对一部分开发研制新产品的项目，实行部分或全部有偿使用的办法，使合同双方共同承担风险，这样做既提高了这类项目立题的科学性及成功率，又促进了基金的循环，同时，提高了成果的推广应用速度和比例，使有限的资金发挥更大的效益。到目前为止，有偿使用项目已通过鉴定18项，按合同规定偿还金额达100万元人民币，部分项目将从今年开始偿还。

二、机构

测绘科技发展基金项目评审委员会组成

主　任　杨　凯

副主任　宁津生　梁宜希　张清浦

常务委员　杨明辉　周祚义　洪立波　喻永昌　曹继根　陈敏杰　李根洪

委　员　冯浩鑑　李德仁　毋河海　张　琰　唐务浩　周慎杰　董鸿闻　朱鸿清　方　恒　方萃华　宋肇疆　林晓慧　朱家经　周森平　毕生成　陈清洁　简逢敏　关大任

秘　书　辛少华　刘小波

三、统计

经费情况

（金额单位：万元）

项目＼年度		1989	1988	1987	1986	总计
收入	合　计	177.5	185	190	180	732.5
	三项费用	142.5	150	150	150	592.5
	科技事业费	35	35	40	30	140
支出	合　计	171.8	185.8	193.2	173.2	723.9
	项目支出	171.8	182.3	191.0	173.2	718.2
	奖励支出		1.4	1.1		2.5
	其他支出		2.1	1.1		3.2

历年申请、批准资助概况

（金额单位：万元）

项目＼年度		1989	1988	1987	1986	总计
申请	项数	65	47	60	45	217
	金额	357.3				
批准资助	项数	33	39	30	36	138
	金额	171.8	182.3	191	173.2	718.3
批准率(%)	项数	50.8				
	金额	48.1				
平均资助强度（万元/项）		5.2	4.7	6.4	4.8	5.2

历年批准资助项目各学科分布情况

（金额单位：万元）

学科＼年度	1986		1987		1988		1989		合计	
	项数	金额	项数	金额	项数	金额	项数	金额	项数	金额
大地测量学	4	10.8	4	41.3	5	11.5	2	24.8	15	88.4
摄影测量与遥感学	9	54.7	8	55.5	5	44.9	6	28.2	28	183.3
地图制图学	8	68.1	3	23.0	8	70.0	6	36.0	25	197.1
工程测量学	3	9.0	2	15.7	1	6.0			6	30.7
测绘仪器学			1	12.0	2	8.5	5	50.1	8	70.6
测绘软科学与标准	11	28.5	11	35.0	18	41.4	13	25.7	53	130.6
其　他	1	2.1	1	8.5			1	7.0	3	17.6
合　计	36	173.2	30	191.0	39	182.3	33	171.8	138	718.3

资助项目分布情况※

年　度	合　计	单　位　性　质		
		高等学校	研究机构	其　他
总　计	138	37	92	9
1989	33	7	26	
1988	39	4	33	2
1987	30	13	14	3
1986	36	13	19	4

※隶属关系均为国家测绘局。

完成项目情况　（截止日期：1990.6）

类别＼批准年度	1989	1988	1987	1986	合计
合　　计	12	30	22	36	100
大地测量学		3	1	4	8
航测与遥感学	1	4	6	9	20
地图制图学		4	2	8	14
工程测量学		2	1	3	6
测绘仪器学	2	1	1		4
软科学与标准	9	16	11	11	47
其　　他				1	1

科技促进经济发展基金会

一、综　述

科技促进经济发展基金会（简称“发展基金会”）是国家计划委员会和中国科学院集资组建的非赢利社会经济组织，具有独立法人地位。

发展基金会的成立是为了促进科技与经济的紧密结合，推动科研单位与生产单位的横向联系，加速科技成果商品化，促进新技术用于企业的技术改造，推进新兴技术产业化，发展技术密集型产品，增加出口创汇，促进我国社会主义商品经济的发展。

发展基金会以贷款及投资方式，对促进经济发展的有关科技成果推广项目提供财力资助。主要资助生产单位和科研单位的联合开发项目，特别是大中型骨干企业同中国科学院、高等院校，以及其他科研机构的联合开发项目；科研单位申请的新兴技术产品化的项目。

发展基金会重点资助的联合开发项目包括：科技成果的工业性试验和产品化；重大技术改造项目的联合科技攻关；新技术产品的开发；出口创汇和替代进口的技术产品开发；重大技术引进的消化吸收。

凡需贷款的单位，按一定程序向发展基金会申报，主管部门提出意见后，由本会组织评审，择优资助，通过金融单位办理资金投放、贷款业务。

发展基金会根据授权，组织吸引社会智力和财力，面向社会提供经济、科技发展所需的咨询、调研、培训等服务；接受企业、事业单位委托进行技术开发、技术引进、技术改造、风险投资、合资经营等方案的可行性论证。

发展基金会接纳加入基金会成员的合作资金、委托代理项目资金以及国内外赞助或捐赠。欢迎国内外企业和技术开发部门的合作，很愿意参加有关单位组织的联合技术开发项目；欢迎参加发展基金会感兴趣的项目的合作开发。合作方式可以是联合投资，或者是其他方式。发展基金会为科技成果商品化，为促进科技与经济的结合，多方开拓资金渠道，吸收各方面的闲散资金，组织调剂资金，为愿向技术开发投资的中外企业事业单位提供资询、技术服务和资金服务。

发展基金会在国家计划委员会和中国科学院指导下工作。本基金会的最高领导机构是理事会，根据工作需要设若干办事机构，办事机构设在中国科学院。基金会聘请知名人士和专家担任顾问或咨询委员。

科技促进经济发展基金会基于科技促进经济发展的宗旨，采用综合治理手段，二年多来做了大量工作，取得了一定成绩。

(1)到目前为止，共受理来自企业与科研单位的项目多达500多项，申请金额约5亿元。经行业及院所专家咨询，反复审定，资助了198个项目，贷款额达1.64亿元，这些项目中的2/3是厂所(校)合作开发的项目，其余的属于高技术或新技术开发项目。

在支持的项目中，91％属于国内先进水平的项目。预测表明，受发展基金会资助项目的直接经济效益达到了15亿元，节汇创汇1.1亿美元。

(2)运用综合治理手段，推动了科技与经济的结合。

1)发展基金会的项目选择，通常是根据国家的经济目标与地方经济发展战略，借助国家计委的协调功能，依靠自身有资金能起动项目的特点，与地方计经委密切合作，选取那些对地方经济发展起重要作用的项目，通过厂所结合把国内水平名列前茅的科研单位推上为国民经济服务的主战场。

2)运用综合治理手段，持之以恒地支持对国民经济影响较大的科技成果，使它们真正能转化为生产力，促进经济发展。

3)调动经济界与科技界的高智力，为国家计委与中国科学院的科技决策服务。

4)在实践中不断总结经验，探索我国科技促进经济发展的道路。

二、组织机构

科技促进经济发展基金会理事会组成

名誉理事长　吕　东　严东生

理　事　长　周光召

副理事长　朱镕基　张　寿　胡启恒
侯自强　蔡大烈

理事(按姓氏笔划为序)

王大珩　王乐山　毛桂震
甘子光　卢良恕　刘　润
刘源张　孙宗颙　肖昌秀
吴嘉祥　周传典　范宏才
陈冠英　陈家镛　竺　云
张云岗　张　宏　高新民
袁育成　奚同庚　徐正春
钱文藻　童志鹏　韩承纯

执行理事　徐正春

执行理事助理　李腾蛟

地方科学基金

天津市21世纪-青年科学基金

一、综　述

为了适应天津市经济建设和科技进步发展的需要，加强基础研究工作，增强科研与经济发展的后劲，以及促进优秀青年科技工作者更好地发挥创造性和积极性，脱颖而出，成为新一代学科带头人，天津市科委于1989年设立天津市21世纪-青年科学基金，设有专业指导委员会，由信息、材料、工程、生物、化学与化工、能源六大类学科的31名专家组成，主任为天津大学副校长石则昌教授。资金主要来自市科委的科技三项费用，每年200万元。资助范围是天津市经济与科技发展中需要解决的高、新技术与应用基础研究。采取无偿资助方式。

1989年9月23日召开信息发布会，10月受理第一批申请资助项目。该基金项目的受理和评定原则是自由申请，专家评审，平等竞争，择优支持。1989年共受理符合要求的项目401项，其中化工化学57项；材料科学96项；生物科学113项；信息科学71项；工程科学56项；能源8项。申请单位75个，申请总金额1 102.25万元，每项申请强度为2.75万元。经评审决定资助130项，占申请项目数的32.4%，每项平均资助强度为1.548万元。

二、组　织　机　构

天津21世纪-青年科学基金专业指导委员会(第一届)组成

主任委员　石则昌

副主任委员　缪方明　陈　璋

委　员　袁著祉　张以谟　吴训一　黄　侃

林震宇　宋瑶缄　王崇鲁　顾汉卿

黄大墩　董孝义　仉　琦　寇纪凇

徐燕申　崔广涛　牛文成　戴学耕

吴国庆　关晓光　方佩华　陈瑞阳

张庆荣　金桂玉　冯建兴　袁孝竟

陈鸿章　方承超　李文滋

秘　书　雷宗保

综合审查专家名单(25名)

赉春韶　孙志文　宋世漠　李善有　方洞浦

严义奎　刘纪方　蒋庚臣　刘连棣　万良风

周开勤　崔荫年　林　林　史习圣　汤国熙

杨殿镇　方咸孚　张国勋　金觊凯　徐振邦

钱绍诚　吴树明　李兰芳　周静远　张树明

1989年各学科申请情况

(金额单位：万元)

学科或专业	申请		批准资助		批准率(%)		平均资助强度(万元/项)
	项数	金额	项数	金额	项数	金额	
合　计	401	1102.25	130	200.0	32.4	18.1	1.54
化学化工	57	150.63	24	32.6	42.1	21.7	1.36
材料科学	96	270.21	27	44.0	28.1	16.3	1.63
生物科学	113	304.05	24	47.9	21.2	15.8	2.00
信息科学	71	194.02	25	39.2	35.2	20.2	1.57
工程科学	56	161.54	27	32.3	48.2	20.0	1.20
能　源	8	21.80	3	4.0	37.5	18.3	1.33

1989年收入200万元，支出200万元，资助青年基金项目130项，其中，中央院校68项，中央研究所16项，市属院校19项，市属研究所24项；按单位性质分高等院校87项，研究机构40项，企业3项。

山西省自然科学基金委员会

一、综述

山西省人民政府于 1986 年 9 月 8 日批准成立山西省自然科学基金委员会，12 月正式成立并召开第一次全体委员会议。该基金委员会直属省人民政府领导，省科技领导小组代管。资金由省科委科技三项费用中拨出。资助全省自然科学基础研究和应用基础研究项目，均为无偿资助。

山西省自然科学基金委员会由 11 名委员组成，下设数理、化学、农业生物、医学、技术科学五个学科评审组，由 37 名相关学科的专家、学者兼任。基金委员会的日常办事机构为秘书处，挂靠在省科委。

根据《山西省自然科学基金管理办法》，全省各地区、各部门、各单位的科技人员均可提出申请资助。不具有高级技术职称的申请者，须经两名具有高级技术职称的同行科技人员书面推荐；申请者必须是实际主持该项目研究的科技人员。申请资助的程序是先由申请者填写申请书；送同行专家评议；学科评审组根据同行专家评议意见进行评审，确定资助项目建议；基金委员会审定批准；省科委、省财政厅会签后发文下拨资助金给资助项目单位。评审资助与否的原则是择优。择优的条件为具有国内外先进科技水平；研究条件、基础好；密切结合山西省科技、经济发展实际；在同等条件下 35 岁以下的年轻人予以优先。

资助项目负责人每年填写研究工作进展情况报告，并由秘书处组织进行资助项目的动态检查和评审。资助项目的研究成果必须按《山西省自然科学基金资助项目标注方法》标注。成果鉴定由基金委员会或受委托的部门进行。

山西省自然科学基金委员会自 1987 年至 1989 年，由科技三项费用中拨款 300 万元，共资助 220 项基础研究和应用基础研究课题，资助金额 303 万元，取得了一些科研成果，培养了一批水平较高的科技人才，对山西省经济建设与科学技术的发展起了积极的作用。

二、组织机构

1. 山西省自然科学基金委员会组成

主　任　张永宅

副主任　庄国绅　李焕章

委　员　杨桂通　韩德五　陈　震　杨　频　谈浩良　牛天堂　刘锡山　赵美英

2. 秘书处

为委员会下属办事机构，负责办理基金资助的具体业务和日常工作，有专职人员 3 人。

3. 评审组设置及组成

数理组

组　长　赵美英

副组长　谈浩良

组　员　侯晋川　张宝林　梁展东　梁九卿　彭坤喔

化学组

组　长　杨　频

组　员　索奎钤　杨文斌　肖墉壮　郭汉贤　钱人文　翟仁通

农业生物组

组　长　陈　震

副组长　牛天堂

组　员　张江涛　王中英　史振心　袁静明　高仁恒

医学组

组　长　韩德五

组　员　李远乾　贾得道　付信浮　郭佩如　何大卫　张健民

技术科学组

组　长　杨桂通

副组长　刘锡山

组　员　杨育勇　黄达生　沈燮楠　田　琦　袁长良　张碧江　周则恭

三、统 计

经费情况

（金额单位：万元）

项目＼年度		1989	1988	1987	总计
收入	合计	120.00	100.00	80.00	300.00
	科技三项费用	120.00	100.00	80.00	300.00
支出	合计	120.00	100.00	80.00	300.00
	自由申请项目	99.80	95.00	76.00	270.80
	重大项目	15.00			15.00
	业务活动费	3.20	3.50	4.00	10.70
	学术交流	2.00	1.50		3.50

历年申请、批准资助概况

（金额单位：万元）

项目＼年度		总计	1989	1988	1987
申请	项数	581	188	171	222
	金额	2 439.43	724.59	563.43	1 151.41
批准资助	项数	220	61	79	80
	金额	303.1	103.6	92.5	107.0
批准率(%)	项数	37.9	32.4	46.2	36.0
	金额	12.4	14.3	16.4	9.3
平均资助强度(万元/项)		1.38	1.70	1.17	1.34

1987年各学科资助情况

（金额单位：万元）

学科	申请		批准资助		批准率(%)		平均资助强度(万元/项)
	项数	金额	项数	金额	项数	金额	
合计	222	1151.41	80	107	36.0	9.29	1.34
数理	18	52.73	14	13.5	77.8	25.6	0.96
化学	30	122.59	12	17.0	40.0	13.87	1.42
农业	68	467.56	16	20.0	23.5	4.28	1.2
医卫	59	257.39	23	27.5	39.0	10.68	1.2
技术	47	251.14	15	29.0	31.9	11.55	1.93

1988年各学科资助情况

（金额单位：万元）

学科	申请		批准资助		批准率(%)		平均资助强度(万元/项)
	项数	金额	项数	金额	项数	金额	
合计	171	563.43	79	92.5	46.2	16.4	1.17
数理	19	36.95	14	9.0	73.7	24.4	0.64
化学	18	60.96	10	14.0	55.6	23.0	1.4
农业	44	165.42	21	24.5	47.8	14.8	1.17
医卫	45	131.36	17	20.0	37.8	15.2	1.18
技术	45	168.74	17	25.0	37.8	14.8	1.47

1989年各学科资助情况

（金额单位：万元）

学科	申请		批准资助		批准率(%)		平均资助强度(万元/项)
	项数	金额	项数	金额	项数	金额	
合计	188	724.59	61	103.6	32.4	14.3	1.70
数理	14	15.97	7	5.6	50.0	35.1	0.80
化学	22	99.18	9	19.5	40.9	19.7	2.17
农业	59	256.79	18	33.0	30.5	12.9	1.83
医卫	32	100.17	9	16.5	28.1	16.5	1.83
技术	61	252.48	18	29.0	29.5	11.5	1.61

资助项目分布情况

年度	合计	单位性质				隶属关系		
		高等学校	研究机构	企业	其他	中央部委系统	省属系统	地、市
总计	220	161	33	0	26	27	192	1
1989	61	43	12	0	6	10	51	
1988	79	60	10	0	9	10	69	
1987	80	58	11	0	11	7	72	1

基金项目人员组成情况

年度	合计	高级	中级	初级	博士后	博士生	硕士生	辅助人员
总计	1 537	474	435	334	1	11	215	67
1989	396	130	124	79	1	3	40	19
1988	525	184	142	105		3	75	16
1987	616	160	169	150		5	100	32

各学科完成项目情况

类别 \ 批准年度	1989	1988	1987	合　计
合　　计	2	12	37	51
数理学科		2	11	13
化学学科		4	7	11
农业学科			6	6
医卫学科	2	3	7	12
技术学科		3	6	9

资助项目人才培养情况

年　度	博士后	博士(在读)	硕士(在读)	合计
总　计	1	11	215	227
1989	1	3	40	44
1988		3	75	78
1987		5	100	105

内蒙古自治区自然科学基金委员会

一、概　况

内蒙古自治区自然科学基金委员会于1986年经自治区人民政府批准成立，由自治区科委直接领导。

自然科学基金来自科委科技三项费用，每年50万元。

基金委员会由自治区有名望的专家、学者组成，实行任期聘任制。第一届委员会(1986—1988年)由17位专家组成，第二届委员会(1989—1991年)由28人组成。

评审工作由基金委员会委员承担，分成6个学科组，即数学、物理、生物、化学、医药和畜草兽医。如申请项目不属上述范围，则归为其他类，由物理组评审。

基金委员会设基金办公室，挂靠自治区科委科研计划处，由1名科研管理人员兼职管理。本基金用于资助基础研究及应用基础研究。凡本区大专院校及研究院所中具有中、高级职称的科技人员，均可提出申请；具有较强科研能力的初级科技人员申请时，须有高级职称者推荐。

基金项目的申请、评审、批准、拨款程序及做法如下：首先由承担单位提交申请书一式15份，交基金办公室汇总，然后按学科分发给有关委员审核；在学科的小组评审会上提出本学科项目批准的初步意见；然后，经基金委员会全体会议通过，报自治区科委批准后即可实施。

对资助项目执行情况的检查，基本上采用应用研究课题管理的方法，每年需填报实施方案及年度工作小结，在项目结束后，按照自治区科技成果验收办法规定，召开鉴定会或通讯鉴定，对其所发表的论文作出评价。平时依靠承担单位的科技处(科)进行管理，基金办公室不定期地去了解项目、检查执行情况。

1986年至1989年共批准基金项目223项，批准资助金额253.1万元。其中高等院校占4/5，科研机构占1/5。

获基金资助的各类科技人员850人，其中具有高级专业技术职称的占27.6%，硕士生56名(占6.6%)。

二、组　织　机　构

1. 内蒙古自治区自然科学基金委员会第二届委员会组成

主　任　陈　杰
副主任　张晨鼎　马成麟　齐日迈　廖茂彩
委　员　冯启元　李逢择　张鹤龄　白培光
陈广荣　韩凤岩　赵魁明　凤凌飞
文　健　张毓海　邵金旺　柏大启
李云章　朱必文　朱宗元　杨义远
徐文达　赵　瑞　王存山　陆正铎
夏彭年　李　博　陈俊彦

2. 专业评审组设置及组成

数学组

组　长　朱必文
组　员　陈　杰　陈广荣

物理组

组　长　冯启元
组　员　文　健　白培光　韩凤岩　夏彭年
柏大启

化学组

组　长　李逢择

组　员　张晨鼎　张毓海　赵魁明　杨义远

徐文达　王存山

生物组

组　长　凤凌飞

组　员　李云章　张鹤龄　陆正铎　邵金旺

廖茂彩

医药组

组　长　齐日迈

组　员　朱宗元　陈俊彦

畜草兽医

组　长　马成麟

组　员　赵　瑞　李　博

三、统　计

经费情况

(金额单位:万元)

年度		1989—1990	1988	1987	1986	总计
收入	合　计	50	50	50	50	200
	科技三项费用	50	50	50	50	200
支出	合　计	50	50	50	50	200
	资助基金计划项目	50	50	50	50	200

历年申请,批准资助概况

(金额单位:万元)

指标＼年度		1989—1990	1988	1987	1986	总计
申请	项数	115	48	42	116	32
	金额	283.0	127.7	146.0	538.0	1094.7
批准资助	项数	80	36	23	84	223
	金额	50.22	26.7	17.8	158.3	253.02
批准率(%)	项数	69.6	75.0	54.8	72.4	69.5
	金额	17.7	20.9	12.2	29.4	23.1
平均资助强度	万元/项	0.63	0.74	0.77	1.89	1.13

1986—1989 年各学科申请、批准资助情况

(金额单位:万元)

学科	申　请		批准资助		批准率(%)		平均资助强度(万元/项)
	项数	金额	项数	金额	项数	金额	
合计	231	1094.70	223	253.02	69.5	23.1	1.13
生物、畜草、兽医	131	593.32	80	143.2	61.1	24.1	1.79
医药	55	229.88	28	33.1	50.9	14.3	1.18
数学	37	28.52	32	14.1	86.4	49.4	0.44
物理及其他	69	180.84	59	36.7	85.5	20.3	0.62
化学	29	62.34	24	25.92	82.8	41.6	1.08

基金项目人员专业职务组成情况

年度	合计	高级	中级	初级	硕士生	辅助人员
总计	850	235	332	215	56	12
1989—1990	309	93	124	76	12	4
1988	119	36	47	33	3	
1987	99	18	32	35	10	
1986	323	88	129	71	31	4

上海市自然科学基金和青年科学基金

为加强对上海市科学技术发展的宏观控制,促进基础研究和应用研究与经济结合,使上海的科技按三个层次(科技主战场,高技术,基础研究)协调发展,使"八五"、"九五"乃至 2000 年上海经济建设、科技进步与社会发展有足够的科学技术储备,加速人才的培养,同时鼓励优秀青年科技工作者更快成长,上海市科委从 1987 年起设立上海市自然科学基金和青年科学基金,并颁发了《上海市自然科学基金试行条例》和《上海市青年科学基金暂行管理办法》。

上海市自然科学基金和青年科学基金来源主要由"上海市科学技术发展基金"中划出一定额度

的专项资金，也欢迎国内外个人和团体的捐赠。上海市自然科学基金主要用以资助本市自然科学方面的基础研究和应用研究，青年科学基金主要是鼓励和支持青年科技工作者、紧密结合本市经济建设和社会发展的科研工作。上海市自然科学基金和青年科学基金主要受理本市地方科学研究单位、工厂企业、大专院校、医院等单位科技人员的申请。中央有关部门在沪单位提出的项目，如对促进本市科技进步和经济、社会发展有重大作用的也可申请资助。基金资助的项目，均按照“专家评议，择优支持，签订合同，专项管理”的原则进行评审和管理。

上海市自然科学基金优先支持具备以下条件的研究项目：

(1)有重要科学意义或重要应用前景的研究项目，特别是为促进上海市科技进步和经济、社会发展有重要作用的研究项目；

(2)学术思想新颖，立题根据充足，研究内容和目标明确具体，研究方法和技术路线先进、合理、可行，一般在三年左右的时间内可望取得预期成果的研究项目；

(3)项目主要研究人员具备相应的基础理论知识和独立的研究能力，研究工作有一定积累，基本研究条件和时间有可靠保证；

(4)经费预算精打细算、切合实际，并能提出具体的计算依据；

(5)已逐步核减事业经费或研究经费的地方技术开发类型和基础研究类型科学研究单位申请的项目，在相似条件下将给予优先安排。

上海市青年科学基金支持的研究课题应具有以下特点：

(1)在科研上具有创新的学术思想或独树一帜之处；

(2)紧密结合上海地区近期经济建设和科技与社会发展中确定的主要目标；

(3)具有较合理的、先进的和可行的研究方案；

(4)已有一定研究基础和初步具备了必要的研究条件，主要由申请人独立研究，可望在两年左右时间内取得成果。

凡年龄在 35 周岁以下、业务上拔尖、学风正派、具有独立科学研究能力，并获得两名高级职称的专业人员书面推荐者均可申请青年科学基金，如本人已具有博士学位或中级以上职称的，可由一名高级职称专业人员书面推荐。

上海市科委成立上海市自然科学和青年科学基金理事会和办公室负责基金工作，根据个人申请、专家推荐、专家评审和最后审定批准的程序，进行申请资助项目的受理、评审和资助项目的管理。

上海市科学技术委员会每年根据国家发展科学技术的方针政策并结合本市国民经济和社会发展需要制订的《上海市自然科学基金项目指南》，公布的当年自然科学基金和青年科学基金按学科计划资助的比例和名额，作为项目申请的主要内容和依据，并每年集中申请，审批一次。1987 年至 1989 年共受理申请 2 514 项，批准资助 565 项，资助金额 800 万元，主要安排在农业、交通、新技术、生态环境、材料、信息、能源、工程技术与管理科学等领域，重点选择了一批带有方向性、基础性的为科技和经济发展带有后劲的基础研究和应用研究项目。经三年组织实施，市科学基金的设立已显示了如下作用：

(1)起到了“雪中送炭”的效果，特别是在许多高校、科研单位研究经费严重不足的情况下，这两项基金也就为基础研究或应用基础研究课题经费提供了一个来源。

(2)为优秀的科技人员和青年科技人员从事基础研究起到了帮助推动作用，同时也通过基金的资助而得到了训练与提高。

(3)开创了科学研究“竞争机制”的模式，特别是基金专门机构在“依靠专家，发扬民主，择优支持，公正合理”16 字方针的指导下，建立了一套比较完整、切实可行的工作方法和评审制度，对打破“铁饭碗”，减少“低水平重复”，以及促进科技决策管理的科学化和民主化都起到了良好作用。

(4)通过科学基金的资助，取得了一批令人瞩目的成果。如上海医科大学药学院承担的自然科学基金项目“99MTC- 右旋糖苷淋巴显像定向机理研究、药盒生产及临床”，是一种新型放射性淋巴系统显像剂，给药方便，剂量小，性能稳定，显像清晰，且建立了动物给药部位药理动力方程，目前国内外尚无报道。由上海树脂厂研究室承担的青年科学基金项目“聚硅氧烷二步乳化工艺”，设计合理，技术先进，有利于大规模生产各种有机硅乳剂，可节约大量外汇和替代进口，该厂已申请专利，投入生产后可使科研成果尽快转化成生产力。

浙江省自然科学基金委员会

一、综 述

随着我国科技体制改革的进一步深化，浙江省自然科学基金也应运而生了。1985 年 3 月，发布的中共中央关于科学技术体制改革的决定中明确指出，“对基础研究和部分应用研究工作，逐步试行科学基金制。”随即，浙江省省委和省府领导提出要尽早筹建浙江省自然科学基金。省科委在广泛地调查、咨询、召开座谈会的基础上，于 1987 年底向省政府提出了《关于设立〈浙江省自然科学基金〉有关问题的请示》。1988 年 4 月，省政府批复同意设立浙江省自然科学基金，由省科委负责组织实施。它的成立，立即受到了全省广大科技工作者的热烈欢迎和大力支持，给这一新生儿的健康成长创造了良好的外部环境。经过将近一年的试行，同年底，省政府批准设立浙江省自然科学基金委员会。

浙江省自然科学基金委员会，是一个具有学术和管理双重性质的机构，具有独立法人资格。其宗旨是根据本省发展科学技术的方针、政策法规和规划，有效地运用科学基金资助手段，加强本省的基础研究和应用基础研究（即应用研究中的基础性工作），以促进本省科技事业繁荣、经济振兴和社会发展。其任务是贯彻“经济建设必须依靠科学技术，科学技术工作必须面向经济建设”的总方针，根据本省国民经济与科学技术发展战略和发展规划，制定本省基础研究和应用基础研究的年度实施计划，并发布项目指南；指导、协调和资助全省基础研究和应用基础研究工作；组织具有重大学术价值，特别具有重大应用前景的跨学科、跨部门的联合基础性研究项目，促进部门和单位之间的协作；促进优秀青年科学工作者的成长、发现和培养人才；奖励在基础研究和应用基础研究中获得重大成果的科学工作者；促进重要基础性研究成果向生产转移；开展国际合作研究和学术交流。委员会成员由从事科学技术管理工作和科学技术研究工作的、具有较高学术水平、有一定声望、办事公正、热心基金工作的专家担任，每届聘期为二年，由省科委报请省政府聘任，首届委员会由 9 名专家组成。

学科组成员的选择，既注重了学术造诣深、知识面广、办事公正等，也考虑不同的研究层次、分支学科的覆盖面、部门的代表性和合理的年龄阶梯。学科组成员由省科学基金委聘任，每年选聘一次，每次更换 1/2 以上成员，连任不得超过 3 年。学科评审组在综合同行评议意见的基础上，根据有关的方针政策和经费指标，对申请项目优中选优，提出当年资助项目和资助金额的建议。省科学基金委办公室根据各学科评审组的建议。进行综合平衡，提出资助计划，提请委务会议审查批准。申请人在接到批准资助通知后，在规定时间内根据批准意见和金额填报资助项目研究计划。省科学基金委办公室根据报来的研究计划，审核公布当年的省科学基金资助项目，并逐项核拨经费。目前对面上项目实行先拨资助总经费的 80%，进展正常的项目，20%的经费在最后一年拨给；对重点项目分期拨款，年终结转。

为了增加科学基金工作的灵活性，不失时机地支持一些优秀项目，还设立了机动基金，主要用于两次集中评审之间急需资助的项目和已资助项目中取得较好成果或进展、急需追加经费进行更深入的工作的项目。机动基金项目仍需经讨论评议方可获得资助。

委员会下设办公室，负责组织项目指南编写，受理基金项目申请，组织申请项目的初审、同行评议和学科组评审，并对资助项目的工作情况和基金使用情况负责进行检查、督促和总结。为了慎重决策和充分发挥专家在评审、管理上的作用，设立若干个学科评审组和同行评议专家系统。

浙江省自然科学基金主要来自省财政拨款，同时接受国内外单位和个人的捐赠。对省财政拨款，使用本金，实行无偿资助，主要用于全省自然科学方面的基础研究和应用基础研究。本省大专院校、科研机构等单位的科技工作者均可按规定申请资助，中央各部门在浙江省的大专院校、科研机构的科技工作者提出的符合省科学基金委宗旨的申请也予受理。

为了引导科研方向，发布了 1989 年和 1990 年度浙江省自然科学基金项目指南。为了提高工作效率，决策科学化，研制了自然科学基金的计算机管理决策系统，正在试用，其中包括约 1 500 位专家的专家库，以及包含学科政策、评审决策、课题规划、专家遴选等内容的决策系统。以学科政策（各学科之间的经费分配）为例，它包含了倾斜（支持与本省经济建设密切相关的学科和行业的发展）、保续（保证研究工作的连续性）、扶助（扶助本省需要，但较薄弱的学科或行业）的决策功能，以便进行宏观指导和控制。

浙江省自然科学基金每年集中受理申请一次，按照发扬民主、择优支持、公正合理的原则，对申请项目进行评审。科技人员按自愿结合的原则组成项目组，参照《项目指南》提出申请，经单位审查签署意见后报送科学基金委办公室。申请项目首先由办公室组织初步筛选，对一些不符合有关规定的项目予以筛除或退回修改、补充。初审通过的项目分送有关学科的专家进行同行评议。评议的方式有会议和通讯两种。为使评议工作更具有科学性、公正性，

1989 年又聘请了相当数量的省外学术造诣较深的专家来评议申请项目，取得了满意的效果。对同行专家评价较好的项目，再送相关的学科评审组。根据浙江省的实行情况，目前设立了数理学科组、化学学科组、生命学科组(分两个小组)、地球学科组、材料与工程学科组、信息学科组和管理学科组。

省科学基金设立两年来，省财政共拨款 500 万元，择优支持了 415 个项目。在资助的项目中，重点支持了对省经济建设能起重要作用的应用基础研究；对农业科学实行了倾斜政策；对青年和留学回国的科技工作者的申请给予了优先考虑。

为了加强资助项目的后期管理，要求项目负责人必须于每年 1 月底报送上一年度进展情况报告，基金委员会根据年度报告重点抽查一些项目；对结束项目要求做出总结报告，基金委员会根据报告核准注销；对一些进展好、成果显著的项目，通过评议论证可以追加经费，支持其进一步的工作，有的逐步形成重点；对于完成不好的资助项目，查明情况，必要时也给予一定的处理。省科学基金资助项目取得的研究成果，发表论文或有关报道时，均要求标注“浙江省自然科学基金资助项目”。

自然科学基金制的实施，有利于稳定基础研究队伍，促进本省基础研究和应用基础研究的发展，为本省开发研究提供贮备，为经济建设提供后盾，这将会对本省的经济持续稳定的发展和科技进步起到不可估量的作用；有利于培养高级人才，特别是培养青年科技工作者，1988 年资助项目中的博士、硕士研究生共有 282 名，1989 年 213 人，约占受资助总人数的 1/5。据评审专家反映，一些青年科技工作者，特别是留学回国人员，在申请项目中提出不少新思想，这是非常可喜的；有利于本省科技体制的改革。总之，实行科学基金制是一种好方法。

二、组 织 机 构

浙江省自然科学基金委员会组成

主　任　周　文

副主任　阚端麟　季道藩

秘书长　朱明权

委　员　苏纪兰　谢庭藩　孙漱源　余应年　徐岭嗣

三、统 计

经费情况

(金额单位：万元)

项目＼年度		1989	1988	总　计
收入	合　计	300	200	500
	财政拨款	300	200	500
支出	合　计	273	200	473
	数理科学	29.3	24.6	53.9
	化学科学	30.0	25.0	55.0
	生命科学	106.2	74.2	180.4
	地球科学	17.0	12.4	29.4
	材料与工程科学	38.4	27.2	65.6
	信息科学	34.1	27.8	61.9
	管理科学	5.0	3.8	8.8
	机动基金	4.0	0.3	4.3
	办公费用	9.0	4.7	13.7

历年申请、批准资助概况

项目＼年度		1989	1988	总计
申请	项　数	850	795	1 645
	金额(万元)	2 367.0	2 262.0	4 629.0
批准资助	项　数	198	216	414
	金额(万元)	260.0	195.0	455.0
批准资助率(%)	项　数	23.3	27.2	25.2
	金　额	11.0	8.6	9.8
平均资助强度(万元/项)		1.31	0.90	1.10

1988—1989 年各学科申请、批准资助情况

（金额单位：万元）

学科	申请		批准资助		批准率（%）		平均资助强度（万元/项）
	项数	金额	项数	金额	项数	金额	
合计	1645	4628.98	414	455.00	25.2	9.81	1.10
数理科学	176	360.25	59	53.90	33.5	14.9	0.90
化学科学	217	646.27	52	55.00	24.0	8.5	1.06
生命科学	592	1749.50	156	180.40	26.4	10.3	1.16
地球科学	86	256.28	25	29.40	29.1	11.5	1.18
材料与工程科学	286	798.63	55	65.60	19.2	8.2	1.19
信息科学	245	737.15	56	61.90	22.9	8.4	1.11
管理科学	43	80.90	11	8.80	25.6	10.9	0.80

资助项目分布情况

年度	合计	单位性质			隶属关系	
		高等学校	研究机构	其他	中央各部门	本省
总计	414	329	78	7	176	238
1989	198	152	42	4	87	111
1988	216	177	36	3	89	127

基金项目人员专业职务组成情况

年度	合计	高级	中级	初级	博士后	博士生	硕士生	辅助人员
总计	2 663	763	731	546	13	78	404	128
1989	1 209	381	331	225	8	38	167	59
1988	1 454	382	400	321	5	40	237	69

1988 年资助项目完成论著情况

发表论著数（含审稿通过数）									待发表数	合计
国际会议			全国性会议		刊物发表			专著数		
特邀报告	大会报告	分组报告	特邀报告	大会报告	全国科技刊物	国外学术刊物	其他			
—	25	—	1	36	126	40	27	3	75	333

1988 年资助项目完成研究成果情况

已评议鉴定						推广应用		待评议鉴定	获专利			合计
合计	国家级	省部级	地司级	基层级	基金会主持	已推广	拟推广		国内专利	国外专利	申请待批和拟待批	
6	—	2	4	—	—	2	1	6	1	—	2	18

福建省自然科学基金

一、综　述

1. 福建省自然科学基金设立的背景与宗旨

1985 年，中共中央《关于科技体制改革的决定》中明确指出："对基础研究和部分应用研究工作，逐步试行科学基金制，基金来源主要靠国家预算拨款"。1986 年 2 月国务院发布[1986]23 号文件，正式宣布成立国家自然科学基金委员会，在国内引起普遍关注，在国际上也产生了很大反响。普遍认为，国家自然科学基金的设置，是促进中国基础研究和应用基础研究的一项重要政策，也是国家科技事业发展的一个重大改革，深受广大科技工作者热烈欢迎。

当代经济社会发展的大趋势，是科技制胜的时代，谁占领了科学的制高点，谁就赢得竞争的胜利。作为改革开放综合试验的福建省来说，如果不能充分有效地利用国内外先进技术，在发展本省社会、经济与外向型经济等方面的重要科技领域缺乏应有的能力，光靠劳动密集型产品是不能长期在竞争中立足的，沿海经济发展战略是不能长期健康发展的。因此，福建省必须全面安排好科学技术工作，要在保证科学技术直接服务于经济建设主战场的同时，加强基础性研究工作，使之得到持续稳定的发展，为福建省经济发展增强后劲。为此，1986 年省委三届九次全委会扩大会议作出《关于加强科学技术工作的决议》。根据决议的精神，福建省科学技术委员会在 1986 年 12 月闽科[研]037 号文件中正式宣布成立福建省自然科学基金评委会，并召开首次工作会议，讨论了《福建省自然科学基金管理暂行办法》，评审出福建省自然科学基金首批资助项目。

福建省自然科学基金评委会的宗旨：根据国家和福建省的经济、社会、科学技术的发展方针、政策的规划，有效地运用科学基金，指导、协调和资助自然科学基础研究和部分应用研究（应用研究中的基础性工作），发现和培养人才，促进福建省科学技术工作的三个层次的有机联系、共同发展，促进科学技术进步，增强经济、社会发展的后劲。

2. 工作基本情况

福建省自然科学基金评委会由 16 名委员组成，设主任一名，副主任四名，由省科委聘请，实行任期制，每届任期 3 年。评委会主要任务是受理和评审申报的基金项目，检查项目的研究进展和基金使用。根据年度申请项目的情况和评审工作的需要，每年还邀请一些专家参加评审工作。

基金评委会下设数理、化学、生物（包括农、林、水产、医学、微生物、动物、植物）、地球、材料与工程、信息 6 个学科组。

为了保证资助工作的准确性和公正性，建立了比较严格的审批程序和制度，评审中贯彻“依靠专家，发扬民主，择优支持，公正合理”的原则。

基金申请项目的初审工作是由申请项目所在单位自行聘请的同行评议专家（包括申请单位学术委员会）进行的，对申请人资格，申请课题意义，研究内容、目标和预期成果，研究方法，技术路线，研究条件以及经费预算等提出评议意见。这些评议意见由评委会办事机构汇总后，交评委会评选。最后由省科委审定核批，下达通知。

评委会办事机构附设在科委科研处，有兼职人员 5 人。

省自然科学基金大部分来源于省科技三项费用，也接受部门、企业和个人的捐赠，基金用于资助福建省基础研究和部分应用研究项目。凡是本省高等院校和研究院所均可申请，重点资助：①高等院校和研究院所中高水平的基础性科学研究，以及少数卫生事业部门；②在相同条件下，对年轻拔尖人才的申请项目，优先给予考虑，裨使年轻人得以脱颖而出。

资助项目择优条件：①针对本省自然条件、自然资源特点以及开拓新兴技术研究，如生物工程与新材料；②学术思想新颖，立论根据充足，研究方法和技术路线先进、合理，行之有效，在短期内可望达到预期成果；③工作有一定积累，基本工作条件和时间有可靠性保证。

二、组 织 机 构

福建省自然科学基金评委会组成：

主　任：柯　冲

副主任：陈国熙　林忠民　周绍民　林文良

委　员：黄金陵　吴中孚　俞新妥　朱鹤健　林应茂　李少菁　潘克祯　黄维南　庄启谦　胡翔龙　高天钧

三、统　计

经费情况

（金额单位：万元）

项目 \ 年度		1989	1988	1986—1987	合　计
收入	合　计	114.9	110	204.4	429.3
支出	合　计	114.9	110	204.4	429.3
	数理学科	12.1	12.9	26.1	51.1
	化学学科	16.0	16.3	33.7	66.0
	生物学科	44.0	44.8	84.2	173.0
	地球学科	14.3	14.6	32.2	61.1
	材料与工程	19.2	11.7	15.2	46.1
	信息学科	8.1	7.7	11.0	26.8
	活动费	1.2	2.0	2.0	5.2

历年申请与批准资助情况

（金额单位：万元）

指标 \ 年度		1989	1988	1986—1987	合　计
申请	项　数	338	354	461	1 153
	金额	542.9	704.8	1 675.1	2 922.8
批准资助	项数	111	113	212	436
	金额	113.7	108	202.4	424.1
批准率(%)	项数	33	32	46	38
	金额	16	15	12	15
平均资助强度（万元/项）		1.02	0.96	0.96	0.97

1986—1989年各学科申请、资助情况

（金额单位：万元）

学科或专业	申请		批准资助		批准率(%)		平均资助强度(万元/项)
	项数	金额	项数	金额	项数	金额	
合计	1153	2922.8	436	424.1	38	15	0.97
数理科学	156	251.4	80	51.1	51	20	0.63
化学科学	143	340.1	55	66.0	38	19	1.20
生命科学	509	1375.9	181	173.0	36	13	0.96
地球科学	137	413.8	52	61.1	38	15	1.18
材料与工程科学	134	341.7	43	46.1	32	13	1.07
信息科学	74	199.9	25	26.8	34	13	1.07

资助项目分布情况

年度	合计	单位性质		
		高等院校	研究机构	其他
总计	436	318	101	17
1989	111	74	31	6
1988	113	84	25	4
1986—1987	212	160	45	7

基金项目人员专业职务组成情况

年度	合计	中、高级	硕士生以上	其他
总计	1 505	874	192	439
1989	381	222	49	110
1988	392	226	50	116
1986—1987	732	426	93	213

1986—1989年资助项目共完成415项，其中1989年完成104项，1988年完成106项。经鉴定省部级成果37项，获专利1项。在国际会议上报告54份，全国性会议报告139份，在全国性科技期刊发表文章394篇，国外学术期刊46篇，待发表288篇，共计921篇。

山东省自然科学基金委员会

一、综　述

为加强山东省自然科学基础研究和应用基础研究，培养科技人才，增强全省经济、科技和社会发展的后劲，1987年12月5日山东省教委、省科委、省科协、省科学院、省农科院、省医科院等单位联合向山东省人民政府建议建立山东省自然科学基金。1988年12月山东省财政厅拨专款100万元，作为省自然科学基金。

1989年7月3日山东省人民政府根据省科教部门联席会议的建议，由办公厅发文（鲁政办发[1989]75号）决定成立“山东省自然科学基金委员会”。其任务是：“根据国家和山东省发展科学技术的方针、政策和规划，有效地运用自然科学基金，指导、协调和资助基础研究和应用基础研究工作，发现和培养人才，开展学术交流，促进科学技术进步和经济、社会发展。”同时公布了山东省自然科学基金委员会第一届委员会名单（见附件）。

山东省自然科学基金委员会利用1988年底省财政厅拨的100万元，于1989年批准资助了基础研究和应用基础研究项目84项。1989年省财政厅又拨款50万元。

山东省自然科学基金面向全省科技人员，资助基础研究和应用基础研究工作。基金使用和评审的基本原则是“依靠专家，发扬民主，公正合理，择优支持”和“突出重点，照顾一般”。

省自然科学基金委员会办公室设在省教委，与该委科研处合署办公。有1名同志做基金管理工作。

省自然科学基金的申请、评审、批准、拨款程序如下：每年由省基金会发布《项目指南》进行引导，申请者自由申请，由申请者所在单位进行内部协调；省基金会受理申请后，首先由3名同行专家通讯评议，然后由基金会7个学科组分别进行会议评审，最后由基金会批准。

资助项目按自然科学学科划分了7个方面：数理科学、化学科学、医学科学、生物科学、地球科学、材料与工程科学和信息科学（含软科学）。

1990年起开始制订和发布了《项目指南》，以后每年发布1次。《项目指南》制订时，由各学科组提出意见，基金会办公室根据各学科组的意见和山东省科技发展规划、学科优势、资源环境特点，以及经济建设和人才培养的急需，决定其主要内容。

二、组 织 机 构

1. 山东省自然科学基金委员会第一届委员会组成

主　任　马长贵

副主任　吴鸿章　迟范民　潘承洞　阮景纯

委　员　杨光华　管梅谷　王清扬　沈玉琪　李光友　张广恩　冯士筰　艾　兴　余松烈　江　森

2. 山东省自然科学基金委员会第一届委员会学科组设置及组成

数理学科组

组　长　潘承洞

副组长　王清扬　张广恩

成　员　梅良模　刘尉宁　李国华　竺苗龙　张怿慈　程德林

化学学科组

组　长　杨光华

副组长　邓从豪　张正斌

成　员　杨熙珍　李德和　黄保湘　王京生　毕殿礼　吕维民

医学学科组

组　长　阮景纯

副组长　江　森　张珍玉

成　员　贾士铨　孙毓民　陈家津　王名洲　李在连　潘希愚　杨亚超　姚乾元

生物学学科组

组　长　余松烈

副组长　迟范民　李光友

成　员　王祖农　李德尚　林毓琴　姚敦义　刘恩训　潘大陆　白　毅　杨丛海

地球学科组

组　长　冯士筰

副组长　冯增昭　袁业立

成　员　王淑仁　赵澂林　黄春海　陶华学　张力果　王　荣　何起祥　王秉海

材料与工程学科组

组　长　艾　兴

副组长　蒋民华　文望平

成　员　王世清　陈冀飞　赵宗昱　张连房　胡茂丰　程玉林

信息学科(含软科学)组

组　长　管梅谷

副组长　吴鸿章　沈玉琪

成　员　汪嘉业　杨楚良　周照鸿　王庆麟

三 统 计

1989 年，省财政拨款 50 万元；1988 年省财政拨款 100 万元，共计 150 万元。1989 年支出 100 万元。1989 年资助 84 项，其中高等学校 60 项，研究机构 24 项；从隶属关系分，国家部委属 45 项，省属 39 项。1989 年资助项目人员共计 601 人，其中高级职称 188 人，中级职称 177 人，初级职称 116 人，博士后 18 人，硕士生 68 人，辅助人员 30 人。

1989 年各学科申请资助情况

（金额单位：万元）

学科	申请		批准资助		批准率(%)		平均资助强度(万元/项)
	项数	金额	项数	金额	项数	金额	
合　计	209	724.0	84	184.1	40.2	25.4	2.19
数理学科	22	61.0	9	11.1	40.9	18.2	1.23
化学学科	24	79.0	10	23.5	41.7	29.7	2.35
医学学科	43	155.0	17	31.5	39.5	20.3	1.85
生物学科	58	209.0	24	59.5	41.4	28.5	2.48
地球学科	29	116.0	12	29.0	41.4	25.0	2.42
材料与工程学科	23	78.0	9	22.0	39.1	28.2	2.44
信息学科(含软科学)	10	26.0	3	7.5	30.0	28.8	2.50

河南省自然科学基金委员会

一、概 况

为了加强河南省基础研究和应用基础研究工作，保证科技发展的后劲，本省于 1988 年成立了“河南省自然科学基金委员会”。1988 年 10 月由河南省科学技术委员会、河南省教委、河南省科学院联合下发了豫科字(1989)109 号文件，关于发送《河南省自然科学基金暂行办法》的通知，并附有河南省自然科学基金委员会组成人员名单。

1988—1989年以来，省科委每年从掌握的科技三项费用中抽出5%作为基金，资助省内的高等院校及省级以上的研究院所，从事省科技发展战略规划中的重点项目的前期性研究；具有本省特色与优势，已有多年的工作基础，可能在发展领域中取得重大突破和对全省科技经济发展有较大影响的、有应用前景的研究；具有基础性、创造性、探索性的特点，特别是中青年科技工作者提出的为今后科技发展提供后劲的研究。

河南省自然科学基金会由24位委员组成，其中主任委员1人，副主任委员3人，由知名科学家和管理专家担任，实行聘任制，任期4年。委员会下设生物农业、医学、化学化工、材料与材料工程、数理和其他等6个学科组。基金会下设办公室，由省科委、省教委、省科学院的科技管理人员组成，省科委归口管理。该基金会的主要职责是：组织评议基金项目，并按照河南省科技计划暂行管理办法的有关规定，负责基金项目的组织实施。

基金项目的管理工作是整个科学基金工作的一个重要环节，对保证资助项目的顺利实施、经费的合理使用、促进出成果出人才有重要的意义。为了使列入计划的基金项目(课题)能按时完成计划任务，使项目(课题)列入计划后有约束力，省基金管理部门与项目的承担者签订了目标管理任务书，并跟踪落实检查，同时还适时召开科技人员座谈会，直接听取项目负责人对项目的进展情况、经费使用情况及存在问题等方面的汇报，使管理部门的人员能够掌握第一手资料，对项目进展情况做到心中有数。1989年重点跟踪调查了52个项目，占年列基金项目数的56%。

两年来，省基金会共受理申请基金项目275项，申请总经费611.8万元；经基金会学科组评审共批准174项，占申请项数的63.3%；资助总经费162万元，占申请经费的26.5%。

自然科学基金资助的项目取得的科研成果，不仅有较高的理论水平，而且对促进工农业生产发展有着较大的潜力。如河南省农业大学校长蒋建平教授主持的“泡桐属基因资源的保存与种群演变规律的研究”，已选育出优良的泡桐树种，并保存了全国的10个泡桐树种，使泡桐的发病率由原来的60%降到10%，泡桐的速生性由0.05米^3/年提高到0.084米^3/年。该项研究对经济林的发展有显著的社会经济效益。“植物体内外抗生菌区系与植病生防研究”是河南省农业大学教授王守正主持的，该项研究找出了抗生品种与微生物的差异，搞出了708种真菌，30种细菌。目前该项成果已应用在棉花、西瓜、黄瓜等植物，具有较好的应用前景。河南省科学院化学所研究员金斗满主持的“双金属多核配合物的合成结构及性质的研究”，成功地合成了“1.1'－双(二苯基膦)二茂铁为配体的4价钼的分子氮配合物”及“1价铜与4-乙烯基吡啶的双核配合物”。该项研究具有较高的理论水平和学术价值，曾得到国内外同行专家的高度评价。化学所研究员戴明主持的“非电解质溶液性质和结构研究”，系统地研究了非电解质溶液的宏观热力学性质，在大量实验工作的基础上，建立了合理的溶液模型，已取得较大进展。“河南省经济昆虫研究”是省科学院副研究员王治国主持研究的，该项目先后完成了等翅目、鳞翅目蝶亚目、直翅目蝗总科、蜻蜓目等昆虫的分类和调查采集工作，增加河南新记录280余种(亚种)，发现新亚种8个，填补了河南昆虫区系研究的空白。

二、组　织　机　构

河南省自然科学基金委员会组成

主　任	许广先			
副主任	陈义初	张　静	林富瑞	
委　员	曹策问	吴养洁	卢锦梭	王　勉
	周希澄	朱自强	全石琳	刘亚星
	金斗满	戴　明	毛继周	吴　丁
	蒋建平	张潭沐	王雨若	齐超仁
	陈荣峰	曲　兵	刘祖德	张肇庆

三、统　计

收入：1989年科技三项费用97万元，1988年科技三项费用65万元，共计162万元。支出：1989年支出97万元，1988年支出65万元，共计162万元。

历年各学科资助情况

（金额单位：万元）

学科或专业	申请		批准资助		批准率(%)		平均资助强度(万元/项)
	项数	金额	项数	金额	项数	金额	
总计	275	611.8	174	162.0	63.3	26.5	0.93
1989年合计	152	324.0	99	97.0	65.1	29.9	0.98
农业与生物	30	76.4	19	17.3	63	22.6	0.91
医学	28	77.1	20	17.4	71	22.5	0.87
化学与化工	40	92.4	25	24.1	62.5	26	0.96
材料工程	26	41.3	17	19.5	65	47	1.14
数理	18	17.6	12	9.3	66	52	0.77
其他	10	19.2	6	9.4	60	48.9	1.50
1988年合计	123	287.8	75	65.0	60.9	22.5	0.87
农业与生物	25	64.7	15	11.8	60	18	0.78
医学	20	59.55	13	11.8	65	19.8	0.90
化学与化工	31	82.5	17	17.6	55	21	1.03
材料工程	17	28.6	11	9.0	64	31	0.82
数理	14	13.85	8	6.0	57	43.3	0.75
其他	16	38.6	11	8.8	68	22.7	0.80

资助项目分布情况

年度	合计	单位性质			
		高等学校	研究机构	企业	其他
总计	174	80	82	1	11
1989	99	52	42		5
1988	75	28	40	1	6

基金项目人员专业职务组成情况

年度	合计	高级	中级	初级	博士生	硕士生	辅助人员
总计	682	272	148	107	3	102	50
1989	364	154	72	58	2	54	24
1988	318	118	76	49	1	48	26

完成项目情况

批准年度 类别	1989	1988	合计
合计	19	18	37
化学化工	7	9	16
数学	2	2	4
材料	3	2	5
物理	4	2	6
生物农业	2	2	4
医学	1	1	2

资助项目完成论著统计

年度	发表论著数(含审稿通过数)									待发表数	合计
	国际会议			全国性会议		刊物发表			专著数		
	特邀报告	大会报告	分组报告	特邀报告	大会报告	全国科技期刊	国外学术刊物	其他			
总计		28	12	24	101	281	25	163	10	55	699
1989		17	4	22	50	157	17	62	6	52	387
1988		11	8	2	51	124	8	101	4	3	312

资助项目人才培养情况

年度	博士		硕士			合计
	在读	合计	已获学位	在读	合计	
总计	2	2	66	70	136	138
1989	2	2	36	44	80	82
1988			30	26	56	56
1987						

湖北省自然科学基金

一、综 述

为了贯彻落实1989年2月全国基础研究工作会议的精神，有效地调动本省广大科技工作者的积极性，挖掘科技潜力，加强基础研究和应用基础研究工作，湖北省科委于1989年设立了湖北省自然科学基金。省自然科学基金，每年由省财政拨出专款和部分科技三项费用，重点资助以下研究：与湖北省科技、经济和社会发展密切相关；能充分利用本省自然资源和自然条件，又能充分发挥本省在科技实力方面的优势；具有明显的应用前景，近期(3—5年)有可能取得预期效果；在全国竞争的格局中能够形成优势的基础性研究工作。湖北省自然科学基金面向全省，实行公开竞争，依靠专家评审系统，实行同行评议，择优支持的原则。

湖北省科委还设立了自然科学基金管理办公室，专门负责省自然科学基金的日常管理事务。基金管理办公室在参照国家自然科学基金管理办法，广泛征求科技人员和管理专家意见的基础上，制订了《湖北省自然科学基金管理暂行办法》；依据实现湖北省在"中部崛起"战略目标对科技储备的要求和湖北省的科技发展现状，提出了今后两年资助的《项目指南》；还根据省内各单位的推荐选聘了100名、10个不同专业、有较高学术造诣、熟悉所从事科技领域的国内外情况、办事公正、有一定声望的科研人员作为省自然科学基金项目的专业评审员，专业评审员对申请项目进行书面同行评议；成立了湖北省自然科学基金项目评审委员会，聘请了29位德高望重、学识渊博、能秉公办事的专家为委员，负责项目的评审工作。

1989年共收到来自省属及部委在鄂高等院校，科研单位的申请项目255项，申请总经费1 175.91万元。通过形式审查(初筛)，除去明显不符合湖北省自然科学基金资助范围、申请手续不完备，以及申请书填写不合要求、无法据以评审的十几项外，全部送专业评审员进行书面评议。在此基础上，省科委组织召开了基金项目评审委员会审议，对评审员评价较好的项目进行了认真的评审，最后优选出70个具有较高学术水平和明显应用前景的基础性研究项目，作为本年度湖北省自然科学基金的资助项目，资助项目总经费为130万元(当年拨款70万元)。这些项目包括农作物、水产、畜禽、林业、材料与化学助剂、机械基础工艺和机电一体化技术、能源、环保和医药卫生等九个方面的内容，其中，又以农作物、材料与化学助剂、机械基础工艺和机电一体化技术的应用基础研究为主要内容，即考虑了资助面，又突出了近几年湖北省科技发展的战略重点。

这次评出的项目，有的是围绕湖北省科技发展规划目标必须进行的部分前期基础性研究工作；有的是在省科技攻关计划和高技术产业发展实施过程中，需要做的部分重要基础性研究；有部分是具有新颖性、创造性的，有可能替代湖北省科技发展规划和计划中原定的某些方案，具有良好的发展势头，又具有一定的工作基础，可能在全国处于领先水平的基础研究。这些项目的完成，将会给湖北省的技术和经济的持续进步提供强有力的后劲，为实现湖北省在"中部崛起"的战略目标奠定坚实的基础。

在湖北省实行的科学基金资助制度，是湖北深化科技体制改革的重大措施之一，对于补偿国家自然科学基金、扩大地方应用基础研究的资助幅度、加速湖北省科技和经济的发展都具有重要的现实意义。

二、组 织 机 构

1. 湖北省自然科学基金项目评审委员会委员名单

主 任 崔 昆

副主任 熊远著

委 员 黄永揩 赵合句 王道本 喻永熹 张力田 李明鹤 陈廷济 蒋一圭 张幼敏 刘钊杰 徐汉生 李建宗 崔万秋 蒋维铭 陆际光 周迪勋 樊鑫瑞 段正澄 丁永昌 刘德昌 杨启文 黄昌武 钱家庆 董传仁 张六通 常民生

2. 湖北省自然科学基金项目评审组设置

农作物组

黄永揩 赵合句 王道本 喻永熹 戴绍钧 李行润 罗忠训 付廷栋 刘承柳 唐仕芳 刘百韬 樊孝贤 阮华芳 赵敬钊 王运华

林业组

张力田　李明鹤　何伟玲　周心铁　鲁涤非

畜禽组

陈廷济　熊远著　杨宜生　陈守仁　马承融

水产组

蒋一圭　张幼敏　刘伙泉　杨干荣　周文卿

张海明

有机合成、高分子材料组

刘钊杰　徐汉生　李建宗　谢洪泉　吴成泰

朱正方　蒋济隆　陈家威　沈雨生　杨自善

陈远荫　黄维端　何云陔　王洛礼　孔渝华

无机非金属、金属材料组

崔万秋　崔　昆　李　楠　向纲玉　童大懋

胡起柱　张幼陵　张　恒　彭甫之　陈大凯

机械、自动化与仪器仪表组

段正澄　蒋维铭　陆际光　周迪勋　樊鑫瑞

张君和　姜德生　张德俊　吴锦翔　周用权

周　济　刘兢生　陈理君　瞿　垣　严隆兴

程昌银　卢正鼎　常恒毅　周驷骥

能源组

刘德昌　丁永昌　袁振缨　马善定　黄立淮

周泽群

环境保护组

黄昌武　杨启文　张延毅　金拍欣　韦进宝

汪志达

医药卫生组

钱家庆　董传仁　常民生　张六通　李鸣真

江钟炎　彭仁秀　程化奇　尹武华　王崇云

詹亚华　黄铭西　石佑恩　章咏裳　鲁生业

三、统　计

1989 年财政拨款 50 万元，科技三项费用 20 万元，共计 70 万元，用于资助项目 70 万元，其中高等院校 51 万元，研究机构 19 万元；从隶属单位分，部属 55 万元，省属 8 万元，地方 7 万元。资助项目人员共计 409 人，其中高级职称 133 人，中级职称 113 人，初级职称 78 人，博士生 11 人，硕士生 60 人，辅助人员 14 人。

1989 年各学科申请、批准情况

（金额单位：万元）

学科或专业	申请		批准资助		批准率(%)		平均资助强度(万元/项)
	项数	金额	项数	金额	项数	金额	
合计	255	1175.9	70	130.0	27.5	11.1	1.86
农作	30	151.5	8	15.0	26.7	10	1.87
畜禽	10	47.7	4	8.0	40	16.8	2.0
水产	22	83.4	5	10.0	22.7	12	2.0
林业	6	34.6	1	2.0	16.7	5.8	2.0
材料	69	308.6	24	42.0	34.8	13.6	1.75
机电	45	233.7	11	21.0	24.47	9.0	1.9
能源	8	27.4	3	6.0	37.5	21.9	2.0
环保	24	120.6	4	7.0	16.7	5.8	1.75
医卫	41	168.5	10	19.0	24.4	11.3	1.9

广东省科委科学基金

一、综　述

1. 广东省科委科学基金设立的背景和宗旨

为了加强本省基础研究和应用基础研究，使广东省科技事业健康地发展，在省政府有关领导的倡议下，于 1987 年设立了“广东省科委科学基金”。它的宗旨是：根据国家发展科学技术的方针、政策和规划，依照本省科学技术发展战略和规划，通过安排科学基金项目，指导、协调和资助本省基础研究和部分应用研究工作，发现和培养人才，增加技术储备，促广东省科学技术进步和经济、社会发展。广东省科委科学基金项目经费目前是从省科技三项费用中划出，1987 年为 150 万元，1988 年为 160 万元，1989 年为 200 万元。每年上半年，由研究单位提出基金项目申请，省科委聘请高等院校、研究院所和有关管理部门的专家，按电子信息科学与技术，生物学与生物技术，材料科学与技术，化学与化学工程，机械-电子科学与技术，医学科学技术，农业科学与技术，数理、地矿、环境、能源及其他学科与技术等八大学科技术领域，分成若干个小组，按照“依靠专家，发扬民主，公平竞争，择优支持”的原则进行评审，评审出水平高、有广东省特色的项目，经省科委综合平衡后审定。

2. 工作进展情况

广东省科委科学基金至1989年底已实施三年。据不完全统计，1987年和1988年共资助项目273项，现已完成40多项，在国外学术刊物和国际会议上共发表及宣读论文140多篇，有20项成果已推广应用，获得专利3项。1989年又下达基金项目86项。

从执行情况看，大多数项目负责人对此项目工作非常重视，积极组织实施，努力完成工作计划。有些项目已取得了高水平的研究成果，有些项目在推广应用中取得了较好的经济效益。例如，广州市冶金研究所承担的“马氏体钢贝氏体化机理的研究”项目，证明贝氏体和马氏体复合组织的性能及模具的使用寿命比单一的回火马氏体好，从1987年至1989年7月，他们应用贝氏体改性处理这一技术生产了6700套铝材挤压模具供用户使用，总收入1 139万元(1 700元/套)，总利税4 044.12万元，模具合格率从1986年的79.3%提高到91%左右，而且模具使用寿命提高1.13倍，用户可以少用模具7 571套，节省费用1 287万元，同时可节汇312.7万美元。华南理工大学承担的“稀土对钢铁热镀锌、铝深层的影响”，广州化学研究所承担的“金红石型钛白粉与聚乙烯共混的研究”等项目经过进一步攻关，达到了生产要求，已被列入国家和省的火炬计划项目；中山大学承担的“高灵敏度元件及其智能化研究”已研制成一批湿敏电容，其灵敏度等技术指标达到国际先进水平，电容式湿度计正在推广应用，论文《电容式湿敏元件特性》获机电部技术交流会优秀论文奖；华南理工大学承担的“分布式微机系统的研究与实现”，已研究成功分布式微机系统，达到了预定的要求，并由京粤电脑中心投入小批量生产，产品两度参加省及全国的微机产品展销会展出，受到用户欢迎，暨南大学李辰教授承担的“异种角膜磨镶术”由于有国家和省基金资助的研究基础，现已被列为世界银行贷款项目；机电部五所承担的“球束转换理论及空间直坐标统一解法研究”、华南农业大学承担的“人工合成昆虫抗菌肽基因及其在昆虫杆状病毒载体中表达研究”、华南理工大学承担的“语言数据在计算机网中综合传输理论与技术”等论文，先后在国际学术会议上宣读，获得好评；还有华南师范大学承担的“泛函微分方程的理论及其应用”项目，已写成两份讲义，在国内外刊物发表论文20多篇。1987年和1988年的省科委科学基金项目大多数都是计划在1990年或1991年底完成，预计到时将会取得更好的成果。

作为省级的科学基金项目，侧重点与国家自然科学资金有所不同，它把资助的重点放在对本省经济建设能起重要作用的应用基础研究上。根据本省经济、社会发展的需要和自然资源条件，解决本省经济和社会发展中带普遍性或关键性的科学技术问题，同时，对有利于本省新兴技术(高技术)发展和新兴技术产业形成的相关学科和技术领域的研究工作给予重点鼓励和支持。为了达到培养人才的目的和促进国际间科技合作与交流工作，对40岁以下的优秀中青年科技工作者和国外学习、进修回来人员提出的项目申请给予优先支持。

3. 主要体会

通过总结1987年以来省科委科学基金项目实施的经验，有以下几点体会：

(1)科学基金面向全省，引入“竞争”机制，依靠专家，择优支持，透明度较高，既增加了科学基金工作的公正性和科学性，又避免低水平的重复，可以使有限的经费更有效地使用，使高水平的成果不断出现。这些成果将会对广东省的经济建设发挥重要作用。

(2)通过制订《项目指南》，不仅能很好地起着学科导向的作用，而且还可以把主要研究力量吸引到该省经济建设中急需解决的研究课题上来，有利于促进广东省科技工作合理布局的形成。

(3)同行专家评议工作的好坏，关系到评审工作公正性、权威性和科学性。该省基金项目专家评审小组一般由5—7名相同学科的专家组成，每位专家来自不同的单位。在选择专家时，既考虑到知识面，同时也聘请一些管理部门的专家参与评审，避免个别专家的片面性。专家评审小组成员每年更换，使其具有更大的广泛性和代表性。

(4)加强资助项目的后期管理工作非常重要，注意定期对资助项目进行检查，对获得显著成绩，并具有重大应用前景的项目给予继续支持，并逐渐形成重点，使它们最终能形成产业，为广东省经济建设服务。

(5)基金项目的研究工作促进了人才培养，在基金项目的评审工作中，优先考虑40岁以下的中青年优秀科技人员，可打破论资排辈的旧框框，使一批年轻有为的科技人才脱颖而出。此外，从了解到的情况看，参加省科委科学基金项目研究的研究生有100人以上，他们的研究论文题目就是选自基金项目的研究内容，研究生参加项目研究，把教学与科研结合起来，既出成果，又出人才。

省科学基金今后需要从下列几个方面加以完善：

(1)增加基金经费。因为提高资助率和资助强度是一对矛盾，唯一解决办法是增加科学基金经费，除了科委科技三项费用中逐年增加一点以外，还要争取省政府、省财厅、省计委等综合部门的支持，同时，接受省内外单位或个人的捐赠，使它有比较稳定的、不断增长的财力支持。

(2)抓好同行专家的评议工作。在聘请专家评审的基础上，对评审中不合理的现象要加以干预，增加评审的公正性、权威性，要防止吃大锅饭，保证基金项目的水平和经费支持。

(3)加强资助项目的后期管理工作，实行滚动计划。采取多种形式对资助项目进行检查，并对资助项目取得成绩的大小进行评估，记录在案，作为今后资助与否的依据。对于无进展的项目，采取措施，给予处理，对于已经完成，并取得重要成绩的项目，组织评议鉴定，并对取得突出成绩的项目和个人给予奖励。

(4)建立和完善计算机管理决策系统，提高工作效率和决策科学化，使科学基金更好地为广东省的经济建设作出重要贡献。

贵州省科学技术基金委员会

一、概　况

为了进一步促进贵州省科技事业的发展，1983年设立了贵州省科学技术发展基金，制订了《贵州省科学技术发展基金试行条例》。经过三年试行表明，科技基金的设立大大调动了全省科技人员的积极性，使一些原来难于得到经费资助的科技项目得到了必需的经费保证，从而有利于更多、更好地出成果、出人才。在总结三年工作的基础上，于1986年对《贵州省科学技术发展基金试行条例》作了修改和补充后，省科委和省财政厅又以(1986)黔科计通字32号文下达了《贵州省科学技术基金暂行规定》。为适应科技基金工作发展和加强对科学技术基金项目的科学化管理，经省人民政府批准，1987年1月正式成立了贵州省科学技术基金委员会，由省科委归口领导。贵州省科技基金的宗旨是：运用科学技术基金调剂和补充各类科技计划，有效地指导、协调和资助为本省经济、社会、科技发展所需的基础研究，应用基础研究。充分调动科技人员的积极性、促进本省科技事业的发展，为经济、社会发展提供科学储备和后备技术。

贵州省科学技术基金委员会，是科技基金的管理部门，由23位省知名的科学家、技术专家及管理专家组成。委员会设主任一人，副主任若干人，由省科委任命。委员由主任聘任，省科委批准，下设省科技基金委员会办公室，是具体办事机构。现在编制3个，挂靠在省科委计划处。省科委专业(学科)组，是基金会的顾问组织。基金项目初评首先由这些专业(学科)组进行。

根据“基金暂行规定”，贵州省科技基金来源有下列渠道：①全省科技三项费用划拨的经费；②财政专项拨款；③科技基金有偿使用回收的经费，以及全省科技攻关和重点科技发展项目按合同偿还的经费；④团体、个人资助和捐赠。实际上目前基金的来源绝大部分是财政拨款和科技项目有偿使用回收的经费。

根据本省特点，贵州省科技基金主要资助以下四方面的工作：

(1)基础研究和应用基础研究：包括有学术价值的科学实验；优势资源开发利用的前期调研和试验；重大工程建设中某些关键技术和理论或机理；为领导或综合部门作决策参考的软科学研究。

(2)技术开发研究：已取得研究成果，但尚不能直接用于生产，需要进行扩大或开发试验才能达到实用阶段，但由于客观原因未能及时列入科技攻关和年度计划，且投资不多，收效较快的项目。

(3)风险技术开发研究，已取得科研实用成果，且可投入应用但尚有一定风险，如一旦开发成功，经济或社会效益较大的开发项目。

(4)为提供科学储备和后备技术的科研。

本科技基金的资助对象是：

(1)具有一定技术力量和研究手段的科研、设计单位、大专院校、厂矿企业或其他单位。

(2)具有中级职称以上(含中级)的科技人员。

(3)当不具备中级职称的科技人员，其申请的项目如有两位以上高级职称人员的书面推荐。

(4)没有技术职称的人员，不能以个人名义申请，只能由所在单位出面，以单位的名义申请。

(5)对边远、少数民族地区青年科技工作者，适当照顾。

贵州省科技基金的申请、评审、批准、拨款程序及做法如下：

每年元月，省基金会向有关单位发出申报基金项目的通知；凡申请省基金项目的单位和个人，在认真阅读基金项目指南和申请注意事项等有关文件基础上填好基金申请书，交所在单位学术委员会审查盖章，一式8份送省基金办公室。基金办公室进行条件审查和整理汇总后，送请省科委各专业(学科)组(23个)进行初评。因申请项目多，经费有限，专业组初评时，除严格按基金指南规定资助的主要范围及鼓励研究领域审查外，还要按经费控制额度，进行平衡提出资助或不资助的意见及资助金额等。基金办公室对专业组初评结果进行整理汇总后，提交基金会总评审会进行评审。总评审时，分基础、农业、工业、医药卫生四个组分别进行，先由项目主审专家提出主审意见，组内逐项审查，然后将总评审结果提交基金会全体会议，综合平衡逐项通过；基金办公室按基金会最后通过的项目汇编成计划，提请省科委审批后，正式下达计划，通知有关单位和项目主持人在三个月内前来签定合同。

为了更好地指导基金申请，和自觉地贯彻科技方针，1987年编制了《贵州省1988—1990年科学技术基金项目指南》，其主要内容和特色：

(1)遵照“经济建设必须依靠科学技术和科学技术工作必须面向经济建设”的方针，基金项目必须根据“贵州省科学技术发展规划轮廓设想”的要求，密切结合本省科技、经济、社会发展的需要，有的放矢，特别是应用研究，例如：农业、能源、交通、材料、化工、机械、电子、食品、轻工、微电子及计算机技术，生物技术等领域以及为领导部门作决策参考的软课题，研究结果要在经济建设中产生直接的或间接的效益。

(2)基础研究注意学科的前沿，在学术上有所创见，向国家水平看齐。

(3)鼓励创新，在基础研究方面，要注意理论与实践的结合、教学—科研—生产相结合，从而使我省教学水平通过科研不断提高，使科技人员的知识不断更新，生产不断改进；科研—开发—成果转让相结合，从而使科研成果尽快在经济上收到实效。

(4)促进不同学科的相互交叉与互相渗透，不断形成新的学科领域，成为新兴产业的生长点。

资助项目执行情况的检查管理、结题验收、成果评价及权益处理的要求与做法：

对项目执行情况的检查管理：要求项目承担的单位每年把项目实施情况向基金办书面汇报；基金会直接检查或组织专家和管理干部进行检查。如发现不具备研究条件，基金资助欠妥或使用不当的项目，基金会有权停止该项目执行，索回资助的经费。项目在执行中发生变化，需要调整研究内容研究时间甚至下马等，必须报省基金会审查批准后方可调整。否则，应按合同要求追究责任。

结题验收成果评价权益处理的要求与做法：采用省科技项目结题，验收的办法对成果评价、申请奖励等等，都享受科技进步奖的待遇。

1984—1989年共受理申请基金项目848个，申请金额2 217.91万元。批准379个项目，项数批准率为44.7%，资助总额为421.40万元，资金资助率为19%。批准列项的项目，从总体上看，执行情况良好，对贵州省经济、社会和科学技术发展起积极的推动作用及储备技术的作用。到目前为止，已有近20项成果(论文)参加国际学术交流和与国外合作出版，有30项获得省科技进步奖，有50项已应用于生产；30项列入科研计划和新产品试制计划。

例如，贵州师范大学杨明德教授主持研究的《六冲河喀斯特河谷发育规律研究》项目，是和新西兰合作研究的项目，已用英文在新西兰出版。又如黔西南州师专教师潘正华，1987年承担的《中介逻辑ML的完备性与可靠性研究》，共完成论文10篇，其中3篇已在国际学术交流会议上宣读，并收入论文集出版发行。其余7篇也分别在5个全国性学术刊物上发表。贵州工学院俞建教授与美国合作研究的《运筹学与数理经济学研究》项目，其论文也已在国外出版。贵州农学院王光华教授主持研究的“W—氰基丙烯酸酯类高分子化合物在兽医临床外科中的应用研究”，不仅已在科研、教学中得到应用，而且还在手术与临床应用上取得了经济、社会效益。不仅在省内20余个县推广应用，并推广到四川、广东、福建、辽宁等省，还在尼泊尔、英国、澳大利亚、新西兰等国家进行交流。省林科所承担的“铅笔杆新材料研究”项目，1988年在北京国际发明展览会上获得金质奖，1989年参加国际科技周在原联邦德国展览。

二、组织机构

1. 贵州省科技基金委员会组成(23位)

主　任　汪福清

副主任　王庆延　何士璇　李　祥

委　员　方　灏　廖易礼　汪大成　梅庚安
李楚柱　郭振中　邓时恩　吴继武
韩志钧　向明序　李绪中　曾宪昌
潘学荣　吴若秋　时钟孚　吴焕德
法元伟　徐章雄　韦叔华

2. 评审组设置及组成

基础学科组

组　长　李　祥

成　员　汪大成　韩志钧　徐章雄　吴焕德

农业学科组

组长　王庆延

成　员　郭振中　廖昌礼　方灏　曾宪昌
韦叔华

工业组

组　长　何士璇

成　员　梅庚安　李楚柱　向明序　吴继武
邓时恩　潘学荣　李绪中　法元伟

医药卫生组

组　长　时钟孚

成　员　吴若秋

三、统　计

经费情况

(金额单位:万元)

项目 \ 年度		1989	1988	1987	1986	1985	1984	合计
收入	合计	117.80	15.0	180.7	194	0	100.0	607.5
	财政拨款	100.0		150.0	150.0		100	500.0
	三项费有偿使用	17.80	15.0	30.70	44.0			107.50
	回收							
支出	合计	124.86	120.90	100.25	44.50	48.04	36.35	434.9
	资助项目	120.36	116.90	95.75	4.0	48.04	36.35	421.4
	印刷费	0.50	1.0	1.50	0.50			3.50
	会费、评审费	2.0	2.0	2.0				6.0
	其他	2.0	1.0	1.0				4.0

历年申请,批准资助概况

(金额单位:万元)

项目 \ 年度		1989	1988	1987	1986	1985	1984	合计
申请	项数	226	265	264	1	44	48	848
	金额	584.15	748.77	708.99	17	75	84	2217.91
批准资助	项数	107	104	111	1	24	32	379
	金额	120.36	116.90	95.75	4.00	48.04	36.35	421.40
批准率(%)	项数	47.46	39.3	42.1	100.0	54.6	66.7	44.7
	金额	20.6	15.6	13.51	23.5	64.0	43.3	19.0
平均资助强度(万元/项)		1.13	1.13	0.86	4.00	2.00	1.14	2.24

1987—1989 年各专业资助情况

（金额单位：万元）

学科或专业	年限	申请		批准资助		批准率(%)		均资助强度(万元/项)
		项数	金额	项数	金额	项数	金额	
合计		755	2041.91	322	333.01	42.7	16.3	1.34
基础学科	1987	69	175.73	38	30.37	55.0	17.3	0.79
	1988	66	112.51	35	43.49	53.0	38.3	1.24
	1989	53	106.64	29	19.56	54.7	18.3	0.67
农业	1987	74	203.48	20	19.20	27.0	9.4	0.96
	1988	76	251.94	24	30.50	31.6	12.1	1.27
	1989	81	226.00	45	63.00	55.6	27.9	1.40
工业	1987	62	181.30	24	25.28	38.7	13.9	1.05
	1988	61	191.34	18	28.11	29.5	14.7	1.56
	1989	49	163.90	10	17.60	20.4	10.7	1.76
医药卫生	1987	59	148.48	29	20.90	49.2	14.1	0.72
	1988	62	192.98	27	14.80	43.6	7.7	0.55
	1989	43	87.61	23	20.20	53.5	23.1	0.88

资助项目分布统计

年度	合计	单位性质				隶属关系		
		高等学校	研究机构	企业	其他	中央在省单位	省属	地(州)
总计	323	181	105	4	33	14	295	14
1989	107	58	33	2	14	6	96	5
1988	104	60	32	2	10	5	95	4
1987	111	62	40		9	3	103	5
1986	1	1					1	

基金项目负责人员技术职称统计

年度	合计	高级	中级	初级	硕士生	其他
合计	323	175	107	34	2	5
1989	107	57	33	16		1
1988	104	63	34	3	2	2
1987	111	55	39	15		2
1986	1		1			

完成项目统计

（按项目类型或学科、专业分类）

类别 \ 批准年度	1989[1]	1988[2]	1987	合计
合计	4	11	80	95
基础学科	3	6	30	39
农业		1	17	18
工业	1	1	19	21
医药卫生		3	14	17

1)通过省部级成果鉴定 10 项。

2)通过省部级成果鉴定 9 项。

资助项目完成论著统计

年度	发表论著数(含审稿通过数)							合计
	国际会议	全国性会议		刊物发表			专著	
	特邀报告	特邀报告	大会报告	全国科技期刊	国外学术刊物	其他		
总计	13	5	3	39	12	5	2	79
1989	3	2	1	10	8		2	26
1988	8	1	2	19	3	5		38
1987	2	2		10	1			15

云南省科委应用基础研究基金委员会

一、综　述

在科技体制改革中，在确保集中大部分科技力量和资金投入科技攻关、示范和推广、为经济建设服务的主战场的同时，针对云南省应用基础研究比较薄弱的情况和经济长远持续发展的需要，省科委从 1986 年起，设置了应用基础研究专项经费。主要资助云南省的应用基础研究项目和基本资料收集积累等基础性研究工作。考虑到本省资源的开发、生产技术领域的研究亟待加强，而且省内的科技投资又有限的情况，因此，此专项经费只能侧重于优先发展那些对国民经济和生产技术发展有较密切联系的，对开发利用本省资源优势有重要作用的，已有一定研究基础、一定工作条件并可能近期突破的，以及具有重要科学储备意义的基础性研究项目。省科委每年由科技三项费用中划出适当比例(约占5%)，每年平均约87万元，作为“专项经费”，单列计划，分类管理。项目的资助工作由科委计划处负责，并制订了专项经费管理的暂行办法，规定了资助的范围，项目申请、评议审批程序，经费使用等，为全省各院校，各科研单位开展应用基础研究提供了必要的资助，从而进一步发挥了科技潜力，调动了科技人员的积极性，促进了应用基础研究工作。

“专项经费”设置三年来(由1986—1988年)共批准资助94个研究项目，资助金额261.9万元，到1989年底已完成39项，占资助项目的42%，取得了一批具有较高水平的和应用前景较好的研究成果，如：天麻蛋白酶分离的研究取得了突破，从而争取列入了国家863计划；烟草抗烟草花叶病毒病基因导入研究成果达到国内先进水平；冬虫夏草人工培育成功，首次获得了完整的冬虫夏草，居于国内先进水平，成果获得省科技进步奖和中国科学院自然科学奖；余热制氢发动机——甲醇裂解装置系统的研制取得了突破，实现了汽车发动机的掺氢燃烧，提高了功率，节约了原油等等，为攻关项目的立项提供了必要的数据、资料和可行性依据；有的研究项目，如耳诊染色诊病机理研究，两次在国际耳诊学术会议上发表了具有国际水平的论文，受到国际上专家学者的赞誉和好评；超高能宇宙线γ点源观测和宇宙线高山观测站建立，吸引了国际同行专家的关注，达成了合作研究，促进了国际科技合作交流。

设立专项经费的三年来，促进了本省应用基础研究工作的进展，取得了较好效果，受到了省人民政府的重视。1988年，省政府152号文明确规定，从1989年起，每年拿出200万元(从科技三项费用中拿出100万元，省财政拨专款100万元)建立云南省的应用基础研究基金。为了管好用好该项基金，省科委于1989年6月正式成立了基金委员会，第一届基金委员会由24名委员组成，设主任1人(省科委主任兼)，副主任4名，秘书长兼办公室主任1名。委员实行任期聘任制，由各有关部门、高等院校、科研院所主管部门提名推荐各学科具有较高学术水平、知识面广、办事公道的专家和科技管理工作者人选，由省科委聘任。每届任期2年。基金会在省科委领导下负责基金的管理使用，做好基金项目的评审资助工作。管理指导和成果验收鉴定等工作。

基金委员会下设办公室，挂靠在省科委计划处，负责办理基金资助的具体业务工作和基金委员会交办的日常工作。

基金委员会建立后，随之建立了一套较为完整可行的基金资助项目的申请、评审、审批管理制度和办法：①制订了《云南省科委应用基础研究基金管理暂行办法》；②经各学科专家充分讨论，编制发布了《1989—1990年云南省应用基础研究基金项目指南》，作为基金项目申请的导向；③制订了基金项目申请书，以及项目申请、评审程序等，使基金的评审资助工作，有条不紊地顺利进行。

基金面向全省，主要资助各科研单位开展的应用基础研究项目、少数基础性研究，以及基本资料收集积、编写专著等。受资助者不受年龄和工作单位限制。规定项目申请者应是直接参与该项目研究的主要负责人，应具有高级技术职务或职称。中级职称申请者必须有2名高职人员推荐才能受理。

申请者填报基金项目申请书，经本部门本单位学术组织(学术委员会)讨论，科技管理处(科)审查提出审查意见，单位领导批准并签署具体意见后按规定时间报送基金会办公室。

项目评审程序如下：

(1)形式审查：淘汰不属资助范围、申请书不合规定、不具备申请条件的项目。审查合格的交专家组评审。

(2)学科专家组评审：专家个人逐项打分与专家小组评议相结合，逐项提出初审评价意见，优选出预备资助项目，送二审评定。

(3)专家组评审(二审)：优中选优，初定资助项目及分项资助的经费。

(4)基金委员会讨论、审批、确定资助项目。

(5)省科委综合平衡，纳入计划，批准下达执行。

基金项目的择优条件是：

(1)科学意义重大、研究起点高、水平高。

(2)有重要应用前景、研究成果对经济发展有较大促进作用。

(3)具有新颖性、先进性，有助于新产业形成和发展，有助于生态环境保护和人民健康。

(4)根据云南省经济建设需要，能促进国际科技合作交流的。

(5)研究目标明确，技术路线先进，方案可行，经费预算合理。

本基金会不设置固定的专家评审组，为做好基金项目的评审工作，建立了一个学科门类比较齐全的评审专家库，目前已容各学科、专业的专家860多名，并逐年不断补充和完善。专家库中包括本省各主管部门、高等院校，科研院所、企事业单位具有高级技术职务，有较高科学技术水平，熟悉本学科科研发展趋势，见识较广的专家和少数学有专长，获省级或部级科技成果奖以上的中级专业人员，以及部分长期从事科技管理工作的专家。每年根据申报项目的学科、专业情况，评审项目的需要，由专家库提供学科专业对口的专家名单，选聘组成评审组，进行项目评审。

项目资助经费，在批准项目时一次核定，按进展情况分期拨款的办法。拨款通过主管部门拨到申请者所在单位财务科室，由财务监督使用。项目完成后报送经费结算。

基金项目课题组每半年向基金办公室报送研究进展情况报告。每年报送总结，报告项目进展情况、阶段研究结果、经费使用情况、存在问题及解决办法，以及下年度工作安排等，基金会作不定期的检查(抽查)。结题验收、成果评价及权益处理等均参照省级科技项目成果验收鉴定办法，由完成单位申报，经审查同意，由基金会主持验收鉴定。成果由基金会与完成单位共享，转让须经过基金会同意并提取20%转让费补充基金来源；发表论文、专著要标明“云南省应用基础研究基金资助项目”。

1989年度共受理基金申请项目502项，申请金额1522万元；批准资助148项，占申请项数的29.5%；批准资助金额200.8万元，占申请总额的13.2%；资助项目平均强度为1.36万元/项。

二、组织机构

云南省科委应用基础研究基金委员会组成

主　任　张敖罗

副主任　王义明　陆炳炎　吴自强

常务副主任　解德汝

秘书长兼基金办主任　杨中润

委　员　王学仁　王德成　计汉容　冉崇英
冯和生　任　玮　刘昌荣　陈尔纲
杨国祥　吴兴昌　李盛元　罗鹏涛
林毓材　胡大禄　施立明　胡　忠
郭来喜　戴树珊

三、统计

1989年省财政拨款100万元，科技三项费用100万元，共计200万元，用于资助费用132.5万元。

1986—1988年云南省应用基础研究项目情况

(金额单位：万元)

资助情况／部门	1986年		1987年		1988年		1986—1988年		
	项目	金额	项目	金额	项目	金额	项目	金额	资助率(%)
大专院校	7	39.5	13	28.0	17	32.1	37	99.6	39.4
地方院所	8	38.9	9	20.8	13	34.4	30	91.1	31.9
中央驻滇院所	9	22.3	8	25.4	10	20.5	27	68.2	28.7
合计	24	100.7	30	74.2	40	87.0	94	261.9	33.3

1986—1988年云南省应用基础研究基金项目学科分布情况

资助情况／学科名称	资助		资助项目占总资助项数%	单项平均资助强度(万元/项)
	项数	金额(万元)		
数理科学	5	13.6	5.3	2.72
化学科学	4	7	4.3	1.75
生命科学	67	194.4	71.3	2.90
地球科学	7	24.5	7.4	3.50
材料与工程科学	10	21.4	10.6	2.14
信息、管理科学	1	1	1.1	1.00
合　计	94	261.9	100	2.79

1989年基金项目申请、资助情况按学科统计

(金额单位：万元)

申请及资助情况／学科名称	申请		资助		批准率(%)		平均资助强度(万元/项)
	项数	金额	项数	金额	项目	金额	
数理科学	46	113.96	19	20.20	41.3	17.7	1.06
化学科学	35	107.33	13	17.50	37.1	16.3	1.35
生命科学	205	672.61	70	99.00	34.2	14.7	1.41
地球科学	67	195.33	16	25.50	23.9	13.1	1.59
材料与工程科学	115	343.18	19	26.40	16.5	7.6	1.39
信息科学	22	64.98	6	7.70	27.3	11.8	1.28
管理科学	12	24.61	5	4.50	41.7	18.3	0.90
合　计	502	1522.00	148	200.80	29.5	13.2	1.36

1989 年基金项目申请、资助情况按部门统计

隶属系统 \ 申请及资助情况	申请			资助			批准率(%)	
	单位数	项目数	金额(万元)	单位数	项目数	金额(万元)	项目	金额(万元)
省属有关单位	48	157	475.72	27	42	61.10	26.8	12.8
中央直属有关单位	12	116	361.84	8	34	50.90	29.3	14.1
高校	13	225	623.66	12	72	88.80	32.0	14.2
其他	4	4	60.78	0	0	0	0	0
合计	77	502	1522.00	47	148	200.80	29.5	13.2

1989 年资助项目人员共计 1 010 人，其中高级职称 295 人，中级职称 309 人，初级职称 307 人，博士生 1 人，硕士生 1 人，辅助人员。资助项目发表论文共计 131 篇，在国际会议上报告 9 篇，全国性会议上报告 11 篇，在全国科技期刊上发表 30 篇，国外学术期刊上发表 8 篇，其他期刊上发表 3 篇，专著 2 本，待发表 68 篇。

四川省应用基础研究基金

四川省应用基础研究基金设立于 1986 年。这是省科委在全国科技体制改革推动下，结合本省科技队伍力量雄厚、技术水平较高、专业门类齐全的特点而决定设立的。基金来源于省科技三项费用，每年抽出一定经费用于应用基础研究的专用费用，支持本省高等院校、科研机构中具中级专业职称以上科技人员的研究工作，博士后的研究工作也适当考虑支持。1986 年始每年 200 多万元，至 1989 年四年中共资助 940 万元，批准资助 575 个科研项目，单项平均资助强度 1.63 万，项数和金额的批准率分别为 42.5%和 44.7%。

为了管理好这笔基金，省科委制定了《四川省应用基础研究专项经费使用管理暂行办法》。

四川省应用基础研究专项经费实行随时申请、定期评审的办法，一般每年集中审批二次。受理工作由省科委业务处承担，经过初步形式审查后，按专业分类送有关专家进行同行评议，之后由省科委业务处会同综合计划处一起在同行评议意见基础上进行择优选取，报省科委领导审定。

为了减少申报课题的盲目性和评审工作量，采纳了四川大学评委会制定的不申报或缓申报的十条原则：

(1)已有资助者；

(2)申请人已经承担了两个科研课题或者虽只承担了一个。但完成起来还比较困难者；

(3)要求加工、器材、药品等条件过于苛刻。短期内难于解决者；

(4)尚无预研基础者；

(5)公开问题(即众所周知、长期未能解决的难题)。或无新颖性者；

(6)所需经费实际很少者(学校可以自筹解决)；

(7)某行业或某生产单位提出的课题(由他们提供科研费)；

(8)纯基础研究(纯理论)的课题(可申请国家的自然科学基金)；

(9)不属于应用基础研究性质者(如研制一种新产品)；

(10)虽属应用基础研究。但已经承担了相同目的的应用技术项目(可以“应用养基础”纳入现行项目)。

1986—1989 年受理、评审情况表

项目 \ 年度		1989	1988	1987	1986	总计
申请	项数	291	280	480	302	1353
	金额(万元)	470	387	780	468	2105
批准资助	项数	131	124	141	179	575
	金额(万元)	230	210	250	250	940
批准率(%)	项数	45.0	44.3	29.4	59.3	42.5
	金额	48.9	54.3	32.1	53.4	44.7
平均资助强度(万元/项)		1.76	1.69	1.77	1.40	1.63

四川省重庆市科委专项科研基金

应用基础研究小额科研经费资助是重庆市科委专门为重庆地区具有博士和副博士学位的科技人员开辟的科研经费渠道，用以支持他们进行探索性的应用基础研究。由地方政府开展的这项工作在全国还属首创。三年来已取得显著成绩，深受各界人士的好评，产生了较大社会影响。

1985年，在中共重庆市委组织部和重庆市科委的领导下，科技干部处在抓好全市落实知识分子政策工作的同时，对重庆地区曾获得博士或副博士学位的科技人员的工作、生活情况逐一家访，进行了全面调查。在此基础上协同各有关部门针对博士们的工资、住房、交通、医疗、工作环境、助手配备等一系列实际困难，制定了一套专门的优惠政策和措施，切实解决了博士们所遇到的各种困难。市委书记、市长还专门召开博士、副博士座谈会，共商建设重庆的战略大计，大力宣传尊重知识、尊重人才，形成良好的社会风气，创造使拔尖人才脱颖而出的社会环境。

为了进一步发挥高层次科技人员作用，建立了“拔尖人才信息管理系统”。并从1986年起由市科委拨出专款，对博士进行应用基础研究小额科研经费资助的工作。

重庆市科委1986—1988三年共拨款15万元，资助了50个项目，平均每年资助17个项目。目前已完成的有12项，占项目总数的24%；正在进行的有17项，占34%；要求延期完成的有11项，占22%；暂时无结果的有10项，占20%。

对博士小额资助工作的效果是多方面的。

1. 发表较高质量的学术论文

小额科研经费资助的项目属于应用基础研究，往往以高质量的学术论文结束课题。三年来已发表34篇论文，大多发表在具有较高学术水平全国性的刊物，以及国际国内的学术会议上或国外专业期刊上。

如重庆大学黄席越博士的“伺服系统时间最优数字控制”项目的论文，在“1989年中国首届控制与决策系统学术会议”上发表；重庆大学王克博士的“可恒定时间维护及有限模式的识别”项目，已有5篇论文发表，其中一篇在今年美国费城召开的ACM第八届数据库系统原理会议上宣读，得到国内外同行们的好评；重庆建工学院蒲心诚完成的“矿渣混凝土研究”已通过鉴定，正在申请科技进步奖；重庆建工学院姚雨霖完成的“水质过滤理论研究”已通过国内专家评审，由国家教委申请自然科学奖。

2. 直接为经济生产服务，产生经济效益

博士利用小额科研经费资助，直接为经济生产服务，开发新技术、新工艺，力图解决生产中的实际问题。

如重庆大学黄天铭的“精密硬齿面齿轮连续梳齿新技术的开发研究”，受到重庆机床厂等企业的欢迎，并列为该厂机床开发新品种。该技术的特点是用成本低廉的齿条刀连续地加工齿轮，具有加工精度和生产率高、加工成本低的优点，目前国外尚无生产应用，国内更系空白，能产生较大经济效益。

重庆大学王昌贤的“三汇坝煤矿区构造特征”项目，主要解决生产中的两个实际问题：一是认识该区煤层结构（目前已有重要突破，可能发现新的煤炭资源）；二是认识煤层构造滑动现象，分析变化规律，指导实际生产。此项目具有较大实用经济价值。

3. 为社会服务，产生社会效益

在这些小额资助项目中有一部分属于难度大、水平高的基础研究，或没有直接经济效益的医学和社会科学方面的研究课题，在国家科研经费困难的情况下不易获得批准立项的课题。

如重庆医科大学陈雅棠对孕妇弓形体感染与儿童智力发育障碍之间的关系进行了研究，证明了母亲弓形体感染是造成儿童智力发育障碍的病因之一，提请各有关部门重视，对孕妇进行弓形体感染的常规检测，积极防治这一疾病，以提高人口素质。西南政法学院常怡的“中国调解制度”和“国内经济纠纷案件裁决执行若干问题的探讨”项目，对解决人们在社会生活和经济工作中的实际问题提供了极大的帮助，《中国调解制度》一书已正式出版，受到国家司法部的重视。

4. 育苗助长，产生放大效应

小额资助的目的之一是培育一些有发展前景的科研项目，尤其对立项的前期工作起到奠基和铺路的作用。所以有人称之为“起步费”、“扶苗费”。特别是能使回国的博士不中断国外研究，起到承前启后的作用。很多博士都以此为基础取得了国家自然科学基金、国家科学基金的青年科学基金、全国科协优秀青年奖、国家教委优秀年轻教师基金、霍英东基金、省、市和各部委重点科研项目、中央引进国外智力办公室的人才引进项目等。约有30多人获得了这些基金的支持，大大地增强和放大了小额资助项目作用，使许多好项目得到及时扶持和培育。

5. 促进自身发展，加速人才培养

有一部分博士，尤其是年轻博士在接受资助前

不是研究生导师，接受了资助后，他们积极开展科学研究，对丰富专业知识提高学术水平，开设指导研究生课题等方面起到促进作用。

博士们在接受小额资助期间培养了一大批研究生，其中一些还是博士研究生，这些研究生的课题常常与导师的研究方向一致，有的直接是资助课题的一部分，尤其是后来发展为重点科研项目的课题对培养和锻炼科技骨干队伍起到了重要作用，促进了新一代人才的培养。

自开展小额资助以来，受到各方人士的热情欢迎。重庆大学校长、“博士联络网”召集人顾乐观教授对小额资助给予极高的评价。认为对博士的小额科研经费资助，钱虽不多，影响很大，充分体现了尊重知识、尊重人才。博士们亲自感受到了党和政府对他们的关心和爱护，尤其是使他们在心理上、精神上得到很大的支持和鼓舞。这一工作也引起学校及社会各方对博士等高层次人才的重视。各单位由此派专人负责这项工作，认真落实，检查经费的使用情况，把钱用在刀刃上，并协助解决博士们在日常工作中遇到的各种困难。

重庆医科大学科研处在总结工作中认为，小额资助大大地调动了博士们的积极性，使他们深深地感受到重庆市人民政府给予他们的不仅仅是一笔科研经费，而是一种高度信任和支持，是一种精神食粮。这种精神力量鼓舞着他们克服重重困难去攀登科学高峰，为全人类的科学事业作贡献。一位博士说，作为一个医学专家，如果不在校搞科研，而是外出作医学顾问，一个月至少也能收二三百元，但我不能这样做，我宁肯不要额外收入，也要为祖国的医学事业和人才培养竭尽全力去工作。开展小额经费资助后，许多单位通过各种渠道向在国外攻读博士学位的留学生宣传，吸引他们早日学成归国。有几位按期和提前回国的博士及时地获得了资助。由此看出小额资助起到了稳定科技队伍、吸引人才、培养人才的积极作用。重庆大学科研处的同志在参加国家自然科学基金会议期间，向大家介绍了重庆大学对博士的小额科研经费资助的工作情况，使与会者感到惊喜，大家认为重庆市在目前资金十分困难的情况下，在全国率先开展这一具有重大意义的工作是非常了不起的，为全国各省市做出了榜样，受到一致称赞。

贵阳市科学技术发展基金

一、综　述

在中共中央作出科技体制改革的决定后，贵阳市人民政府于 1986 年 4 月 10 日发布《贵阳市科学技术基金试行办法》，设立科技发展基金。

贵阳市科技发展基金的建立考虑到地方的财力、人力、物力等方面的因素，使用方向主要是开发研究。在资助方式上则主要是有偿资助，回收资金，滚动使用，可扩大资金来源，增加科技投入，安排更多的各类科技项目。在管理上由科委的有关业务处归口管理，与科技三项费用，一起安排，分别审定。

基金的使用范围主要有以下 4 个方面：

(1)适应贵阳市国民经济发展需要，可望取得较大经济效益的国内外先进技术和科技成果的引进和推广项目。

(2)已取得实验室研究成果，急需进行技术开发而未能列入市年度科技计划的发展研究项目。

(3)对贵阳市经济、社会发展具有较大的科学技术价值，而按规定不能使用科技三项费用的其他研究课题。

(4)经营先进的知识密集型企业，开展技术贸易和其他科技服务活动，以开拓和增加科技发展基金的来源。

市科技发展基金的来源有 7 个方面，即：

(1)市科技三项费用有偿回收部分。

(2)列入省以上计划，由市管理的项目经费，使用后规定回收的部分。

(3)市列项目节余经费及中止撤销项目的回收经费。

(4)市科技成果转让费的提成。

(5)研究单位实现自给后，原财政拨给的科技事业费。

(6)以科技发展基金投资的科技经营的收入。

(7)其他团体、个人的资助和捐赠。

基金资助的对象主要是单位。申请基金的单位应具有一定的技术力量和手段。项目的可行性研究经初审、论证或评估后审批，并与市科委签订技术合同。资助的经费根据项目的性质和情况收取一定的资金占用费(相当于利息)，一般在零到千分之三之间。

基金的管理由科委与各专业银行(工商银行、农业银行、交通银行等)签订协议共同管理,并委托其信托部门发放。资助额在5万元以上的项目,需要经过指定的技术经济咨询公司评估,对其中的技术可行性,由科委负责调查论证;市场预测和经济可行性,则由金融部门调查和评估。评估报告经双方审查通过后再由双方签文下达。较大的项目除基金给予资助外,银行也匹配相应的贷款。项目实施过程中的检查,进度主要是科委业务部门负责,经费的使用则主要由银行监督。结题时按技术合同验收或鉴定评价。关于权益问题也都在技术合同和合作协议中明确规定。

二、 四年来的执行情况

目前,基金的主要来源是从财政拨给的科技三项费用中划拨一部分,大约占三项费用的40—50%,此外,有偿回收的经费和撤销项目回收的资金。

基金使用范围主要有三个方面:一是对项目的资助,这是最重要的;二是资助科研所办实体或中试车间或实验工厂;三是资助下属单位对开发项目的投资。基金项目的类型有“星火计划”项目、新产品开发项目、推广项目、中间试验项目和攻关项目。选择的原则是根据项目的水平、创新程度和经济效益。当然对中间试验和攻关项目是需要冒一定风险的,但这类项目不多,基金建立以来只安排了3个。四年资助的项目共40项,经费368.5万元,平均资助强度为9.2万元/项;资助科研机构办实体的经费为37万元;资助所属单位的开发性投资为25万元。

由于基金项目是与科技三项费用一起安排分别审定的,因此,对申请项目中不符合基金项目条件而符合科技三项费用项目条件的就在三项费用中安排;反之,不符合三项费用项目条件而符合基金项目条件的就在基金中安排;只有两者都不符合的才不予安排。

本基金资助范围广,适应地方科委资金少的具体情况。

几年来,在具体工作中也存在一些问题需要解决和改进。比如,为了对科技开发项目在开发初期缺少经费给予贷款支持,只收取远远低于银行利率的资金占用费,但却造成贷款回收困难等问题。目前正着手制订一个办法,拟在规定的贷款期内仍按原规定收取资金占用费,但超期贷款则按银行同类贷款利率计收,如超期太多的还要加罚。

此外,从已资助的项目分析,如期完成并发挥效益的不多,客观上固然与整个经济大环境有关,但主观上则说明论证评估工作还需要进一步加强。过去对项目的论证只把注意力集中在技术和经济的可行性上,忽略了承担单位的管理水平和人员素质,以及原有的债务和经济状况等。在治理整顿时期,特别是中小企业和乡镇企业还有被兼并和转产的问题,都应该进行调查,预测和评估。

中间试验项目通常需要的经费较多,风险也较大,而建立风险投资又是中小城市财力所不及的。因而主要由企业承担风险,基金只能给少量的资助。对于确属技术上的问题不是管理上的责任而失败的,其资助经费的处理也还需要作进一步的研究。

三、 统 计

经费情况

(金额单位:万元)

项目 \ 年度		1989	1988	1987	1986	总计
收入	合　计	140.5	156.9	91	100	488.40
	科技三项费用	125	120	91	100	436
	回收贷款	15.50	36.90	—	—	52.40
支出	合　计	146.5	106	76	102	430.5
	项目资助	124.5	66	76	102	368.50
	资助科研所办实体	12	25			37
	资助下属单位的开发性投资	10	15			25

历年批准资助概况

项目 \ 年度		1989	1988	1987	1986	1985	总计
批准资助	项　数	16	5	11	8	—	40
	金额(万元)	124.5	66	76	102	—	368.50
平均资助强度(万元/项)		7.87	13.2	6.91	12.75		9.21

资助项目分布情况

年　度	合　计	单位性质		
		研究机构	企业	其他
总　计	40	4	35	1
1989	16	1	14	1
1988	5	2	3	
1987	11	1	10	
1986	8		8	

资助项目完成研究成果情况

年　度	已评议鉴定		
	合　计	省部级	地司级
总　计	16	2*	14
1989	4		4
1988	2		2
1987	5		5
1986	5	2	3

* 其中一项为省科技进步三等奖。

河北省卫生厅医学科研基金

为了支持和发展河北省医药卫生科技事业，早在70年代，河北省卫生局就坚持每年从卫生事业费中划出50—100万元专款，作为医药卫生科学研究的专项补助费，支持本省确定的以恶性肿瘤、气管炎、心血管病、针麻、中西医结合治疗常见病、计划生育等为重点的科研项目。1979年，专项科研经费达200万元。1980年，财政体制改革实行“分灶吃饭”以来，河北省卫生局（1983年改卫生厅）医学科研专款保持100—120万元至今。

1981年4月，河北省卫生局和省科委联合下发了“关于医药卫生重点科学研究项目试行‘开题报告’和‘签订合同’的意见”，使用科研补助费资助科研课题时，实行同行专家评议、选优支持的原则。1985年，河北省卫生厅转发了卫生部医药卫生科研招标指南和科研基金制试行条例，鉴此科研补助专款逐步纳入科学基金制的轨道，并结合河北省实际情况，下发了《河北省医药卫生科学研究招标意见》。在编制年度科研计划时，根据本省防病治病需要，把恶性肿瘤、心脑血管疾病、预防医学（含传染病、地方病、职业病、放射卫生等）。妇幼保健及优生和中西医结合临床等项目作为重点研究项目，面向全省组织投标，按照自由申请、专家评审、平等竞争、择优支持的原则，由科研主管部门量力给予资助。

几年来，河北省卫生厅使用科研补助费资助科研项目的具体做法是：向省内医学院校、科研机构和省直有关医疗卫生单位及各地、市卫生局发布本省重点医学科研招标范围，组织科技人员自由申请；各单位的学术委员会和科研管理部门审查同意后向卫生厅投标。卫生厅科教处为科研计划和经费管理部门，委托河北省医学科学院医学情报研究所对申报的标书进行登记、分类、查索、初审，提出初审选留意见。然后送请卫生厅各有关业务管理处、室复审，复审主要从全省防治疾病和保健需要把关，提出选优和推荐立项的意见。最后卫生厅科教处汇总初、复审，聘请有关同行专家和管理专家共同进行综合评审。综合评审采取主审员汇报、集体会审的办法，根据需要原则、创新原则、科学原则、可行原则、效益原则、课题优势等几个方面进行认真的讨论、比较、再根据当年科研补助经费额度，好中选优。经过初审、复审、综合评审而列入卫生厅科研计划的项目，经厅长批准后正式下达。凡列入厅管科研计划的研究课题，均给予适当资助。

近些年，河北省卫生厅科研补助费每年资助新立项课题50个左右，结转课题70—80个，单项资助强度5 000—8 000元，少数研究课题可达1—2万元/年。从总体看，每年计划内临床研究课题数和补助科研费约占3/4，应用基础研究课题和补助费约占1/4；省直研究课题和补助费约占3/4，基层约占1/4。全部科研补助经费实行无偿资助。

在招标、评审、资助研究课题工作中，坚持从河北省实际情况出发，以临床应用研究课题为主，预防医学课题为主，具有本省优势和特点的课题为主，兼顾本省已有研究基础和初步成绩的应用基础研究项目。在坚持同等科研水平下选优立项的同时，实行对省直单位从严，对基层单位从宽；对专家教授从严，对中青年科技人员从宽，体现照顾基层和中青年研究人员的精神，特别对留学回国的中青年科技人员在报题立项时，尽量给予较多的资助，为其创造施展才干的条件，鼓励他们多出成果。

基层单位科技基金

中国医科大学青年科学基金

中国医科大学于1987年设立中国医科大学青年科学基金，并制订《中国医科大学青年科学基金实施原则和管理条例》，成立了评审委员会。该校青年科学基金的设立受到卫生部的关怀与支持，曾作为试点给予经费支持。现在基金的主要来源是校财政拨款。资助对象为35岁以下的该校教师、医师和研究人员。资助项目的重点是临床与基础结合的研究课题和应用研究的基础性课题。研究期限一般不超过3年，每项资助金额一般不超过1万元。

基金申请需经所属单位审查推荐，同行专家论证后报送校科研处，经评审委员会评审答辩，最后由主管校长批准。资助经费拨至项目负责人所在单位，该单位有责任对研究工作进行监督、检查和协调。

1987—1988年度批准资助项目发表论著统计

年度	国际会议	全国性会议	全国性刊物	国外刊物	合计
1987	4	12	4	1	21
1988	3	7	7	1	18
共计	7	19	11	2	39

上表所列统计中有一青年在国际医学工程与生理学会学术会议上发表论文，受到与会各国专家的好评并获奖；有6个研究项目为了深入研究已申报国家自然科学基金。

辽宁省海洋水产研究所科研基金

1988年末该所在总结几年来科技体制改革进展时认为：作为应用开发性的科研单位，只有搞好科研工作，依靠自己高水平的科研成果搞创收，才是根本。科研单位不论到什么时候，必须做好科研工作，只有不断为社会提供实用性强、应用广泛、效益好的新技术成果，才能为促进水产业的发展不断做出贡献，同时也能够为本单位的技术开发创收打下坚实的基础。但在前进的道路上也面临着诸多困难：①科研经费严重不足。由于国家财力所限，每年下拨的科技三项费用入不敷出，再加上物价上涨因素，经费开支紧张。科研工作全靠课题获得的科研经费，影响了科研工作的开展和科研人员工作积极性。②科研人员结构“断层”。1982年开始，恢复高考制度后的大、中专毕业生纷纷走向工作岗位。到1988年时，青年科技人员占全所科技人员的50%左右。这批青年科技人员专业基础好，工作有热情，但由于参加科研工作时间短，缺乏独立工作能力，应该积极培养，尽快使他们担当起独立主持课题的重任。③水产业发展急需实用新技术。在水产市场全面放开的形势下，海洋渔业、养殖业发展迅速，急需解决实用新技术和当前技术力量发展不相称、培训与生产发展不相称的矛盾。在上述形势下，所务会研究决定，从每年技术服务创收中，按一定比例提取资金，设立辽宁省海洋水产研究所科研基金，并制订了科研基金的管理办法，1989年开始实施。

该基金实行自由申请、专家评审、平等竞争、择优资助的原则，对中青年科技人员予以照顾，充分发挥科研人员的主观能动性和青年科技人员的工作热情。

该基金设立的当年，就资助了2项新技术开发项目和1项经费不足的国家“七五”重点攻关项目的课题。2项新技术开发项目，当年就顺利地完成并通过了技术鉴定，并开始推广应用。另一项国家“七五”攻关项目的课题，是当该项目研究接近尾声时，由于经费不足，出现了难以完成的趋势，所长决定用该基金给予资助，使其得以顺利地完成，通过了技术鉴定。此三项课题资助总金额为 1.5 万元。从 1989 年资助工作可看出，研究所设立科研基金，可避免由于经费不足造成研究工作中断，有利于调动青年科技人员积极性，锻炼他们独立开展研究工作的能力。

沈阳药学院中青年科技发展基金

沈阳药学院于 1989 年设立中青年科技发展基金。基金的来源是该校科技服务及科研的筹集资金。资助对象为 40 岁以下(含 40 岁)没有其他科技资金来源的教师和科技人员。资助的重点是具有学术思想新颖、独创性、科学性，或能直接为国民经济服务的基础理论研究、应用研究和技术开发性的研制课题；能够为获得国家、地方各类纵向项目和横向联合的研究项目创造条件的课题。资助方式为无偿资助，金额每项不超过 5 千元，时间不超过 2 年。

该基金制订有《管理条例》，成立有评审组，每年 9 月接受申请，11 月评审完毕并公布，获得资助的课题第二年 1 月拨款实施并作为重点科研课题列入该院年度科研计划。

设立中青年科技发展基金后，中青年教师申请科研项目的积极性很高。1989 年收到 37 项申请，大多数学术水平较高，有一定的研究基础和发展前景。经评审，批准资助项目 13 项，批准率为 35.1%。现正积极执行科研计划中。

哈尔滨建筑工程学院青年教师科学基金

青年教师的迅速成长是学校发展的希望所在，因此，为他们创造条件，使其在科研工作中迅速得到锻炼和提高，是提高青年教师素质的关键因素之一。

基于上述认识，该校于 1989 年 4 月设立青年教师科学基金。重点资助学术思想新、有独到之处，且在 1—3 年内可取得成果的研究课题；或是将来申请国家及有关部门所设的各种科学基金项目的前期预研课题。

为了管理该项基金，学院设立了基金委员会，由 9 名委员组成，下设基金办公室，负责日常工作。

为达到设立基金的预定目标，制订了项目评审程序，建立了系、院两级评审系统。当前采取限额申请的办法一般每项不超过 4 000 元，俾使资助面大一些；但相应地由于资助额度小，使研究工作不够深入，因此在制订基金项目成果期望值上，只能希望取得一定的初级成果后能参加争取国家及部门各种科学基金或科研项目的竞争行列。

资助项目做为该校重点项目列入学院的科学研究计划，定期检查工作进度，协助解决有关具体问题。对取得优秀成果的青年教师给予奖励并记入个人工作档案。

该基金自 1989 年设立以来，得到了广大青年教师热烈响应。第一批资助的 12 项课题有的已崭露头角，如“关于工程设计心理学理论基础和实验基础的研究”项目已获初步成果，引起有关专家的注意。

复旦大学社会科学青年基金

复旦大学社会科学青年基金设立于 1986 年，基金面向该校文科各学院的系、研究所、研究中心等。基金设立的宗旨是：培养和选拔年轻的学术带头人，建设一支具有合理知识结构的研究队伍，鼓励青年研究人员面向现代化建设，实行学科渗透，探讨哲学、社会科学各领域的新理论、新观点、新问题，产生一批具有较高学术水平和较大社会效益的研究成果，提高复旦大学的社会科学研究水平。

该青年基金来源于复旦大学发展基金。1986 年设立基金时由学校一次性拨款 10 万元。1989 年底校长办公会议决定，自 1990 年起，每年拨款 3 万元。

基金由复旦大学教务处文科科研办公室负责组织申报、评审、立项、成果鉴定等具体管理事务。不设专门委员会。

基金申请对象为 40 周岁以下的青年教师、研究人员。申请者必须有两名副教授以上职称的专家推荐，并经系、所领导的批准。学校组织临时专家小组进行评审。

基金优先资助的项目是：马克思主义基本理论研究；以马克思主义为指导，对社会主义现代化建设过程中的重大理论和实践问题的研究，具有新思想、新材料的基础学科研究；对新学科，包括交叉学科、薄弱学科的研究，直接为教学改革、提高教育质量服务的研究。课题研究的时间一般在2年之内。

基金设立以来，分三批在1977年、1978年、1990年资助了101项课题。平均每项1 000元。目前已有33项已经完成并通过了鉴定，共完成专著19本，在刊物上发表文章35篇，其中有的获得了省市评定的优秀图书奖，取得了一定社会效益。在基金资助的人员中有高级职称者3人，中级职称者67人，初级职称者56人，他们中已获博士学位的5人，已获硕士学位的68人，博士生2人，硕士生5人，有的在课题进行过程中或课题完成后得到了晋升。较好地反映了基金设立的宗旨。因此基金对于复旦大学中青年师资队伍的成长、繁荣和发展学校教育、推动科学事业的发展起到了积极作用。

复旦大学自然科学与青年科学基金

为了更好地贯彻执行我国社会主义建设科学技术方针，充分发挥复旦大学的综合优势，积极培养和支持青年学者及早开展独立的研究工作，鼓励和发展较长远的基础研究与应用研究，不断提高复旦大学科技队伍的素质，1986年4月设立了复旦大学自然科学基金和复旦大学青年科学基金（属于理科青年科学基金）。

这两项基金面向该校自然科学各学院、系、研究所、研究中心等单位；采取自由申请、专家评审、平等竞争、择优支持的原则开展资助和奖励工作。经费来源系国家教委的科技三项费用（用于复旦自然科学基金）和复旦大学发展基金（用于复旦大学青年科学基金）。

1986—1989年资助自然科学基金项目共73项，资助总金额161.75万元；资助青年科学基金项目77项，资助总金额72.5万元。

该两项基金都由科技处负责组织申报、评审、立项、最后总结、鉴定等管理事务。不设专门评审委员会，每次评审都由科技处聘请校内各学科专家组成临时专家组。在同行评议后，由科技处和临时专家组最后评定立项。

自然科学基金主要是资助一些具有较高学术水平，并有一定创新思想、一定工作基础的学科生长点课题、学科交叉性课题，以及能有希望获得国家各种奖的课题；对于一些承担国家重点任务的项目，经评审、论证，如确属因经费欠缺不能完成任务的，给予适当补助支持，以保证国家任务的顺利完成。从1986年至今，这些项目的大部分已纳入国家各部委、某些省和上海市的科研项目。

青年科学基金（自然科学类）主要资助年龄在35岁以下（适当放宽至40岁）的学术思想活跃、有独立科研能力和一定工作基础的理科青年教师；对于学成回国的35岁以下青年教师给予优先资助。从1989年开始，该基金还专门拨出一部分经费支持在国家重点开放实验室申请而获批准的青年项目，让他们能在较优越的科研环境中得到发挥和成长。

这些年来作为种子基金的复旦青年科学基金项目，已有不少先后获得地方和国家各部门的资助。其中获上海市青年基金的有6项；国家自然科学基金及青年科学基金的有11项；各部委立项的有2项；获霍英东基金的有2项；获霍英东奖的有1项；获教委优秀年轻教师基金的有3项；获博士点基金的有1项。

上述两种基金每年进行一次汇报检查。对由于主观原因造成课题无法完成或项目负责人长期出国组内无法承担的项目准予撤销；对完成得出色和好的，给予表扬和奖励。1989年9月对该校理科各种青年基金进行了一次全面检查，并组织了数学、物理、化学、生物、技术五个组专题报告会，让每个青年基金的项目负责人报告他们所做的研究，并由专家组当场提问，进行答辩。最后评出复旦大学年轻教师自然科学基金项目奖一等奖5名，二等奖11名，三等奖15名，全校红榜表彰并开授奖大会，使全体青年教师受到很大鼓舞，也促进了科研工作。

华东师范大学自然科学基金

华东师范大学于1985年设立华东师范大学自然科学基金（1989年以前叫作理科科学基金）。基金的主要来源是：①由国家教委下达的科学事业费年度经费和学校创收基金的拨款；②华东师范大学自然科学基金有偿项目的创收上交部分；③校内外个人、团体捐赠。资助对象主要是该校理科各系、研究所及校办工厂、科研机构；非理科专业单位提出的理科类型研究项目中确有较高学术水平或经济效益者，亦可获得资助。优先资助：①有重要科学意义或重要应用前景的研究项目，以及有明确经济效益，对我国经济发展有重大作用的开发性项目；②学术思想新颖，立题根据充足，研究内容和目标明确、具体一二年内可望取得成果的课题；③带动新学科、新专业的形成与发展，能促进该校重点学科建设的研究项目；④能促进学科间渗透，开拓边缘学科、交叉学科，有利于跨学科联合的课题；⑤具有还贷能力的有偿资助项目。资助方式分为无偿、部分有偿、有偿三种。

成立的基金委员会由 8 位委员组成，管理基金工作。下设数学、物理学、生化、地学和综合五个评审组，聘请 35 位专家，负责评审工作。每两年申请、评审一次。

1988—1989 年度批准资助项目 145 项，资助金额 57.77 万元，平均资助强度 0.40 万元/项。(1986—1987 年度资料缺)

上海第二医科大学医学卫生科研基金

上海第二医科大学于 1985 年建立了医学卫生科研基金(简称校基金)，相应设立了基金委员会，由分管科研的副校长任委员会主任，科研处为常设机构。基金用来资助应用目的明确的基础性研究、有发展前途的苗子课题和短期内能获得经济效益的课题。为了能为优秀青年科技工作者脱颖而出、申报国家和卫生部青年科学基金课题创造条件，1987 年在校基金的基础上，增设了校青年基金，用来资助 35 岁以下的青年科技工作者，特别是在国外有成就的，回国后继续从事研究工作的青年科技工作者。

校科研基金的经费主要来源是：①每年从校科技成果转让进入学校事业发展基金中安排 70%作为校科研基金；②部分高教局机动费；③团体和个人捐赠。该基金面向全校所属各研究所、医院及基础部的科技人员。科技人员须填报项目申请书，由本单位学术委员会评审、本单位领导签署意见后，报送校科研处；经科研处书面审核后，由同行专家进行评议，青年基金还要当面答辩，并采用定量评分办法；最后按分数的高低取舍。

5 年来，共批准校基金项目 61 项，校青年基金项目 10 项。71 项课题中，基础研究 3 项，占 4%；应用研究 58 项占 81%；实验发展 10 项，占 15%。参加人员共 282 名；其中具有高级职称者 90 名，占 32%；中级职称者 88 名，占 31%；初级职称者 54 名，占 19%；其他人员 50 名，占 18%。培养研究生 22 名。71 项课题中有 9 项经过半年到 1 年的工作，分别被上海市卫生局、上海市科委、上海市高教局、国家自然科学基金委员会及卫生部青年基金列为资助课题。71 项课题迄今已完成 61 项，共发表论文 157 篇，其中有 2 篇在国际会议上作特邀报告，12 篇在国际会议上报告，55 篇在全国性会议上报告，9 篇在国外学术刊物上发表，46 篇在全国性学术刊物上发表，35 篇在其他刊物上发表，待发表论文 38 篇。已进行成果鉴定 14 项，占完成项目的 23%。14 项成果中，国际先进水平 3 项，国际水平 2 项，国内先进水平 6 项，国内领先水平 3 项。14 项成果中 6 项获奖，占 43%，其中上海市科技进步一等奖、二等奖、三等奖各 1 项，上海市卫生局科技奖 1 项、上海市高教局科技奖 2 项；另外，有一项成果已转让投产，取得了经济效益。很多课题都取得了不同程度的社会效益。

第二军医大学青年科学基金

第二军医大学于 1987 年 3 月设立的青年科学基金，其经费来源于校年度科研经费。基金主要用于无偿资助本校年龄在 35 周岁以下，已取得硕士以上学位或已获得学士学位参加工作 5 年以上、学术思想活跃、有开拓创新精神、学风端正、工作勤奋的优秀青年科技人员。目的是：发现和培养青年人才，加速科技队伍的年轻化建设步伐和获取高水平的研究成果。

青年基金面向全校，实行自由申请、专家推荐评审、择优支持的原则。设有基金委员会；评审组由校医学科学技术委员会成员兼任。

为了充分发挥青年基金的作用，紧紧围绕出成果、出人才这个目标，重点抓了两大环节的工作：一是抓好基金的申报和组织评审工作，制订了青年基金试行条例、申报、评审制度，统一了申报表格和评审标准；二是抓好资助课题的后期管理工作，对资助课题试行合同制管理，强调课题负责人负责制。建立了学校、部院、系三级管理体制和检查、汇报制度。

在经费管理上，强调专款专用，资助经费“戴帽”下发，由课题负责人掌握使用。科室领导和财务部门实施监督作用。基金课题经费采取一次核定、分年度拨款的方法下拨经费。

设立基金二年多来，已资助各类研究项目25项，资助经费11.85万元。目前已有4个受资助的项目获得军队科技进步二等奖，撰写和发表科技论文23篇，有2名年龄分别为27岁、28岁的青年科技人员1989年被破格晋升为副教授，在出成果、出人才方面取得了较好的成绩。

上海工业大学科学技术发展基金

上海工业大学于1986年9月设立科学技术发展基金。资助对象为该校教师、科技人员，重点资助青年教师，青年教师受资助金额占资助总额的60%。该基金择优资助：①有重大科学价值和应用前景，并符合学校科技发展规划要求的研究课题；②学术思想新颖、立论根据充分、研究目标明确、内容具体、研究方法和技术路线合理可行、二三年内可望取得成果的项目；③一时未获国家资助而确有较大科学、开发价值的项目，或需经预研方可向国家申请的课题。

基金来源有三：①每年从科技开发和服务净收入中提取一部分；②完成国家、部委市、局下达的科研项目后的经费节余以及多余经费；③凡上级下达的科研项目的经费，都提取10%，其中的6%用作基金。资助方式有：无偿、有偿、部分有偿。

基金组织与评审组由各系和学校学术委员会兼管，日常工作由各系、校科研处负责。

四年来共批准资助102项，资助金额27万元，平均资助强度为0.26万元/项。

华东化工学院科学研究基金

华东化工学院于1985年4月4日设立科学研究基金，资助方向为基础研究与应用基础研究。基金分三类：①一般基金资助对象主要是中年教师(以讲师为主)；②青年基金资助对象主要是40岁以下青年教师，其中对回国青年教师给予优先；③重点学科基金资助对象为该院确定的重点学科。资助方式为无偿资助。基金来源为国家教委下拨的科学事业费、科技三项费用和学校创收中用于科研的自筹资金。

该基金采取“公开申请、民主评议、择优资助、基金会审定、院部批准”的原则，从而增强了研究课题的科学性，经费使用的公正性。该校成立有科学研究基金委员会，兼行使评审委员会职能。基金申报和审批的具体做法是个人申请，并需一名副教授以上的专家推荐；系学术委员会讨论，列出推荐次序报院基金委员会评议审定；最后经主管副院长批准。申请项目获得资助后要和学校签订合同，明确研究计划，确立主要技术指标、进度、完成时间、提交成果的形式以及违约处理等条款，到期由科研处按合同验收。批准资助项目一律实行课题组组长负责制，课题组长有权支配科研经费的使用。项目完成后根据研究成果，采用评定办法，突出者给予适当奖励。

四年来共资助项目292项，资助金额128万余元，项目获准资助率达58.5%，平均资助强度为0.44万元/项。除重点学科的一部分项目外，其他资助项目都已按计划完成，进行了验收。

浙江大学科学研究基金

根据中共中央《关于科技体制改革的决定》的精神，经浙江大学校长办公会议研究决定，自1985年12月起，设立了浙江大学科学研究基金。其目的旨在增强科研工作的后劲，提高科技竞争能力，加快学科建设和人才培养，争取早出成果，出好成果，出大成果。

资助对象是该校教师和工程技术人员。择优资助基础研究、应用基础研究和重大科研项目的预先研究工作。资助项目分为重点项目和面上项目，重点项目资助额占总资助额的70%，面上项目资助额占30%。重点项目主要指：①有重要科学意义和重大应用前景、可望取得重大成果的研究项目；②属于前沿学科、边缘学科、交叉学科，并可望获得重大的研究项目；③能促进学校重点学科发展、加快优秀人才培养、提高学校声誉的研究项目；④结合学校现有特色和优势，并具有开拓和创新内容的研究项目。面上项目主要指:①为承担国家和部门的重大科技任务或国际合作项目,需进行预研的项目;②已获得国家资助,且进展情况良好,能够较快出成果,但经费确实不足的优秀基础性研究项目;③学校择优布点的基础研究和应用基础研究项目;④部分归国人员为扩大在国外取得的成果急需进行后继研究项目。

申请资助的项目应具备下述条件:①目的、意义明确,立论根据充分,研究技术路线先进可行;②国内外研究情况清楚,研究内容与其他单位不重复,或有明显的独到、创新之处;③已有较好的研究工作基础和实验工作条件,经费预算合理;④人员落实,时间有保证,知识结构合理,具备足够的深入开展研究的力量。课题研究期限,一般不超过 3 年。每一项目资助金额最多为 3 万元。学校根据当年经费来源的具体情况确定当年资助总额,指定资助范围,明确申报要求,并通知各系。项目申请者根据通知要求及浙江大学《科学研究基金管理暂行办法》,填写基金项目申请书,经两名同行专家评议和所在系学术委员会审核并签署意见后报校科研处。科研处将据此综合研究后择优确定当年资助项目,报分管的校长和校学术委员会审批后下达。资助方式一般均为无偿。

由于学校领导的重视和支持,实行基金制五年来,有关规章制度正在逐步建立和完善,校科学研究基金总额逐年稳定增长。1986—1989 年的四年里,该校已资助项目 254 项,资助金额达 375.9 万元,面上项目已完成 149 项。有力的促进了学校科学研究的人才培养工作的深入开展,受到了广大教师和科技人员欢迎。从目前情况来看,大部分项目都能按期完成,取得了较好的成果。部分项目在获得校基金资助后,为深入研究作好必要的积累和技术储备,提高了竞争力,进而又被批准为国家自然科学基金项目或国家高技术项目或国家"七五"攻关项目等国家级项目,为国家科学技术事业的发展作出了贡献。

浙江农业大学科技发展基金

浙江农业大学于 1986 年设立浙江农业大学科技发展基金。基金的主要来源是:①省教委下拨的科研切块经费;②校科技咨询收入中的一部分;③科研课题节余经费中的一部分;④有偿资助项目的回收资金。该基金资助本校有利于发挥自身科研特色,短期内可取得显著经济效益和社会效益的科研课题。优先资助:①具有重要科学价值和实际意义,特别是当前农业生产发展中的关键问题;②研究目标明确,研究方法、技术路线新颖,国内无重复研究的应用、开发性课题;③优秀青年教师、学成归国人员,以及与教学密切结合的课题。资助方式分为无偿、部分有偿、有偿三种。

校基金评审委员会承担项目评审工作。每年集中评审一次;但是特别好的申请项目可由评审委员会主任特批,立即开展研究工作。

从 1986 年设立基金至 1989 年底,共批准资助项目 85 项,资助总金额 20.5 万元,平均资助强度 0.24 万元/项。已经鉴定成果 13 项,其中 4 项获省部级奖励;发表论文、专著数十篇;进而获得省以上资助的课题 16 项;有些项目已收到一定的经济效益,例如研制成功的激素产品"'九二〇'增效剂"已获净利 80 万元,1990 年底将达 100 万元。

福州大学科技发展基金(含青年科技发展基金)

福州大学于 1986 年 4 月设立科技发展基金,1988 年起又在科技发展基金内专设青年科技发展基金,专门用以资助从事自然科学研究的优秀青年教师。基金的来源为集资和部分财政拨款。基础研究、应用研究和技术发展项目均可获得资助。资助的对象是该校教职工,青年科技发展基金申请者须是年龄在 35 周岁以下的优秀青年教师。重点资助具有较大科学意义、学术思想新颖、有独创性,或在短期内可以获得经济效益的研究课题;或者是具有应用前景的基础研究课题或对生产有指导意义但一时又无法获得有关各级部门资助的中小型项目。对基础研究项目和青年科技发展基金项目,原则上为无偿资助;对应用研究和开发项目,偿还能力是申请资助的重要条件之一,项目完成、成果转让后须全部偿还资助费用。

该基金实行"计划指导,自由申请;同行评议,择优支持;签订合同,专款专用,分期偿还"的管理原则。系、处、校三级评审,即基层单位负责组织初审,校科研处负责组织评议、复审,校领导审批。凡被资助的项目都列为校重点项目进行管理,平时督促,年终检查总结,根据项目的类型,分别采取研究总结、验收鉴定等方式结束研究。

该校自设立科技发展基金以来，受到教职工的热情支持和积极申报，四年共批准资助项目20个，资助金额14万元。该基金在发现、培养人才方面起了积极作用，还取得了一批成果；一批“打基础”的课题经过前期的研究工作，从而提高了竞争能力，获得了国家和地方有关部门的专款资助。

山东省农业科学院青年科学研究基金

山东省农业科学院青年科学研究基金，是1987年5月设立的。该基金的来源为院长基金，其他单位、团体和个人捐赠，以及基金课题的技术收入提成。

该院未专门设立基金委员会，由院学术委员会常委代行其职能。日常工作由科研处负责。

该基金重点资助与山东省农业生产发展关系密切的应用开发研究课题。面向全院，凡年龄在35岁以下(特殊情况可扩大到40岁)的青年科技人员和从事软科学研究的青年科研管理人员，均可按《山东省农业科学院青年科学研究基金暂行管理条例》规定申请资助。

基金课题申请者须认真填报“山东省农业科学院青年科学研究基金申请书”，由两名同行高级科研人员推荐，经本单位学术委员会按《条例》规定进行严格审查，负责人签署意见。主持人不得同时申请两个(含两个)以上的课题。院科研处统一管理课题的申请，按《条例》规定进行初步筛选。经初步筛选的课题由院学术委员常委审批，由院科研处下达实施。课题的申请与审批于每年4月份集中办理。

三年来，青年科研基金共安排研究课题27个，科研经费16.15万元，参加研究的青年科技人员75人。虽然青年科研基金课题经费少(每项仅有二三千元至一万元)、困难大，但由于领导的重视，中老年科技人员的指导，承担人员的奋发努力，绝大多数课题进展良好。在27个研究课题中，已有18个课题圆满完成了研究任务并取得了阶段性成果或重大进展。其中，经1989年院学术委员会评议，推荐报省科技进步三等奖1项，评定为院一等奖1项，院二等奖1项，获国家发明专利1项。三年的实践证明，设立青年科研基金，是加速培养青年科技人员尽快成才的有效措施。

1. 主要成绩

(1)提高了青年科技人员的独立工作能力。该基金的设立，为青年科技人员提供了很好的锻炼提高机会。青年基金课题的研究内容虽窄，但从课题的选择、研究方案的确定、组织实施，到试验结果的分析总结、撰写科技论文和总结报告等科研工作环节，使青年科技人员得到了全面的锻炼和提高。如针对目前山东省蔬菜栽培种类偏少，无法满足人们对蔬菜产品质量日益增长的社会需求这一供需矛盾，确立了稀特蔬菜引种及利用研究课题，在研究工作中以引种为基础，使研究与推广同步进行，取得了显著进展。三年来，已引进稀特蔬菜材料156份，种植观察100余份，对其中的21份蔬菜产品进行了营养成分分析和食用方法鉴定，筛选推广了绿菜花、结球莴苣、佛手瓜、芥蓝、紫甘蓝等10余种稀特蔬菜，并在佛手瓜茎蔓切段扦插繁殖方法以及扦插小架密植栽培技术等方面有所创新，达到省内先进水平，被评为院科技进步一等奖。

(2)提高了青年科技人员的理论水平和写作能力。青年科技人员作为课题主持人，在立题之前、计划执行和总结工作中，需要查阅大量文献资料，扩充理论知识，从而大大提高了他们的学术水平和写作能力。据统计，参加青年科研基金课题的人员，三年共写出研究工作报告、学术论文91篇，其中，已在省级以上刊物和该院建院三十周年院庆论文征集中发表的37篇。例如，桑体细胞培养与诱变研究，明确了影响不定芽分化的内外因素，提高了芽的分化率，使幼叶培养分化率达到85.2%，继代培养分化率达到90%；叶柄、幼花培养出不定芽，试管苗微体嫁接成活。根据这些研究结果撰写的“桑叶片培养诱导再生植株”刊登在《植物生理学通讯》上，属国内首先报道。

(3)提高了分析和解决问题的能力。该基金的设立，不仅有助于提高青年的理论水平，并且增强了青年科技人员的实践观点，促进了理论与实践相结合，提高了分析与解决实际问题的能力，取得显著的经济效益。例如，花生低产区品种优化布局和配套栽培技术调研与开发研究课题，应用系统观点和生态学原理，研究了花生低产区适应品种的生态类型和生物学特性，筛选了一批适应花生低产区应用的旱作物生态型品种，提出了与产区生态环境高度吻合的“品种优化布局方案”，并组装形成了以“十改”为中心的配套栽培技术规范，三年来，边研究、边示范、边开发，使7万多亩花生，每亩增荚果

51.1公斤，总产增加359万多公斤，直接经济效益达552万余元。经院学术委员会评议申报省科技进步三等奖。

（4）积蓄了人才，贮备了技术。该基金的设立，促进了青年科技人员的成长，为该院科研工作的发展积蓄了人才，储备了技术，为承担重大课题奠定了基础。例如，畜牧所1987年承担了青年科研基金课题“猪、绵羊精液冷冻技术研究”，经反复试验筛选出优良的稀释液和解冻配方，解冻后平均活力达0.4以上，其中，绵羊精液解冻活力达0.55，达国内同类研究的先进水平。在此基础上，1989年被正式列为省科委课题，现已取得一定进展。蔬菜所“石刁柏雄性系快速微繁技术研究”的研究，不仅培养了人才，并且充实了实验条件，为承担省科委课题奠定了较好的基础。另外，小麦花粉白化苗的研究和山楂辐射诱发突变株系的选育研究等，都取得了显著进展，有力地促进了该院高新技术研究工作的发展。

2. 做法与体会

（1）提高认识，加强领导。设立青年科研基金是当前加速培养青年科技人才的重要措施。基于这种认识，多数领导对青年科研基金课题非常重视，从各方面给予大力支持。如，畜牧所领导亲自指导他们选择课题，制定方案，及时了解青年科研基金课题的进展情况，随时为他们的研究工作解决实际困难，组织协调同其它课题组的关系，并动员各课题组为青年基金课题提供所需的仪器设备。由于领导重视，促进了青年科研基金课题的进展。

（2）正确处理好几方面的关系。

一是处理好同中老年科技人员的关系。中老年科技人员学术水平高，具有丰富的科研工作实践经验。因此，青年基金课题大都聘请了1—2名中老年科技人员作为课题技术顾问，在选题、确定技术路线及一些关键性技术问题时都虚心向他们请教。如猪、绵羊精液冷冻技术研究，稀释液是该项研究的技术关键，在课题执行中，技术顾问马金柱同志介绍了自己多年从事牛精液冷冻技术研究的经验教训，使课题组受到很大启发，少走了弯路，加快了课题进展，密切了青年与中老年科技人员的关系。

二是处理好同国家课题之间的关系。承担青年科研基金课题的青年科技人员，有的同时也参加了国家课题，在课题执行过程中，必然会发生一些矛盾，因此，必须统筹兼顾，两者不能偏废。首先从各方面保证国家课题的实施，同时也要保持青年科研基金课题的相对独立性，使青年科技人员确实有一个独立工作的机会。为了不影响攻关课题的实施，不少青年科技人员放弃了休息时间，专心致志从事研究工作，从而保证了课题的完成。

三是处理好工作与学习的关系，青年科技人员既需要努力提高理论水平，又需要通过实际工作提高工作能力。许多承担青年基金课题的青年科技人员，在课题执行过程中，做到了二者的有机结合。他们有针对性地查阅资料，学习有关知识，使知识学得深、记得牢、用得上，保证了研究工作的顺利进行。

（3）重在培养人才，坚持德才兼备。该基金的建立，目的在于使青年科技人员早日成才，及时接班。因此，在组织申报青年基金课题时，既注意了选题，又注意选人；不但考虑课题研究的必要性，并注重选择德才兼备的青年科技人员。例如，国外果树新品种引种观察及利用研究，经审议，不仅课题本身符合选择标准，而且申请人思想品质好，业务基础扎实，富有开拓精神，他们在出国期间，以强烈的事业心千方百计引进大量国外果树新品种。该项目在只有4 000元经费的困难情况下，发扬不畏困难的精神，承包了35亩苗圃作试验圃，既确保了试验质量，又开辟了课题经费来源，解决了经费不足的问题。三年来，对引进的76个品种进行了嫁接快繁，对已结果的45个品种进行了生物学特性的观察研究，并总结出葡萄利用茎尖组织培养快繁等技术。1989年7月份经省内同行专家评审，认为早熟、丰产优质、色泽艳丽的油桃、火红无核葡萄等优良品种，优点突出，性状特异，丰富了种质资源，为山东省果树生产提供了新品种。

湖南大学科学基金（含青年科学基金）

1986年，湖南大学设立了校内科学基金，内含青年科学基金。资助部分自选项目，为部分自选课题发展成纵、横向研究课题打好基础。

湖南大学校科学基金每年可扶植一部分必须开展前期研究工作急需研究经费的项目。几年来，累计资助项目一百多项，其中30%上升为纵向研究课题，列入了省、部研究计划；20%发展为横向课题，收到较好的效果。

校科学基金经费来源于校事业费、横向课题结余及科技成果转让费中提取的部分。

校科学基金主要资助已获博士或硕士学位的青年教师、具有中级职称以上的教师和业务管理人员提出的有重大意义的基础理论研究、应用基础研究及适用技术与新技术研究等课题。35 岁以下者可申请青年科学基金。该基金成立了以校领导为主任的基金委员会，主管校基金的各项工作。评审工作由校内专家承担，按工作需要聘请。办事机构由校科研处科研管理科兼管。

为了指导校内广大申请者正确申请科学基金，校基金制订《项目指南》，每年颁布一次。

申请人根据项目指南和校基金管理办法提出申请，填写申请书，送相关学科专家评审；科研处经综合平衡后选取，报主管校长批准；获准资助后，申请者与科研处签订合同，财务处按题拨款。资助金额限于 5 000 元以下，研究期限一般不超过 2 年。

校科学基金主要用于资助基础型、应用型及开发型项目的前期研究。优选条件是：①技术条件较成熟，路线可行；②研究项目在国内无重复；③预期能产生一定的社会效果或经济效益；④可发展成为纵向或横向科研项目。

本基金根据课题的研究类型，确定不同的资助方式。对基础性和应用基础性研究课题给予无偿资助；对技术开发型或有明显经济效益的课题，要求全部或部分偿还。

1986 年以来，共批准资助 137 项，资助金额 28 070 万元，项数和金额的批准率分别为 35.4%和 38.0%。平均资助强度为 0.21 万元/项。

中山大学科学研究基金

为贯彻“经济建设必须依靠科学技术，科技工作必须面向经济建设”的战略方针，促进该校学科建设的发展和人才成长，提高科学研究水平，于 1987 年设立了“中山大学科学研究基金”。

该基金的评审委员会由学校理科学术委员组成，并按学科设立学科评审组，聘请有关专家对每年申请（形式合格的）项目进行评审。该基金不设专门办事机构。项目的申请、组织、实施、管理，均由校科学研究处负责。

科学研究基金的主要来源：①国家教委切块下达的科研事业费的一部分；②从委托研究项目拨款中提取部分；③从学校教育事业费中划定一部分；④国内外团体或个人捐赠。

资助范围：①中山大学自然科学学科具有中级以上的教师和科研人员自选的基础研究和应用研究课题；②已有一定研究基础、预期经济效益或社会效益显著的技术开发和四化建设中提出的重大理论课题；③立题新颖、学术思想及技术路线有独到之处并有应用前景和科学意义重大、可望获得国家自然科学基金资助但需要进行前期研究的课题；④基础研究、应用研究以及结合教学的、面向社会承担重大研究的预研性课题等。此外，基金还对中青年教师（45 岁以下）提出的重要研究课题择优资助；对跨学科合作、有利于发挥学校科研优势，有利于充分利用现有设备和有助于建设发展新学科课题，以及在校内召开过高水平的国际学术会议，在同等条件下给予优先的资助和重点资助。

该基金的申请，原则上每年受理一次（对于一些技术开发课题的申请可随时申请），12 月份为学校科学研究基金申请时间。凡符合申请办法、具备申请条件的申请者的研究课题都可向基金提出申请，并填报《中山大学科学研究基金课题申请书》。申请书由该校科研处受理，校科研处根据申请的课题，按学科进行分类，进行形式审查后送给相关学科组进行评审，提出评审意见，最后送基金评审委员会审查，由校领导批准。

该基金资助的课题研究年限一般为二年。基础研究和应用基础研究课题资助实行无偿使用；对技术开发课题的资助实行有偿使用，偿还方式是从委托研究、技术成果转让收入中偿还。

基金课题的管理，主要参照国家自然科学基金管理有关办法。校科研处每年对科研课题进行年度检查，并要求课题组向科研处提交“中山大学科研基金资助项目年度执行情况和下年度工作计划报告”。对不按计划执行，又没有说明原因的课题，将中止经费资助。课题结束时，要提交《中山大学科研基金资助课题的工作总结报告书》。研究成果的鉴定、申报奖励、技术转让、申请专利等由校科研处负责组织评议、鉴定、申报等工作。技术开发课题结束时，由科研处按照合同书的条款进行验收。

该基金设立三年来，一共资助了自然科学研究课题 120 项，其中基础研究 89 项，应用基础研究 31 项。资助总金额为 124 万元。三年来，在国内外学术刊物上发表论文 108 篇，其中在国外学术刊物上发表 17 篇，在国内学术刊物上发表 91 篇。招收研究生 108 名，已毕业并获得硕士学位的 52 名，博士学位的 2 名。22 人次参加有关国际学术会议，并取得系列应用研究成果 21 项，其中已通过技术鉴定的 11

项，已推广应用的11项，申请专利1项，还有2项研究成果获得广东省高校科技进步奖三等奖，2次获部门奖励。此外还有19项课题得到了国家自然科学基金及广东省科学基金的资助。

广州中医学院科学基金

广州中医学院于1986年设立院内科学基金。四年来共组织了4次申请，资助项目96个，资助金额共23.7万元。

该院为卫生部属重点中医院校，每年从国家科委、卫生部、国家中医药管理局、省科委及省卫生厅等多种渠道获得资助。因此，该科学基金主要用于资助本院科技人员提出的具有中医特色，见效快，效益大，具有较重要的科学意义和应用前景，但又未得到其他渠道资助的开发性研究及应用基础研究课题。

该基金的主要来源有三：一是该校卫生教育事业费的3%；二是科技开发技术转让技术咨询纯收入中的30—40%；三是企业、社会团体、个人捐赠。目前绝大多数的经费来源于第一条途径。

该院为了使其基金资助课题与学校的发展方向一致，有利于该基金资助课题的升级，在组织课题申请时，基本上是采用国家中医药管理局基金会当年制订的《项目指南》。

该科学基金是在院长的直接领导下，由院科研处负责组织实施，科研处按照自由申请，专家评审，平等竞争，择优支持的原则每年在全院(包括3所附属医院)组织申请，经所在系(部)、医院进行初审后，交科研处复审，最后提交学院学术委员会评议，择优支持。资助课题应具有以下基本条件：①确有苗头可望获得较重要的社会效益或经济效益；②突出中医特色，有较新的学术思想，立论根据充足，研究技术路线可行；③研究内容具体，目标、步骤明确，可望在一二年内获阶段性成果；④申请者有较高的学术水平和研究能力，有合理的研究梯队；⑤基本无其他经费来源。凡本院具有一定的科研能力和条件的人员均可申请课题，但优先资助40岁以下的青年科技人员和留学回国人员。

被资助项目的研究课题组每半年对照申请书做一次阶段性小结交科研处，科研处亦半年进行一次课题检查。课题结束时，结合验收、成果鉴定，进行全面总结，写出学术性论文或总结报告，阐明研究结果的学术价值、应用价值和推广途径，上报科研处，科研处根据具体情况向有关部门申报成果。

华西医科大学科学研究基金、青年科学研究基金

华西医科大学于1985年设立华西医科大学科学研究基金，又于1987年设立华西医科大学青年科学研究基金。两项基金均用以无偿资助本校医药卫生科学基础研究、应用研究和开发研究中的①有重要科学价值或应用价值，能获得明显的经济效益或社会效益；②学术思想新颖，有创见，立论根据充足，研究技术路线清晰可行；③研究工作已有一定的工作基础，具备深入开展研究的条件和实力的项目。凡校内具有中级职称或相当学历的各类专职研究人员、教师、医生等科技人员皆可申请科学研究基金，其中35岁以下者可以申请青年科学研究基金。

两项基金的资金主要来源为学校的教育事业费和卫生费中拨出2—3%；科技成果、技术转让和对外科技服务等收入中的提成。

基金的办事人员有校科研处副处长等4人。校科研处每年根据受理的申请情况，聘请15名同行专家，划分成3—4个评审小组。每年11月前接受下一年度的研究项目资助申请。先由所属教研室评审并签署意见，然后交主管院、系学术委员会初审，对课题的意义、应用价值、研究方案的可行性、经费预算等提出意见，报校科研处；科研处筛选后分送有关同行专家评审，科研处提出综合审查意见，呈报主管校长审批。资助项目与金额数，视当年基金而定，一个项目的资助强度一般不超过2万元。资助额一次核定，按年度分期拨款，专款专用。申请者接到资助通知后，按批准的资助金额、研究年限和评审意见，在半个月内报送具体的研究工作计划，经科研处同意后按计划拨款。青年科学研究基金的申请需有2名有关学科副教授级以上的科技人员书面推荐，同行专家评议结束后，被选中的课题申请人需进行答辩。

资助项目由所属院、系管理。课题负责人须于每年6月和12月上报研究计划执行情况表和下年度的具体安排计划。如取得阶段性重大进展、成果，或发现新的苗头，要写出单项书面报告。资助项目结束后，写出研究工作报告交科研处；如取得研究

成果，则按有关规定申请鉴定或评审。

昆明工学院科研发展基金、青年科学基金

昆明工学院于1986年1月设立科研发展基金，宗旨是为了发展该院科学研究工作，促进科技工作持续稳定地发展，提高全院科研学术水平，多出成果，多出人才。

几年来，该基金参照国家自然科学基金工作程序和管理办法，不断完善管理制度。1986年初制订了《昆明工学院科研发展基金的筹集、使用和管理办法》；1989年在此基础上修改为《昆明工学院科研发展基金暂行办法》，并增设了昆明工学院青年科学基金。该基金主要资助该校教师、科技人员进行开发、应用研究方面的项目，以及一部分具有特色的基础研究项目，扶持重点学科、重点研究室的建设。青年科学基金主要资助该校青年科学工作者从事自然科学研究，其目的是为了发现和培养人才，为青年科学工作者脱颖而出创造一定条件。

1985—1989年，全院共申请院科研发展基金项目96项，青年科学基金项目8项，申请经费84.01万元。资助科研发展基金项目86项，青年科学基金项目8项，项目批准率约90.4%，资助总额38.66万元，平均资助强度约0.41万元。为支持重点学科，重点研究所、室的建设，共投入44.5万元。据统计，科研发展基金资助项目已完成32项，其中已鉴定成果3项，获国内专利成果10项；出版专著5本，在全国性学术会议上交流论文39篇，在国内外学术刊物上发表论文31篇。这些专著、论文交流了科研成果，扩大了该校的学术影响。有47项资助项目为争取国家自然科学基金、省和总公司项目进行了前期研究。

虽然该科研发展基金来源不稳定、经费少，但深受全院广大教师、科技人员的热烈欢迎，初步显示出她的活力。

本院基金项目的申请、评审、批准、拨款程序及做法如下：

(1)申请：申报项目的负责人先将申报项目名称、研究内容报系(部)，由系(部)初评，于每年5月底前推荐一定项目数报科研处，科研处初审后，发申请书由项目负责人填写后交系(部)，经系(部)学术委员会审查，领导签署意见后报科研处。

(2)评审、批准：凡结合院的科研发展规划，已具明显开发应用前景、短期内见社会、经济效益或为国家项目、横向项目配套的项目前期研究工作的申请项目，由基金委审定就给予资助。除此之外的项目需送校内外专家评审，每项申请书请二位专家评审，基金委员会再根据专家评审意见，结合经费情况决定是否资助。最后报请基金委主任审批后，正式通知申请人制订研究工作计划。

(3)拨款程序：列入资助项目计划的项目，每项经费在0.5万元以下基本采取一次性拨款的办法；0.5万元以上的，按进展情况分期拨款。

资助方式有有偿资助、部分有偿资助和无偿资助三种方式。

民间科技基金*

马海德基金会

麻风病，这个在我国已肆意流行了两千多年的普通传染病，是穷困和愚昧的象征。解放前，由于科学不发达及腐朽制度、腐朽观念的影响，一直被判为不治之症，使麻风病人及其亲属倍受疾病和精神的双重折磨。新中国成立以来，在党和政府的关怀和领导下，麻风病人获得了新生。经过几十年的努力，我国麻风病人数已由解放初期的 50 万人减少到不足 5 万人，取得了举世瞩目的伟大成就。在马海德博士的倡议下，经过专家论证，我国政府向全世界郑重宣布了本世纪末在我国基本消灭麻风病的目标，这得到了全国人民的积极响应和支持，使第三世界有麻风流行的国家受到极大的鼓舞，也吸引了全世界热心于消灭麻风病的团体和人士的大力支持。在改革开放方针的指引下，在同志们、朋友们的努力下，我们正在稳步地接近这一目标。可是有谁知道，为解救这几十万人，为今后子孙不再得这种病，更为社会主义祖国争光，全国约有一万多名医务人员默默地、辛勤地工作在远离城镇、远离人群的边远地区，他们克服一切困难，为解除麻风病人的痛苦无私奉献着，新中国卫生事业的先驱、尊敬的马海德博士就是这支大军的带头人。他一生致力于在我国消灭性病和麻风病的伟大事业，并始终如一地为此奋斗了几十年，为我们树立了全心全意为人民服务的光辉榜样，他为在我国消灭麻风病而不辞辛劳的奔波、拼搏所取得的巨大成就，鼓舞着我们奋勇前进。为缅怀马海德博士的光辉业绩，为表彰和鼓励麻风病防治人员的功绩，也为了吸引更多的各界人士参加这一伟大的行列中，马老夫人苏菲同志根据他的遗愿，以他晚年在国际上获得的三万元奖金做基金成立了马海德基金会。其宗旨是：为纪念马海德博士对我国防治麻风病及医疗卫生事业所做出的卓越贡献，继承和发扬马海德博士的遗愿和未竟事业，鼓励和表彰优秀的麻风病防治科研管理工作者，以促进本世纪末在我国基本消灭麻风病的伟大事业。

基金会的主要任务：在国外募捐，资助我国麻风病防治事业；定于每年国际麻风病节暨中国麻风病节那天奖励一批从事麻风病防治、科研及管理的优秀工作者。

马海德基金会的成立得到了国内外友好人士的大力支持，基金会的工作在短短的时间内就很有起色，在社会上产生了一定的影响。1990 年，经过卫生部审批，基金会决定成立马海德国际麻风奖，不定期地表彰国际上的为我国麻风病防治事业给予大力资助的友好人士。

中华国际医学交流基金会

一、综　述

中华国际医学交流基金会（以下简称基金会，英译：China International Medical Foundation）是中华医学会发起、创办的民间国际医学交流基金组织，具有社团法人资格，已经中国人民银行批准于 1988 年 10 月底正式成立。

基金会的宗旨是发展同国外医学友好团体的联系，广交朋友，促进国际医学交流，筹集和接受国内、外捐赠的物资、基金和奖学金，为我国医学现代

* 按汉字笔划排序

化服务。

基金会的任务为：

(1)与国外友好医学团体及有关组织建立长期有效的合作关系，与所有愿意捐赠和给予帮助的组织、企业以及个人订立合同，发展友好合作关系。

(2)承办中华医学会及其他医学团体或个人委托的国际联络事宜，包括组织各种国际医学交流活动；接待访华的医学交流团、组或个人；承办各种会议以及会议期间厂商的医学技术设备展览等。

(3)接受捐赠基金用于医学交流事业和引进、开发先进技术；选派出国人员进修或技术合作，接受外国访问学者来华进修或合作研究；在必要与可能的条件下，支持或资助参加国际学术组织或学术会议。

(4)接受捐赠医疗仪器及卫生设施、资助老革命根据地、边远地区及少数民族居住地区，发展医疗卫生事业。

基金会的基金主要来自国内、外有关的基金会、组织、企业、个人的捐赠及其他合法来源。使用基金时将充分尊重捐资者的意愿，也可设立各种用途的专项基金，直接用于国际学术交流、培训人员，以及对开展国际医学合作、交流事业有突出贡献者给予奖励等。

基金会成立二年来，我们在开展国际学术交流、培训人员及筹集基金等方面做了以下工作。

(1)国际学术交流方面：1989 年接待了 35 批 606 人的国外及港台医学代表团；组织了 4 个国际学术会议；组派出访和参加国际学术交流会议和专业进修 27 项，派出 123 人。

1990 年上半年接待 10 批 163 人来访团，出国进修 6 人，参加国际学术会议 5 人，商谈项目 2 人，劳务 1 人。

(2)培训人员方面：基金会成立后，曾与美国华盛顿医院协会商谈筹备开办“北京高级医院管理人才培训中心”。由美方提供经费。承办单位美方是华盛顿州医院协会，中方是基金会牵头组织医院管理学会、卫生部医院管理研究所、北京医科大学共同组办。应美方邀请 1989 年 9 月份基金会派人赴美与美方商谈有关教学计划等具体事项。由于种种原因美方建议推迟开班时间。目前仍在积极联系，争取早日开班。

(3)筹集基金方面：目前在基金会内设立的专项基金有：

“中华放射学会学术教育基金”；

“施正信公共卫生学奖学基金”；

“胸心血管外科医学专项基金”；

“中国玛丽雅柯卡糖尿病研究基金”；

“神经病理学国际交流基金”；

“黄桢祥医学病毒学专项基金”。

正在积极联系中的有：

“中华医学会林宗扬医学基金”；

“中美眼科学术交流基金”。

此外，医学杂志专项基金、继续医学教育基金、心血管内科专项基金等也在积极集资筹建。

基金会作为一种社会公益事业，是近几年发展起来的，各不同基金会已经或将在国家政治、经济生活中起着应有的积极作用。

根据我基金会的性质，应充分发挥其特点，为发展我国的卫生事业服务。为此近期的工作计划为：将接受日本捐赠的医疗仪器，用以资助我国老、少、边远地区的卫生机构。计划在全国选几个点重点加以配备；并组织人力，结合扶贫，开展人员培训工作。这不仅可节约大量外汇购置仪器，并可提高基层医务人员的业务水平。此项工作开展将取得良好的社会效益及经济效益。

二、组织机构

名誉主席 钱正英

主　　席 陈敏章 吴阶平

副 主 席 郭子恒 顾英奇 许文博 张 侃

理 事 长 张 侃

副理事长 王树岐 冯 友

理　　事 许文博 张 侃 王树岐 徐允盛 李 恒 冯 友 傅 群 谷 炌 陈春明 吴秉铨 郑効民 郑麟蕃 唐由之 高寿征 潘瑞芹 蔡栋强

秘 书 长 傅 群

副秘书长 顾德章 李 梨

名誉顾问 钱信忠 崔月犁 柯 麟 贺 彪 白希清

顾　　问 (按姓氏笔划排列)
方 圻 邓家栋 王宝恩 毛守白 叶恭绍 朱既明 朱希涛 吴英恺 严仁英 宋鸿钊 辛育龄 李志绥 周华康 施正信 胡亚美 涂通今 袁 越 翁心植

中国社会科学院青年语言学家奖金

中国社会科学院为鼓励青年语言学家，接受吕叔湘同志的捐助，设立中国社会科学院青年语言学家奖金。为了处理与此有关事项，成立奖金管理委员会和评奖委员会。奖金管理委员会由院所两级专人负责。其任务为：①保管和使用基金；②在语言学界选聘专家，组成评奖委员会。评奖委员会由5人组成，设召集人1人。评奖委员任期4年，可续聘1次。其职责为：①制订和修改奖金章程；②评奖采取集体讨论和无记名投票的方式，获赞成票超过出席委员半数者为通过。具体评奖条例是：①本奖金授予对中国境内的某种或某些语言文字的现状或历史进行调查研究有成绩的中国青年学者。②获奖者在其获奖著作发表时的年龄应不超过45周岁。著者不只1人时，所有著者的年龄都不得超过45周岁。③每两年评选获奖著作1次，于双数年份举行。参加评选的著作必须是在规定的评选日期以前5年之内发表的。④奖金暂定为特等奖4 000元，一等奖2 000元，二等奖1 000元。

该奖金自1983年设立至今，已评选过4次。1984年评出二等奖3名，获奖者为北京大学李家浩、蒋绍愚，杭州大学郭在贻。1985年评出一等奖1名，获奖者为四川大学项楚。1986年评出二等奖3名(4人)，获奖者为南京师范大学吴金华，复旦大学周振鹤、游汝杰，北京大学李零(从1986年起，每两年评奖1次)。1988年评出二等奖4名，获奖者是浙江省博物馆曹锦炎，山东大学曹志赟，暨南大学陈初生，中山大学唐钰明。

该奖金评选范围限定为中国的青年语言学者。目的是促使我国语言学研究的发展和繁荣，使我国语言学科后继有人。该奖不限于大陆的青年语言学者，港台青年学者也可参加请奖。为了使评奖工作顺利进行，保证获奖著作的学术水平，该奖金只接受专家推荐而不接受著者本人申请。在评奖工作中征求有关学科专家的意见，评奖力争做到公允、合理。

中国社会科学院考古研究所夏鼐考古学研究成果奖金

夏鼐(1910—1985年)是中国著名考古学家，曾任中国社会科学院副院长、考古研究所名誉所长，并先后担任英国学术院通讯院士、瑞典皇家文学历史考古院士，以及德国、美国、意大利等国家的院士。1985年1月，为奖励对中国考古学作出成绩的中国境内的中国学者，经中国社会科学院批准，以夏鼐同志捐赠的3万元人民币为基金，设立了“中国社会科学院考古研究所夏鼐考古学研究成果奖金”。

“奖金”设立评奖委员会，成员有徐苹芳等8人。

办事机构设在中国社会科学院考古研究所内，由科研组织处代管。

1986年8月26日举行首次评奖，获奖著作5项，其中：

一等奖：2项，获奖著作为《新中国的考古发现与研究》、《中国石窟·克孜尔石窟》(3卷)，各获人民币1 000元。

二等奖：3项，获奖著作为《青海柳湾》、《曲阜鲁国故城》、《江陵雨台山楚墓》，各获人民币500元。

中国科协振华基金会

中国科协振华基金会(简称F-CAST)于1988年4月19日经中国人民银行批准成立。它是具有法人资格的社会团体，行政上受中国科协领导，业务上受中国人民银行的管理、监督和稽核。

F-CAST是在中央改革开放的方针指导下成立的，筹备工作历时一年多。筹备期间曾对国内外基金会的情况做了大量的调研，对我国的社团管理政策及科协系统所属学会如何开展社会集资活动等做了认真的分析，提出了科技社团办基金会的可能性和必要性：第一，十年改革开放，我国的综合国力和人民的生活水平有了很大提高，社会的文明进步将使更多的人们关心社会的公益事业，这样就有可能吸引海内外的捐资和赞助，支持中华科技事业的振兴和发展；第二，鉴于我国的财力，政府对科技的投入较发达国家还有很大的差距，科学研究“僧多粥少”的局面短时间内是难以改变的。我们应尽可能调动起民间积极性，靠全社会的力量增加对科技的投入，促进出成果出人才；第三，中国科协所属部分学会经过多年的工作积累了一些资金，如能将这些资金变成专项基金集中起来，融通增值，对科技社团稳定的发展具有重要意义。此外，基金会的资金使用是通过公平竞争、择优资助进行的。这样的分配方式能发挥资金的最大效能，也符合科技社团经费预算的改革方向。基于上述共识，中国科协创办了振华基金会。

F-CAST 的宗旨是促进科技繁荣和社会进步。F-CAST 的基本任务是：①与国外民间科技性基金会建立友好往来与合作；②充分利用国内外民间渠道筹集资金；③资助中国科协所属学会会员的创造发明活动；④资助会员中优秀青年科学家参加国际科技交流活动；⑤表彰、奖励在民间科技活动中取得显著经济效益和学术成果的优秀会员；⑥对不具备成立基金会的所属学会汇集其自筹资金建立专项基金。

F-CAST 的决策机构是理事会，常务办事机构是秘书处。理事会由名誉理事长、海内外顾问与理事组成，其成员全部为科学家和科技管理干部，现由 38 位同志组成。名誉理事长是卢嘉锡、周培源；国内顾问现有裴丽生、唐敖庆、张维、裘维蕃、吴阶平等五位；海外顾问现有美藉华人吴健雄、袁家骝和德国的 Ernst Bayer 等三位；理事长高潮；副理事长五位；侯祥麟、潘振基、陆延杰、方均、王治国；秘书长王治国(兼)，副秘书长兼司库沈晓丹，主持常务工作。秘书处目前的主要业务包括集资、融资、资助科研开发项目、奖励科技人才、国内外宣传联络、组织公益活动及综合工作等。

F-CAST 的资金来源是国内外民间团体、各种组织、个人的捐赠及中国科协与所属学会的预算外资金的资助。F-CAST 的基金使用原则是不动本金，用增殖利息进行资助、奖励及公益活动。F-CAST 与其他民间基金会最大的不同点是，她不仅直接开展资助项目、奖励活动，而且还大量资助学会共同从事这一事业。目前，F-CAST 根据业务性质，广泛依靠社会科技力量，在理事会下设有“设奖评选委员会”、“基金筹集与外联委员会”、“项目评审委员会”等三个专门的工作委员会；此外还设立了 8 个专项基金委员会和 11 个专项基金。8 个专项基金委员会是：中国铁道学术奖励基金委员会，中国金属学术奖励基金委员会，中国造船科技发展基金委员会，中国国际科技交流基金委员会，中国机械工程开发基金委员会，中国航海奖励基金委员会，中国电工节能新产品开发奖励基金委员会，周培源国际交流基金委员会。11 个专项基金是：中国煤炭学术专项基金，华罗庚管理科学专项基金，中国土木工程学术及公益事业活动专项基金，李时珍专项基金，中国核学专项基金，中国铁道咨询服务奖励专项基金，中国水产奖励专项基金，中国能源节能奖励专项基金，中国对外应用技术开发专项基金，中国建筑、土木工程科普教育专项基金，中国空气动力学专项基金。从而使资助学会的资金比例占总支出额的一半。截止到 1990 年 4 月 F-CAST 基金总数为 965 万元。这些基金的分布大致为：非职务研究开发基金约占 20%，学术交流与学会活动基金约占 40%，科技成果和人才奖励基金约占 30%，国际科技交流基金约占 10%。

F-CAST1988，1989 年在增殖利息还很少的情况下，已开展对“迎亚运”、“国际科学与和平周”等社会公益活动的组织与资助，并试点资助了两批非职务研究开发项目，其资助活动有如下几个特点：①应用性：主要是资助新技术、新产品、新工艺、新材料等应用性较强的科研开发项目。②非职务性：为充分发挥科技人员的聪明才智、挖掘科研潜能，突出科协、学会的社团特色，资助方向为非职务研究开发。③综合性：中国科协所属 153 个全国性学会是一个多学科、综合性的组织。F-CAST 将为每一个学会提供服务，所有学科、专业均可提出资助申请，申报项目均需由科协所属省级以上学会的推荐。④公益性：科学研究允许失败，F-CAST 承担科技人员研究工作失败的风险。⑤民主性：资助项目一律由本人申请，学会推荐，秘书处初审，同行专家评议，理事会评委会集体审定，并允许申请人查阅综合评议意见。

F-CAST 刚刚成立两年，尽管它的资金已近千万，但由于它是以增殖的利息来开展资助、奖励活动的，做为一个面向全国的基金会，其力量还是微不足道的。F-CAST 将进一步与海内外热心发展中国民间科技基金会的学者、专家、企业家、朋友们加强联系，争取广泛的支持；在此基础上进一步扩大业务活动领域，除继续资助项目以外，在近1—2年内拟设立具有民间特色的科技大奖并试点资助国际科技交流活动，为繁荣祖国的科技事业做一些扎扎实实的工作。

冯至德语文学研究奖

冯至是中国著名诗人，外国文学专家，现任中国文联委员、中国作家协会副主席、中国翻译工作者协会顾问、中国外国文学学会会长、德语文学研究会会长、北欧文学研究会会长、中国社会科学院外国文学研究所名誉所长等职，是德国、奥地利和瑞典等国科学院外籍院士。

冯至同志青年时期曾留学德国，攻读德国文学，获博士学位。建国以来，冯至同志无论在教育岗位，还是在科研岗位工作期间，始终关注着德语国家文学的翻译介绍和研究，除身体力行之外，尤其寄厚望于年轻学者。为了推动和促进中国德语文学研究的发展，冯至同志倡议设立一笔奖金，鼓励中青年德语文学研究者努力进取，以优异的研究成果，为国家、民族争光，为社会主义文化建设和中德文化交流作贡献。1987年经中国社会科学院院长胡绳同志批准，以冯至同志捐赠的1万联邦德国马克折成人民币作为基金，设立了“冯至德语文学研究奖”(简称“冯至奖”)。

“冯至奖”除设基金管理小组外，经冯至同志会同中国社会科学院外国文学研究所和德语文学研究会的负责人商定，聘请7位在京的德语文学工作者组成评委会，负责对专著、论文的评选工作。中国社会科学院中北欧文学研究室主任、研究员张黎任评委会主任委员。评委会设在中国社会科学院外国文学研究所。

自奖金设立以来，已按章程规定，于1989年6—7月间进行了首次评奖，参加评奖的15篇论文(其中包括文学史研究性质的论文5篇，文学理论研究性质的论文8篇，其他2篇)，除个别论文为专家推荐者外，大部分是评委，特别是评委会秘书，经过对全国与外国文学有关的报刊、杂志做了广泛调查研究之后筛选出来的。评委们在仔细阅读基础上，进行反复、充分的讨论和比较。最后以无记名投票方式，评选出3篇论文，分别授予二等奖，每篇奖励人民币700元(本届未评出一等奖)。颁奖仪式在1990年召开的德语文学研究会年会上举行。

这三篇获奖论文分别是：北京外国语学院青年教师王师丹(女)著《克里斯塔·沃尔夫创作中的主体意识》(载于《外国文学评论》1988年第4期)；对外经济贸易大学青年教师李伯杰(男)著《施莱格尔——诗与哲学的综合》(载于《诗人与哲学家》一书，1988年版)；北京大学西语系青年教师简明(男)著《历史观点和美学思想的结合——论赫尔德美学思想和文学理论的几个基本观点》(载于《外国文学评论》1988年第4期)。三篇论文均系当年的硕士研究生论文，有的在发表时，限于杂志容量，作了大幅度压缩，评选时适当参照了原稿。

孙冶方经济科学奖励基金

一、综 述

孙冶方(1908—1983年)是中国著名的马克思主义经济学家，也是中国共产党的一位老一辈无产阶级革命家。他对马克思主义的经济理论有很深的造诣，对中国社会主义建设的重大理论和实际问题进行了创造性的研究，提出了一系列具有真知灼见的观点，为党和国家领导人所高度重视，并得到国内外经济学家的很高评价。他以自己卓越的研究成果对中国的社会主义现代化建设作出重大贡献。特别是他追求真理和坚持真理而不屈不挠的奋斗精神，成为中国学术界的一个光辉榜样。

孙冶方去世后，学术界特别是经济学界的一些著名学者发起设立孙冶方经济科学奖励基金。1983年6月19日，孙冶方经济科学奖励基金委员会、评奖委员会在政协礼堂举行了成立会议。会上讨论并原则通过了《孙冶方经济科学奖励基金委员会条例》和《孙冶方经济科学奖励基金评奖标准和方法》，并通过了首界基金委员会和评奖委员会的成员名单。

孙冶方经济科学奖励基金来自孙冶方同志遗著稿费，以及发起人和有关团体、个人的自愿捐献。

孙冶方经济科学奖励基金设立的宗旨是为了纪念我国卓越的马克思主义经济学家孙冶方对经

济科学的重大贡献，以表彰和鼓励对我国经济科学作出贡献的集体和个人，繁荣我国经济科学，使经济科学更好地为社会主义现代化建设事业服务。

基金委员会由21名委员组成，其中主任委员一名，副主任委员一名。为进行评奖工作，成立了基金评奖委员会，由15名委员组成。基金办公室设在中国社会科学院经济研究所内。

孙冶方经济科学奖励基金使用基金利息，只用于奖励对经济科学作出贡献的集体和个人（指对著作和论文评奖），资助对象是奖励全国经济理论工作者和实际工作者发表的优秀论著，主要以中青年作者为主。

孙冶方经济科学奖每两年评奖一次，迄今已评奖三次（1984，1986，1988年）。1984年度共评出4本著作和47篇论文，获奖作者100余人；1986年度共评出5本著作和12篇论文，获奖作者120余人。获奖作者中，中青年占大多数，而且青年作者的比例呈上升趋势（1986年度获奖作者中，青年占40%多；1988年度青年作者已占50%以上）。通过评奖的实践活动，孙冶方经济科学奖励基金对中国经济科学的推动作用越来越为人们所重视和公认。

二、组织机构

1. 基金委员会

主　任　马　洪

副主任　刘国光

委　员　马　洪　刘国光　于光远　冯和法
许涤新　孙尚清　孙晓邦　李人俊
李成瑞　汪道涵　宋　涛　吴觉农
陈岱孙　陈翰笙　荣毅仁　骆耕漠
钱昌照　徐雪寒　梅　益　薛暮桥

2. 评奖委员会由15位专家组成

主任委员　薛暮桥

副主任委员　刘国光

秘书长　张卓元

3. 基金委办公室设在中国社会科学院经济研究所内，由办公室主任、司库、干事组成。

极地科学研究发展基金会

一、综　述

为了更好地促进和发展我国极地科学研究事业，接受我国著名科学家钱三强、黄汲清及国内外知名企业家、艺术家建议，经地质行业科学技术发展基金会研究，同意成立极地科学研究发展基金会，作为地质行业科学技术发展基金会的一个分支机构。

极地科学研究发展基金会是一个具独立法人资格的非营利的民间社会团体，采用多种形式向国内外热心于极地科学事业的企业、艺术团体、知名人士募集资金，用于发展极地科学研究事业。其宗旨是为了促进和发展我国的极地地质科学考察及研究事业，努力推进和平利用南、北极，为保护南、北极做出贡献。

极地科学研究发展基金会于1989年12月18日经江苏省人民银行批准，报江苏省科委、科协备案。基金会及其办事机构设在地质矿产部南京地质矿产研究所，独立开展工作。

极地科学研究基金会一成立，就受到了社会各界的欢迎和支持，已接受捐赠人民币一百多万元，水陆两用坦克一辆等。基金会秘书处正根据本基金会章程，制订具体实施办法，开展资助、奖励活动。

二、组织机构

极地科学研究发展基金会理事会组成

名誉理事长　黄汲清

理事长　郭克礼

副理事长　李廷栋　金庆民　克里斯·科普克任斯基(Chris Kopczynski)
李乐诗　齐良芷　李经纬　沈家模

常务理事　郭克礼　李廷栋　金庆民　李乐诗
齐良芷　李经纬　克里斯·科普克任斯基　史清淇　陈毓川　倪若水

李光岑　杨锡庸　郁祖庆　陈凯伦
梁邦昌　张直忠

秘　书　长　金庆民(兼)

副 秘 书 长　杨锡庸(兼)

金岳霖学术基金会

一、综　述

金岳霖(1895—1984年)是中国著名哲学家、逻辑学家、国际知名学者。他把自己的一生无私地贡献给我国的教育和科研事业,写了多部重要著作,建立了自己的哲学体系,培养了一大批专门人才,对中国现代哲学和逻辑的发展做出了杰出的贡献。

金岳霖教授去世之后,中央领导同志、哲学界和逻辑界的许多著名专家、金先生的朋友、学生和同事,倡议设立金岳霖学术基金会,奖励哲学和逻辑学的优秀科研成果,奖励哲学和逻辑专业的优秀学生。经过两年多的酝酿和近半年的筹备,于1987年7月14日召开了金岳霖学术基金会成立大会。

本基金来源于出版金岳霖著作的稿费和国内外机关、团体和个人的捐赠。

金岳霖学术基金的主要用途是:奖励逻辑和现代哲学的优秀科研成果;奖励逻辑专业的优秀学生(包括本科生和研究生);资助逻辑学和现代哲学学科的重要科研项目;举办金岳霖学术思想研讨和纪念活动等。

金岳霖学术基金会设理事会,由著名专家、学者组成,其主要任务是:负责筹集、管理和使用基金;组织金岳霖著作的整理、编辑和出版工作;推动对金岳霖学术思想和逻辑、现代哲学领域里的学术研究;组织有关的奖励事宜;举办纪念活动等。

金岳霖学术基金会成立以来,主要工作是整理金岳霖教授的著作,并推动其出版。

二、组 织 机 构

1. 金岳霖学术基金会理事会

名誉顾问　胡乔木

顾　　问　(以姓氏汉语拼音为序)
冰　心　陈岱孙　楚图南　丁健生
费正清〔美国〕　冯友兰　高景德
关世雄　贺　麟　胡　绳　姜椿芳
姜丕之　李　奇　李光灿　齐　一
钱昌照　钱端升　钱钟书　汝　信
沈从文　沈兹九　许涤新　于光远
张友渔　赵访熊　周培源

会　　长　邢贲思

副 会 长　黄楠森　羊涤生

秘 书 长　刘培育

理　　事　(以姓氏汉语拼音为序)
黄楠森　刘培育　梁从诫　宋文坚
汪子嵩　邢贲思　羊涤生　周礼全

2. 学术委员会

基金会学术委员会,执行评议职能,有委员44名,顾问26人,组成如下:

顾　问　(以姓氏汉语拼音为序)
陈明生(加拿大)　陈修斋　杜汝楫
冯　契　傅季重　胡世华　江天骥
洪　谦　李泽厚　莫绍揆　任　华
石　峻　沈有鼎〔美国〕　王　浩
王玖兴　王太庆　王宪钧　温公颐
徐孝通　任继愈　杨祖陶　张岱年
张遂五　张世英　熊　伟　周辅成

主　任　周礼全

委　员　(以姓氏汉语拼音为序)
曹景元　陈克明　陈启伟　方　华
何兆武　侯鸿勋　胡文耕　胡耀鼎
金顺福　韩光焘　李德齐　李先焜
梁存秀　刘鄂培　刘培育　钱耕森
马玉珂　倪鼎夫　欧阳中石
宋文淦　宋文坚　苏天辅　唐稚松
涂纪亮　王雨田　吴家国　徐亦让
晏成书　羊涤生　杨东屏　叶秀山
张宝文　张家龙　张巨青　张乃烈
张尚水　章士嵘　赵　民　赵臣
周礼全　周云之　朱伯　朱德生
诸葛殷同

秘　书　宋文坚　刘鄂培

国际战略研究基金会

一、概　况

国际战略研究基金会是1989年5月经中国人民银行批准成立，同年6月在民政部登记注册，具有法人资格，独立经营，非赢利性的社会团体。

国际战略研究是第二次世界大战后逐步在全世界范围内兴起，60年代初、中期趋于成熟的一门社会科学学科，其任务是综合研究政治、经济、科技、文化、军事等因素的变化对世界形势和国际关系的影响，为制定国家战略提供咨询。国际战略研究基金会的成立，旨在通过社会筹集资金，资助我国这一学科领域的各种研究活动，促进研究水平的提高，推进与外国的学术交往、合作，为我国国际战略研究事业的发展贡献力量。

基金会的工作方针是：探索创新，促进交流；积极支持开发符合时代要求和有中国特色的国际战略理论和思想；为传播学术信息，为国内外交流铺路搭桥；奖励优秀学术成果，选拔优秀研究人材；普及并提高国民的国际意识与战略意识，为国家战略决策服务，为促进世界和平与发展服务。

基金来源

(1)海外战略研究机构及其他学术团体和个人的捐赠；

(2)海外基金会、企业及有关金融机构的捐赠；

(3)国内有关部门、团体及个人的捐赠。

基金使用

(1)赞助国内国际战略研究领域重大课题的研究；

(2)赞助海内外战略研究界的学术合作与交流项目；

(3)奖励从事国际战略研究的优秀个人、机构和突出的成果；

(4)赞助重要国际战略问题会议；

(5)资助优秀国际战略研究人员的出国学习、深造和客座研究；

(6)资助有益于提高国际战略研究水平和促进国际交流的其他活动；

(7)赞助以各种形式开展的全民国防教育活动。

组织机构

理事会是基金会的最高权力机构，负责选举产生基金会会长、副会长，审查批准基金会年度工作计划，筹资战略和大款项的资助计划，指定办公室主任、副主任；现有理事20名。

会长、副会长由理事会选举产生，负责召集理事会会议，领导基金会日常工作。

办公室是基金会常设办事机构，主任、副主任由理事会指定，在会长、副会长领导下负责基金会日常工作；办公室下设业务、基金和人事三个部，各部门负责人由办公室主任任命。

为便于开展工作，基金会还聘请名誉会长、名誉理事、高级顾问和顾问若干人。

二、组织机构

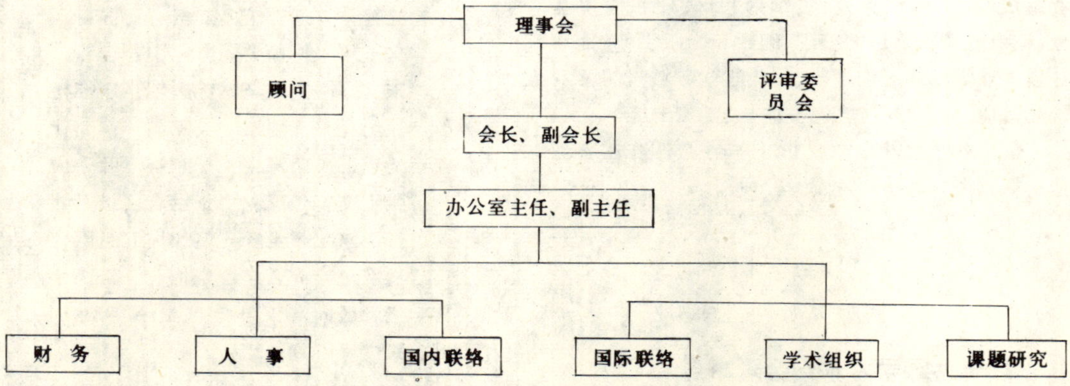

组织机构图

名誉会长　姬鹏飞
会　　长　陈　楚
常务副会长　李连庆
副 会 长　柴成文　严东生　经书平
　　　　　荣风祥
办公室主任　倪　煜

三、主要活动情况

(1)主办并资助《1989年国际战略形势研讨会》(1989年11月);

(2)主办并资助《首届全国全民国际教育研讨会》(1990年7月);

(3)主办并资助《第二届孙子兵法国际研讨会》(1990年10月);

(4)组织了35次小型学术交流活动,海外十余个国家和地区129人次学者,国内学者892人次参加了这些活动;

(5)派出3人次出国参加大型国际问题研讨会。

霍英东教育基金会青年教师基金和青年教师奖

霍英东教育基金会属于霍英东基金会的一部分。十一届三中全会以来,我国实行对外开放、对内搞活经济的政策,在振兴中华精神的鼓舞下,香港著名爱国企业家霍英东先生捐赠10亿港元,成立"霍英东基金会"。霍英东先生十分重视教育工作,认为教育为立国之本,祖国四化建设急需培养高质量人才。为了支持和促进教育事业,决定在霍英东基金内使用港币1亿元成立"霍英东教育基金会"。该基金会理事长霍英东,副理事长黄辛白、鲁平、霍震霆,理事李键、霍震寰、李顺兴、王复孙;顾问委员会由雷洁琼、杨振宁、陈省身、谈家桢、张光斗等著名学者和11所著名大学的校长,以及新华社香港分社的负责同志组成。基金会利用1亿港币本金,每年约有700万港币作为基金会的年度开支。

为了鼓励高校的青年教师在教学及研究工作中做出优异成绩,资助优秀青年教师脱颖而出,吸引留学人员学成及时回国,霍英东教育基金会决定自1987年10月1日起建立霍英东教育基金会青年教师基金(以下简称"青年教师基金")和青年教师奖。首届申请工作先在指定的160所高等学校、44个学科领域中实施(未列入160所名单内的高等学校,提出的申请需由上述160所高校中的一所审核并推荐),以后每两年受理一次,受理时间是每逢单年(如1989年)的1月1日至31日。1989年度的申请范围扩大至177所设有博士学科点的高等学校;学科领域也扩大到除军事科学以外的所有学科。

青年教师基金及青年教师奖获得者必须符合下列条件:

1. 国内

(1)在国内高等学校从事教学或研究工作(不包括兼任教师);

(2)年龄一般不超过35岁(在1990年前可放宽至不超过40岁);

(3)已取得博士学位(或具有同等水平);

(4)热爱社会主义祖国,有高尚的社会公德及职业道德,积极为祖国的四化建设服务;

(5)在教学、研究工作中作出了显著成绩。

2. 国外

(1)具有中国国籍;

(2)年龄不超过35岁(在1990年前可放宽至不超过40岁);

(3)已取得博士学位(或具有同等水平);

(4)决定不迟于6个月内(自申请或被推荐之日算起)回到国内高校任教;

(5)热爱社会主义祖国,有高尚的社会公德及职业道德,积极为祖国的四化建设服务;

(6)具有独立进行研究的能力,在专业上已有明确的工作目标,成绩优异。

青年教师基金每项最高额为2万美元,最低额为5千美元,另加750美元工资补助。青年教师基金获得者从所得的资助费中,交500美元给本校,作为该校管理项目的费用。资助费可用于出国或来华人员费用,从国外购买图书、资料、仪器设备、实验材料,以及实验室简单装修和业务费开支等。青年教师奖分三等:一等5 000美元,二等3 000美元,三等1 000美元,奖金为受奖者本人所有。对青年教师基金、青年教师奖获得者,还授予霍英东教育基金会金质奖章一枚。

青年教师基金的申请办法为：由申请人申请，由国内两名正教授(其中至少有一名正教授在本校任教)推荐，经申请人所在高校学术委员会及校长(或副校长)审核同意，由学校具文送霍英东教育基金会。对于在国外的拟在半年内回到国内高校任教的学者，可在回国前提出申请，但两名以上正教授中至少有1名需为在国内高校任教的正教授，推荐审核的学校应是申请者即将回国从事教学或研究工作的国内高校。青年教师基金项目期限不超过3年，在基金项目执行期间不得再次申请本项基金。

“青年教师奖”不由本人申请，采用由两名正教授推荐的办法。

在国外的青年教师基金或青年教师奖的获得者，在回到国内的高校从事教学或研究工作后，再拨款。

在青年教师基金资助下获得的科研成果，发表论文时应标明获得本青年教师基金的资助。

青年教师基金获得者须在每年12月15日前书面向霍英东教育基金会报告项目进展情况、经费使用情况和下一年度工作计划。项目结束后3个月内，要认真写出项目工作总结，并附成果资料、论文及经费决算。青年教师奖获奖者亦应在得奖后3年内，每年将本人的工作情况、成果及下一年度工作计划于12月1日前写出书面报告。

青年教师基金及青年教师奖获得者所在单位和推荐人有义务关心、支持、帮助项目工作，并在年度工作报告和研究工作总结上认真负责地填写评审意见。

《霍英东教育基金会青年教师基金及青年教师奖暂行办法》颁布后，已于1987年、1989年实施了两届。根据规定的条件与限额，有146所高校的650名青年教师申请了青年教师基金，441人被推荐为青年教师奖候选人(其中有96人既申请青年教师基金，又是青年教师奖候选人)。在这995名青年教师中，经形式审查合格的890人，不合格的105人，不合格率10.5%。主要原因是申请者的年龄偏大，本人未取得博士学位或不具有相当博士的水平，以及学校申请与推荐的名额超过规定的限额。

青年教师基金和青年教师奖的评审工作采用同行通讯评议与顾问委员会评审相结合的办法。为了保证评议工作在同行之间进行，首先请在三级学科范围内的同行专家(一般为5位)通讯评议，然后择优将候选人名单及通讯评议意见送顾问委员会评审，报霍英东教育基金会理事会批准。两届青年教师基金及青年教师奖请4 365位同行专家通讯评议，回收率达90.6%。每份申请项目的通讯评议书回收3份以上的，视为有效评议。

该基金及青年教师奖与国内的其他基金及奖励有很大差别。主要表现在：

(1)学科范围：包括自然科学与社会科学各个领域。

(2)对象：已取得博士学位(或具有同等水平，如讲师以上职称)的高校教师，年龄在35岁以下(1990年前放宽到40岁)。限额为每校申请的候选人不得超过6名(其中青年教师基金3名，青年教师奖3名)，竞争的起点高。

(3)奖励的对象不是某项科研成果，而是青年教师。不仅研究工作有突出成绩的高校青年教师可以获得研究类奖；而且在学术上特别优秀，在教学工作上埋头苦干，有突出贡献，有创造性的也可以获得教学类奖。

(4)青年教师基金和青年教师奖全部用外汇支付。

国家教委科技管理中心承担青年教师基金及青年教师奖的评议工作，针对不同的评审目标，拟订了多种评价指标体系；编制了以三级学科分类为特点的《高等学校科学技术基金项目、成果评审学科目录表》(三级学科分类近3 000种)，正在筹建以三级学科进行分类的专家库，以便保证评审工作在同行专家之间进行，提高评审工作质量。

两届霍英东教育基金会资助青年教师基金121项，每项平均资助强度为1.56万美元；授青年教师奖181名，其中一等奖15名，二等奖25名，三等奖141名。在获奖人选中，有5人同时获得“基金”资助。在获得青年教师基金和青年教师奖的209名青年教师中(不包括委托学校评审的93名青年教师奖三等奖获得者)，国内培养的143人，占68.4%；留学归国工作的66人，占31.6%。按学位分：获博士学位164人，占78.5%；硕士32人，占15.3%；学士10人；无学位3人。按技术职称分：教授15人，占7.2%；副教授73人，占34.9%；讲师97人，占46.5%；博士后12人，占5.7%；其他12人，占5.7%。按年龄分：30岁以下44人，占21.1%；31—35岁84人，占40.2%；36—40岁75人，占35.9%；41岁6人，占2.8%。按性别分：男性198人，占94.7%；女性11人，占5.3%。

获霍英东教育基金会青年教师基金、青年教师奖的青年教师，不仅在研究工作中有出色成就，从事着十分有意义的科研活动，同时还承担着培养人的任务，是优秀的教学工作者，有的正在成长为学术领导人。例如：北京大学陈章良教授，1987 年申请基金时 26 岁，现为国家高技术生物技术专家委员会委员和中国植物学会常务理事。他在植物基因工程技术及分子生物学领域取得两项突出的科研成果：一是将大豆种子的蛋白质基因转移到茄科矮牵牛和烟草上并获得表达；二是首次发现一段能控制植物胚胎中基因表达的 DNA。近期他在进行经济作物的抗病毒基因工程，已培养出和正在获得抗病毒的工程植株；正在进行的水稻病毒的基因工程（获 863 计划及洛克菲勒基金资助）已分离出侵染中国水稻的病毒，并首次发现不同的水稻病毒粒子，作了分子生物学特性鉴定；在水稻细菌病基因工程方面已获得能够杀病菌的蛋白。在教学工作方面，他开出 60 学时的研究生课和 80 学时的植物基因工程实验操作课，指导本科生 3 人，带硕士生 8 名，代培博士生 2 名及进修教师 5 人。浙江大学倪明江教授，获“教师奖”时 38 岁，先后发表论文近 60 篇，有 6 篇论文获浙江省一、二等奖；他还在水煤浆燃烧研究方面获 1987 年国家教委科技进步二等奖；承担的“六五”国家科技攻关项目“洗煤泥流化床燃烧技术”已通过国家鉴定，得到“国内首创，具有国际水平”的评价；目前他领导的研究集体承担 6 项研究任务，其中“七五”国家科技攻关 2 项，中瑞（士）合作项目 1 项，国家自然科学基金 1 项，国家教委博士点基金 1 项，浙江省科委重点项目 1 项。在教学方面获浙江大学教育研究成果三等奖和浙江大学教书育人先进个人荣誉证书。天津大学寇纪淞副教授获“教师奖”时 40 岁，他从事系统工程研究，三年来，先后获得国家及省市部委科技进步奖 8 项，包括 1987 年国家级科技进步三等奖和 1989 年国家级科技进步三等奖，1987 年国家教委科技进步二等奖，1989 年国家教委科技进步一等奖，以及天津市的 3 项奖励，被评为 1988 年度天津市市级劳动模范。目前他的研究集体正在进行 11 项研究工作，按任务来源分：国家计委 2 项，国家教委 1 项，国家自然科学基金会 2 项，天津市科委 2 项，中国、欧洲共同体合作 2 项，中法合作 1 项，中美合作 1 项。在教学工作上，他协助指导、联合培养的 13 名硕士生，撰写硕士论文和从事课题研究期间，共有 17 人次获省市及部委以上的科技进步奖励。中山大学屈良鹄副教授获青年教师奖时 34 岁，现兼任中国科学院植物研究所客座副研究员和法国国家科研中心（CNRS）客座研究员。他独创了两个新方法：一是直接分析大分子 RNA 的二级结构；二是快速测定大分子 RNA 在物种进化过程中结构进化模式。这些方法是分析 RNA 结构技术上的重要突破。他还发现了一个人类细胞中 rRNA 的多态现象，这一多态现象是人类特有的，是研究人类遗传和进化的一个非常有意义的系统。他的研究工作获 1988 年国家教委科技进步一等奖。华南理工大学王世平讲师，申请基金时 39 岁，现为中国化工学会、中国工程热物理学会和中国制冷学会的会员，他研制的“强化传热的螺旋槽管及锯齿形翅片管”获国家级科技进步三等奖，另外三种冷凝器分别获广东省科技进步二、三等奖，有 5 篇论文获学会优秀论文奖，在教学方面协助指导 5 名研究生完成毕业论文。武汉医学院向继洲副教授获青年教师基金时 40 岁，他是中国药理学会会员，从事心血管药理研究，科研成果获 1988 年国家教委科技进步二等奖，卫生部授予“部级有突出贡献专家”。南京大学戴敏副教授获青年教师基金时 26 岁，现任南京大学计算机软件研究所副所长、《软件学报》编委和中国计算机软件专业委员会秘书长。她从事的课题为当前计算机软件的前沿，承担了“863”高技术任务，研究成果获南京大学第二届研究生“新星”科学奖、南京市微电脑应用成果一等奖、1987 年国家教委科技成果二等奖和 1988 年国家教委科技成果一等奖。在教学上为本科生和研究生开出 3 门课，共 156 学时。清华大学杨卫副教授获青年教师基金时 35 岁，现任《力学学报》编委和国际杂志《工程材料与结构的疲劳与断裂》编委，远东断裂组织执委会成员、秘书，国务院学位委员会力学评议组秘书和清华大学破坏理论研究室主任，研究工作大多为国际上前沿问题，已发表论文 30 余篇，研究成果获 1987 年国家教委科技进步一等奖、1988 年中国科协首届青年科技奖和 1988 年北京市五四奖章。在教学方面，几年来开 8 门课，合计 360 学时，指导 3 名硕士生，协助指导 1 名博士生，编写出《细观塑性理论》等 3 本教材。

霍英东教育基金会青年教师基金及奖励的工作受到政府和领导同志的重视。1988 年 9 月 2 日在人民大会堂举行首届霍英东教育基金会青年教师基金和青年教师奖的颁发和授奖大会，国家主席杨尚昆，国务委员兼国家教委主任李铁映，全国人民代表大会常务委员会副委员长周谷城、费孝通、雷洁琼，全国政协副主席方毅、周培源等领导人出席了颁奖仪式，杨尚昆主席在颁奖时对青年教师说，希望你们再接再励，努力工作，成为学科带头人，把我国的科学技术搞上去。

资助和鼓励优秀青年教师脱颖而出，是该基金和教师奖的一项重要宗旨。通过基金管理工作，在获得青年教师基金资助和青年教师奖的青年教师中，又择优选拔和重点支持一批拔尖人才，使他们尽快脱颖而出。

霍英东教育基金办公室设在国家教委港澳台办公室内。该办公室负责受理青年教师基金与青年教师奖的申请，并负责与霍英东基金会协调联系。教委港澳台办公室是教委外事局的一个机构，由外事局1位副司级干部王复孙担任办公室主任。霍英东教育基金会青年教师基金和青年教师奖的评审及基金项目的管理，由国家教委科技管理中心基金处负责。科技管理中心组织评审工作的依托是科技管理中心建立的按三级学科分类的专家库，目前已征集到按三级学科分类的专家约3万名。这批专家对教委委托的评审工作态度严肃认真，评议书的回收率几年来都在90%以上。

国家教委科技管理中心是国家教委的一个事业机构，业务工作由科技司归口指导。科技管理中心主任杨仁宝兼任科技司副司长，副主任张秀梅（副司级），基金处副处长初庆春、殷学斌。

科技出版基金*

广东优秀科技专著出版基金

一、综述

科技专著由于其读者面窄，销售量少，成本高，往往出版亏损较大，而肩负广东省科技专著出版任务的主要出版社——广东科技出版社每年上缴国家的各种税利要占当年利润总额的50%以上，另外，出版社要从利润留成中自行解决办公楼、职工宿舍、职工奖金和福利等。因此，广东科技出版社由于财力所限，对亏损额较大的科技专著实在无力出版。科技专著是专家、学者数十年科研实践的总结，甚至是几代人努力奋斗的结晶。可以想象，当这些很有价值的学术专著由于经费问题不能出版时，将会给广东的科技和经济发展造成多么大的损失！对于作者又会是多么残酷的打击！为此，教授、专家们心急如焚，出版工作者也非常心焦。

怎样解决这个老大难问题呢？一些教授专家曾建议：成立广东优秀科技专著出版基金会，通过多渠道、多形式的集资，把资金有效地用于出版优秀科技专著。他们认为，这是缓解科技专著出版难的一种有效办法。于是，由广东科技出版社发起，提出了成立出版基金会的设想。

1989年3月在广东省政协第七届大会期间，由省政协委员起草了"吁请省财政将广东科技出版社每年上交的所得税40万元拨转基金会使用"的提案，吁请有关部门扶持科技专著的出版。省政协委员中，有120位教授、专家在提案上签了名。如此踊跃签名的提案，据说历届省政协会议也是鲜见的。可见，筹办科技专著出版基金会确是一件深受有识之士欢迎之义举。省财厅很重视这个提案，答应从广东科技出版社上交的利润中返拨20万元。

经过几个月的努力，至1989年4月，已筹集到基金65万元。为了进一步开展工作，需要先把组织机构建立起来。经过协商，认为应聘请在科技界中有威望的各级领导人担任基金会的名誉会长和副会长，以增加基金会的影响和威望，同时也有利于开展筹款工作；聘请在学术上造诣高深的教授、专家担任基金会的顾问和评委，以提高基金会的知名度和保证所出版图书的学术水平。于是聘请了广东省副省长匡吉和广东省政协副主席王屏山担任基金会名誉会长，聘请有关领导同志担任名誉副会长。

考虑要使基金会资助出版的图书达到全国一流水平和世界先进水平，聘请我国著名科学家担任顾问，对基金会的工作进行指导是十分必要的。为此，我们把筹办基金会的工作主动向国家新闻出版署和中国科技出版工作委员会作了汇报。负责同志表示十分赞成成立基金会，并称赞这是缓解科技专著出版难、为知识分子排忧解难的义举。还亲自为我们在北京聘请到了钱伟长教授等十几位著名科学家担任顾问。此外，我们还聘请广东省内学术造诣深、知名度较大的教授、专家担任评委。

于1989年10月25日召开了基金会成立大会，并向社会发布征集选题消息，公开征集优秀科技专著书稿。

本基金会将所集资金作为本金，用利息资助出书，至1990年底，本金已达200万元。近三年内，每年可资助优秀图书10种左右。

* 以笔画为序

二、组织机构

1. 广东优秀科技专著出版基金会

顾　　问　钱伟长

（以下按姓氏笔画为序）

王　元　卢鸣谷　池际尚　李　辰　吴中伦　吴良镛　郎景和　武泽民　赵善欢　高由禧　裘维蕃　蒲蛰龙　谭浩强

名誉会长　匡　吉　王屏山

名誉副会长　（以姓氏笔画为序）

马恩成　王秀柔　关国栋　汤国良　李建安　罗宗海　林汉枢　姜德芬　饶士粦　梁尚立

理事长　赵元浩

常务副理事长　欧阳莲

副理事长　（以姓氏笔画为序）

于　侃　邓昆肇　卢明高　刘婉玲　何镇陆　高惠广　梁志耀

理　　事　（以姓氏笔画为序）

于　侃　马俊林　邓昆肇　卢明高　刘婉玲　纪汉阳　杨　中　杨　樯　李春明　李育祥　何镇陆　周小鹰　罗初东　罗兰如　欧阳莲　胡惠林　赵元浩　高惠广　梁志耀　梁镜钰　黄达全　黄衍辉

秘书长　欧阳莲

副秘书长　邓昆肇

秘　　书　郭怡甘

2. 广东优秀科技专著评审委员会

主　任　蒲蛰龙

委　员　（以姓氏笔画为序）

马俊林　邓铁涛　卢永根　卢明高　伍尚忠　许学强　刘振群　刘颂豪　李　辰　李任先　李岳生　李宝健　李炳熙　何镇陆　陈兴业　张士勋　张展霞　罗元恺　罗征祥　赵元浩　赵善欢　高由禧　高惠广　徐名滴　徐秉铮　黄衍辉　彭文伟　蒲蛰龙　欧阳莲

中国科学院科学出版基金专家委员会

一、综　述

在出书难、出高水平的科技书刊更难的情况下，为了促进优秀科技书刊的出版，促进科技事业的发展，中国科学院1989年5月25日(89)科发字0631号文件《关于设立中国科学院科学出版基金的通知》，决定于1990年开始设立中国科学院科学出版基金，每年从院科学事业费预算中拨款300万元，专门用于资助优秀的科技书刊的出版亏损。1989年10月9日《人民日报》以“中科院支持出版好书”为题，报道了这一消息，10月10日《科技日报》也刊载了这一消息。1989年6月组建了中国科学院科学出版基金筹备小组，在学习国家自然科学基金委员会等单位的工作经验的基础上，从文件、组织机构，到申请办法、评审办法等，开展了全面的筹备工作。1989年12月9日，中国科学院(89)科发计字1276号文件《关于设立中国科学院科学出版基金有关问题的通知》，公布了《中国科学院科学出版基金试行条例》、《中国科学院科学出版基金专家委员会组织条例》和专家委员会成员名单。12月26日，举行了中国科学院科学出版基金专家委员会第一次会议，会议通过了《中国科学院科学出版基金试行条例实施细则》、《中国科学院科学出版基金申请办法》、《中国科学院科学出版基金申请项目评审工作暂行办法》、《中国科学院科学出版基金专家委员会办公室工作条例》；聘任了五个学科专家组的成员；审批了第一批图书资助项目。《科技日报》、《中国科学报》、《新闻出版报》等先后报道了这一消息，得到了广大科技工作者的欢迎。半年多的时间，办公室就收到信件200余封，发出申请书300余份。广大科技工作者赞扬设立科学基金是中国科学院为解决出书难的问题做了件大好事，对繁荣科技出版事业、促进我国科学事业的发展有重要意义。

1. 学术期刊评审工作

根据本基金有关条例规定“以资助原由中国科

学院补贴在科学出版社出版的优秀的或重要的科技期刊为主，积极资助外文期刊的创立和其他优秀科技期刊的出版”的精神，1990 年受理了 131 种学术期刊的申请。

为了做好学术期刊的评审工作，我们收集了近年来 SCI，EI，CA 等国际上主要检索刊物对这些期刊的收录情况；1988 年国内核心刊物对这些期刊发表文章的转引情况；向第一线科技工作者、教学工作者发了 500 余份调查表，征询他们对这些期刊的评价意见。在此基础上，组织学术期刊专业组进行评审，就申请期刊的学术水平、作用、效益，以及编辑出版质量逐一进行评审，并提出资助意见。最后由专家委员会综合平衡，正式审批。

通过这次评审，决定资助出版的学术期刊情况如下：

(1)重点资助 21 种，如《中国科学》、《科学通报》等。从 1991 年起，由科学出版社做重点书刊管理，保证出版周期，全面提高刊物质量，在全部资助其出版亏损的基础上，适当给期刊编辑部奖励，以逐步改善其工作条件。

(2)全额资助 93 种，即资助全部出版亏损。对其中 20 种刊物就专门问题提出 1991 年复议的要求，以促使其进一步提高刊物质量。

(3)部分资助 11 种，即由主办单位与本基金共同资助出版。

通过评审，将竞争机制引入了学术期刊的管理工作中，促进了期刊编辑部改进工作，提高期刊质量，有利于引导学术期刊向合理布局方向发展。

2. 图书评审工作

根据本基金的有关规定“面向全国，资助自然科学和技术科学方面优秀的或重要的出版物的出版，全国各地区、各部门及海外华侨、华裔科技工作者，均可按本基金申请办法提出申请”。1990 年先后受理申请项目 230 个。

按照“专家评议、公平竞争、择优支持的原则”，根据申请者提供的《申请书》及有关材料，先请 1—3 位同行专家提出书面评议意见，再由各专业组召开评审会，逐项进行评审，提出资助意见；最后由专家委员会综合平衡后批准。1990 年进行了两批图书项目的评审工作，共批准资助项目 134 个，其中数理化 38 个，生命科学 37 个，地球科学 31 个，技术科学 28 个。

1990 年批准资助的项目中有获国家自然科学奖、省部级奖或国家攻关项目、国家自然科学基金资助项目的成果专著，其中有的项目已达国际先进水平或国际水平。如《天花粉蛋白》、《周围神经显微修复学》、《中国土壤系统分类(首次方案)》、《雅砻江二滩大型水电开发可行性的工程地球科学综合研究》、《渤黄东海海洋化学》、《曲面动力系统》、《复解析动力系统》、《可行方向性收敛理论》、《晶体中的对称群》、《理想和无气泡流态化》；有密切结合作者科研、教学等实践经验，内容丰富，体系新颖，有独到见解的基础理论著作。如《X 射线晶体结晶学》、《经济地理学原理》、《物理学家用微分几何》；有国家级水平的重要基本资料和工具书，如《中国动物志》、《中国自然保护地图集》、《遥感大辞典》、《英汉计算机软件与应用辞典》、《工程图学词典》；有前沿学科和有重要参考价值的中译本。如《细胞分子生物学》、《统计光学》、《计算机结构与并行处理》等等。由于科学出版基金的资助，使这些优秀的、重要的图书得以及时出版，有利于科技研究、教育和国民经济的发展。

设立科学出版基金，是科技出版事业的一项重大改革，采取基金办法，科学家直接参与出版选题的评议，可以进一步提高科技书刊的质量，使有限的基金用在刀刃上；可以深化出版社的改革，改善与加强出版社的经营管理，进一步提高书刊的编辑出版质量。

由于科学出版基金设立不久，如何管好、用好这笔基金，尚有许多问题须进一步探讨，有些制度还有待进一步完善。今后当向兄弟基金会学习，不断改进工作，使科学出版基金在繁荣科技出版事业、促进科技事业发展中发挥更大的作用！

二、组织机构

1. 第一届专家委员会

名誉主任委员　卢嘉锡

主 任 委 员　苏世生

副主任委员　(以姓氏笔画为序)

丁乃刚　王　元　卢鸣谷　邹承鲁

陈述彭　袁义谷　高景德

委　　员　(以姓氏笔画为序)

丁　濂　王亚辉　王声孚　王思敬

许孔时　许志宏　刘兴民　李廷杰

李增全　匡廷云　吴瑰琦　陈　珽
郑哲敏　尚久方　施雅风　赵忠贤
唐有祺　谈德颜　晏名文　曾庆存
鲍建成

2. 第一届专家委员会学科组

学术期刊组

组　长　许志宏
副组长　吴传钧　李瑞旭
组　员　（以姓氏笔画为序）
汪　松　李文华　李荫远　易善锋
何善堉　胡亚东　洪德元　翁永庆
陶南生　越明义　董韫美　蔡建光

数理化组

组　长　王　元
副组长　胡海昌　尚久方
组　员　（以姓氏笔画为序）
方开泰　许元泽　李　忠　李启斌
严士健　张志三　黄　涛　韩汝琦
童沈阳　程铁明

生命科学组

组　长　匡廷云
副组长　王书荣　范淑琴
组　员　（以姓氏笔画为序）
刘建康　李　博　宋大祥　杜若甫
吴鹏程　周培瑾　郎景和　龚子同
曾士迈　蔡良婉

地球科学组

组　长　王思敬
副组长　周秀骥　李增全
组　员　（以姓氏笔画为序）
邓龙华　史培军　刘瑞玉　李俊轩
易善锋　黄兆良　谢鸿森　蒋宏跃
廖　克　翟人杰　黄美元

技术科学组

组　长　高景德
副组长　黄　琳　张建荣
组　员　（以姓氏笔画为序）
马俊如　王以铭　王正中　刘家浚
刘慎权　李正君　陆汝钤　周力行
赵克工　蓝　天

长白山学术著作出版基金会

一、综　述

为了解决学术著作出版难这一困扰出版界的难题，省新闻出版局的领导在贯彻党的十三届三中全会精神，深化出版改革中，深刻认识到，如果不认真解决学术著作出版难的问题，不只是关系出版界的声誉，更主要的是将直接影响全民族科学文化素质提高。经过研究，提出成立“长白山学术著作出版基金会”的构想，这个设想得到了省财税部门的大力支持，决定从出版社上缴的税金中，退还给基金会用于资助学术著作出版。经省委省政府领导同意，于1988年12月份，吉林省长白山学术著作出版基金会正式成立，聘请省内知名学者、专家教授及有关部门的领导共18人组成基金委员会。吉林省副省长刘希林同志任主任委员、吉林省新闻出版局局长任副主任委员，下设基金会办公室负责日常工作（由局图书管理处兼管）。

基金会资助对象仅限于学术著作，学科包括哲学、社会科学、自然科学、工程技术、文化教育、文学艺术等。基金会对学术水平高、发行量小、经济亏损大的学术著作，优先考虑资助。凡符合资助条件的，首先由出版社提出申请报告，再由基金会办公室将书稿送有关学科的专家审阅，如确认有较高的学术价值，并附审读者鉴定意见，再提交基金会讨论，经讨论决定资助的图书（包括资助金额）即通知出版社安排出版，且要求在书上标印统一设计的“长白山学术著作出版基金会资助出版”的徽章图案。

基金会成立后，省财税部门已为基金会筹资240余万元资金。这项基金由局计划财务处掌握，专款专用。

基金会先后召开两次图书评审会。第一次是1989年10月全体委员会讨论了申请资助书稿36部，经过委员鉴定，同意资助22种学术著作，资助金额为33万元；第二次是1990年4月共审议讨论了各社申报的39种书稿，最后通过资助25种，金额38万元。两次共资助出版学术著作47种，金额71万元（其中吉林科技出版社15种，文史出版社13种，占资助总数的60%）。现已出书11种。此项资助活动开展后，在知识界引起热烈反响，专家学者欢欣鼓舞，一致称赞这是一件深得人心的好事，它对扶持学术著作的出版，繁荣社会主义文化，促进中华民族科学文化水平的提高做出积极的贡献。

二、组织机构

基金会委员名单

主任委员　刘希林

副主任委员　许中田　许华应

委　　员　余瑞璜（中国科学院数理学部委员）

索敬贤　伍卓群　张弓长　庄继德

万　欣　蒋锡金　殷　震　高　声

赵　栋　王显成　张德发　张宏江

范乃康　孙世文　张瑞利

国防科技图书出版基金

一、综述

国防科技图书出版事业是与国防科技工业所面临的客观环境紧密联系在一起的。当前，国防科技工业正面临着严重挑战。首先，当代科学技术正在突飞猛进地发展，一些重要的基础科学和高技术的开发，正越来越深刻地影响着世界经济、军事和社会发展的进程，把现代科学技术的最新成果应用于研究和装备武器系统，将成为推动社会历史发展、提高综合国力的巨大力量。第二，在强权政治和霸权主义仍然盛行的当代国际关系中，军事实力仍将是保卫国家利益和安全，实现国家意志的有效手段。我国国防科技一方面必须面对高技术兵器发展的严峻挑战，另一方面某些传统技术和工艺还需要迎头赶上，否则，我们与世界先进水平的差距就可能进一步拉大。第三，国防科技队伍正面临新老交替继往开来的关键时期，造就一支素质优良、结构合理、充满创造活力的国防科技人才队伍，是我们的当务之急，是我国国防科技事业兴旺发达的根本保证。国防科技图书出版工作是国防科技事业的一个组成部分；国防科技图书是国防科技水平的重要标志，也是老一代科技人才智慧和经验积累的具体体现，是国家的宝贵财富。通过出版图书积累和传播国防科技知识，提高国防科技队伍的业务水平，促进国防科技事业的发展，是一项不可缺少的工作。因此，无论是跟踪、应用世界最新科学技术，还是加快队伍的培养提高，都要求组织出版高水平、高质量的国防科技图书，这就是国防科工委设立国防科技图书出版基金的目的所在。

国防工业出版社是由国防科工委直接领导并面向整个国防科技和全社会的出版单位，承担着为国防科技工业的发展开发智力、传播知识、积累经验的重要任务。建社30多年来，国防工业出版社围绕自己的中心任务，为国防科技工业的发展壮大，付出了艰苦的努力，做出了应有的贡献。党的十一届三中全会以来，“改革开放”的方针给国防工业出版社带来了勃勃生机，使出版社在80年代初的几年间有了新的发展；无论是在建设规模上，还是在出书的数量和质量上，都达到了建社以来的最好水平。但是，近几年来，由于国防科技工业贯彻“军民结合”的方针，各国防工业部门又相继成立了自己的出版社。处于国防科研和军工生产调整运行机制，出版行业相互竞争这样的环境下，加上印制工价和纸价大幅度上涨，给国防工业出版社的经营带来了极大的困难。在这种情况下，国防科工委为了支持国防工业出版社坚持“为国防科技事业服务”的出书方向，完成既定的中心任务；坚持社会效益和经济效益一起抓，把社会效益放在第一位；以适应加强社会主义物质文明建设和精神文明建设的需要，确保国防科技优秀图书的出版，于1988年3月24日决定每年从国防工业出版社上缴利润和技术基础科研费中拨款60万元，设立国防科技图书出版基金，成立评审委员会，扶持、审定出版国防科技优秀图书。设立出版基金是一件新生事物，在改革开放的新形势下，国防科工委率先设立出版基金，扶持出版科技图书，这是一项具有深远意义的创举。此举势必促使国防科技图书的出版，随着国防科技事业的发展更加兴旺。

国防科技图书出版基金资助的图书是：

（1）学术水平高，内容有创见，在学科上居领先地位的基础科学理论图书；在工程技术理论方面有突破的应用科学专著。

(2)学术思想新颖，内容明确、具体、有突出创见，对国防科技发展具有较大推动作用的专著；密切结合科学技术现代化和国防现代化需要的高科技内容的专著。

(3)有重要发展前景和有重大开拓使用价值，密切结合科学技术现代化和国防现代化需要的新技术、新工艺内容的科技图书。

(4)填补目前我国科学技术领域空白的薄弱学科的科技图书。

国防科技图书出版基金评审委员会在国防科工委的领导下开展工作；职责是：负责掌握出版基金的使用方向，评审受理的图书选题，决定资助的图书选题和资助金额，以及决定中断或取消资助等。经评审给予资助的图书，由国防工业出版社列选出版。

评审委员会由国防科技界有较高水平的专家、国防科工委主管部门的负责同志和出版部门的专家若干人组成。第一届评审委员会由 16 人组成，其中科技专家 9 人；设主任委员 1 人，副主任委员 2 人，秘书长 1 人。

评审委员会下设办公室，负责受理申请和处理日常事务；由秘书长兼任办公室主任，办公室设在国防工业出版社。

《国防科技图书出版基金暂行办法》是评审委员会开展工作的主要依据。《暂行办法》包括总则、评审委员会、基金的使用和评审、附则四部分，共 14 条内容。总则中规定了设立出版基金的目的、意义，评审委员会全权负责掌握使用方向和评审工作，以及经费来源和国防工业出版社承担出版任务等。评审委员会中规定了组成原则、职责、聘任程序和任期等。基金的使用和评审中规定了资助图书的范围，对编著者的要求，以及有关全额资助、部分资助、分期资助和减少资助金额、中断资助、撤消选题的规定等。

评审委员会的工作中，工作量最大的是评审工作。评审工作是评审委员会的中心工作，起着决定出版基金使用方向的作用。在两年多的评审工作中，评审委员会根据资助范围，既坚持“宁缺勿滥”的原则，从严掌握；也注意在审定表决项目中增加“再议”一栏，以防止疏忽遗漏。此外，为了便于评审工作的开展，保证《暂行办法》的实施，还制订了《评审工作程序》。“程序化”和“规范化”使评审工作在采取“分散审阅，集中审定”的工作方式下，仍能较为有条不紊和比较顺利地进行，保证了评审的质量。可以说，评审委员会的职责就是如何使用好这笔基金，真正评审出高水平的国防科技优秀图书，使有限的基金发挥出更大的效能。从这个意义上也可以说，如何组织好评审，怎样开展好评审工作，是做好评审委员会工作的关键。

征集工作是评审工作的基础，没有一定数量的申请书稿或选题，就不可能产生出优秀的著作和图书，评审工作也就失去了前提。征集工作主要依靠国防工业出版社负责组织，采取“依靠专家，发动编辑，主动出击，广泛征集”的方针进行。征集工作的依据是出版基金资助图书的范围；国防科技工业战线有突出贡献、知名度高的专家，获得国家级各种科技奖的科研成果和项目，是征集的主要对象和目标，是征集工作的重点。

评审委员会每年两次定期评审受理的申请选题。至 1990 年 12 月 31 日为止，共受理申请选题近 200 种，召开了 6 次评审委员会，评审选题 162 种，评审出给予资助的选题 70 种。这些选题，不仅内容具有较高的学术水平和实用价值，且大多有较高层次的相关获奖科研成果作为撰著成书的基础；从各方面反映了我国国防科学技术达到的先进水平，反映了科技工作者在党的方针政策的指引下所取得的成果。但是，这些选题，由于专业性强、发行量小，若无出版基金的资助，很难问世。

1990 年初以来，获得此项基金资助的图书已由国防工业出版社陆续出版。

回顾这两年多的情况，评审委员会工作主要的和基本的经验，可以简要地归纳成这样几点：第一，把握方向，“抓评审，促征集”，严格“照章办事”，做到公正、准确；第二，认真贯彻国防科工委首长的有关指示或批示；第三，充分发扬民主，发挥集体智慧，保证评审委员会做出的决议的执行；第四，不断摸索，认真总结，及时改进和逐步完善。存在的主要问题：第一，评审委员会中 9 位科技专家所从事的专业只能覆盖国防科技工业涉及的一部分学科领域，虽然在评审时对某些选题可以组织外审，但仍感有充实和加强评审委员会自身评审能力的必要；第二，征集工作有待加强，既要“广泛征集”，又要注意有重点和有针对性，应该在调查研究的基础上，提出“征集指南”，形成比较长远和系统的征集规划。

总之，评审委员会正在总结工作中积累的经验和存在的问题，为使用好出版基金，完成国防科工委领导和国防科技工业战线广大科技人员赋予的历史使命而继续努力奋斗。

二、组织机构

第一届评审委员会组成人员

主任委员　邓佑生

副主任委员　金朱德　太史瑞

秘书长　刘琯德

委员　（以姓氏笔画为序）

尤子平　朵英贤　何庆芝　何国伟

张汝果　范学虹　金　兰　柯有安

侯　迁　高景德　莫梧生　曾　铎

重庆出版社科学学术著作出版基金

一、综述

为了克服科学学术著作出版亏损大、出版难的困难，在中宣部出版局和新闻出版署的倡导和支持下，重庆出版社于1988年上半年作出决定，拨出100万元专款，支持出版科学学术著作，并于1988年6月12日，在《光明日报》披露了这一消息。这是全国第一次关于出版社拨专款资助科学学术著作出版的报道。

一石千浪。消息传出后，该社在一个月内收到上千封来信，500多份著作提纲，100余部书稿，广大科技工作者、学者纷纷盛赞这是“扶持科学出版的义举”。

为了做好这项工作，该社经过认真筹备，设立了“重庆出版社科学学术著作出版基金”，首次拨款100万元，计划分批资助40部著作出版。该社成立了由总编辑沈世鸣任组长、由各有关编辑室正、副主任为成员的“选题初评组”，对经各编辑室通过的专著进行严格评选。同时，聘请了国内著名科学家、专家周光召等21人组成指导委员会，由钱伟长任主任委员。

1988年9月17日，重庆出版社科学学术著作出版基金指导委员会在京正式成立。新闻出版署副署长刘杲、中宣部出版局局长伍杰到会表示热情支持，并呼吁社会各界都来关心、扶持科学学术专著的出版工作。《科技日报》等十余家报刊发表了这一消息。

1988年9月23日，该基金在《光明日报》登出“征稿启事”，向全国公开征稿。征稿范围是，具有国际或全国先进水平的、符合下列条件之一的自然科学、社会科学著作(不含译著)：对促进我国科学事业、生产力的发展或积累传播祖国科学文化有突出贡献的著作；对某一领域有突破性新发现、新发明的著作；运用、发展国外科研新成果，首次解决国内有关重大问题的著作；针对我国科技、经济、社会发展中的热点，提出重大科学对策的著作；能进入国际图书市场的优秀著作。评选办法是平等竞争，择优资助，经过本社选题初评组通过，并经指导委员会专家评审认定的，方可列选。

“征稿启事”登出后，半年内共收到来自全国各省、直辖市300多部专著稿，加上原已收到100多部稿，共计500多部稿件。经过认真评审，于1989年该基金迅速资助出版了第一批共8部优秀科学学术著作。其中，《蜱螨学》(李隆术、李云瑞著)，《变形体非协调理论》(郭仲衡、梁浩云编著)，《胶东金矿成因矿物学与找矿》(陈光远、邵伟、孙岱生著)，《中国近代工业史》(祝慈寿著)，《宏观控制论》(牟以石著)等5部，于当年8月份参加了第二届全国书展，受到专家和广大读者欢迎。《蜱螨学》还荣获了第五届全国优秀科技图书二等奖。

1989年9月3日，该基金指导委员会第二次会议在京举行，总结和研究了工作。会议适逢全国人大常委会开会期间，好几位人大常委、中国科学院学部委员都挤出星期天休息的时间，赶来出席这个会议。这充分显示了中央领导和各界人士对科学学术著作出版事业的高度重视和关怀。到会领导和专家在发言中，一致认为该基金资助出版的这些专著，都有很高的科学水平，有的对促进国民经济的发展具有直接的重大作用，有的居于国际领先水平，而且印刷、装帧精良。这批专著的问世，体现了出版界一手抓“扫黄”，一手抓繁荣的正确方向。会上中国科学院秘书长宣布中国科学院每年将拨出300万元作为科学出版社的科学著作出版基金。中宣部出版局的负责人也介绍，自本基金设立后，全国已有十多家出版单位响应，设立了各种出版基金，下一步将以民办促进官办，争取设立国家的科学学术著作出版基金。在基金数额有限、竞争激烈的情况下，如何进一步搞好这项工作？对此，专家们提出许多宝贵建议，希望坚持正确的政治方向；确保质量，善始善终；加强计划组稿；缩短出书周期；加强宣传和对口征订；打进国际图书市场。

又经过一年工作，到1990年12月，该基金又资助出版了《中国自然科学的现状与未来》、《中国水生杂草》、《中国细颚姬蜂属志》、《同伦方法引论》、《宇宙线环境研究》、《头位难产》、《中国古代经济史》、《中国明代新闻传播史》、《现代语言学研究》、《艺术教育学》等15部专著。第三批专著9部已经发排，第四批专著12部已着手编辑。即到1990年底为止，已资助出版优秀科技学术专著23部，已发稿或列选、加工的21部，共计44部，已实现了基金设立时提出的资助出版40部专著的计划。

为了把这项有意义的工作更好地开展下去，重庆出版社作出新的决定，今后该社每年将继续拨款，打算在几年内累计资助出版100部左右优秀的科学学术著作，其中优先选用宣传马列主义、社会主义、爱国主义的专著和优秀的自然科学专著，以及弘扬民族文化的佳作。这一决定通过新华社和《人民日报》等中央各报刊，已向全国作者通告，目前各地作者正源源不断继续提出申请。

重庆出版社开展这一工作两年半来，主要有以下两点体会。

(1)满足社会需要，争取社会各界支持。出书难，出科学学术著作更难，是知识界近年来一致的感慨。为了繁荣我国科学著作出版事业，出版社在困难中不是等待条件改善，而是尽自己有限的财力，主动拨巨款资助出版优秀专著。正是这一点大得人心，作者纷纷赐稿，新闻界大力宣传，各级领导热情支持，许多出版社相继效尤，都说明了得道多助。另外，还须主动争取社会力量支持。设立由21位著名专家组成的指导委员会，是一个成功的经验。他们在百忙中提出了许多重要的指导意见，亲自审稿把关。著名科学家、学者钱伟长、季羡林、王梓坤，中国科学院副院长李振声，中国社会科学院副院长汝信等，还直接主编或推荐优秀专著，这使资助出版的专著的质量得到保证。

(2)努力多出好书，深化出版改革。前几年，许多出版社通过改革都取得了很大的成效，但也有一些教训。教训之一，就是在某些方案和措施中侧重注意了本社短期的经济效益，而在一定程度上忽视了图书长期的社会效益。该社认为，出版改革的目的，就是要多出优秀的精神产品，多出好书。从这个意义上看，量力而行地资助科学学术著作出版，这本身也是出版社改革的一个方面。通过两年半实践，这项工作对于该社优化选题、加强管理、培养编辑队伍、促进编印发协作，都起了很好的作用。本基金初评组包括本社科技、政经、文史、文艺、教育、少儿、美术、译著、综合等编辑室和总编室负责人，要经过责任编辑、编辑室和初评组三级严格论证，才初评出推荐选题，再送请指导委员评定。这样列选的书稿，树立了一个高标准，相应地就压缩了一些可以不出的平庸之作。对入选的书稿，一律安排具有高级职称或熟悉业务的编辑人员，进行精心加工。对于封面、开本和装帧，也统一设计，一律精装。对印刷和发行，也作了配套安排。这些办法，对于从整体上提高该社出书质量，都大有助益。

本基金以“确保质量，善始善终”为原则，将继续努力，为振兴我国科学学术著作出版事业作出贡献！

二、组织机构

1. 重庆出版社科学学术著作出版基金指导委员会

主　任　钱伟长

委　员　(以姓氏笔画为序)

于光远　马　洪　王梓坤　冯之浚
卢　云　卢鸣谷　汝　信　刘大年
刘东生　李振声　宋叔和　季羡林
邱式邦　张致一　周光召　罗涵先
郎景和　胡亚东　费孝通　程理嘉

2. 重庆出版社科学著作出版基金初评小组

组　　长　沈世鸣
副 组 长　颜尚贤
秘 书 长　夏树人
副秘书长　徐国金
组　　员　(以姓氏笔画为序)

王致中　冯克焕　冯瑞奇　宋　杰
陈敬章　张敏生　周永健　钟明信
赵文林　黄长军

泰山科技专著出版基金

一、综　述

山东科技出版社为探索解决科技专著出版难的问题，于 1988 年 6 月 14 日在北京举行新闻发布会，向社会发布设立“泰山科技专著出版基金”，并在唐敖庆等九位知名科学家的支持下建立了“泰山科技专著出版基金评审委员会”，面向全国广大科技工作者开展征稿活动。出版社在总社的支持下每年自筹资金 50 万元，补贴出版评选出的优秀科技专著。此项工作一开始即得到王任重、严济慈、方毅等国家领导人的高度赞许，被称之为“义举”；中宣部、新闻出版署等有关领导始终给予了热情地关怀与支持。特别是经过新闻媒介的宣传报道，在社会上引起了很大反响。

迄今，“泰山科技专著出版基金”的征稿及评审已进行过三届。全国累计有 1 400 余位作者与出版社联系，共收到选题 510 个。经历届评审会议评选，已有各学科优秀选题 56 个入选，并正在陆续出版。在已出版的科技专著中，《抽象空间常微分方程》及《热力学史》获 1989 年度“中国图书奖一等奖”和“中国自然科学史优秀图书一等奖”。另有《淋巴结病理学》、《综合运输系统工程》及《应用板壳理论》等 6 种图书在 1989 年度“北方十省市(区)优秀科技图书评选”中分获一、二等奖。《中国古代井盐工具研究》一书，于 1989 年自贡市举行的“中国盐业史国际学术讨论会”上，博得国内外学者一致好评。国外专家认为：“此书的出版是中国井盐研究史上的一座里程碑”。国内有关专家表示，此书将准备列入《20 世纪中国科技史名著》。

“泰山科技专著出版基金”专用于贴补具有国家或国际水平的科技专著的出版。只限于自然科学范畴的著作稿(不含翻译及编译稿)。包括以下方面：

(1)反映当前科学技术进步，推动社会生产力发展，出版后能给社会带来巨大社会效益的著作稿。

(2)填补国家科学技术空白，确有较高学术价值的著作稿。

(3)理、工、农、医及新学科、边缘学科等开拓性科技著作稿。

(4)挖掘、积累和发展祖国科学文化遗产的科技著作稿。

凡符合上述范围的科技专著均可参加征稿活动。寄送书稿时，请附省或相当省一级的学术、科研机构证明书稿达到上述水平的材料；或有两位专家书面推荐材料。如寄送选题编写提纲或样稿，除应有上述证明或推荐材料外，务请写出详细编写计划，包括：内容提要，书稿目录，全稿计划字数、插图和照片数目等，并具体注明计划脱稿的时间。

征稿活动常年进行。评审会议每年一次，一般在 10 月份进行。9 月底后的来稿或选题计划等，顺延参加下年评选。

“泰山科技专著出版基金”的征稿、评审及出版工作，在实践中正日臻完善，殷切希望社会各界及广大科技工作者继续给予热情支持和指导。

二、组织机构

泰山科技专著出版基金顾问、评审委员会

顾　问　宋术文　伍　杰　苗枫林
评审委员会(以姓氏笔画为序)
卢良恕　杨　乐　吴阶平　何祚庥
罗沛霖　高景德　蔡景峰　戴念慈

科学基金群众性学术团体

中国管理科学研究会科学基金研究分会

在科技体制改革形势的推动下，我国科学基金制的实施进展迅速，不同层次、不同类型的科学基金(含科技基金)及相应基金组织相继建立，科学基金工作者的队伍逐渐扩大。为了把各科学基金组织、科学基金工作者及有志于科学基金制研究的人员联合起来，紧密结合我国科学基金工作的实际，总结交流经验，探索研究科学基金制的规律、理论、方法，提高科学基金工作水平，国家自然科学基金委员会和其他一些科学基金组织，发起成立科学基金工作者的学术团体——中国管理科学研究会下成立科学基金研究分会，挂靠国家自然科学基金委员会。理事会由来自有关科学基金组织的16名理事组成，并设立了联络组织部、学术交流部和人才研究部等工作部门。1988年3月7日，在北京召开了理事会第一次会议。1989年5月11日至14日，在宁波召开了研究会第一次代表会议暨1989年学术研讨会。至1989年底，拥有团体会员30个，个人会员700余名。

理事会组成人员名单

顾　　问	崔　俊　潘振基
理 事 长	成银生(1987年12月至1988年7月) 潘振基
副理事长	朱森弟　陈鑫连　林文元　于永正
秘 书 长	楼兆美
副秘书长	商玉生　吴述尧
理　　事	(以姓氏笔画为序) 于永正　王　笑　冯金盛　成铂生 朱森弟　肖金声　吴述尧　李国泮 林文元　陈　勇　陈鑫连　商玉生 董继宗　楼兆美　喻永昌　潘振基

第Ⅳ部分

基金会章程、条例与管理办法

全国性科学基金

中国科学院科学基金试行条例

（中国科学院主席团第二次会议通过）
1981年11月14日

第一章　总　则

第一条　根据中国科学院学部委员的建议，经国务院批准，从1982年起设立中国科学院科学基金。

第二条　设立科学基金，是为了充分发掘我国科学潜力，发现和培养人才，加强基础性研究工作，促进我国科学事业的发展。

第三条　科学基金主要用于全国自然科学方面的基础研究和应用研究中的基础性工作。

第四条　科学基金面向全国。全国各部门、各单位的科学工作者均可按规定手续申请，不受部门、单位、地区的限制。鼓励各部门、各单位间科技人员的协作。

第五条　科学基金资助的项目，经同行评议，择优支持。重点支持科学意义重大，学术思想新颖、独到，在短期内（一般在二三年最多不超过五年）可以得到预期结果的课题；支持重要空白学科的填补、薄弱分支学科的加强；促进边缘学科的成长。

第二章　组　织

第六条　中国科学院设立科学基金委员会和各学部的科学基金组。

第七条　中国科学院科学基金委员会由若干名学部委员组成。其人选由学部推荐提名，经院务会议通过，院长聘任。委员任期四年；但首届委员任期为两年，期满后其中半数可再连任两年。科学基金委员会设主任1人，副主任2至3人。主任、副主任由中国科学院主席团任命。

第八条　科学基金委员会主要掌握科学基金的资助原则，制定科学基金的具体管理办法，编制计划指南，审批重大的申请项目等。

第九条　科学基金委员会下设办公室，处理日常工作。

第十条　各学部的科学基金组，由学部常委会聘任7—11人组成，并设专职办事人员若干人。各学部科学基金组具体负责本学部所辖学科领域内的申请项目的评、审工作，组织同行评议和可行性研究与审查，并有权批准一定限额以下的资助项目。

各学部可根据需要设立某些固定或临时的科学基金评审小组。

各学部科学基金组统一受中国科学院科学基金委员会领导并分别对各学部负责，定期向学部常委会报告工作；学部常委会要关心和指导科学基金组的工作。

第三章　科学基金的来源和使用

第十一条　科学基金主要来自国家财政拨款，也可接受国内外个人和团体的捐赠。

第十二条　科学基金按年度使用。基金的预算、决算、使用、管理以及形成的固定资产的产权转移等，由科学基金委员会另行制定具体办法。

第十三条　每一资助项目的经费开支范围，只限于与该项目直接有关的研究支出。如：经审议批准的仪器设备购置费（大型设备不予列入）；实验材料费；实验室改装费；水电费；直接为课题服务的出差、考察、购买资料和论文报告的印刷等费用。项目承担者在制度范围内，有支配基金的自主权。

第四章　项目的申请和选择

第十四条　中国科学院科学基金委员会逐年提出科学基金计划指南，以便对科学研究方向起一定的指导和协调作用。

第十五条　科学基金项目的申请者须是副教授(或相当副教授)以上的科技人员。其他申请者，得由两名教授(或相当教授)的书面推荐。

凡申请科学基金者，均应提出申请书。申请书写明：项目名称；起止年月；研究课题的内容、意义；预期目标；拟采取的研究、技术路线；阶段计划和最终期望结果；国内外水平；已有的工作基础，已经或可能进行的理论分析、计算、实验；目前的科学能力(包括人力、设备条件等)，以及所要申请的资助额(总金额和分年度数额)及概算，等等。表达要明确、严谨、扼要。

第十六条　科学基金项目根据下列标准进行评选：

(1)科学意义：能否促进和推动本学科的发展(或扩展到其他学科领域)；有无导致重大发现或有意义的理论概括的现实可能性；在研究方法上有无重大改进及创新的现实可能性。

(2)实际效用的估价：预期结果可否成为新发明或者是技术革新的重要基础，或有助于对现有的或新提出的技术进行正确的评估、预测，从而对技术或经济产生间接的、直接的积极影响，提高实际效益。

(3)研究实力的审度：项目承担者的素质和水平，有无完成任务的现实可能性。

第五章　评审程序

第十七条　申请书由科学基金委员会统一受理，并按照规定，初步筛选后，送达各学部科学基金组。

第十八条　学部科学基金组接到申请书后，组织同行评议和可行性研究与审查。

第十九条　同行评议，由学部科学基金组(或指定学科评审小组)对每一申请项目，分别邀请三五位科学家、专门家(具备一定水平和造诣的副研究员、副教授以上或高级工程师)，实事求是、严肃认真地作出学术评价，并提出评议报告书。同行评议的名单要保守秘密。

第二十条　在同行评议的基础上，由学部科学基金组组织专人进行可行性研究和审定，判定是否资助，以及资助的总金额和分年度拨款数额。

第二十一条　学部科学基金组根据同行评议和可行性研究审查的结果，进行研究和综合平衡，批准总金额在限额以下的资助项目，报科学基金委员会备案；超过限额的报科学基金委员会审批。

第六章　管理和监督

第二十二条　科学基金委员会和各学部的科学基金组要定期组织有关机构和专家，对资助项目的执行情况和基金使用情况进行检查。

第二十三条　项目承担者，每半年应提出执行情况报告。如取得重要进展和成果，发现新的苗头，或因各种原因需要对计划作重要变更等，均应提出专门报告。项目终了，提交研究成果和总结报告。

第二十四条　科学基金单独开户，单独立帐。接受资助者，对科学基金的使用，应遵守有关规定的财务制度。对不按照批准的申请书办理，擅自挪用基金，违反财务制度者，予以严肃处理，或停止资助。

第七章　附　则

第二十五条　本试行条例，经中国科学院主席团会议通过后生效，其修改同。1982 年 1 月 1 日起开始接受申请。

中国科学院科学基金试行条例实施办法

(中国科学院科学基金委员会第二次会议修订)

1982 年 10 月

根据《中国科学院科学基金试行条例》的规定，结合 1982 年科学基金工作的实践，特修订本办法。

资助范围和原则

第一条　科学基金主要用于资助全国自然科学方面的基础研究和应用研究中的基础性工作，择优支持具备以下条件的研究课题：

1.有重要的科学价值和实际意义，特别是结合社会主义现代化建设需要的课题；

2.学术思想新颖，立论根据充足，研究技术路线可行；

3.研究内容、研究方法及拟采取的研究技术路线，同国内其他单位的研究工作不重复，或有独到之处；

4.研究工作已有一定基础，具备深入开展研究的实力；

5.研究目标明确，工作步骤可靠，三五年内可能取得成果。

第二条　除大协作的项目外，申请科学基金均应按课题提出。研究内容不宜太广，期限不宜过长。

第三条　为了有利于发现、培养人才和促进边远地区科学事业的发展，在相似条件下，对于中青年和边远地区科技工作者的申请，优先予以考虑。同时，鼓励跨部门、跨地区、跨单位的科学工作者协作，以充分发掘我国科学技术潜力，更好地为国民经济建设和国防建设服务。

第四条　申请科学基金必须在保证国家科研、教学计划的前提下，挖掘潜力实现。每个科研人员申请的课题连同已承担的其他重要研究课题，总共不得超过两项。申请书应如实注明申请者与合作人员已承担的其他研究任务。

申请和评审

第五条　科学基金实行随时申请、定期评审的办法，一般每年集中审批一次。5月31日前接受申请的课题，当年年底前基本审批完毕。

第六条　申请科学基金，必须填写《中国科学院科学基金申请书》，经所在单位领导和学术组织按照科学基金试行条例及本办法的要求，进行认真的审查、筛选、平衡，对申请资助的必要性、申请书内容的真实性、实现研究方案的可能性、经费概算是否合理、单位能否保证其基本工作条件等，提出意见，送中国科学院科学基金委员会(以下简称科学基金会)。申请书用16开纸，一式15份，不论批准与否，概不退还。

第七条　科学基金申请者必须是副教授以上或相当于副教授以上的科技人员。其他申请者，得由两名教授或相当于教授的同行科技人员书面推荐。边远地区申请者，如果确实找不到教授级的推荐人，应说明情由，改由副教授级的科技人员推荐，也可由上级主管部门或当地科委推荐。

第八条　科学基金申请者，必须是真正主持研究工作的课题负责人，不得由不参加研究工作的人员挂名。

第九条　科学基金申请书由科学基金会办公室统一受理，初步筛选后，分送有关学部科学基金组，邀请熟悉本课题国内外情况、学术上有造诣的高级科技人员进行同行评议。有些申请课题，如找不到合适的高级科技人员评议，也可邀请在科研第一线工作、有一定学术水平、熟悉该课题有关情况的科学工作者参加。

第十条　学部科学基金组在同行评议的基础上，对申请课题进行评审，并负责批准单项资助金额10万元以下(含10万元)的研究课题，连同不予资助的课题，一并报科学基金会备案。科学基金会对备案课题如有不同意见，可提出复议以至改变学部科学基金组的决定。单项资助金额超过10万元的课题，由学部科学基金组提出审查意见，报科学基金会审批。

第十一条　科学基金申请课题评审结果，由科学基金会办公室正式通知申请者及其所在单位。参加评审的有关人员，对讨论过程中个人发表的意见(包括自己的意见)及申请者的研究技术方案，不得外传。

经　费

第十二条　科学基金资助课题的研究经费，实行一次核定，按进度分期拨款。年终结余经费可结转下年度使用。

第十三条　科学基金申请者，在接到批准资助的通知后，应按照批准的资助金额、研究年限和评审意见，在一个月内编报研究工作计划和拨款申请书，经有关学部和科学基金会办公室审核同意后，予以拨款。如有特殊情况，不能在规定期限内报送研究工作计划和拨款申请书的，应书面说明原因，否则将视为自动放弃接受资助。

第十四条　获准资助经费拨至研究课题承担者所在单位，由该单位财务部门负责管理监督。单独建帐，单独核算，专款专用。在财政制度规定的范围内，研究课题承担者有权按照研究工作计划，支配经费的使用。

第十五条　资助经费的申请和使用要精打细

算，厉行节约，充分利用申请者所在单位和协作单位的仪器设备及其他物质条件。开支范围限于该课题直接需要的仪器设备、实验材料、燃料动力、实验室改装及必要的出差、考察、购买资料等费用。不得用于土建费，工资、辅助工资、奖金和劳保福利费，出国考察等国际活动费，通用仪器设备和单价5万元以上仪器设备购置费（如有特殊需要，应详细说明情由，以备审查），实验室扩大更新费。批准资助前已购、已订仪器设备和其他支出也不得列入。必须进口的仪器设备，应说明外汇来源及落实情况，有保证的方可列入。同一单位两个以上资助课题可以共用的仪器设备，不得重复购置。

第十六条　资助课题承担者所在单位提取的管理费，不得超过该课题消耗费的5%，每项课题提取的金额不得多于1 000元。

第十七条　资助课题经费使用情况，应按年度编报会计报表，于次年1月20日前送科学基金会办公室。研究工作全部完成后，应在两个月内编报课题总决算，送科学基金会办公室核销。剩余经费，一般可留给所在单位用作科研经费，并先优（一般不少于50%）用于科学基金课题承担者主持的研究工作。如余额较大，科学基金会有权收回其中一部分，资助其他课题。

器　材

第十八条　资助课题所需器材，由承担者所在单位按隶属系统申请解决。单独建立帐卡，按照物资管理制度，加强管理。

第十九条　资助课题的研究工作全部完成后，课题承担者应将固定资产及剩余器材造册报科学基金会办公室（仪器设备应逐台开列型号规格、性能指标、制造单位、购入价格及质理情况），其中一般器材，计价无偿移交所在单位使用；单价1万元以上的仪器设备，暂由所在单位保管使用，科学基金会办公室有权根据需要调出，支持其他研究课题。仪器设备的包装发运由调出单位负责，按价向调入单位收费。资助课题因故撤销或停止资助时，应将剩余经费和器材处理收入，悉数交回科学基金会。

监督检查

第二十条　资助课题承担者所在单位，应将该课题纳入本单位的研究工作计划，加强领导和督促检查，在时间、人力、物力等条件上给予积极支持，并责成业务、行政部门予以密切配合。考核科研、教学人员的工作量和工作成绩，应包括参加科学基金资助课题研究工作的时间和效果。

第二十一条　资助课题承担者应定期向科学基金会提出工作报告。每年6月底提出研究计划执行情况报告，12月底提出年度工作总结和下阶段工作安排计划。各项报告均应包括经费使用和器材购置情况，并有所在单位签署的意见。同期发表的论文和研究报告应作为附件。无故逾期不报者，将不予拨款。

第二十二条　科学基金申请者在课题评审过程或获得资助开展研究工作过程中，如发生工作调动，出国、病休一年以上或死亡等情况，申请者或所在单位应采取措施，保证研究工作按计划进行，并将研究力量补充、调整及工作安排情况报科学基金会和有关学部科学基金组备案；如涉及研究方案的重大修改，应报原批准单位审批。

第二十三条　科学基金会定期将资助课题汇编成册，印发国务院各有关部、委、局和各省、市、自治区科委、教育局协助监督、检查，同时作为新申请资助的参考，避免重复。

第二十四条　科学基金会和各学部科学基金组采取各种方式，组织有关机构、专家和工作人员，对资助课题研究工作进展情况和基金使用情况进行检查，总结经验，改进工作。如发现有资助不当、已从其他渠道取得足够经费、研究工作不具备进行下去的条件等情况，将停止资助。对于弄虚作假和贪污、挪用经费等行为，除撤销资助外，情节严重的，还将追究有关人员和单位的责任，给予严肃处理。

第二十五条　资助课题研究工作结束后，应认真进行总结，整理出完整的数据、图纸及资料，写出研究报告、学术论文和工作总结，经所在单位签署意见后，报科学基金会和有关学部科学基金组。反映研究成果的文章、资料发表时，应写明是中国科学院科学基金资助的课题。

第二十六条　资助课题的研究成果，由所在单位主持评议或鉴定，并将结果报科学基金会、有关学部科学基金组和上级主管部门。科学基金会和学部科学基金组从中选出有重要意义的成果，进一步组织评议或鉴定；汇编有重要学术意义或应用价值的成果，向有关部门推荐。

第二十七条　资助课题研究成果的奖励、转让和专利申请，按国家有关规定办理。

其　他

第二十八条　科学基金申请书格式随同本办法发至国务院各部、委、局，各省、市、自治区科委、教育局，各省辖市科委，重点高等院校，中国科学院各分院、各研究单位，申请者可就近索取或查看。其他报表格式在申请课题批准后，陆续发给承担者和所在单位。

第二十九条　本修订办法自颁布之日起施行，1982 年 3 月 2 日制订的《中国科学院科学基金试行条例实施办法》同时废止。

国家自然科学基金资助项目申请办法

1987 年 12 月 23 日

第一条　为了组织好国家自然科学基金资助项目的申请，提高申请项目质量，特制订本办法。

第二条　国家自然科学基金面向全国，资助基础研究和部分应用研究，各部门、各地区、各单位的科技工作者均可按规定提出申请。

第三条　国家自然科学基金委员会（以下简称国家科学基金委）采取同行评议、择优支持的办法，资助具备下列条件的研究项目：

1. 有重要科学意义和重要应用前景的研究工作，尤其是结合我国社会主义现代化建设需要、针对我国自然资源和自然条件特点的研究工作，以及开拓新兴技术领域，促进空白、薄弱和交叉学科发展的研究工作；

2. 学术思想新颖，立论根据充分，研究内容和目标明确、具体、先进，研究技术路线合理、可行，近期内可望取得预期成果或结果；

3. 申请者与合作者具备实施该研究项目的研究能力，有必要的工作积累，基本工作条件和研究时间有可靠的保证；

4. 经费预算实事求是。

第四条　国家自然科学基金鼓励跨学科、跨单位、跨部门、跨地区的合作研究和有利于科研、教学、生产相结合的研究。对于优秀青年科学工作者、少数民族和边远地区科学工作者的申请项目，在条件相近情况下优先予以支持。

第五条　国家科学基金委根据国家发展科学技术的方针、政策、规划，制订和发布项目指南。科研人员参照项目指南，结合研究工作积累，选择最能发挥自己优势的研究项目，按照自愿原则组成项目组提出申请。

第六条　国家科学基金委对申请项目每年集中受理一次。受理时间另行通知。

第七条　国家自然科学基金的申请者必须是实际主持申请项目研究工作，并具有高级专业技术职务（或职称）的项目负责人。若申请者不具有高级专业技术职务（或职称），须由两名同行高级科技人员推荐。

第八条　每一申请者和主要合作者申请的项目数，连同尚在进行的资助项目数，不得超过两项。申请者须按《国家自然科学基金申请书》的格式和要求，认真填写，一式 6 份，由申请者所在单位统一报送国家科学基金委对口科学部。

第九条　国家自然科学基金资助项目经费，限于本项目研究工作直接需要的开支。申请者应本着实事求是、勤俭节约的精神认真核算。要充分利用已有条件和可以利用的协作条件，以及从其他渠道争取到的经费支持。科学基金研究经费不含出国访问和接待来访费用。国际合作与交流费用须在申请项目获准后，根据需要，向有关科学部另行申请。

第十条　申请者所在单位要加强科学基金申报工作的指导和组织协调，对申请者的申请书应进行认真的审查和筛选，并对申请书内容的真实性、研究方案的可行性、经费预算的合理性，以及基本工作条件能否保证等签署审核意见，加盖公章，并按项目缴纳部分评审费。合作单位也要在申请书上签署意见，加盖公章。

第十一条　各单位在报送申请书时，须将本单位所有申请书中的简表内容，按国家科学基金委统一制定的录入系统录入微机软盘，送国家科学基金委综合局。同时将评审费汇国家科学基金委办公室财务处。

第十二条　国家科学基金委受理国家高技术研究发展计划中新概念、新构思探索课题的申请。申请者条件、申请程序和方法、申请书格式和要求，均按本办法规定。申报时，应在申请书封面的左上角注明“高技术”字样。

第十三条　国家自然科学基金的重大项目、青年科学基金项目、国际合作交流项目的组织和申请，见有关规定。

第十四条　本办法自1988年1月1日起施行，解释权属国家科学基金委。

注：国家高技术研究发展计划新概念、新构思探索课题包含范围：

1. 根据国家高技术研究发展计划目标，开展科学思想独特、新颖的科学探索，为高技术计划目标的实现，提供新理论和新技术途径。这类课题一经突破，其成果有可能替代高技术计划中原定的某些方案而纳入实施计划；

2. 根据国家高技术研究长远发展方向，跟踪世界科学前沿，进行新的理论探索，为2000年以后的高技术发展提供科学储备；

3. 服务于国家高技术研究发展计划目标，能支持和促进主导领域的学科发展，但尚不具备条件在高技术计划中安排的基础性课题。

国家自然科学基金委员会关于申请项目评审工作暂行办法

1986年5月23日

为了正确掌握国家自然科学基金的资助方向，准确选择资助项目，有效地使用科研经费，促进我国科学水平的提高和优秀人才的培养，特制订本办法。

第一章　总　则

第一条　国家自然科学基金资助基础研究和应用研究中的基础性工作。申请项目的评审工作必须从基础研究的特点出发，贯彻科技面向经济建设的方针，择优支持具备以下条件而又缺乏经费的研究项目：

1. 有重要科学意义或有重要应用前景的研究工作，尤其是结合国家现代化需要，针对我国自然条件、自然资源特点的研究工作和开拓新兴技术的研究工作；

2. 学术思想新颖，立论根据充足，研究内容和目标明确、具体、先进，研究方法和技术路线合理、可行，三五年内可望取得预期成果或结果；

3. 申请者和合作者具备相应的研究能力，研究工作有一定积累，基本工作条件和工作时间有可靠保证；

4. 经费预算实事求是，根据充足。

对跨学科、跨单位、跨部门、跨地区的合作研究和有利于促进科研、教学、生产相结合的项目，以及优秀青年科学工作者和边远地区科学工作者申请的项目，在相似条件下，予以优先考虑。

第二条　评审工作要依靠专家，充分发扬学术民主，坚持公正原则。参加评审工作和在国家自然科学基金委员会任职的专家，本人如有申请项目，一律回避有关评审活动，包括暂时退出评审会场。参加评审的人员不得擅自外泄申请书内容、评审情况和评议意见。

第三条　评审工作应与有关部门基础研究项目的安排密切配合，避免重复。有些项目可与有关部门共同资助。对建设工程前期预研、科技攻关、技术引进等任务中的基础性研究项目和来自国防部门、经费包干单位、工矿企业的申请，评审时要根据《国务院关于科学技术拨款管理的暂行规定》，在资助项目的选择和单项资助金额上，与主要依靠科学基金支持的研究工作，有所区别。

第二章　受理申请

第四条　科学基金申请书由各科学部接受，按统一规定编号；交叉学科的申请书，由为主学科的科学部接受；分不清主次学科的申请项目，尊重申请者的选择；不适于本科学部组织评审的项目，应尽快转到合适的科学部。录有申请项目简况的计算机软盘由综合局接受，根据各科学部提供的接受申请项目名称和编号，分别复制送各科学部使用。

第五条　申请书由各科学部负责初步筛选，有以下情况者不予受理，或经申请者补充、修改后受理：

1. 不符合科学基金资助范围；

2. 明显缺乏立论根据，或低水平重复，或不具备相应研究能力；

3. 申请者或主要合作者的申请项目连同已获资助项目超过两项（资助项目年内结束工作的，可提前申请相应数量的新项目），或已获资助项目进展不好的；

4. 申请书填写不符合要求或申请手续不完备；

5. 已从其他部门获得必要的经费。

第三章　同行评议

第六条　同行评议是评审工作的基础，可以采取通讯评议方式，也可以采取会议评议方式。各科学部应从科研第一线选择有较高学术造诣、熟悉所从事学科领域的国内外情况、认真负责、办事公正的科研人员，作为同行评议专家的基本队伍，并在工作中不断调整、补充。

第七条　所有受理的申请项目，均需邀请若干名同行专家进行评议，按规定格式填写《国家自然科学基金申请项目同行评议意见》。每一申请项目，可以做为评审依据的客观、公正、明确、具体的同行评议意见应不少于3份。同行专家的选择，要注意不同部门、不同单位、不同学术观点的代表性，回避不利于保证公正性的因素。内容相似的申请项目，应尽可能请同一组同行专家进行评议。

第八条　同行专家评议意见由科学部综合归纳，填写《国家自然科学基金申请项目审批意见表》，对有些项目可进行必要的调查，供评审参考。

第四章　学科评审组评审

第九条　各科学部视评审工作需要，设若干学科评审组，由学术造诣深、知识面较广、办事公正、热心科学基金工作、有一定声望的专家组成，所有成员均不脱离原工作岗位。评审组成员结构，应考虑不同的研究层次、分支学科的覆盖面、部门的代表性和合理的年龄阶梯，逐步增加年轻科学家的比例。评审组成员，由各科学部征求有关方面意见后提出建议名单，经委员会主任或主管副主任审查，提请委务会议批准聘任；每隔两年改聘一次，每次更换三分之一，连任不得超过六年。评审组组长由科学家担任，评审组秘书由科学部派管理人员担任。

第十条　在综合同行评议意见的基础上，学科评审组根据择优支持条件和经费指标，对申请项目进行评审，提出是否资助和资助总金额的建议。

第五章　审批下达

第十一条　科学部根据学科评审组的建议，进行综合平衡，提出计划资助的研究项目、资助总金额、第一年拨款控制额及评审工作总结，经委员会主任或主管副主任同意后，提请委务会议审查批准。单项资助金额超过15万元的项目和在国家自然科学基金委员会任职专家申请的项目，委务会议要逐项审定。

第十二条　申请项目评审结果经正式批准后，由各科学部书面通知申请者及其所在单位。单项资助金额15万元以下的项目，由科学部主任签发。单项资助金额超过15万元的项目及各单位申请项目评审结果通知，由委员会主任或主管副主任签发。

第十三条　申请者在接到批准资助的通知后，按照审批意见和规定格式编制研究工作计划和经费开支计划，于一个半月内报送对口科学部审核；如有不同意见，可在上述期限内提出。不按时报送研究工作计划和经费开支计划，又不提前说明理由者，视为自动放弃接受资助。

第十四条　科学部根据资助项目研究工作计划和经费开支计划，逐项核定年度用款额，通知财务主管部门据以拨款。各科学部资助项目年度用款总额不得超过经费分配指标。

第六章　附　则

第十五条　国家自然科学基金重大资助项目、国际合作与交流项目及对优秀青年科学工作者的资助等，其评审办法另订。

国家自然科学基金委员会青年科学基金暂行办法

1986年10月8日

第一条　为了发现和培养人才，促进优秀青年科学工作者脱颖而出，根据国务院《关于成立国家自然科学基金委员会的通知》，在国家自然科学基金中划出一定额度的经费，设立青年科学基金。

第二条　青年科学基金面向全国，用以资助从事自然科学基础研究和部分应用研究的优秀青年科学工作者。

第三条　青年科学基金的申请者必须具备以下条件：

1.年龄在35周岁以下(含35岁)；

2.已取得博士学位(或具有同等水平)，能独立开展研究工作；

3.学术思想活跃，有开拓、创新精神，可望成为未来的学术带头人；

4.研究课题新颖，研究方案切实可行。由申请者担任课题负责人，课题组成员以青年为主；

5.学风端正，工作勤奋。

第四条　青年科学基金鼓励青年科学工作者

在学科发展前沿进行新的探索;鼓励跨学科、跨单位的合作研究;对在边远地区或艰苦条件下进行开拓性研究的青年,予以优先考虑。

第五条　青年科学基金实行专家推荐、择优支持的原则。申请者需由两名教授(或同级高级职称)推荐。推荐者应认真负责地介绍申请者的业务素质、研究能力和科学作风。

第六条　在国外进修、符合资助条件的青年科学工作者,可在回国前提出申请。获准者,回国落实工作单位后予以资助,批准有效期一年。

第七条　青年科学基金的推荐者和申请者要按照国家自然科学基金委员会规定的格式,认真填写《推荐书》和《申请书》(各一式5份),分别报送国家自然科学基金委员会。已设立青年科学基金的部门和单位,可在本部门、本单位的申请者中,择扰向国家自然科学基金委员会推荐,并书面说明评审情况和部门意见。

第八条　青年科学基金《推荐书》和《申请书》由国家自然科学基金委员会有关科学部受理、初审,学科专家评审组评审,必要时组织答辩或现场调查,进一步核查申请者的业务素质和表现。

第九条　青年科学基金实行限额资助。国家自然科学基金委员会每年在受理申请前公布计划资助名额。每项资助的最高金额不超过5万元。申请经费限于和《申请书》所报研究内容直接有关的支出。申请者要本着节约的原则,在充分利用已有研究条件的基础上编报经费预算。

第十条　青年科学基金资助经费研究工作进度,分年度核拨至受资助者所在单位,由单位监督使用。专款专用。开支范围和财务手续按国家自然科学基金委员会资助项目财务管理办法执行。

第十一条　申请者获准资助后,必须及时开展研究工作。受资助期间因故中止研究工作,须经国家自然科学基金委员会有关科学部同意。未能及时开展研究工作或擅自中止工作者,须退还全部拨款,已支出部分由受资助者所在单位偿还(如属不可抗拒的原因,仅退回余额)。受资助者如调动工作,而调入单位确能保证原课题继续开展研究工作的,经有关科学部同意,可将经费转至新单位。

第十二条　受资助者须在每年12月31日前书面报告研究进展,经费使用情况和下一年度工作计划。工作结束后三个月内,要认真写出研究工作总结,并附科研成果资料、有关论著及经费决算(各一式3份),报国家自然科学基金委员会有关科学部。资助期间取得的研究成果,按国家自然科学基金委员会资助项目管理办法进行标注、登记、评价和管理。

第十三条　受资助者一般只能得到一次青年科学基金的资助。如需继续支持,可申请国家自然科学基金资助项目。国家自然科学基金委员会对受资助者进行考查,成绩优异者,将给予奖励,并向有关单位提出继续支持其研究工作的建议;在其申请国家自然科学基金资助项目时,予以优先考虑。

第十四条　受资助者所在单位和推荐人应关心、支持受资助者的成长,对其研究工作和经费使用加强指导和检查,并在年度工作报告和研究工作总结上认真负责地填写评价意见。所在单位应保证受资助者的基本研究条件。

第十五条　对于有重要意义的全国性青年学术交流和青少年科学教育活动,青年科学基金有选择地给予适当资助。

第十六条　本办法自1987年1月1日起实施。解释权属国家自然科学基金委员会。

国家自然科学基金委员会关于重大项目评审管理暂行办法

1986年10月9日

第一章　总　则

第一条　国家自然科学基金委员会(以下简称国家科学基金委)在择优资助量大面广申请课题的同时,有计划、有步骤地组织若干意义重大、目标明确、基础好、可望在近期取得重要成果的重大研究项目,加强项目管理,促进成果转化,以更有效地为四化建设作出贡献。

第二条　重大项目的组织,要贯彻经济建设必须依靠科学技术,科学技术工作必须面向经济建设的战略方针。处理好目前和长远、面向和储备、应用和基础的关系,协调好与高技术、“七五”攻关项目、国家重点实验室的关系。

第三条　国家科学基金委成立重大项目领导小组,负责重大项目组织工作的统一部署、资助项目及资助经费的综合平衡,并指导、协调科学部重大项目的立项、评审、管理、成果评价等工作。重大项目领导小组依靠科学部进行工作，其办事机构设在综合局。

第二章　立项原则

第四条　重大项目必须确属学科前沿领域，对科学技术自身发展具有重要意义，经过努力可以达到国际先进水平的基础研究，或者经过预研证明对开拓新兴技术领域有重大应用前景的研究，以及有利于发挥我国自然资源优势，可望获得重大效益的研究。

第五条　重大项目要有总体思想和目标，课题之间具有有机的联系，能够组织发挥跨学科、跨部门优势的合作研究。

第六条　重大项目要有创新的学术思想和研究方法，有先进、合理、可行的研究方案，具备国内领先的研究基础和必要的实验条件。

第七条　重大项目要有学术水平高、组织能力强的学术带头人和相应的学术梯队，能够形成国家水平的研究队伍。

第八条　重大项目要有利于科学研究与生产结合，加速科研成果的推广应用；有利于科学研究与教育相结合，发现和培养高水平的人才。

第三章　立项与审批程序

第九条　国家科学基金委各科学部根据四化建设需要、学科发展趋势以及国家科学技术规划的要求，在充分调查研究、广泛征集专家意见的基础上，提出组织重大项目的战略设想和资助方向。

第十条　有关部门或专家均可提出重大项目建议，填写《重大项目建议表》，专家建议经部门汇总平衡后，送国家科学基金委重大项目领导小组。

第十一条　国家科学基金委各科学部根据学科发展战略设想和经费的可能，对建议项目进行筛选、合并、补充、调整，提出重大项目的立项方案，征求专家意见，经重大项目领导小组审核同意，组织有关部门和专家对该项目的课题构成、研究内容和目标、关键科学问题、研究技术路线、研究队伍、经费预算、预期成果等进行研讨后，由申请单位提出联合申请，填报《重大项目联合研究申请书》（一式10份）。

第十二条　被评审项目按项目成立由学科评审组成员和其他有关专家组成的重大项目评审组，经国家科学基金委主任或副主任批准后，就申请书提出的项目意义、研究方案、学术带头人的水平和队伍结构、经费预算等，组织答辩和背靠背评审。国家科学基金委有关科学部根据重大项目评审组意见和与会专家分别写出的评审意见，提出对被评审项目的审查意见和资助计划、经费分配方案，并填写《重大项目评审意见》，送重大项目领导小组。

第十三条　重大项目领导小组对已评审的项目进行综合平衡后，由各科学部分别通知项目主持人根据评审意见组织填报《重大项目任务书》（一式5份）。

第十四条　《重大项目任务书》经国家科学基金委有关科学部审查后，提请委务会议审查批准。批准通知书由国家科学基金委主管主任或副主任签发。

第十五条　重大项目的评审要科学、民主，坚持择优原则，做到公正、合理。项目参加者及其有关人员必须回避评审活动。参加评审的专家和工作人员必须对评审情况负责保密。

第四章　项目经费

第十六条　重大项目经费从国家自然科学基金中划出适当比例，专款专用，并根据科学发展需要和科学基金总额进行年度调整。重大项目要保证课题年平均强度高于一般资助课题。

第十七条　重大项目的经费由国家科学基金委与有关部门共同资助。部门承担经费的比例，视项目的性质和部门的经费情况区别对待。鼓励通过横向联系，争取多渠道资助。

经费预算要精打细算，力求节约，充分利用本单位现有条件和所在地区的协作条件；支出范围限于资助项目研究工作直接需要的费用，不包括土建和大型仪器设备。特殊需要购置大型仪器设备的，要详细说明理由备审。

第十八条　重大项目资助经费采取一次批准、分年核定的办法，拨至项目主持人和课题负责人所在单位，由单位监督使用。使用范围和财务手续按照国家科学基金委财务管理办法执行。

第五章　项目管理

第十九条　国家科学基金委资助的重大项目应纳入有关部门和单位的重点科研计划，保证所需条件，切实加强管理。

第二十条　受资助的重大项目成立由有关专

家组成的学术领导小组，负责提出课题年度经费分配建议，制定实施计划，组织学术活动，协调课题工作，检查研究计划执行情况和评价成果。每年须向国家科学基金委提交年度进展报告。

第二十一条　重大项目每年度进行一次学术交流和评议，在此基础上调整、补充下年度研究计划和经费安排，报国家科学基金委审批。项目完成后要作出全面总结，由科学部主持评价。

第二十二条　国家科学基金委各科学部要加强对重大项目的检查、管理，掌握进展情况。

第六章　成果管理

第二十三条　重大项目研究成果由国家科学基金委和有关部门、单位共享，并加强跟踪和管理。

第二十四条　理论性研究成果，着重跟踪国内外同行专家对专著、论文或学术报告的反映和引用情况，评价其国际水平和影响。

第二十五条　有明确应用目标的研究成果，要及时组织同行专家评价其水平和应用价值；国家科学基金委参与有应用价值成果的推广、转让，积极促进成果的转化。

第二十六条　重大项目成果的登记、评价和奖励等，按《国家自然科学基金委员会资助项目研究成果管理办法》执行。

国家自然科学基金委员会关于设立地区科学基金的暂行规定

1988 年 11 月 7 日

一、为了加强对边远地区、少数民族地区和科学基础薄弱地区科研工作的支持，促进全民族科学技术水平的提高，国家自然科学基金委员会从 1989 年起试设地区科学基金。

二、地区科学基金从国家自然科学基金中划出一定额度经费，在规定地区范围内平等竞争，择优资助部分省、自治区所属单位科研人员从事的基础研究和部分应用研究工作，重点支持结合当地自然资源和自然条件特点开展的研究工作。

三、1989 年地区科学基金资助的地区范围暂定为内蒙古、宁夏、青海、新疆、西藏、广西、海南等省、自治区。今后，将根据财力和地区科学基金的试行情况，进行调整。

四、地区科学基金申请人条件、申请手续、申请书格式等，均与自由申请项目相同，但须在申请书的左上角注明“地区”字样；填写申请书简表时，“项目类别”的选择在“D”处打“√”。

五、国务院各部委、中国科学院和中国人民解放军所属单位的科研人员，不得申请地区科学基金，但可以应邀参加地区科学基金资助项目的研究工作。上述单位科研人员结合我国自然资源和自然条件特点的研究工作，可参加自由申请项目的竞争，并将受到鼓励。

六、地区科学基金资助项目的管理办法与报表格式，按自由申请项目的有关规定执行。

国家自然科学基金委员会主任基金试行办法

1987 年 6 月 19 日

一、国家自然科学基金委员会主任基金用于资助特殊优秀的项目、特殊优秀的人才，以及其他特殊需要的资助。

二、委主任基金经费约占科学基金总经费的 2—5%。年度经费指标，在规定的比例范围内，由委务会议研究决定。结余经费指标不转下年度。

三、委主任基金资助项目按“依靠专家，发扬民主，择优支持，公正合理”的原则确定。

四、委主任基金资助项目的立项，须按面上项目要求填写《申请书》、录软盘，经有关科学部调查研究，征求有关专家意见，并填写《申请项目审批意见表》，送综合局综合平衡提出意见，报委务会议审批，由有关科学部负责通知申请者和所在单位，并进行检查管理。

五、委主任基金资助项目批准后，纳入面上项目管理。科学部将《申请项目审批意见表》复印 3 份送综合局，做为拨款、统计的依据。每年 12 月底前批准的项目，录入当年的资助项目汇编。

撤销、经费回收、追加经费情况，填表(附表三)送综合局汇总。

国家自然科学基金委员会科学部主任基金试行办法

1987年7月10日

一、为了发挥科学基金资助工作的灵活性，不失时机地支持一些具有新颖性、创造性的研究项目，国家自然科学基金委员会设立科学部(含管理科学组)主任基金。

二、各科学部主任基金来源：科学部根据需要在本年度面上项目经费中预留不大于5%的额度；撤销已资助项目回收的经费；以及科学部争取到的其他经费。

三、科学部主任基金主要用于资助两次集中评审之间需要紧急支持的优秀项目；已资助项目取得突破性进展或将要取得具有重大效益研究成果，需要追加的经费；以及科学部认为需要资助的研究项目和所委托的研究任务。

四、科学部主任基金资助项目的审批要贯彻"依靠专家，发扬民主，择优支持，公正合理"的原则。新立项目，按面上申请项目要求填写《申请书》，录软盘，交评审费，由单位领导审查签署意见，经科学部调查，征求专家意见，填写《申请项目审批意见表》；追加经费项目，经科学部审查，填写《资助项目追加经费审批表》(附表一)，征求原学科评审组有关成员意见；委托研究任务，由科学部与被委托单位签订合同，并填写《委托研究任务审批表》(附表二)。单项资助或追加金额3万元(含3万元)以下的项目，由科学部主任或副主任审批；单项金额3万元以上的项目，科学部提出审查意见，由委分管主任、副主任或提交委务会议审批。

五、科学部主任基金资助项目批准后，纳入面上资助项目管理。每年12月底以前批准的项目，录入当年的资助项目汇编。科学部将《申请项目审批意见表》、《资助项目追加经费审批表》和《委托研究任务审批表》复印3份送综合局，做为拨款、统计的依据。

六、科学部每年对科学部主任基金的使用情况、经验和问题进行总结，向委领导汇报，并将书面材料抄送综合局汇总。

七、科学部主任基金由综合局单独记帐，可以跨年度使用。各科学部每年应清理一次资助项目的

国家自然科学基金委员会关于对外合作研究项目的暂行规定

1987年3月9日

基金项目的合作研究是我委对外交流与合作的重点，其原则应是在平等互利、有取有予、共同研究、取长补短、共同提高的基础上进行。为做好此项工作，特制订本暂行规定。

第一条　批准为对外合作研究的项目应是：

(1)对重大、重点基金项目的推进有重要意义的项目；

(2)有利于开阔思路、加快研究速度、节约研究经费、提高水平、培养人才的基金项目；

(3)有利于利用对方研究条件，完成已批准的、特别是重大、重点基金项目，或已取得阶段成果，有待于借助国外条件进一步深化和推进的基金项目；

(4)非对外保密的项目。

第二条　合作研究双方应签订合作研究协议书，协议书应包括：研究的课题和所要达到的研究目的；双方的项目主持人和参加者；研究的计划和时间；研究的方式；研究的发明所有权、专利所有权、标本和样品的处理以及成果共享；研究经费等问题。合作研究期限一般不超过3年。双方人员在对方国家工作期间的生活费用原则上由接待国支付。

第三条　合作研究的立项要从严掌握，由基金项目申请人提出，科学部审核，国际合作局复核，委领导批准，必要时报请有关部门批准。

第四条　经批准生效的国际合作项目，各科学部应从经费上优先资助。中方合作者出国和国外合作者的来访经费从各科学部经费额度中列支。确有困难时，可从委专项经费中提供一定补助。

第五条　鼓励并积极支持那些跨学科、跨部门、跨地区的联合对外合作研究项目。此类合作研究项目由有关科学部负责学术方面的审核，国际合作局负责协调组织。

第六条　加强对已批准执行的合作研究项目的管理。对成效显著的可视其需要继续予以支持；对执行较差的应视情况减少或停止资助。

第七条　合作研究项目由国际合作局会同各科学部共同负责管理。

国家自然科学基金资助项目研究成果评议鉴定试行办法

1988年4月6日

第一条　为了及时掌握国家自然科学基金资助效果，正确评价资助项目研究成果的水平和意义，促进研究成果的交流和推广应用，根据《中华人民共和国国家科学技术委员会科学技术成果鉴定办法》的原则，结合科学基金资助项目研究成果的具体情况，特制订本办法。

第二条　国家自然科学基金资助项目研究成果的评价，分别由国家自然科学基金委员会（简称国家科学基金委），有关部门、地方及资助项目所在单位负责组织。国家科学基金委负责组织以下研究成果的评价：

1. 科学理论上的重要发现、创新，学科前沿的突破，或对科学技术发展有重要指导意义的研究成果；

2. 对新技术领域的开拓或我国资源的开发利用有重要作用，对经济、社会发展有显著效益的研究成果。

第三条　不同性质的研究成果采用不同的评价方法。理论性研究成果采用学术评议的方法；应用性研究成果采用技术鉴定的方法。

第四条　资助项目研究成果组织评价，必须具备以下条件：

1. 理论性研究成果，其代表性论文、专著一般应公开发表一年以上；

2. 应用性研究成果，必须经过试验或试用，取得准确、可靠的数据；

3. 反映研究成果的学术、技术文件及资料齐全；

4. 研究成果的权属无争议。

第五条　国家科学基金委组织评价的研究成果，须由所在单位准备下列材料，于评议、鉴定前两个月报送有关学部：

1. 简述研究成果意义、水平及需由国家科学基金委组织评价理由的报告，并加盖单位公章；

2. 按第四条规定应报的有关资料；

3. 评议或鉴定委员会成员和正、副主任的建议名单；

4. 理论性研究成果须附5—7名同行专家的评议意见和所在单位学术委员会的综合评价意见。

各科学部收到材料后，会同综合局进行研究，提出意见，报委领导审核后，批复成果所在单位。

第六条　国家科学基金委对研究成果组织评价，采用以下几种形式：

1. 国家科学基金委主持；

2. 有关科学部主持，包括结合学科评审组的评审会议或学术交流研讨活动，对研究成果进行评价；

3. 与有关部门、地方或单位联合主持；

4. 委托有关部门、地方或单位主持；

5. 委托全国性有关学会或研究会主持。

第七条　研究成果的评价必须依靠专家，发扬民主，贯彻百家争鸣的方针。坚持实事求是、严肃认真、精简节约、注意实效的原则。对被评价研究成果论点的可靠性、创造性，数据的准确性，资料的完整性，技术的先进性、合理性，以及研究成果的理论意义、应用价值、研究特色、已达到的水平，推广应用范围与可望取得的社会、经济效益，存在问题与改进方向等有关内容，作出客观公正的评价结论。

第八条　研究成果评价应尽可能采取通讯的方式进行评议或鉴定，由组织单位将有关学术、技术文件发给熟悉被评价研究成果国内外情况、作风公正严谨、有代表性的高级同行专家（一般5—7人），提出书面审查意见，由组织单位综合分析作出结论。资助项目研究成果所在单位的专家，一般不参与本单位研究成果的通讯评议或鉴定。

第九条　需要召开评议或鉴定会议对研究成果进行评价时，须由熟悉情况、严谨公正、有代表性的同行专家（一般7—11人）组成评议或鉴定委员会议进行审议，做出结论。委员中，具有高级专业职务者应占三分之二以上，研究成果完成单位参加评议或鉴定委员会的人员不得超过总人数的四分之一，并不得担任评议或鉴定委员会的正、副主任。研究成果完成者不得参加评议或鉴定委员会的活动。

第十条　评议或鉴定委员会应对评价结论的正确性负责，有要求研究成果完成者进行答辩或重复试验的权利。评议或鉴定委员会全体成员对被评价的研究成果均有充分发表个人意见的权利，并应在评议或鉴定证书上签字。对评价结论有异议的，可在评价意见中写明。全体评委应对评审情况和技术内容保密。

第十一条 资助项目研究成果的评议或鉴定证书，经组织评价单位审核批准并加盖公章后生效。评议或鉴定意见如有不实或弄虚作假之处，组织评价单位有权责成原评议或鉴定委员会进行补充评价，以至另行组织评议或鉴定委员会重新进行评价。

第十二条 不属于国家科学基金委组织评价的资助项目研究成果，由有关部门、地方或所在单位负责组织，并通知国家科学基金委。国家科学基金委视情况派人参加。

第十三条 凡国家自然科学基金资助项目的研究成果，均须经过评价，并于评议或鉴定后两个月内，由所在单位负责将下述材料报送国家科学基金委综合局成果处（一式两份），进行登记、汇编：

1. 评议或鉴定证书（使用国家科委统一规定的格式）及有关附件；

2.《国家自然科学基金资助项目研究成果登记表》；

3. 反映研究成果的代表性论文、专著、文件、资料等。

第十四条 具备下列情况之一者，可不专门组织评价：

1. 公开发表的论文、专著被国内外同行多次引用，或在国内外重要学术会议上作特邀报告，所收集到的同行反映足以对研究成果作出评价，并由所在单位或上级主管部门写出综合评价结论的；

2. 经生产中使用，证明技术上成熟，经济上合理，由使用单位及其上级主管部门出具证明的；

3. 经国家或省部级专业技术检测机构检测，确认达到先进水平并出具证明的；

4. 经国内外专利机构批准授予发明专利的；

5. 获国家、省部级科技奖励的。

符合上述情况之一的研究成果，经所在单位或上级主管部门审定提出综合评价意见后，视同通过评议或鉴定，并按第十三条的规定，报送《国家自然科学基金资助项目研究成果登记表》、反映研究成果的资料以及有关证件（如奖励证书、专利证书、检测证明、用户证明、同行引用情况证明材料及综合评价意见书等）。

第十五条 所有资助项目研究成果的评议或鉴定证书、论文、专著及有关图册、资料等，均应按国家科学基金委《关于国家自然科学基金资助项目研究成果标注方法的通知》(86)国科基金委发综第036号文的规定进行标注。

第十六条 本办法自公布之日起实施。解释权属国家科学基金委。

国家自然科学基金资助项目财务管理暂行办法

1988年9月15日

第一章 总 则

第一条 为了加强国家自然科学基金（以下简称科学基金）资助项目经费的管理，有效和合理使用资助经费，多出成果，早出人才，根据国家财政制度有关规定，结合科学基金的特点，制订本办法。

第二条 科学基金资助项目经费的申报、使用，要本着勤俭办一切事业的方针，精打细算，力求节约，充分利用现有仪器设备等工作条件和可以利用的协作条件。

第三条 科学基金资助项目的经费采取按项目一次核定，分期拨款，年终结转，项目结束后决算核销的办法。资助经费分年度拨至受资助者所在单位，在本单位领导和财务、业务部门的管理下，由项目组按计划支配使用。

第四条 科学基金资助项目经费，必须专款专用，单独建帐进行核算，不得任意截留、挪用或挤占。

第二章 经费开支范围

第五条 科学基金资助项目的开支范围，限于资助项目研究工作直接需要的费用。主要包括：

1. 科学业务费：实验用动植物购置和种植、养殖费，计算、测试、分析费（使用本单位设备的只收消耗费），本项目必需的国内调研和学术会议费，业务资料、报告、论文印刷费，经单位有关部门批准的临时用工劳务费。

2. 实验材料费：原材料、试剂、药品等消耗性物品购置费，标本、样品采集加工费，运杂包装费。

3. 仪器设备费：专用仪器设备的购置费，运杂包装费和安装费，自制专用仪器设备的材料、配件和外协加工费。但交通运输设备、声像录放设备、复制打印设备、空调冷藏设备、办公设备等费用不得列入。如特殊需要，应说明情况，经国家自然科学基金委员会有关科学部(以下简称基金委有关科学部)审查同意。

4. 实验室改装费：根据资助项目研究工作需要，改善实验室条件所进行的简单装修费。土建、房屋维修、实验室扩建等费用，不得列入。

5. 协作费：指外单位协作者承担资助项目研究试验工作所需的经费。

6. 管理费：资助项目所在单位，应为资助项目的研究工作提供良好服务。经费全部自立的研究所和高等院校单位，每个项目提取管理费不得超过资助金额的5%，最高金额不得超过5 000元，与年度拨款同步，分年度提取，用于冲抵科学基金资助项目应分摊的水、暖、电、气等或其他费用。不得层层重复提取或提高限额。

第六条　购买大型仪器设备和电子计算机(含微型计算机)，须详细说明理由，经基金委有关科学部审查同意后方可购买。

第七条　本办法规定的开支范围，不包括国际合作交流经费。资助项目如确需与国外进行合作交流，须另向基金委有关科学部提出申请。经国家自然科学基金委员会批准的合作交流项目，在国际合作专项经费中开支。

第三章　拨　款

第八条　科学基金申请者及其所在单位，在接到《国家自然科学基金委员会资助项目批准书》后，根据批准资助总金额、研究年限和研究内容，编制《经费开支计划》(见《国家自然科学基金资助项目研究计划》表式)，连同《国家自然科学基金资助项目研究计划》，在一个半月内报基金委有关科学部一式两份，经审核后，一份转综合局作为财务拨款依据。因故不能按期报送的，应提前书面向有关科学部说明原因，否则按自动放弃接受资助处理。

第九条　资助项目的拨款，一般每年一次。第一次以《经费开支计划》为凭；第二次以后的继续拨款，待收到资助项目年度研究工作进展情况报告，经基金委有关科学部审查并签署意见转综合局。工作进展正常的，按《经费开支计划》中的相应年度用款额拨款；工作进展提前或有紧急需要的，可申请提前拨款；工作进展不正常或经费使用不当的，将减少或暂停拨款，以至撤销资助。不报年度研究工作进展情况报告的，暂不拨款。

第十条　资助项目协作者所需经费，由资助项目负责人提出意见，由其所在单位划拨至协作者所在单位监督、管理，由协作者支配使用。

第四章　监督与管理

第十一条　科学基金资助项目经费的使用、管理，要方便科研，有利于发挥科研人员的积极性、主动性。计划内的支出，均由项目负责人审签，并可根据研究工作进展和器材供应情况，调整用款计划；如改变经费用途，须经所在单位领导审批。

第十二条　资助项目所在单位只设一个开户银行帐号办理科学基金财务业务。如有变动，应及时通知国家自然科学基金委员会综合局。

第十三条　资助项目所在单位，应指定专人负责科学基金财务工作，按时报送会计年报(格式另发)。对财务管理混乱或不按时报会计年报的，将暂停拨款。协作者所在单位，应按规定向资助项目所在单位提供财务报表。

第十四条　资助项目负责人1年以上不能参加本项目研究工作(如出国重病、死亡)，一般按中途停止或撤销资助处理。所在单位如有能力继续完成资助项目研究计划，须提出更换项目负责人的申请报告，经基金委有关科学部审查同意，继续予以拨款。

第十五条　资助项目一经批准，一般不得无故中止。资助项目负责人如调动工作，需把资助项目带到新单位继续开展研究，应写出书面报告，商得调出、调入单位同意并签署意见，经基金委有关科学部审查同意后，可将结余经费划拨至新单位继续使用。

第十六条　资助项目因故中止或撤销，申请者所在单位要及时清理帐目，将余款和已购器材处理收入，悉数交回国家自然科学基金委员会。同时编报《国家自然科学基金资助项目中止、撤销经费收支结算表》和《国家自然科学基金资助项目中止、撤销器材处理收入一览表》各一式两份(见附件二、三)，在3个月内报基金委有关科学部审查后转综合局核销。

第十七条　资助项目研究工作全面完成后，应抓紧清理历年收支帐目，在3个月内编制《国家自然科学基金资助项目经费决算表》(见附件一)，连同其他总结材料，一式两份报基金委有关科学部，经审查签署意见后，一份转综合局复核，批复所在单位核销。已拨经费结余，仍用于受资助者的研究工作。

第十八条　资助项目经费的使用情况，应接受国家自然科学基金委员会审计室和所在单位审计部门的定期审计或专项审计。编报的《国家自然科学基金资助项目经费决算表》和年度会计报表，应经审计部门签注审计意见。

第十九条　资助项目组成员、协作者及所在单位，均应严格遵守国家财务制度和本办法规定。对于弄虚作假、截留挪用或挤占经费等违反财经纪律的行为，所在单位财务部门有权抵制和越级反映。国家自然科学基金委员会根据情节轻重，采取通报批评、停止拨款、撤销资助、不受理当事人或所在单位再次申请科学基金等措施，以至追究有关人员的法律责任。

第二十条　科学基金资助项目所在单位，应加强经费使用的管理和监督。国家自然科学基金委员会将有重点的进行检查，受资助者和所在单位应积极配合，如实反映情况。

第二十一条　本办法的各项规定的基本精神，也适用于我委资助的重大项目、青年科学基金项目以及高技术新概念新构思项目的财务管理，未尽之处，另作补充规定。

第五章　附　则

第二十二条　本办法自发布之日起实施，解释权属国家自然科学基金委员会。

关于建立国家自然科学基金管理工作地区联络网的意见

1988 年 11 月 6 日

一、为了便于沟通信息，密切工作联系，提高管理水平，国家自然科学基金资助项目所在单位本着自愿原则，按地区组织起来，成立国家自然科学基金管理工作地区联络网。

二、地区联络网是国家自然科学基金管理工作地区协作的非常设联络组织，受国家自然科学基金委员会委托，承办以下事项：

1. 沟通国家自然科学基金委员会与各受资助单位的工作联系和信息交流，反映本地区科学基金工作情况和建议，派代表参加国家自然科学基金委员会召开的有关会议。

2. 代发、代售科学基金工作的有关文件资料和申请书，并提供咨询。

3. 代复制微机录入程序及根据申请单位要求代录申请书简表，逐步与国家自然科学基金委员会建立计算机远程传输信息联系。

4. 组织本地区科学基金管理工作经验交流、业务培训及其他力所能及的工作。

三、地区联络网原则上每省（自治区、直辖市）一个。凡国家自然科学基金资助项目所在单位，不分隶属关系，均可成为所在地区联络网的成员单位，各派一名代表，参加联络网的活动。

四、地区联络网设组长单位，主持联络网工作。必要时可设副组长单位。组长单位、副组长单位由全体成员单位选举产生，两年改选一次，连选可以连任。组长单位应从各方面支持联络网的工作，派组织能力强、业务素质好的干部担任组长，并可多派一人任联络网秘书，协助正副组长处理日常工作。

五、申请书代售点和计算机录入程序复制点是地区联络网的组成部分，代售、代复制业务受联络网指导。需要更换单位时，由联络网成员单位协商，提出建议，报国家自然科学基金委员会确认。

六、国家自然科学基金委员会根据各联络网的工作量，核定合理额度的活动经费，拨至组长单位财务部门监督使用，专款专用，年终决算，多余结转。具体开支由组长、副组长掌握。受资助单位少的地区，联络网活动的必要支出暂由组长单位垫付，年底报国家自然科学基金委员会综合局审核拨付。活动费的使用要厉行节约，精打细算。开支范围限于联络网开展活动所必需的直接费用，含资料印刷费、邮费、电话电报费、会议室租费、会议工作午餐补贴、代发代售与组织联络工作的劳务费和交通费等。成员单位派人参加联络网活动的路费、住宿费、伙食补助费回单位报销。业务培训资料酌收工本费。

七、代售申请书和代复制录入程序的收费，必须执行国家自然科学基金委员会的统一规定，不得任意加价（需要邮寄的可另加邮费）。申请书售款，应在受理申请期限结束后的一个月内，全部汇国家自然科学基金委员会办公室财务处，不得截留。代售劳务费从联络网活动费中开支，代复制劳务费从收入中提取，发给直接有关人员。

八、联络网不挂牌，不刻章。行文需要时，可由组长所在单位代章。联络网参加人员均不脱产，在原单位享受的一切福利待遇不受影响。

九、地区联络网的工作要发扬民主，充分尊重全体成员单位的意见。联络网组长应定期向全体成员报告工作。各联络网于每年1月，将上年度活动（含代售、代录工作）情况、经验、问题、建议、经费决算和当年工作计划，报送国家自然科学基金委员会综合局。

十、国家自然科学基金委员会指定综合局为地区联络网的联系单位。

国家社会科学基金暂行条例

（全国哲学社会科学规划领导小组第三次会议通过）

1986年10月27日

第一章　总　则

第一条　为了繁荣和发展社会科学事业，经国务院批准，从1986年起设立国家社会科学基金。

第二条　国家社会科学基金用于资助我国社会主义现代化建设中具有重大实践意义和理论意义的研究课题和对科学发展具有重要意义的研究课题，扶持和加强社会主义建设急需的新兴学科、边缘学科和交叉学科的建设，支持具有重大科学价值的历史文化遗产的抢救和整理工作。

第三条　社会科学研究必须坚持以马克思列宁主义、毛泽东思想为指导，贯彻理论联系实际的原则和"百花齐放、百家争鸣"的方针，鼓励创造性的探索，力争作出高质量的研究成果。

第四条　国家社会科学基金面向全国，全国社会科学工作者和研究单位，均可按规定申请资助。

第五条　基金资助坚持公正原则，提倡竞争。对申请的项目，经同行专家评议，择优资助。

第六条　鼓励多学科的合作研究，注意支持优秀中青年科学工作者的研究工作，适当照顾边远地区的科学研究工作。

第二章　组　织

第七条　设立国家社会科学基金委员会。国家社会科学基金委员会由专家15—25人组成，设主任1人，副主任若干人，秘书长1人。主任主持基金委员会工作，副主任协助主任工作。秘书长在主任领导下负责基金委员会的日常工作。基金委员会设办公室，处理日常事务。在基金委员会成立之前，由全国哲学社会科学规划领导小组代行其职。在基金委员会办公室成立之前，由全国哲学社会科学规划领导小组办公室代行其职。

第八条　基金委员会的职责是：

1. 制订基金的使用原则和基金管理办法；
2. 审定并公布基金课题指南；
3. 批准重大的申请项目；
4. 指导各基金组的工作。

第九条　基金委员会下设若干基金组。基金组根据各学科的不同情况，由专家10人至30人组成，设组长1人，副组长1—3人。基金组的职责是：

1. 制订本学科领域的基金课题指南；
2. 参与制订综合性基金课题指南；
3. 组织同行专家评议本学科申请项目；
4. 审定本学科的申请项目。

在基金组成立之前，由全国哲学社会科学规划领导小组所属各学科规划小组和特定的综合项目规划小组代行其职。

第三章　基金项目的申请和选择

第十条　各基金组根据第一章的有关规定提出基金课题指南，经基金委员会审定公布。

基金课题指南所列项目采用招标、投标方法进行。其他项目由集体或个人提出申请。

第十一条　基金项目申请者必须是副研究员（或相当于副研究员）以上的高级专业人员；其他人员申请，须有两名研究员（或相当于研究员）的书面推荐。

1个人不得同时申请两个以上（含两个）的基金项目。

第十二条　基金申请者，应按规定填报项目申请书。《基金项目申请书》由基金委员会办公室统一制订印发。

申请书须经本单位(含合作单位)领导审核,签署明确意见并承担信誉保证。

第十三条　申请项目的主要负责人必须是项目的真正组织者和指导者,并在该项目中担负实质性的任务。

第十四条　基金项目主要按下列标准评选:

1. 对于我国现代化建设有重大的实际意义;

2. 对于科学的发展有重要的促进和推动作用;

3. 项目承担者具有按计划完成该项目的素质和条件。

第十五条　国家决策部门交办的紧急研究任务,因经费确有困难而提出申请者,由基金委员会办公室直接同有关专家商议后办理审批手续。

第四章　基金项目的评审程序

第十六条　基金委员会办公室统一受理申请,并按本条例规定的原则、资助范围对申请项目作初步筛选。

第十七条　经初步筛选的项目由各基金组组织同行专家评议,也可由基金委员会办公室征得基金组负责人同意后委托有关单位组织同行专家评议。评议可以采用小型会议或通讯方式。

评议专家应是副研究员或是相当于副研究员以上的专业人员。一般情况下,每个项目需经3—5个同行专家评议。要尽量邀请具有不同学术观点的专家参加评议。

需采取适当的保密措施,保证评议工作不受干扰。

评议人要写出书面意见(填写评议表)。如果采用小型评议会的方式,评议会主持人要综合评议专家的意见写出评议报告。

第十八条　各基金组根据评议情况对申请项目进行审议,并采用无记名投票方式表决,三分之二以上多数通过。

某些综合性研究项目,如果现有基金组难以组织审议,可由基金委员会办公室临时组织有关学科专家进行会审。

第十九条　基金项目的经费由基金组审议之后,基金委员会办公室进行综合平衡,提出资助总额和分年度用款计划,办理经费审批和拨款手续。

资助金额在10万元以下的项目由基金委员会秘书长审批,10万元以上(含10万元)的项目由基金委员会主任审批;特殊重大项目,由基金委员会集体讨论审批。

第二十条　申请基金项目采取随时受理,集中审批的办法,每年审批一次。过期的延到下年审批。特殊情况可以个别办理审批手续。

第五章　基金的来源和使用

第二十一条　国家社会科学基金主要由国家财政按年度专项拨款,同时接受国内外社会团体、机构和个人的捐赠。

第二十二条　国家社会科学基金在银行单独开户存储,基金会单独立帐核算,年终结余可跨年度累计使用。资助项目经费按年度用款计划采取划拨基金方式拨付。

资助项目经费由项目主要负责人所在单位代管,项目主要负责人按本条例基金经费管理和使用的有关规定掌握使用。

代管单位应在年终根据项目执行情况编制年度会计报表;项目完成后,要及时清理项目经费历年收支帐目,编制基金资助项目经费决算表,报基金会办公室核销。

代管单位可以提取代管经费的5%作为管理费,每个项目提取数额最多不超过1 000元。

第二十三条　资助项目经费专款专用,使用范围限于:

1. 研究项目的资料搜集费,包括抄录、誊印、复制、翻译、电子计算机使用费,购买最必需的图书资料费以及在国内搜集资料所需的差旅费;

2. 为完成项目必须举行的小型会议费;

3. 对有重要学术和实际应用价值而又不宜公开出版的研究成果的补贴;

4. 具有重要学术价值的研究成果的出版遇到困难时的补助费。

第二十四条　基金项目经费不得用于职工工资福利和奖励,也不得用于基本建设、房屋修缮、购置交通工具、复制打字设备、照相声像录放设备等,以及其他与完成该项目无直接关系的开支。

第二十五条　经费的申请和使用要精打细算,厉行节约。在项目按预期标准完成的前提下,结余经费留代管单位作研究经费。

第二十六条　基金财务的管理和资助经费形成的小额固定资产的产权转移等问题,由基金委员会办公室另行制订具体办法。

第六章　基金项目的管理和监督

第二十七条　基金项目由有关基金组、基金委员会办公室和项目主要负责人所在单位共同管理。日常工作由项目主要负责人所在单位管理。

第二十八条　基金组和基金委员会办公室要定期组织人员，对资助项目的执行情况和基金使用情况进行检查。

基金委员会办公室每年要通报一次基金资助项目的执行情况。

无故不完成基金资助项目或拖延时间太久者，不得申请新的基金项目。

第二十九条　项目负责人每年年底要提出研究进度和经费使用情况的书面报告，并以此作为审核批准下年度拨款的依据。逾期不报者，缓拨下一年度的经费；拒报者，不予拨款。因各种原因需要对项目计划作重要调整、变更或终止者，应提出专门报告，经基金委员会批准后生效。终止项目的剩余经费退回基金委员会办公室。

第三十条　对不遵守规定、擅自挪用基金、违反财务制度者，予以严肃处理。

第三十一条　基金项目完成之后要提出总结报告和提交项目成果。

项目负责人要对成果作出自我评价。评价内容包括是否按预定计划按时按质完成，有何特色，有何新的突破，以及存在的缺点和问题等。

基金组、基金委员会办公室或由基金委员会办公室委托有关单位，采取一定方式，对基金项目成果进行评议。

第七章　附　则

第三十二条　本《暂行条例》自代行国家社会科学基金委员会职责的全国哲学社会科学规划领导小组会议通过之日起生效。修改权和解释权属全国哲学社会科学规划领导小组。

国家社会科学基金会青年社会科学研究基金试行办法

1989年2月28日

1.根据1988年8月5日全国哲学社会科学规划领导小组(代行国家社会科学基金委员会职责)第五次会议决定，自1989年起每年在国家社会科学基金中划定50万元设立“青年社会科学研究基金”，用以支持青年社会科学研究工作者的研究工作。

2.青年社会科学研究基金的申请可根据当年发布的《国家社会科学基金课题指南》进行。必要时可以在《国家社会科学基金课题指南》中对青年研究工作者的重点资助范围加以说明。

3.青年社会科学研究基金的申请者(包括课题负责人和课题组成员)的年龄，在申请资助的当年以不超过39岁为限。

4.不具备高级专业职务的青年申请者须有两名具有高级专业职务的同行专家推荐。

5.申请者主管单位负责人在填写申请书的有关栏目时，应对申请者的研究能力作出实事求是的评价，并对申请者的年龄加以确认。

6.申请青年社会科学研究基金资助的课题应在3年内形成最终研究成果。

7.申请青年社会科学研究基金资助，可免缴申请课题的评议补偿费。

8.青年社会科学研究基金的经费资助为定额资助。根据课题的性质和规模，资助定额分为五个档次。即2 000元、4 000元、6 000元、8 000元、1万元。申请者在填写《申请书》时须在申请经费栏中写明申请资助的总额。得到资助后一律不予追加。

9.青年社会科学研究基金申请的评审工作按《国家社会科学基金暂行条例》的规定办理。在评审过程中如确有必要，可邀请申请者对申请课题进行当面答辩，申请书的审议由国家社会科学基金会有关学科基金组负责，不另行设立评审组。基金申请书的通过，须有学科基金组二分之一以上(不含二分之一)到会成员投票赞成。

10.除上述规定外，其他未尽事项可比照《国家社会科学基金暂行条例》有关规定办理。

国家社会科学基金工作暂行规则

1988 年 12 月 18 日

一、基金课题指南的制订

第一条　基金课题指南的制订以《国家社会科学基金暂行条例》总则为基本依据，包括：(1)关于课题指南的总说明；(2)每个学科本年度提出的重点研究领域和课题及其说明。每个学科应对需分解研究的领域和课题做特别的解释。

第二条　基金课题指南应在征求有关专家意见的基础上，由各学科学术秘书协同学科基金组组长组织制订。课题指南的表达应力求准确、具体，研究范围不宜过宽。

第三条　基金课题指南应争取在每年第一季度的前期发布。自发布之日起开始当年基金申请受理工作，受理时间为 3 个月。

二、申请程序

第四条　基金申请受理工作开始后，申请人即可向基金会办公室函索《国家社会科学基金研究课题申请书》和有关材料。基金会办公室应对索函逐一登记，并寄送《申请书》及有关材料。以单位名义而无具体承担人的课题申请不予受理。

第五条　申请人应按申请书的提示和要求认真填写申请书，并在申请截止日期之前将申请书寄国家社会科学基金会办公室(不要寄给基金办公室的任何个人，以免延误)，迟于截止日期寄出的申请书一律不进入当年评审程序。申请人应按规定同时通过邮局汇寄(或面交)课题评议补偿费 10 元，基金会办公室应开具收据。凡只寄申请书而未交评议补偿费的，一律不进入评审程序。寄来评议补偿费而未交申请书的一律退款，退款在申请截止之后一月内办理。

第六条　填报《申请书》时，如有两位以上课题主持人(应尽可能避免这种情况)，应注明其中一位主要负责人(对课题经费有最终支配权)。否则，按照申请书填写的姓名次序，将第一名视为主要负责人。

第七条　《申请书》由规划基金处统一受理、登记，核对无误后，转有关学术秘书。在对《申请书》进行专家评议之前，学术秘书如发现申请书不属于本学科评议的范围，应将《申请书》退规划基金处，由规划基金处转给适宜评议该申请书的有关学术秘书。在进入专家评审程序后，《申请书》不宜再作转学科处理。

《申请书》在运转过程中应履行签收手续。

第八条　按《国家社会科学基金暂行条例》关于“一个人不得同时申请两个以上(含两个)基金项目”的规定，如有人同时提交两项或两项以上的申请，应与申请人协商，请他撤回超额的申请，如果时间不允许，也可退回全部申请书。

第九条　凡作为课题主要负责人正在承担国家社会科学基金资助课题研究的，在该项课题完成之前不得再向国家社会科学基金会提出新的课题资助申请。

三、审议程序

第十条　基金会根据每年运用经费的实际情况和申请情况确定当年基金资助课题总数额和总的入选比例。各学科在审议申请课题时，原则上应按此比例进行控制。如个别学科要突破此比例，由学术秘书与有关学科基金组组长协商提出具体比例，提交基金办公室会议讨论。

第十一条　学术秘书和有关专家对《申请书》进行初审。有下列情况之一的即可予以剔除：

(1)不符合《国家社会科学基金暂行条例》规定的；

(2)不符合《国家社会科学基金课题指南》的要求和规定的；

(3)不符合《国家社会科学基金申请书》申报、填写规定的；

(4)课题论证水平很差的；

(5)由于其他因素国家社会科学基金不适宜资助或无力资助的。

对剔除的申请书，学术秘书应填写《申请书处理意见表》。剔除的申请书应在评审工作结束后退规划基金处。

第十二条　通过初审的申请书交有关学科基金组组织同行专家评议。评议方式可以采用：

(1)通讯评议。即由学术秘书将申请书邮寄给同行专家予以评议。由专家分别填写《国家社会科学基金课题评议表》寄交基金办公室；

(2)集体评议。即由学术秘书组织若干同行专家(3—7人)对一项或多项申请进行集体评议。评议后，每一份申请书由一位专家综合其他专家意见写出评审报告(填写一份评议表)，并由参加评议会的专家共同签署。

(3)“一揽子”会议评审。即在学科组专家和其他特邀评议专家参加的会议上，同时完成评议和审议程序。填写评议意见方式与集体评议方式同。

第十三条　凡经评议的申请书，不论评议意见如何，都交由有关学科基金组审议，并采取无记名投票方式进行表决。在表决时，到会专家不得少于基金组成员的三分之二，通过课题的票数应为到会基金组成员的三分之二以上。基金组成员委托他人代表表决一般不能允许，特殊情况需要委派代表参加时需经基金组组长和基金会秘书长或副秘书长同意。凡进入评审的课题无论评审是否通过，学科组组长都应将评审情况填写在《审批表》有关栏目内。

第十四条　表决应使用基金会办公室监制的正式选票。选票须加盖基金会办公室印章。计算选票时应有学科基金组推举的基金组成员监票。计票结束后，计票人与监票人(不少于3人)应在统计票上签字，并写明投票日期(年、月、日)。

第十五条　基金组成员和与会的其他人员应对会议评议情况保密。

第十六条　基金组成员在任职期间一般不宜提出基金资助申请。如提出申请，在审议时应该回避。

第十七条　评审要点：

(1)要注意申请课题的质量。课题是否有重要的理论意义和实际意义，研究是否有重点，问题是否明确、具体，研究是否有创新。

(2)要注意课题组负责人的学术能力和组织能力，注意课题组成员知识结构是否合理，能否完成所承担的课题任务。

(3)要注意课题研究计划是否可行，成果形式是否适当。

(4)要注意经费预算是否合理。

(5)一般不提出合并课题组以加强研究力量求得申请通过的做法。

(6)除《课题指南》有明确规定的以外，不要上丛书或丛书类课题。除语言学科之外，一般不上辞书类课题。

(7)申请课题一般要求在3年内完成，最长不超过5年(不含出版周期)。

(8)同一课题一般只资助一个课题组进行研究。如研究的观点、方法、体系不同，而且研究力量很强、论证充分的，也可同时(同一年度)资助两个或两个以上课题组进行研究，但一定要从严掌握。

第十八条　对附有条件通过的个别课题，学术秘书应在本学科评审结束后两周内与申请人商讨，并要求申请人在两周内予以回答并重新填写申请书，以便及时办理审批手续。

第十九条　评审结束后，学术秘书应将评审通过的申请书、评议表、审批表交规划基金处，以便办理报批手续。

第二十条　复议。由基金会办公室对经过基金组审议通过的课题申请书进行复议。复议时应当充分尊重基金组专家在学术上通过投票所表示的意志，重点是对每个通过课题的资助金额提出具体意见，同时对各学科通过的课题申请进行分析研究，如果一致对经过基金组投票通过的某课题持否定意见，应写出专门的复议报告，以供基金会负责人最后审批时参考。复议的参加者为：基金办公室负责人、有关学术秘书、规划基金处有关人员。必要时还可约请有关学科基金组负责人参加。

四、批准程序

第二十一条　规划基金处根据会审的意见编制《申请课题审批表》、《年度经费预算表》，经基金会办公室负责人审核签字后报送基金会负责人审批。送基金会领导审批时，课题资助金额在10万元以上的，要附《课题申请书》；10万元以下的可不附《课题申请书》，但要按学科对申请书分类存档，供基金会负责人随时调阅。

第二十二条　基金会负责人将审批后的材料退基金会办公室。经审批同意资助的课题，由规划基金处办理拨款手续。对审批中否定的课题，由规划基金处作淘汰处理。如对审批有不同意见，基金会办公室可再次复议(必要时可邀请有关学科基金组负责人参加)，进一步提供材料和申述理由，请基金会负责人第二次审批。第二次审批结果即作为终审。

五、拨款程序

第二十三条　规划基金处向申请人寄出拨款

通知书(代商函),通知书中所附“回执”(收据)寄回后即拨款。课题负责人在收到《拨款通知书》后须认真填写,在两个月内寄国家社会科学基金会办公室,逾期按拒绝接受处理。如对审批的资助金额有异议,可在收到通知后两个月内向基金会办公室进一步陈述理由,在未取得一致意见之前,原核准经费暂不拨付。

六、研究课题的检查和验收

第二十四条　凡接受国家社会科学基金资助的课题,都应从资助第2年开始每年8月30日以前,向基金会提交课题进展报告,并填报《年度经费决算表》。年度课题进展报告和《年度经费决算表》经学术秘书审阅后,提出新的年度拨款数额,由规划基金处汇总后,送基金会负责人审批。凡未提交课题年度进展报告和《年度经费决算表》者,一律停拨下年度经费。

第二十五条　国家社会科学基金资助课题研究工作结束,课题承担人应写出总结报告,并实事求是地提供课题经费决算表。

第二十六条　课题承担者在课题完成后,应向国家社会科学基金会提供最终成果两件(套、册、卷)留存。昂贵的系列著作或资料,也可只提供一件(套、册、卷)。对涉及国家机密不宜扩散的成果,也可不提交基金会,但应为此单独写出报告,并由课题负责人主管单位盖章予以证明。

第二十七条　资助课题有下列情况之一的,可予以撤销:

(1)课题实际主持人因无法抗拒的自然原因不能继续承担研究工作的;

(2)有关部门的组织决定停止此课题研究,使研究工作无法继续的;

(3)其他使课题研究工作无法继续进行的原因。课题撤销后,有关单位和人员需写出书面意见报国家社会科学基金会备案。课题撤销后,经费即停止拨付。主管单位应将剩余经费在短期内(不得超过半年)退国家社会科学基金会办公室。

第二十八条　对无故不完成研究工作的,国家社会科学基金会有权要求课题主管部门退回剩余经费,并在一定范围内予以通报。此课题负责人一般不得再申请国家社会科学基金。

第二十九条　凡国家重点研究课题,其负责人需与国外学者、研究机构对该课题进行合作研究,可先征得课题主管单位同意,并用正式公函报全国哲学社会科学规划领导小组审批。一般基金资助课题的国际合作研究只需经主管单位批准,报国家社会科学基金会备案即可。

第三十条　凡接受国家社会科学基金资助的研究课题均应在最终成果的显著位置上,标注“受国家社会科学基金资助”字样。

国家社会科学基金会
经费管理办法

1989年4月12日

一、为加强国家社会科学基金(以下简称社科基金)的使用管理,合理地使用资助经费,用较少的经费投入获取较多的成果,根据国家财政制度的有关规定和社科基金的特点,特制订本办法。

二、社科基金资助年度根据国家财政拨款情况和基金申请评审情况定为每年10月1日至次年10月1日。

三、社科基金的资助经费专款专用,任何单位和个人不得截留、挪用或挤占。

四、社科基金资助经费必须拨入课题主管单位的银行帐户,单独立帐进行核算。在该单位财务部门的管理下,由课题负责人按计划使用。

五、课题资助经费使用范围:

1.资料费。包括报刊、档案、文献、稿件的抄录、誊印、复印、翻拍、翻译费,电子计算机上机费,购买最必需的图书费等。由社科基金资助形成的资料、图书的管辖权归课题主管单位。购置的图书应由主管单位登记后转归课题承担人使用,课题结束后如数收回。对整个研究过程都必需经常使用的少量工具书,经主管单位领导批准后可转归个人(只限于课题组成员,不包括其他辅助人员),但此项审批应严格控制。

2.为完成研究课题所必须举行的小型会议费。会议费开支依国家有关规定执行。

3.为完成研究课题所必需的用于调查研究的差旅费。差旅费开支依国家有关规定执行。

4.支付有重要学术价值或实用价值而又不宜公开出版的研究成果的印刷费和写作补助费(写作补助费支付标准可参照国家规定的稿费标准执行)。这里的“成果”是指最终研究成果。对重要的中间成果的补贴由课题负责人(课题承担人)在不增加基金资助经费的前提下自行决定。

5. 管理费。社科基金资助课题主管单位可提取代管经费总额的 5%作为管理费(可一次提取,也可分年度提取),但每一项课题提取的管理费数额最多不得超过 1000 元。

6. 社科基金不得用于基本建设、房屋翻修,购置交通工具、家具、家用电器、复印打字设备、照相摄像音响设备、计算机等,以及其他与完成课题无直接关系的商品。特殊情况需购置上述物品须报告基金会审批。基金会批准购置的上述物品的产权归基金会所有。课题结束后,须办理产权归还手续。

六、在核定基金资助经费时不考虑出版补助问题,对具有重要学术价值的最终研究成果公开出版时所需的出版补助,须经过专家鉴定,经基金会审批后方能补助,具体补助办法另行拟定。

七、社科基金资助经费一次核准,分年度拨付。一般情况下,每年只拨付一次。实行年度结算,年终结转,课题研究结束后总决算的方式。

八、课题负责人在收到拨款通知书后,应用正楷认真填写拨款通知书收据的有关栏目。认真写明开户银行帐号、课题负责人的详细联系地址和邮政编码。并在两个月内将收据寄回基金会办公室。逾期按拒绝接受资助办理。特殊情况不能如期办理,应与基金会办公室联系。

九、对经费资助总额有异议,应在接到拨款通告书两个月内向基金会办公室提出协商意见。协商期间原核定经费暂不拨付。如果认为资助数额不足以完成原设计的课题研究,允许缩小课题规模,但必须得到基金会有关学科基金组的同意。由于缩小规模而难以保证研究质量的,基金会应撤销此课题。

十、分年度连续拨款的课题,应在每年 8 月 31 日以前将年度课题进展报告和年度经费决算表送至国家社会科学基金会办公室,办理年度拨款手续。至 11 月底仍不提交课题进度报告和年度决算表的,取消当年经费的拨付。

十一、经费主管单位应经常对课题组经费开支进行检查。如经费开支不符合国家规定和社科基金的有关规定,应及时予以纠正。

十二、代管基金资助经费的财务部门应妥善保管各种单据,接受审计部门、上级财务部门和国家社会科学基金会财务部门的审查。国家社会科学基金会对违反财务规定的课题负责人和单位根据不同情况采取书面提醒、通报批评、停止拨款、撤销资助、不再受理当事人或有关单位新的基金申请等不同处理措施。特别严重的要追究有关人员的法律责任。

十三、资助课题因故中止或撤销,课题主管单位应及时清理帐目,开列支出细目,将剩余经费退国家社会科学基金会办公室核销。

十四、资助课题完成后,课题负责人应清理历年收支帐目。编制《国家社会科学基金课题经费支出总决算表》,连同总结报告一式 2 份送国家社会科学基金会。此项工作结束前不得申请新的国家社会科学基金资助。

十五、凡欲给予国家社会科学基金会捐赠的个人或单位可写信或用其他方式与国家社会科学基金会办公室取得联系,索取和填写捐赠意向书,并将捐赠意向书当面递交或挂号邮寄国家社会科学基金会办公室。必要时,基金会办公室负责人可与捐赠者面商,在达成一致协议后签署捐赠协议书。国家社会科学基金会将向捐赠单位颁发捐赠证书和纪念品。

行业、部门科技基金

中国博士后科学基金试行条例

（全国博士后科研流动站管理协调委员会第四次会议通过）

1986年10月11日

第一章 总 则

第一条 根据国发〔1985〕88号文件《国务院批转国家科委、教育部、中国科学院关于试办博士后科研流动站报告的通知》精神，制订本试行条例。

第二条 设立国家博士后科学基金的目的是，鼓励和支持博士后研究人员中有科研潜力和杰出才能的年轻优秀人才，为他们提供比较优厚的条件，以便顺利开展科研工作，使其迅速成长为高水平的专业人才，为四化建设做出贡献。

第二章 基金来源及资助金额

第三条 基金来源：

1. 国家专项拨款；
2. 国内外各种机构、团体、单位或个人的捐赠；
3. 各级政府资助；
4. 其他收入。

第四条 将基金存入国内的金融机构，从每年的利息中提取当年度对博士后研究人员的资助金。

第五条 资助金额分为两个等级：

A. 人民币1万元和外汇2 000美元；

B. 人民币5 000元和外汇1 000美元。

有特殊需要者，资助金额可适当提高。

第三章 申请办法和审批程序

第六条 申请博士后科学基金资助金的对象仅限于经各设站单位批准进站的博士后研究人员。

第七条 申请者应提供如下书面材料：

1. 申请书，内容包括个人获得学位情况；过去已取得的科研成果及国内外的评价；目前所从事研究项目的内容、意义、进度、预期结果及国内外在这方面的研究水平；现有科研条件；申请资助金额和用途等。

2. 两位教授（研究员或其他相当职称人员）的推荐信。

第八条 建站单位要对申请者的科研能力、学术水平、工作表现、科研成果及申请资助金的必要性等提出意见，并聘请3位同行专家（非本单位）进行评议，然后将有关材料报送全国博士后管委会办公室。

第九条 管委会办公室将所收到的申请材料在限期内分送给各有关学科专家组，然后由专家组对申请者是否资助以及资助金额提出评审意见。评审工作每年2月和8月进行两次，申请者必须在每年1月底和7月底以前将各项材料送到管委会办公室。

第十条 全国博士后科研流动站管理协调委员会根据各专家组的评审意见，审查和批准获得资助金的人选及其资助金额。

第十一条 资助金获得者中特别优秀的，由于研究工作的需要，要求继续得到本基金资助的可以在得到资助金一年后再申请一次，申请办法和审批程序同上。

第四章 使用办法

第十二条 博士后研究人员所获得的资助金，只能用于添置研究工作所需要的仪器设备、实验材料、图书资料；改装实验室；聘用助手以及参加国内外有关学术会议等，不能作为个人的生活费用。

第十三条　资助金获得者在研究工作中有支配资助金的自主权，允许将未用完的部分从第一站带到第二站，流动期满还可以带到工作单位继续使用。

用资助金购置的仪器设备、实验材料、图书资料等物品都属于国家财产。博士后研究人员流动到第二站或流动期满安排固定工作后，凡属其研究工作必需的上述物品，均可由博士后研究人员带到新的站或工作单位，其余的可留给建站单位。物品交接时应办好登记手续。

第五章　管　理

第十四条　管委会办公室对博士后科学基金进行统一管理，办理资助金的拨款手续，并对资助金的使用情况进行监督和检查。对违反第十二条规定、使用不当的有权追回。

第十五条　资助金获得者每年须向建站单位提交资助金的使用情况和取得效益的书面报告。每笔资助金使用完毕，必须向建站单位和管委会办公室提交研究工作和使用资助金的全面总结。

第十六条　资助金由博士后研究人员所在建站单位的财务部门单独立帐，代为经管和监督。

第六章　附　则

第十七条　本试行条例经全国博士后科研流动站管理协调委员会讨论通过后施行，解释权归管委会办公室。

中国博士后科学基金会章程

第一章　总　则

第一条　中国博士后科学基金是1985年7月5日经国务院批准，为鼓励和支持博士后研究人员中有科研潜力和杰出才能的年轻优秀人才顺利开展科研工作，并使他们迅速成长为高层次研究人才而设立的一种专门基金。

第二条　中国博士后科学基金会（英译：China Postdoctoral Science Foundation 缩写：CPSF，以下简称基金会）是经中国人民银行批准并在中华人民共和国民政部注册的非营利机构，具有法人地位，受全国博士后科研流动站管理协调委员会（以下简称全国博士后管委会）领导。

第三条　基金会严格遵守国家的方针、政策和有关的金融法规，并按国务院公布的《基金会管理办法》的各项规定开展业务活动。

第二章　任　务

第四条　做好博士后科学基金的评审、使用和管理工作。

第五条　开拓多种渠道，采用多种形式，筹集资金，扩大基金来源。

第六条　监督和检查基金资助金的使用情况和所取得的成效。

第七条　同国内外各种基金会组织进行交流和合作。

第八条　开展博士后科研成果推广、技术咨询及开发，扩大博士后科学基金的使用效果等项工作。

第三章　经　费

第九条　基金来源

1. 国内外各种机构、团体、单位或个人的赞助和捐赠；

2. 各级政府部门资助；

3. 存款利息及各种收益；

4. 其他收入。

第十条　基金会按国家有关规定，可将资金存入金融机构收取利息，或购买债券、股票等有价证券，也可以通过金融机构进行贷款或投资，但不搞风险性投资。

第十一条　基金会实行独立核算，自负盈亏。所有资金扣除基金会开展博士后工作所必需的开支外，全部用于资助优秀博士后研究人员，不得挪做它用。

第四章　组　织

第十二条　基金会的最高领导机构是理事会。理事会设理事长1人、副理事长2—3人，由现在未担任政府行政职务的专家担任。理事长、副理事长和理事均由全国博士后管委会聘任。理事会设名誉理事长1—3人，必要时可聘请名誉理事和顾问若干人。每届理事会任期3年，理事会成员可连聘连任。理事会每年召开1—2次全体理事会议，必要时可以召开理事会特别会议。

第十三条　基金会实行理事会领导下的秘书长负责制。秘书长1人，副秘书长2人均由理事会提名，报全国博士后管委会任命。

第十四条　理事会的职责

1. 制订和修改章程，制订基金会的工作方针和目标；

2. 审查批准博士后科学基金存款、贷款和投资规划，以及年度资助计划；

3. 审查批准筹集资金、扩大基金来源的方案；

4. 审定秘书长提出的工作报告及制订的重要规章制度。

第十五条　秘书长的职责

1. 组织执行理事会制定的方针和决策，向理事会负责；

2. 主持基金会的日常工作，根据理事会授权范围，负责基金评审、使用、管理和扩大基金来源等项工作；

3. 作为基金会的法人代表，对外签订合同和签发基金会的日常业务文件；

4. 根据工作需要，组织制订各种管理和业务工作的规章制度，经理事长同意后颁布执行；

5. 定期向理事会提出年度工作报告；

6. 完成理事会交办的其他事项。

第十六条　基金会设立办事机构，在秘书长的直接领导下承担基金会的日常工作任务。办事机构的人员组成可有专职人员、兼职人员和聘用短期工作人员。

第五章　附　则

第十七条　本章程经基金会理事会讨论通过后施行。

第十八条　本章程如需修改，应经基金会理事会讨论通过。

第十九条　本基金会如需终止，必须经三分之二理事同意后，报全国博士后管委会批准。

机械工业技术发展基金暂行管理办法

1988年11月2日

为加强机械工业的应用研究和技术开发，加速新产品开发和新技术的发展，促进科技成果的商品化，增加技术储备，推动机械工业持续发展，特设立机械工业技术发展基金，并制订本暂行管理办法。

使用范围和原则

第一条　技术发展基金主要用于机械工业应用研究（包括共性技术）、重点技术开发项目和科技成果推广应用的项目。

第二条　受技术发展基金资助的项目，必须符合机械工业科技发展规划的要求，密切结合生产发展的需要，对开拓新技术、新产品或改进现有产品具有重要意义，并可获得较大的经济效益或社会效益。

第三条　项目的研究内容在国内应无重复，且未得到其他渠道经费的重复支持。

资金来源

第四条　机械工业技术发展基金暂由国家拨给原机械部的部分科技三项费用和部分事业费组成，或争取由国家专项基金拨款，争取社会集资和捐款，也可在资金运转中实行合理偿还和贷款。

管理机构

第五条　技术发展基金由机械电子工业部机械工业技术发展基金委员会管理（以下简称基金会）。基金会由有关领导和专家组成。根据需要可增聘名誉委员和顾问若干人。其职能是：研究确定基金的使用原则，投资重点和比例，审定基金项目指南，审批重大和综合性的应用研究、共性技术开发项目，检查指导基金项目执行和经费使用情况。基金会下设秘书机构，是机械电子工业部直属事业单位，负责处理基金会的日常业务工作，其业务工作由机械电子工业部科技司归口管理。

第六条　基金会设若干专业组，根据机械工业技术发展政策、规划和委员会的有关原则、精神，负责审议本行业基金项目指南，即年度应用研究、共性技术和技术开发重点；审议本行业基金项目中选名单，对基金工作提出意见。专业组由本行业的领导机关、研究院所、大专院校、骨干企业的专家组成，由基金会聘请。

申请和评审

第七条　技术发展基金面向全国机械行业。基金会每年发布一次项目指南。凡机械行业的企业、研究机构、科学院的研究机构和全国各高等院校，均可按项目指南提出申请。为便于管理，每个单位申请的项目请组织一起报送。

第八条　申请技术发展基金，必须按规定格式编写可行性分析报告和申请表，经本单位认真审查，即对申请的必要性、研究目的和意义，完成任务的基本条件等进行审查，经单位领导签章后，报送基金会秘书机构。

第九条　基金的申请由基金会秘书机构统一受理，经初审后，按项目请同行专家公正评议，然后按照规定的权限进行审批，择优资助。

第十条　基金项目的评审结果，由基金会通知中选单位，并签订合同。参加评审的有关人员及基金会工作人员，对评审过程中的专家意见及申请者的技术方案应予保密。

项目经费

第十一条　基金经费视项目不同情况，分资助和贷款，采取一次核定，分期或一次拨款。资助的项目可视情况规定部分偿还数额、收入分成，以不断增加基金额度。年终结余经费可结转下年度使用。贷款项目的具体办法见《机械工业技术发展基金贷款试行办法》。

第十二条　申请单位在接到中选通知后，应按通知要求制订合同文本，年度工作计划和经费预算，经审核签订合同后方可拨款。

第十三条　项目经费的使用情况，应按年度编报会计报表，于次年 1 月 15 日前报送基金会（或共性技术专业组）。研究工作全部完成后，应在两个月内编报总决算。剩余经费留承担单位作收入。

第十四条　项目因故经批准撤销或停止时，承担单位应将全部经费或剩余经费和器材处理收入，悉数交回基金会。

监督检查

第十五条　项目承担单位领导应对本基金资助的项目加强督促检查，并从各方面给予积极支持，保证工作顺利进行。

第十六条　基金项目中的科研课题和新产品试制项目，凡符合列入机械电子工业部科技计划条件的，在签定合同后，应由承担单位按有关规定申报，经审核后列入机械电子工业部科技计划，以便统一管理，并按规定享受减免税等优惠。

第十七条　项目承担单位要定期向基金会汇报执行情况，每年 7 月 10 日前汇报半年执行情况，次年 1 月 15 日前报出上年度工作总结和下年度工作计划。过期不报者，将暂不拨款，并酌扣信誉率指标。

第十八条　对于无故未按期和按要求完成项目规定任务的承担单位，应予停拨、减拨、赔偿经济损失，追究责任等处罚。

第十九条　项目结束后应认真总结，写出报告送基金会。报告应数据完整，资料齐全。基金会将按合同中确定的指标认真组织审议验收（或评定、鉴定），具体办法见《机械工业技术发展基金项目成果管理实施办法》。

第二十条　研究成果的奖励、转让和专利申请，按国家有关规定处理。

第二十一条　基金会每年将根据各基金项目承担单位按合同当年应完成项目的完成情况，评定该单位的“信誉率指标”，作为下一年度新项目评审与中选的参考条件之一，以资奖惩。

机械工业技术发展基金暂行管理办法实施细则

1988 年 11 月 2 日

根据《机械工业技术发展基金暂行管理办法》，特制订本实施细则。

一、基金的管理

第一条　机械工业技术发展基金委员会（以下简称基金会），由有关领导和专家组成。委员会是管理基金的权力机构。委员会下设秘书机构，负责处理基金会的日常业务工作：如编制并发布项目指南；受理申请，组织评审，签约；负责项目的督促检查，鉴定验收，成果推广，财务拨款及监督等管理工作。

第二条　委员会下设若干专业组，根据机械工业技术发展政策、规划和委员会的有关原则、精神，负责审议本行业的项目指南，即年度的共性技术和重点技术开发项目；审议本行业基金项目中选名单；对基金工作提出意见。专业组由本行业的专家9—15人组成，包括领导机关、科研院所、大专院校、企业的专家，经酝酿推荐，由基金会正式聘请。

共性技术专业组下设办事组（挂靠在机械科学研究院），在基金会秘书机构的统一领导下，负责本行业的基金项目的项目指南编审（草案），以及评审、签约、督促检查、鉴定验收、成果推广及财务管理工作，并向基金会秘书机构汇报工作。其他专业组不设办事组，有关业务和综合平衡工作由基金会秘书机构办理。

第三条　基金会对于一些技术高、科研工作量大、涉及面广、技术效益显著、资助金额较大（即预计30万元以上）的项目，要认真审查，并报基金会领导批准后签约，进行重点管理。

第四条　项目结束，需经基金会组织验收（或评定、鉴定），确认已达到预定的目标和要求，方可认为项目正式完成。

第五条　由基金资助而完成的项目，其成果在发表、使用或转让时，均应标明："机械工业技术发展基金资助项目"。全额资助的项目，其成果所有权归基金委员会。使用权、发明权或专利权按国家有关法律办理。如有其他要求应在签订基金项目合同时在条款中明确。

第六条　项目的研究内容在国内应无重复，且未得到其他渠道经费的重复支持。有的重大项目技术复杂，科研开发工作量大，所需经费多，可与有关部门协商，联合资助。

二、基金的申报和下达程序

第七条　基金会每年10月前后发布下一年度的项目指南。在此之前，根据机械工业科技规划要求及各行业基层单位的建议，并经各专业组讨论审议，委员会审定，编制基金项目指南。项目指南将对下一年度基金资助的项目的名称、主要参数和目标、完成年限等内容作出规定。

第八条　机械行业的企业、研究单位、高等学校，均可按项目指南在规定的报送日期内提出申请。几个单位可联合申请，有企业支持的项目将优先考虑，但必须在申请前互相联系商妥，明确分工，有关事宜应填入申请表内（最好能附主要协作单位的书面承诺文件）。虽不属项目指南所列的内容，但对机械工业技术发展具有创新水平、应用价值和经济效益重大的个别项目，亦可提出申请。

第九条　申请技术发展基金，必须填写《机械工业技术发展基金项目申请表》（见附表）及《可行性分析报告》（提纲附后），经单位审定后，一式10份报基金会，并随交手续费50元（如未评上，不予退还）。手续费汇交：北京市工商银行南礼士路分理处，银行帐号040225-81（单位：机械电子工业部机械工业技术发展基金委员会，邮政编码100823）。请在附言栏内注明"基金项目申请手续费"和付款单位的经办人，以便准确返回收据。未交手续费的项目将不予受理。申请项目初审后，按专业分送各行业专家评审。

某些申请单位所报项目，格式、份数不符要求，签章不全，或文不对题、水平很低、内容粗糙无法评审者，在初审中即行淘汰。

第十条　在评审时，如项目申请单位系机械电子工业部民口直属研究院所，因减拨事业费，可将申请项目中合理的人员工资和管理费，从项目申请的总金额中扣除，以扣除后的费用总额与其他申请单位的申请费用作比较而择优支持。

第十一条　项目评审结果，由基金会正式通知中选单位，申请单位在接到中选通知后，如同意核定的金额和待商榷的意见，应即按要求填写合同文本（省、市、区所辖地方工厂、研究院所，需经主管部门签证），并编报年度工作计划和经费预算，送基金会（具体事项按合同编写说明及要求办理）。基金会签章后，合同文本一份返回承担单位，即正式生效。如有意见，应尽快与基金会商定。无故延期报送者，即视为自动放弃中选资格。

第十二条　参加评审的专家和办事人员，对评审过程、评审专家的意见和申请项目的主要技术内容有保密的责任。

第十三条　某些项目的技术内容或技术关键，如一经透露，容易为他人所实施的，经申请单位要求，并详细说明理由，经基金会审查同意后，可不组织同行专家评审，直接提出处理意见报基金会领导批准后办理。

三、基金的使用

第十四条　使用基金的单位，必须严格按照财务部门对科技费用的有关规定专款专用。如合同有特别规定的，按合同条款执行。

第十五条　技术发展基金，原则上有能用于土建工程，但为完善测试条件而必须进行的少量土建，应经基金会审批同意后，方可安排。

第十六条　项目承担单位必须按项目分别单独核算，各项开支应根据预算控制用款。财务部门应参加项目可行性分析报告及年度工作计划的制订，明确该项目的技术经济指标，建立和健全基金使用的原始记录，以便在实施过程中进行必要的经济管理和财务监督。

第十七条　承担单位每年应由财务部门会同科技部门，根据用款情况，编报年度会计报表，于次年1月15日前报基金会，以便掌握情况。项目完成后，应在两个月内编报总决算。

第十八条　项目完成后，结余的经费，留承担单位作收入，也可以从中提取一部分，奖给完成项目的有功人员。

四、信息管理和监督检查

第十九条　项目承担单位的主要负责人应加强领导，组织好生产、科技、财务等部门，对项目进行科学管理。项目负责人应对项目的完成负主要责任，在核定经费范围内，项目经费的使用主要由项目负责人决定。

第二十条　项目承担单位每年两次向基金会报送进展情况，7月10日前报送半年执行情况，次年1月15日前报送上年度工作总结，会计年报和下年度工作计划。逾期不报者，将暂缓拨款。

第二十一条　基金会应对半年和年度的执行情况进行分析汇总，并应选择重点，进行抽查，及时发现问题，改进工作，总结经验，逐步提高管理水平。

第二十二条　基金会汇总各项目进展情况，每半年发表一次公报，介绍典型事例，指出存在问题，以沟通情况，交流经验。

五、鼓励和处罚

第二十三条　基金项目完成后，主要完成单位可按有关规定向省、市（部门）和国家申请科技进步奖，有发明内容的可申请发明奖。

第二十四条　项目完成好的负责人和单位，基金会将通报表扬和酌情奖励。

第二十五条　如项目无故拖期，或因责任事故而未完成，应停止继续拨款，并对已拨款项目，视情况予以追还或部分追还，严重者将追究责任，通报批评或要求赔偿经济损失。

第二十六条　基金会每年将根据各基金项目承担单位按合同当年应完成项目的完成情况，评定该单位的“信誉率指标”，作为下一年度新项目评审与中选的参考条件之一，以资奖惩。

附一：基金项目“可行性分析报告”提纲

一、概况（项目名称、目的、主要技术参数和完成期限及本项目的主要服务对象）；

二、申请单位的基本情况及具备的技术条件（如本单位现有的试验、测试、生产条件、技术队伍及过去与本项目相近的科研成果完成情况等，主要协作单位及其情况）；

三、本项目国内外技术发展趋势概况与水平分析；

四、本项目研究的内容、技术关键、拟采取的技术方案与措施；

五、经济效益分析（国内外需求、市场预测、申请单位内部效益、社会经济效益）；

六、本项目完成后成果的提供形式（包括验收形式）；

七、研制过程中的各主要阶段的计划进度；

八、申请概算及申请资助的类别（注明全额资助，部分资助或贷款及其偿还计划等）。概算可按调研费、资料费、试验费、材料费、必须增添的少量仪器及设备购置费、外协费、工资管理费、可以自筹的经费、样机样品出售可收回的资金等分别列出。

附二：关于填报“申请表”和“可行性分析报告”的补充说明

一、申请内容、项目名称和编号，应与《项目指南》中的完全一致；如系属于某项目的内容，而又不完全相同，则应注明该项目后，用括弧写明研究的题目；申报项目指南以外的项目，应予说明。

二、因多数项目需通过通讯方式请专家评审，申请表各栏必须填写详细、准确，签章齐备；可行性分析报告的有关内容，都是评分的主要指标，要求尽量详细准确，以便作出公正的评审。申报资料报出后，一律不得要求补充资料或作口头汇报。

三、项目经费概算，是重要的评比指标之一，请根据基金使用范围，本着实事求是、精打细算的精神核报。申请资助的项目，视情况在项目完成后，偿还部分资金，申报时应说明可偿还的数额及偿还计划。基金会在中选通知中，可以提出核减资助额度和增加偿还数额和意见，如商议无效，将改选其他申请单位。

四、个别项目，申请单位要求保密，不参加公开评审时，必须详细说明理由，如基金会审查不同意，而申请单位仍坚持保密时将视同撤销申请处理。

五、如某单位（工厂、研究院所、高等院校）需申请若干项目时，请组织起来统一办理申报手续，以便于管理，少出差错。

六、各申请单位，必须在每年"通知"要求日期内，按期申报，过期申报的项目，不予受理，申报资料及手续费概不退还。

机械工业技术发展基金项目成果管理实施办法

1988 年 11 月 2 日

机械工业技术发展基金项目的成果管理工作是技术成果商品化的重要环节。为加强基金项目的成果管理，根据《机械工业技术发展基金暂行管理办法》和国家科委、原国家机械委等现行的有关科技管理办法，结合基金项目的具体情况，特制订本办法，予以试行。

一、总　则

第一条　机械工业技术发展基金项目的成果管理（含成果鉴定、验收、推广应用、技术转让等），都必须遵照国家科委、原国家机械委现行的文件和有关规定处理。

第二条　基金项目的成果管理，必须遵循"经济建设必须依靠科学技术，科学技术工作必须面向经济建设"的方针，有利于科技体制改革，正确评估科技成果的水平，有利于调动机械行业广大科技人员的积极性，适应社会主义商品经济发展的需要，促进科技成果的应用和推广。

第三条　接受资助的项目承担单位（即合同的乙方），在项目完成后发表成果专著、论文、研究总结、鉴定证书等单行文件时，必须在题目下方标注"机械工业技术发展基金资助项目"。成果转让、推广或做广告时，也须注明"机械工业技术发展基金资助项目"。这是评审乙方继续申请基金项目的主要依据之一。

二、基金项目成果管理的范围

第四条　凡接受机械工业技术发展基金资助并签订正式合同而完成的项目，均属基金项目成果的管理范围。

第五条　基金项目完成后，技术水平、经济效益达到合同规定要求，经过有关部门组织鉴定（或工业性运行，或部委级检测中心测试合格，或用户验收），并由基金会认定达到合同要求，方可报送项目成果。

三、成果鉴定

第六条　成果鉴定是科研、开发过程中的一个重要程序，国家科委、原机械委均有明确规定（分级管理、多种形式）。因此，应按国家科委（87）国科发成字 0781 号文和原机械部（85）机技字 108 号文贯彻执行。

第七条　重大基金项目，原则上由秘书机构（或会同有关部门）组织鉴定。

第八条　由基金会组织鉴定的项目，承担单位应于鉴定前将申请鉴定报告和有关资料提前一个月报基金会审查（附表一），确认已达项目合同预定的目标和要求，由基金会发出通知组织鉴定。属共性技术专业组组织鉴定的项目直接报共性技术专业组。

由地方或有关单位组织鉴定或由用户验收，测试中心检验的项目，经验收检验后，填写相当于鉴定书的测试、验证资料后，将有关资料报基金会审查。

四、成果申报程序

第九条　项目承担单位（乙方）在项目完成通过鉴定后，应将鉴定书（鉴定证明）（附表二）、成果简介（附表三）、技术资料（写明成果名称、主要技术参数、技术性能、国内外主要技术指标对比、服务对象、经济效益等），连同设计计算书，主要工艺试验报告，主要测试报告等原始资料及研究报告、应用报告、用户证明（工业性试验报告），报送机械工业技术发展基金委员会秘书机构审查签章。同时，按机基金项目〔1988〕017 号文要求报送新产品简介或课题技术论述文章及黑白或彩色照片 2 张。如属共性技术成果，请直接报送基金会共性技术专业组，清华东路机械电子工业部机械科学研究院内。

第十条　承担单位要申报科技进步奖的项目，请按原国家机械委机委科函（1988）73号文件规定办理。必须标明系“机械工业技术发展基金资助项目”（如系贷款项目也应标明，与原签合同中规定相吻合）。

第十一条　基金项目获奖后，承担单位要将奖励等级、年限、部门等情况报基金会。

五、成果转让、推广

第十二条　做好机械工业技术发展基金项目技术成果的转让、推广工作，加速技术成果的商品化，是促进机械工业发展必不可少的环节。

第十三条　机械工业技术发展基金资助项目成果的所有权，属基金委员会，具体权益分配可视不同情况，在签订合同时明确约定。使用权、发明权或专利权，按国家有关法律办理。

第十四条　机械工业技术发展基金会（以下简称甲方）如要求乙方按机械工业发展规划的生产布点转让成果时，乙方应按照甲方要求转让。乙方可向受让方收取合理的转让费。

第十五条　如甲方不提出转让单位，乙方可自行选择转让单位，在转让前向甲方备案，并根据成果收益和投资比例，甲乙双方议定分成比例或一次性支付转让收益。甲方所得成果转让、推广的收益，根据国家有关财务规定，纳入基金，以逐步扩大基金额度。

第十六条　项目成果如对社会效益有重大价值的，如环保、安全、通用工艺、节能措施等方面的新技术，甲方要求进行公开交流、推广或进行技术培训时，乙方必须予以支持，不得进行技术保密，但可收取合理的费用。

第十七条　以上第十四—第十六条，甲、乙双方可在签订项目合同时明确约定，也可在项目签订时，续签转让推广合同或合同补充条款。

第十八条　以上各条，如与国家颁发的有关政策发生矛盾时，按国家有关规定执行。

机械工业技术发展基金会技术咨询服务办法（试行）

1988年11月2日

为更好地贯彻经济建设必须依靠科学技术，科学技术工作必须面向经济建设的方针，发挥基金会在科技力量、信息、成果及资金等方面的已有优势，开展技术咨询服务工作，特制订本办法。

第一条　机械工业技术发展基金会设技术咨询部（以下简称基金会咨询部），从事以技术和管理为主的技术咨询服务工作。

基金会咨询部有若干名专家和管理干部，负责技术咨询服务的组织管理工作，并承担部分咨询服务任务；同时，聘请大批专家承担具体技术咨询工作。

第二条　基金会咨询部的技术咨询服务范围，主要是：

一、接受机械电子工业部等政府部门的委托，在制订科技规划、技术政策、装备政策、管理办法等方面提供咨询服务；

二、接受机械电子工业部等政府部门委托，对重大技术装备、重大工程项目中的科研开发项目及重大科研项目，组织专家论证、招（投）标、签订合同、监督合同执行以及代行拨款等服务工作；

三、接受部门、地方委托，对科技成果、新产品、新技术组织鉴定（评定）及推广，为科研单位、工厂企业提供科研课题、科技成果转让等技术、经济信息服务；

四、为地区、工厂企业等制订科技发展规划、提高管理水平、开发产品、改进工艺或试验设施引进技术、消化吸收等，提供技术咨询或技术服务；

五、为促进科技成果的商品化，引进技术国产化，提供技术服务及经济资助；

六、根据委托，组织人员培训工作；

七、委托方的其他咨询要求。

第三条　基金会咨询部为非盈利性质。本着独立、公正、科学的精神，以为委托方提供优质咨询服务，使委托方获得最大利益为宗旨。

为不断发展咨询业务，根据工作量及经济效益，收取适当的咨询服务费用。咨询收入在扣除必要的开支后，全部用于扩大发展基金。

第四条 咨询项目的决策权属于委托方，咨询建议实施后获得的效益或损失，概与基金会咨询部无关。

第五条 咨询项目一经双方商定，应签订技术咨询服务项目委托书及合同书(见附件)，明确咨询的目标、双方的权利和义务、咨询费用及其支付办法、验收条件及方法等。必要时可办理公证手续。

第六条 咨询项目因故未能成约，但基金会咨询部已对该项目做了必要的前期工作，委托方应予适当的经济补偿。基金会未按合同规定日期完成咨询任务而使委托方遭受经济损失的，应酌情予以赔偿。

第七条 简单的、一次性的短期的口头咨询、现场诊断，以及一般的信息服务，可不订立技术咨询合同或协议书，委托方给予适量的咨询服务费用。

第八条 技术咨询合同签订后，基金会咨询部立即根据合同的要求，组织技术专家制订实施计划，积极开展工作，保证如约优质完成咨询任务。

机械工业技术发展基金会组织及工作条例

1988年11月2日

根据《机械工业技术发展基金暂行管理办法》和《实施细则》的有关规定，特制订基金委员会的组织工作条例。

一、基金委员会的组成

1. 由有关领导和专家组成，暂定委员会组成如下：

主任：1名

常务副主任：2名

副主任：3名

秘书长：1名

委员：若干名，聘请高等院校机械专业的教授(或副教授)、有关企事业单位或管理部门中的专家组成。

名誉委员：若干名，聘请机械行业德高望重的专家担任。

顾问：根据工作需要聘请若干人。

名誉委员、顾问及专业组组长参加委员会有关会议。

2. 基金委员会成员和专业组成员每三年将作部分调整。

二、基金委员会的工作

基金委员会每年10月前后召开一次全体会议，讨论以下事项：

1. 确定基金的使用原则和资助重点；

2. 审定下年度项目指南；

3. 审批重大基金项目。由于评审时间在上半年，因此由在京主任(或常务副主任)审批后，报送各委员阅知；

4. 听取并审议基金会年度工作情况汇报，总结经验，讨论和解决存在的问题，审查批准下年度工作计划；

5. 其他有关重大事项。

如临时有重大事项需要委员会决策时，由秘书机构提出，报请委员会主任(或常务副主任)召开临时会议。

三、基金会秘书机构

基金委员会下设秘书机构(副局级)，业务工作由机械电子工业部科技司归口管理，其主要工作为：

1. 会同经济调节司核定年度技术发展基金总指标，探索科技经费拨款制度改革途径，改进和完善基金制管理，并负责基金的财务管理工作；

2. 根据机械工业科技工作规划，提出项目指南草案，并通过科技司组织各行业司科技部门征求意见，经各专业组会议审议、委员会审定后，发布年度的项目指南；

3. 统一受理基金项目的申请，组织同行专家评审，择优签约资助，并不定期检查、抽查基金项目的进度和费用情况，每年向委员会作出书面报告；

4. 为委员会年度工作会议作好各项资料准备，会后写出会议纪要或通报；为每年各专业组的两次会议，准备供审议的文件；

5. 汇编基金项目计划，并对合同进行细化工作，以便纳入有关科技计划；

6. 负责与国家科委、国家自然科学基金会及有关部委联系；并开展对外联系，逐步发展与世界上工业发达国家产业部门有关机械工业科学基金组织之间的联系，探索合作的可能；积极争取来自多种渠道的资金，以扩大基金的额度和范围；

7. 开展技术咨询工作，具体办法见《基金会技术咨询办法》；

8. 开展基金贷款业务，以促进机械工业已有科技成果推广，转化为生产力；

9. 处理委员会交办的其他有关事宜。

四、专业组

基金委员会下设若干专业组。专业组由本行业科研院所、大专院校、企业和管理部门专家 9—15 名组成。设组长、副组长。

专业组的主要工作为：

1. 根据本行业的科技规划、发展趋势和委员会有关原则、精神，审议本行业的年度基金项目指南（草案）；

2. 根据同行专家评审情况，审议本行业基金项目中选名单；

3. 对基金会的工作提出建议意见。

共性技术专业组设办事组（挂靠在机械科学研究院），在基金会秘书机构的统一领导下开展工作。

机械工业技术发展基金会关于在基金项目评审中实行“信誉率指标”的办法

1987 年 11 月 11 日

为了促使机械工业技术发展基金项目严格按合同执行，对各项目承担单位做到有奖有罚，除甲、乙双方均应遵守国家的经济合同法和合同的共同条款外，考虑到基金项目的选定是：自由申请，公开竞争，专家评审，择优资助的特有性质。拟在我会第一批合同执行后，在评审新项目时，将“信誉率指标”计入评分，使各申请单位前阶段执行合同的好坏、信誉的高低，参与评审，从而对新项目能否中选、获得资助，产生影响。

一、单位“信誉率指标”的评定

1. 凡在技术目标、研制进度、生产推广应用等方面完全按合同执行，并能按时如实报送报表信息、成果经验收、鉴定合格的，其“信誉率指标”为 1。

2. 凡全面完成合同任务，并有下列情况者，可提高其“信誉率指标”：技术上有突破创新；主要性能和技术参数有显著提高；提前完成合同任务；生产和推广应用好，经济效益显著等。视具体情况，其“信誉率指标”可为 1.01—1.05。

3. 合同执行结果，有下列情况者，应降低其“信誉率指标”。如：未达到技术目标；研制任务拖期完成；不按时报送表报信息；不执行合同共同条款；在申报项目或执行期中，有弄虚作假、失实的行为；在推广成果时，过分攫取费用等，视具体情况其“信誉率指标”为 0.90—0.99。

4. 个别项目，承担单位确已经过努力，但因技术难度太大，或属探索性、开创性课题，虽几经试验、试制，仍未达到技术目标。或因其他无法抗拒的原因，未能按期完成，甚至失败者。承担单位曾及时详细呈报情况，有理有据，经基金办公室或办事组组织审查，委员会或专业组领导批准，其“信誉率指标”仍可为 1。

5. 个别承担单位违约特别严重，情节恶劣，造成巨大经济损失，实际上已丧失信誉者，经基金办公室或办事组审查，领导批准，直接停止其中选权利 1 至 5 年。必要时并可将其情况通报机械工业有关的科技攻关、技术开发、重大成套等专项科技经费的主管部门。

6. “信誉率指标”，每年根据各承担单位应完成的合同的执行情况，由基金会办公室、办事组评定一次，作用于下年度新项目评审。当年无应完成合同的单位，“信誉率指标”为 1；同一单位、同一年度应完成几个项目时，其“信誉率指标”取平均值。

7. 少数主要参加单位，虽不是合同当事人，不负直接责任，但在完成合同任务中，起了关键作用，做出突出贡献或造成严重影响时，也应享有与合同承担单位相同的“信誉率指标”，以示奖惩。

二、“信誉率指标”应用方法

计算公式：$PZ \times S = ZZ$

即：某新项目专家评审总分数（PZ）× 某单位“信誉率指标”（S）= 该单位某新项目应得的最终评审总分数 ZZ。

注：某单位同年申请几个新项目时，采用同一个“信誉率指标”。

三、实行信誉率指标产生的影响

本办法执行后，将对择优中选者产生较大影

响。基金办公室、办事组工作人员，一定要秉公办理，评定“信誉率指标”要有理有据，必要时应负责作出解释。

航空科学基金项目管理暂行办法

1988年7月

第一条　为发挥航空科学基金在航空科研技术发展中的积极作用，并使基金资助课题研究项目能有效地在国防和国民经济建设中起到应有的效益，特制订本管理办法。

第二条　航空科学基金的课题管理，主要依靠已批准课题申请者所在单位科研技术管理部门纳入本单位研究计划具体实施，本管理办法仅反映批准资助项目的管理工作程序。

第三条　基金申请者，在接到批准资助通知后，应在一个月内编制工作计划(航空科学基金资助课题年度实施计划表)及拨款申请书(见财务管理暂行规定)，经所在单位审查后，一并报基金办公室一式两份。

第四条　资助课题负责人。于每年1月底前提交上年度计划执行情况，以及下年度的工作计划(航空科学资助项目年度进展情况报告)，同期发表的论文和研究报告等应作为附件上报。

第五条　根据航空科学基金实施细则及补充规定精神，航空科学基金资助项目内容和结束形式是：

基础研究对新概念、新原理、新方法等进行机理研究，以论著、论文、研究报告、计算机程序等为结束形式。

应用研究对解决理论应用于实践的技术关键、研制新材料、新元器件试样等，通过原理样机试验、验证其可行性和技术途径，以原理样机(或样件)、试样、技术报告、应用软件、实验数据、专利等为结束形式。

第六条　航空科学基金课题负责人所在单位，应在科学技术管理部门设立专门的兼职或专职人员从事航空科学基金项目的管理，负责基金年度计划管理，并于每年年终前上报资助项目管理工作年度报告(航空科学基金资助项目管理工作年度报告)、组织成果鉴定、审查成果上报、向部成果管理归口部门申报奖励、资料归档、总结管理经验、推广应用等。

第七条　资助课题研究成果具有一定学术水平或实用意义的创造性结果，或阶段成果，课题负责人所在单位应及时组织评议或鉴定。重大性成果，经主管业务部门认可组织评议或鉴定后按部成果管理条例规定，向部申请成果奖励。各单位对航空科学基金资助课题研究成果评议鉴定时，应通知航空科学基金办公室。评议鉴定后两个月内向航空科学基金办公室报送“航空科学基金资助项目研究成果登记表”(一式两份)。

第八条　航空科学基金研究成果，是指获得航空科学基金资助的研究课题，通过研究及理论计算、试验得出先进的、具有实用价值的、对航空科学技术的发展有一定指导意义和促进作用的科学研究结果和科学结论。

第九条　航空科学基金资助项目研究成果，必须标注“航空科学基金资助项目”字样；该成果用于国际交流，必须标注英文“The Project Supported by Science Foundation of Aeronautics”字样，缩写“PSSFA”。

标注位置：专著或有封面的论文、资料、研究报告、总结、鉴定书等单行本，将标注写在封面中间(即著作名称作者姓名之下，编印单位或出版单位名称之上)。无封面或与其他文章、资料汇编一起时，将标注写在第一页的地脚左下方，并在标题右上方和注脚前各打一个“*”号(见示例一、二、三)。

第十条　所有资助课题在规定期限内完成研究计划后，无论有无成果，都必须按期进行总结，于3个月内向航空科学基金办公室报送下列资料：

1. 研究工作总结报告(航空科学基金资助项目研究工作总结)及财务决算表(见财务管理暂行规定附表)。

2. 研究课题的主要成果或结果文件。

第十一条　不能按批准期限完成工作课题，须提前3个月向基金办公室提出书面报告，说明理由及修订完成期限。课题负责人调离航空系统时，应及时更换课题负责人并报航空科学基金办公室备案；由于课题负责人调离而无法进行研究的课题，应立即中止或撤销。

第十二条　对国民经济和国防建设中做出贡献的基金资助研究课题的负责人和所在单位，应按国家成果专利管理有关规定，向主管上级部门申请奖励事宜。

第十三条 基金资助课题工作结束后，课题负责人和所在单位应继续向航空基金办公室提供成果奖励、推广应用、转让，以及论文被引用、转载和国内处同行的反映等信息。

第十四条 为充分发挥科学研究技术成果，在国民经济建设和国防现代化建设中的积极作用，把研究成果转化为直接生产力，课题负责人及所在单位，必须加强研究成果的推广及应用，对评议、鉴定中提出的建议及存在的问题，应认真研究，并限期解决。

第十五条 资助课题负责人所在单位，应组织本单位学术交流会和促进学术空气的发展，并对优秀研究成果积极向有关单位和部门推荐应用，召开学术交流会应通知航空科学基金办公室。航空科学基金办公室亦将不定期的出版基金项目成果汇编，举办学术交流及推广应用活动。

第十六条 要充分应用本单位的"科研简报"推荐基金资助课题成果，并进行纵向及横向交流。有关航空科学课题内容的简报，必须送航空科学基金办公室。

第十七条 基金资助研究课题成果转让，由转让和接受双方自行商定，订出明确协议作为法定文件。

第十八条 为了不断扩充、发展基金资助项目，基金办公室将从基金资助项目成果转让收益中提取15—20%作为基金经费的补充来源。其余部分由转让单位和课题负责人自行支配，原则上收益的大部分留作单位的科研发展基金，少部分用于集体福利或作为课题组的个人收入。

第十九条 本办法解释权在航空科学基金办公室。

航空科学基金实施细则

1986年3月

为了充分发掘科研潜力，发现和培养人才，加强基础性研究工作，促进航空科学技术发展，根据《航空工业基础研究和应用研究管理办法》中有关基金项目管理的规定，特制订本细则。

基金资助范围和原则

第一条 航空科学基金，主要资理基础研究项目和部分应用研究项目。根据基金理事会发布的项目指南，确定当年度的资助项目。此外，确实体现出新思想、新概念、新理论、新方法的个别研究课题，亦给予资助。

第二条 基金资助项目，经同行评议，择优支持具备以下条件的研究课题：

1. 有重要的科学价值和实际意义，对加速航空科学技术发展有促进作用；

2. 学术思想新颖，立论根据充足，研究技术路线可行；

3. 研究内容、研究方法及拟采取的技术路线同国内其他单位不重复或有独到之处；

4. 研究工作有一定的基础，具备深入开展研究的实力；

5. 研究目标明确，工作步骤可靠，短期内可取得结果。

第三条 为了有利于发现人才、培养人才，在相似条件下，对以下人员优先考虑：

1. 曾接受基金资助并取得重大成果者；

2. 中青年技术人员。

申 请

第四条 基金申请者，应是教授、副教授、高级工程师以及博士生、硕士生的指导教师。其他人员申请，必须有两名高级工程师或副教授以上的人员或所在单位的书面推荐。

第五条 申请者，必须是从事研究工作的本人或主持研究工作的课题负责人，不得由不参加研究工作的人员挂名。

第六条 已承担指令性计划课题或重要研究项目的人员，原则上不能再申请基金资助项目。

第七条 申请资助研究的课题，一般不应超过3年，申请资助金额，一般每个项目以5万元为限。

第八条 申请基金，必须填写《航空科学基金申请书》，经所在单位技术部门进行认真的审查、筛选和平衡，对申请资助的必要性、申请书内容的真实性、研究方案的可行性、经费预算的合理性，以及本单位能否保证其工作条件等，提出具体意见并经领导签署后，一式7份报送航空科学基金办公室。申请书不论批准与否，概不退还。

评 议

第九条 申请书由基金办公室初步审查后，邀请熟悉本课题国内外情况、学术上有造诣的专家进行同行评议。

第十条　参加评议的专家，由基金理事会聘请。每个项目须有3名以上同行专家评议，如第一次评议，意见分歧较大者，须再次邀请专家评议。

第十一条　参加评议的专家，除要有较高的学术水平外，更要具有高度的事业心和责任感，且要正直和公正，对申请项目的学术价值、应用前景、技术途径和实施方案的可行性，以及项目负责人的胜任能力等，严肃认真地提出具体意见。

第十二条　评议一般采取通讯方式，个别特殊的项目，可召开小型评审会。

第十三条　参与评议的有关人员，对评议过程中个人发表的意见（包括自已的意见）及申请者的技术方案内容，不得外传。

第十四条　对于认真完成评议任务的专家，可给予适当的报酬。

审　批

第十五条　评议结果，由基金办公室整理，5万元以下项目，汇总后报基金理事会审批；5万元以上项目，单独报基金理事会逐项审批。

第十六条　每年度基金资助项目，采取理事会集体讨论，集中审批办法，理事会闭会期间，由理事长召集小型会讨论审批。

实　施

第十七条　基金项目的申请、评议、执行和检查等工作，由基金办公室统一组织实施。

第十八条　申请基金资助课题，不论批准与否，均由基金办公室通知申请者和所在单位。所在单位，应将已批准的课题纳入本单位的研究计划，主管科研部门，要加强领导，并在人力、物力上给予支持，定期进行检查和考核。

第十九条　基金申请者，在接到批准资助通知后，应在1个月之内编制工作计划和拨款申请书，经所在单位审查后报基金办公室。如有特殊情况，不能按时报送者，应及时说明原因。否则，视为自动放弃接受资助。

第二十条　资助课题承担者，应定期向所在单位和基金办公室提出工作报告。于每年1月底前，提交上年度计划执行情况和经费使用、器材情况的报告，以及下年度的工作计划，同期发表的论文和研究报告等，应作为附件。无故逾期不报告，将停止拨款。

第二十一条　申请者在课题评审过程中或获得资助开展研究过程中，如因特殊情况无法继续担当课题任务，所在单位，应采取措施，保证研究工作计划进行，并将研究力量补充、调整及工作安排情况报告基金办公室备案，如涉及研究方向、内容的重大修改，须报基金办公室审批。

第二十二条　资助课题研究工作结束后，应认真进行总结，要整理完整的报告、图纸资料，写出研究工作报告、学术论文和工作总结，经所在单位领导签署意见后，连同经费结算情况报告，于3个月之内报送基金办公室。

第二十三条　基金办公室将采取各种方式，组织有关专家和人员，不定期地对资助课题研究工作进展情况和经费使用情况进行检查，总结经验，改进工作。如发现有研究工作不具备进行下去的条件或违反基金管理制度等情况，将及时采取措施予以纠正，情节严重者，需追究有关人员和单位的责任。

经费使用

第二十四条　获准资助经费，拨至申请者所在单位，由财务部门负责监督管理，单独核算，专款专用。在财务制度规定范围内，课题承担者有权按课题工作计划，支配经费。

第二十五条　资助经费，实行一次核定、分期拨款、年终结算、节约留用的办法。第一次拨款后，其他各次拨款，一般于每年7月份，遇有特殊情况，可随时申请。年终结余，可结转下年度使用。工作结束后结余经费，原则上留给所在单位用作科研费，并优先用于该课题承担者主持的研究工作。

第二十六条　资助经费的申请和使用，要精打细算，厉行节约，充分利用本单位现有仪器设备和本地区协作条件，开支范围，同于部规定的科研费开支范围，主要用于该课题直接需要的仪器设备、实验材料、燃料动力、实验室改装及必要的出差调研、购买资料等费用。单位对基金资助课题间接费的提取，尽可能给予优待，控制在10%以内。土建、工资、辅助工资、奖金、劳保福利和出国考察等国际活动等费用，不得列入基金课题核算。必要的进口器材，对外汇来源和落实情况有保证的方可列入。同一单位两个以上资助课题，可以共用的仪器设备不得重复购置。

其　他

第二十七条　基金资助课题研究成果，由所在单位主持评议和鉴定，并将结果报送基金办公室。基金办公室不定期地将基金资助研究成果汇编成册，向有关单位推荐。

第二十八条　基金资助课题研究的奖励、转让和专利申请，按国家和部有关规定和渠道办理，但必须注明是航空科学基金资助项目。

第二十九条　反映基金资助课题研究成果的文章、资料发表或归档时，应注明是航空科学基金资助课题。

第三十条　上两条的标注位置：凡在专著或有封面等单行本时，将标注写在封面中间(即著作名称、作者姓名之下，编印或出版单位名称之上)；无封面或与其他文章、资料汇编在一起时，将标注写在第一页的地角，并在标题右上方和注脚前，各打一*号。

第三十一条　基金申请书格式随同本细则发至有关单位，申请者可向所在单位索要或查看。其他报表格式将在申请课题批准资助后，陆续发给课题承担者和所在单位。各种表格式样，各单位可以翻印。

第三十二条　本细则自发布之日起试行。

《航空科学基金实施细则》补充规定

一、严格保护基金项目申请人的合法权益

1. 凡申请航空科学基金的项目，不论批准资助与否，申请书内容、技术路线及实施方案，均属申请者的劳动成果。理事会及其办事机构——基金办公室，以及参与评审的专家，有责任保护申请者的合法权益不受侵犯。

2. 凡申请航空科学基金者，均以基金办公室收到申请书的日期为准。先收到者为合法项目申请人；申请书研究内容大致相同的，对先收到的给予优先考虑。

3. 一旦发现并查实未经原申请人同意，利用已申请项目的内容或技术路线，重新申请者，除取消其申请、资助资格外，并在适当范围予以公布，以示警告。

二、申请办法

1. 为鼓励项目申请的竞争性，在部技字〔1986〕259号文规定单位范围内，各单位申请项目数量不再限制。资助项目审批严格按“依靠专家，发扬民主，择优支持，公平合理”的原则进行。

2. 为避免造成人力、物力浪费，各单位要挑选竞争力强的研究项目提出申请；为促进各单位对申请项目的筛选，确定每项申请书收取评审费50元，由申请单位统一汇基金办公室，同时报送交款项目清单。没有汇款的项目，不予受理。申请课题所交的评审费，无论课题选取与否，均不退还。

3. 除鼓励申请者自由选题申请外，可根据航空科学技术发展需要，或在自由申请项目研究成果的基础上，选择有开拓前景的某些题目，事先公布，以进行定向申请，择优定向资助。

轻工业科学技术发展基金会章程(草案)

1988年

第一章　总　则

第一条　根据《中共中央关于科学技术体制改革的决定》“设立科学技术基金，面向社会，接受各方面申请，组织同行评议，择优支持”的精神。为加强轻工业的应用研究，确保轻工业具有相当的技术储备，促进轻工业持续发展，设立轻工业科学技术发展基金。

第二条　轻工业科学技术发展基金(以下简称基金)由轻工业科学技术发展基金委员会(以下简称基金会)管理。基金会属轻工业部领导，业务上受轻工业部科技发展司宏观指导，是具有法人地位的事业单位。

第三条　基金会的宗旨是：开拓基金渠道，筹集科技发展基金，使用科技发展基金支持轻工业应用技术的研究、新技术、高技术的应用研究开发，促进轻工业科学技术进步。

第四条　基金会的主要任务：

1. 制订本基金的管理办法和实施细则；

2. 根据《轻工业中长期科技发展规划》、《项目指南》，提出基金使用比例的建议；

3. 组织行业专家组评审基金项目和自由申报的重大科技项目并进行最终审定；

4. 检查指导基金项目的执行和经费使用；

5. 与有关部门、单位的业务联系。

第二章　基金来源和使用

第五条　基金的来源：国家拨给的部分科技三项费用；科研单位减拨的事业费；有偿合同回收的科技经费；轻工业部及社会集资；国内外捐赠；国家专项基金拨款等；中国轻工业新技术组织研究开发中心在盈利后，每年按一定比例无偿向基金会提供资金。

第六条　基金应按财务管理办法，独立帐户，周转使用。

第七条　基金的的使用：基金主要面向全国轻工行业，用于轻工业的应用研究和重点技术的研究开发，符合《轻工业科技发展规划》、《项目指南》要求，密切结合生产发展的需要，有较大经济效益和社会效益，对推动轻工业技术进步有较大作用的项目。

基金经费视项目不同情况，分为资助和贷款二类。资助分全额资助和部分资助，资助项目视情况可规定部分偿还数额。

第三章　管理机构

第八条　轻工业科学技术发展基金委员会组成如下：

主任：1名，为基金会的法人代表

副主任：若干名

秘书长、副秘书长各1名

委员若干名，由有关领导和部内外有权威性、代表性、公正性的专家担任。

第九条　基金会下设办公室，在秘书长领导下办理日常业务。

第十条　基金会下设若干行业专家组，负责审议本行业的基金项目，专家组成员由本行业中技术水平较高、熟悉经营管理、办事公正、有一定影响的专家兼任，由基金会聘任。

第四章　项目的确定和管理

第十一条　基金项目的确定，坚持“自由申请，依靠专家，发扬民主，公正评审，择优支持”的原则。

确定项目的程序是：

1. 凡承担轻工行业任务的企业、研究机构、大专院校均可按照轻工业科技发展规划、项目指南和生产发展中的重大技术提出课题，进行申请。

2. 申请基金必须按指定表格和内容填写清楚，由所在单位对申请的必要性、研究目的和意义、完成任务的基本条件等提出审查意见后在规定时间内报送基金会。

3. 基金会组织专家组对项目进行同行评议或招标、评标。

4. 基金项目的评审结果，由基金会通知中选单位，并签订合同，参加评审的有关人员及基金会工作人员，对评审中的个人意见及申请者的技术方案应予以保密。

第十二条　合同委托中国轻工业新技术组织研究开发中心签订，合同签订以后，按合同规定拨款，定期检查进度，项目承担单位应于每年7月10日前汇报本年度执行情况，次年1月30日前报送上年度工作总结和下年度工作计划，过期不报者，暂不拨款。经费使用情况，应按年度编报会计报表，于次年1月30日前报送基金会和中国轻工业新技术组织研究开发中心。

第十三条　项目完成以后，应认真总结，写出报告，由中国轻工业新技术组织研究开发中心负责按合同规定指标进行审查，按轻工业部科技成果验收（鉴定）办法办理，项目因故撤销或停止时，应将剩余经费和器材处理收入悉数交回基金会。

第十四条　研究成果的奖励、转让和专利申请按国家有关规定处理。

第五章　其　他

第十五条　本章程的实施细则另行制订，本章程及细则的解释权属于轻工业科学技术发展基金会。

第十六条　本章程自1989年1月1日起试行。

轻工业科学技术发展基金会组织条例(草案)

1988 年

第一章　宗旨与性质

第一条　根据《中共中央关于科学技术体制改革的决定》的有关规定精神,设立轻工业科学技术发展基金会(以下简称基金会)管理轻工业科学技术发展基金,以利于轻工业科技工作的改革,促进轻工业的迅速发展。

第二条　基金会是具有法人地位的事业单位,属于轻工业部领导,业务上受轻工业部科技发展司宏观指导。基金会实行委员会领导制,委员会主任为基金会法人代表。

第三条　基金会的工作将以改革的精神,面向轻工行业,面向社会,开辟资金来源,引入竞争机制,用按项目拨款代替按地区、单位、人头拨款的办法;用发布《项目指南》宏观指导方式贯彻执行国家科技发展方针;用专家评审代替单纯行政办法决定项目,充分发扬民主,坚持公正原则。

第二章　基金委员会

第四条　基金委员会是基金会的领导机构,第一届委员会由轻工业部聘任,23 人组成。委员由各有关单位协商后提出建议名单,经审查后由主管部长审批,轻工业部聘任,发给聘书。

第五条　委员换届、增补由委员会提名,主管部长审批。

第六条　委员由熟悉轻工业有关专业科技概况,具有较高科技水平、有权威性、代表性、公正性的专家兼任。

第七条　委员的任期为 3 年,连聘连任。

第八条　委员会设主任 1 名、副主任若干人,由轻工业部委任,设秘书长 1 人、副秘书长 1 人,由基金会主任聘任,轻工业部备案。

第九条　委员会的任务如下:

1. 审定基金的管理使用办法;

2. 审议基金会的年度工作计划、财务预算,根据部科技发展司提出的《项目指南》,提出基金使用比例的建议;

3. 审定基金会安排的重大项目;

4. 审定基金会的年度工作报告和财务决算;

5. 协助筹集科技发展基金;

6. 提供轻工业科技发展工作的咨询意见。

第三章　常务委员会

第十条　常务委员会由主任、副主任 2 人、委员 2 人(正、副秘书长)5 人组成。

第十一条　常务委员会任期 3 年。

第十二条　常务委员会的任务如下:

1. 根据工作需要,召开委员会全体会议;

2. 在委员会闭会期间,主持日常工作,协商处理需要及时解决的重要问题;

3. 平衡、审定招标及评审项目。

第四章　基金会职能机构

第十三条　基金会的常设职能机构为基金会办公室,由秘书长、副秘书长及工作人员共 6 人组成,在秘书长的领导下开展日常工作。

第十四条　基金会的办事机构具有管理机构与学术机构的双重性质,其工作人员应具有一定的政策水平和学术水平。

第十五条　基金会办公室的任务是:

1. 为召开委员会、常务委员会做组织准备工作,提出有关工作报告;

2. 组织和调整专家组,经主任批准后办理聘任或解聘事宜;

3. 组织行业专家组开展各项活动;

4. 受理基金项目的申请,组织筛选,会同中国轻工业新技术组织研究开发中心的有关部门组织基金项目的评审、招标事宜;

5. 监督检查基金使用情况,定期向委员会(常务委员会)提出报告;

6. 接受上级单位委托,处理有关事宜;

7. 与其他单位的横向合作和社会联络工作;

8. 为基金会筹集资金;

9. 处理基金会其他日常工作。

第五章　行业专家组

第十六条　行业专家组是基金项目评审的基础,根据轻工业多行业的特点,逐步组建行业专家组。第一批建立造纸、食品(糖、罐头、乳品)、发酵、皮革、日化(洗涤用品)、香料(化妆品)、家电、塑料制品、轻工机械、玻搪、陶瓷、工艺美术(玩具、抽纱、刺绣)、日用机械(钟表、自行车、缝纫机)、室内装饰(五金、家具、灯具、厨房用具)、高技术及综合组16个行业专家组。

第十七条　各行业专家组由7—11人组成。根据任务需要,可临时邀请有关专家参加行业专家组工作,完成指定任务。

第十八条　专家组成员聘请有关行业中学术、技术水平较高的、办事公道、在行业中有一定影响的专家兼任。中年与在职专家应占较大比例。

第十九条　专家组任期3年,连聘连任。

第二十条　专家组成员由基金会办公室提出建议人选,与专家所在单位协商并征得本人同意后,正式聘任,发给聘书。

第二十一条　行业专家组的任务是:

1. 研究本行业科技发展方向,提出研究应用新技术、高技术、实用技术的规划设想,为提高本行业技术水平和经济、社会效益提出组织实施建议;

2. 负责本行业基金项目的选择工作,制订标书,并进行评标工作;

3. 参加本行业基金项目的同行评议;

4. 接受其他单位的委托,进行重大科技项目的评议、论证、评标工作;

5. 指导本行业基金合同的执行、鉴定与验收、成果推广及经费使用;

6. 对基金会工作提供咨询;

7. 对评审的项目负责保密。

轻工业科学技术发展基金会基金使用、管理暂行办法(草案)

1988年

为了正确掌握轻工业科技发展基金的使用方向,准确选择资助项目,有效地使用科研经费,以促进轻工业科技工作的改革,特制订本办法。

基金来源

第一条　轻工业科技发展基金来源主要是国家拨给的科技三项费用、研究所减拨的事业费、科技贷款、回收的科技经费。

第二条　基金会将争取由国家专项基金拨款,同时接受国内外的集资及捐赠。捐赠巨资的可设立名人基金或专项基金。

基金使用范围及原则

第三条　轻工业科技发展基金主要用于资助为发展轻工业而进行的应用开发研究工作,包括基础工作,重大研究课题及非重大应用技术课题。

第四条　基础工作研究,必须要有重要科学意义或对应用研究项目有指导意义。要求学术思想新颖,立论根据充足,研究内容明确。

第五条　重大研究项目,必须是符合《轻工业科技发展规划》及《项目指南》,新技术、高技术在轻工业上的应用研究,以及当前生产发展急需解决的重大攻关课题,项目应能代表国家水平,能体现科学-技术-应用相互渗透的特点,承担项目的指导力量、研究队伍、基本设备完善,能在特定时间内有明确目标和预期的重大成果。

第六条　非重大应用技术项目必须符合轻工业部发布的《科技发展规划》及《项目指南》,要密切结合生产发展需要,并在特定时间内获得较大的经济效益或社会效益。

第七条　基金资助的原则是:

1. 重点、择优;

2. 重大项目优先支持;

3. 研究内容应在国内无重复。

项目经费

第八条　基金会每年度按轻工业部确定的投资金额及资助重点安排项目。

第九条　根据申请项目的不同情况,项目经费分资助(全额或部分)、贷款两类。采取一次核定,分期或一次拨给。

1. 基础性工作,软科学研究项目原则上为无偿资助。

2. 除基础性工作外的所有研究项目,资助及贷款金额,还款比例,均视项目的经济效益来确定。原则上,有一定经济或有特大经济效益的项目,在项目完成后应还款50—100%。

3. 为了扩大基金积累及滚动使用,对一些项目资助经费试行增值使用,即项目完成后,用捐赠或资助发展基金方式多还部分款项。

第十条　申请单位应认真做好经费预算,项目经费只能用于研究的原材料费、基本建设限额以下的仪器设备费、专业设备试制费、无事业费单位的人员工资、管理费、调研费及协作费。基金原则上不能用于土建工程，但为完善试验条件必须进行的少量土建，经基金会审批同意后方可安排。

第十一条　承担单位应按合同编制年度经费预算，于次年2月底前报送基金会。项目完成后，应在两个月内编报总决算。节余经费可留作承担单位的收入(有还款的应在还足后留作收入)。

第十二条　项目因故撤销或停止时，应将剩余经费及器材处理收入悉数交回基金会。

第十三条　对于无故未完成合同规定任务的承担单位，应予停拨、减拨经费乃至要求赔偿经济损失，追究责任。

第十四条　回收经费，由中国轻工业新技术组织研究开发中心经办部门，按合同规定时间，回收金额交基金会。有特殊情况不能按时按计划回收时，应及时会同基金会研究处理办法。回收基金主要仍用于项目基金，从中提取3%为项目管理费，给委托管理项目的单位。

行政经费

第十五条　基金会的行政经费分两大类：一是事业费，包括职能机构工作人员的工资、办公费、福利费等；二是业务费，包括项目评审费、委员、专家组成员的交通费、咨询费、工作补贴、文件印刷费、会议费及开办费(一次性)等等。两类经费总额不超过当年基金总额的3%，在基金内支付(3%系参照国家自然科学基金会财务管理办法提出)。

第十六条　行政费用开支应本着节约的原则，按事业单位的有关规定，参照事业单位的办法由基金会办公室编制预算，经主任审批后，由基金内开支。

第十七条　委员会委员每年酌发车马费，半年一次发给。专家组按任务多少，酌给工作补贴费，多次发给。根据任务需要临时参加专家组工作的专家，任务完成后，给予一定报酬。委员兼专家组成员的，按专家组标准发给工作补贴费。

财务管理

第十八条　基金会的财务，按财务管理办法，独立帐户，基金周转使用。

第十九条　每年财务应对年度总经费及经费使用情况做出决算，送交基金会主任。

第二十条　财务应根据基金会办公室负责人的签批件，向项目承担单位拨款。

第二十一条　财务应掌握年度基金中的还款情况，并督促各有关单位按期还款。

轻工业科学技术发展基金会项目管理暂行办法(草案)

1988年

为便于各单位及个人申请轻工业科学技术发展基金，根据其《章程》、《基金使用管理办法》特制订本办法。

通　　则

第一条　凡单位、个人申请轻工业科学技术发展基金(以下简称基金)，必须符合《基金管理办法》中所规定的资助范围和原则。

第二条　申请基金的项目、研究内容应完整、目标明确、技术先进、研究方法技术路线合理可行，在三五年内可望取得预期成果。

第三条　申请者与合作者应有一定的研究能力及工作积累，具备基本的工作条件和时间保证。

第四条　评审工作依靠专家充分发挥民主，坚持公正原则，参加评审的专家及在委员会任职的专家，本人如有申请项目，一律回避本人申请项目的评审活动。参加评审人员及基金会职能机构工作人中对基金项目申请内容、评审情况及结果应负责保密。

受理申请

第五条　轻工业部科技发展司每年12月底前发布下一年度的《项目指南》，轻工系统的企业、研究单位、高等院校及非轻工系统的有关单位、科技人员均可按《项目指南》的要求，在规定的日期内提出申请。

第六条　申请基金，必须填写《轻工业科技发展基金项目申请书》及《可行性分析报告》，经申请人所在单位学术委员会(没有学术委员会的单位由领导代理)签署具体意见，加盖公章。凡合作项目，其协作单位也应签署具体意见，加盖公章。

第七条　项目申请由基金会办公室受理。每年受理两次，申请者需在每年4月1日—30日，10月1日—31日期间，将已由申请者所在单位签署意见的申请书、可行性分析报告一式10份寄送（以邮戳日期为凭）基金会办公室，并随交评审费，每一项目人民币60元（如未评中不予退还）。

预　审

第八条　申请书由基金会办公室登记编号，并进行预审（形式审查），预审内容如下：

1. 项目是否符合科技发展基金资助范围；

2. 填写申请书在内容、格式、份数是否符合要求，有无签章不全，或文不对题，或低水平重复等问题；

3. 是否按规定交纳评审费；

4. 已承担的基金项目是否按计划进行，是否按计划还款；

5. 申请者或主要合作者的申请项目连同已获资助的项目是否已超过两项（资助项目如在年内可结束工作的可提前申请相应数量的新项目）。

初　审

第九条　凡基金会预审合格的项目，委托行业专家组中3—5名专家进行项目初审（视需要邀请中国轻工业新技术组织研究开发中心，以下简称“中心”，科技发展司有关同志参加），参加初审的专家应认真审阅项目“申请书”及“可行性分析报告”，将评议意见按规定填写在《轻工业科学技术发展基金项目同行评议意见表》上，并尽可能准确地在定量评价中打分，于两周内将材料及评议意见寄回基金会办公室。

第十条　初审意见由基金会办公室进行综合归纳，填写《轻工业科技发展基金项目审批意见表》，对一些重大项目应进行必要的调查，以供评审参考。

评审、综合平衡、招标

第十一条　专家初审合格项目，进行评审或招标。

第十二条　基金会办公室会同“中心”的有关部门组织各行业专家组对项目进行评审。提出本行业中资助项目、资助金额及还款的建议。对资助经费在20万元以上或重大研究项目专家组应重点审查，并提出组织实施的具体意见。

第十三条　同一内容多家申请的项目，或项目虽独家申请，专家组认为仍需进行招标的项目由专家组拟订标的。

第十四条　基金会办公室汇总各行业专家组的评审结论及招标意见，提交常务委员会，根据资助总经费及发展重点，审定评审项目和平衡招标项目。重大项目，请委员会审定。

第十五条　行业专家组委托3人对确定的招标项目进行招标，择优中标。

审批下达

第十六条　基金会办公室综合专家组评审、招标结果，提出年度资助项目及资助总金额，第一年拨款控制额，提交基金会主任审查批准。

第十七条　批准后的项目，由基金会办公室寄送《资助项目批准书》、《资助项目批准意见表》及合同样本给申请者所在单位。未获资助者发《基金项目未获资助通知书》，提出项目改进和完善的方向。

签订合同及拨款

第十八条　合同的签订及执行委托“中心”代理。

第十九条　接到资助项目批准书的申请者，应在一个月内，与“中心”有关经办部门按批准的技术指标、工作进度、年拨款额及还款金额等内容签订合同，合同文本经“中心”及承担单位签章并经公正后具有法律效力。合同文本一式4份，分送“基金会办公室”、“中心”、“科技发展司”及申请者所在单位（合作项目可根据协作单位数增加文本份数）。

第二十条　合同生效后，由合同经办人填写拨款通知，经基金会办公室负责人签章后，交由财务拨款，随国家三项费用分配的物资，保证用于基金项目，按合同需要酌情分配，不得挪作他用。

检查与监督

第二十一条　合同执行情况的检查监督由主管合同的“中心”与项目所在单位共同承担。项目负责人对项目的完成负主要责任。在核定经费范围内，项目经费使用主要由项目负责人决定。承担单位负责人对项目要进行科学管理，应经常检查项目进度及创造完成项目的各种条件。“中心”进行督促检查，基金会办公室进行不定期抽查。

第二十二条　项目承担单位应每年两次向“中心”报送项目进展情况(一式4份)，逾期不报者，将暂停拨款。

第二十三条　按合同规定的指标完成的项目，承担单位应向“中心”(基金会办公室)提出项目鉴定或验收申请，经“中心”进行技术、经济指标及成果资料审查后，按轻工业部规定的成果验收鉴定办法办理。

第二十四条　“中心”将督促承担单位在合同规定的时间内，返回资金。

成果管理

第二十五条　项目经鉴定或验收后，其成果管理按轻工业部科技发展司成果处有关规定执行，为便于管理，请同时填写《轻工业科技发展基金项目研究成果报表》报基金会办公室存档。

第二十六条　项目的主要承担单位，可按规定向省、市、部门和国家申请科技进步奖、发明奖和申请专利。申报时应注明“轻工业科技发展基金资助项目”，并将批准情况报基金会办公室备案。

第二十七条　本办法的解释权在基金会办公室。

水利技术开发基金试行条例

1985年

第一章　总　则

一、根据中共中央《关于科学技术体制改革的决定》的精神，自1985年起设立水利电力部水利技术开发基金(以下简称基金)。

二、设立基金的目的在于推动逐步实施水利长远科技发展规划。对规划中一些具有全局性、实用性、普遍意义和短期内能出成果的新技术、新工艺、新材料、新仪器设备研制、中间试验，以及技术开发、改造、推广和技术引进、消化、吸收等方面具有先进技术水平和重大经济效益、社会效益和环境效益的应用研究和技术开发课题，通过使用基金进行资助，发挥科技在水利生产建设中的作用，使科学技术尽快形成生产力，促进水利科学技术进步和水利事业的发展。

(水利长远科技发展规划的基础研究部分，另设有水利水电科学基金)。

三、本基金面向从事水利技术应用和开发的部门。各有关单位可按规定申请。

四、基金采取计划指导，单位申请同行评议，择优支持；按项目拨款，专款专用；申请单位负责，上级主管部门监督保证的办法进行管理。

第二章　组　织

五、设立水利技术开发基金委员会(以下简称基金会)。

六、基金会由部及有关司、局等方面人员15人至20人组成。设主任1人，副主任若干人，由部聘任。委员由基金会聘任。任期均为3年，可连任。

基金会下设水文与水资源、江河治理与工程建设、农田水利与水土保持和水利工程管理与综合经营4个专业组及办公室。

专业组设组长1人、副组长1—2人，由基金会委员兼任。专业组组员若干人，由基金会聘任。任期亦为3年，可连任。

办公室负责人由基金会委员兼任。办事机构设在科技司。

七、基金会的主要职责：

1.贯彻执行党的科技方针。根据部的水利长远科技发展规划制订和颁发项目指南。

2.制订基金条例等有关规定和办法，经部批准后组织实施。

3.审定经各专业组评审通过的限额以上的申请项目。

4.编制基金会经费预算、决算，筹措资金并分配各专业基金经费控制指标。

5.对重大资助项目的进展进行检查并参与其成果的评定或鉴定。

6.不定期刊布资助项目成果提要汇编。

7.定期向部报告工作。

8.完成部交办的其他任务。

八、专业组的主要职责：

1.对本专业的项目指南提出建议。

2.具体组织本专业申请项目的评审，提出评审意见或审定意见。

3.与本专业资助项目的申请单位办理签订合

同事宜。

4. 对本专业资助项目的计划执行情况进行检查，并组织或参与其成果的评定或鉴定，提出验收和评价报告。

5. 定期向基金会报告工作。

6. 办理基金会其他与本专业有关的具体工作。

九、办公室负责项目管理，并协助主任处理基金会的日常工作。

第三章 基金来源和使用

十、基金主要来源为国家科技三项补助费及其他拨款。

用于基金的经费由基金会掌握，作为专款单独立帐。

十一、基金的使用要求适当集中，避免过于分散。本基金对项目的开发属资助性质，该项目所需全部经费的其余部分，必须有可靠的来源。

基金可对一个项目资助，也可与有关部门提供的经费共同对一个项目资助。

十二、基金资助项目的经费开支范围，包括完成本项目所需的专用仪器设备的购置费（不包括大型设备和通用设备）；实验材料费；实验设备改装费；计算费；水电费；直接为课题服务的出差、考察、购买资料和研究报告的印刷等费用。

根据项目的经济效益情况，所资助的经费可分别采取全额偿还、部分偿还或不偿还的办法。

项目确定后，资助的经费可由申请单位领交项目负责人，在制度允许范围内支配使用。

基金资助项目的总资助金额，目前一般每一项控制在5万元以内。少数项目为生产急需，且产出巨大，在资助能力允许范围内，可不受此限。

十三、基金会每年从基金中提取4%，由基金会统一掌握，用于各项管理费用开支（如召开会议、项目评审、日常工作以及临时人员的开支、成果刊布等等）。

第四章 项目的申请和选择

十四、为保证有重点地使用基金，基金会根据水利长远科技发展规划并结合当前的生产，提出水利技术开发基金项目指南，作为选题和评审的依据。

十五、申请基金资助项目的单位，须指定确能够胜任的项目负责人。单位应对项目负责人的工作给予支持和监督检查。项目负责人对本单位负责，单位对基金会负责。

申请单位按规定格式和内容要求填写申请书，向基金会申报。

十六、评审应重视以下各点：

1. 对落实水利长远科技发展规划和促进水利技术的开发有无重要意义，是否属于基金项目指南范围；

2. 是否具有先进技术水平；

3. 经济效益或社会效益，环境效益是否显著；

4. 项目负责人有无完成任务的能力；

5. 申请单位是否具备进行本项目的基本条件；

6. 在预期时间内能否完成项目确定的任务；

7. 经费及偿还计划是否合理。

第五章 评审程序

十七、申请书由基金会办公室统一接收登记后，按专业分交专业组。

十八、专业组对每一申请项目一般请3位同行专家进行评议，并提出评议报告书。

十九、专业组在同行评议的基础上提出评审或审定意见（总资助金额超过3万元的为评审意见，3万元及3万元以下的为审定意见）报基金会。

二十、基金会一般每年四季度召开会议审定经专业组评审通过的限额以上的申请项目。

第六章 管理与监督

二十一、经审定的项目，由办公室通知申请单位。申请单位要编制具体工作计划及各年经费计划与基金会签订合同。

二十二、项目承担单位每年应向基金会专业组提交计划执行情况报告，并抄送基金会办公室。凡不按时送交报告或发现计划执行不力，又无具体改善措施，以及资金使用不当等，均得停止资助。

二十三、基金会及各专业组根据实际情况得随时对项目计划执行情况进行检查。

第七章 其　他

二十四、为便于条例的实施，另制定基金条例实施办法。

二十五、本条例自发布之日起实行。

卫生部科学研究基金管理暂行条例

1988 年 1 月 15 日

第一章 总 则

第一条 为进一步调动科研人员的积极性、创造性，提高防病治病能力和医学科学水平，解决防病治病和保护人民健康中的关键性科学技术问题，发现和培养人才，提倡竞争，鼓励协作，促进医药卫生事业的发展，特设立卫生部科学研究基金。

第二条 卫生部科学研究基金面向全国医药卫生部门，用于资助有创造精神和开拓能力的科技工作者开展应用研究、基础研究、开发研究及少数软课题研究。资助比例暂按应用研究占 65—75%，基础研究占 15—20%，开发研究占 10—15%分配。

第三条 卫生部科学研究基金的实施步骤是：计划指导(项目指南)，公开招标；自由申请，单位审核；同行评议，择优支持；签订合同，定期检查；按题拨款，专款专用。

第四条 卫生部科学研究基金资助的课题，基础研究采用资助拨款，应用研究采用无偿合同拨款，开发研究采用有偿合同拨款。

第五条 卫生部科学研究基金择优支持具备以下条件而又缺乏经费的研究项目：

1. 具有重要科学价值或效益；

2. 学术思想新颖，立题依据充足，研究方法和技术路线先进、科学、可行；

3. 有良好的专业科研工作基础，并具备深入开展研究工作的基本条件；

4. 研究内容为国内先进水平，目标明确，可望在 2—4 年内取得预期的结果；

5. 经费预算适当。

对于具备上述条件，且直接为防病治病服务的研究课题重点支持。

第六条 卫生部科学研究基金配合国家重点科技攻关、高技术研究发展计划和国家自然科学基金，资助医药卫生及其他科研课题，尽量避免重复支持。

第七条 卫生部科学研究基金来源于事业费、科技三项补助费、个人捐赠以及其他经费等。

第二章 申 请

第八条 申请者必须是实际主持和从事申请课题研究工作的具有中级以上技术职务的科技人员。

第九条 申请者必须按卫生部科学研究基金规定的内容(项目指南)，认真填写“中华人民共和国卫生部科学研究基金申请书(合同书)”。申请者同时得到本基金资助的课题只限一个。

第十条 申请书须经申请者所在单位领导和学术组织审查、筛选，对申请书内容的真实性、实现研究方案的可行性、经费的合理性、基本工作条件能否保证等签署意见。

第十一条 申请书由各省、自治区、直辖市卫生厅(局)和部直属单位统一审核后，按规定时间和要求上报(个人申报不予受理)。

第三章 评 审

第十二条 评审工作由卫生部科学研究基金办公室具体组织，按照“依靠专家、发扬民主、公正合理、择优支持”的原则进行。

第十三条 评审专家应是有较高学术造诣，熟悉所从事专业的国内外情况、认真负责、办事公正的高级科研人员。评审专家将根据申请课题的具体情况，届时由卫生部聘请。

第十四条 评审分为初审和复审两个阶段，采用通讯评议或会议评议的方式进行。

第十五条 评审专家如有申请或参加申请的课题，在评审该课题时，一定要回避。参加评审人员对申请书的内容、评审情况和专家评审意见要严格保密。

第四章 审 批

第十六条 同行专家评议出的课题，经卫生部审核批准后，通知承担单位和申请者。

第十七条 审批时对优秀中、青年科技工作者申请的课题，以及老、少、边、穷地区科技工作者申请的课题，在相似条件下，优先支持。

第十八条 申请者及所在单位在接到批准资助的通知后，如有不同意见，可在 1 个月内向卫生部科学研究基金办公室提出；逾期不报，则按专家评审意见执行。

第十九条　有偿合同课题，卫生部与承担单位对偿还经费数额、偿还期限、偿还方式等充分协商取得一致意见后，再签订合同。

第五章　管　理

第二十条　卫生部科学研究基金办公室设在卫生部科教司。

第二十一条　卫生部科学研究基金批准经费是一次核定，分年度拨款。受资助者可在国家规定的经费开支范围内支配使用。

第二十二条　按课题不同性质，卫生部（甲方）与承担单位（乙方）办理签约（合同）手续；有几个单位协作的课题，由牵头单位与卫生部办理签约（合同）手续。

第二十三条　承担单位及其上级主管部门要对受资助的课题进行监督、检查，并在人力、物力、时间上给予支持和保证。

第二十四条　课题经费要独立核算，专款专用，年终结余经费可跨年度使用。

第二十五条　卫生部科学研究基金开支范围包括：

1. 仪器设备及零配件购置；
2. 实验材料（包括化学试剂、药品、标准品等）；
3. 实验动物；
4. 加工、测试、计算；
5. 资料及参加国内学术交流。

课题完成后的结余部分，可由课题负责人提出使用计划，转入新的科研工作。

第二十六条　受资助课题必须按规定时间和要求向卫生部报告课题执行情况和经费使用情况；如有重要进展可随时报告。

第二十七条　受资助者如发生工作调动、出国、病休一年以上或死亡等情况，受资助者和所在单位应采取措施，保证研究工作按计划进行，并将安排情况报卫生部科学研究基金办公室备案；如涉及研究方案的重大更改，应报卫生部科教司审批。

第二十八条　受资助者撰写科研工作报告、发表论文、申报成果时需注明“中华人民共和国卫生部科学研究基金资助”字样，并抄报卫生部。

第二十九条　受资助者在研究工作结束后，应及时认真总结，并请上级主管部门组织验收，验收材料连同经费开支情况及节余经费的使用计划，经所在单位领导签署意见、主管部门审核后报卫生部。

第六章　奖　惩

第三十条　卫生部将组织有关专家和人员对受资助的研究工作和经费使用情况进行检查，对完成任务出色、做出突出贡献的科技人员优先向有关部门推荐出国进修、考察、技术职称晋升、晋薪等；有的课题可根据需要延伸研究内容和追加研究经费。

受资助者由于主观原因未能按预定计划完成研究任务，需及时向卫生部说明情况。对出现问题未能及时说明，并未采取补救措施或经费使用不当者，将根据具体情节，予以停止、追回拨款以至追究责任。

第三十一条　资助课题研究成果的奖励、转让和专利申请，按国家和卫生部有关规定办理。

第七章　附　则

第三十二条　本条例由卫生部科教司负责解释。

第三十三条　本条例自颁布日起施行。1984年10月开始试行的“卫生部医药卫生科研基金制试行条例”同时废止。

卫生部青年科学研究基金试行条例

1987年

第一章　总　则

第一条　为促进优秀青年科技工作者更快地成长，创造脱颖而出的环境条件，推动医药卫生科学事业的发展。卫生部决定从1987年开始，设立“中华人民共和国卫生部青年科学研究基金”。

第二条　卫生部青年科学研究基金用于资助全国医药卫生部门有创造精神和开拓能力的优秀青年科学工作者（不包括在读研究生）在国内开展基础和应用研究工作。

第三条　卫生部青年科学研究基金支持的课题应具备以下条件：

1. 在选题方面应围绕解决防病治病和提高人

口健康素质的关键性科学技术问题。

2. 所立课题根据充分，具有新的学术思想。

3. 有先进、科学、可行的研究方案。

4. 有一定的研究工作基础和科研工作训练，并具有深入开展研究工作的基本条件。

5. 所研究的内容有一定的深度，目标明确，可望在2—3年内取得预期成功的结果。

第四条　卫生部青年科学研究基金采取志愿申报，单位和专家推荐，同行评审，择优支持的原则。在条件基本相同的情况下，优先支持老、少、边、穷地区的青年科技工作者，优先支持交叉、边缘学科研究课题。

第二章　申　请

第五条　凡年龄在35周岁（含35周岁）以下，有独立研究能力的医药卫生科技人员，均可提出申请。

第六条　申请者必须认真填写“中华人民共和国卫生部青年科学研究基金申请书”（附件1），经所在单位两位以上专家（副研究员以上）推荐，所在单位对申请书的真实性、提供保证的基本条件等方面签署意见。

第七条　申请书需经所在单位的主管部门（省市卫生厅局、部直属单位）组织同行专家进行评议和答辩并签署意见，由主管部门审核，盖章后按规定名额、时间上报。

第三章　评　审

第八条　卫生部青年科学研究基金申请书，由卫生部根据不同情况分别组织有相关学科专家进行初审和复审。参加评审的同行专家应具备一定的技术水平和造诣（相当于副研究员以上职称）主持公道、严肃认真、实事求是、思想活跃。

第九条　根据同行专家评审意见，卫生部对申请课题进一步审核，核定后向全国公布，并通知获得资助者单位。

第十条　组织和参加评审部门和评审专家本人对同行专家的意见和申请者的思路、研究方案负有严格的保密责任。

第四章　管　理

第十一条　卫生部青年科学研究基金的管理机构设于卫生部科教司。

第十二条　卫生部青年科学研究基金批准经费一次核定后按批准金额分年度拨款。受资助者可在经费开支规定范围内自由支配。

第十三条　卫生部青年科学研究基金开支范围包括：(1)小型仪器设备及零配件购置；(2)实验材料（包括化学试剂、药品、标准品……）；(3)加工、测试、计算；(4)资料及参加国内学术交流。不得用于支付人员工资、补助工资、劳保福利、基建及课题需要以外的开支。课题完成后的节余部分，可由课题负责人提出使用计划转入新的研究课题继续使用。

第十四条　受资助者所在单位负责检查、监督和支持受资助者的经费开支和研究工作，及时帮助解决执行中所遇到的困难。

第十五条　受资助者应于获得资助后按要求及时向卫生部汇报计划执行情况。

第十六条　受资助者在科研工作报告、发表论文、申报成果时需注明“中华人民共和国卫生部青年科学研究基金”资助字样。并抄送卫生部。

第十七条　受资助者在研究工作结束后，应及时认真总结。总结材料连同经费开支情况及节余经费的使用计划，经所在单位领导签署意见，主管部门审核后报卫生部。

第五章　奖　惩

第十八条　卫生部将组织有关专家评议受资助者研究工作进展情况，选出成绩突出者给予表彰，有的课题可根据需要追加经费，延伸研究内容。

受资助者在科研工作中所取得的成果，按卫生部医药卫生科技成果申报的有关规定申请奖励，享有医药卫生科技工作者同等权利。所取得国际公认的成果，可经批准优先参加国际学术交流。

受资助者由于主客观原因未能按预定计划完成研究任务者，需及时向卫生部说明情况。对由于主观原因造成未按计划完成任务，又不能及时作出说明并采取补救措施者，卫生部可根据具体情节予以停止、追回拨款以至追究责任。

第六章　附　则

第十九条　本条例由卫生部科教司负责解释。

第二十条　本条例自颁布日起施行。

国家医药管理局
新药研究基金暂行管理办法

1989年9月23日

第一章 总 则

第一条 为了鼓励创新药物研究，加速医药工业发展，为防病治病提供新的品种，设立国家医药管理局新药研究基金。

第二条 新药基金用于资助创新药物研究，包括从化学合成或天然产物所得的新化合物并有可能开发成为新药者。

第三条 新药基金由国家医药管理局组织管理。项目的确立，实行“领导与专家相结合”的原则，聘请专家参加评审，提出咨询意见，择优支持。

第四条 基金面向全国。凡国内从事新药研究的科研单位、高等院校和企业，符合资助范围和条件而又缺乏经费的研究项目，可按规定提出申请。

第五条 本基金按技术合同法管理。依据资助项目的具体情况，可实行有偿资助，以补充和扩大基金。

第二章 项目选择条件

第六条 新药研究基金支持的项目应同时具备以下条件：

1. 申请项目应是国内外未曾公开发表的新化学物质；

2. 新化合物必须具有某种生理活性，其药效学试验必须充分证明较目前同类药物有明显优点或特点；

3. 新化合物必须显示较高的安全性，其初步毒性(急性毒性试验)较同类药物为低或相当，其致突变(Ames试验)结果为阴性者；

4. 已知化合物发现新的药理活性者择优支持，资助项目数不超过总项目数的20%；

5. 工作已有一定积累或基础，申请单位及项目组成员具有较强研究能力，具备基本工作条件，可望三五年内取得预期成果。

第三章 项目的申请和评审程序

第七条 申请单位按规定内容和格式填写“国家医药管理局新药研究基金申请表”，经本单位领导和学术组织审查筛选，签署具体审核意见，加盖公章，一式6份报送国家医药管理局科技教育司。每年受理截止时间为4月底。

第八条 每一项目负责人及主要人员同时申请项目不得多于两项。项目负责人必须是实际主持和从事所申请项目研究的工作者。

第九条 新药基金项目在聘请同行专家评议基础上，召开专家评审会。专家评审组由全国有关单位专家组成。专家评审组成员每年根据申报项目的类别选聘，基金项目由国家医药管理局下达。

第四章 项目的管理

第十条 获准的项目起止年限从下一年1月算起。参照我国技术合同法订立合同(合同格式另订)。

第十一条 基金项目应列入承担单位的科研计划，承担单位对课题任务的完成负责，并保证课题负责人和成员的相对稳定。

第十二条 新药研究涉及多种学科。鼓励协作研究，协作者(单位)所需的研究经费，从申请单位获准的经费总额中划拨经费的使用，以及与协作单位双方承担义务和成果分享问题由双方相应的合同确定。

第十三条 获准资助研究项目的经费，实行一次核定，分年度拨款。由该单位财务部门实行单独记帐，单独核算，专款专用，单位可提取小于5%的管理经费。接收资助项目，每年要上报完成情况，项目完成不好，或实践证明由于选题不当等原因，确定停止研究的项目，经合同双方研究后停止下一年度拨款。

第十四条 受资助期间，无故终止研究，应退还余款。若因失职造成者，应由申报单位负担风险赔偿费。若发现项目有异议时，资助方有权暂停资助直至问题澄清为止。

第十五条 资助项目于当年开始，每年6月、12月底前按统一表格填报进展情况，对已完成项目按新药审批要求整理材料作为附件同时上报。为加强项目的管理，确保项目的研究质量、进度和经费的合理使用，资助方有权了解资助项目的有关情况，必要时可以观察试验、查阅记录并提供咨询意见。

第十六条 资助课题工作全部结束后，必须按合同规定进行总结，写出论文，鉴定（或评议），编报经费开支总决算，将有关资料报国家医药管理局。有关技术资料将予以保密。

第五章　成果和奖励

第十七条　新药研究成果（包括阶段性成果）如有可能投入生产开发为新产品者，应不公开发表以保护权益。如属于可以发表的内容，也需与资助单位协商，在确保专利权益前提下发表，并在文后注明本基金资助。

第十八条　利用本基金资助完成的研究成果开发为商品并取得经济效益时（包括专利转让等），接受资助单位应偿还资助总额的保值金外，应对新药基金给予大力支持，给甲方的具体金额可在新药批准临床后双方商定，用以补充新药基金，以扩大资助能力。

第十九条　创新药物的研究成果，参加国家医药管理局的局级评奖，其中优秀成果将推荐申请国家级奖励。

第二十条　新药研究成果，由乙方申请专利，按专利法奖励发明人员。成果推广和使用应征求国家医药管理局意见。

第六章　国际合作

第二十一条　为加速新药的开发，鼓励和支持必要的国际合作。新药基金资助的项目，按照国家有关规定经审批后可与国外进行合作研究。国外研究费用应争取国外合作单位资助。

第七章　保密规定

第二十二条　参加管理与评审的工作人员有义务严守保密规定，不抄写、引用、外传申请项目的技术内容与新药化学结构式。违者将取消其参加评审工作的资格并承担责任。

国家气象局
气象科学基金管理办法

1986 年 4 月 18 日

第一章　总　则

第一条　根据《气象科学技术研究体制改革方案》，从 1986 年起，国家气象局对气象科研计划中的一部分应用基础性、规律性（包括创新的预报方法）的研究项目试行基金制。为此，设立国家气象局气象科学基金（以下简称气象科学基金）。

第二条　气象科学基金是部门基金，主要面向全国气象科研、业务、教学单位。气象部门之外的高等院校、科研单位也可申请。

第三条　国家气象局设立气象科学基金委员会，并下设若干个气象科学基金项目评审组。气象科学基金委员会是气象科学基金的最高领导机构。气象科学基金评审组是气象科学基金委员会的执行机构。

气象科学基金委员会的委员和气象科学基金项目评审组成员，实行任期制，每 3 年轮换二分之一，任期 3 年。

气象科学基金委员会和气象科学基金项目评审组的办事机构分别设在国家气象局科教司、有关省（自治区、直辖市）气象局和气象科学研究院的科教处。

第四条　气象科学基金委员会的主要任务是：制订和修改基金有关政策和章程；聘任气象科学基金项目评审组成员；审定各项目科研规划，掌握基金的支持方向；听取和审查气象科学基金项目评审组的年度计划和工作报告；审定各项目科研经费额度；发布气象科学基金的项目指南。

气象科学基金项目评审组的主要任务是：拟定本项目的规划；拟定本项目的项目指南；评审和批准申请的课题及其经费；检查课题进度，审理验收结束的课题，上报年度计划和总结。

气象科学基金委员会和气象科学基金项目评审组办事的机构主要任务是：承办气象科学基金委员会或气象科学基金项目评审组日常事务性工作；建立、保管项目和课题档案；其他有关事宜。

第五条　气象科学基金的经费主要来自国家

计委拨给的科技三项费和机关团体、个人捐助。国家气象局每年从科技三项费中提出一定比例用于气象科学基金。

第二章　气象科学基金课题的申请和审批

第六条　气象科学基金委员会一般情况下每两年发布一次气象科学基金项目指南。申请者可以根据项目指南中的课题目标和要求选题申请。同时亦可根据气象科学发展的动向，自行选题申请。

每个课题的研究时间最长不超过3年。

第七条　气象科学基金采取个人申请，所在单位推荐，定期审批的办法。

气象科学基金的申请者必须是具有工程师、助研、讲师或以上技术职务的科技人员。具有初级技术职务的青年气象科技人员申请气象科学基金需有两名同行副研究员、高级工程师、副教授或以上人员的推荐。

课题负责人以及参加者一律不得挂空名。

第八条　凡申请气象科学基金者，均应填写课题申请书(见附件)，课题申请书内容要填全，笔体要工整，字迹要清晰，表达要明确、严谨、扼要。所填内容不符合要求者，不予受理。

课题申请书一式7份和申请费10元直接寄该项气象科学基金项目评审组办事机构。

第九条　课题申请书由有关气象科学基金项目评审组受理，申请者应按项目指南的规定时间提交课题申请书，必要时评审组可根据需要组织同行评议。同行评议由评审组邀请3—5名工程师(或相当工程师)或以上的科技人员，实事求是、严肃认真地写出书面评议。同行评议名单要严格保密。

在同行评议与初审的基础上，由气象基金项目评审组审定是否资助，以及资助总额和年度分配额。

第十条　气象科学基金课题对以下"几个方面"进行审度。

审度课题研究内容和研究方法的合理性，评估预计成果的水平和科学价值。

审度预期科技成果转化为气象业务应用的可能性及其将带来的实际效益。

审度项目承担者的素质和水平及所在单位可提供的条件，有无完成任务的可能性以及经费申请额度等。

第十一条　为了有利于促进边远地区气象科学事业的发展，在基本条件相同时，对于边远地区的气象科技工作者申请的课题要优先予以考虑。同时，鼓励跨部门、跨地区、跨单位的科技工作者合作，以充分调动我国气象科学技术力量，促进气象科学技术的交流和发展，更好地为经济建设服务。

第十二条　气象科学基金评审组在下达资助课题时，通知课题承担者和所在单位，并抄送其主管部门。所在单位和主管部门应将资助课题纳入各自的研究计划，加强领导和监督，并给予保证和支持。课题承担者应服从本单位的管理和监督。

第十三条　课题申请者，在接到课题批准通知后，应按批准的内容进行工作。对批准内容有不同意见，应在两个月内报告气象科学基金项目评审组，经评审组长批准后方可实施。

第三章　经费管理

第十四条　资助课题的经费管理，原则上一次核定，分期拨款，节余留用，超支不补。分年度用款计划可根据实际情况自行调整。年终节余经费可结转下年度使用。

第十五条　资助课题的经费拨至承担者所在单位，由该单位的财务部门负责管理，单独核算，专款专用。在遵守财务制度的前提下，课题承担者有权在批准的计划和经费预算内支配使用。

课题申请者所在单位不得收取管理费。

第十六条　气象科学基金，主要用于计算费、资料费、实验材料费、调研费、野外考察费、小额专用仪器费、临时工工资、有关科研差旅费等。

第十七条　气象科学基金的使用情况，课题承担者所在单位财务部门应按年度编报会计报表，于次年1月15日前报送气象科学基金项目评审组。研究工作全部完成后，要编报研究课题总决算，报送气象科学基金项目评审组核销。剩余经费，所用专用仪器等留给所在单位使用。

第十八条　气象科学基金课题因故撤销或停止执行时，应将剩余经费如数交回气象科学基金项目评审组。

第四章　科研成果管理、评议、奖励

第十九条　气象科学基金资助课题研究结束后，应认真进行总结，整理出完整的数据、图纸及资料，写出研究总结报告并附上有关学术报告和论文，上报气象科学基金项目评审组。利用资助基金发表的论文，都要注明国家气象局气象科学基金资助课题字样。

第二十条　气象科学基金资助的课题研究成果，由所在单位或上级主管部门的学术机构（如学术委员会）主持评议，将评议结果随同第十九条所述各项材料一式 7 份报气象科学基金项目评审组。气象科学基金项目评审组对课题任务完成情况亦要作出评价。

第二十一条　气象科学基金项目评审组（课题承担者）要定期向气象科学基金委员会（气象科学基金评审组）提交工作报告。每半年提交进度情况报告，年终提交年度情况报告，无故不报者，不予拨款。

第二十二条　按期完成取得预期成果的资助课题承担者，再次申请基金时给予优先考虑。

若课题研究者由于能力不及或非不可抗拒的原因不能完成课题任务而中止课题者，在两年内不能申请基金，并追回剩余经费和购置的设备。

因故（含出国）不能参加研究工作时间在半年以上的课题主要负责人或不能按要求开展研究的单位和个人，要及时向所资助的评审组报告情况，经评审组批准后可停止或暂缓执行，按要求需退回部分或全部课题经费。

若课题研究者或单位擅自修改课题、技术指标或挪用经费者，一经发现即停止资助；对有弄虚作假等行为者，除撤销资助外，情节严重的还要追究有关人员和单位的责任。

第二十三条　气象科学基金课题的研究成果，可以按有关规定申请国家（部门）有关奖励。

第二十四条　本办法自公布之日施行，解释权归国家气象局气象科学基金委员会。

地震学联合科学基金会章程

1984 年 3 月

（一）地震学联合科学基金是定向基金，主要向地震学和与地震预报有关的地球物理学和工程地震学中的基础研究和部分应用研究提供资助。

（二）地震学联合科学基金面向全国。全国各部门、各单位从事地震学研究的科学工作者均可按规定手续申请，不受部门、单位、地区的限制。鼓励各部门、各单位科技人员的协作。

（三）地震学联合科学基金是由倡议单位的赞助及国家有关部门支持性拨款共同建立的基金。目前主要赞助单位有国家地震局地球物理研究所，国家地震局工程力学研究所，中国科技大学地球和空间科学系，北京大学地质系，国家地震局每年给予不少于 50 万人民币的支持性拨款。本基金会期待并欢迎任何有关单位赞助。

（四）本基金设地震学联合科学基金委员会，基金委员会是本基金会的最高领导机构，委员会成员包括全国有关的学者和有关单位的代表，第一届成员由各倡议单位推荐经由国务院科技领导小组批准。委员会成员实行轮换制，每三年轮换三分之一，轮换人选由委员会提出报上级部门批准。

基金委员会的主要任务是制订和修改有关政策和章程，掌握基金的支持方向；审定一定限额以上的重大项目。

基金会设地震学项目申请学术评审委员会（下设学科专家评审小组），负责申请项目的审议。评审委员由基金委员会在全国同行中聘任，每两年轮换三分之一成员。基金会下设办公室，承办有关事宜，负责日常工作。

基金办公室主任、副主任实行聘任制。

（五）本基金的来源有：

1. 赞助单位中有关的基础和部分应用研究的全部事业费或科研经费。

2. 上级部门的支持性投资。

3. 国内、外个人和集体的捐赠。

（六）地震学联合科学基金会对所有申请项目，经同行评议后，择优支持。重点支持地震预报研究；支持学术思想新颖并在短期内（一二年，一般不超过 5 年）可望得到预期结果的研究课题；支持本学科中薄弱分支和环节的发展；支持边缘学科和交叉学科新成果的引入。

（七）本基金会适时发布基金指南，指明本基金所支持的研究方向和重点。

本基金会支持的项目和课题来源于两种方式：

1. 指定式：由本基金会指定项目的主要内容和指标。

2. 自定式：由研究者本人自荐的课题。

（八）项目申请者。

个人或作为研究集体代表的个人均可做为申请者。

项目申请者必须是真正主持研究工作的课题

负责人，不得由不参加研究工作的人员挂名，项目申请者如同时申请两个以上项目，需说明在各项目间所用时间的比例。

（九）项目的申请为直接申请。

1.在正常情况下，项目的评审工作于每年3月和8月进行两次。项目需在评审前半年提出申请。

2.项目的申请内容包括：

(1)项目名称、研究目标及其在科学上的意义。

(2)科学思路、拟采用的方法以及国内外研究现状。

(3)主要研究者的资历和所在单位。

(4)项目的计划完成时间、工作进度和人员安排。

(5)经费预算、研究成果预测等。

申请者还应该说明目前已具备的研究条件（人、财、物）以及是否另有资金来源。

3.项目申请之前必须得到申请者所在单位的认可，项目如能获准，申请者所在单位有责任督促和管理该项目的实施。

4.鼓励科研人员同时向其他基金会或资助单位申请研究经费，本基金会愿意和其他资助单位共同分担项目所需的经费。

（十）本基金会为项目提供的经费主要用于三个方面：

1.直接的和间接的科研支出，包括购买必要的小型仪器设备、计算费用、学术会议及野外考察的差旅费和其他与科研有关的间接支出。本基金会不提供基建经费。

2.上缴给申请者所在单位的管理费。

申请者所在单位向基金会赞助如为包括工资在内的全部事业费，则管理费为项目经费总额的30%；申请者所在单位向基金会的赞助如只包括科研经费，则管理费不超过项目经费的5%，非赞助单位申请者所在单位收取的管理费不能超出该项目纯消耗的5%，并不能超过1000元。

3.用于参与项目科研工作人员的科研津贴。科研津贴的数额视项目的意义、性质及科研人员在项目中的贡献而定。

4.科研津贴的总额不高于基金总金额的3%。

申请者所在单位如属非赞助单位，不能按3%提取，但视情况可提取0.5—1个月的平均工资。

（十一）资助的方式和类别。

1.资助方式：视申请者是否另有研究经费的来源，本基金采用两种经费资助方式。

(1)全额式：对没有其他研究经费来源的申请者，本基金提供项目核准经费的全部。

(2)分摊式：对于可由本单位或其他资助单位取得部分资助的申请者，本基金将支持项目经费的差额部分。

2.资助类别：

(1)定额资助：按基金会认可资助的经费数额，一次或分数次提供。

(2)追加资助：在原项目内容范围内，由于非主观原因造成的经费不足，经过简单的补充申请后，给予追加资助，追加资助的金额不超过原提供总金额的10%，只用于科研工作的直接、间接支出。

(3)额外资助：超出原项目的内容范围，或转向或增加新内容，则按重新申请办理。

（十二）项目的完成和延误。

1.项目执行中要有年度进展报告。项目结束后90天之内必须提交最终成果报告。

2.项目如不能按计划完成，无特殊原因属无费用延期。

3.项目如系研究人员能力不能胜任而使项目不能完成者，其主要研究人员在1—2年内不得再行申请本基金。

（十三）申请者利用基金购买的小型仪器设备，在项目完成后原则上归其所在单位所有。

（十四）项目的成果可按正常渠道公开发表，但必须注明是本基金所支持的项目。

项目的成果可按国家有关规定和程序及申请者所在单位的规定和程序申请报成果奖。获奖后应向本基金会备案。

（十五）项目的谢绝和撤销。

1.申请者所申请的项目被谢绝后，申请者有权要求给予说明原因；申请者也可以对被谢绝的项目申请书进行修订，重新提出申请。

2.申请者在获准项目基金后，应遵守有关规定，如申请者擅自修改项目的内容或指标，擅自转包，甚至擅自挪用基金、违反财务制度等，基金会有权随时撤销项目，追究责任，停止提供经费。

地震科学联合基金申请条例

1984 年

一、 总 则

(一)本基金是地震科学定向基金,凡从事地震科学基础研究和应用研究的集体或个人都可向本基金提出课题申请,不受部门、单位、地区及本人资历的限制。

(二)每一个申请课题,只能有一个申请负责人,即第一申请者。

(三)基金办公室是受理申请的职能部门。

(四)基金办公室只受理正式书写格式的书面申请,对口头申请及不符合申请书写格式要求的信件均不受理。

二、 申请书

(一)简表。

(二)经费预算表。

1. 仪器设备费:指课题专用仪器设备的购置费和运杂、包装、安装费、自制仪器设备的材料、配件及外协加工费,大型设备应充分利用本单位、本地区现有条件。5 万元以上设备本基金不资助。交通运输设备、声象录放设备、复制打印设备等一般不得列入,如特殊需要应说明理由,经批准后方可购买。

仪器设备单台每件在 1 000 元以上的须逐项填写名称、规格、型号、单价、数量。

2. 实验材料费:指课题用消耗性材料、试剂、药品等购置费,标本、样品采集加工和运杂、包装等费。

3. 科研业务费:包括动力设备、试验所需动力、燃料费,计算、测试、分析费,课题研究所必需的学术会议费,业务资料费,报告、论文印刷费,调研费以及野外考察临时工劳务费。国际合作、交流的国内研究费用(使用本单位设备应不收或只收消耗费)。

4. 实验室改装费:指根据课题研究工作需要,改善实验室条件所进行的简单装修。不得将土建、房屋维修、实验室扩建等费用列入。

5. 协作费:指根据协议书应支付给外单位的协作费。没有签订协议的不得支付。

6. 管理费:地震局系统各单位不得提取管理费。地震局系统以外各单位提取管理费不得超过课题总经费的 5%,当按 5%所提管理费超过 1 000 元时,只能提取 1 000 元以内的管理费。

7. 课题批准前已发生的支出,不得列入。

(三)研究课题组成员登记表。

(四)研究课题的科学依据和意义(包括科学意义和应用前景,国内外研究概况、水平和发展趋势,学术思想,立论根据,特色或创新之处,主要参考文献目录和出处)。

(五)研究内容和预期成果(详细说明课题的具体内容并明确重点解决的科学问题,预期成果和提供的形式,如系理论成果,应写明在理论上解决哪些问题及其科学意义;如系应用性成果或基础性资料应写明应用前景)。

(六)拟采取的研究方法和技术路线(包括研究工作的总体安排和进度、理论分析、计算、实验方法和步骤及其可行性论证,可能遇到的问题和解决办法)。

(七)实现本课题预期目标与所具备的条件(包括过去的研究工作基础,现有的主要仪器设备,研究技术人员及协作条件,从其他渠道已得到、已申请或拟申请的经费情况及金额等)。

(八)申请者和课题组主要成员业务简历(主要学历,研究工作简历,近期发表的与本课题有关的主要论著目录和科研成果名称,并注明出处及获奖情况)。

(九)合作与协作单位意见。

(十)申请者所在单位学术委员会审查意见。

(十一)申请者所在单位领导审查意见。

三、 申请程序

(一)申请人向基金会办公室直接或书面提出申请要求,购取申请表格。

(二)申请人将逐项填妥的申请书送(寄)交基金会办公室并向办公室交纳评审费后,基金办公室予以受理。送交(或寄发)日期即为申请日期。

(三)基金会办公室如认为申请书格式填写不完备,则退回申请书,要求申请人重新填写或补充填写。重送(寄)日期为申请日期。

(四)申请书一旦由基金会办公室受理,即在基金办公室登记立案,开始评审程序。

（五）每个课题申请收取评审费 50 元，由申请者所在单位负责解决，此费可由单位统一汇至北京工商银行翠微路分理处。帐号：89-01683 地震科学基金办公室收，亦可直接到基金办公室交纳。

四、 申请联合资助

本基金会已开始受理国家自然科学基金与地震科学联合基金共同资助课题，凡需申请者，均应认真参阅两个基金会的项目指南，并在申请书中特别声明要求联合资助。本基金会负责预审，同行通讯评审；综合审查由两个基金会协商共同进行。

五、 申请的查询

申请人在其课题申请后 8 个月仍未得到基金办公室对申请的正式答复，可以向基金办公室提出查询。

六、 再申请

申请课题受到谢绝。申请人可以修改申请内容，做为新申请课题重新申请并需重新交纳有关费用，但需注明是哪一个被谢绝课题的修改方案。

地震科学联合基金会
课题评审条例

（一）

本基金会受理的申请课题均需经同行专家评审，方能确定该申请课题可否得到本基金会的资助。

评审工作由基金办公室组织进行。

评审分四个阶段，即预审、同行专家通讯评审、综合性评审和基金委员会评定。

（二）

预审：基金办公室对受理的申请课题进行预审。预审的主要内容是：

——课题方向是否明显偏离基金的项目指南；

——课题的学术内容有无明显的谬误或明显重复前人的工作；

——课题申请人明显不能胜任课题工作；

——课题申请人是否处于取消申请资格的期限。

凡出现以上情况之一的申请，均作为预审否决处理，不再进行初审。

（三）

初审：初审采用同行专家通讯评审的方式进行。

基金办公室将课题申请书副本分送有审查能力的科研人员，初审者就申请内容，包括课题的方向、意义、学术思路、申请人胜任能力提出书面意见。

初审者一般可为 5—7 人。

基金办公室综合同行通讯评审结果，形成初审意见，并根据评分将课题排队。

（四）

综合性评审：基金办公室对通讯评议后课题进行综合评审。综合评审的主要内容是：

——课题的人员安排和经费要求是否合理；

——课题所需的时间期限是否合理；

——课题所要求的技术条件（包括物质条件）是否具备或必须；

——申请人同时申请的课题是否过多而超出了申请人的承担能力；

——是否属于须经基金委员会进行最高评审的重大课题；

——平衡各分支学科应予资助的比例；

——平衡基金总额和各课题的资助金额；

——平衡各课题的级别和津贴总额。

必要时，办公室可进一步组织学术评议专家小组就申请课题的学科方向、学术意义、学术水平、科学思路、技术措施、预期目标及申请人的承担能力等进行深入评议，以提高综合性评议的水平。

评审的结果可以是：接受；修改后可接受；具有重要科学意义，但要求经费过高属于需进行最高评审的重大课题；否决。

如果是“修改后可接受”，则给出修改建议，修改建议可以是：

——经费安排、人员安排或时间安排等指标的修改。

——课题的阶段分解或课题组合。

如果是“接受”则确定为执行课题，并确定资助方式和资助类别。

（五）

对于具有重要科学意义，具有肯定的科学可行性，但所需经费超过一定限额的重大课题，由办公室提交基金委员会进行最高评审。

评审意见为：接受；否决。

（六）

凡在综合性评审中认为需要修改的申请课题，由办公室将修改建议通知申请人。并要求申请人在指定期限内将修改后的申请送（寄）交办公室。

如果申请人未在指定期限内提出修改后的申请，又不能提出可接受的理由，则被认为是申请人拒绝修改。

如果申请人拒绝修改，则按申请人自动撤销申请处理。

（七）

经以上评审手续后，由办公室将最终评审意见通知申请人。最终评审意见可以是：接受；否决。

无论哪种意见均需办公室主任签字生效。

如果是“否决”，则给申请人否决通知。

如果是“接受”，则通知申请人课题的资助金额、起止年月及有关该课题的科研津贴等级。

（八）

申请课题被接受后，基金会即按确定的资助方式拨款，该申请课题即作为基金会执行课题，该课题申请人即作为课题负责人，课题组成员作为课题参加者。课题的负责人和参加者均作为课题执行人。

（九）

办公室对各种评审意见的提出人姓名负有保密责任，不得以任何理由、方式泄露。

基金办公室是唯一被授权可以宣布最终评审意见的机构。

（十）

申请人或其他人对评审确定的课题有异议时，并认为基金办公室的说明不能满意时，可向基金委员会（平时可向基金委员会主任、副主任）提出申述，并有权要求基金委员会（平时可向基金委员会主任、副主任）给予复审和裁定。

地震科学联合基金会地震科学论著出版补贴经费管理条例

总　则

一、地震科学论著的出版是表现地震科学研究成果的一种重要方式，是推广、应用这些科学成果的有力途径。地震科学联合基金会资助的科研课题成果相当一部分要通过论著出版来反映并接受时间的检验，支持并促进这些论著的出版是地震科学联合基金会推进地震科学发展的一个重要方面，地震科学联合基金会每年从基金总额中划拨适量经费，对于需要出版资助（补贴）的地震科学论著，经过专家评议程序，予以适当资助。

二、地震科学联合基金资助的科学论著，其重点首先是本基金资助课题以论著形式所反映的科研成果，如基金资助课题的最终成果文集、专著和有永久性保留价值的科研基础资料、图册以及应用计算软件汇编等公开与部分内部发行出版物。另一个重要方面是地震科学领域各学科专家的学科性与某些研究领域研究成果的系统总结之优秀专著，对于有助推动我国地震科学发展的国外最新科技图书和翻译出版，基金会将坚持优中选优的原则，酌情少量资助出版，对于一些有重要价值的研讨班、研讨会、学术交流讨论会的论文汇编的出版亦坚持少而精的原则适当资助。

三、基金资助出版经费均需由著者向基金会提出申请，由基金会授权的出版物审查机构通过专家评议报基金会主要负责人批准后予以确定。

申　请

一、凡从事地震科学研究的具有高级职称的科技人员均可直接申请基金会科学论著出版所需经费的资助。对于学部委员或相当学部委员学术地位的科学家的申请，手续可以简化，对于不具备高级技术职称的科技人员所提申请，需获得两位具有高级职称专家的推荐意见。

二、申请者需向基金会办公室购买申请书，并按要求认真加以填报。申请书一律需经所在单位学术委员会或委员会主要负责人签署审核意见，审核意见应按申请书要求具体填写。

三、基金会受理出版资助经费申请的部门是基金会办公室。办公室只受理本基金会规定格式的出版资助申请书，对于采用其他格式的申请一律不予受理。

四、申请者一般应在论著撰写计划拟定时提出申请，申请书中应详细填写拟出版论著的主要科学论点、内容，应附有详细章节目录和各章节内容提要，申请书中必须填写论著成稿的最后时间。

五、申请者在递交申请书时，需缴纳评审费，每份申请需缴纳评审费 50 元整，由所在单位负责办理。

六、办公室以收到申请者正式申请书的日期为受理日期，一般情况下受理结果在 3 个月内书面答复申请者本人及所在单位，最长不超过 6 个月。

评　审

一、每项申请必须通过基金委员会授权的“科学论著出版资助评议委员会”专家的评议，确定该论著的出版价值，委员会专家评议意见是基金会决定是否资助出版申请的基本依据。

二、地震科学技术论著出版评议委员会其办事机构即为基金会办公室，评议工作一般由基金会办公室以通信形式约请委员会专家进行评议，必要时提请委员会召开专项评议会审议，基金会办公室负责汇总专家评议意见，报请基金会主要负责人审定出版资助选题意向。

三、地震科学技术论著出版评议委员会除负责评议出版申请书之外，还将定期研究基金会资助出版物的规划意见，并拟定基金会负责编纂的系列丛书规划，凡规划所确定的论著及系列丛书，除通过自由申请确定编写负责人形式外，还可以采用建议编写负责人以及通过招标形式确定编写负责人等多种形式，无论哪种形式，都必须办理出版申请手续。

四、凡通过评议确定可以资助的论著，均由基金会办公室书面正式通知申请者，申请者据此可以编写有关论著，论著成稿后，仍需交基金会办公室审查书稿质量，最终决定是否予以出版资助，基金会办公室对书稿的审查，一般情况下由办公室各项目主任负责，特殊情况下请评议委员会成员审定。

五、为了简化出版评审手续，申请者可采用书稿写完后再申请出版资助的方式办理申请手续，申请时同时附上书稿，一次审查确定资助经费。

六、基金会确定资助经费的数额一般情况下按基金会委托负责的出版社收费标准确定，最高不能超过国家出版局的有关规定。

出　版

一、当申请者获得论著出版资助选题意向通知后，即可着手联系出版渠道。凡通过基金会办公室联系基金会委托出版单位出版的论著，无论书稿最后是否批准资助经费，均由基金会办公室负责与出版社交涉出版计划实现和否决的事宜，凡申请者不通过基金会办公室联系的出版单位，基金会办公室不负责在书稿完成后因质量达不到基金会资助出版标准而予以撤销资助的出版善后事宜。

二、凡由基金会办公室联系出版单位的书稿，要求按规定期限一次交齐按正式出版要求的文稿。文稿及图件必须是书写公正、清晰的最终出版确定稿，否则将推迟出版时间，由基金会办公室联系出版的论著一律需附有英文摘要。

三、出版过程中有关稿件内容的编辑出版事宜一般均由出版社直接与著者联系，著者应予以通力合作。

四、基金会资助的出版物一律在封面和扉页显著标注：“地震科学联合基金会资助出版”及批准资助出版编号字样（格式见附件）。

五、基金会资助出版物的版权由著者、基金会和出版社共同商定，待国家版权法颁布后再正式确定办法。

地震科学联合基金会
软件成果管理暂行办法

地震科学联合基金会资助的理论及应用研究的课题，目前已取得一批重要成果。与此同时，也产生了不少已在计算机上实现的先进算法及相应软件（或程序）；为推广这些软件的应用，提高基金的使用效率，特制订本管理办法。

一、凡本基金会资助课题预期成果中包含在计算机上实现的算法和相应程序软件(以下简称“软件”)均属本办法的管理范围。

二、基金资助课题完成后的3个月内,项目负责人应连同本课题总结一起,向基金会办公室申报全套软件目录,6个月内正式提交规范化的全套软件资料,该提交亦做为“地震科学联合基金软件成果”申请。

三、提交的软件资料应包括用磁带或磁盘存储的软件本身,算法原理及软件使用说明书和算例(原始数据及计算结果),软件的使用说明书应按详细列出标示符说明及程序段的功能说明,提交的软件应能在国内流行的计算机型上运行,最好能与计算机型相对独立。

四、基金会对申报成果的软件随时组织专家鉴定会进行鉴定,凡鉴定通过的软件即确定为本基金会软件成果,按成果的独创性、应用价值和经济效益程度划分为三类:

1. 重大成果;

2. 重要成果;

3. 优秀成果。

五、确定为本基金软件成果的研制者,可获得本基金会签发的成果证书和获得不同级别的资金:

1. 重大成果奖:奖金3 000元(涉及研制人员较多的大型软件项目,可以对5—10名主要研制者授于平均每人不低于1 000元的奖励);

2. 重要成果奖:奖金1 500元;

3. 优秀成果奖:奖金750元。

未能评上成果的软件,本基金会也登录并向各界介绍,若在实用中间得以改进或得到广泛应用,可重新申请授奖。

六、已获得本基金奖励的软件研制者仍可向有关部门申请高层次的奖励,但要向基金会通报申请情况,一旦获奖应向基金会备案,本基金会对确定为重大成果和重要成果的软件,将协助向各使用单位介绍并提供有关部门进行更高层次成果申请的推荐。

七、确定为本基金成果的软件,本基金会向研制者承担成果保护责任,并将成果登录在本基金会软件成果档案中,每年对外公布软件成果的内容,成果产权为基金会及研制者共有。

八、今后凡与已登录的软件功能相近的研究申请,本基金不再重复支持,以有偿转让的方式对各用户服务,但对基金会已确定资助的课题需使用已登录的软件,一般情况下允许无偿或低价使用。

九、用户在申请使用本基金会软件成果时,需填写本基金会设定格式的“软件转让合同书”,交纳该成果标价的成果使用转让费。

十、软件成果的取得是基金经济支持和研制者创造性劳动的结果,因此,转让费的使用方向为:

1. 软件研制者的劳动报酬:每转让一次可获得该次转让费的20—40%,由项目负责人按劳分配给有关研制人员。

2. 基金增值:转让费的60—80%用于增值基金,其中可提取10—20%的费用奖励基金管理人员。

十一、用户使用转让的软件取得科研成果发表论文或专著时,要标注:“本研究使用的软件源于地震科学联合基金软件成果之……”。“……”系指软件名称和研制者。

十二、用户使用转让的软件取得科研成果并获得各级奖励,发表论文时,不再向研制者支付奖金或稿酬。

十三、软件研制者和用户不得将软件成果以任何形式向第三者转让,如确需转让要通过基金会办公室,按申请使用办理。

十四、获得本基金软件成果的项目负责人提出新研究申请时,将会从优再次获得本基金资助。

十五、拒不按要求提交软件资料将被视为未达到课题预期成果。

十六、本办法在基金委员会批准之日起执行。

国家测绘局测绘科学技术发展基金管理办法(试行)

第一章　总　则

第一条　为了加强国家测绘局测绘科技基金的管理和合理使用,以充分挖掘我国测绘科学研究的潜力,改变科研经营的拨款制度,改革科研管理体制,调动广大科技人员的积极性,促进科研面向生产。鼓励科技人员跨部门、跨地区、跨单位的协作。加速我国测绘事业的发展,特制订本办法。

第二条　国家测绘局测绘科学技术发展基金(简称测绘科技基金),由科技三项费用、部分科研事业费和通过其他渠道获得经费构成。

第三条　测绘科技基金主要用于测绘科学技术的研究开发和应用等领域。根据测绘科技发展规划实行由单位或个人申请、同行评议、择优支持的原则，重点支持研究目标明确、学术思想新颖、有创造性、技术方案可行、具备研究条件、经济效益或社会效益明显、在短期内(一般为一二年、最多5年)可以得到预期成果的课题。

第四条　国家测绘局设立测绘科技基金项目评审委员会(简称评委会)。评委会由从事科研、教学、生产、管理工作的专家和科技人员、专业管理干部组成。其成员由国家测绘局聘任，任期3年。评委会设主任1名，副主任2—3名，评委会下设大地、遥感和航测、制图、工测、仪器等专业学科组。

评委会的主要职责是，评审国家测绘局系统的重大科技基金项目。

评委会办公室设在国家测绘局科学技术处，负责受理申请项目，组织项目评审、监督实施以及处理有关日常工作。

第五条　在科研计划管理中，试行公开招标和签订合同的管理办法。

第二章　基金的申请

第六条　测绘科技基金实行随时申请、定期评审的办法。一般每年集中审批一次。每年年底以前受理下年度的申请项目，翌年6月份以前审批完毕，对批准的项目及时通知申请单位或个人。

每一个申请项目，只能由一个单位或一个人申请，并应按统一规格、要求提出书面申请，不办理口头、信函等形式的申请。

第七条　申请项目的条件

(一)有重要的技术、经济价值(或社会效益)，特别是直接满足国家建设需要和促进测绘生产技术进步，研究费用在1万元以上的课题；

(二)研究目标明确、学术思想新颖、技术路线先进可行、研究内容同国内其他单位不重复；

(三)研究工作步骤可靠，一般一至二年(最多5年)内取得成果；

(四)申请人所在单位有一定研究工作基础，具备基本仪器设备、条件和能保证项目完成的研究力量；

(五)申请人一般应具有中级或中级以上的专业技术职称(或具有同等水平)。申请人不具有高级技术职称时，须由1—2名同行高级技术人员推荐。主持研究课题的负责人，不得由不参加研究工作的人员挂名。

(六)协作关系和条件落实。

第八条　申请项目的程序

申请测绘科技基金的单位或个人，应先填写“测绘科技发展基金项目预报表”(格式见附件一)。经基金办公室初审同意后，再填写“测绘科技基金申请书”(格式见附件二)。申请书需经单位领导和学术组织审查后，报送测绘科技基金办公室，一式5份。申请书不论批准与否，一般不退还。

填写“测绘科技基金申请书”应严格按照说明要求，逐项填写。

第九条　申请人自申请日期起3个月内未得到正式答复，可向测绘科技基金办公室提出查询。

第十条　当申请项目未获批准，申请人可再做准备，修改申请内容，作为新申请项目再申请，但申请内容没有实质性改变的再申请将不予受理。

第三章　项目评审

第十一条　项目的评审工作由测绘科技基金办公室负责组织，一般分为通信评议和综合评审两个阶段。

总经费在10万元以内的项目由测绘科技基金办公室直接组织有关人员进行评审，总经费超过10万元的项目，由基金办公室组织在同行专家评议(评议书格式见附件三)的基础上，报请评委会进行综合评审。在评审过程中对项目内容需作修改的，由基金办公室将修改意见通知申请人。申请人应按要求的时间修改完毕，无正当理由不得逾期，否则按自动撤销申请处理。

经评审同意安排的项目，由测绘科技基金办公室统一平衡后报国家测绘局领导审批。

第十二条　项目评审的内容包括：立题的必要性、目标的正确性、研究内容的重要性、技术路线和工作步骤的可行性，以及经费预算的合理性(详见附件三)。

第十三条　否决项目的条件

(一)经济效益或社会效益不明显；

(二)国内其他单位已经研究过(有创新者除外)或正在研究的项目；

(三)研究力量不足或缺乏基本研究条件；

(四)协作关系不落实；

(五)经费预算超过评估数30%以上者。

第十四条　参加项目评审的人员应对各种评审意见负有保密责任，不得以任何理由、任何方式泄漏。泄漏评审意见其后果严重者将被取消评审委员资格。

第十五条　申请人或其他人对评审确定的项目有异议时，可直接向测绘科技基金办公室反映，也可向测绘科技基金委员会提出申诉，并有权要求复审。

第四章　合同要求

第十六条　凡获批准的项目，必须根据实施方案的技术指标、进度计划和经费安排、违约责任等签订测绘科技基金项目合同（格式见附件四），确定甲（基金办公室）、乙（项目申请单位或个人）双方的权利和义务等。项目起止时间以合同书为准。

第十七条　根据对项目成果的经济效益或社会效益的预测情况。合同中应确定所拨经费为不偿还、部分偿还或全部偿还。

（一）属于基础研究、理论研究、前期性高技术研究或只具有一定社会效益的项目，所拨基金可不偿还；

（二）研究成果可投入批量生产，可在生产中推广应用，并能取得一定经济收益的或可获得专利、进入技术市场交易具有一定收入的项目，其经费部分偿还；

（三）研究成果可投入大批量生产、可在生产中广泛推广应用，能取得较大经济收益的，或可获得专利、进入技术市场进行交易，其经济收入在 3 年内超过研究经费的项目，其经费应全部偿还。

偿还经费以人民币结算。

第十八条　项目合同一经签订，双方应严格履行合同的规定，不得无故撤销，否则，造成的经济损失由责任方全部承担。由于乙方原因致使进度拖延，不能按期提交科研成果，由此而增加的额外经费、物资及由此引起的其他损失，由乙方全部承担。

第十九条　双方必须严格履行项目合同。项目

购置费，设备折旧费，水电能源交通费，研究试验费和项目收益费等。

第二十一条　测绘科技基金项目的经费在合同中一次核定，按进度分期拨款。项目承担单位应按工作计划提出拨款申请（格式见附件五）。科技基金年终结余，可结转至下年度使用。

第二十二条　项目基金应按合同规定的经费单独核算，专款专用。项目承担者要精打细算，厉行节约，充分利用本单位和协作单位的仪器设备及其他物质条件。研究经费不得用于土建、外事活动、购置通用设备和单价在 5 万元以上仪器设备（如特殊需要，经批准者例外）及实验室改造等。批准项目前已购或订购的仪器设备和其他支出均不得列入。同一单位的两个或两个以上项目可共用的仪器设备不得重复购置。

第二十三条　项目因故撤销和停止时，应将剩余经费和器材处理的收入，缴回测绘科技基金办公室。

第二十四条　为奖励参加项目研究的工作人员，在测绘科技基金项目经费中设立项目收益费。收益费按科研业务费（不含仪器设备、器件材料、外协费等）的 7% 计算。收益费的分配不少于 50% 用于本单位的科技发展基金；其余用于集体福利和奖励有关科研人员、科研管理人员。项目收益费待科研成果通过鉴定后拨付。未按期完成的项目其收益费按下列规定处理。

（一）非甲方原因致使项目完成时间延期一年以内的扣发项目收益费 50%，超过一年的不发项目收益费，成果也不能参加评奖。

（二）由于甲方原因致使项目延期完成的，不扣发乙方项目收益费。

第二十五条　研究工作完成后，应在两个月内将项目经费总决算连同研究工作总结报告一并报送测绘科技基金办公室。

第六章　监督和检查

公室将暂停拨款。项目因故终止或不能按期完成者，必须在终止或项目完成期限的两个月前向测绘科技基金办公室报告，由办公室负责审查处理，否则按本办法第十八条处理。

第二十八条　对经费开支不按合同书执行，擅自挪用，违反财务制度者，除追回不合理的开支款项外，情节严重的，还要追究有关人员和单位领导的责任。

第二十九条　项目执行中，如项目负责人因工作调动、出国、长期病休或死亡等情况，单位领导应采取措施，保证研究工作按计划进行，并将有关情况报告测绘科技基金办公室，如果研究内容发生重大变更，应及时报请测绘科技基金办公室审批。

第七章　附　则

第三十条　本办法自颁布之日起试行。试行中出现的有关情况和问题请及时反映给测绘科技基金办公室。

第三十一条　测绘科技基金办公室负责对本办法的解释。

国家计划委员会　中国科学院科技促进经济发展基金会章程

1987 年 9 月 11 日

第一章　总　则

第一条　科技促进经济发展基金会（简称发展基金会），由原国家经委和中国科学院联合集资创建，经机构调整，自 1988 年起，由国家计划委员会和中国科学院联合集资组建。英译：THE FOUNDATION OF SCIENCE AND TECHNOLOGY FOR DEVELOPMENT. CHINA. 缩写：FSTD.

第二条　发展基金会系经国务院授权、中国人金会以贷款、风险投资等形式支持技术改造的攻关、联合中试、工业试验项目，特别是替代进口、出口创汇项目，促进社会主义商品经济的发展。

第四条　发展基金会的主要任务是：开拓资金渠道，组织调剂资金，大力促进科技成果的产业化，积极支持引进先进技术和产品的消化吸收，创造条件发展智力密集型新兴产业，重视开拓出口创汇的新技术、新工艺和新产品积极投入国际市场；根据授权，组织、吸引社会智力和财力，面向社会提供经济、科技发展所需的咨询、调研、评估、诊断、协调、培训等服务。

第二章　基　金

第五条　发展基金会资金来源，由国家计划委员会和中国科学院筹集，并接纳加入基金会成员的合作资金，委托代理项目资金以及国内外赞助或捐赠。

第六条　发展基金会按国家规定，通过金融单位办理资金投放、贷款业务。

第七条　发展基金会实行独立核算，自负盈亏。发展基金会筹集的资金，通过金融单位贷款回收的本息和技术服务收益，在扣除必要开支后，全部用于扩大发展基金。

第三章　业　务

第八条　根据国家计划和经济发展需要，组织专家评估，择优支持符合第三、四条款的项目，给予贷款或风险投资。

第九条　利用发展基金会科技与经济结合的优势，开展科学家、工程技术专家与企业家的协作交流活动；开展培训有科研背景的企业经营人才，特别是培养开拓国际市场所需要的管理人才。

第十条　为科技促进经济发展广为收集、交流各种信息，特别是市场信息，提供市场开发、技术经济等方面的咨询服务。

理事由理事会聘任，执行理事助理由执行理事提名，经理事会同意后聘任。理事会办事机构设在中国科学院。

第十三条　理事会成员由发展基金会发起单位聘请，设名誉理事长1—3名，理事长1名，副理事长若干名。每届理事会任期3年，理事会成员可连聘连任。理事会每年召开1—3次全体理事会议，必要时可以召开理事会特别会议。

第十四条　理事会的职权如下：

(1)制定和修改章程；

(2)制定经营战略、方针、目标等；

(3)审定资金使用方向和重点；

(4)审查批准中长期规划、年度计划、年度预算、决算，审查执行理事提出的工作报告；

(5)决定聘任执行理事；

(6)审定发展基金会分支机构的设立、合并、分立和撤销。

第十五条　执行理事会的职责如下：

(1)组织执行理事会制定的方针、战略、决策，向理事会负责。

(2)贯彻所有权和经营权分离的原则，主持发展基金会日常业务工作，根据理事会授权的范围，对贷款和投资项目作出决策。

(3)代表发展基金会签订合同及签发日常业务文件。

(4)提名总工程师、总经济师、总会计师、法律顾问等，报请理事长批准。以上高级管理人员和执行理事助理，协助执行理事工作，向执行理事负责。

(5)根据工作需要，决定业务部门的组织机构并任免各部门的负责人。

(6)根据工作需要，组织制定各种内部管理和经营业务的规章制度，并颁布执行。

(7)按国家规定，确定职工的工资福利待遇，根据职工的工作业绩与表现，实行奖励或惩罚。依照制度决定职工提升、降职和解聘。

(8)定期向理事会提交年度经营计划、年度预算报告、年度工作报告等。

(9)完成理事会交办的其他事项。

第十六条　执行理事任期3年，可连聘连任，如有特殊情况，理事会可随时解聘。

第十七条　发展基金会根据工作需要，可聘请国内外有关知名人士、专家担任顾问或咨询委员。

第十八条　办事机构的编制应根据高效精简的原则来确定，人员组成可有专职人员、兼职人员和聘用的短期工作人员。工作人员采用聘任制。

地方科学基金

天津市21世纪-青年科学基金暂行管理办法

第一章 总则

第一条 为适应天津市经济建设和科技进步发展的需要，促进优秀青年科技工作者更好地发挥创造性和积极性，加速青年科技人才的培养和成长，天津市科学技术委员会(以下简称市科委)决定从1989年起设立天津市21世纪-青年科学基金。

第二条 天津市21世纪-青年科学基金来自：

1.天津市预算拨款的科学技术三项费用；

2.社会各界及团体和个人捐赠；

3.港澳同胞、海外华侨及国外友好团体和个人捐赠。

第三条 天津市21世纪-青年科学基金主要面向市属科研单位、企事业单位和大专院校，用来资助为本市现代化建设积极工作和具有创造精神的青年科技工作者(不包括在读的研究生)，为他们开展应用性基础研究和应用研究及实验工作提供一定的条件。

第四条 天津市21世纪-青年科学基金支持的研究课题应具有以下特点：

1.结合天津市近期经济建设和科技与社会发展中确定的主要目标，尤其是结合本市有优势和重要应用前景的研究工作；

2.学术思想新颖、立论根据充分、研究内容和目标明确、具体、先进；

3.具有合理的研究路线和可行的研究方案；

4.申请者和合作者已有一定的基础和初步具备了必要的研究条件，由申请者承担主要研究任务，课题组成员应以青年为主，并可望在近期内取得预期成果；

5.经费预算精打细算，实事求是。

第五条 天津市科委负责受理项目的申请、评审、管理和监督工作。根据个人申请，同行推荐，专家评审和市科委最后审定批准的程序，进行申请资助项目的受理工作。

第六条 天津市科委组织"青年科学基金专业指导委员会"负责拟订每年基金资助选题指南、计划资助各学科比例及基金项目的评奖工作。

第七条 为有利于发现和培养人才，对符合条件的青年科技人员的申请，坚持公正，鼓励竞争，择优选择；积极支持不同学科、不同单位之间青年的合作项目；提倡本市青年同国外青年科技工作者之间的合作。

第二章 申请

第八条 凡年龄在35周岁以下(含35岁)的大专毕业(或具有同等学历)、业务超群、学风正派、具有独立科研能力并实际主持和从事项目研究工作的青年科技人员，均具有申请资格。申请者需获得至少3名高级科技专家书面推荐；如果本人已具有博士学位或高级职称的，可由至少2名高级科技专家书面推荐后，方可提出本人的研究申请。

第九条 正在国外进修，符合资助条件的青年科技工作者，可在回归本市前提出申请。获准者，回归本市落实工作单位后予以资助，自批准之日起保留有效期1年。

正在国外进修或已回到本市工作的青年科技工作者申请天津市21世纪-青年科学基金的年龄可适当放宽。

第十条 申请者须认真填写天津市21世纪-青年科学基金项目申请书一式6份。推荐者应对申请者的素质和研究能力、课题的意义、研究的条件、方案的先进性、可行性表示具体意见，并签署姓名。

第十一条　申请者所在单位就申请书的真实性、研究计划可行性和经费额的合理性明确签署意见，说明本单位保证申请者开展此项研究已具有的基本条件，然后通过主管部门审查后报市科委。

第三章　评　审

第十二条　天津市科委于每年3月份和9月份受理青年科技工作者的申请书，首先对申请项目逐项初步筛选。

第十三条　凡符合申报要求的项目，由市科委转请天津市科学技术协会组织专家进行评议。评议方法有两种：一种是通信评议方式，每项至少经3—5名专家评阅，写出书面意见，并填写评议表；一种是小型讨论会集中评议方式，可全面综合与会专家意见，写成评议结论，填写评议表。各项评议意见和结果均应保密。

第十四条　凡经专家评议的项目，需交"青年科学基金专业指导委员会"复审，必要时可约见申请者，就项目有关情况作出说明并回答问题。市科委用3—6个月的时间审批完毕，并公布批准受资助的研究项目和受资助者名单。

第十五条　经市科委批准立项的研究项目，由申报人所在单位于1周内与市科委办理合同手续。

第四章　管　理

第十六条　天津市21世纪-青年科学基金项目由天津市科委和申报人所在单位共同负责管理和监督。其日常管理工作由项目负责人所在单位负责。

第十七条　接受资助项目的经费，由市科委拨至受资助者单位，由该单位财务部门进行监督和管理，实行专款专用，并严格按照《天津市科学技术发展基金管理办法》掌握使用，经费使用范围限于：

1. 研究项目的资料费，包括资料复制誊印、计算机使用费和购买必要的参考资料；

2. 小型专用实验仪器和材料购置费，实验、测试和加工费；

3. 参加国内与项目有关的学术和情报交流活动费用。

第十八条　基金项目经费不得用于工资、福利和奖金，也不能用于基本建设、购置交通工具和照相声像录放设备，不能用于与本项目无直接关系的开支。

第十九条　项目负责人每年11月底要提出研究进度和经费使用情况的书面报告，经所在单位审查，报送市科委，并以此作为发放下年度拨款的依据，逾期不报者，缓拨下年度经费。

第二十条　市科委定期组织人员对资助项目的执行情况和基金使用情况进行检查，对不遵守规定、违反财务制度者要予以严肃处理。

因各种原因需要调整项目计划，或变更和终止者均应在3个月以前，提出专门报告，经市科委批准后方可生效。

第二十一条　基金项目完成后，要认真提出总结报告和提交成果及财务决算报告。主管部门应对项目成果、水平、存在问题作出评价。

市科委委托有关单位或同行专家，采取现场检查方式评审成果或结果，会后写出书面报告。

第二十二条　市科委对出色完成研究工作的青年科技工作者给予表彰，颁发优秀青年科技工作者证书，并将获得青年科技奖金，以资鼓励。

第二十三条　凡由天津市21世纪-青年科学基金资助所取得的成果，均应标注"天津市21世纪-青年科学基金资助"字样。

第二十四条　本暂行办法的解释和修改权属于天津市科学技术委员会。

山西省自然科学基金委员会条例（试行）

1986年12月13日

一、根据晋政发〔1986〕75号文件，成立山西省自然科学基金委员会（以下简称省科学基金会）。

二、省科学基金会的任务是：根据国家和我省科学技术发展规划，鼓励和支持科技工作者积极向国家自然科学基金会及国家其他部门的科学基金会申请资助；有效地运用我省科学基金，指导、协调和资助对我省有重要意义的地方性基础研究和部分应用研究工作，发现和培养人才，促进我省的科学技术进步和经济、社会发展。

三、省科学基金会的主要职责是：

根据国家和省的科学技术发展规划，制订和发布我省自然科学基础研究和部分应用研究项目指南；

受理基金项目申请，组织同行评议，择优资助，并对课题的进展作协调指导；

对省内有关方面的重大科技问题提供咨询；

同国家自然科学基金会以及省内外有关学术组织建立联系，组织国内和国际学术交流及合作研究；筹措自然科学基金和接受捐赠。

四、省科学基金会主任由省人民政府任命，副主任及委员由主任与省科学、省教委等有关方面协商后报省科技领导小组任命。省科学基金会由11—13名委员组成，实行任期制，每届任期四年。

五、省科学基金会下设秘书处，负责处理日常事务工作。所需人员根据精简的原则配备，实行聘任制，其工资福利等均在基金中列支。

六、省科学基金会会同省科委、省教委聘请省内外各学科知名学者、专家（兼职）组成若干学科组。专家实行任期制，其任期与省科学基金会同步。学科组作为项目评审的基本力量，接受省科学基金会的委托，负责组织项目的同行评议，并对项目进行评审。

七、省科学基金会归省政府领导，由省科技领导小组代管，其办事机构挂靠在省科委。省科学基金会与省科委、省教委等有关部门密切联系，独立开展工作，充分发挥学者、专家在管理中的作用。

八、本条例从发布之日起试行。

山西省自然科学基金管理办法（试行）

为适应科技体制改革的发展，充分发挥自然科学基金的作用，特制订以下管理办法：

一、山西省自然科学基金主要用于支持本省自然科学方面的基础研究和部分应用研究工作，以便为开发研究提供基础和技术储备，培养人才，促进我省科技、经济的发展。在鼓励科技人员积极向国家基金会等部门申请项目的同时，优先资助有山西特点的地方性项目。

二、山西省自然科学基金的来源：

1. 省政府用于支持基础研究的专项拨款；

2. 省科委直接掌握的科技三项费用的4—5%；

3. 国内外单位和个人的捐赠；

4. 其他渠道可用于基础研究的经费。

三、资助项目的申请和评审：

1. 山西省自然科学基金面向全省，各地区、各部门、各单位的科技人员均可按规定提出申请。拟申请的项目应填写“山西省自然科学基金申请书”，经本单位审查盖章后，一式8份，报山西省自然科学基金委员会（以下简称省科学基金会）秘书处。申请者须是实际主持该项目研究工作的人员。如申请者不具高级技术职称，则须由两名具高级技术职称的同行科技人员书面推荐。

2. 提出申请的项目，由省科学基金会秘书处统一受理。秘书处在分类后，按类别分送各学科组。学科组在筛选后，送有关专家作同行评议。在评议的基础上，由学科组进行项目评审。最后由基金委员会对项目作审定，确定是否资助。审定项目的基本原则是，优先支持有重要应用前景和重要科学意义、研究内容和目标明确具体、研究方案先进可行、工作有基础、申请与合作者具有相应的研究能力，可望在2—3年内取得成果或阶段成果、经费预算实事求是的项目。对青年科技工作者申请的项目，应给予适当的支持。

3. 省科学基金会的项目受理工作，一般在第四季度进行。第二年5月1日前审定结束。凡决定资助的项目均纳入省科委的年度科技发展计划。

四、项目的管理、鉴定和奖励：

1. 凡决定资助的项目，均一次核定经费，分期拨款，专款专用。经费拨至申请者所在单位，由申请者按规定支配使用。经费开支范围限于该项目直接需要的小型仪器设备、实验材料、动力燃料、计算测试和业务出差等费用。

2. 项目的管理主要依靠基层单位，并应充分尊重课题组的自主权。课题组每半年向省科学基金会书面汇报一次课题进展情况。课题结束后，须在2个月内报决算和课题总结材料。

3. 如发现资助不当或条件有变化，省科学基金会将停止资助。对挪用经费和弄虚作假者，除撤销资助外，情节严重的，将提请有关部门予以严肃处理。

4. 资助项目获得的研究成果，由省科学基金会或受委托的有关部门主持评议或鉴定。

5. 对有重大科学意义和应用前景的成果，经鉴定后可向科学基金会申请奖励。省“自然科学奖励条例”另行规定。

6. 凡取得本资金资助的项目，其报告及论文在发表时应注明“系山西省自然科学基金资助项目”。

五、本管理办法从公布之日起试行。

山西省自然科学基金资助项目定量评选办法(试行)

按照"依靠专家、发扬民主、择优支持、公正合理"的原则,为了增强对申请项目评选的可比性,减少人为因素的干扰,提高资助项目质量,提出用模糊数学方法对项目作出定量综合评判办法。

一、选择项目应考虑的因素及其质量指标

选择项目时,不仅只考虑科学基金资助的基础研究和应用基础研究的范围,而应根据提高科学技术水平和国民经济及人民生活的需要和可能,归纳国内选择项目考虑的因素。我们提出必要性、先进性、可能性、经费预算合理性四个因素,每个因素分优、良、中、差四个质量指标如下:

(一)必要性。

优:基础研究中对科学发展有全局性或深远影响的核心问题。应用基础研究中结合实际需要应用前景广阔,具有重大经济效益和社会效益的课题。

良:基础研究中能带起新领域或新分枝的生长点,应用基础中结合生产实际,经济或社会效益显著,有较重要应用前景的课题。

中:基础研究中将已有科学知识深化和系统化的课题,应用基础中具有一般应用前景的课题。

差:科学意义一般,应用前景不清的课题。

(二)先进性。

优:国际水平,处于国际领先地位。

良:接近国际水平,国内处于领先地位。

中:水平一般,与国内其他单位的协作项目。

差:低于国内一般水平的重复项目。

(三)可能性。

优:技术路线、研究方法先进、合理,有良好的实验条件,有较高的学术和技术水平,能胜任该项研究,可预期提出研究成果。

良:技术路线、研究方法可行,具备实验研究的基本条件,有一定的学术技术水平和发展潜力。

中:技术路线基本清楚,实施方案比较明确,研究条件较差,专业搭配不全,经过努力可以解决困难。

差:技术路线不清楚,实施方案不明确,技术水平差,完成课题有一定困难。

(四)经费预算合理性。

优:经费预算合理,其他来源有保证,可基本资助申请经费。

良:经费预算偏高,设备费用较多,可给予申请经费额的80%以上。

中:经费预算高,设备费用多,可给予申请经费的60%以上。

差:经费预算不合理,其他来源不清楚,需重新作预算的。

二、专家评定

省基金委受理的项目,都要经过5名以上专家(学科组成员或同行专家)进行评判,每位专家对评审项目要在以上4个因素优、良、中、差质量指标的同意栏内打一判决号"√",然后将每个项目专家的判决号"√"数填入表1。

表1 自然科学基金资助项目质量标准专家判决表

质量指标 / 判决专家人数 / 考虑因素	优	良	中	差
必要性				
先进性				
可能性				
经费预算合理性				

三、计算步骤

(一)将每个项目参加评判的专家对四个因素所作出的优、良、中、差的人数比例填入下表,实际上是各因素评判组成的矩阵(R)

表2 项目质量标准各因素组成矩阵(R)表

质量指标 / 判决人数比例 / 考虑因素	优	良	中	差
必要性				
先进性				
可能性				
经费预算合理性				

(二)建议对四个考虑因素赋予的权重(A)

因为我们是省一级研究计划,对基础研究重点是考虑它的先进性(即在国家所占的地位)和可能性,对应用基础研究重点是考虑它的必要性和先进性。这里我们建议对两类研究4个因素所赋予的权重(A)为:

	必要性	先进性	可能性	经费合理性
基础研究	0.2	0.4	0.3	0.1
应用基础研究	0.4	0.3	0.2	0.1

(三)定量计算,综合判决

综合评判就是所赋予的权重(A)通过判决人数占参加评判专家人数比例(R)起作用 $E=A\cdot R$,把优、良、中、差各栏中的四个考虑因素的综合评判数字相加,得出综合评判合计,凡满足评判合计优$+\frac{1}{2}$良$+\frac{1}{4}$中$\geqslant 0.5$者为入选项目。

例:有10位专家评判某一基础研究项目,评判结果的人数为:

判决人数 质量指标 / 考虑因素	优	良	中	差
必要性	2	4	3	1
先进性	6	2	2	
可能性	5	2	2	1
经费合理性	4	4	1	1

其矩阵

$$R=\begin{matrix} 0.2 & 0.4 & 0.3 & 0.1 \\ 0.6 & 0.2 & 0.2 & \\ 0.5 & 0.2 & 0.2 & 0.1 \\ 0.4 & 0.4 & 0.1 & 0.1 \end{matrix}$$

基础研究所赋予的权重

$$A=\begin{matrix} 必要性 & 0.2 \\ 先进性 & 0.4 \\ 可能性 & 0.3 \\ 经费合理性 & 0.1 \end{matrix}$$

综合评判 $E=A\cdot R$

综合评判(E) 质量指标 / 考虑因素	优	良	中	差
必要性	0.04	0.08	0.06	0.02
先进性	0.24	0.08	0.08	
可能性	0.15	0.06	0.06	0.03
经费合理性	0.04	0.04	0.01	0.01
评判合计	0.47	0.26	0.21	0.06

综合评判:优$+\frac{1}{2}$良$+\frac{1}{4}$中$=0.47+\frac{0.26}{2}+\frac{0.21}{4}=0.47+0.13+0.05=0.65$

该项目入选。

内蒙古自治区自然科学基金试行管理办法

1986年4月15日

为了充分发掘我区科学潜力,发现和培养人才,促进我区科学事业的经济的发展,设立内蒙古自治区自然科学基金。

资助范围和原则

一、内蒙古自治区自然科学基金主要用于资助全区自然科学方面的基础理论研究和应用研究中的基础性工作。

二、内蒙古自治区自然科学基金采取个人申请、同行评议和基金委员会审定的办法,择优支持具备下列条件而又确需经费资助的研究课题:

1.有重要的科学意义和应用价值,特别是结合国民经济建设和社会发展需要的基础性研究课题;

2.学术思想新颖,立论根据充足,研究技术路线可行;

3.研究内容和目标明确具体,同国内其他单位不重复或有独到之处,三五年内可望取得成果;

4.申请者和合作者具备相应的研究实力,研究工作有一定基础;

5.已具有一定的工作条件,经费预算实事求是。

基金委员会的职责

三、为了承办自然科学基金的有关事宜,成立内蒙古自治区自然科学基金委员会,由学术上有造诣的科技工作者15—20名组成。委员会设主任委员1人、副主任委员2—3人、委员若干人,必要时可下设若干专业组。基金委员会实行任期制,每届任期3年。

基金委员会下设办公室(挂靠在科委科研计划处),具体办理日常事务。

四、基金委员会接受自然科学基金项目的申请,审查申请者的资格、组织同行评议、核定资助经费、确定基金项目的有关事宜。

申请和评审

五、自然科学基金实行随时申请、定期评审的办法，每年集中审批一次。每年 6 月底前接受的课题申请，当年年底前基本审批完毕。

六、申请自然科学基金，要填写《内蒙古自治区自然科学基金申请书》，经所在单位学术委员会（或同类组织）和行政领导按本办法的要求，对申请资助的必要性、申请书内容的真实性、实现研究方案的可能性、经费概算的合理性、单位能否保证其工作条件等提出具体初审意见并加盖公章后上报。

七、自然科学基金的申请者必须是具有中级以上技术职称的科技人员；年青科技工作者申请，必须有两位副研究员以上职称的专家推荐。申请者必须是真正主持研究工作的课题负责人，不得由不参加研究工作的人员挂名。

八、内蒙古自然科学基金申请书由内蒙古自然科学基金委员会办公室统一受理，初步筛选后，在基金委员会主持下邀请熟悉本课题情况的区内外学术上有造诣的科技人员和有一定学术水平、熟悉课题有关情况的科学工作者进行同行评议。在同行评议的基础上由内蒙古自然科学基金委员会对课题进行核定，报内蒙科委审批。

九、自然科学基金申请课题经评审同意后将正式通知申请者及其所在单位，批准项目列入第二年自治区科学技术研究项目计划。参加评审的有关人员对申请者的研究技术方案应负责保密，不得外泄。

经费和器材

十、内蒙古自然科学基金主要来自国家财政拨款，同时接受有关方面的赞助和捐赠。

十一、自然科学基金实行单位监督保证下的申请者负责制。获准资助经费拨至课题承担者所在单位，专款专用，由该单位财务部门负责管理监督。在财政制度规定的范围内，课题承担者有权按照研究工作计划及批准的预算支配经费的使用。

十二、资助经费的申请和使用要精打细算，力求节约，充分利用所在单位和协作单位现有仪器设备及其他物质条件。开支范围限于该课题直接需要的仪器设备、实验材料及必要的旅差、购买资料等费用。出国考察及通用仪器设备等其他支出不得列入。

资助经费为一次性资助，一般不再补拨。

十三、资助课题的研究工作全部完成后，课题承担者应将固定资产及剩余器材造册报内蒙古自然科学基金委员会办公室，单价 1 万元以上的仪器设备，基金委员会有权根据需要调出，支持其他研究课题。其他一般器材无偿移交所在单位使用。

监督检查

十四、资助课题承担者所在单位，应将该课题纳入本单位的科学研究计划，加强领导和督促检查，同时在人力物力等条件上给予积极支持。课题承担者在研究工作过程中如发生工作调动及其他不能继续开展工作的情况，申请者或所在单位应采取措施保证研究工作按计划进行，或向基金委员会呈报，申请中止。

十五、资助课题的承担者应于每年年底提出本年度工作总结和下阶段工作实施方案。各项报告均应包括经费使用和器材购置情况，并由所在单位签署意见。

十六、内蒙古自然科学基金委员会及其办公室必要时将组织有关人员对资助课题研究情况和资助使用情况进行检查，如发现有资助不当、或已从其他渠道取得足够经费、研究工作不具备进行下去的条件等情况，将停止资助。对于弄虚作假和挪用经费等行为将撤销资助，并视情节追回经费，追究责任。

十七、课题研究工作结束后，应认真进行总结，整理出完整的数据、图纸及资料，写出研究报告、学术论文和工作总结，经所在单位签署意见后报内蒙古自然科学基金委员会。

十八、课题完成后，有关研究成果的鉴定、奖励、转让和专利申请，按国家有关规定办理。

其　他

十九、自然科学基金申请书格式随同本办法发至自治区各厅局、各盟市科委、高等院校、研究单位。

二十、本办法自 1986 年 4 月 15 日开始施行并接受申请。

上海市自然科学基金试行条例

1987 年 9 月

第一章　总　则

第一条　为了加强本市科学技术基础研究和应用研究中的基础性工作，使本市科学技术的发展具有巩固的基础和足够的技术储备，根据上海市人民政府 1986 年 8 月 18 日沪府发〔1986〕87 号文发布的《上海市科学技术拨款管理办法》规定，从 1987 年起设立上海市自然科学基金。

第二条　上海市自然科学基金来源主要为：

一、由《上海市科学技术发展基金》中划出一定额度的专项资金；

二、本市地方基础研究类型科学研究单位核减的研究经费；

三、国内外个人和团体的捐赠。

第三条　上海市自然科学基金主要用以资助本市自然科学方面的基础研究和应用研究中的基础性工作。

第四条　上海市自然科学基金主要受理本市地方科学研究单位、工厂企业、大专院校、医院等单位的申请。中央有关部门在沪单位提出的项目，如对促进本市科技进步和经济、社会发展有重大作用的，也可申请资助。

第五条　上海市自然科学基金资助的项目，均应按照“专家评议，择优支持，签订合同，专项管理”的原则进行评审和管理。

第六条　上海市自然科学基金优先支持具备以下条件的研究项目：

一、有重要科学意义或重要应用前景的研究项目，特别是为促进本市科技进步和经济、社会发展有重要作用的研究项目；

二、学术思想新颖，立论根据充足，研究内容和目标明确具体，研究方法和技术路线先进、合理、可行，一般在 3 年左右的时间内可望取得预期成果的研究项目；

三、项目主要研究人员具备相应的基础理论知识和独立的研究能力，研究工作有一定积累，基本研究条件和时间有可靠保证；

四、经费预算精打细算、切合实际，并能提出具体的计算依据；

五、已逐步核减事业经费或研究经费的地方技术开发类型和基础研究类型科学研究单位申请的项目，在相似条件下将给予优先安排。

第二章　项目的申请和评审

第七条　上海市科学技术委员会(以下简称市科委)每年根据国家发展科学技术的方针政策并结合本市国民经济和社会发展需要制订的《上海市自然科学基金项目指南》，是项目申请的主要内容和依据。

第八条　市科委将设立专门机构具体办理上海市自然科学基金项目的申请、评审、管理、监督等工作。

第九条　申请资助项目的负责人必须是实际主持和从事项目研究工作的，并具有工程师或相当于工程师以上技术职称的科技人员。不参加实际研究工作的人员不得挂名。

第十条　上海市自然科学基金资助的项目，采取随时申请、定期评审的办法，一般每年集中审批一次。凡在 6 月底以前申请的项目，在当年年底以前基本审批完毕。

第十一条　上海市自然科学基金资助的项目，按下列程序申请和评审：

一、申请上海市自然科学基金资助的单位应先填写《上海市自然科学基金项目申请书》，经单位领导和学术组织按照本条例要求对申请资助的必要性、申请内容的真实性、实现研究方案的可能性、经费预算的合理性、基本工作条件的可靠性等提出意见并经单位的主管部门审查后，报送市科委。

二、经市科委初步筛选后，对符合资助条件的项目，由市科委组织具有一定水平和造诣、熟悉该项目国内外情况的中、高级科技人员组成的专家小组认真进行评议，并提出评议报告。评议人员在评议中发表的意见和申请资助单位提出的研究方案，各有关人员应严守秘密。

三、市科委根据专家评议意见，对资助项目和资助资金进行分析研究和综合平衡，然后根据择优原则进行审定。经审定的资助项目，由市科委和项目承担单位签订合同。

第三章　基金的使用和管理

第十二条　上海市自然科学基金资助的经费，

采取一次核定、按进度分年(期)拨款的办法。项目承担单位对项目经费应单独建帐、单独核算、专款专用。

第十三条　上海市自然科学基金的使用范围为：直接为该项目所必须增添的专用仪器设备费，试验用的材料费，专用图书资料购置费，燃料动力费，分析测试费，计算费，印刷复制费，调研费。

第十四条　上海市自然科学基金不得用于土建费，人员工资、辅助工资、奖金、津贴、劳保福利费，出国考察等国际活动费，通用仪器设备购置费，实验室扩大更新费以及上述规定使用范围以外的其他费用。批准资助前已订、已购的仪器设备和其他费用也不得在项目经费中列支。对同一项目多方申请者应如实申报，如已在其他渠道取得足够经费的，不再给予立项、拨款。严禁以各种名义用上海市自然科学基金支付财经制度不准支付的和超过规定开支标准的各项费用。对属玩忽职守、弄虚作假、贪污挪用经费等情况，除赔偿经济损失外，还将对有关人员追究责任。

第十五条　资助项目的年度结余经费，可结转下年度继续使用。项目完成后的结余经费，60%退回市科委，40%留给项目承担单位作为科技发展基金，用以弥补市科委资助的其他项目资金的不足或用以安排其他科学技术研究项目，但不得作为单位的收入提成分配或移作他用。

第十六条　上海市自然科学基金项目执行过程中，如确属人力不可抗拒的因素或无法克服的特殊技术困难等客观因素导致研究失败或部分失败的，经单位的主管部门核实并经市科委审核同意后，才能撤销或修改合同的有关条款，并免除项目承担单位不能或部分不能履行合同的责任。对由于主观原因造成研究工作失误或不履行合同规定的义务的，应按合同规定赔偿损失。

第四章　成果的权益和奖励

第十七条　项目承担单位应于每年11月底以前向主管部门和市科委报告项目进展情况，并于每年年终后1个月内报送年度经费决算。未按规定报送项目进展情况和经费决算的，将不予拨款。项目完成后，承担单位应立即整理出完整的数据、图纸和资料，写出研究报告、学术论文和工作总结，并编制项目经费决算，报主管部门和市科委申请鉴定或验收。

第十八条　上海市自然科学基金项目成果的使用权和转让权由市科委和项目承担单位共享。除市科委规定的成果应用单位外，承担单位如向其他单位转让项目成果，必须征得市科委同意。承担单位在发表或提供有关项目成果的文章、资料时，应写明是上海市科学技术委员会自然科学基金资助的项目。

第十九条　为了鼓励承担上海市自然科学基金项目有关科技人员的积极性和创造性，市科委从上海市自然科学基金资助项目结余回收的经费中提取10—20%，建立上海市自然科学基金资助项目的专项奖励基金。如项目承担单位按合同规定的任务要求如期完成并鉴定或验收合格的，市科委根据研究工作量大小、社会或经济效益高低、结余经费多少等情况，经考核后给予一定额度的奖励。

第五章　附　则

第二十条　本条例自发布之日起试行。

上海市青年科学基金暂行管理办法

1987年8月

第一章　总　则

第一条　为适应上海地区经济建设和科技进步的发展需要，促进优秀青年科技工作者更好地发挥创造性和能动性，加速人才的培养和成长，上海市科委决定从1987年起设立上海市青年科学基金。从上海市科技发展基金中每年确定一定数目的资金。

第二条　上海市青年科学基金主要面向本市地方科研单位，企事业单位和大专院校，用来资助为四个现代化积极工作和具有创新精神的青年科技工作者(暂不包括在读的研究生)，为他们在本市内开展基础研究、应用研究和实验发展工作提供一定的条件。近期资助的重点是同本市经济建设和社会发展较紧密结合的科研工作。

第三条　上海市科委每年公布计划资助的青年科技工作者名额以及各学科的比例。

第四条　上海市青年科学基金支持的研究课

题应具有以下特点：

1.在科研上具有创新的学术思想或独树一帜之处；

2.紧密结合上海地区近期经济建设和科技与社会发展中确定的主要目标；

3.具有较合理的、先进的和可行的研究方案；

4.已有一定研究基础和初步具备了必要的研究条件，主要由申请人独立研究，可望在两年左右时间内取得成果。

第五条　上海市科委成立青年科学基金专门机构专门负责项目的申请、评审、管理和监督，并根据个人申请、专家推荐、专家评审和市科委最后审定批准的顺序，进行申请资助项目的受理工作。

第六条　为了有利于发现人才和培养人才，对各类青年科技人员的申请，坚持公正、鼓励竞争和择优选择；积极支持不同学科、不同单位之间青年的合作项目；提倡本市青年同国外青年科技工作者之间的国际合作研究。

第二章　申　请

第七条　凡年龄在35周岁以下，业务上拔尖，学风正派，具有独立科学研究能力，并获得两名高级职称的专业人员书面推荐者均可提出本人的研究申请，如本人已具有博士学位或中级以上职称的，可由一名高级职称专业人员书面推荐。

第八条　申请者必须认真填写《上海市青年科学基金项目申请书》，一式6份。推荐者应对申请者的素质和研究能力，课题的意义，研究方案的先进性、可行性表示具体意见，并签署姓名。

第九条　申请者所在单位应就申请书内容的真实性，研究计划可行性和经费额的合理性明确签署意见，说明本单位保证申请者开展此项研究已具有的基本条件，盖章后送主管部门审查，然后报送上海市科委青年科学基金专门机构。

第三章　评　审

第十条　上海市青年科学基金专门机构统一受理基金的申请，按本办法规定的原则，对申请项目逐项作初步筛选。

第十一条　经过初步筛选的项目，由专门机构委托专家进行评议，每个项目需3位或5位以上专家评阅，评议人写出书面意见，填写评议表。如果采用小型评议会方式，会议主持人要全面综合专家们意见，写成评议意见，填好评议表。为保证评议工作不受干扰，各项评议意见和结果均应保密。

第十二条　经复审和对项目的资助经费综合评估之后，必要时同申请者见面面试，最后由上海市科委提出当年度资助的研究项目和受资助者名单。

第十三条　上海市科委随时受理青年科技工作者的申请书，然后每年定期集中审批，一年一次。过期的申请将顺延到下一年度；重大项目在市科委特许情况下才能办理审批手续。

第十四条　在当年度基金审批完毕后，上海市科委同受资助者所在单位办理合同手续。

第四章　管　理

第十五条　上海市青年科学基金由上海市青年科学基金专门机构和受资助者所在单位共同负责管理和监督基金项目，日常管理工作由项目负责人所在单位负责。

第十六条　接受资助项目的经费，由市科委拨至受资助者单位，由该单位财务部门进行监督和管理，实行专款专用，并严格按有关财政规定掌握使用，经费使用范围限于：

1.研究项目的资料费，包括资料复制誊印，计算机使用费和购买必要的参考资料；

2.小型专用实验仪器和材料的购置费，实验、测试和加工费；

3.参加国内与项目有关的学术和情报交流活动费用。

第十七条　基金项目经费不得用于工资、福利和奖金，也不能用于基本建设，购置交通工具和照相声像录放设备，不能用于与本项目无直接关系的开支。

第十八条　上海市科委定期组织人员对资助项目的执行情况和基金经费使用情况进行检查，上海市科委每年要通报各研究项目的进展情况。

第十九条　项目负责人每年11月底要提出研究进程和经费使用情况的书面报告，经所在单位审查，报送市科委，并以此作为发放下年度拨款的依据，逾期不报者，缓拨下年度经费。

对不遵守规定，违反财务制度者，要予以严肃处理。

因各种原因需要调整项目计划，或变更和终止者均应在3个月以前，提出专门报告，经上海市青年科学基金专门机构批准后方可生效。

第二十条　基金项目完成后要认真提出总结报告和提交成果，经所在单位审查后报送基金专门机构。项目负责人要对成果作出自我评价。评价内容包括：是否按时按质完成研究工作，成果的特色、水平，有何新的突破以及存在的问题等。

上海市青年科学基金专门机构委托有关单位或同行专家，采取现场检查方式评审成果。会后写成书面报告。

第二十一条　上海市科委对出色完成研究工作的申请资助人将定期发布通告，给予表彰。

第二十二条　凡由上海市青年科学基金资助所取得的成果，均应标注"上海市青年科学基金资助"字样。

第二十三条　本暂行办法的解释和修改权属于上海市科学技术委员会。

浙江省自然科学基金委员会章程

性质和任务

浙江省自然科学基金委员会，是一个具有学术和管理双重性质的机构，具有独立法人资格。其宗旨是根据本省发展科学技术的方针、政策法规和规划，有效地运用科学基金资助手段，加强基础研究和应用基础研究（即应用研究中的基础性工作），以促进我省科技事业繁荣、经济振兴和社会发展。

* 贯彻"经济建设必须依靠科学技术，科学技术工作必须面向经济建设"的总方针，根据我省国民经济与科学技术发展战略和发展规划，制定我省基础研究和应用基础研究的年度实施计划，并发布项目指南；

* 指导、协调和资助全省基础研究和应用基础研究工作；

* 组织具有重大学术价值，特别具有重大应用前景的跨学科、跨部门的联合基础性研究项目，促进部门和单位之间的协作；

* 促进优秀青年科学工作者的成长，发现和培养人才；

* 奖励在基础研究和应用基础研究中获得重大成果的科学工作者；

* 促进重要基础性研究成果向生产转移；

* 开展国际合作研究和学术交流。

资金来源和资助范围

省自然科学基金主要来自省财政拨款，同时接受国内外单位和个人的捐赠。

省自然科学基金的资助面向全省。凡有能力、有条件从事基础研究和应用基础研究的科学工作者均可按规定手续申请资助。对申请项目实行同行评议、择优支持。重点支持处于科学前沿和具有重大应用前景的研究项目。

组织机构

省自然科学基金委员会由从事科学技术研究工作和科学技术管理工作的，具有较高学术水平，有一定声望，办事公正，热心于基金工作的专家组成。委员会设主任 1 名，副主任若干名，下设一个精干的办事机构。为了慎重决策和充分发挥专家在评审、管理上的作用，设立若干个学科评审组及同行评议系统。委员会成员由省科学技术委员会报请省政府聘任，每届聘期为 2 年。其他工作人员由省科学基金委聘用。

浙江省自然科学基金管理暂行办法

1990 年 6 月 30 日

第一条　为合理、科学与民主地管理使用好自然科学基金，使我省基础研究和应用研究中的基础性工作稳定持续开展，成为我省经济与科技发展的坚强后盾，特制订本办法。

第二条　省自然科学基金（以下简称科学基金）主要用于资助全省自然科学方面的基础研究和应用基础研究。本省大专院校、科研机构等单位的科学工作者均可按规定申请，中央各部门在本省的大专院校、科研机构的科学工作者提出的符合省科学基金委宗旨的研究项目也予受理。

第三条　省自然科学基金委员会下设办公室，负责受理基金项目，对申请基金的项目进行归类，组织初审，同行评议和学科组评审。并对科学基金资助项目的研究工作进展情况和基金使用情况负责进行检查、督促和总结。

省科学基金委的工作经费在科学基金中开支。

第四条　省科学基金委根据我省国民经济与科学技术发展战略和发展规划，制订和发布项目指南。科研人员参照项目指南结合自己的工作积累，选择最能发挥自己优势的研究项目，按照自愿结合原则组成项目组提出申请。

第五条　科学基金实行定期受理申请，定期评审的办法。对申请项目每年集中受理一次，当年年底前基本审批完毕。

第六条　科学基金申请者必须是实际主持和从事申请课题研究的负责人，并具有高级专业技术职务；不具备高级专业技术职务的申请者，须由两名同行的高级科研人员推荐。

第七条　每一申请者和主要合作者申请的项目数，连同尚在进行的资助项目数，不得超过两项。申请者必须按规定填写《浙江省自然科学基金申请书》，申请书是评审工作的主要依据，填写时必须实事求是。

第八条　科学基金实行限额资助，申请经费限于本项目研究工作直接需要开支。申请者应本着实事求是，勤俭节约的精神认真核算，要充分利用已有条件或可以利用的协作条件，以及从其他渠道争取到的经费支持。

第九条　科学基金申请书须经申请者所在单位领导和学术委员会审查、筛选，对申请书内容的真实性，实现研究方案的可行性、经费预算是否合理、课题是否有其他经费来源，基本工作条件能否保证等实事求是地签署具体意见并加盖公章，一式6份，由申请者所在单位统一报送省科学基金委办公室，并按项目缴纳部分评审费。若申请者所在单位无学术委员会，可请有关学会、地市科委代为审查、筛选、签署意见，合作单位也要在申请书上按要求签署意见，加盖公章。

第十条　申请项目应由单位将全部申请书简表内容按省科学基金委统一制定的录入系统录入微机软盘，随申请书一起报送。未录入的申请书由省科学基金委办公室委托代录。

第十一条　科学基金按照“依靠专家，发扬民主，择优选择，公正合理”的评审原则，采用初审，同行评议，学科评审组评审和委员会审核的办法。

第十二条　科学基金中的机动基金的申请、评审，见有关规定。

第十三条　申请者获准资助后，必须及时开展研究工作。受资助期间，因故中止研究工作、更换项目负责人、更换项目组的主要成员、更换合作单位、项目负责人调动工作、项目负责人较长时间出国（半年以上），应及时报告省科学基金委办公室，并按规定办理必要的手续，对擅自不开展工作或中止工作者、弄虚作假者，省科学基金委将根据情节轻重，采取撤销项目退还拨款、全省通报、撤销申报资格等措施。

第十四条　科学基金资助项目负责人必须在每年1月31日前填报《浙江省自然科学基金资助项目年度进展情况报告》，由单位统一报送省科学基金委办公室。省科学基金委将依据此报告对资助项目进行考评，作为资助项目总体评价的一部分内容。对无故不报或不按时报送年度进展情况报告者，省科学基金委将给予必要的处理。

第十五条　科学基金资助项目所在单位，应根据省科学基金委有关规定，加强对基金项目的管理。省科学基金委将有重点地对资助项目进行检查，检查结果归入资助项目评价档案。受资助者和所在单位应积极配合，如实反映情况。

凡有浙江省自然科学基金资助项目负责人的单位，均须填报《浙江省自然科学基金资助项目管理工作年度报告》，于每年1月31日前送省科学基金委办公室。合作者所在单位应及时向项目负责人所在单位提供情况。

第十六条　科学基金资助项目研究工作结束后，项目负责人必须填报《浙江省自然科学基金资助项目研究工作总结》，于研究工作结束后3个月内报送省科学基金委办公室，一式两份，作为评价研究工作和评审受资助者申请新项目的依据，研究工作总结经省科学基金委办公室审查签署意见后，批复项目负责人和所在单位。

第十七条　科学基金资助项目的研究成果，发表论文或有关报道时，均应标注“浙江省自然科学基金资助项目”英文：“The Project Suported by Zhejiang Provincial Natural Science Foundation of China.”译成其他语种时，参考英文译法。

标注位置，专著或有封面的论文、资料、研究总结、鉴定（评议）证书等单行本，将标注写在封面的中间，即著作名称、作者姓名之下，编印单位或出版单位名称之上；无封面或汇编中的文章资料，将标注写在第一页的地脚，并在标题右上和脚注前方各打一“*”号。

第十八条　科学基金资助项目完成后，对获得优秀成果的科研工作者给予奖励；适合进一步应用开发的项目，推荐列入省级研究计划。

第十九条　本办法自公布之日起执行，解释权属浙江省自然科学基金委员会。

浙江省自然科学基金申请项目评审工作暂行办法

1990年6月30日

第一条　为了正确掌握省自然科学基金（以下简称科学基金）的资助方向，准确选择资助项目，有效地使用科研经费，促进本省科学水平的提高和优秀人才的培养，特制定本办法。

第二条　科学基金资助基础研究和应用研究中的基础性工作。申请项目的评审工作必须从基础研究的特点出发，贯彻科技面向经济建设的方针，择优支持具备以下条件而又缺乏经费的研究项目：

1.有重要应用前景和重要科学意义的研究工作，尤其是结合我省的优势产业、优势资源、优势技术和优势学科，以及开拓新兴技术领域而开展的应用基础研究和基础研究。

2.学术思想新颖，立论根据充足，研究内容和目标明确，技术路线可行，可望取得预期成果的研究工作。

3.申请者和合作者有完成该研究项目的能力，研究工作有一定积累，并有良好基本工作条件。

对跨学科、跨单位、跨部门、跨地区的合作研究和有利于促进科研、教学、生产相结合的项目，以及青年科学工作者申请的项目，在相似条件下，予以优先考虑。

第三条　评审工作要依靠专家，充分发扬学术民主，坚持公正原则。参加评审工作和在省科学基金委任职的专家，本人如有申请项目，一律回避有关评审活动，包括暂时退出评审会场。参加评审的人员不得擅自外泄申请书内容、评审情况和评议意见。

第四条　评审工作应与有关部门密切配合，避免重复安排立项，有些项目可与有关部门共同资助。对建设工程前期预研、科技攻关、技术引进等任务中的基础性研究项目和来自经费包干单位、工矿企业的申请，评审时要根据《国务院关于科学技术拨款管理的暂行规定》，在资助项目的选择和单项资助金额上，与主要依靠科学基金支持的研究工作，要有区别，严格掌握。

第五条　科学基金申请书由省科学基金委办公室受理，按统一规定编号；交叉学科的申请书，按主学科的代码编号；分不清主次学科的申请项目，尊重申请者的选择。

第六条　申请书由省科学基金委办公室组织初步筛选，有以下情况者不予受理，或经申请者补充、修改后受理：

1.不符合科学基金资助范围；

2.明显缺乏立论根据，或低水平重复，或不具备相应研究能力、研究条件；

3.申请者或主要合作者的申请项目连同已获资助项目超过两项（资助项目年内结束工作的，可提前申请相应数量的新项目），或已获资助项目进展不好的；

4.申请书填写不符合要求或申请手续不完备。

第七条　同行评议是评审工作的基础，可以采取通讯评议方式，也可以采取会议评议方式；应从科研第一线选择有较高学术造诣、熟悉所从事学科的国内外情况、认真负责、办事公正的科研人员，作为同行评议专家的基本队伍，并在工作中不断调整，补充。

第八条　所有受理的申请项目，均需邀请若干名同行专家进行评议，按规定格式填写《浙江省自然科学基金申请项目同行评议意见》。对每一申请项目，可以做为评审依据的客观、公正、明确、具体的同行评议意见应不少于3份，同行专家的选择，要注意不同部门、不同单位、不同学术观点的代表性，回避不利于保证公正性的因素，并聘请一定数量的省外专家，内容相近的申请项目，应尽可能请同一组同行专家进行评议。

第九条　同行专家评议意见由省科学基金委办公室组织综合归纳，对有些项目可进行必要的调查，供评审参考。

第十条　视评审工作需要，设若干学科评审组，由学术造诣深，知识面较广，办事公正，热心科学基金工作，有一定声望的专家组成，所有成员均不脱离原工作岗位。评审组成员结构，应考虑不同的研究层次，分支学科的覆盖面，部门的代表性和合理的年龄阶梯，逐步增加年轻科学家的比例。省科学基金委办公室征求有关方面意见后，提出学科评审组成员名单，由省科学基金委聘任。每年改聘一次，每次更换二分之一以上成员，连任不得超过3年，评审组组长由科学家担任，评审组秘书由省科学基金委管理人员担任。

第十一条　在综合同行评议意见的基础上，学科评审组根据择优支持条件和经费指标，对申请项目进行评审，提出是否资助和资助总金额的建议。

第十二条　省科学基金委办公室根据学科评审组的建议，进行综合平衡，提出计划资助的研究项目，资助总金额，第一年拨款控制额及评审工作总结，提请委务会议审查批准。单项资助金额超过5万元的项目和在省科学基金委任职专家申请的项目，由委务会议审定。

第十三条　申请项目评审结果经正式批准后，由省科学基金委办公室通知申请者及其所在单位。单项资助金额5万元以下的项目，由委员会秘书长签发。单项资助金额超过5万元的项目，由委员会主任签发。

第十四条　申请者在接到批准资助的通知后，按照审批意见和规定格式编制研究工作计划和经费开支计划，于规定时间内，由单位统一报送省科学基金委办公室审核；如有不同意见，可在上述期限内提出。不按时报送研究工作计划和经费开支计划，又不提前说明理由者，视为自动放弃接受资助。

第十五条　省科学基金委办公室根据资助项目研究工作计划和经费开支计划，审核，公布本年度省科学基金资助项目，并逐项核定年度用款额，通知财务主管部门据以拨款。

第十六条　浙江省自然科学基金重点资助项目和国际合作与交流项目其评审办法另订。

第十七条　本办法自公布之日起执行，解释权属浙江省自然科学基金委员会。

福建省自然科学基金管理暂行办法

1985年

根据《中共中央关于科学技术体制改革的决定》中关于“合理部署科学研究的纵深配置，以确保经济和科学技术发展的后劲”及“对基础研究和部分应用研究工作，逐步试行科学基金制”的决定，为了使福建省基础研究工作得以稳定持续地发展，增添福建省经济和科学技术发展的后劲，决定设立福建省自然科学基金评委会，拟订《福建省自然科学基金管理暂行办法》，具体条款如下：

一、福建省自然科学基金（简称省科学基金）资助自然科学基础研究和部分应用研究（应用研究中的基础性工作），面向全省各高等院校、各部门及各单位的科技工作者，符合资助范围而又缺乏经费的研究工作均可按规定提出申请。

二、省科学基金择优支持具备以下条件的研究课题：

1.有重要科学意义和重要应用前景的研究工作，尤其是结合四化建设需要，针对福建省自然条件、自然资源特点的研究工作和开拓新兴技术的研究工作；

2.学术思想新，立论根据充足，研究内容和目标明确具体，研究方法和技术路线先进、合理、可行，三五年可望取得预期成果或结果；

3.申请者和合作者具备相应的研究能力，研究工作有一定积累，基本工作条件和工作时间有可靠保证；

4.经费预算实事求是，根据充足。

三、省科学基金由省科技三项费用中划出一部分经费作为省自然科学基金，并鼓励部门、企业和个人的捐赠。

四、省科学基金的申请者必须是实际主持从事申请项目研究工作的负责人，并具有中、高级专业技术职务（或职称）的科技人员。不具备中、高级专业技术职务（或职称）的申请者，而项目中又无中、高级科技人员参加的，一般须由两名同行中、高级科技人员或县、团级科研单位的学术委员会推荐。

五、为了有利于发现和培养人才，在相似条件下，对优秀青年科学工作者的申请课题，优先予以考虑。

六、申请省科学基金须按规定内容和格式填写《福建省自然科学基金申请书》，一式8份。申请书是评审工作的主要依据，填写时必须严肃认真，实事求是。每一申请者或主要合作者同时申请和参加的项目不得多于两项（包括从其他渠道取得经费尚未结束研究工作的课题）。已申报国家科学基金的课题不得同时申报省科学基金。

七、省科学基金资助经费主要用于与资助项目研究工作直接有关的必须支出，不包括国际合作、交流费用(经费开支范围详见申请书填表说明)。申请经费必须精打细算,力求节约,充分利用本单位已有的仪器设备和本地区的协作条件及可从其他渠道取得的经费。

八、省科学基金申请书须经申请所在单位领导和学术组织审查(县、团级)筛选,对申请书内容的真实性、实现研究方案的可能性、经费(含物质)预算是否合理、基本工作条件能否保证等签署具体审核意见,报送省科学基金评审委员会(暂设省科委内)。

九、省科学基金实行随时申请、定期评审的办法。

十、省科学基金评审委员会为逐步试行科学基金制,在福建省自然科学基金委员会尚未正式组建之前,先以过渡办法成立1986年省科学基金评审委员会,由中、高级专家及优秀青年科技工作者组成。该科学基金评审委员会接受省科委委托,受理1986和1987年度全省基金课题的申请和评选。

省科委基金评审委员会设主任1名、副主任3—4名、委员10—12名,由省科委聘请有关专家和科技人员组成。

省科学基金评审委员会主要任务:

1.受理审核1986,1987年度省科学基金申请项目,并将审核结果汇编成册上报省科委审批;

2.掌握基金的资助原则,制订具体管理办法,做好项目的评审工作;

3.定期组织有关人员对基金课题的研究工作执行情况和基金使用情况进行检查并将检查情况上报省科委。

基金评委会工作经费由省科学基金中(抽1—2%)列支。

十一、基金项目的实施:

1.基金项目经省科委批准下达后,即将经费(一次核定,按年度下拨)直接拨给申请者所在单位,由该单位单独设帐、单独核算,专款专用,省科委委托银行监督使用。对违反财务制度、弄虚作假等行为,除撤销其资助课题基金外并追回已拨基金。

2.项目负责人对研究工作计划的实施和成果的取得负全部责任。

3.项目所在单位对基金课题负责全面管理、监督和保证,每年12月31日前应向省基金评审委员会书面报告研究工作进展情况,上报年度财务收支报表和下年度的研究工作计划和拨款申请并抄报省科委。对未能按时报告的研究课题或未能完成计划的课题,省科委有权中止或收回拨款及所购买的仪器设备和材料。

4.研究工作全部结束,要写出全面研究工作总结报告,连同学术论著、成果鉴定材料、经费物资总决算、仪器设备(逐台开列型号规格、性能指标)等经所在单位签署意见后上报省基金评委会及省科委。

5.基金课题研究成果的评价、鉴定、评奖转让按有关规定执行。

十二、凡使用本基金完成的课题,在发表论文、成果或有关报道时,均应署明“系福建省自然科学基金资助课题”。

十三、本办法自公布即日起执行。

山东省自然科学基金管理办法

1989年

一、总 则

第一条 为贯彻《中共中央关于科技体制改革的决定》精神,管理和使用好山东省自然科学基金(以下简称省科学基金),加强我省基础性研究,培养和发现人才,增强我省科技、经济和社会发展的后劲,特制定本管理办法。

第二条 省科学基金实行基金制,面向全省,各部门、各地区、各单位的科技工作者均可按规定申请。省科学基金主要用于基础性项目的研究费、管理费和国际合作、学术交流等。

第三条 省科学基金的使用,贯彻“依靠专家、发扬民主、公正合理、择优支持”和“突出重点、兼顾一般”的原则。

二、组织管理

第四条 省科学基金由山东省自然科学基金委员会(以下简称省科学基金委)管理,省科学基金委下设办公室和若干学科组。

第五条 办公室挂靠在省教育委员会,与省教委科研处合署办公,负责处理日常事务。

第六条 学科组由省科学基金委主任聘请省

内知名学者、专家组成，每届任期三年。学科组根据我省科技发展规划，负责本学科基础性研究项目指南的拟订和申报项目的评议。

三、 申请条件

第七条 申请者应具备的条件：

(一)研究方向明确，能独立开展研究工作；

(二)学术思想活跃，有开拓创新精神；

(三)学风端正，工作勤奋；

(四)必须是实际主持研究课题的工作者；

(五)一人不得同时申请和开展两个以上省科学基金项目；

(六)中级职称以下(包括中级)科技工作者，需经两名具有高级职称的同行专家(其中至少含非本单位1名)推荐，方可提出申请。

第八条 申请项目应具备的条件：

(一)有重要科学意义或重要应用前景的基础性研究；

(二)学术思想新颖，立论根据充分，研究内容和目标明确、具体、先进，研究技术路线合理、可行，近期(1—3年)可望取得预期成果；

(三)研究力量、仪器设备、图书资料、实验场所等基本工作条件和研究时间有可靠的保证；

(四)经费预算实事求是；

(五)已列入省、部级以上国家科技计划的项目，不得再申请本基金。

第九条 省科学基金资助的重点是：

(一)结合我省自然条件和自然资源特点的研究工作；

(二)开拓新技术领域，促进新兴、交叉边缘学科发展的研究；

(三)跨学科、跨部门、跨单位、跨地区的合作研究；

(四)留学回国人员及青年科技工作者申请的课题；

(五)有利于科研、教育、生产相结合的研究。

四、 申请与审批程序

第十条 省科学基金委根据我省科技发展规划，广泛征集专家意见，结合我省特点，提出资助研究项目指南。

第十一条 申请者按照自愿原则组成课题组，各单位应结合各自的特点、优势和有关要求，认真审查、组织、协调。

第十二条 申请者认真填写《山东省自然科学基金申请书》一式4份，由申请者所在单位严格把关，签署具体意见，加盖公章后于每年3月底前，统一报送省科学基金委办公室。

第十三条 各单位在报送申请书时，需报送申请项目汇总表一式两份，并缴纳项目评审费。

第十四条 省科学基金委办公室对受理项目进行审查和分类后，送同行专家通讯评审。然后提交省科学基金委学科组进行评议。对某些学科组难以评议的重要综合性项目，办公室可临时组织有关学科专家进行会审。

第十五条 学科组充分发扬民主，按照《山东省自然科学基金项目评议办法》对项目进行评议，采取无记名投票表决评议结果。

第十六条 评议结果由学科组组长向省科学基金委汇报。省科学基金委根据资助重点和当年基金数额审批资助项目，并正式下达年度计划。

五、 基金的来源和使用

第十七条 省科学基金委的基金主要来自省财政的年度拨款，省科技主管部门用于基础性研究的经费，同时接受国内外单位和个人的捐赠等。

第十八条 凡拟资助项目研究费在5万元(包括5万元)以上者，应由省科学基金委逐项审定，5万元以下的项目由省科学基金委办公室根据学科组评议意见平衡后确定。省科学基金委对获准资助的项目实行一次核定，专款专用，分年度拨款。

第十九条 项目负责人在使用经费时，应精打细算，力求节约，充分利用本单位现有条件，支出要符合基金使用范围；所在单位应单独立帐，专款专用，严格监督，不得挪用。

第二十条 省科学基金使用范围：科研业务费，如实验用动植物购置和种植、养殖费，计算、测试、分析费，完成本项目所必需的国内调研费，业务资料、报告、论文印刷费，研究成果评议鉴定费；实验材料费，如原材料、试剂、药品等消耗性物品购置费，标本、样品采集加工费；仪器设备费，如小型必备仪器设备的购置费和安装费，自制仪器设备的材料、配件和外加工费以及协作费、管理费等。

第二十一条 项目经束后，应在1个月内编报资助项目决算表，所余经费的60%留在课题组，作为自选课题研究经费，40%留在承担单位，用于科研经费。

六、 项目管理

第二十二条　承担省科学基金的项目，课题组应及时向本单位主管部门汇报课题进展情况。所在单位应加强管理，对项目计划的实施给予保证。

第二十三条　省科学基金委办公室定期组织人员，对资助项目的执行情况和基金使用情况进行检查。

第二十四条　列入省科学基金的项目又被列入国家级计划项目的，省科学基金计划原则上撤销，已拨经费退回。

第二十五条　受资助项目在经费下拨后，应立即开展研究工作。对无故拖延或中止项目者，将停拨其下年度经费，视情况收回原拨的部分或全部经费，5年内不得再申请本基金。

第二十六条　对需要调整项目研究工作计划或项目负责人者，其承担单位应提前两个月写出报告，由省科学基金委办公室审批。

第二十七条　进展项目于每年3月份填报《山东省自然科学基金资助项目进展情况报告》一式两份，本报告做为下年度拨款的重要依据。

第二十八条　项目结束后，1个月内填报《山东省自然科学基金资助项目总结报告》一式两份，并附报有关资料，由省科学基金委办公室存档。

七、 成果管理

第二十九条　项目结束后，凡需要评议或鉴定的，应提前1个月向省科学基金委办公室提出申请，并提交有关材料。

凡具有应用和开发前景的成果由省科学基金委办公室推荐给有关部门，争取列入年度科技发展计划。

第三十条　本基金资助项目研究成果如出版或发表，应标注“山东省自然科学基金计划项目”。

第三十一条　研究成果归属我省所有，承担单位有组织推广、转让权。

八、 附　则

第三十二条　各单位可根据本管理办法，结合自己的实际情况，制定实施细则。

第三十三条　本办法由山东省自然科学基金委员会解释。

第三十四条　本办法自公布之日起施行。

河南省自然科学基金暂行办法

1988年8月15日

一、 总　则

第一条　根据中共中央关于科学技术体制改革的决定，为了加强基础研究和部分应用研究工作，保证经济科学技术发展的后劲，特设立河南省自然科学基金(简称科学基金)。

第二条　科学基金主要用于资助全省自然科学方面的基础研究和部分应用研究工作。

第三条　科学基金面向全省。重点是科研单位和高等院校，各部门、各单位的科学工作者凡为本省科技发展和经济建设服务的基础和应用研究项目均可申请。

第四条　对于申请科学基金资助的项目，实行同行评议，择优支持。重点支持科学意义重大，学术思想独到、新颖，在二三年内可以得到较好经济效益与社会效益的课题。

二、 科学基金的组织

第五条　建立河南省自然科学基金委员会(简称基金会)，由主任委员1人、副主任委员及委员若干名组成。主任和副主任由知名科学工作者、管理工作者担任，实行任期制，任期4年；委员由主要行业、学科、领域的知名科技人员组成。基金会设立办公室，暂由省科委计划处代行，其工作人员，可吸收省科学院等有关单位参加。

第六条　自然科学基金委员会下设生物学、化学、地学、数学、物理学共五个学科组，每个学科组3—5人，系具有高级技术职称和中级以上管理人员，由基金委员会聘任，负责组织学术评审和项目管理。

第七条　基金会主要掌握科学基金的资助原则，制订基金管理办法，编制计划指南，审定科学基金项目等。

第八条　基金会办公室的职责是组织评议员对基金项目进行评议，按照河南省科技计划暂行管理办法的有关规定，负责基金项目的组织实施工作。

三、 科学基金的来源及使用

第九条 科学基金主要来源省财政拨款，每年从省科技三项费用中拨出 3—5%的经费作为科学基金的补充；同时欢迎各界人士和团体捐赠。

对于捐赠数额大的团体，基金会颁发匾、状，以作纪念；对于捐赠 5 万元以上的个人颁发纪念徽，捐赠 10 万元以上的，可以以捐赠者的名字设专项基金。

第十条 省科学基金按年度使用，基金的预算、决算、使用管理按河南省科技计划管理办法中有关规定执行。

四、 科学基金的申请和审批

第十一条 河南省自然科学基金委员会根据国家科学技术发展的方针政策和本省科技长远发展规划及年度科研计划的方向和任务，编制当年省科学基金计划指南，以指导和协调本省的科学研究方向。

第十二条 省科学基金项目的申请者应是具有中级以上职称的科技人员，其他申请者须由本学科内两名具有副研究员(或相当职称)以上职称者书面推荐。

第十三条 凡申请科学基金者，均应提出申请书(格式附后)，要求实事求是地填写一式 4 份，由其主管单位审核汇总后，报省基金会办公室，在组织评议员评议的基础上，由省基金会审定，纳入全省科技发展计划，统一下达。

第十四条 省科学基金项目根据下列标准进行评选：

1. 科学意义：能否促进和推动本学科的发展(或扩展到其他学科领域)；有无重大发现或有意义的理论概括的现实可能性；在研究方法上有无重大改进及创新的现实可能性。

2. 实际效用的售价：预期结果可否成为新发明或者是技术进步的重要基础，或有助于对现有的或新提出的技术进行正确的评估、预测，从而对技术或经济产生间接的或直接的影响，提高实际效益。

3. 研究能力：项目承担者的素质和水平，有无完成任务的现实可能性。

五、 科学基金项目的管理

第十五条 省基金会办公室定期组织有关部门和专家对资助项目的执行情况和基金使用情况进行检查，写出书面报告，经基金会审核后，报省科委、省财政厅。

第十六条 项目承担者，每年应提出执行情况报告。如取得重要进展和成果，发现新苗头，或因各种原因需要变动计划等均应提出专门报告，经批准方能改变计划。项目终了，提交研究成果和总结报告，研究成果的鉴定，按河南省科学技术成果鉴定管理办法办理。

第十七条 省科学基金应单独立帐，专款专用。受资助者必须遵守有关规定和财务制度。

六、 附 则

第十八条 本暂行办法，自发文之日起执行。

第十九条 本暂行办法解释权归省科委。

湖北省自然科学基金及项目管理办法(试行)

1989 年

第一章 总 则

第一条 基础研究和应用基础研究(以下简称基础性研究)是科学技术发展的重要组成部分，对科技、经济、社会发展具有广泛、深远，不可替代的作用。对基础性研究实行科学基金制，是科技体制改革的重要内容。为了充分利用我省在科技实力方面的优势，适应国民经济持续发展对科技储备和人才储备的要求，纵深配置科技力量，有效的指导和协调我省基础性研究工作，特制订本办法。

第二条 湖北省自然科学基金(以下简称基金)面向全省，主要为我省的科技、经济和社会发展的长远战略服务，是我省科学技术发展计划中的一个重要组成部分。

第三条 基金的来源主要由以下几个部分组成：

1. 政府财政拨款；

2. 国内外单位赞助或个人捐款；

3. 成果有偿转让收入。

第四条　设立湖北省自然科学基金管理办公室，统一管理科学基金。办公室设在湖北省科委。

第二章　资助重点和资助原则

第五条　本基金重点资助与我省科技、经济和社会发展密切相关，能充分利用我省自然资源和自然条件，又能充分发挥我省在科技实力方面的优势，具有明显的应用前景，近期(3—5年)有可能取得预期效果，在全国竞争的格局中能够形成一定优势的基础性研究工作。

第六条　根据“有限目标，突出重点”的原则，资助具备下列条件的研究项目：

1. 围绕我省科技发展规划目标，必须进行的部分前期基础性研究工作；

2. 在我省科技攻关计划和高技术产业发展计划实施过程中需要做的部分重要基础性研究；

3. 具有新颖性、创造性的，有可能替代我省科技发展规划和计划中原定的某些方案，具有良好的发展势头，又具备一定的工作基础，具有可能在全国处于领先水平的基础性研究。

第七条　本基金鼓励跨学科、跨单位、跨部门、跨地区(仅限于本省范围内或者是以本省为主的)的合作研究和有利于促进科研与生产相结合的研究。对于优秀青年科学工作者和边远地区科学工作者以及归国学者申请的项目，在相似条件下优先予以支持。

第三章　申请办法

第八条　湖北省自然科学基金管理办公室根据湖北省科技发展规划的要求，在充分调查研究，广泛征集专家意见的基础上，提出基金资助指南，2—3年发布一次。科研人员可参照指南，结合研究特长，选择最能发挥自己优势的研究项目，按照自愿原则组成项目组提出申请。

第九条　基金管理办公室对申请项目每年集中受理一次。受理时间另行通知。

第十条　湖北省自然科学基金的申请者必须是实际主持申请项目的研究工作，并具有相关高级专业技术职务的负责人或优秀青年科学工作者。若申请者不具备有高级专业技术职务，一般须经两名同行高级科技人员推荐。

第十一条　第一申请者和主要合作者申请的项目数，连同尚在进行的资助项目数，一般只能一项，不得超过两项。申请者须按《湖北省自然科学基金申请书》的格式的要求，认真填写，一式9份，由申请者所在单位统一报送基金管理办公室。

第十二条　申请项目有以下情况者不予受理：

1. 不符合科学基金资助范围；

2. 明显缺乏立论根据，或低水平重复，或不具备相应研究能力；

3. 申请者或主要合作者的申请项目连同已获资助项目超过两项，或已资助项目进展不好的；

4. 申请书填写不符合要求或申请手续不完备；

5. 已从其他部门获得必要的经费。

第十三条　申请者所在单位要加强科学基金申报工作的指导和组织协调，对申请者的申请书应进行认真的审查和筛选，并对申请书的真实性，研究方案的可行性，经费预算的合理性，以及基本工作条件能否保证等签署审核意见，加盖公章，并按项目缴纳部分评审费。合作单位也要在申请书上签署意见，加盖公章。

第四章　评审办法与下达审批

第十四条　申请项目的评审工作依靠专家进行，由基金管理办公室聘请有关专家组成专业评审组。

第十五条　参加评审的专家必须是有较高学术造诣，熟悉所从事科技领域的国内外情况，办事公正、有一定声望的科研人员。

第十六条　评审工作要充分发扬学术民主，坚持实事求是，办事公正的原则。参加评审的专家，本人如有申请项目，一律回避有关评审活动。所有参加评审的人员不得擅自外泄申请内容、评审情况和评审意见。

第十七条　基金管理办公室根据专家评审组的评审意见，对所受理的申请项目进行综合平衡，提出计划资助的研究项目及资助金额，并书面通知申请者所在单位。

第十八条　申请者接到资助项目通知后，需按审批意见和规定格式编制研究工作计划和经费开支预算，于一个月内报送基金管理办公室。如有不同意见，可在上述期限内提出；不按时报送者，视为自动放弃接受资助处理。

第十九条　基金管理办公室根据资助项目工作计划和经费开支预算，正式向申请者下达计划任务书，项目承担者根据计划任务书明确的任务要求和经费额度正式开展工作。

第五章 项目管理和财务管理

第二十条 基金资助项目是全省重点科技计划中的一部分，各承担单位必须严格按计划要求对受资助项目进行管理、检查和督促，并保证提供其他所需条件。

第二十一条 受资助项目根据项目进展情况每年须向基金管理办公室提供年度报告，不提交报告或进展情况不好者停止拨款。

第二十二条 基金资助项目的经费采取按项目一次核定、分期拨款、年终结转、项目结束后决算核销的办法。资助经费分年度拨至受资助者所在单位，在所在单位领导、财务和业务部门的管理下，由项目组按计划支配使用。

第二十三条 基金资助项目经费必须单独建帐进行核算，不得任意截留、挪用或挤占，对违反本办法和财务制度的行为，根据情节轻重，采取停止拨款，撤销资助，不受理当事人或所在单位再次申请基金项目等措施，以至追究有关人员的法律责任。

第二十四条 受资助项目经费在预算范围内要精打细算，力求节约，要充分利用本单位的现有条件和省内的协作条件；支出范围限于资助项目研究工作直接需要的费用，不包括土建、大型仪器设备和电子计算机(含微型计算机)；每个项目提取的管理费不得超过资助金额的5%，最高金额不得超过1000元。

第二十五条 申请者获准资助后，必须及时开展研究工作。受资助期间一般不得无故中止研究工作，未经基金管理办公室同意，又未及时开展研究工作或擅自中止工作者，须退还全部拨款，已支出部位由受资助单位偿还(如属不可抗拒的原因，仅退回余额)。

第二十六条 项目负责人半年以上不能参加本项目研究工作，一般按中途停止或撤销资助处理，所在单位如有能力继续完成资助项目计划，须提出更换项目负责人的申请报告，经基金办公室审查后可继续执行。项目主要承担者在受资助项目未完成前，因出国或调动工作使得项目不能正常进行，需及时向基金管理办公室提出书面报告，未经允许所造成的损失由承担单位和项目负责人承担。

第二十七条 资助项目因故中止或撤销，申请者所在单位要及时清理帐目，将余款和已购器材处理收入，如数交回基金管理办公室核销。

第六章 成果管理

第二十八条 受资助项目研究成果的评价、登记等，按国家和省里现行有关规定执行。设立湖北省自然科学奖，对优秀成果进行奖励。

第二十九条 申请者在受资助项目进行过程中或完成后需要发表的有关论著、资料，必须经过所在单位的保密审查，并报基金管理办公室备案，发表时应标注“湖北省自然科学基金资助项目”。

第三十条 对受资助项目的研究成果，基金管理办公室和承担单位双方都有义务加强跟踪和管理，研究成果双方共享。基金办公室参与应用价值成果的推广、转让，其转让收入由基金管理办公室提取一定额度，以增加基金来源。

第七章 附 则

第三十一条 本暂行办法的解释权归湖北省科委。

注：基础研究——指以认识自然现象、探索自然规律为目的，不直接考虑应用目标的研究活动。

应用基础研究——指应用研究中那些虽有比较明确的应用目的，但未知因素较多、探索性较强，达到实用化周期较长，仍以增加知识为主的研究工作。

广东省科委科学基金项目管理暂行办法

1987年2月14日

总则与宗旨

第一条 为了加强我省科学技术基础研究和部分应用研究工作，决定设立广东省科委科学基金项目，并制订本办法。

第二条 设立省科委科学基金项目的宗旨是：根据国家发展科学技术的方针、政策和规划，依照我省科学技术发展战略和规划，通过安排科学基金项目，指导、协调和资助我省基础研究和部分应用研究工作，发现和培养人才，增加技术储备，促进我省科学技术进步和经济、社会发展。

第三条 省科委科学基金项目经费目前暂从省科技经费中划出一定额度，同时接受省内外单位或个人的捐赠，并通过所资助项目成果的技术转移实现增值，由省科委直接管理。

第四条 广东省科委聘请若干名学者、专家、实业家和管理人员等为省科委科学基金项目的顾问，分成自然科学、工程科学与技术、医学科学、农业科学等顾问组。顾问对学科发展和项目资助方向等重大问题提供咨询。省科委综合计划处负责组织和协调本办法的实施和执行。

资助范围与条件

第五条 省科委科学基金项目面向全省，各部门、各地区、各单位的科技工作者均可按规定申请资助。广东省科委根据不同时期的要求和重点，制订和发布省科委科学基金项目指南。

第六条 省科委科学基金项目择优支持以下各方面的基础研究和应用研究中带基础性工作的项目：

一、有重要科学价值和重大应用前景，对我省科技、经济、社会发展有重大作用的研究项目；

二、能带动新学科、新兴技术领域与新产业的形成和发展，加强我省科研能力的研究项目；

三、针对我省自然条件与自然资源特点，对我省有普遍应用意义，或解决关键性科学技术问题的研究项目；

四、符合我省科技发展长期战略方向及中近期规划和计划目标的前期探索性和基础性的研究项目；

五、对已进行开发的技术成果深入作机理研究、探寻规律，使之上升为科学理论认识，以利于在我省进一步开发应用的研究项目；

六、 从我省实际需要出发，促进国际间科技合作与交流的研究项目。

第七条 省科委科学基金项目在同行评议、专家评审的基础上，实行保证重点、择优支持原则。在相似条件下，对以下项目申请予以优先考虑：

一、在我省有明确应用前景和重大实用意义；

二、申请者为优秀青年科技工作人员（40 岁以下）及博士生、博士后人员；

三、申请者出国留学或进修两年以上归来、所申请项目在留学或进修时已开题半年以上并直接参与其研究工作；

四、有利于促进教学、科研、生产相结合；

五、有利于促进学科间渗透、推进横向联合。

第八条 省科委科学基金项目应具备下列条件：

一、符合省科委科学基金项目的范围和指南的要求；

二、作过国内外情报资料调研和检索，立论根据充足，学术思想新颖，研究内容和目标明确具体，拟采取的研究技术路线和研究方法可行、与国内其它单位不重复或有独到之处；

三、研究实施方案和计划进度合理，项目期限一般不超过 3 年；

四、研究工作有一定基础，申请者和合作者具有相应的研究能力，基本的实验工作条件和工作时间有可靠保证；

五、填写的《广东省科委科学基金项目申请书》内容真实可信，经费预算合理。

项目申请与评审

第九条 省科委科学基金项目实行随时申请、分批评审，一般每年集中审批一次。申请与审批的程序是：提出申请—单位审查—同行评议及专家评审—省科委审批。

第十条 省科委科学基金项目申请者必须是真正主持和从事申请项目研究工作的项目负责人，不得挂名。申请者如不具有高级专业技术职务（职称），一般须由两名同行高级科技人员推荐。如确实找不到推荐者，应说明情况，由当地科委或省科委代为联系或介绍。每一申请者或主要合作者，同时申请（指在同一年度内）和参加的省级以上科技项目不得多于两项，并不得一个项目同时多头申请。

第十一条 申请省科委科学基金项目须填写《广东省科委科学基金项目申请书》（简称《申请书》）。然后，交由申请者所在单位主要负责人和学术组织对《申请书》内容的真实性、申请资助的必要性、实现研究方案的可能性、经费预算的合理性以及本单位能否保证其基本工作条件和时间等进行审查，签署具体意见后，报送省科委。受理截止时间为每年的 6 月份，以签收或发信邮戳日期为凭，截止后接收的申请将结转下一年度受理。

第十二条 《申请书》由省科委统一受理，经初审后送请五名以上同行高级科技人员进行评议。某些项目,如无合适的高级同行科技人员评议,可以请熟悉情况、有一定水平的中级同行科技人员参加评议。

第十三条　省科委组织并委托若干评审组对经过同行评议的《申请书》进行分批评审。评审组在同行评议的基础上,按照本办法规定的资助范围、原则和条件等进行综合评审,提出评审意见,包括是否同意资助及其理由、建立资助总金额,以及对项目名称、研究内容、实施方案和计划进度、经费预算等提出修改意见。对某些项目,如有必要,可以约请申请者进行当面答辩。

第十四条　对参加评议和评审的人员将酌付酬金。参与评议和评审人员,对讨论过程中的各种意见、包括本人意见,以及《申请书》内容负有保密责任,不得外传,不得复印和摘录。

第十五条　《申请书》经过评审组评审,如有要求修改的意见将返回给申请者考虑修改,然后,由省科委集中审核。审核的主要依据是同行评议和评审组评审意见以及省科委科学基金项目指南,同时考虑突出重点、兼顾配套和经费的可能性等因素进行必要的综合平衡,核定资助的项目和金额。评审和审批结果将书面通知申请者及其所在单位并公布。

项目经费与实施

第十六条　省科委科学基金项目的资助经费,采取一次核定、分年度拨款、年终结转、节余留用的办法。每个项目资助的总金额一般以3万元为限。经费开支范围详见《申请书》有关说明。资助经费拨至项目申请者所在单位,由其财务部门负责管理监督,要按项目建帐,专款专用,由项目组支配。

第十七条　获准资助的申请者接到通知后,须按规定的要求和时间填报研究工作计划,然后才拨款和执行实施。逾期者视为自动放弃接受资助。

第十八条　项目承担者及所在单位应承担相应的责任和义务,同时享受应得的权益。在项目实施过程中,由所在单位负责日常管理工作,对研究工作及时检查、督促和帮助解决遇到的困难,建立项目资料档案,并在人力、物力和财力等条件上给予保证和支持,项目组如有重大人事变动应随时上报备案,研究计划与方案的重大修改须经上报审批;承担者每年1月份按规定提交年度执行情况书面报告。对擅自停止执行或改变项目工作计划及违反本办法规定者,由所在单位向省科委退还已获取的资助经费。

第十九条　省科委组织专家和管理人员对资助项目计划执行情况进行检查,总结经验,改进工作。如发现资助不当或不具备继续实施的条件时,可中止或取消资助。

第二十条　资助项目计划实施结束后,承担者应在两个月内,向省科委提交如下完整材料:

一、工作总结;

二、学术论文或研究报告;

三、资助经费决算明细表;

四、项目资料档案目录。

凡反映研究成果的文章、报道和资料等均应注明属广东省科委科学基金项目。

第二十一条　资助项目研究成果的评议或鉴定,由省科委或委托所在单位组织和主持。经过评议或鉴定的研究成果除经省科委审定认为要保密的以外,一般应予公开。资助项目研究成果的有关奖励和专利申请等,按国家和省有关规定办理。省科委对有关研究成果享有处分权,如要作技术转移(转让或使用该项成果)应征得省科委同意,按计划执行。凡属省科委科学基金项目的应用研究成果,作技术转移或被授与专利权后实施该项专利时,成果或专利持有者应将所得经济收入按每次的30%偿还给省科委,以用于资助新的基金项目,偿还数额以该项目获得的资助金额为限。

其　他

第二十二条　省科委科学基金项目申请书格式随本办法发至省科学院、省有关部、委、厅、局、省内各高等院校,各市(地、区、州)科委,各研究单位等,可以自行翻印和转发,申请者可就近索取或查阅,也可向省科委购取。

第二十三条　本办法自颁发之日起执行,由省科委负责解释。

贵州省科学技术发展基金试行条例

1983年

第一条　为认真贯彻执行科学技术的发展方针,充分发掘我省科学技术潜力,发现和培养人才,使我省科学技术更好地为经济和社会发展服务，按照中共中央、国务院1981年中发14号文件关于建立科学技术发展基金的精神，决定从1983年起建立贵州省科学技术发展基金（以下简称科技发展基金），并制订本试行条例。

第二条　科技发展基金的来源是：

1. 从全省科技三项费用指标中划拨的经费；

2. 财政拨款；

3. 从科技发展基金有偿使用课题收回的经费；全省科技攻关和重点科技发展项目按合同偿还的经费；

4. 本省科研成果实行有偿转让按规定由省分成的经费及扩大自主权科研单位按规定上交省科委的经费；

5. 其他团体、个人的资助和捐赠。

第三条　科技发展基金是科技三项费用之外的另一种科技费类，它与科技三项费用在用途上各有侧重、互为补充。其主要用途是：

1. 有利于发挥我省资源优势、有明显的开发利用和推广应用前景，可望取得较大经济效益或社会效益的应用研究课题（侧重前期实验室研究工作阶段）。着重支持综合性强、地方特色突出、科研力量和条件较好的课题；

2. 已取得实验室研究成果、急需进行技术开发而未能列入科技攻关和年度科技发展计划、所需投资不多而收效快的发展研究课题；

3. 为我省今后经济、社会发展提供科学技术依据或具有较大科学价值、本省力所能及的基础研究课题及应用研究中的基础性研究工作。

第四条　科技发展基金按资助课题的性质及有无偿还的可能，分别实行有偿使用（含部份有偿使用，下同）和无偿使用两种形式，凡在近期内能取得直接经济效益的应用研究和发展研究课题，均实行有偿使用（包括本条例第三条第2款的全部课题及第1款的部分课题）；属于基础研究、带探索性的应用研究及有明显社会效益而在近期内难以产生直接经济效益的课题，可实行无偿使用（包括本条例第三条第3款的全部课题及第1款的部分课题）。

第五条　凡本省（含中央在省）的具有一定技术力量和手段的科研单位、高等院校、厂矿企业，及专门为开发贵州资源或直接为我省进行研制任务的省外单位，均可申请使用科技发展基金。

在上述单位任职的具有相当于讲师等中级以上技术职称的科技人员和虽不具备以上技术职称的科技人员、但其申报课题有两位以上副教授（或相当于副教授）的书面推荐者，也可申请科技发展基金。

第六条　申请科技发展基金的单位和个人，必须首先保证完成国家的科研、教学、生产计划。每个科技人员申请的课题，连同承担的其他重要科研课题，总共不得超过两项。

第七条　申请科技发展基金，应先填写科技发展基金申请书（仍使用省科委制发的科技发展项目计划任务书表式），经单位审查、主管理部门核准，报省科委组织审批。省科委随时接受申请，定期组织咨询、论证和审定。对批准的课题，除下达通知书外，均纳入全省科技发展计划组织实施。

省科委要认真做好科技发展基金的审批工作，要与省计划、经济、财政等部门密切协商、互相协调。对重大课题，要按专题组织以专家为主和咨询、论证，必要时由科委与计委、经委、财政厅联合会审。

第八条　得到科技发展基金资助的单位和个人，均应与省科委签订正式合同。合同正本由省科委及被资助单位（个人申请者除送所在单位外，另送申请者个人）各执一份；副本抄送同级财政部门和被资助单位的主管部门。

省科委应按合同核定的拨款期限、数额和课题进展、经费使用情况，对承担单位分期分批拨款。款项一律拨至课题申报单位的银行帐户（个人申请者亦拨入其所在单位的银行帐户），由单位财务部门负责管理，监督使用，实行预决算制和专款专用。

第九条　科技发展基金的开支范围，仅限于与被资助课题直接有关的研究支出，如：经批准购置的仪器设备的购置费（单台价格在1万元以上的仪器设备一般不予列入）、实验室改装费、水电费、出差考察费、资料购置费、成果鉴定费等。基金使用人所在单位或其主管部门均不能对拨交的基金实行提成或截留。

第十条　科技发展基金要设立专户，在省科委设立专帐；资金运用接受财政、金融部门的监督。给承担单位的基金除尚在进行中的课题并在批准时注明者外，年终由省科委一律收回；下年如需继续进行再作安排。

第十一条　省科委要组织有关单位和专家，对被资助课题进行定期检查。承担单位和个人每半年应向省科委提交一次报告。如变更原计划，应事先提交专门报告并由省科委批准。课题终了，应提交研究成果和总结报告。

第十二条　有偿使用的科技发展基金的偿还比例、期限、视课题技术难易程度、研制期限长短、经济效益大小而定。其应偿还的部分，用贷款办法办理用款及还款手续。还款由使用基金单位的新增效益偿还。对不按合同偿还的单位，省财政厅有权根据合同规定，及时足额扣回已拨科技发展基金。

第十三条　接受科技发展基金的单位和个人，应严肃认真地进行研究实验工作，按期提交报告和成果。课题承担者所在单位，应将课题纳入本单位研究工作计划，加强组织领导和检查督促。要精打细算地使用经费，按时报送财务报表。凡发现弄虚作假及贪污、挪用经费等行为，除撤销资助外，对情节严重者，要追究有关单位和个人的责任，进行严肃处理。

凡因对工作不负责任，导致课题失败、停顿及造成重大损失者，对责任者除给予必要处理外，在5年内取消继续申请科技发展基金的资格。

第十四条　本条例自下达之日起生效。日后再制订实施细则下发执行。

贵州省科学技术基金管理暂行实施细则

为了便于科技基金的管理，根据贵州省科学技术委员会和贵州省财政厅联合制订的《贵州省科学技术基金暂行规定》(以下简称《暂行规定》)第十九条的要求，特制订本实施细则。

(一)省科技基金的管理机构

1. 贵州省科学技术委员会(以下简称省科委)是贵州省科学技术基金委员会(以下简称省科技基金会)的管理部门，负责省科技基金会的组织和基金的筹措工作。基金会的成员由省科委任命。

2. 省科技基金会的主要职责按《暂行规定》第三条的规定执行。凡基金项目都需交省科技基金会审查通过才能列入省科技基金计划。省科技基金会对省科委和省财政厅负责。

3. 省科委各专业(学科)组是省科技基金会的顾问组织。省科技基金会在评审基金项目时，可吸收有关专业(学科)组某些成员参加；必要时也可委托有关专业(学科)组进行初审。

4. 省科技基金会办公室是省科技基金会的办事机构，具体办理省科技基金会交办的各项基金业务。

(二)科技基金资助范围

按照《暂行规定》第五条规定，省科技基金资助范围有下列三个方面：

1. 基础研究和应用理论研究：包括有学术价值和应用价值的科学实验；优势资源开发利用的前期调研和试验；重大工程建设中某些关键技术和理论或机理；为领导或综合部门作决策参考的软科学研究。

2. 技术开发研究：已取得研究成果，但尚不能直接用于生产，需要进行扩大或开发试验才能达到实用阶段，但由于客观原因未能及时列入科技攻关和年度科技计划，且投资不多，收效较快的项目。

3. 风险技术开发研究，已取得科研实用成果，且可投入生产应用但尚有一定风险，如一旦开发成功，经济或社会效益较大的开发项目。

(三)科技基金使用范围

1. 基金项目经费属于资助性质，因此，申请单位或个人必须具备一定的试验条件，不能用基金经费购买大型仪器、设备和单价超过一万元以上的器材，更不能用作基本建设。只能用于与本基金项目有直接关系的下列开支：

(1)实验装置改装费；

(2)药品、试剂、原材料、水、电消耗费；

(3)资料、标样购置费及咨询费；

(4)调研出差费；

(5)成果鉴定费；

(6)外部协作费；

(7)需要进行农业田间试验的田间试验费；

(8)递减事业的单位，如经费来源确有困难者，可适度补助其课题人员的工资等。

如有特殊情况需要超出上述开支范围的支出，在财政有关规定的范围内，应该经基金会审核，省科委批准后，也可酌情开支。

2. 科技基金分有偿使用和无偿使用两种：

(1)有偿使用又分部分有偿使用和全部有偿使用。有偿使用主要用于技术开发项目和可望取得成功的风险性开发项目。偿还比例、期限视项目技术难易程度、研究期限长短、经济效益大小而定。

(2)无偿使用主要用于基础性、理论性、公益性和部分农业项目。

（四）科技基金申请手续

1. 省科技基金一律按项目（或课题）由申请者进行申请；由科技基金会核定后按项目进行拨款。

2. 基金项目来源：

（1）基金委员会发布的基金计划指南；

（2）申请者自己申请的，基金委员会认为有利于我省科技经济、社会发展的，具有学术或应用价值的项目。

3. 申请金额每个项目一般应在3万元以下，少数有特殊情况或有重大价值的项目可酌情放宽，但最多不得超过5万元。

4. 申请人员资格：

（1）具有一定技术力量和研究手段的科研、设计单位、大专院校、厂矿企业或具有一定研究力量和手段的其他单位均可自由申请；

（2）具有中级职称以上（含中级）的科技人员，可个人提出申请；

（3）虽不具备中级职称的科技人员，其申请的项目如有两位以上高级职称人员的书面推荐，也可个人提出申请；

（4）没有技术职称的人员，不能以个人名义申请，只能由所在单位出面，以单位的名义申请；

（5）申请者必须在完成本职工作和国家交给的计划任务的前提下，才能申请基金项目。个人申请项目不得同时超过两项；如申请者已承担国家的重大项目，又是项目的主持人或科研骨干，则不得超过一项，且要取得单位或主管部门的同意；

（6）个人申请者必须由申请项目的主持人，且要直接参加该项目的研究和试验工作。其试验场地、实验手段和经费管理要取得所在单位或产权单位的保证和证明。

5. 凡需申请省科技基金的单位和个人，可向省科委基金会办公室（设在省科委内）索取科技基金申请书，填好后交所在单位审查盖章，一式八份送省科技基金会办公室，由省科技基金办公室进行条件审查和整理汇总后，统一送省科技基金会审批。

（五）省科技基金项目的审批

1. 为了便于评审，省科技基金会采取主任委员、副主任委员分工负责制。科技基金会分设基础学科、农业、工业、医药卫生4个组，由副主任委员或其他委员分别兼任组长。

2. 省科技基金会办公室将分类汇总后的基金项目分送给各组组长，各组长可根据项目所属的专业和性质，指定一名主审专家进行主审，并组织三至五位同行专家（包括主审人员在内，必要时也可请省外专家）进行同行评议。同行评议后，由主审专家根据同行专家的意见写出初审意见，填入基金申请书的审查栏内，并签字。

主审专家和同行评议的专家，可以是基金委会的委员，也可以特邀专业（学科）组的成员或其他中级职称以上的同行专业人员。如果需要，也可委托专业（学科）组进行初审，但得有两位以上基金委员会的成员参加。

同行评论可以用会议的形式进行；也可以用通讯评议的方式进行。

3. 同行评议后，由主任委员召开并主持科技基金会全体会议，对各组已通过初审的项目进行复审。如主任委员因事不能出席召集省科技基金会时，由其委托一位副主任委员召开并主持会议。省科技基金会必须有一半以上的委员参加表决，表决得到到会人员一半以上的大多数通过，所议的决议才能生效。如开会人数不到一半时，可在会后采取书面征求意见的方式进行或开基金会常务会议研究。常务会由主任委员、副主任、办公室主任及各大组组长组成。

省基金会通过的项目，3万元以下的由分管副主任委员，3万元以上的由主任委员在申请表上签署复审意见。

4. 省科技基金会办公室根据省科技基金会审定的项目，整理汇总后编制成省科技基金项目计划，报省科委批准下达。

省科委下达的基金项目计划，如无特殊情况，一般应以省科技基金会审查通过的项目为依据。如遇特殊情况（如发现项目有虚假情况临时发生变化、经费有缺口、场地不落实、人员有变动等），省科委可根据具体情况作适当的调整。

5. 省科技基金每年审列两批。每年的4月至8月，10月至次年的2月为基金项目的申报时间，3月和9月为省科技基金会的审批时间。

（六）拨款和用款手续

1. 省科技基金项目计划下达后，由基金申请单位或个人与省科技基金会（具体由省科技基金会办公室办理）签订合同。合同正本由省科委、省科技基金会和被资助单位（个人申请除所在单位外，另送申请者个人）各持一份；副本抄省财政厅及被资助单位的主管部门。合同正、副本一共5份(个人申请者为6份)。

2.合同签订后,由省科技基金会办公室按合同规定的拨款期限、数额,并根据课题进展、经费使用等情况,对项目承担单位分期分批拨款。无论是单位申请或个人申请的项目款项,都一律拨至申请单位和个人所在单位的银行帐号,由单位财务部门负责管理、监督使用,实行决算制和专款专用。

3.因故停止,且经省科技基金会批准下马的项目,其用资助金额购置仪器、设备、原材料以及剩余经费一律上交省科技基金会。

4.按合同要求完成研究任务的基金项目,其结余经费提取10—20%用作课题人员的奖金外,其余留给单位或个人用于其他科研课题。但奖金和留给单位和个人用于其他科研经费,必须报经省科技基金会核批后才能动用。

5.被资助的单位和个人,必须按时报送财务报表。每年5月和8月终后10日内报送预算执行情况财务表,年终报送财务决算表,以后总上报财政厅。项目完成后,除写出总结报告或研究成果报告外,还要按项目报财务决算。

6.基金项目经费下达给项目承担单位或个人的所在单位后,承担单位或所在单位有权监督使用,但不得以任何借口截留或收管理费,只能用于核定的基金项目。

(七)检查与监督

1.接受科技基金资助的单位和个人,要认真地按计划进行研究试验工作,按期提交研究报告和成果,报告阶段工作情况。所在单位及其主管部门应加强组织领导,检查督促,在人力、物力和经费以及时间安排等方面给予支持,解决有关困难。

2.省科技基金会可以采取直接检查或组织专家和管理干部,委托专业(学科)组、责成省科技基金会办公室等方式,对被资助的项目(课题)的执行情况和资金使用情况进行检查、监督。如发现不具备研究条件,基金资助欠妥或使用不当的项目,科技基金会有权停止该项目的执行,索回所资助的经费。

3.资助项目因情况发生变化,需要调整研究内容或研究时间甚至下马等,必须报省科技基金会审查批准后方能调整。否则,应按合同要求追究责任。

4.基金项目完成后应由主管部门或省基金委员会组织鉴定。用本基金资助的项目所取得的成果或发表的论文内注明是基金的项目。

(八)本细则的解释权和修改权属贵州省科学技术基金委员会。

云南省科委应用基础研究基金管理暂行办法

1989年

第一章 总 则

第一条 为加强我省应用基础研究工作,提高科研水平,发现和培养人才,增强科技实力和保持后劲,决定从1989年起设置云南省科委应用基础研究基金并建立云南省科委应用基础研究基金委员会。基金会在省科委领导下负责基金的管理和使用。为管好用好资金,特制订本办法。

第二条 资金来源。省人民政府(88)152号文件确定,每年由省财政拨给专款100万元,省科委从三项费用中安排100万元,共计200万元。同时,接受社会团体和个人捐赠。

第三条 该项基金由省科委掌握,单列帐户、专款专用。主要用于支持我省有一定学术水平、有重要应用前景的应用基础研究项目。为我省科技发展和优势资源开发利用提供科学依据、技术储备和培养人才,使我省经济发展保持有可靠后劲。并通过"基金"资助,引导我省应用基础研究的方向。

第二章 组织机构

第四条 基金委员会的组成。基金委员会由省科委聘请(21—25名)兼职委员组成,设主任(1人),由省科委主任兼任,副主任(4人),秘书长(1人),委员(15—19人),实行聘任制,委员由厅局、大专院校、科研所的主管部门提名推荐学术水平较高,知识面广、办事公道的专家、学者和科技管理工作者,由省科委主任聘任产生。每届任期2年,换届时上届委员至少轮换三分之一。

第五条 基金会对省科委负责。其主要职责是:(1)根据不同时期的科研任务及重点,制订发布基金项目指南,指导基金资助方向;(2)主持评审和审批基金项目及资助经费;(3)对基金资助项目进行检查督促、协调指导、促进项目实施;(4)主持基金项目成果验收鉴定和推荐优秀成果；(5)组织有关学术交流活动；(6)其他有关工作。

第六条 基金会下设办公室，挂靠在省科委计划处，负责办理具体业务工作：(1)受理及筛选基金项目申请；(2)组织专家对申请项目进行论证；(3)办理经批准资助项目的签约手续以及协调项目的管理实施；(4)对重点项目进行跟踪管理；(5)负责整理编制基金资助项目及成果的汇编；(6)基金会交办的其他工作。

第三章 资助范围

第七条 基金面向全省。实行自愿申请，分项论证，专家评审，择优支持，保证重点，照顾一般的原则。

第八条 “基金”主要资助我省自然科学领域有重要应用前景的应用基础研究项目及少数学术水平较高，具有特色，意义重大的基础性研究项目。

凡我省各地区、各部门、各高等院校、科研院所和中央驻滇研究单位，广大科技工作者在省内有条件进行符合上述要求的科研项目而经费不足的均可按本办法和指南要求，提出研究项目向省科委基金会申请资助。

第九条 基金会择优支持下列研究项目：

1.具有重要科学意义和技术创新，能开拓高新技术，推动新产业形成和发展的项目；

2.有广阔的应用前景，有助于开发我省自然资源优势和潜力，对我省经济社会发展有重要影响的项目；

3.学术上有独特见解，近期可能有重要突破，研究水平较高，在国内外有较大影响的探索性研究项目；

4.根据我省四化建设需要，有助于促进国际科技合作交流的项目。

第十条 申请资助的项目，应具备以下条件：

1.学术思想新颖、立论充分，研究内容、方法和技术路线先进并切实可行。

2.研究目标明确，方案可靠，有广阔的应用前景。

3.有一定的研究工作基础和实验装备等条件，具备深入开展研究的实力，并能在三年内取得预期成果或结果。

4.经费预算切实。

第十一条 为有利于发现培养人才，促进边远地区科技事业发展，对有才能的中、青年和边远地区科技工作者，尤其是青年科学家提出的有特点的研究项目，在相似条件下，给予优先考虑。并鼓励和支持跨地区、跨部门、跨学科协作研究。

第十二条 本基金属于资助性质，实行限额资助。资助经费多少，主要以研究项目的意义和研究工作任务而定，每个项目资助金额以 3 万元为上限，意义特别重大的个别项目也不超过 5 万元，超过限额的申请一般不予受理。

第四章 申请及审评

第十三条 基金项目申请。由申请者按规定格式填写《云南省应用基础研究基金项目申请书》和基金申请简表。经所在单位学术组织评议和领导签署意见，并经主管单位或地州市科委对资助的必要性，申请书内容真实性，研究方案的可行性以及能否保证研究工作基本条件等进行审查，签署具体意见，加盖公章后一式 5 份报省科委基金办公室。

第十四条 项目基金的申请者应具有主持该项研究工作能力，并具有高、中级以上专业技术职务或职称，同时必须是亲自参加该项目研究工作的负责人。

第十五条 没有高级科技人员参加研究的申请项目，应有两名同行高级科技人员推荐；在边远地区，也可由两名以上中级科技人员或由地州科委负责推荐。

第十六条 项目申请者，不得同时主持两个以上项目的研究工作。应在完成已批准资助的研究项目后，才能再申请新项目。在确保主持项目完成的前提下，参与其他研究的项目最多不超过两项。

第十七条 基金项目申请书报送省科委基金办公室。采取限期接受申请，定期审评分批实施的方法。一般每年审评一次。4 月 31 日前接受的申请，7 月 31 日前审批完毕。

第十八条 基金项目审评，由基金会聘请学术造诣较深，办事公道的有关学科专家、学者和管理工作者组成的评审组在基金委员的主持下评审，提出资助项目及分项资助经费，交基金会审定，报省科委批准后下达执行。参与评审的人员对评审项目的研究内容、方法、技术路线以及对评审项目的意见负责保密。

第五章 项目及经费管理

第十九条 获准基金资助的项目除重大项目

由基金会进行跟踪管理外，其余视同省厅、局或地州市重点项目，由主管厅(局)科技管理部门或地州市科委负责管理，并纳入本地区本部门的科研计划，组织实施。所在单位应积极为课题组研究工作提供必要条件，在人力和时间等方面给予保证。

第二十条　基金项目负责人，应经常向所在单位领导报告研究工作进展情况，及时反映存在问题。每年12月30日前书面向省科委和主管部门报送年度进展情况。研究项目完成后，报送研究总结和完整的成果(结果)鉴定资料。

第二十一条　批准资助的经费，采取一次核定，视研究工作进展情况和需要分期拨款的办法，由省科委通过主管厅(局)或地、州、市科委拨到申请者所在单位，由所在单位财务监督使用，单独列帐核算，在财务制度规定和课题计划开支范围内，由课题负责人支配使用，主管厅局不得提取管理费。

第二十二条　资助的项目经费只能用于该项研究直接需要的开支。要充分利用已有设备、条件，用于添置部分必须的小型仪器、设备的费用不得超过资助总额的三分之一，不得用于购买贵重仪器、设备，更不能用于土建，也不含出国访问和接待来访费用。

第二十三条　用基金项目费购买的耐用仪器设备，课题结束后应由单位科技主管部门，统一安排使用，避免无人管理随意处理或闲置损坏。

第二十四条　资助的专项经费，根据项目的延续情况，可以跨年度结转使用，但必须专款专用，不得挪用。若因挪用或乱支乱用致使项目无法进行者，除追回全部已拨款项，取消资助外，并在两年以内不得再申请新项目。

第二十五条　由于特殊原因(如课题主持人发生工作调动，外出学习，进修或健康状况等)，不能继续该项研究工作需要中断研究项目的，应及时向基金办报告，申请中断该项目。经同意后，应清理帐目，做出结算，经基金办审查同意后，交回余款，与课题无关的开支，一律不得列入。若无正当原因中断研究的，要追回全部资助经费。

第二十六条　课题结束，应及时作出经费结算，结余经费可提取20%奖给课题组，其余留单位作科技发展基金优先补助该课题组其他研究项目。

第六章　成果及其他

第二十七条　基金资助研究项目的成果，由省科委主持或委托主管厅(局)、地州市科委主持验收或组织评议鉴定，成果由基金会与项目完成单位共享。成果奖励、技术转让、专利申请和实施等，按国家和我省有关规定办理。

第二十八条　基金资助项目的研究成果、发表论文著作等必须注明“云南省科委应用基础基金资助项目”。成果(或专利)转让必须经基金会同意，并提取20%转让费，用作基金会发展基金。基金办定期将资助项目的研究成果汇编成册，印发各地、各部门参考。

附　则

本办法自1989年5月公布实行，由省科委基金会负责解释，执行中若有未尽事宜由基金会负责修改、补充。

本办法实行后，1986年8月公布执行的“云南省应用基础研究专项经费管理暂行办法”即行无效。原批准资助的“应基”研究项目，转为基金资助项目继续完成。

应用基础研究基金项目申请书和基金申请简表以及定期简报等格式，由省科委基金会制订，印发各厅(局)、各高等院校、科研院所和各地州市科委，各科研单位可就近索取，翻印使用。

民间科技基金

中华国际医学交流基金会章程

（第一届理事会第一次会议通过）

1988年10月25日

第一章 总 则

第一条 中华国际医学交流基金会（以下简称基金会）是中华医学会发起、创办的民间国际医学交流基金组织，具有社团法人资格。

第二条 基金会的宗旨是发展同国外医学友好团体的联系，广交、深交朋友，促进国际医学交流，筹集和接受国内、外捐赠的物资、基金和奖学金，为我国医学现代化服务。

第二章 任 务

第三条 基金会将与国外友好医学团体及有关组织建立长期的有效的合作关系，与所有愿意捐赠和给予帮助的组织、企业以及个人订立合同，发展友好合作关系。

第四条 基金会承办中华医学会及其他医学团体或个人委托的国际联络事宜，包括组织各种国际医学交流活动；接待访华的医学交流团、组或个人；承办各种会议以及会议期间厂商的医学技术设备展览等。

第五条 接受捐赠基金用于医学交流事业和引进、开发先进技术。在国内外友好团体的支持和帮助下，选派出国人员进修或技术合作，接受外国访问学者来华进修或合作研究；在必要与可能的条件下，支持或资助参加国际学术组织或学术会议。

第六条 接受捐赠医疗仪器、卫生设施及资金帮助老革命根据地、边远地区及少数民族居住地区开展国际医学交流活动，发展医疗卫生事业。

第三章 基 金

第七条 基金来源：接受国内、外有关的基金会、组织、企业及个人捐赠，其他合法来源。

第八条 基金会的基金将直接用于开展国际医学交流活动，培训专业人员，并对开展国际医学合作、交流事业有突出贡献者给予奖励。使用基金时，应尊重捐赠者的愿望。

第九条 基金会执行基本职能所需的活动经费从基金利息中支出。

第十条 基金会建立独立的经济核算制度。定期向理事会报告工作和经济活动情况，遵守国家法律和规定。接受中国人民银行的监督和稽核。

第四章 组 织

第十一条 基金会设主席、副主席和顾问。基金会设由理事长、副理事长、理事组成的理事会。

第十二条 主席、副主席、顾问和理事会理事由有关方面协商产生。理事长、副理事长、常务理事在理事中推选产生。

第十三条 理事会设秘书长、副秘书长。秘书长和副秘书长由理事长提名，常务理事会通过任免。

第十四条 理事会的职权：

(1)制定和修改基金会的章程；

(2)推选理事长、副理事长和常务理事；

(3)听取和审查理事长提出的工作报告。

第十五条 主席、副主席和顾问指导基金会工作。理事长、副理事长主持基金会工作。秘书长、副秘书长负责基金会的日常管理工作。

第十六条 基金会的办事机构设办公室以及

联络、会议、接待等业务部门。人员采取招聘制，由秘书长提名，理事长批准聘任。基金会聘任的人员执行基金会所规定的工资、福利待遇。基金会将加强横向联系，依靠中华医学会各专科学会、各地方分会和有关外事部门协同工作。

第十七条　基金会总部设在北京。根据工作发展需要，经批准可在国内、外有关地方设置办事机构。

第五章　附　则

第十八条　本章程经理事会讨论通过并报经中国人民银行批准生效。修改亦同。解释权属于本会。

中国社会科学院考古研究所夏鼐考古学研究成果奖金章程

1985年

第一条　本奖金以夏鼐同志捐赠的3万元人民币为基金，以银行利息作为奖金，基金不得动用。

第二条　本奖金授予对中国考古学作出成绩的中国境内的中国籍学者。近期内评奖时可适当照顾中青年学者。

第三条　每二年评选获奖著作一次。参加评奖的著作必须是在评选日期以前三年内发表的。

第四条　每次授奖名额至多为5人，无适当人选时可以暂停一次。

第五条　奖金暂定为一等奖1 000元，二等奖500元。

第六条　本奖金由中国社会科学院考古研究所负责管理，聘请所内外专家组成评奖委员会，负责评选和颁发。

中国科协振华基金会章程

1988年

第一条　宗　旨

本基金会作为民间集资促进科学技术发展的组织，旨在通过资助科技人员社会化的创造发明，推动学会和各地科协组织会员开展学术研讨、技术开发、人才培训，开展民间的科学技术活动，促进科学技术的社会化。

第二条　性　质

振华基金会是非营利的民间科技组织，独立社团法人。

第三条　任　务

1. 与国外民间科技性基金会建立友好往来与合作联系；
2. 充分利用国内外民间渠道筹集资金；
3. 资助中国科协所属学会会员的创造发明活动；
4. 资助会员中优秀青年科学家参加国际科技交流活动；
5. 表彰、奖励在开展民间科技活动中取得显著经济效益和学术成果的优秀会员；
6. 中国科协振华基金会对不具备成立基金会的全国性学会，汇集其自筹用做专项基金的资金。

第四条　组织机构

振华基金会属民间团体，不向政府申请设立专门的行政机构，不申请专门编制，不申请财政拨款。

基金会实行民主管理，设立理事会。理事会由理事长、副理事长、秘书长、副秘书长和理事组成，根据工作需要可及时进行调整。

正、副秘书长为法人代表，由中国科协委派。

理事会聘请国内外著名科学家为荣誉理事长和顾问，并吸收热心我国科技事业的海内外企业家参加理事会。

理事会设立秘书处为办事机构，下设若干部门。

第五条　理事会职权

1. 制订和修改基金会章程；
2. 调整理事会成员，推选理事长和副理事长；
3. 确定荣誉理事长和顾问；
4. 听取并审议基金会的工作计划和工作报告；
5. 审核年度预算和决算；
6. 批准基金会的项目评审与表彰奖励办法，终审资助与表彰名单。

第六条　基金来源

1. 国内外友好团体、企业和个人捐赠；

2. 中国科协所属各学会以及事业单位的赞助；

3. 其他。

对赞助基金会的个人、团体，本基金会将赠送纪念品和证书。

第七条　基金的使用管理和监督

1. 振华基金会设独立会计，暂受中国科协的审计监督；

2. 基金会年度经费主要依靠基金利息，基金原则上不能动用，如确属必要，须经理事会三分之二以上理事通过；

3. 基金会的办事机构开支由基金会的办公费解决，基金会办公费不能超过当年收入的 5%，办公场所暂设在友谊宾馆内北京科学会堂。

第八条　附　则

本章程经理事会通过并经国家管理机关批准之日起生效，解释权属于本会。

冯至德语文学研究奖章程

1987 年

第一条　为促进中国德语文学研究的发展和鼓励成绩卓著的中青年德语文学研究者，冯至同志将他获得的德意志联邦共和国国际交流中心 1987 年文学艺术奖 1 万马克折成人民币全部捐赠，做为冯至德语文学研究奖（简称冯至奖）的基金，以利息为奖金。

第二条　此笔基金全部存入银行，由基金管理小组负责监管。管理小组由外国文学研究所所长张羽、德语文学研究会会长冯至、外国文学研究所办公室主任唐学仕 3 人组成。张羽为基金管理小组负责人。

第三条　本奖金授予在德语文学研究领域作出成绩的、年龄在 45 岁以下包括 45 岁在内（以专著、论文的发表时间为准）的中国籍学者。

第四条　本奖金每两年评选一次，每次评选出一等奖 1 人（如无适当人选亦可空缺），二等奖 2 人。奖金奖为一等奖 1 000 元，二等奖 700 元。

第五条　参加评选的专著、论文必须是在规定评选日期之前两年内公开发表的论著，或经答辩通过的学位论文，或在学术讨论会上宣读过的论文。第一届评选时间为 1989 年 6 月，以后每届评选时间均为隔年的 6 月。

第六条　参加评选的专著、论文由院校、机关推荐，或由两名学衔不低于副研究员（或相当副研究员）的学者和评委推荐；亦接受个人申请。

第七条　为便于开展工作，评委会由 7 名在京德语文学学者组成，经由冯至同志会同外国文学研究所和德语文学研究会的负责同志商定，评委会委员为北京大学杨业治、范大灿；人民文学出版社绿原；北京外国语学院谢莹莹；中国社会科学院外国文学研究所韩耀成、高中甫、张黎。张黎为评委会主任委员。评委会常设在中国社会科学院外国文学研究所，李永平为冯至德语文学研究奖评选委员会秘书。

孙冶方经济科学奖励基金委员会条例

1983 年 6 月 16 日

一、为了纪念我国卓越的马克思主义经济学家孙冶方同志对经济科学的重大贡献，特设立孙冶方经济科学奖励基金，以表彰和鼓励对我国经济科学作出贡献的集体和个人，繁荣我国经济科学，使经济科学更好地为社会主义现代化建设事业服务。1984 年首次评奖。以后每两年评奖一次。

二、委员会首届成员由孙冶方经济科学奖励基金发起人推选 21 人组成。设主任委员 1 人、副主任委员 1 人（名单附后）。以后委员的调整、增补和主任委员的替换，由原委员会通过民主协商解决。

三、委员会职责：

1. 负责基金的接受和保管，基金全部存入国家银行，以存款利息作为奖励基金。

2. 批准对奖励基金的发放。

3. 审定评奖标准、方法和奖金的数额。

4. 聘请评奖委员会委员并任命主任委员、副主任委员和秘书长。

5. 领导基金委员会的办事机构。

四、委员会下设办事机构，负责处理日常工作，办事机构设在中国社会科学院经济研究所。办事机构人员由经济研究所指定若干适当工作人员兼职。办事机构每年向委员会汇报一次工作，包括财务收支情况。

五、委员会实行民主集中制，如有重大意见分歧时，可通过无记名投票，按少数服从多数的原则解决。

六、本条例从 1983 年 6 月 19 日起生效，条例的修改补充由委员会集体作出。

孙冶方经济科学奖励基金评奖标准和方法

1983 年 6 月 19 日

一、凡是对我国社会主义现代化建设、对马克思主义经济科学的发展有较大贡献的经济学论著，包括专著、论文、研究报告、调查报告、资料等，经评奖委员会评定，均可获奖。1984 年首次评奖，以后每两年评奖一次。

二、奖金标准根据奖金数额和入选作品多少，由基金委员会办事机构提出具体意见报基金委员会批准实行。

三、先着重以政治经济学方面的优秀的有创见的作品作为评奖对象，然后逐渐扩展到经济科学的各门学科。要特别注意发现和奖励中青年的优秀作品。

四、由基金委员会聘请 10—15 位经济学家组成评奖委员会，评出获奖作品，报基金委员会批准后发奖，评奖委员会成员每两年聘请一次，为取得经验，1984 年评选时，请中国社会科学院和中央财经各部门经济研究所，全国各综合大学经济系，各财经院校政治经济学专业，各省、市、自治区经济研究所或社会科学研究所，于 1984 年 6 月，提出候选作品名单；然后请中国人民大学经济系、北京大学经济系、南开大学经济系和中国社会科学院几个经济研究所各推举几位代表，组成初选小组，提出入选作品初步名单，供评选委员会参考。

五、首次评选对象，是粉碎“四人帮”后特别是 1987 年底党的 11 届 3 中全会以后我国经济理论工作者和实际工作者发表的论著。以后每次评选对象一般均为上次评选后两年内发表的论著。

六、首次评奖委员会组成人员名单（以姓氏笔画为序）。

于光远　马　洪　刘国光　许涤新　孙尚清
苏　星　吴敬琏　何建章　宋　涛　张卓元
项启源　钱俊瑞　徐雪寒　董辅礽　薛暮桥

主任委员　薛暮桥
副主任委员　刘国光
秘书长　张卓元

七、此项评奖标准和办法从 1983 年 6 月 19 日起生效。它的修改权属于基金委员会。

极地科学研究发展基金会章程

1989 年

第一条　宗　旨

为了促进和发展我国的极地科学考察和研究事业，努力推进和平利用南、北极，为保护南、北极做出贡献，建立极地科学研究发展基金会。

第二条　性　质

本基金会是有志于贯彻本会宗旨的热心人士组成的具有独立法人资格的民间非营利的社会团体。

第三条　任　务

一、多形式、多途径地根据基金会宗旨募集资金，发展资金。

二、为贯彻基金会宗旨使用基金，鼓励、资助、奖励为极地地质科学研究作出突出贡献的团体和科学工作者。

基金使用范围如下：

1. 极地科学考察、研究、探险；
2. 和宗旨相关的学术活动及事业活动；
3. 编印出版各种研究报告、学术专著和研究参考资料；
4. 其他。

第四条　组　织

一、基金会实行理事会负责制。理事会由若干科学家、知名人士、爱国华侨、企业家、企业集团及若干单位人士组成。有关单位推荐的理事不作为单位代表，仅以个人名义参加理事会工作。

二、理事会设名誉理事长、正副理事长、正副秘书长若干人，以及一定数量的常务理事。

三、理事会聘请若干有较深造诣的科学家组成学术委员会。

四、基金会日常工作由秘书长主持，办事机构是基金秘书处，由秘书长直接领导开展工作，贯彻执行常务理事会决议。秘书长由理事长提名、常务理事会批准。

五、理事会每年开会一次，审查并批准基金使用计划和基金使用报告。

第五条　附　则

本章程的解释权属极地科学研究发展基金会。

金岳霖学术基金会章程

1987年7月14日

第一条　金岳霖学术基金会是为了纪念金岳霖，推动我国逻辑学和哲学的发展而成立的群众性组织。

第二条　本基金会设理事会。理事会的任务是：

(一)负责筹集、管理和使用基金；

(二)组织金岳霖著作的整理、编辑和出版工作；

(三)推动对金岳霖学术思想和对逻辑、现代哲学领域的学术研究；

(四)组织第五条中各项奖励事项；

(五)举办纪念金岳霖的活动。

理事会设会长1人，副会长1—2人，秘书长1人。

理事会聘请顾问若干人。

第三条　理事会下设学术委员会。学术委员会的任务是：

(一)制订有关学术活动计划；

(二)制订有关奖励办法并主持评选工作。

学术委员会设主任1人，副主任1—2人。聘请学术委员会顾问若干人，学术委员若干人，学术秘书2人。

第四条　基金来源：

(一)出版金岳霖著作的稿费；

(二)国内外机关、团体和个人的捐赠。

第五条　基金用途：

(一)奖励逻辑和现代哲学的优秀科研成果；

(二)奖励逻辑学专业的优秀学生(包括本科生和研究生)；

(三)资助逻辑学和现代哲学学科的重要科学研究项目；

(四)举办金岳霖学术思想研讨和纪念活动等。

第六条　本章程经金岳霖学术基金会理事会讨论通过。

国际战略研究基金会章程

1989年

第一章　总　则

第一条　国际战略研究基金会是推动国际战略学术研究事业的非营利性民间组织。

第二条　基金会的宗旨是促进世界和平与发展，通过筹措资金，资助我国战略研究事业，提高学术水平，推进与外国的学术交往、合作及人员交流。

第二章　基金来源

第三条　基金主要来自下述途径：

1. 外国战略研究机构及其他学术团体和个人的捐赠；

2. 外国基金会、企业及有关金融机构的捐赠；

3. 国内有关部门、团体及个人的捐赠。

第四条　对捐赠者，基金会将颁发荣誉证书。对大宗款项捐赠者，将另作特别的表彰。

第三章　基金的使用

第五条　基金主要用于：

1. 赞助我国国际战略研究领域重大课题的研究；

2. 促进国内外战略研究界的学术合作与交流；

3. 奖励从事国际战略研究的优秀个人、机构和突出的成果；

4. 赞助在我国举行的重要国际战略问题会议；

5. 资助优秀国际战略研究人员的出国学习、深造和客座研究；

6. 支持有益于提高国际战略研究水平和促进国际交流的其他活动。

第六条　在使用基金时，将尊重特别项目赞助者的意见和愿望，可以实行定向资助。

第四章　基金管理

第七条　按照《基金会管理办法》和中国人民银行的有关规定，设立基金的人民币帐户和外汇帐户，严格执行财会和审计制度。

第八条　基金的筹集和使用要经过基金会理事会的严格审批，每年定期公布收支帐目和资金使用情况。

第九条　基金会对接受资助者使用资助资金的情况有权进行监督。如果发现不按原定的协议使用资金，基金会有权减少、停止提供或收回赞助的资金。

第五章　组织机构

第十条　基金会实行会长、副会长和理事会领导下的办公室主任负责制。

第十一条　理事会为基金会的最高权利机构，由会长、副会长和理事组成。理事由有关方面推荐协商产生，任期二年，可连任。理事会选举产生会长、副会长。

第十二条　会长、副会长领导本会工作，每年召开一次理事会，审查通过基金会的工作计划、资金的筹集和使用。遇有特殊情况，会长、副会长可不定期召集理事会。

第十三条　办公室主任、副主任由理事会指定，在会长、副会长的领导下负责基金会的日常会务工作，并领导基金会的工作人员，定期向理事会汇报基金会工作情况。

第十四条　理事会指定会计、出纳各一人及助手若干人，由办公室负责人直接领导，负责基金的日常财务和公布收支情况。办公室向理事会和人民银行报告年度基金筹集和使用情况。

第十五条　为有利基金会工作的开展，聘请名誉会长、高级顾问和顾问若干人。

第十六条　基金会严格接受中国人民银行、民政部的领导、审计和监督。

第六章

第十七条　本章程已经理事会于1990年1月15日批准。理事会保留解释和修改章程的权利。对本章程的任何修改必须经理事会批准后才能生效。

霍英东教育基金会高等院校青年教师基金及青年教师奖暂行办法

1987年

第一条　为鼓励中国高等院校的青年教师在教学及研究工作中做出优异成绩，特设立高等院校青年教师基金及青年教师奖。

第二条　青年教师基金及青年教师奖获得者必须符合下列条件：

一、国内

1. 现在国内高等院校从事教学或研究工作（不包括兼任教师）；

2. 年龄一般不超过35岁（在1990年前可放宽至不超过40岁）；

3. 已取得博士学位（或具有同等水平）；

4. 热爱祖国，有高尚的社会公德及职业道德，积极为祖国的四个现代化建设服务；

5. 在教学、研究工作中作出了显著成绩。

二、国外

1. 具有中国国籍；

2. 年龄不超过35岁（在1990年前可放宽至不超过40岁）；

3. 已取得博士学位（或具有同等水平）；

4. 决定不迟于6个月内（自申请或被推荐之日算起）回到国内高等院校任教；

5. 热爱祖国，有高尚的社会公德及职业道德，积极为祖国的四个现代化服务；

6. 具有独立进行研究的能力，在专业上已有明确的工作目标，成绩优异。

第三条　青年教师基金对高等院校青年教师从事的研究工作提供资助，资助的最高额为两万美元，最低额为5 000美元。青年教师基金获得者需从所得的资助中，交500美元给本校，作为该校管理项目的费用。青年教师奖是对青年教师个人的奖励，奖金为受奖者本人所有，奖金的最高额为5 000美元，最低额为1 000美元。对青年教师基金或青年教师奖获得者，还将授予霍英东教育基金会金质奖章一枚。

第四条　青年教师基金的申请办法为：

一、国内

由申请人申请(填具《霍英东教育基金会高等院校青年教师基金项目申请书》一式7份),由国内两名以上正教授(其中至少有1名正教授系在本校任教)推荐(填具《霍英东教育基金会高等院校青年教师基金项目或青年教师奖推荐书》一式7份),经申请人所在高等院校学术委员会及校长(或副校长)审核同意,由学校具文(盖校印)将上述《申请书》及《推荐书》寄送霍英东教育基金会。

二、国外

申请人可在回国前提出申请,办法与本条第一款基本相同。但两名以上正教授中至少有一名需为在国内高等院校任教的正教授,推荐、审核的学校应是申请者即将回国从事教学或研究工作的国内高等院校。

第五条 青年教师奖的推荐办法为:在国内,由被推荐者所在高等院校及国内两名以上正教授(其中至少有1名正教授系在本校任教)推荐(填具《霍英东教育基金会高等院校青年教师基金或青年教师奖项目推荐书》),经被推荐者所在高等院校学术委员会及校长(或副校长)审核同意,由学校具文(盖校印)将上述《推荐书》寄送霍英东教育基金会。如被推荐者是现在国外学习或工作的青年学者,亦可在回国前被推荐。但两名以上正教授中,至少有一名需为在国内高等院校任教的正教授,推荐、审核的学校应是被推荐者即将回国从事教学或研究工作的国内高等院校。

第六条 青年教师基金及青年教师奖实行规定学科名额,依据推荐,择优资助或奖励的原则。霍英东教育基金会理事会每两年公布资助和奖励的学科名额一次。推荐者应本着实事求是、严肃认真的精神介绍被推荐者的条件、素质、教学和研究的能力,评价已取得的成果水平。

霍英东教育基金会理事会组织霍英东教育基金会顾问委员会的委员,有关学者、专家,对申请或推荐的项目进行评审。必要时可组织答辩或进行现场调查,进一步核查候选人的条件、素质、能力及成果水平。青年教师基金项目及青年教师奖由霍英东教育基金会理事会或由理事会授权的理事批准。

第七条 每个青年教师基金项目期限不超过3年。基金会按项目工作进度,分年度将款额核拨至所在院校,转给基金获得者本人,由所在院校监督使用。在国外的青年教师基金获得者,在回到国内的高等院校从事教学或研究工作后,由基金会拨付项目款项。如有需要,经上述国内高等院校同意并向基金会申请,青年教师基金获得者亦可在国外预支部分项目费用。项目款项必须专款专用,任何非项目单位或个人不准挪用、借用。收到基金会资助的项目款项,可存入当地中国银行备用。开支范围及财务手续按国家教育委员会规定的办法执行。青年教师奖,由霍英东教育基金会一次直接发给获奖者本人。在国外的获奖者,在回到国内的高等院校从事教学或研究工作后,由霍英东教育基金会一次直接发给获奖者本人。

第八条 霍英东教育基金会每两年受理申请或推荐一次。受理的时间是每逢单年(如1989,1991年等)的1月1日至1月31日。如有特殊理由,经霍英东教育基金会理事会同意,受理的时间可以不受上述规定的限制。

第九条 青年教师基金获得者,必须按申请书申报的项目计划及时间开展工作。在项目期内因故中止项目工作,需经霍英东教育基金会同意。未能及时开展项目工作或擅自中止工作者,须退还基金会提供的资助,已支出部分的款额由青年教师基金获得者或其所在单位偿还(如属不可抗拒的原因,仅退回余款)。青年教师基金获得者如调动工作,调入单位能确实保证项目工作继续进行,经霍英东教育基金会同意,可将基金会资助的款项转至调入的单位。

第十条 青年教师基金获得者须在每年12月15日前书面(一式7份)向霍英东教育基金会报告项目进展情况、经费使用情况和下一年度工作计划。项目结束后3个月内,要认真写出项目工作总结,并附成果资料、有关论著及经费决算(各一式7份)。个人奖金受奖者亦应在得奖后三年内,每年将本人的工作情况、成果及下一年度工作计划于12月1日前书面报告霍英东教育基金会(一式7份)。在项目执行期间,霍英东教育基金会可随时派人对项目工作情况进行检查。如发现项目工作有严重问题,霍英东教育基金会有权中止提供费用。

第十一条 项目结束时,霍英东教育基金会将请专家对项目的成果作出评价。

第十二条 青年教师基金或青年教师奖获得者,在项目期限结束后,如仍符合条件,可以继续申请或被推荐。

如申请或推荐的项目未被霍英东教育基金会批准,申请人或推荐人在以后可以继续向霍英东教育基金会申请或推荐。

第十三条　青年教师基金或青年教师奖获得者所在单位和推荐人有义务关心、支持、帮助项目工作，并在年度工作报告和研究工作总结上认真负责地填写评价意见。

第十四条　本办法自 1987 年 10 月 1 日起，先在霍英东教育基金会理事会指定的高等院校中实施。

第十五条　本办法的解释权属霍英东教育基金会。

科技出版基金

中国科学院科学出版基金试行条例

1989 年

一、为了促进科技事业的发展，支持优秀的和重要的科技书刊的出版，以适应社会主义现代化建设的需要，特设立中国科学院科学出版基金。

二、出版基金的来源，由中国科学院每年从科学事业费预算中安排专款，同时多渠道筹集基金。

三、中国科学院设立中国科学院科学出版基金专家委员会（以下简称专家委），负责筹集和管理出版基金。专家委的成员由中国科学院聘请能贯彻执行党的路线、方针、政策，热爱并熟悉科学出版事业的科学家和编辑出版专家若干人组成。专家委办公室设在科学出版社。

四、出版基金面向全国，资助自然科学和技术科学方面的优秀的、重要的图书、期刊和其他出版物的出版。

五、出版基金资助的项目，需经专家评议，按照公平竞争、择优支持的原则确定。

六、出版基金资助金额以弥补出版亏损为原则，根据不同情况分为全额资助和部分资助。

七、接受出版基金资助的出版物，统一安排在科学出版社出版。

八、专家委每年向中国科学院提出书面工作报告，并以适当形式向社会通报，接受监督。

九、专家委根据本条例制订实施细则，报中国科学院备案。

十、本条例由中国科学院计划局和出版图书情报委员会共同解释。

十一、本条例自一九九〇年一月一日起实施。

中国科学院科学出版基金专家委员会组织条例

1989 年

一、为管好用好中国科学院科学出版基金，设立中国科学院科学出版基金专家委员会（以下简称专家委）。

二、专家委的主要任务是：

1．掌握基金资助方向，拟定基金资助指南；

2．确定各学科基金资助及各类出版物的比例和批准年度计划；

3．组织基金资助项目的申请、评议及审批工作；

4．根据中国科学院批准的科学出版基金试行条例，制订实施细则，批准专家委办公室有关规章制度；

5．宣传基金工作，扩大筹集资金；

6．聘任专业组正、副组长及有关成员；

7．领导专家委员会办公室。

三、专家委设主任委员 1 人，副主任委员数人，委员若干人。

四、专家委成员主要遴选坚持四项基本原则、坚持改革开放，能贯彻执行党的路线、方针、政策，热心科学出版事业，对科技书刊有广泛了解，办事公正，在所从事的科研领域有较高造诣的科学家和在科技出版工作中有较丰富编辑出版经验的专家担任。

五、为保证专家委的广泛代表性，专家委成员由院内外、京内外的老中青专家组成。

六、专家委成员和主任、副主任委员由中国科学院聘任。

七、专家委成员每届任期三年。为保持工作的连续性，每次换届时，至少有半数委员继续连任，但连任不超过三届。

八、根据需要，专家委下设若干专业组。专业组成员由专家委聘任。

九、专家委办公室是专家委员会日常办事机构，设在科学出版社。

十、本条例自一九九〇年一月一日起生效。

中国科学院科学出版基金申请办法

1989年12月26日

一、为组织好中国科学院科学出版基金（以下简称出版基金）的申请，做好资助科学书刊的出版工作，特制订本办法。

二、出版基金面向全国，资助自然科学和技术科学方面优秀的或重要的出版物的出版，全国各地区、各部门及海外华侨、华裔科技工作者，均可按本申请办法提出申请。对青年科技工作者，在书稿条件相同的情况下，予以优先资助。

三、出版基金按照专家评议、公平竞争、择优支持的原则，主要资助下列科学技术出版物的出版：

1. 具有重要理论意义或重大应用价值及前景的研究成果专著；

2. 具有独到见解或新颖体系、对科学发展或培养科技人才有重要作用的优秀基础理论读物；

3. 对开拓新领域、促进科学技术发展有重要意义的综合性编著；

4. 有重要积累和传播价值的基本科学资料；

5. 水平高、应用价值大的科技工具书；

6. 国外优秀科学著作的中译本；

7. 优秀的或重要的学术期刊；

8. 上述范围内的非书本形式的音像等其他出版物。

四、申请者可在已有全部书稿，或部分书稿，或对拟写书稿已有总体设想并拟就详细写作提纲之后提出申请，后两者必须具备在较短时期内完成书稿的条件，保证如期完稿。

五、学术刊物由承办单位提出申请；原在科学出版社出版的刊物，须有科学出版社推荐意见。

六、申请者须填写《中国科学院科学出版基金申请书》一式4份。申请书和相应附件等文件，由申请者直接寄交出版基金专家委员会办公室（以下简称基金办）（地址：北京东黄城根北街16号，邮政编码：100707）。

七、申请者申报的稿件主要内容、稿面字数（含图，一般50幅图折合1万字，图版按占版面字数计）和交稿时间，在获准后，要严格执行。如确需增加篇幅，所增字数不得超过原定字数的10%；如遇特殊困难，不能如期交稿，可以适当延期，但延期不得超过6个月，否则，须根据基金使用情况另作安排。

八、申请者和主要合作者不能同时提出两项申请。如拟申请第二项，须在第一项交稿后提出。

九、申请者可以（但非必须）自请二名同行专家或高级编辑写出书面推荐意见。

十、欢迎申请者向所在单位或通过其他渠道筹集资金，支持出版。在申请项目条件相同的情况下，对已有专款资助和能提供资金支持的项目予以优先考虑，但申请者不能要求特殊照顾。若提供资助金额超过该书需要的，欢迎作为捐赠纳入本基金。出版基金专家委员会（以下简称专家委）定期向社会公布捐赠者名单，并向捐款数额较大者颁发荣誉证书等，以示谢意。

十一、基金办随时受理申请项目，经初步审查后，将符合要求的申请文件分送专家评议，再经专业组评审，最后由专家委决定是否给予资助。一般每季度审批一批资助项目。评审结果由基金办以书面方式通知申请者。除原稿、样稿和其他申请者要求退还的材料外，申请书及其附件一律不退，由基金办留存备查。

十二、凡获出版基金资助的项目，均由科学出版社与申请者签订出版合同，并指定责任编辑保持经常联系。

十三、出版基金资助费只用于弥补出版亏损，不供用作申请者撰写稿件所需的其他费用或期刊编辑部人员费用。为此，申请者无需提出资助金额，所需资助款额由专家委核定，直接拨给科学出版社。

十四、有关申请事宜，请与基金办联系或查询，专家委委员或专业组成员一般不接待申请者。

十五、本办法自1990年1月1日起试行。

中国科学院科学出版基金申请项目评审工作暂行办法

1989年12月26日

一、为了正确组织中国科学院科学出版基金(以下简称出版基金)申请项目的评审工作,特制订本办法。

二、评审工作坚持依靠专家、公平竞争、择优支持的原则。

三、出版基金申请书由中国科学院科学出版基金专家委员会办公室(以下简称基金办)随时受理。申请项目经专家评议、出版基金专家委员会专业组(以下简称专业组)评审和出版基金专家委员会(以下简称专家委)审批等程序,决定是否给予资助。

专家委每季度审批一次资助项目,年终向社会公布本年度的资助项目,接受群众监督,并同时公布下一年度拟重点资助的项目指南。

四、基金办受理申请书,并进行初步审查、筛选。明显不符合资助条件的申请项目,由基金办经办人签署意见,基金办主任批准,书面通知申请者。

五、基金办本着有利于保证公正性的精神,将基本符合要求的申请项目送请三名以上的同行专家(其中含一名专业组成员)评议。专家对该项目的学术水平、应用价值、著述特点、写作水平及总体质量等作出科学评价,并提出可否给予资助的意见。

六、基金办每季度汇总一次专家评议过的申请项目,根据项目的具体情况,预算出资助金额,提交有关专业组成员评审,提出可否资助的意见,由专业组组长或副组长签批意见。

七、专业组评审,采取通信方式或会议方式。一般每年召开一或二次会议。讨论本专业组的评审原则;下一年度的基金资助方向和重点资助项目指南;评审有争议的项目;评审申请项目及确定项目的资助金额。

八、基金办每季度整理一次经专业组组长签批后的申请项目,提交专家委委员审批,由专家委主任委员签字批准。

九、专家委审批,采取通信方式或会议方式。一般每年召开一或二次会议,讨论决定有关出版基金的重大问题;确定各专业组基金资助的比例;讨论批准本年度的评审工作总结及下一年度拟重点资助的项目指南;聘任专业组正副组长及有关成员;审定大型出版物(资助费在10万元以上)的资助问题;评审决定有争议的申请项目;审批申请项目。

十、专家委及专业组的重大问题及申请项目的审定,出席人数必须超过总人数的三分之二,半数以上通过有效。

十一、经专家委主任委员批准的申请项目,由基金办书面通知申请者,并签订出版合同。

十二、对于极个别无法按正常程序评审而又急需出版的图书可由基金办提出,报专家委主任委员签批。基金办将情况书面通报有关专业组组长及专家委委员。

十三、对于因故不能继续撰写或书稿几经修改仍达不到预定要求而需要中止合同的项目,经基金办主任审核后,报专家委主任委员批准,予以撤销。基金办将撤销情况书面通报有关专业组组长及专家委委员。

十四、参加专业组和专家委工作的专家,本人如有申请项目,一律回避有关评审活动。参加评审的人员在申请项目内容没有公开发表以前应负责保密,不得引用,并不得外泄评审情况和评议意见。

十五、本办法自1990年1月1日起试行。

中国科学院科学出版基金专家委员会专业组组织条例

1989年12月26日

一、为做好中国科学院科学出版基金的管理和项目的评审工作,在中国科学院科学出版基金专家委员会(以下简称专家委)下设立专业组。

二、根据书刊的所属学科领域和类别,设立数理化组、生命科学组、地球科学组、技术科学组及学术期刊组。

三、专业组的主要任务:

1. 负责提出本专业的基金资助方向和制订本专业的重点资助项目指南;

2. 掌握本专业基金的使用;

3. 评审本专业的基金申请项目,提出是否资助和资助金额的意见;

4. 宣传基金工作,扩大筹集基金;

5. 收集社会反映,特别注意收集基金资助出版物的社会效益和广大科技人员对基金使用的意见;

6. 监督基金的使用，对专家委工作提出建议；

7. 提出下届专业组成员的建议。

四、各专业组由 9—15 人组成，设组长 1 人，副组长 2 人。各专业组成员由在所从事的科研领域有较高造诣、热心科技出版事业、办事公正的专家和在科技出版工作中有较丰富编辑出版经验的高级编辑担任。各专业组组长由专家委委员兼任，副组长由非专家委委员的科技专家及高级编辑担任。

五、专业组成员均为兼职。每届任期 3 年，每次换届时，至少有半数成员继续连任，但连任不得超过 3 届。

六、专业组组长、副组长和专业组成员由专家委聘任。

七、本条例经中国科学院科学出版基金专家委员会第一次会议批准试行。

长白山学术著作出版基金会章程

1989 年 3 月

一、总　则

长白山学术著作出版基金会是吉林省新闻出版局为扶持学术著作出版、繁荣社会主义文化而成立的社会组织。其宗旨是：资助学术著作出版，促进中华民族科学文化水平的提高。

二、细　则

第一章　组织形式

（一）长白山学术著作出版基金会的最高权力机构是基金委员会。

（二）基金会设主任委员 1 人，副主任委员 2 人，秘书长 1 人，委员 14 人。成员由吉林省委、省政府领导，聘请社会有关方面的专家、学者、教授，吉林省财政厅、吉林省税务局、长春市税务局、吉林省新闻出版局等有关部门领导组成。

（三）基金委员会下设办公室，具体处理日常工作，办公室设在吉林省新闻出版局图书管理处（不单独设编）。

第二族　权利

（一）基金委员会负责审定申报项目，并对学术价值、资助数额等问题进行讨论，最后以无记名投票方式进行表决，被资助的项目，必须获委员会全体人员三分之二以上的票数，方得通过。

（二）基金委员会全体会议有权通过、修改章程，决定委员的增补。

第三章　资金的来源

（一）吉林省新闻出版局集资 100 万元，作为长白山学术著作出版基金会的基金底数，每年可视具体情况逐步增加基金。

（二）基金会接受国内外个人或团体自愿捐款。

（三）依靠省财税部门的支持。

第四章　资助对象

基金会资助的对象，根据出版社利税上缴归口管理的原则，目前只在吉林人民出版社、吉林教育出版社、吉林科技出版社、北方妇女儿童出版社、时代文艺出版社、吉林美术出版社、吉林文史出版社所申报的学术价值高、发行量少、出版亏损大的学术著作。

第五章　资助程序

（一）出版社向基金委员会办公室提交申请书，并附有作者学术简历；专家对书稿的鉴定材料；出版社的论证材料和审读意见。

（二）基金委员会办公室负责汇集、整理申报材料，送交有关学科专家审报。

（三）基金委员会每半年召开一次全体会议，由各位专家汇报所审读书稿的学术价值的依据和资助意见，在充分酝酿讨论的基础上，进行投票表决。对通过的申报项目，给予一次性资助。

（四）凡接受资助出版的学术著作，一律在书上署明“长白山学术著作出版基金会资助出版”的字样和标记。

第六章　管理原则

（一）基金委员会实行民主管理。

（二）建立严格的资金筹集、管理、使用制度。

（三）公开收支帐目。

（四）捐赠资助资金的个人、团体有权过问和监督所捐资金的使用情况。

（五）出版社获得的资助基金一律单独列帐，受到资助的著作出版后，余款交回基金委员会，不得挪作他用。

（六）吉林省新闻出版局审计处定期对帐目进行审计，如审计中发现有挪用基金或在帐面上列假支出，基金委员会可视情节对其进行必要的处罚，包括收回资助的金额和停止 3—5 年接受资助的资格等。

科学基金群众性学术团体

中国管理科学研究会科学基金研究分会章程(试行)

1988年

第一章　总　则

第一条　中国管理科学研究会科学基金研究分会是科学基金、科技基金研究工作者和管理工作者的群众性学术团体。本会在中国管理科学研究会领导下开展工作，接受国家自然科学基金委员会的指导，承认中国科学技术协会章程。

第二条　本会的宗旨是：遵循党和国家有关科技发展战略、方针、政策，团结有志于科学基金、科技基金研究的管理工作者和科技人员，紧密结合我国实施科学基金制的实际，广泛开展学术研究和交流，探讨各种类型、各个层次科学基金与科技基金的理论和方法，为建立和完善具有中国特色的科学基金制作出贡献。

第二章　任　务

第三条　本会坚持理论与实践相结合的方针，致力于研究和探讨科学基金与科技基金活动全过程管理水平的提高。主要任务如下：

一、研究我国实施科学基金制的理论和实践，借鉴和吸取国外科学基金与科技基金管理的有益经验，努力建立我国的科学基金管理科学。

二、推动国内科学基金与科技基金管理经验的交流，并向有关部门提出建议，编辑出版相应学术刊物，发表会员的研究成果。

三、在科学基金和科技基金工作方面提供咨询服务。

四、开展科学基金与科技基金管理和人才培养方面的研究。

五、和国外科学基金及科技基金研究组织建立联系并开展学术交流，介绍国外科学基金与科技基金管理的经验。

第三章　会　员

第四条　凡承认本会章程并符合会员条件者，均可申请入会，经本会批准并履行入会手续后即成为会员。

第五条　会员条件

一、个人会员热心科学基金与科技基金研究并具有中级专业技术职务以上的管理人员和科技人员(专职从事科学基金管理的人员不受专业技术职务限制)；关心和支持研究会工作的有关领导干部和教育界、科技界有关人士。

二、团体会员各种类型、各个层次的科学基金或科技基金组织。

第六条　会员的权利和义务

一、遵守本会章程；

二、执行本会决议，努力完成本会所委托的工作；

三、有选举权、被选举权；

四、对本会工作有建议、批评权；

五、优先参加本会的学术活动；

六、优先取得本会有关学术资料；

七、在研究工作中得到本会的帮助，团体会员可优先得到本会的技术咨询和协助举办培训班与学术交流活动；

八、及时报告研究情况和成果；

九、提交研究论文和科学基金、科技基金管理工作经验总结、调查研究报告等；

十、按规定交纳会费。

第七条　会员入会须按会章规定办理入会手

续，并由本会颁发会员证。会员有退会自由。

第四章　组　织

第八条　本会会员代表大会每三年召开一次。其职责是：

一、总结前期工作，制订今后工作方针和任务；

二、审议理事会的工作报告；

三、审议经费收支情况；

四、修改会章；

五、选举新的理事会。

第九条　理事会是在会员代表大会闭会期间的领导机构。理事会理事由团体会员单位推荐，经民主协商后，提交会员代表大会选举产生。理事会设理事长1名，副理事长3至5名，理事若干名。并设精干机构，负责执行理事会决议，处理日常工作。

理事会的职责是：

一、执行会员代表大会决议；

二、制订研究会的活动规划和年度工作计划；

三、领导研究会开展活动；

四、审议、批准会员入会；

五、管理和监督会费和活动经费的使用；

六、召开下届会员代表大会并报告工作。

第五章　经　费

第十条　本会向上级学会、国家自然科学基金委员会及科技基金管理部门申请活动经费，欢迎会员单位、社团、企业、个人捐赠。

第六章　其　他

第十一条　经中国管理科学研究会同意，为便于工作，本会在外事工作中，可直接使用中国科学基金研究会的名称。

第十二条　本章程在试行过程逐步完善。由秘书长负责解释。

第V部分

科学基金资助项目获奖研究成果

科学基金资助项目获奖研究成果一览表

科学基金制是一种以专家为主体、以竞争为动力、以创新为目标、以公正为准则的富有生机活力的科研管理制度，它的实施，不仅提高了选题的水平，也促进了资助项目早出成果，多出成果。其中，有些研究成果发表了高水平的科学论著；有些研究成果已发展为国家科技攻关项目和“863”研究发展计划项目；有些研究成果已应用于新产品、新材料、新技术、新工艺的开发；有些研究成果取代了国内装备的进口；有些研究成果获得了国家专利或外国专利。

但是，由于我国科学基金制实施的历史不长，各类科学基金的管理工作尚不完善，特别是后期管理工作尤其薄弱，研究成果的标注、登记、统计制度尚不健全，大量科学基金资助项目研究成果未能及时收集。本《年鉴》仅根据各科学基金组织提供的现有资料，将获部、省级以上奖励的科学基金获奖成果加以汇辑，并将其中获部、省级一等奖以上的获奖成果予以简介。未及辑入的获奖成果将在今后的《年鉴》中补辑。

自 然 科 学

一、国家自然科学基金（含原中国科学院科学基金）

1. 数学物理科学

	成果名称	获奖名称（年度）	主要研究人员	所在单位
1	相对论性多通道量子亏损理论	国际物理中心卡斯特勒奖（1986）	李家明	中国科学院物理研究所
2	微分动力系统稳定性理论	第三世界首届数学奖（1985）、国家自然科学奖一等奖（1987）、国家教委科技进步一等奖（1987）	廖山涛	北京大学
3	微分流形的浸入理论	第二届陈省身数学奖（1988）	李邦河、吴文俊	中国科学院系统研究所
4	用密栅云纹法研究金属弹性变形规律	国家发明奖二等奖（1984）	叶绍英、曹起骧等	清华大学
5	南海北部湾涠 11－1 海区工程地质调查和评价	国家科技进步奖二等奖（1987）	钱寿昌等	中国科学院力学研究所
6	复几何与相关问题	国家自然科学奖二等奖（1987）	钟家庆	中国科学院数学研究所

	成果名称	获奖名称(年度)	主要研究人员	所在单位
7	太阳风中阿尔芬脉动的波能串级理论	国家自然科学奖二等奖(1989)、国家教委科技进步奖一等奖(1987)	涂传诒	北京大学
8	补偿列紧原理与等熵气体动力学方程组	国家自然科学奖二等奖(1989)、中国科学院科技进步奖一等奖(1988)	丁夏畦、陈贵强、罗佩珠	中国科学院武汉数学物理研究所、系统科学研究所
9	声波在水雾中传播特性的研究	国家自然科学奖二等奖(1989)	魏荣爵、王耀俊、田裕人、章肖融等	南京大学
10	量子场论大范围性质的研究	国家自然科学奖二等奖(1989)	周光召、郭汉英、侯伯宇、宋行长等	中国科学院理论物理研究所、西北大学、北京大学、中国科技大学、中国科学院应用数学研究所
11	结构优化程序系统DDDU	国家科技进步奖三等奖(1985)	程耿东、钱令希、钟万勰、随允康等	大连理工大学
12	线性与非线性偏微分方程的若干问题	国家自然科学奖三等奖(1987)、国家教委科技进步奖二等奖(1985)	王柔怀、伍卓群、严子谦、崔志勇等	吉林大学
13	利用大面积乳胶室研究超高能核作用现象	国家自然科学奖三等奖(1987)	王承瑞、任敬儒等	中国科学院高能物理研究所等
14	多变量拟协调有限元法	国家自然科学奖三等奖(1987)、国家教委科技进步奖一等奖(1985)	唐立民、陈万吉、张鸿庆等	大连理工大学
15	生成坐标方法与原子核集体运动	国家自然科学奖三等奖(1987)	徐躬耦、王顺金等	兰州大学
16	关于原子核集体运动形态及核内新自由度的研究	国家自然科学奖三等奖(1987)、国家教委科技进步奖一等奖(1985)	杨立铭等	北京大学
17	拟共形映射与Teichmüller空间	国家自然科学奖三等奖(1989)	李忠	北京大学
18	天气和次天气尺度系统发展的动力过程和分解方法	国家自然科学奖三等奖(1989)	陈秋士	北京大学
19	类星体的证认与研究	国家自然科学奖三等奖(1989)、国家教委科技进步奖一等奖(1989)	何香涛	北京师范大学
20	固体表面上流动膜沸腾与液滴蒸发的机理研究	国家自然科学奖三等奖(1989)	王补宣、张能力、石德惠、徐友仁等	清华大学、河海大学
21	内蕴时间本构关系理论的研究	国家自然科学奖四等奖(1987)	范镜泓等	重庆大学
22	模糊集与系统的理论基础及其应用	国家自然科学奖四等奖(1987)	汪培庄、罗承忠	北京师范大学
23	金属超晶格理论	国家自然科学奖四等奖(1987)	蔡建华等	南京大学

	成果名称	获奖名称(年度)	主要研究人员	所在单位
24	一维导电聚合物局域模研究	国家自然科学奖四等奖(1987)	孙　鑫等	复旦大学
25	逼近论中的极值问题及调和分析中若干逼近问题	国家自然科学奖四等奖(1989)	孙永生、陆善镇、王昆扬、房艮孙	北京师范大学
26	南海西部石油开发区区域性工程地质调查与评价及北部湾 11-4 海区 A 平台工程地质调查与评价	国家经委国家级专业科技成果奖一等奖(1987)	钱寿易、秦蕴珊等	中国科学院力学研究所、海洋研究所
27	水波问题的数值模拟研究	国家教委科技进步奖一等奖(1987)	陶建华等	天津大学
28	计算机图形算法及其应用	国家教委科技进步奖一等奖(1987)	梁友栋	浙江大学
29	并行计算与区域分裂法	国家教委科技进步奖一等奖(1987)	康立山等	武汉大学
30	调和分析和函数逼近	国家教委科技进步奖一等奖(1988)	孙永生、陆善镇等	北京师范大学
31	固体中超声的传播和散射	中国科学院科技进步奖一等奖(1988)	应崇福、张守玉等	中国科学院声学研究所
32	线性算子理论与非线性共振问题	国家教委科技进步奖二等奖(1985)	江泽坚、邹承祖、俞致寿、张善利等	吉林大学
33	离子注入研究	国家教委科技进步奖二等奖(1985)、北京市科技成果奖二等奖(1985)	来永春、李国辉、张通和、周瑞英等	北京师范大学
34	不分明拓扑中代数问题、嵌入理论与不分明凸集的研究	国家教委科技进步奖二等奖(1985)	刘应明	四川大学
35	68T 矿用自卸汽车主要结构国产化研究	国家教委科技进步奖二等奖(1986)	于长吉、孙元贵、王培庄、郭杏林	大连理工大学
36	重夸克偶素系统的强子跃迁理论	国家教委科技进步奖二等奖(1986)	邝宇平、颜东茂	清华大学
37	磁各向异性的研究	国家教委科技进步奖二等奖(1986)	金汉民、石　岩、陈慧男	吉林大学
38	样条函数与逼近论	国家教委科技进步奖二等奖(1986)	郭竹瑞	浙江大学
39	铌酸锂晶体的光折变效应	国家教委科技进步奖二等奖(1986)	王华馥、温金珂、刘思敏	南开大学
40	非线性振动问题——调和解与拉格朗日稳定性	国家教委科技进步奖二等奖(1987)	丁同仁	北京大学
41	单晶硅中氢致缺陷和硅氢键	中国科学院科技进步奖二等奖(1986)	麦振洪、崔树范、葛培文	中国科学院物理研究所
42	孤立子理论有关问题	中国科学院科技进步奖二等奖(1986)	李翊神、田　畴、陈登达	中国科学技术大学
43	对气液双相流体进行流量测量与阻力计算的试验研究	机械工业部科研成果奖二等奖(1985)	陈之航	上海机械学院

	成果名称	获奖名称(年度)	主要研究人员	所在单位
44	关于统计量的收敛和收敛速度	中国科学院科技进步奖三等奖(1986)	赵林成	中国科学技术大学
45	多元调和分析	国家教委优秀科技成果奖(1985)	邓东皋、潘文杰、韩永生、彭立中等	北京大学
46	积分方程论、椭圆型方程边值问题	国家教委优秀科技成果奖(1985)	陈传章	复旦大学
47	KST－1型快速退火设备	电子工业部技术进步奖三等奖(1986)	贺令渝、李国辉、张通和	北京师范大学
48	白光快速退火技术研究	北京市科技进步奖三等奖(1987)	张通和、李国辉、阎凤章、罗晏等	北京师范大学
49	从燥声背景中提取语言信息	江苏省科技成果奖三等奖(1984)	余崇智、华一满、胡春年、徐柏龄等	南京大学
50	概率度量空间与随机算子理论及不动点	四川省科技进步奖三等奖(1987)	张石生	四川大学
51	双膜激波管	云南省科技成果奖三等奖 (1983)	熊　烨	云南大学

2. 化学

52	甲醇合成塔设计新方法	国家科技进步奖二等奖(1985)	宋维端、朱炳辰、房鼎业、张成芳	华东化工学院
53	晶体体相结构与晶体化学的基础研究	国家自然科学奖二等奖(1987)、国家教委科技进步奖一等奖(1985)	唐有祺、林炳雄、张婉静、邵美成等	北京大学、中国科学院上海有机化学研究所
54	应用量子化学——成键规律和稀土化合物的电子结构	国家自然科学奖二等奖(1987)、国家教委科技进步奖二等奖(1985)	徐光宪、黎乐民、任镜清	北京大学
55	亚磺化脱卤研究	国家自然科学奖二等奖(1987)、中国科学院科技进步奖二等奖(1986)	黄炳南等	中国科学院上海有机化学研究所
56	高分子缩聚、加聚和交联反应统计理论	国家自然科学奖二等奖(1989)、国家教委科技进步奖二等奖(1989)	唐敖庆、沈家聪、汤心颐等	吉林大学
57	氟化学中单电子转移反应的研究	国家自然科学奖二等奖(1989)	陈庆云、杨震宇、裘再明、何亚波等	中国科学院上海有机化学研究所
58	紫外光谱区激光染料	国家发明奖三等奖(1983)、国家教委科技进步奖二等奖(1985)	周一民	南开大学
59	磷灰石在平板玻璃生产中的应用及其工艺	国家科技进步奖三等奖(1985)	丁子上	浙江大学
60	齿轮润滑用成膜膏的研制	国家科技进步奖三等奖(1985)	党鸿辛	中国科学院兰州化学物理研究所
61	萃合物结构与萃取机理的研究	国家自然科学奖三等奖(1987)、国家教委科技进步奖二等奖(1987)	黄春辉、徐光宪、李标国、金天柱等	北京大学

	成果名称	获奖名称(年度)	主要研究人员	所在单位
62	胺存在下烯类聚合与引发机理	国家自然科学奖三等奖(1987)、国家教委科技进步奖二等奖(1986)	冯新德、丘坤元、曹维孝、孙燕慧	北京大学
63	分子筛的晶化理论与新型分子筛的研制	国家自然科学奖三等奖(1987)	徐如人、庞文琴	吉林大学
64	环境中潜在致癌物硝基多环芳烃和多环芳烃的综合研究	国家自然科学奖三等奖(1989)	徐晓白、金祖亮、姚渭溪、钟晋贤等	中国科学院生态环境研究中心
65	南海珊瑚化学成分及其生理活性的研究	国家自然科学奖三等奖(1989)	龙康侯、苏镜娱、曾陇梅、李瑞声等	中山大学
66	中间体、过渡态和反应途径势能面理论研究	国家自然科学奖三等奖(1989)	刘若庄、傅孝愿、于建国、冯文林等	北京师范大学
67	氧化物或盐类在载体上单层分散的自发倾向及其在催化研究中的应用	国家教委科技进步奖一等奖(1986)	谢有畅、桂琳琳	北京大学
68	单电子转移反应的研究	国家教委科技进步奖一等奖(1986)	刘有成、刘中立、党海山、江致勤等	兰州大学
69	丝氨酸蛋白酶和其复合物系列立体结构	国家教委科技进步奖一等奖(1987)	唐有祺	北京大学
70	ECSS 工程化学模拟系统	化工部科技进步奖一等奖(1987)	丁惠华、韩方煜、王　纯、于为人等	青岛化工学院
71	DSCPCF 模型在烯土络合物光谱解析中的应用	山西省科技进步奖一等奖(1988)	杨　频、王越奎	山西大学
72	分子筛晶化机理及杂原子分子筛的开发	国家教委科技进步奖二等奖(1985)	庞文琴	吉林大学
73	水平管喷淋式降膜蒸发及其强化的研究	国家教委科技进步奖二等奖(1985)	郭宜佑	大连理工大学
74	有机化合物结构与光性能	国家教委科技进步奖二等奖(1985)	高振衡、周一民、潘家杏、王明真	南开大学
75	吸附现象的研究	国家教委科技进步奖二等奖(1985)	顾惕人、赵振国、高月英	北京大学
76	阴离子聚合基础理论和应用基础理论	国家教委科技进步奖二等奖(1985)	应圣康、胡春圃、余丰年	华东化工学院
77	稀土络合催化炔烃聚合	国家教委科技进步奖二等奖(1985)	沈之荃、杨慕杰、张一峰、王　征等	浙江大学
78	配位化学中线性热力学函数关系	国家教委科技进步奖二等奖(1985)	林华宽、古宗信、刘恒潜	南开大学
79	发展金属氢化物化学	国家教委科技进步奖二等奖(1986)	申泮文	南开大学
80	银系列催化剂的表面性质和催化性质的研究	国家教委科技进步奖二等奖(1986)	邓景发、包信和、董树忠	复旦大学

	成果名称	获奖名称(年度)	主要研究人员	所在单位
81	酮银簇合物的合成与晶体结构的研究	国家教委科技进步奖二等奖(1987)	唐有祺、汤卡罗、金祥林、杨清传	北京大学
82	表面活性剂溶液的物理化学研究	国家教委科技进步奖二等奖(1987)	越国玺、朱步瑶、丁慧君	北京大学
83	水环境中阴离子表面活性剂等污染物的光降解规律	国家教委科技进步奖二等奖(1987)	刘星娟、杜尧国、袁东光、王义等	吉林大学
84	钩吻素-子的化学	中国科学院科技进步奖二等奖(1986)	刘铸晋、王其灏、王绮文、俞黔生等	中国科学院上海有机化学研究所
85	稀土金属有机络合物的研究	中国科学院科技进步奖二等奖(1987)	钱长涛、叶常青	中国科学院上海有机化学研究所
86	腈纶荧光增白剂	北京市科技进步奖二等奖(1987)	尹承烈	北京师范大学
87	功能高分子合成、结构与性能及其应用基础研究	天津市科技成果奖二等奖(1987)	陈长治、俞耀庭、张全兴、杨小明等	南开大学
88	强化沸腾传热的机械加工表面多孔管	广东省科技进步奖二等奖(1986)	邓颂九、庄礼贤、王世平、蔡炳燊等	华南理工大学
89	光学活性午毒蛾性信息素的合成及其在测报上的应用	中国科学院科技进步奖三等奖(1987)	周维善、林国强、郭广忠、吴碧琪等	中国科学院上海有机化学研究所
90	多晶氮化硅结构研究中的重要发现	中国科学院科技进步奖三等奖(1987)	温树林、冯景伟、严东生、庄汉锐等	中国科学院上海硅酸盐研究所
91	卤代卡宾(CF_2,HCF,HCCL)的光谱和反应动力学	中国科学院科技进步奖三等奖(1988)	邱元武、周士廉、史济良	中国科学院安徽光机研究所
92	1511型包复式节能塑料皮结	中国科学院科技进步奖三等奖(1986)	余赋生、周华荣、刘景江等	中国科学院长春应用化学研究所
93	感缘增感染料HG-3的研制及应用	国家教委优秀科技成果奖(1985)	朱正华、王素瑛、姚祖光	华东化工学院
94	有机反应机理与分子间作用力的量化研究	国家教委优秀科技成果奖(1985)	刘若庄、付孝愿等	北京师范大学
95	微型计算机量子化学程序集	上海市科技进步奖三等奖(1986)	吴吉安、嵇汝运	中国科学院上海药物研究所
96	载气蒸发浓缩丙烯酰胺水溶液中试研究	辽宁省科技进步奖三等奖(1986)	沈自求	大连理工大学
97	铁阴极氯化物体系电解制取钕铁合金	广东省科技进步奖三等奖(1986)	杨绮琴、刘冠昆	中山大学
98	雌甾的邻羟化醚化的新方法	四川省科技进步奖三等奖(1986)	赵华明、谢如刚、陈淑华	四川大学

	成果名称	获奖名称(年度)	主要研究人员	所在单位
99	印染废水脱色新方法——复极粒子群电极法	国防科工委科技成果奖四等奖(1983)	周 定、蔡伟民、孙丽欣	哈尔滨工业大学

3. 生命科学

100	CT-HRP 及 CB-HRP 用作灵敏的神经解剖学探针	国家科技进步奖二等奖(1985)、卫生部科技成果奖甲级奖(1984)	万选才、曹承刚、郝红林、刘素艳	中国医学科学院基础医学研究所
101	中国动物志 昆虫纲 鞘翅目 铁甲科	国家自然科学奖二等奖(1989)	陈世骧、虞佩玉、谢蕴贞、谭娟杰等	中国科学院动物研究所
102	中国植物志第36,37,38卷(蔷薇科、牛栓藤科)	国家自然科学奖二等奖(1989)	俞德浚、陆玲娣、谷粹芝、李朝銮等	中国科学院植物研究所,成都生物研究所
103	高分辨率高精度胰岛素及去五肽胰岛素晶体结构研究	国家自然科学奖二等奖(1989)	梁栋材、戴金璧、常文瑞、王大成等	中国科学院生物物理研究所
104	我国乙型脑炎主要传播媒介和主要宿主动物的研究	国家自然科学奖二等奖(1989)	王逸民、任广宏、葛继乾、周光甫等	中国预防医学科学院等
105	a-地中海贫血产前诊断研究	国家科技进步奖三等奖(1985)	梁 徐、龙桂芳、邹 鹏、李 琪等	广西医学院
106	生物力学与生物流变学——胆道流变学的理论及应用的研究	国家自然科学奖三等奖(1987)、国家科学发明奖三等奖(1984)	吴云鹏等	重庆大学
107	Langerhans 细胞的免疫生物学研究	国家自然科学奖三等奖(1987)、卫生部科技进步奖二等奖(1987)	陈洪铎、马成林、袁景涛、王雅坤	中国医科大学
108	二价镁离子影响线粒体 H^+-ATP 酶重建的研究	国家自然科学奖三等奖(1989)	杨福愉、黄有国、张先锋、郭倍奇等	中国科学院生物物理研究所
109	福建省寄生虫病病原生物学及流行病学研究	国家自然科学奖四等奖(1989)	唐仲璋、唐崇惕	厦门大学
110	I型变态反映在流行性出血热发病机理中的作用	黑龙江省科技进步奖一等奖(1985)	王文余	哈尔滨医科大学
111	C-激酶与去甲肾上腺素作用机制的研究	国家教委科技进步奖一等奖(1986)	于秉治	中国医科大学
112	针刺对实验性高血压、低血压、心室期前收缩、容量负荷和失血的调整作用	国家教委科技进步奖一等奖(1986)	李 鹏、姚 泰、郭学勤、苏清芬等	上海医科大学
113	铅对肺泡巨噬细胞影响的理论研究及其应用	浙江省科技进步奖一等奖(1986)	周 健、张洪福	浙江医科大学

	成果名称	获奖名称(年度)	主要研究人员	所在单位
114	花粉母细胞间染色质穿壁运动机理的研究	国家教委科技进步奖二等奖(1985)	郑国锠、王新宇、聂秀苑	兰州大学
115	新疆奎屯地区地方性砷中毒的研究	国家教委科技进步奖二等奖(1986)	何秉贤、舒世保	新疆医学院
116	植物收缩蛋白的发现及其结构功能	国家教委科技进步奖二等奖(1986)	阎隆飞	北京农业大学
117	高等植物原生质体培养融合及遗传转化	国家教委科技进步奖二等奖(1986)	贾敬芬、郑国锠等	兰州大学
118	心肌梗塞后心功能改变的性别差异及其机理研究	国家教委科技进步奖二等奖(1986)	卢　兴、张万年、雷立权、相继声等	西安医科大学
119	乙型肝炎子宫内传播的研究	国家教委科技进步奖二等奖(1986)	易健如、何南祥、顾建人、孙秀芝	浙江医科大学
120	阵发性睡眠性血红蛋白尿症溶血机制的研究	国家教委科技进步奖二等奖	潘华珍	中国医学科学院基础医学研究所
121	伪随机码超声多普勒血流仪	国家教委科技进步奖二等奖(1987)、电子工业部科技进步奖二等奖(1987)	陈思平、陈荣松、万明习、范　军	西安交通大学
122	大豆增产综合技术研究	中国科学院科技进步奖二等奖(1986)	王书锦、唐树延	中国科学院长春物理研究所
123	白鱀豚饲养生物学的研究	中国科学院科技进步奖二等奖(1987)	陈佩薰、刘仁俊、刘沛霖、林克杰等	中国科学院水生生物研究所
124	组胺受体对多能造血干细胞的调节作用	卫生部科技成果奖二等奖(1985)	徐有恒、王琦如、蒋德昭、袁维道等	湖南医学院
125	抗病毒化疗新药酞丁胺的研究	卫生部科技成果奖乙级奖(1985)	赵知中、王琳	中国医学科学院药物研究所
126	实验性肾炎模型系列的建立及应用	卫生部科技进步奖乙级奖(1986)	章友康、李惊子	北京医科大学
127	中国人 α_1-抗胰蛋白酶的遗传类型、若干 α_1-抗胰蛋白酶新变种的鉴定及中国人慢性阻塞性肺疾患遗传病因的研究	卫生部科技成果奖乙级奖(1986)	应启龙、梁植权、张梅林	中国医学院基础医学研究所
128	人参皂甙对体内外的免疫调整效应、温阳药有效成分对免疫受抑动物模型的免疫强作用的研究	卫生部科技进步奖乙级奖(1986)	杨贵贞、鲍　涛、耿排力、于永利	白求恩医科大学
129	中国野生大豆和半野生大豆产量、蛋白质含量资源潜力的研究	农牧渔业部科技进步奖二等奖(1987)	王金陵、孟庆喜、杨庆凯、武天龙等	东北农学院

	成果名称	获奖名称(年度)	主要研究人员	所在单位
130	羊水快速贴壁细胞的特殊形态及活细胞贴壁率产前诊断神经管缺陷	吉林省科技进步奖二等奖(1983)	李守柔、王凤兰、刘丽娟、胡 静	白求恩医科大学
131	甘蓝型油菜细胞质雄性不育“三系”及其杂种“秦油二号”	农牧渔业部科技进步奖二等奖(1985)	李殿荣	陕西省农垦科教中心
132	涡漩自激振荡扫描喷射器	解放军总后勤部科技进步奖二等奖(1985)	吴云鹏、杨瑞芳、王公瑞	重庆大学
133	用单克隆抗体检测黑热病患者血清内循环抗原及该抗原特性的研究	四川省科技进步奖二等奖(1985)	胡孝素、易桃林、林芳清	华西医科大学
134	选择性胼胝体切开治疗全身性顽固性癫痫的基础	北京市科技进步奖二等奖(1986)	陈炳桓、谭郁玲、杨炯达、王宜崇等	北京市神经外科研究所
135	绿脓杆菌凝集素的提纯、理化及生物学特征和亚单位疫苗的实验研究	北京市科技进步奖二等奖(1986)	昔祖华、安云庆	首都医学院
136	听力及前庭功能检查在地甲肿及地克病调研工作中的意义	天津市科技进步奖二等奖(1986)	王燕楢、姚德笑、陈秉忠	天津医学院
137	国内首次开展胎儿血红蛋白结构分析发现三种新γ链变异体	新疆维吾尔族自治区科技进步奖二等奖(1986)	胡怀钰	新疆医学院
138	肝脏微血管调节机制与门脉高压的实验研究	湖北省科技进步奖二等奖(1986)	过晋源、李绍白、杨大国	同济医科大学
139	乙型肝炎病毒核心抗原工程菌扩大培养工艺条件的研究	解放军总后勤部科技成果奖二等奖(1987)	于公义、宋谦生、佟义贞、马膜凯	军事医学科学院生物工程研究所
140	粤北山区大型真菌资源调查	广东省科技进步奖二等奖(1988)	毕志树、郑国杨、李素辉、王又昫	广东省微生物研究所
141	地方性甲状腺肿碘代谢及甲状腺功能的研究	天津市科技进步奖二等奖(1989)	朱宪彝、广倜章、陈秉忠	天津医学院
142	迷走神经兴奋和肠胃激素对胃液、胰液、胆汁分泌调节的相互关系	国家教委科技进步奖三等奖(1986)	杨懋华、陈 奇、段瑞冬、李希成	大连医学院
143	云南青石棉污染与间皮瘤电视录像(含解说词及论文)	卫生部科技进步奖三等奖(1987)	刘学泽、罗素琼、王治明、王绵珍等	华西医科大学
144	生物活性玻璃陶瓷人工骨的基础及临床应用研究	卫生部科技进步奖三等奖(1987)	陈安王、黄占杰、岑远坤、廖运茂等	华西医科大学

	成果名称	获奖名称(年度)	主要研究人员	所在单位
145	蜜蜂麻痹病毒的鉴定和酞丁胺在防治上的应用	农牧渔业部科技进步奖三等奖(1986)	尹明标、章冠德、陈　明、王　琳等	中国医学科学院药物研究所
146	畜禽硒缺乏症的发病机理及其诊断与防治	农牧渔业部科技进步奖三等奖(1987)	史　言、徐忠宝、曲鸿章、石发庆等	东北农学院
147	柑桔叶螨种群系统生态研究	农牧渔业部科技进步奖三等奖(1986)	李隆术、周新远、赵志模、陈杰林	西南农业大学
148	毛白杨硬枝扦插容器育苗研究	林业部科技进步奖三等奖(1985)	郑君宝、裴保华	河北林学院
149	柯萨奇B3病毒感染BALB/C鼠急性心肌炎免疫病理的研究	北京市科技进步奖三等奖(1986)	孙国贤、林久治、王慧瑛	首都儿科研究所
150	视觉诱发电等电位图在诊断视野缺损中的应用	北京市科技进步奖三等奖(1987)	王　劲、陈炳桓、谭郁玲	北京市神经外科研究所
151	应用核技术测定毛中孕酮含量进行乳牛早孕诊断的研究	四川省科技进步奖三等奖(1988)	刘显义、陈发菊、张永乐、宋雪华等	四川农业大学
152	血液稀释的病理生理学研究	广东省科技进步奖三等奖(1986)	陈少如	汕头大学医学院
153	从家白蚁实验群体培育出有翅繁殖蚁	广东省科技进步奖三等奖(1987)	黄亮文、陈丽玲	广东省昆虫研究所
154	654－2保护肺呼吸功能及肺损伤的实验研究	湖南省科技进步奖三等奖(1986)	龙家騄、罗　涵、葛　鸣、余小瑛	湖南医学院
155	云锡等厂矿粉尘中15种及7种化学成分诱发金地鼠肺癌实验研究	云南省科技进步奖三等奖(1987)	黄　润、张志杰、杨昆胜、黄翠轩等	昆明医学院
156	人癌干细胞集落形成技术的开发	湖南省科技进步奖四等奖(1987)	李威威、巢　卫	湖南医学院

4. 地球科学

157	地质体中新生物标志化合物研究	中国科学院科技进步一等奖(1987)	傅家谟、盛国英、彭平安、徐世平	中国科学院贵阳地球化学研究所
158	天文地质学基本问题的研究	国家地震局科技进步一等奖(1986)	徐道一、孙亦因、张勤文、柴之芳等	国家地震局地质研究所
159	第四纪环境变化及其对我国经济发展的预测研究	国家教委科技进步奖二等奖(1986)	杨怀仁等	南京大学
160	细颗粒泥沙特性研究论文集	交通部科技进步奖二等奖(1987)	张志忠、黄文盛、阮文杰、王允菊等	杭州大学
161	南北地震带中段近期地震危险性的初步判定	国家地震局科技专项奖二等奖(1985)	洪时中、秦卫平、李贤琅	成都市地震局

	成果名称	获奖名称(年度)	主要研究人员	所在单位
162	深海宇宙尘研究	国家海洋局科技进步奖二等奖、三等奖(1987)	彭汉昌等	国家海洋局第一海洋研究所
163	地震预报的多维统计检验与评分	国家地震局科技专项奖三等奖(1986)	洪时中	成都市地震局
164	上海城市气候的研究	国家教委优秀科技成果奖(1985)	周淑贞、张　超、郑景春	华东师范大学
165	应用物探方法研究地热区地温场分布	地质矿产部科技进步奖四等奖(1988)	贾苓希、李大心、魏永华、魏文博等	中国地质大学(武汉)
166	大姚铜矿氧化矿崩落采矿法放矿计算机随机模拟研究	中国有色金属工业总公司科技进步奖四等奖(1987)	赵庆和、李晓枫、周一非、有纪生	昆明工学院

5. 材料与工程科学

167	液力传动的应用理论及发展研究	第35届国际发明博览会个人发明最高荣誉奖和一级骑士勋章、发明奖、银质奖(1986)、兵器工业部科技进步奖一等奖(1987)、浙江省科技进步奖二等奖(1988)	魏宸官	北京理工大学
168	新型MIG焊接电弧控制法	国家发明奖一等奖(1984)	潘际銮	清华大学
169	阿依24发动机振动故障研究	国家科技进步奖一等奖(1988)、中国民航局科技进步奖一等奖(1988)	傅志方	上海交通大学
170	四面体密堆相的新相、畴结构研究及五次对称的发现	国家自然科学奖一等奖(1987)、中国科学院科技进步奖一等奖(1987)	叶恒强、李斗星、郭可信、王大强等	中国科学院金属研究所
171	铜镍硫化矿热导离子体一步直接获取高冰镍的理论及新工艺、铁质硫化矿一步直接获取元素硫	北京首届国际发明展览会金牌、银牌奖	刘纯鹏	昆明工学院
172	新型中碳及中高碳空冷贝氏体钢、新型空冷贝氏体钢系列	国家发明奖二等奖(1987)、北京国际发明展览会金质奖(1988)、国家教委科技进步奖一等奖(1986)	方鸿生	清华大学
173	非连续岩体中地下结构粘弹塑性问题的理论与实践	国家科技进步奖二等奖(1987)、水电部科技进步奖一等奖(1987)	孙　钧	同济大学
174	水电、矿冶、土木、岩体工程的初始地应力场的研究	国家科技进步奖二等奖(1987)、国家教委科技进步奖一等奖(1987)、水电部科技进步奖一等奖(1987)	薛玺成	水利水电科学研究院、天津大学
175	材料的应力腐蚀和氢致开裂机理的研究	国家自然科学奖二等奖(1987)	肖纪美、褚武扬、张统一、田中卓等	北京科技大学
176	2FL6B半封闭制冷压缩机	全国第三届发明展览会银牌奖(1987)	吴业正	西安交通大学
177	机电跟踪离散控制系统研究	第三届全国发明展览会银牌奖(1987)、北京国际发明展览会铜牌奖(1988)	王启义	东北工学院
178	新型直动式溢流阀	北京国际发明展览会银牌奖(1988)	史维祥	西安交通大学

	成果名称	获奖名称(年度)	主要研究人员	所在单位
179	准周期振动信号的处理技术及对振源的辨识和诊断	国家发明奖三等奖(1988)	严普强	清华大学
180	钢锭液芯加热和液芯轧制研究	国家科技进步奖三等奖(1985)、冶金工业部科技成果奖二等奖(1985)	宁宝林	东北工学院
181	异型曲面磨削变性共轭原理及凹型曲面金刚石砂轮的直线修形法	国家科技进步奖三等奖(1987)、国家教委科技进步奖二等奖(1986)、国家发明专利权(专利号 86103890)	姚南珣、王荣林、汲勇、欧显裘等	大连理工大学
182	水库淤积与河床演变通用数学模型研究	国家科技进步奖三等奖(1988)、水电部科技进步奖二等奖(1988)	韩其为	水利水电科学研究院
183	浮选剂结构理论及其分子设计	国家自然科学奖三等奖(1987)	王淀佐、朱建光	中南工业大学
184	微量元素在高温合金凝固过程中的行为	国家自然科学奖三等奖(1987)	朱耀宵等	中国科学院金属研究所
185	发挥金属材料强度潜力的理论研究	国家自然科学奖三等奖(1987)、国家教委科技进步奖一等奖(1987)	杜百年、周惠久等	西安交通大学
186	管内汽液两相流与沸腾传热特性的研究	国家自然科学奖三等奖(1987)、国家教委科技进步奖一等奖(1988)	陈学俊等	西安交通大学
187	马氏体相变、马氏体相变热力学	国家自然科学奖三等奖(1987)、国家教委科技进步奖二等奖(1985)	徐祖耀	上海交通大学
188	稀土-过渡金属化合物结构和磁性研究	国家自然科学奖四等奖(1987)	庄育智、吴昌衡等	中国科学院金属研究所
189	稀土元素在铁基、镍基溶液中的热力学性质、相平衡及其作用机理的研究	国家自然科学奖四等奖(1987)	杜　挺等	冶金部钢铁研究总院
190	稀土合金相图的研究	国家自然科学奖四等奖(1987)	郑建宣、庄应烘、陈荣贞、刘敬旗等	广西大学
191	金属切削过程颤振的在线监控	国家自然科学奖四等奖(1987)	师汉民、杨叔子、梅志坚、刘经燕等	华中理工大学
192	微衍射及其图象分析	国家自然科学奖四等奖(1989)	朱　静、叶恒强	钢铁研究总院、中国科学院金属研究所
193	粉末压制理论	国家自然科学奖四等奖(1989)	黄培云、吕海波、曾德麟、陈振华等	中南工业大学
194	国产低合金钢焊接冷裂敏感指数的研究	“六五”攻关重大成果奖(1986)	张文钺	天津大学
195	金川资源综合利用	中国有色金属工业总公司科技进步奖特等奖	于学馥	北京科技大学
196	桥梁抗震研究	国家教委科技进步奖一等奖(1985)	李国豪	同济大学
197	成型磨齿技术	国家教委科技进步奖一等奖(1986)	梁锡昌	重庆大学
198	载能离子束与金属相作用的基本研究	国家教委科技进步奖一等奖(1986)	李恒德、柳百新	清华大学

	成果名称	获奖名称(年度)	主要研究人员	所在单位
199	电机及电力系统过渡过程分析和控制	国家教委科技进步奖一等奖(1987)	王仲鸿	清华大学
200	空间机构位移分析	国家教委科技进步奖一等奖(1987)	梁崇高	北京邮电学院
201	冲击波作用下型砂紧实机理的研究	国家教委科技进步奖一等奖(1988)	吴浚郊	清华大学
202	碳/碳复合材料热应力损毁机理的研究	中国科学院科技进步奖一等奖(1987)	周本濂	中国科学院金属研究所
203	高精度异步恒延伸轧制	冶金部科技成果奖二等奖	朱　泉	东北工学院
204	低噪高效低压 LHLA 系列轴流通风机	河北省科技进步奖一等奖(1988)	陆亚钧	北京航空航天大学
205	ZRF 型阻尼式两用电容分压器	国家教委科技进步奖二等奖(1985)	戚庆成	清华大学
206	柴油机燃烧室中空气运动和质点运动规律的研究	国家教委科技进步奖二等奖(1985)	史绍熙	天津大学
207	三元系和多元系热力学性质的计算	国家教委科技进步奖二等奖(1986)	周国治	北京科技大学
208	综合力场细粒选矿理论	国家教委科技进步奖二等奖(1986)	黄　枢	中南工业大学
209	疲劳断裂机制及其机制图的研究	国家教委科技进步奖二等奖(1986)	王中光	西安交通大学
210	细料重选薄流膜分离理论及新工艺	国家教委科技进步奖二等奖(1986)	黄　枢、唐玉白、许德明、王卫星等	中南工业大学
211	混凝土损伤和断裂的机理	国家教委科技进步奖二等奖(1987)	赵国藩	大连理工大学
212	金属和合金的位错与层错的 X 射线衍射	国家教委科技进步奖二等奖(1987)	王煜明	吉林大学
213	水坝抗震理论与试验技术	国家教委科技进步奖二等奖(1987)	林　皋	大连理工大学
214	斜流式鼓风机	国家教委科技进步奖二等奖(1987)	呈克启	华中理工大学
215	等离子体焦点中物理过程的理论和实验研究	国家教委科技进步奖二等奖(1987)	杨津基	清华大学
216	贝氏体相变、贝氏体相变机制	国家教委科技进步奖二等奖(1987)	徐祖耀	上海交通大学
217	阻尼减振降噪理论及应用研究	国家教委科技进步奖二等奖(1987)	戴德沛	西安交通大学
218	稀土铝合金凝固过程中的行为	国家教委科技进步奖二等奖(1987)	李庆春	哈尔滨工业大学
219	选矿过程数学模型和自适应最优化控制	国家教委科技进步奖二等奖(1987)	李松仁	中南工业大学
220	液气一液射流泵基本性能理论	国家教委科技进步奖二等奖(1988)	陆宏圻	武汉水利电力学院
221	弹性马氏体相变理论及合金的形状记忆效应	国家教委科技进步奖二等奖(1988)	赵连城	哈尔滨工业大学

	成果名称	获奖名称(年度)	主要研究人员	所在单位
222	螺旋焊制钢管切管随行机	国家教委科技进步奖二等奖(1988)	凌天成	天津大学
223	铝电解炭素阳极掺杂及催化功能	国家教委科技进步奖二等奖(1988)	刘业翔	中南工业大学
224	高流速高过冷度下的膜沸腾	国家教委科技进步奖二等奖(1988)	王补宣	清华大学
225	液滴在固体表面上蒸发的热物理研究	国家教委科技进步奖二等奖(1988)	王补宣	清华大学
226	热力涡轮机系统的动态特性及其工程应用 FCC 能量回收系统动态特性分析软件包	国家教委科技进步奖二等奖(1988)、中国石油化工总公司科技进步奖二等奖(1988)	倪维斗	清华大学
227	Al-Si-Cr 对 r-Fe-Mn 合金顺磁—反铁磁性转变的影响与新功能合金的探索	国家教委科技进步奖二等奖(1989)	张彦生	大连铁道学院
228	二维抛物和椭圆型燃烧的理论模型	中国科学院科技进步奖二等奖(1987)	范维澄	中国科技大学
229	位错在裂纹顶端范性区中的分布及其象力的研究	中国科学院科技进步奖二等奖(1988)	龙期威	中国科学院金属研究所
230	S195 柴油机全面改造和提高	国家机械工业委员会科技进步奖二等奖(1987)	李德桃	江苏工学院
231	亚纳秒脉冲放电管	电子工业部科技进步奖二等奖(1986)	王桂芹	西安交通大学
232	乌江渡水电站 1982 年高速水流掺气浓度观测报告	水电部重大科技成果奖二等奖(1983)	林秉南	水利水电科学研究院
233	混凝土断裂力学和多轴强度	水电部科技进步奖二等奖(1987)	于骁中	水利水电科学研究院
234	混凝土断裂力学和多轴强度	水电部科技进步奖二等奖(1986)	于骁中、张玉美、郭桂兰、张彦秋等	水利水电科学研究院
235	约束非线性混合离散变量优化设计方法及软件包 MOD	冶金工业部科技进步奖二等奖(1988)	陈立周	北京科技大学
236	结构振动参数识别的理论基础研究	航天工业部科技进步奖二等奖(1987)	黄文虎	哈尔滨工业大学
237	数学规划在电力系统优化调度中的应用	航天工业部科技进步奖二等奖	柳　焯	哈尔滨工业大学
238	航空稀土永磁发电机的拓扑有限元分析及优化设计的研究	航空工业部科技进步奖二等奖	蒋宗荣	西北工业大学
239	节能低噪声、超低噪声横流式逆流式玻璃钢冷却塔研制	北京市科技进步奖二等奖(1988)	朱之墀	清华大学

	成果名称	获奖名称(年度)	主要研究人员	所在单位
240	低噪声离心式锅炉风机	北京市科技进步奖二等奖(1989)	朱之墀	清华大学
241	一种新的瞬变传热技术及其在强化传热研究中的应用	上海市科技进步奖二等奖(1985)	蔡祖恢	上海机械学院
242	机械故障诊断程序	上海市科技进步奖二等奖(1988)	徐　敏	上海交通大学
243	混凝土强度理论及材料设计	上海市科技进步奖二等奖	黄蕴元	同济大学
244	场效应管式弧焊逆变器的研究	广东省科技进步奖二等奖(1986)	黄石生	华南理工大学
245	核沸腾传热强化机理与实验研究	四川省科技进步奖二等奖(1986)	辛明道	重庆大学
246	地下冷库热湿绝缘问题	浙江省科技进步奖二等奖(1986)	蒋鉴明、路士禧、郑国荣	浙江大学
247	Cu-Ce-H_2O 系的热力学分析及电位—pH 图	湖南省重大成果奖二等奖	傅崇说	中南工业大学
248	多元微颗粒样品的电子束 X 射线定量分析计算方法	中国科学院科技进步奖三等奖	何延才、陈家光	中国科学院上海硅酸盐研究所
249	窄缝式消能器的研究和应用	水电部重大科技成果奖三等奖(1983)	李桂芳、高季章、徐国凡	水电部水利水电科学院
250	无运动件超高纯高压氢泵	浙江省科技进步奖三等奖(1985)	王启东、吴　京、陈长聘等	浙江大学
251	某些金属 β—氧系热力学性质及 β—钨亚稳性质研究	湖南省十大科研成果之一(1988)	陈新民	中南工业大学

6. 信息科学

252	用于电学光学测试的气控热开发恒温器	14 届日内瓦国际博览会铜牌奖(1986)、中国科学院科技进步奖三等奖(1987)	赵世富	中国科学院物理研究所
253	双纵模双频激光干涉仪	第二届全国发明展览会银质奖(1986)	周肇飞、迟桂纯、程相荣、董仲平等	成都科技大学
254	准光谐振腔电子回旋脉塞的动力学理论	国家自然科学奖三等奖(1987)、电子工业部科技成果奖二等奖(1985)	刘盛纲	西北电子科技大学
255	强激光与等离子体相互作用中若干非线性过程研究	国家自然科学奖三等奖(1989)	徐玉展、殷光裕、余　玮、张文琦等	中国科学院上海光学精密机械研究所
256	微型机 FUZZY(模糊)控制理论	国家发明奖三等奖(1985)	田成方、王学慧	北京工业大学
257	列阵光学的建立过程	国家自然科学奖四等奖(1989)、浙江省科技进步奖一等奖(1986)	王绍民、应成仁、王效敬	杭州大学
258	非线性前馈网络的频谱分析与信息保密	国家自然科学奖四等奖(1989)	肖国镇、何大可、陈克非、陈立东等	西北电子科技大学

	成果名称	获奖名称(年度)	主要研究人员	所在单位
259	分布参数系统的最优控制理论	国家自然科学奖四等奖(1989)	李训经、姚允龙、尤云程、孔莱祥	复旦大学
260	蒸汽二聚物激光与介质中非线性过程的研究	国家自然科学奖四等奖(1989)	马祖光、王 骐、于俊华、孙悦贞等	哈尔滨工业大学
261	分布参数系统的建模控制及工业应用	国家教委科技进步奖一等奖(1987)	吕勇哉、竺建敏、蒋 炯、杨永耀等	浙江大学
262	全 ROM 化运算器及其计算机辅助设计	航天工业部科技成果奖一等奖(1986)	洪炳镕	哈尔滨工业大学
263	双注电子回旋脉塞、特种准光腔回旋管、多反射镜准光腔回旋管	电子工业部科技进步奖一等奖(1986)	王俊毅、杨中海、徐孔义、刘盛纲	西北电子科技大学
264	程序语言及其验证	国家教委科技进步奖二等奖(1985)	孙永强、陆汝占、毕 华、宋国新等	上海交通大学
265	光纤新传输理论的研究	电子工业部科技进步奖二等奖(1985)	杨淑雯	西北电子科技大学
266	用模糊集理论研究图象信息量和图象质量准则	电子工业部科技进步奖二等奖(1987)	谢维信	西北电子科技大学
267	数字反卷积理论在时域测试中的应用	航天工业部科技进步奖二等奖(1986)	孙圣和、刘明亮、王宝祥、施正豪	哈尔滨工业大学
268	控制系统计算机辅助设计建模和预报子包	兵器工业部科技进步奖二等奖(1985)	张志方、仲秋海、陈文君	北京理工大学
269	信号的广义非正弦分析	邮电部科技进步奖三等奖(1986)	胡正名	北京邮电学院
270	定理机器证明	国家教委优秀科技成果奖(1985)	王湘浩、刘叙华	吉林大学
271	一种数值方法的研究及其应用	电子工业部科技进步奖三等奖(1987)	宋国乡	西北电子科技大学

二、机械工业技术发展基金

272	大型振动输送式落砂机组研制	机电部科技进步奖一等奖(1988)	朱玉洁、何筑生、罗树林、穆宜田	济南铸锻机械研究所
273	DWS/DWM 型超精密振动——位移测量仪	机电部科技进步奖一等奖(1989)	孙维盛、刘春林、朱少华、张彦书	北京机床研究所
274	N 型工程热电偶丝研制	机电部科技进步奖一等奖(1989)	陈日新、沈坤荣、张 平、黄进峰	重庆仪表材料研究所
275	0.05%40W 交流标准电压发生器	国家机械委科技进步奖二等奖(1987)	柳振清等	上海仪器仪表研究所
276	考虑结合部的机床结构设计解析方法在机床上的应用	机电部科技进步奖二等奖(1989)	黄玉美、佟浚贵、秦世良、王诗军等	陕西机械学院
277	非球面光学塑料透镜的设计和制造工艺研究	机电部科技进步奖二等奖(1989)	杨相利、钟伯亮、周 波、骆有桂	杭州照相机械研究所

	成果名称	获奖名称(年度)	主要研究人员	所在单位
278	低压电机快速寿命试验方法	机电部科技进步奖二等奖(1989)	杨士特、杨惠敏、邵爱凤、郑志强等	上海电器科学研究所
279	异型槽单相异步电动机设计方法及应用	机电部科技进步奖二等奖(1989)	庞启维、佘毅华、何自钊、黄世观	广州电器科学研究所
280	耐高温灌注胶的研究	机电部科技进步奖二等奖(1989)	梁凯洲、连存秀	桂林电器科学研究所
281	真空接触器用 Cu—W—WC 触头材料	机电部科技进步奖二等奖(1989)	何庆太、翁　桅、杨　坚、于　洁等	上海电器科学研究所
282	小功率电机出厂检验自动化系统	机电部科技进步奖二等奖(1989)	吴儒兴、罗全文、郝春旗、林德远	广州电器科学研究所
283	滚动轴承额定动负荷的验证研究	机电部科技进步奖二等奖(1989)	朱斌卫、恽瑶芳、王世俊、吴运榜等	洛阳轴承研究所
284	球铁和灰铸铁件浇冒口系统等工艺参数计算机辅助设计	机电部科技进步奖三等奖(1988)	白天申等	清华大学
285	轴承保持架装饰软氮化工艺及应用研究	机电部科技进步奖三等奖(1988)	王以真等	北京市机电研究院
286	高精度磁弹性测力称重传感器	机电部科技进步奖三等奖(1988)	史硕东等	上海工业自动化仪表研究所
287	特殊梁式应变称重传感器	机电部科技进步奖三等奖(1988)	柯毓麟等	上海工业自动化仪表研究所
288	新型含硼复合材料(CTR83)的研究	机电部科技进步奖三等奖(1988)	马文存等	成都工具研究所
289	激光环境参数补偿仪	机电部科技进步奖三等奖(1989)	张雅娟、罗宗炎、王雪晶、王　远等	长春气象仪器研究所
290	电子程序快门	机电部科技进步奖三等奖(1989)	俞道生、姚建荣、吴国辅、郭伟国等	杭州照相机械研究所
291	自分幅激光全息照相机	机电部科技进步奖三等奖(1989)	佟培仁、段振广、张中华、吴文龙等	北京光电技术研究所
292	铝和铝合金阳极氧化膜的电解着色 GKC－青铜系着色液	机电部科技进步奖三等奖(1989)	暨调和等	湖南大学
293	FT—1 型弹簧分选机	机电部科技进步奖三等奖(1989)	徐昭智、乐自力、田泳江、高述权等	武汉计算机外部设备研究所

	成果名称	获奖名称(年度)	主要研究人员	所在单位
294	电炉机电一体化研究	机电部科技进步奖三等奖(1989)	张 创、黄居洲、李长山、周 卫等	西安电炉研究所
295	大型高压电机多胶粉云母带评定与研究	机电部科技进步奖三等奖(1989)	王良昭、费敏明、孙安根、陈耀仁等	桂林电器科学研究所
296	水箱用高绝热、轻容重硬聚脂泡沫塑料	机电部科技进步奖三等奖(1989)	胡大燕、陈小霞、何伦伦	桂林电器科学研究所
297	家用吸尘器研究	机电部科技进步奖三等奖(1989)	周修龙、顾建生、孙镇峰、张小萍等	广州家用电器研究所
298	氮化硅陶瓷电热塞	机电部科技进步奖三等奖(1989)	黄克旸、刘元梅、杨延贵、王岳松	南京火花塞研究所
299	拖拉机人机工程(降低耳旁噪声)	机电部科技进步奖三等奖(1989)	宫 镇、陆森林、郑 辉、王仲章等	江苏工学院
300	异型辊子单向旋转球轴承	机电部科技进步奖三等奖(1989)	杨孟祥、赵国祥、滑惠如、江淼奎	洛阳轴承研究所
301	低温化学热处理工艺应用技术研究	机电部科技进步奖三等奖(1989)	王声扶、孙玉桐、沈云亚	北京机床研究所

三、航空科学基金

302	结构陶瓷烧结工艺理论	国家科技进步奖三等奖(1988)	张立同等	西北工业大学
303	稀土永磁电机拓扑有限元分析优化设计	航空航天部科技进步奖二等奖(1987)	蒋宗荣等	西北工业大学
304	跨音速机翼抖动测试新技术—热膜法	航空航天部科技进步奖二等奖(1989)	汪乔生、邱学军、张召明	南京航空学院
305	翼型优化设计	航空航天部科技进步奖二等奖(1988)	乔志德等	西北工业大学
306	人体主要脏器的生理功能参数无创监测	航空航天部科技进步奖二等奖(1988)	马立业等	北京航空航天大学
307	分散估计理论及其应用	航空航天部科技进步奖二等奖(1989)	戴冠中等	西北工业大学
308	多输入—多输出结构振动模态识别理论与应用	国家教委科技进步奖二等奖(1989)	张令弥、姚迎宪	南京航空学院
309	弹性—粘弹性复合结构动力学研究	江苏省科技进步奖二等奖(1989)、航空航天部科技进步奖三等奖(1989)	陈 前、朱德懋、张阿舟	南京航空学院
310	风洞外挂物投放试验技术	航空航天部科技进步奖三等奖(1988)	程仁全、陈振民、巩容祥	南京航空学院
311	计算机辅助印刷数据库采集与处理系统	航空航天部科技进步奖三等奖(1988)	金向林、李更生、张幼桢	南京航空学院
312	计算机软件质量和度量标准、方法研究	航空航天部科技进步奖三等奖(1988)	周伯生	北京航空航天大学
313	飞机极限环境振荡研究	江苏省科技进步奖三等奖(1988)	刘 畅、熊海泉、蒋 明、赵 波	南京航空学院

四、测绘科技发展基金

	成果名称	获奖名称(年度)	主要研究人员	所在单位
314	卫星网与地面网的联合平差以及在西北卫星网中的应用	国家科技进步奖三等奖(1988)	宋成骅、刘经南、刘大杰、樊德仁等	武汉测绘科技大学
315	近代测量平差理论及其应用	国家测绘局科技进步奖二等奖(1988)	于宗俦、陶本藻、于正林、刘大杰等	武汉测绘科技大学
316	PIPS 遥感制图图象处理系统	国家测绘局科技进步奖二等奖(1989)	杨明辉、宋德愉、文沃根	测绘科学研究所
317	全国卫星多普勒网短弧平差计算	国家测绘局科技进步奖二等奖(1989)	胡建国、苗履丰、张伟兼、黄武英等	测绘科学研究所
318	18—23MSP 多光谱航空摄影技术的研究	国家测绘局科技进步奖二等奖(1989)	夔中羽、牛普宁	测绘科学研究所等
319	FZ—10I、FZ—203 型重氮复制胶片	国家测绘局科技进步奖三等奖(1987)	穆宝菡、彭声萍、司艳玲	测绘科学研究所
320	DPG 型数字测图仪	国家测绘局科技进步奖三等奖(1987)	刘葆梁、张元坤、陈纪椿、陈兆玉等	武汉测绘科技大学
321	航空摄影影象质量控制	国家测绘局科技进步奖三等奖(1987)	杨可、叶泽田、贾玉成	测绘科学研究所
322	测绘科技情报检索系统	国家测绘局科技进步奖三等奖(1987)	文湘北、卢瑞虹、倪文、李新权等	测绘科学研究所
323	近景摄影测量程序集	国家测绘局科技进步奖三等奖(1987)	冯文灏、王有年、李海鸿	武汉测绘科技大学
324	建立光电测距仪检测中心	国家测绘局科技进步奖三等奖(1988)	田伯键、陶健龙、贾立春、杨俊志等	测绘科学研究所
325	空间实验室航天摄影资料的综合应用研究	国家测绘局科技进步奖三等奖(1988)	金为铣、舒宁、宋松山、关泽群等	武汉测绘科技大学
326	近景摄影测量在文物、建筑、水轮机叶片、奶牛形体测绘和公安痕迹检验中的应用	国家测绘局科技进步奖三等奖(1988)	吴土金、朱宜萱、陈裕荣、黄福文	武汉测绘科技大学
327	黄河三角洲地区 1∶25 万遥感专题系列图	国家测绘局科技进步奖三等奖(1988)	黄建学、刘若梅、黄鸿翔、池宏康	测绘科学研究所
328	测绘资料保密制度的科学论证	国家测绘局科技进步奖三等奖(1988)	龚亚荣、张学廉、童杨芬、崔悦坤等	陕西省测绘局等

	成果名称	获奖名称(年度)	主要研究人员	所在单位
329	联机空中三角测量	国家测绘局科技进步奖三等奖(1989)	毛可标、徐道盈 龚循平、马　锦 等	测绘科学研究所
330	侧视雷达图象制图研究	国家测绘局科技进步奖三等奖(1989)	文沃根、五秀琴 刘玉贤	测绘科学研究所

五、水利技术开发基金

331	农田灌溉雾化喷头的研制及应用研究(包含"雾灌在柑桔、茶叶上的开发研究"项目)	国家科技进步奖三等奖(1988)、水利部科技进步奖二等奖(1987)	傅琳、朱温如、王万欣、吴高巍等	农田灌溉研究所
332	关门山混凝土面板堆石坝施工技术研究(包含"关门山混凝土面板堆石坝"项目)	水利部科技进步奖二等奖(1989)	蒋颂涛、韩正海 杨立忱、田玉芬 等	辽宁省水电厅等
333	土工织物在堤坝工程中应用研究(包含"防洪抢险新材料的研究和土工织物土工薄膜在堤坝工程中的应用 "项目)	水利部科技进步奖三等奖(1987)	陶同康、张兆昌、唐仁楠、王晓庆	南京水利科学研究院
334	闸涵混凝土及钢筋混凝土耐久性分析、防治措施及近期对策	水利部科技进步奖三等奖(1989)	许冠绍、陈茂满 韦康英、周海秋 等	江苏省水利科学研究所
335	E601 B 型水面蒸发器	水利部科技进步奖四等奖(1989)	申德裕、施正平	南京水利水文自动化研究所
336	区域水资源供需分析方法研究	水利部科技进步优秀论文奖二等奖(1989)	黄永基、马滇珍	南京水文水资源研究所等
337	无资料地区流域汇流计算	水利部科技进步优秀论文奖三等奖(1989)	梁瑞驹、谢　平、陈新建	河海大学

六、山西省自然科学基金

338	有机锌盐合成及其临床合理应用研究	山西省科技进步奖三等奖(1988)	马文运、李光喜 王晓枫、高志华 等	山西省药物研究所

七、上海第二医科大学医学卫生科研基金

339	自体带瓣静脉段股线浅静脉移植	上海市科技进步奖一等奖(1988)	孙建民	上海第二医科大学

	成果名称	获奖名称(年度)	主要研究人员	所在单位
340	无机骨柱骨水泥与骨水泥加压加预涂	上海市科技进步奖二等奖(1988)	戴尅戎、刘建民	上海第二医科大学
341	牙菌斑染色片的研制	上海市科技进步奖三等奖(1989)	石四箴	上海第二医科大学

八、第二军医大学青年科学基金

342	Ⅲ型前胶原肽诊断盒的研制及临床应用	中国人民解放军总后勤部科技进步奖二等奖(1989)	梅长林、张国治、孔宪涛、李石等	第二军医大学
343	应激激素受体基因表达的致变	中国人民解放军总后勤部科技进步奖二等奖(1989)	徐仁宝、杨义力等	第二军医大学
344	快速诊断隐球菌脑膜炎诊断试剂盒研制	中国人民解放军总后勤部科技进步奖二等奖(1990)	李竹青、邵经政、廖万清、孔宪涛等	第二军医大学
345	细菌内毒素结构与功能	中国人民解放军总后勤部科技进步奖二等奖(1990)	焦炳华、丁锡竞、周炳荣、余伟明等	第二军医大学

九、福州大学科技发展基金

346	高效能单相异步发电机接线方式	第36届比利时布鲁塞尔世界发明展览会银奖(1987)、国家发明专利(1988)	吴汉光、林孝义	福州大学
347	一种波导型FET低噪声放大器	第2届全国发明展览会银奖(1986)、国家发明专利(1987)	林金清	福州大学

十、浙江农业大学科技发展基金

348	母牛不孕症治疗技术推广	浙江省科技进步奖三等奖(1986)	蔡荣湘、屠友金等	浙江农业大学
349	浙蜜1号西瓜推广	浙江省科技进步奖三等奖(1986)	蒋有条、侯仁良等	浙江农业大学
350	鲜食葡萄引选与早期丰产栽培	浙江省科技进步奖三等奖(1986)	陈履荣	浙江农业大学
351	兽用LRH-A3研制及临床应用	浙江省科技进步奖三等奖(1988)	蔡荣湘、屠友金、黄利权	浙江农业大学
352	园林植物及其园林景观	农业部科技进步奖三等奖(1988)	姚永正	浙江农业大学
353	李实蜂的发生及防治研究	浙江省科技进步奖四等奖(1986)	孟繁顺	浙江农业大学
354	杨梅癌肿病病原鉴定及防治技术	浙江省科技进步奖四等奖(1987)	方华生、曹若彬	浙江农业大学

	成果名称	获奖名称(年度)	主要研究人员	所在单位
355	"止痢灵"和口服投药器研制及其应用	浙江省科技进步奖四等奖(1987)	徐树宽、俞祖泰、曹龙根、王惠芳等	浙江农业大学
356	大麦酸害——铝毒及防治	浙江省科技进步奖四等奖(1987)	秦遂初	浙江农业大学
357	DP-500型羽绒加工设备研制	浙江省科技进步奖四等奖(1987)	陈廷强、石贤权、吴建军	浙江农业大学
358	我国南方稻米品质研究	浙江省科技进步奖四等奖(1987)	赵式英、申宗坦	浙江农业大学
359	室内蚂蚁防治研究	浙江省科技进步奖四等奖(1988)	唐　觉、李　参、黄恩友、张本悦等	浙江农业大学
360	农业技术经济效益研究	浙江省科技进步奖四等奖(1988)	袁　飞、惠建国、徐丽安	浙江农业大学
361	甘薯根腐病研究	浙江省科技进步奖四等奖(1989)	林玉松	浙江农业大学

十一、贵阳市科技发展基金

362	改革我国速酿工艺提高酱油质量和风味研究	贵州省科技进步奖三等奖(1987)	李家骕、陈寄桥、雷裕柳、陈永嫦等	贵阳酱菜厂
63	低损耗壳式铁心电炉变压器	贵州省科技进步奖三等奖(1988)	高言道、丁汉琮、何东海、雷新文等	贵阳变压器厂
364	D5-260×260空气弹簧气囊的研制	贵州省科技进步奖三等奖(1989)	方波平、刘世英、欧国荣	贵州轮胎翻修厂
365	烟籽油醇酸清漆研制	贵州省科技进步奖三等奖(1989)	刘惠玲	贵阳市科学研究所
366	38磨黔春特醇(麸曲酱香型)	贵州省科技进步奖四等奖(1989)	付金庚、付若娟、汪玉兰	贵阳酒厂
367	SL8-网络式保安预警系统	贵州省科技进步奖四等奖(1990)	汪艺鹰、司　兵、吴绍英、赵玉学等	贵阳桑力电子实业公司
368	219玫瑰引种繁殖栽培试验研究	贵州省科技进步奖四等奖(1990)	张著诰、陈会林余吉中	贵阳药用植物园

社 会 科 学

	成果名称	获奖名称(年度)	主要研究人员
1	新中国的考古发现与研究	夏鼐考古学研究成果奖金一等奖(1986)	夏鼐、王仲殊、苏秉琦、安志敏等(中国社会科学院考古研究所)
2	中国石窟、克孜尔石窟(三卷)	夏鼐考古学研究成果奖金一等奖(1986)	宿 白、马世长、丁明夷、姚士宏等(北京大学考古系、新疆拜城克孜尔千佛洞文物保管所)
3	青海柳湾	夏鼐考古学研究成果奖金二等奖(1986)	谢端琚、赵生琛、赵 信(青海省文物管理处考古队、中国社会科学院考古研究所)
4	曲阜鲁国故城	夏鼐考古学研究成果奖金二等奖(1986)	张学海、张其海、朱承山、赵春生(山东省文物考古研究所,山东省博物馆等)
5	江陵雨台山楚墓	夏鼐考古学研究成果奖金二等奖(1986)	陈跃钧、刘德良、张万高、金 陵等(湖北省荆州地区博物馆)
6	马克思社会再生产理论	1984年度孙冶方经济科学奖著作奖(1985)	罗季荣(厦门大学)
7	社会主义固定资产再生产	1984年度孙冶方经济科学奖著作奖(1985)	梁文森、田江海(中国社科院经济研究所)
8	社会主义消费经济学	1984年孙冶方经济科学奖著作奖(1985)	尹世杰、王美涵、罗镇齐、何同甫等(湘潭大学)
9	论经济结构对策	1984年度孙冶方经济科学奖著作奖(1985)	孙尚清、张卓元、蔡中杰、陈吉元等(中国社会科学院)
10	财政信贷综合平衡导论	1986年度孙冶方经济科学奖著作奖(1987)	黄 达(中国人民大学)
11	中国工业发展战略问题研究	1986年度孙冶方经济科学奖著作奖(1987)	周淑莲、裴叔平、洪惠如、杨 沐等(中国社会科学院工业经济研究所)
12	社会必要产品论——社会主义政治经济学探索	1986年度孙冶方 经济科学奖著作奖(1987)	雍文远、李鸿江、袁恩桢、王志平等(上海社会科学院经济研究所)
13	国际竞争论	1986年度孙冶方经济科学奖著作奖(1987)	陈琦伟(华东师范大学)
14	论联产承包责任制——兼论具有中国特色的社会主义农业发展道路	1986年度孙冶方经济科学奖著作奖(1987)	林子力(河南省社会科学院经济研究所)
15	生产力经济学原理	1988年度孙冶方经济科学奖著作奖(1989)	熊映梧、王 恺、张 艺、吴国华等(黑龙江大学)
16	竞争与垄断:社会主义微观经济分析	1988年度孙冶方经济科学奖著作奖(1989)	胡汝银(复旦大学)

	成果名称	获奖名称(年度)	主要研究人员
17	社会主义微观经济均衡论	1988 年度孙冶方经济科学奖著作奖(1989)	潘振民、罗首初(复旦大学)
18	中国改革大思路	1988 年度孙冶方经济科学奖著作奖(1989)	中国社会科学院课题组、北京大学课题组、中共中央党校课题组、中国人民大学课题组、吴敬琏课题组、国务院农研中心发展研究所课题组、国家计委课题组、上海课题组(中国社会科学院、北京大学、中共中央党校、中国人民大学、国务院农研中心发展研究所、国家计委、)
19	科学、技术、生产力	1984 年度孙冶方经济科学奖论文奖(1985)	周叔莲
20	驳姚文元按劳分配产生资产阶级的谬论	1984 年度孙冶方经济科学奖论文奖(1985)	冯兰瑞等
21	再谈无产阶级绝对贫困化问题	1984 年度孙冶方经济科学奖论文奖(1985)	蒋学模
22	社会主义全民所有制和商品生产	1984 年度孙冶方经济科学奖论文奖(1985)	张朝尊、项启源、黄振奇等
23	我国全民所有制经济计划管理体制存在的问题和改革方向	1984 年度孙冶方经济科学奖论文奖(1985)	何建章
24	试论价值规律同企业独立自主权的关系	1984 年度孙冶方经济科学奖论文奖(1985)	邝日安、晓　亮
25	从实际出发正确认识和有计划地利用价值规律	1984 年度孙冶方经济科学奖论文奖(1985)	谢佑权、胡培兆
26	“先进的社会主义制度与落后的社会生产力之间的矛盾”的提法是科学的吗?	1984 年度孙冶方经济科学奖论文奖(1985)	晓　鲁
27	国际分工与我国对外经济关系	1984 年度孙冶方经济科学奖论文奖(1985)	袁文祺、戴伦彰、王林生
28	企业本位伦	1984 年度孙冶方经济科学奖论文奖(1985)	蒋一苇
29	怎样使住宅问题解决得快些	1984 年度孙冶方经济科学奖论文奖(1985)	苏　星
30	认真总结历史经验,改变农业落后面貌	1984 年度孙冶方经济科学奖论文奖(1985)	杨　勋
31	联系产量的生产责任制是一种好办法	1984 年度孙冶方经济科学奖论文奖(1985)	王贵宸、魏道南
32	探索社会主义再生产模式的若干问题	1984 年度孙冶方经济科学奖论文奖(1985)	乌家培

	成果名称	获奖名称(年度)	主要研究人员
33	住房还是商品	1984年度孙冶方经济科学奖论文奖(1985)	陈敏之
34	论我国农轻重关系的历史经验	1984年度孙冶方经济科学奖论文奖(1985)	杨坚白、李学曾
35	从横向联系和纵向联系谈体制改革	1984年度孙冶方经济科学奖论文奖(1985)	廖季立
36	阳关道与独木桥——试谈包产到户的由来、利弊、性质和前景	1984年度孙冶方经济科学奖论文奖(1985)	吴　象
37	企业领导制度中的一个问题——对于一长制的考察	1984年度孙冶方经济科学奖论文奖(1985)	王梦奎
38	财政、信贷平衡与国民经济的综合平衡	1984年度孙冶方经济科学奖论文奖(1985)	李成瑞
39	试论我国工业企业的级差收益及其调节	1984年度孙冶方经济科学奖论文奖(1985)	顾宗帐、孙广林
40	应当从分析商品开始研究社会主义生产的目的	1984年度孙冶方经济科学奖论文奖(1985)	万　欣
41	关于供求规律及其在社会主义经济中的作用	1984年度孙冶方经济科学奖论文奖(1985)	林文益、贾履让
42	生产力系统论——关于生产力经济学的对象和任务的探索	1984年度孙冶方经济科学奖论文奖(1985)	薛永应
43	关于改革经济管理体制的若干设想	1984年度孙冶方经济科学奖论文奖(1985)	肖灼基
44	社会主义计划经济和市场机制	1984年度孙冶方经济科学奖论文奖(1985)	赵人伟
45	经济利益、经济杠杆和经济组织	1984年度孙冶方经济科学奖论文奖(1985)	董辅礽
46	资本国际化与现代国际垄断组织	1984年度孙冶方经济科学奖论文奖(1985)	滕维藻、郑伟民
47	《资本论》的方法和政治经济学社会主义部分的研究	1984年度孙冶方经济科学奖论文奖(1985)	马家驹
48	关于我国现阶段生产关系基本结构的若干理论问题	1984年度孙冶方经济科学奖论文奖(1985)	吴敬琏
49	论劳务在社会再生产过程中的作用	1984年度孙冶方经济科学奖论文奖(1985)	方民生
50	论基础结构	1984年度孙冶方经济科学奖论文奖(1985)	刘景林
51	劳动价值论是揭露现代资本主义剥削的强大思想武器	1984年度孙冶方经济科学奖论文奖(1985)	北京大学经济系《资本论》教学小组(北京大学)

	成果名称	获奖名称(年度)	主要研究人员
52	马克思的剩余劳动理论和社会主义剩余劳动的性质及其表现形式	1984年度孙冶方经济科学奖论文奖(1985)	张寄涛
53	马克思的资本有机构成理论与现实	1984年度孙冶方经济科学奖论文奖(1985)	高　峰
54	试论孙冶方的社会主义经济理论体系	1984年度孙冶方经济科学奖论文奖(1985)	孙尚清、吴敬琏、张卓元、林青松等
55	实现经济发展战略目标,合理调整经济结构	1984年度孙冶方经济科学奖论文奖(1985)	宋则行
56	"重新组合"的历史性要求及其在联产承包制中的实现	1984年度孙冶方经济科学奖论文奖(1985)	中国农村发展问题研究组
57	马克思的生产劳动理论	1984年度孙冶方经济科学奖论文奖(1985)	卫兴华
58	孙冶方经济理论体系试评——突破理论困境的贡献和新体系中存在的主要问题	1984年度孙冶方经济科学奖论文奖(1985)	曾启贤
59	社会主义制度下生产劳动与非生产劳动的特殊含义	1984年度孙冶方经济科学奖论文奖(1985)	何炼成
60	国民收入生产结构的若干分析	1984年度孙冶方经济科学奖论文奖(1985)	余广华
61	消费基金的性质、形成、动态及其内部的比例关系	1984年度孙冶方经济科学奖论文奖(1985)	杨圣明
62	人口与国民收入的生产和分配	1984年度孙冶方经济科学奖论文奖(1985)	王向明
63	关于中心城市改革的几个问题	1984年度孙冶方经济科学奖论文奖(1985)	林　凌
64	中国经济发展的主要途径问题	1984年度孙冶方经济科学奖论文奖(1985)	张曙光
65	中国财政信贷综合平衡和通货物价控制问题	1984年度孙冶方经济科学奖论文奖(1985)	黄　达
66	我国金融体制改革的探讨	1986年度孙冶方经济科学奖论文奖(1987)	蔡重直
67	劳动者个人收入分配的若干变化趋势	1986年度孙冶方经济科学奖论文奖(1987)	赵人伟
68	目前我国消费基金膨胀的原因及对策	1986年度孙冶方经济科学奖论文奖(1987)	复旦大学经济系国民经济研究小组(复旦大学)
69	再论保持经济改革的良好经济环境	1986年度孙冶方经济科学奖论文奖(1987)	吴敬琏
70	耐用消费品副类和再生产周期理论	1986年度孙冶方经济科学奖论文奖(1987)	薛敬孝(南开大学)

	成果名称	获奖名称(年度)	主要研究人员
71	城市经济商品化与城市开放	1986年度孙冶方经济科学奖论文奖(1987)	林 凌
72	改革:我们面临的挑战与选择——城市经济体制改革调查综合报告	1986年度孙冶方经济科学奖论文奖(1987)	中国经济体制改革研究所综合调查组
73	对"六五"时期建设和改革问题的回顾与思考	1986年度孙冶方经济科学奖论文奖(1987)	中国社会科学院"六五"经验研究组(中国社会科学院)
74	微观经济基础的重新构造	1986年度孙冶方经济科学奖论文奖(1987)	华 生、何家成、张学军、罗小朋等
75	企业活力与企业行为约束机制	1986年度孙冶方经济科学奖论文奖(1987)	卫兴华、洪银兴、魏 杰
76	我国的工资改革	1986年度孙冶方经济科学奖论文奖(1987)	徐节文
77	论国民经济结构变革——新成长阶段农村发展的宏观环境	1986年度孙冶方经济科学奖论文奖(1987)	中国农村发展问题研究组
78	关于我国粮食发展战略问题	1988年度孙冶方经济科学奖论文奖(1989)	丁声俊(河南省粮食经济研究会)
79	关于宏观经济管理的若干问题	1988年度孙冶方经济科学奖论文奖(1989)	李成瑞
80	试论地主制经济与商品经济的本质联系	1988年度孙冶方经济科学奖论文奖(1989)	经君健
81	向慢性通货膨胀论者进一言	1988年度孙冶方经济科学奖论文奖(1989)	丁 鹄
82	技术进步与产业结构问题研究	1988年度孙冶方经济科学奖论文奖(1989)	李京文、郑友敬等
83	工资侵蚀利润——中国经济体制改革中的潜在危险	1988年度孙冶方经济科学奖论文奖(1989)	戴国晨、黎汉明
84	全面正确地认识和执行外向发展战略	1988年度孙冶方经济科学奖论文奖(1989)	季崇威、杨 沐
85	王梵志诗校辑匡补 敦煌变文语词校释 敦煌变文字义析疑 伍子胥变文补校	中国社会科学院青年语言学家奖一等奖(1985)	项 楚(四川大学)
86	战国时代的"冢"字信阳楚简"澮"字及从"关"之字	中国社会科学院青年语言学家奖二等奖(1984)	李家浩(北京大学)
87	唐诗词语札记(一)(二)	中国社会科学院青年语言学家奖二等奖(1984)	蒋绍愚(北京大学)
88	唐代白话诗释词 楚辞解诂	中国社会科学院青年语言学家奖二等奖(1984)	郭在贻(杭州大学)

	成果名称	获奖名称(年度)	主要研究人员
89	三国志解诂　三国志考释　三国志词语札记　三国志校点拾遗　三国志拾诂	中国社会科学院青年语言学家奖二等奖(1986)	吴金华(南京师范大学)
90	湖南省方言区划及其历史背景	中国社会科学院青年语言学家奖二等奖(1986)	周振鹤、游汝杰(复旦大学)
91	战国鸟书箴铭带钩考释	中国社会科学院青年语言学家奖二等奖(1986)	李零(北京大学)
92	释䡞——兼釋續、瀆、竇、鄺	中国社会科学院青年语言学家奖二等奖(1988)	曹锦炎(浙江省博物馆)
93	金华汤溪方言的词法特点	中国社会科学院青年语言学家奖二等奖(1988)	曹志赟(山东大学)
94	金文常用字典	中国社会科学院青年语言学家奖二等奖(1988)	陈初生(暨南大学)
95	汉魏六朝被动式略论	中国社会科学院青年语言学家奖二等奖(1988)	唐钰明(中山大学)
96	克里斯塔·沃尔夫创作中的主体意识	冯至德语文学研究奖二等奖(1989)	王师丹(北京外国语学院)
97	施莱格尔——诗与哲学的综合	冯至德语文学研究奖二等奖(1989)	李伯杰(对外经济贸易大学)
98	历史观点和美学思想的结合——论赫尔德美学思想和文学理论的几个基本观点	冯至德语文学研究奖二等奖(1989)	简　明(北京大学)

科学基金资助项目部分获奖研究成果简介

自　然　科　学

一、　国家自然科学基金（含原中国科学院科学基金）

数学物理学

1. 相对论性多通道量子数亏损理论

(1)建立相对论性多通道量子数亏损理论。

(2)发展多通道量子数亏损理论。

(3)建立第一原理理论计算方法(本征通道变分计算法),直接计算多通道量子数、亏损理论的物理参数。

(4)应用于原子光吸收过程。

(5)应用于原子光电离过程,光电子自旋极化和角分布过程。

(6)应用于光电解过程。

(7)应用于电子碰撞激发过程。

(8)应用于电子与分子离子解离复合过程。

2. 微分动力系统

当本世纪 60 年代初,微分动力系统研究开始活跃起来的时候,廖山涛亦即投入本工作,他相继提出典范方程组和阻碍集两个基本概念,围绕它们形成独特的研究体系,并取得重要成果。例如,有关常微系统的稳定推测是否成立是微分动力系统理论中一个基本问题。廖山涛于 1980 年证明三维无奇点常微系统稳定推测之后,又于 1984 年给出四维无奇点常微系统结构稳定推测定理。廖山涛在遍历性,某类重要的常微系统族等方面都有过研究。

3. 微分流形的浸人理论

对微分流形到微分流形的浸入理论,发展了许多不同的方法,系统地解决了这一领域中的许多困难问题。如:证明了任意 n 维流形到 $2n-1$ 维流形的映射必同伦于浸入;给出了 n 维流形到 $2n-2$ 维欧氏空间的浸入的完全分类。

4. 用密栅云纹法研究金属弹性变形规律

密栅云纹版是云纹法的关键元件,对不透明实物或试件进行测试,就必须在试件与栅线之间加一反光层,以获得高而均匀的反光能力,这是提高云纹图象清晰度和云纹法精度的技术关键之一,清华大学机械工程系密栅云纹科研组经过一年多的研究,在 FG 反贴软栅版(FG Stripable Moire Grid)(曾获 1981 年国家科委发明三等奖)的基础上,成功地研制成两种底基的反光型密栅版,克服了过去用抛光或喷涂方法将反光层制于实物试件表面效果较差、有限性等缺点。F-FG 反光型密栅版经中国科学院力学研究所 1983 年 10 月技术鉴定,其解相力在 3 000 线/毫米以上,比国外同类产品高出 13 倍,其反差＞6,卤化银颗粒度 0.05 微米左右,灰雾度 D_0 ＜0.01;采用钛白为反光介质,其反光度为 98.5%(以 MgO 为 100 计);此项成果为国内外首创。经镀膜、处理、采用多层结合(如反光层、粘着层、保护层等),获得理想厚度、均匀性和反射率,且粘着力均匀、牢固、能承受拉伸应变为 0.3 时而不裂,操作简便,价格便宜(为进口栅版的 1/20),经上百个单位使用效果良好,已研制成 10 余个品种,投入小批量生产,供应全国,并与国外交流。

5. 南海北部湾涠 11-1 海区工程地质调查和评价

(1)工作内容和广度

和国际同类工作相比，在多学科、综合性研究的广度上有所创新，提出力学—地质—工程—地震四结合的科技路线，解决了海洋土力学性质和分析的指标选用问题；各学科间的相互修造和补元等问题。逐步形成一个新的力缘学科。著有《资料采集报告》一册，《南海北部湾涠 11-1 海区工程地质调查和评价报告》上、下册。

(2)学术水平的先进性

较国际水平具有下列先进性：①工程物探和土力学相结合，能更清晰地查明土的应力历史；②海洋土抗剪强度的多因素测定及其指标的合理应用；③采用概率综合分析进行地震危险性和地震动的分析估算；④提出新的适用于多种海底平面的液化势分析计算方法。

(3)社会效益

①除为在该海区建造混凝土重力式平台的可行性研究及概念设计提供可靠的科学依据外，也大大地增强了我国在国际招标中的竞争能力；②依靠我国自己的设备和技术，可以独立进行开发；③培养了我国一支多学科综合性的科研和工程技术队伍；④为准备编写我国自己的"海洋工程地质调查与评价"规范、地质条件和土性分布图，以及建立"海洋工程地质力学"、"灾害地质学"等新的边缘学科，积累宝贵的科学资料。

(4)经济效益

①直接经济效益：本项目研究成果和技术已直接应用于国内和国际反承包生产任务中(含琼州海峡、美国太阳、宾司、日本出光和法国道塔尔等石油公司)赢得他们的好评和信任，共创收外汇 71.63 万美元，除掉船只运行费、船只与仪器设备折旧费、人员工资、管理保险费等共 18.4 万美元外，纯收入 53.23 万美元。②间接经济效益：由于准确的预报了插桩深度，美国宾司石油公司租用了我国南海四号钻井平台，为南海西部石油公司创取外汇约 300 万美元。

这项新技术成果已经推广应用于我国其他海域，把科技成果直接转化为生产力。

6. 复几何与相关问题

钟家庆同志在复流形与微分几何的许多重要课题上作出了卓越的成果，这些工作有高度的创造性、娴熟的技巧，在学术上有重大价值和影响。钟家庆的许多结果在国内外同类工作中处于领先地位，得到同行学者的高度赞誉。钟家庆的代表作是下述两个结果：①钟家庆与美国哥伦比亚的华裔学者莫毅明合作证明了具有非负全纯双截曲率及正黎斯曲率的紧凯勒-爱因斯坦流形必等度于一紧的厄尔密空间；②钟家庆与杨洪苍合作证明了在具有非负黎斯曲率的紧黎曼流形上，拉普拉斯算子的第一特征值 λ_1 的最佳估计为 $\lambda_1 > \frac{\pi^2}{d^2}$，其中 d 是该流形的直径。此外，在与复几何相关的群表示论 Grassmann 流形同调环的研究中都取得了一系列卓越的成果。

7. 太阳风中阿尔芬脉动的波能串级理论

本项研究以统一的观点描述了脉动的波动性和湍流特性，为阿尔芬脉动的研究提供了新的学术思想，建立了新理论，解决了过去理论中长期存在的矛盾，是目前唯一能解释脉动功率谱径向发展和质子加热率的理论模型。

(1)首次提出并分析阿尔芬脉动的串级过程，导出强、弱阿尔芬脉动的串级函数，这一函数被国外同行学者称为"涂氏串级函数"。

(2)首次提出并推导描述阿尔芬脉动功率谱变化的谱方程，这一方程过去在波动领域和湍流领域都没有人研究过，因此无论在形式上还是在物理含义上都是全新的。

(3)以统一的理论定量地解释了两种不同类型的相互独立的观测结果，即行星际磁场脉动功率谱的径向变化和质子加热率的径向变化。

(4)建立了自洽描述大尺度太阳风流动和小尺度阿尔芬脉动功率谱径向变化的两时间尺度模型。

8. 补偿列紧原理与等熵气体动力学方程组

1860 年德国数学家黎曼开始研究一维等熵气体动力学方程的整体解，解出了一个特殊情况，即所谓黎曼问题。以后经过许多数学家长期研究，取得了重大的进展。但对于这种双曲守恒律方程组的整体解的存在性的数学证明，却遇到重大困难。丁夏畦、陈贵强、罗佩珠运用索波列夫空间经典估计，欧拉—波阿松方程经典知识，里奥维积分，希尔相特变换，概率测度及塔塔，底别尔纳等人最新发展起来的补偿列紧理论，即用了经典的硬分析及最新的非线性泛函分析相结合，进行了大量的困难估计，在一般等熵气流绝热指数 $1<r\leqslant 5/3$ 的情况，将此问题予以彻底解决。丁夏畦等使用的 Lax-Friedrichs 差分格式对气体动力学方程组的收敛性是三四十年来解决的难题，在丁夏畦等工作中同时获得解决。其他如伽杜诺夫格式及非各次方程组也同样获得了解决。

9. 声波在水雾中传播特性的研究

(1)运用分子物理和核物理技术的已有成就，分别发展了低频声水雾吸收理论和测量水雾参量的精确办法与仪器。

(2)对 Knudsen 经典实验的改进及进展：设计了可连续变换频率与充雾深度的声驻波管，并可用步测水雾参量与水汽的附加装置，从而得到较系统的声吸收实验值。

(3)证明了凡涉及低频吸声(质量转换吸收起重要作用区)的理论均等价于"奥氏-魏理论"。提出水雾降(低)噪(声)的特殊作用。

(4)对德国 Jaechke 等所提"魏的理论与实验"不适用于超小雾滴的异议进行实验与理论复验。

(5)声凝聚研究涉及在流体中粒子之间相互作用力以及最佳频率的探讨。

(6)初步否定了土炮消雹的作用。

(7)声在水雾中吸收的严格数学处理是非线性方程(Burgers-Kdv 方程)，通过 Burgers 方程的讨论，研究了含雾空气弛豫媒质中声色散问题。

10. 量子场论大范围性质的研究

深入分析了有效作用"反常"项的形式、性质和拓扑起源，得到规范不变有效作用"反常"项的正确形式及存在条件，独立地发现了 $2n$ 维空间的非阿贝尔反常、$2n+1$ 维上陈-Simons(C-S)示性类与 $2n+2$ 维阿贝尔反常之间的深刻联系，提出了 $2n$ 维非阿贝尔反常的整体形式，进向推广了 C-S 第二示性类的概念和著名的示性类超度公式，并据此进行了规范群的上同调分析，指出了规范群上同调与 Cech-de Rham 上同调的关系，分析了各级上闭链的性质及其物理意义，发现第三上闭链的物理应用，探讨了广义 C-S 特征类与指标定理的关系。此外，还就费来子与外场作用下非线性 Б 模型的拓扑项、共形反常及 kac-Moody 代数与 Virasoro 代数中心项和规范群上同调的关系，反常的温度效应以及协变反常的上同调意义等问题提出了独到见解。

11. 结构优化程序系统 DDDU

DDDU 程序系统可用于多单元多工况、多约束组合结构的优化设计，将工程概念、力学原理同数学规划相结合，采用了先进的自动区分有效约束的途径，对梁截面函数提出统一处理方法，在收敛速度和优化效果上，达到国际上同类程序的先进水平，已经广泛地应用于火车、汽车、机械、土建、航空、电子等各个实际领域。该程序系统有独创性，对我国结构优化设计研究将起进一步推动作用。

12. 偏微分方程中的一些问题

①在 Fourier 积分算子理论方面，由建立复 Leray 公式和 Hörmander 指数，而给出建立复 Maslov 纤维丛和算子等的新方法，对拟微分算子的 L^p 有界性做了多种类型的精细估计。工作有相当的难度和深度，属该研究领域的前沿，有的达到国际先进水平。②对退缩二阶拟线性抛物与椭圆方程，给出第一边值问题的提法和 BV 解存在性，在几乎必要的条件下证明了有界可测广义解唯一，研究了广义解正则性，提出并研究了有实际背景的一类自由边值问题，把半群方法和补偿紧致法较早地用于退缩问题。工作有重要实际背景，理论上比较深入，是有创见的基础研究成果。③关于线性椭圆和抛物方程 Schauder 型中间估计和研究 Monge-Ampere 方程的新方法新结果等工作，其中某些曾引起国内外同行的兴趣。

13. 利用大面积乳胶室研究超高能核作用现象

用大面积乳胶室研究超高能核作用，是探索 10^{14}—10^{17} 电子伏能域的高能核作用的规律和寻找新现象的主要手段。由于观测能量极高，为短期内加速器所不及，因此可以在粒子物理最前沿进行研究，利用我国的有利高山条件，从 1977 年开始在西藏甘巴拉山(海拔 5 500 米)上，创建了世界上最高的高山乳胶室，并逐年扩大，发展成为国际有名的四大乳胶室基地之一。目前乳胶室规模在世界上处于第二位，单位面积可获得事例量，为苏联 Pamri 组的两倍，日本富士山组的三倍。实验的主要技术指标：乳胶室的建造与底片真空封装；大批量底片快速稳定处理；大量数据的自动测量的在线处理；取得超大型族事例的速度等方面都处于国际先进水平。取得了一系列属于这个领域前沿的重要物理结果，主要有：

(1)从高能γ族事例的分析中得出，在10^{15}电子伏以上能域，非弹性截面按能量$E^{0.06}$规律上升，平均横动量值缓慢上升，并有大横动量喷注现象发生。

(2)找到国际上唯一的多心结构超低空γ族事例。由于是低空多心事例，因此入射粒子不可能是高能原子核，也不可能是在大气中几次作用的叠合，而有力地表明了强子在超高能作用中，可以产生多个大横动量成分。

(3)找到了高多重数的同心双环事例。由于事例能量高($E_0 \sim 7.6 \times 10^{16}$电子伏)，次级粒子多(由900个簇射斑构成)，环状清晰又是双环，增强了环状现象的可信度。我国学者利用可能存在的夸克-胶子等离子体，对这一现象作了解释。

(4)在反常多心事例的研究。找到了高能簇射在外围，低能簇射集团在中心的反常γ线族事例，这是目前尚不能解释的重要现象。

(5)给出超高能γ线强度随高度变化的重要实验数据(国际上共测出7个高度的数据，其中3个高度的数据是我国给出的。有3 200米，5 500米，6 500米)。

14. 多变量拟协调元的数学理论

有限元法是伴随电子计算机出现，在60年代前后发展起来的工程力学数值方法。唐立民及其研究集体建立和发展的"多变量拟协调有限元法"是针对传统的单变量的位移模化。并引入位移分片多项式作为单一变量。但在连续协调上有着不可克服的困难，多变量拟协调元立足于基本方程的离散，把另一组方程也对称的加以弱化，并引入了网线函数空间，使逼近函数的独立变量可以是不只一个，这样就从根本上最自然的解决了传统有限元法的缺点。拟协调元的工作主要包括下面几个方面：

(1)给出了一套新的系统的拟协调单元的构造方法，从假设应变开始到各个场变量的选择匹配以及误差估计，它把已有的位移元、协调元和不协调元、杂交混合元、简缩积分元等统一在一个共同的基础上，或者作了一个横贯的交叉，使得已有的各种彼此独立的特殊方法有一个更根本的理解和评估。研究了构造单元时可能产生的零能模式和自锁现象。

(2)构造了一系列新的单元，其中包括：C_1连续的薄板单元、有刚体位移的壳体单元和减缩积分有一定对应的拟协调罚单元、提高精度的加内参的单元、几何非线性拟协调元、解流体N-S方程的各种元及非牛顿流体、金属成型和弹性波用到的元等。有的已装入程序系统，经过鉴定，可以在各种工程问题上应用。

(3)建立了以拟协调元方法为构架的更一般的有限元数学基础，进一步提出多变量有限元的逼近性、弱闭性、嵌入性、紧致性。比过去只基于位移元和杂交元的数学基础向前跨了一大步。

以上的工作形成自己的系统和特色，为进一步工程应用作好准备，为今后的深入研究，例如瞬态问题的正反问题，弹塑性大变形的破坏和本构关系的计算力学模拟打下了基础。

15. 生成坐标方法与原子核集体运动理论研究

生成坐标方法(GCM)是研究原子核集体运动有一个有效的理论方法。这一理论方法从50年代Hill-Whccler-Griffin开始研究并提出雏型以来，受到了越来越多的人的重视。但在70年代以前，由于许多概念上和数学上的困难没有解决，尚未形成系统而严密的理论。1973年以来，徐躬耦及其研究集体，对于这一有广泛应用前景的理论及其在原子核集体运动研究中的应用，进行了研究，解决了不少概念上和数学上的困难，发展了生成坐标方法。特别是近年来，发展了运用生成坐标方法给出动力学群表示的途径(DGR-GCM)，使之成为可从壳模型出发研究原子核集体运动的严密而有效的理论。主要工作如下：

(1)对于生成坐标方法中的一些原则性问题，如空时对称性和Pauli原理的保持、过完备性的处理等，进行了研究，比较明确地解决了这些问题。

(2)突破传统的生成坐标方法的框架，发展了同时处理费密子自由度和玻色子自由度的复合表示，为研究奇A核中单粒子自由度与集体自由度的耦合提供了有效的理论方法。

(3)把生成坐标方法和动力学群表示论结合起来，发展了运用生成坐标方法给出动力学群表示的途径。代数途径和平均场途径的结合，使得能够系统地研究原子核的动力学对称性，微观地确定集体自由度和相应的集体运动，阐明原子核集体模型的微观基础，并研究核相变问题。

(4)从动力学群角度讨论了相应于一定子空间的集体运动的不同表示和它们之间的关系。讨论了生成坐标方法与玻色子展开、互作用玻色子模型与截断四极声子模型之间的联系，讨论了生成坐标方法与ATDHF及核场论等理论方法之间的联系。

(5)用生成坐标方法微观地研究了一些球形核的表面振动，给出了相应的集体模型中的参量。通过某些具体问题研究了不同集体自由度之间的耦合的影响。具体计算了某些变形核的转动惯量，得到了很好的结果。初步研究了核相变问题，给出了有意义的结果。

(6)用生成坐标方法微观地研究了某些满壳附奇A核的能谱及电磁性质，研究了单粒子自由度和集体自由度之间的耦合。

从理论方法的角度说，本项成果提供了一个研究量子的有限多体系统的集体运动的严密而有效的方法，首先可用于原子核结构的研究，同时还可望推广应用于其他量子多体问题。

从理论方法的角度说，本项研究加深了对原子核集体运动微观本质的认识，在阐明Bohr－Mottelson模型和互作用玻色子模型的微观基础方面前进了一步。

16. 关于原子核集体运动形态及核内新自由度的研究

在新提出的唯象的相互作用波色子模型的成功基础上，探讨了集体自由度的微观表述及模型空间的选取。建立了算符化的玻戈留波夫变换，导出了具有近似玻色行为的费米子对结团的自洽结构，阐明了核内玻色子性质，得出集体运动哈密顿量及跃迁算符的形式与唯象理论相似。由于是由数符表示，且又从微观考虑及实验证据出发提出了包括跨壳激发的系统微观理论，从而解释了玻尔对这个模型不应适用于大变形核的非难。并提出了重核中n.p关联的重要性及重核中α结团形成的重要因素，取得了与实验较好的符合。另外还从Dyson有限玻色展开出发建立了厄米的集体运动哈密顿量，从亚核子层次研究了核子在核环境中的行为，取得了较好的结果。

17. 拟共形映射与Teichmüller空间

证明了可以用闭测地线长度之比给出Teichmüller度量的上界估计，并在此基础上证明了对于任意亏格的Riemann曲面而言，Teichmüller度量与Sorvali度量拓扑等价，完全解决了Sorvali问题。解决了多连通域上具有给定两个复特征的拟共形映射的存在性问题。对于Bearling－Ahlfors拟共形扩张的最大伸缩熵的上界及下界作了估计，改进了已有工作，并获得最佳下界估计。研究了具有给定边界对应的拟共形映射族中的极值Teichmüller映射的存在性，使Strebel标架准则在边界逐段光滑的情况下得到具体化形式。

18. 天气和次天气尺度系统发展的动力过程和分解方法

本项研究者创立和发展了适应过程理论和分解算法。在研究中成功地把大气动力学、天气学以及数值预报方法有机地结合起来，提出了大气运动分解为平流过程和调整过程两部分，研究其相互作用来说明天气和次天气尺度系统的发展。在研究中纬度天气尺度系统时发现斜压不稳定是扰动的正压涡度增长和垂直切变涡度增长之间的正反馈，并且这种反馈过程还可向下游传播。用分解方法可说明台风发展不仅决定于台风区域内部的条件，而且还受环境流场的影响。在水汽供给充分和条件不稳定时，高空急流入口区下部的垂直环流可迅速发展，引起对流层中下层低空急流和切变线等系统的发展。这种耦合机理，可很好地说明我国雨季特别是梅雨期的某些降水过程。发展了一个涡度和散度方程的有限区域的谱模式，可把复杂模式的计算结果和简单模式的理论结果密切联系起来。

19. 类星体的证认与研究

对无缝光谱方法进行了改进，提高了发现类星体的成功率和降低了选择效应。在发现大批类星体侯选体的基础上，用大望远镜做单目标观测，共发现120多颗类星体。对几个天区进行了系统地类星体巡天观测，这类巡天工作，可以用来研究类星体的空间分布，探讨与星系的成协，检验引力透镜效应等。本工作中F927天区的巡天被做为某种“标准样品”与其他方法的结果进行比对。对几颗类星体进行了高分辨本领的光谱观测，研究其宽吸收线，特殊发射线和多重红移，有些现象是首次发现，如在Q1232＋134中发现的强发射线$\lambda=2090$埃。

20. 固体表面上流动膜沸腾与液滴蒸发的机理研究

在流动膜沸腾方面，提出并分析了由于蒸气膜的沿程增厚，因汽液两相密度差悬殊而引起纵向压力梯度及其对层流膜沸腾传热的重要影响；独创地提出了高流速下湍流过冷膜沸腾传热的简化模型，提出了“汽液混相中间层”的设想与相应的半经验理论；探索了极高热流密度下的瞬态测试技术，提供了实用的传热关系式，可用以计算高温轧材的急冷过程，为开发轧制新工艺提供了有用的基础依据。

在液滴蒸发方面发现了液滴蒸发的滴内存在着 Benard cells 流动现象，首次揭示出微细结构的滴内可出现不同的蒸发形态，提出并论证了新的影响因素和作用机理；在实验技术上发展出能实时精确记录和测定液滴蒸发速度的多种光学显示方法。扩展到双组分液滴，推动了滴内流动及界面不稳定性的研究，发现了过细的雾化将使液滴落入“稳定态”界面，大大降低蒸发速度，从而为液滴蒸发过程的研究打开了新的领域。

21. 内蕴时间本构关系理论的研究

采用广义时间而非牛顿时间以描述材料的非弹性变形的历史是美国与苏联的几位力学大师如 Rivlin，Schapcry，Ilyushin 相继提出并由 Valanis 发展的，但 Valanis1971 年提出的内蕴时间由于与某些实验理解相矛盾，受到了不同方面的批评，致使他长期反复修改内时定义。本成果提出并用含内变量的不可逆热力学证明了耗散材料的本构方程形式不变性定律。根据这一定律，只要内蕴时间选择恰当，本构方程的形式就可归化成一致。这样，对每种材料寻求本构方程的繁杂方法可代之以寻求相应材料的内时定义来加以分析，定律指明了内时定义应与材料抵抗耗散变形的广义摩擦力紧密联系，不同耗散机制应引人相应的内时加以量度等，使“内蕴时间”及“不变性”等较含糊的概念得到了澄清。这就为寻求恰当的内蕴时间提供了理论基础和具体指南，在理性高度上比国际上同类论著前进了一大步。

迄至本成果前，国际上对怎样确定内时本构方程中的材料函数是模糊的，本成果根据原点邻域内材料的记忆函数是远较强化函数变化剧烈的函数及耗散变形发展机理的分析奠定了在原点邻域内将它们分开的数学基础。据此提出了按照简单实验曲线来确定材料函数及内蕴时间的方法，这对研究材料的真实响应是十分重要的。

为了克服内时理论在工程应用上的巨大困难，提出了内时微分型弹塑性本构方程及不用屈服面的弹塑性分析方法。首次获得了内时理论在非均匀应变场下的解答，预言了切口前缘区循环应力导致的棘轮效应，并用较精密的实验验证了所发展的理论与预言的正确性，这澄清了有关争论，促进了国际上内时理论研究从低潮向高潮全面发展态势的转变。

从本成果的应用情况看，其深度和广度远远超过国际著名学者如 Valanis，Atturi. Wu 和 Kosinski 等的工作，居于国际领先地位，应用范围包括损伤力学、大变形、弹塑性分析、超高压容器脉动循环分析、弹塑性结构分析、裂纹分析、疲劳分析、树脂基及金属基复合材料分析、循环分析等，而国际上损伤及复合材料分析方面未见工作。本成果多次应邀在国际高层次会议上作特邀报告。

国内内时理论的研究及应用在本成果推动下正在发展中。

22. 模糊集与系统的理论基础及其应用

由著名控制论学者 L. A. 扎德所创立的模糊集与系统（fuzzy sets and systems）理论，为吸取人脑对模糊信息进行高效率处理的优点，以提高计算机的“活性”提供了新的思想方法和数学工具。现在，它已经为发展人工智能、新一代计算机和软科学研究开辟了新的前景。本项研究从 70 年代后期起步，主要研究成果有以下几个方面：

为模糊集的应用建立了新的测量手段。

1981 年进行了 Fuzzy 统计试验，发现模糊性现象中所蕴藏着的隶属频率稳定性规律，证实了 L. A. 扎德所提出的隶属度概念的客观意义并为它提供了新的测量方法。以此统计试验为背景，建立了“集值统计”的理论和方法。它与经典概率统计不同，在一定的对应之下它以后者为特例。概括并升华了在心理统计学以及社会、经济学科中所采用的若干统计方法。集值统计为模糊集在信息与决策科学中的应用提供了重要的手段。

提出模糊落影理论。

以集值统计为应用基础，提出了模糊落影理

论。把模糊集视为随机集的落影，把底层（论域U）的模糊性对象与上层（幂集$\rho(U)$）的随机分布联系起来。它加深了经典随机集的研究，提出了超σ域的概念，克服了可测结构的“提升困难”，对随机集给出了纯测度论式的定义与刻划。它的格可加函数扩张定理把经典测度扩张定理在特殊集类上的扩张起点从半环前移到π系，并推广了著名的Choguet定理。这一理论突出了集值映射的地位，各种数学结构均要从论域向幂上提升。它的格化拓扑理论给出了广义Moore-Smith收敛理论，系统定义了8种基本超拓扑，著名的Vieteris拓扑、λ拓扑、k拓扑均被概括在其中。

较系统地给出了模糊信息处理与模式识别的方法，为人工智能、软科学及新一代计算机的研究提供了较系统的数学模型。

本项研究提出的“最大隶属原则”、“贴近度与择近原则”、“综合评判”、“程度分析”、“落影滤波”及“变权综合”等模型，广泛地应用于医学、气象、地质、石油、农林、化工、水利、电力、航空、军事等部门。模糊控制器的可响应性概念及含参自调整方法已经为模糊控制开辟了新的研究方向。“因素空间”和模糊落影理论，为知识表叙提供了新的数学模型，已被实际应用于专家系统的研制之中。

23. 金属超晶格理论

超晶格是用分子束外延、射频溅射等近代技术制备的迭层结构人工材料。用金属制成的超晶格为金属超晶格。常晶格具有许多天然材料所缺少的特异物理性能，因此，它有重要的应用价值和前景。蔡建华等自1980年开始研究金属超晶格的理论。主要成果为：①发展了研究金属超晶格电子结构与超晶格声子结构的理论方法。②系统地研究了无序超晶格，特别是提出了超晶格特有的无序因素（人工调制周期的无规性）及研究这类无序性的有效理论方法。③解释了某些金属超晶格的弹性反常。④解释和预言了金属超晶格的若干特殊输运性质。⑤系统地研究了各种条件下，电磁波在超晶格中的传播特性。这方面的研究对于联系实验及器件应用有重要意义。例如，从理论上提出了金属超晶格用作紫外或软X射线反射镜的可能性，对于实现X射线激光器有意义。⑥进行了磁性超晶格的理论研究。以上成果对于阐明金属超晶格的内部物理过程，探讨其各种物理性质，发掘可能的实际用途均有科学价值。对该分支学科的发展有一定推动作用。

24. 一维导电聚合物局域模研究

近年来，导电聚合物作为新一类电子材料已经引起了广泛的兴趣，这首先是由于聚合物研究具有广阔的应用背景。目前已发现某些聚合物在掺杂后电导率已经超过或接近铜，成为有机导体，在空间技术，能源开发等方面也具有广泛的应用潜力。其次是对导电聚合物的理论研究已经产生了崭新的物理概念，具有反常自旋-电荷关系的孤子载流子概念很好地解释了导电聚合物的导电机理，推动了物理学，特别是凝聚态理论的发展。

针对这一活跃的研究领域，作者研究了导电聚合物局域模问题。导电聚合物理论的核心是孤子，故孤子的局域模和红外吸收是理论和实验研究的重点。实验上观察到聚乙炔有三条红外吸收线（900，1 260和1 370厘米$^{-1}$）。1982年Maki等用变分法求得孤子有两个定域模g_1和g_2，只有g_2是红外活性的。1984年Wada等用积分方和求得定域模g_3，它是红外活性的，1985年Hicks等根据Green函数说明g_3不存在。

为了解决孤子的局域模问题并解释实验上的三条红外吸收线，本项研究者指出：前人理论都是从连续介质模型出发的。而实际的聚合物都是由原子组成的键，因而这些理论会丧失快变的局域模。要得到全部定域模应该从原子键出发。1985年，本项研究用电子-晶格自洽方程和简正模振动理论，准确地求得了孤子的所有振动模，证明了孤子共有四个定域模，除前面提到的三个外，作者发现了一个新的定域模g_3具有红外活性，g_3与其他定域模不同，奇数原子不动，偶数原子交替着向相反方向振动，因而是$k=\frac{\pi}{2}$的快变模，这正是本项研究者所预料的，基于该模的位形，将它命名为“交错模”。(staggered mode)。这样一来，证明了孤子只有三个红外活性定域模（g_1，g_2，g_3），正好与三条红外吸收线相符。

由于本项研究的发现，解决了理论争论并解释了实验结果，受到各国同行的重视。现在“staggered mode”已成为国际文献中的通用名词，它不仅出现在孤子中，也出现在极化子，双极化子中。实际上，这是一类新型的定域模，来源于布里渊区$\frac{\pi}{2}$边界处，其他定域模则来源于布里渊区的另一边。

此外，本项工作还研究了极化子的定域模，电子相互作用对定域模的位形和频率的影响，与实验结果符合，对导电聚合物研究起了推动作用。

25. 逼近论中的极值问题及调和分析中若干逼近问题

结合调和分析的新发展来研究某些逼近论的基本课题。主要对 Bochner-Riesz 平均算子在实 $H^p(R^n)$空间上的逼近阶问题，以及多重 Fourier 级数的临界阶 B-R 平均在各种经典空间内，在全测度集上的逼近问题。

在分析中的一些基本函数上解决了一批逼近论中的极值问题，包括宽度估计、精确不等式建立等。如由任意常系数线性微分算子确定的广义 Sobolev 类上的 Landau-Kolmogorov 不等式及有关极值问题研究。由线性常微分算子确定的广义 Sobolev 类的宽度的一些精确估计。R 上 Sobolev 类的最优扦值问题的研究。

26. 南海西部石油开发区区域性工程地质调查与评价及北部湾涠 11—4 海区 A 平台工程地质调查与评价

继南海北部湾涠 11—1 海区工程地质调查和评价以及对重力式平台场址地基作出评价之后，这项新技术已推广应用于南海其他油田，例如：莺歌海盆地和涠 11—4 油田。这项工作受南海西部石油公司委托组织了中国科学院力学所、海洋所、武汉岩土力学所；国家地震局工程力学所及南海西部石油公司勘察设计所联合进行。该合同于 1987 年 9 月 16 日生效，1988 年 7 月完成。工作内容由海洋土力学、工程物探和地震工程三个部分组成。任务分两个阶段进行：

(1)1987 年 9 月至 1988 年 1 月完成了工程物探和 A 平台场地和工程地质调查和评价，已提出报告。

(2)1988 年 3 月至 1988 年 7 月初完成了 B 平台场地和管线及单点系泊的场址工程地质调查和评价，已提出报告。

本项成果鉴定是针对(1)而言的，它包括下列三个部分：

①莺歌海盆地区域性工程地质调查与评价；②南海北部湾海区区域性工程地质调查与评价；③涠 11—4 油田 A 平台场址工程地质调查与评价。

所解决的问题有：

①为导管架钢结构平台场址，提供海底地形、地貌、浅地层结构特征及评价；②为平台桩基设计提供地层剖面和各土层的土性设计参数；③为平台场址的地震危险性、地震动参数 R 液化势分析，估计其可能性；④对平台桩基的单桩承载力和沉桩可能性作出评价；⑤对南海一号自升式钻井桩腿插入深度作出估计。

27. 水波问题的数值模拟研究

本项目从 1984 年得到中国科学院基金资助开始，目的在于建立系列的水波问题的数学模型和通用程序。直接用来解决海岸，海岸和水利工程中水动力学问题。研究工作包括理论研究和实际工程应用两个方面。研究和编制了九项系列的水波问题的数学模型和通用程序：①一维二维长波模型和程序；②一维二维短波模型和程序；③群墩数值方法计算波浪载荷；④群墩解析解法计算波浪载荷；⑤二维边界无法计算港湾水波绕射；⑥三维大尺度物体波浪荷载计算；⑦大尺度物体上二阶波力计算；⑧港口附近沙质海岸变形计算；⑨不规则波作用下墩柱波力计算。

上述模型和程序已在毛里塔尼亚友谊港等九项工程中应用。研究工作中发表论文 14 篇。国内外一级刊物 4 篇，二级 4 篇，国际学术会议 2 篇。

所研究的模型在工程设计中取得了良好的社会效益和经济效益。培养了青年教师和研究生。前后约十人参加此项研究，已有四名研究生取得硕士学位(至 1987 年)

28. 计算机图形算法及其应用

计算机图形算法及其应用是计算机科学与技术的一个重要研究方向。是 CAD 与图形高技术的重要内容，它围绕图形生成的实时性，交互性和真实感追求算法的可靠性，有效性和鲁棒性。浙江大学的该项研究从图形学最基础的图形生成、裁剪、求交和几何造型等众多的基本问题直至图形学最新前沿的真实感图形显示等方面都提出了一系列新的概念，新的理论和新的算法，得到国际学术界权威评论性刊物的高度评价。其中梁友栋-Barsky 裁剪算法已被作为经典方法收入国内外多本计算机图形学专著；彭群生关于雕塑曲面立体造型的博士论文为国际上关于这一问题最早的论著；该研究小组所提出的关于真实感图形生成的光能辐射度新方法被认为是对图形学的重大贡献。已有20多篇论文发表在国际著名刊物和国际学术会议上，并在图形数控编程，飞机外形设计、运动机构动态模拟等方面获得了成功的应用。

29. 并行计算与区域分裂法

以全新的思想创造了一种适合多机并行计算机上解决数学物理问题的异步并行计算方法，为巨型并行计算机进行大型科学计算建立了一种数学理论——区域分裂原理与混乱松弛算法。应用了区域分裂、拟边界松弛、混乱松弛、异步并行等新概念。研制了许多新算法，如S-COR算法、S-MG-COR算法、对称分裂算法等，证明了它们的收敛性，给出了误差估计。

本成果为新一代并行计算机算法提供了一种新的数学理论，它将推动计算机学科与数值分析的发展，异步并行算法与区域分裂法已形成了计算机算法与数值分析的一个新分枝，跨越计算机科学与计算数学的前沿，直接影响着新一代计算机的研制和应用。

与国外同类研究比较，在这一高度交叉的新科研领域，本成果在理论上是最系统、最深刻的，在数值试验与应用上是比较深入与广泛的。

30. 调和分析和函数逼近

(1)临界阶B-R平均在实$H^p(R^n)$上逼近性质的研究，陆善镇提出了临界阶B-R平均在$H^p(R^n)$上逼近的两种尺度，建立了逼近阶量化的Jackson不等式；这项工作是高维临界阶研究的开端。

(2)实H^p空间上临界阶共轭B-R平均及其扩充形式的点态收敛的研究，陆善镇应用原子分解技巧，导致建立点态收敛结果。

(3)多重Fourier级数临界阶B-R平均及其共轭异子在$W^2L\infty$，$WL\infty$，$Lip\alpha$等典型空间上，在全测度集上的逼近问题研究，王昆扬就此问题得到了系统的深刻结果。

(4)关于任意常系数线性微分异子所确定的Sobolev类之上的Laudan不等式。宽度精确估计问题的研究，孙永生、房艮孙等得到了系统、完整、深刻的结果，房艮孙完整地刻划了广义Bernoull函数mL^q闭包，阐明了亥闭包与CVD函数类、B-核类的关系，从而得到了一批关于宽度和最优积分的新结果。

(5)关于最优插值问题的研究

孙永生提出并研究了定义在全实轴R上的Sobolev类的最优插值问题，插值法点系是某种可列集组，在$W^r_\infty(R)$等函数类上得到了完整结果，对其他函数类上的问题也取得了成果。

31. 固体中超声的传播和散射

固体中超声的传播和散射是超声学的一项基本课题。它在实际生活中有重要的应用，是超声探伤的基础，在地质勘探、医用超声等方面也常是关键问题。

超声在固体中的传播和散射问题比在流体中的同类问题要复杂，本问题在国际上远未完全解决。

本项目自1979年开始。自1986年起受自然科学基金资助。以难度较大，但更实际的超声脉冲作为研究对象。在理论上提出并完善了一种解决脉冲问题的方法，使用该方法易于得到早期散射近场的行为。且物理意义明确，能够和实验观察直接对比。近场分析是声学中公认的难题。在实验上采用“动态充弹显示技术”。迄今我们是国际上唯一用这项技术来较系统地研究固体中的散射现象，拍摄出目前国际上最佳的有关系列照片，录像和电影。

在国际上的同类研究中，我们形成了自己独特的研究风格。解决了许多长期以来未能解决的问题，例如，在国际上首次显示了固体中圆柱形空腔上的爬波，以及关于爬波的一些新现象；解决了超过临界角时已有理论的谬误，首次给出带状裂缝脉冲散射声场的普遍解以及各种情形下散射波的系列照片：Lamb波的识别、端反射规律等。

32. 有限元方法的一种新型结构及其在中子扩散方程中的应用

(1)建立了一种具有新型结构的非协调广义原始杂交有限元方法，证明了①节点展开法是这种有限元法的特殊情况；②带平泄漏、线性泄漏和伽辽金权近似节点展开法有唯一解，且给出了误差估计。

(2)完成了用节点展开法、杂交有限元法等三、二维中子扩散方程和核燃料管理程序。节点展开法是解一类偏微分方程的新方法，为核物理工程界所乐于使用，但没有严格的数学基础。本研究的贡献是将节点展开法本质地与原始变量杂交有限元方法的一个微小扰动联系起来，将节点展开法的收敛性、存在唯一性研究纳入有限元理论框架，给出了收敛性和误差估计，建立了可靠的数学理论基础。

化学

33. 甲醇合成塔设计新方法

为了使甲醇生产优质高产，降低能耗，研究了在高温高压下反应的物理化学本质及其工程问题，用数学模拟的方法设计甲醇合成塔，解决了：①高压下的热力学和动力学基础数据；②一氧化碳，二氧化碳同时生成甲醇合成塔的数学模型；③由实验数据和工厂操作数据获得了设计各类甲醇合成塔的模型参数；④编制了合成塔内件设计的计算程序。本成果可用于高、中、低压法，单产甲醇或联产甲醇，铜基催化剂或锌铬催化剂等多种操作情况；可用于内冷管式、外冷管式和多段冷激式等各种甲醇合成塔，已用本方法设计或改造了上海吴泾化工厂等多个甲醇合成塔，在生产中取得成效，有重大经济效益。经鉴定认为：技术上达到国内外先进水平。

34. 大、小分子晶体体相结构与晶体化学的基础研究

揭示了石油化工催化剂 ZSM-5 型分子筛结构及与择形性能有关的参数，发现了该型分子筛结构的易变性，提出了适合我国国情的工业生产路线；在过渡和继过渡金属簇合物研究中，合成了迄今最大的钼氟原子簇，发现 MO-MO 的混合价和铜簇合物中新的 Cu_4 曲折链等，提出配体的空间因素对簇合度及簇构型影响的结构化学规律；在具有生物，药物活性的大、小分子结构与功能的研究中，成功测定了绿豆胰蛋白酶等生物活性大分子空间结构。该项成果，在国际上领先，具有较高的学术水平。

35. 应用量子化学——成键规律和稀土化合物的电子结构

(1)改进了 Hückel 分子轨道理论，并由此推导出有机物的正弦型同系线性规律，比前人提出的指数型线性规律有较大改进，即指数型线性规律是纯经验的，而正弦型同系规律是从量子化学理论推导出来的，因而后者更为合理，其精确度更高，应用范围更广。

(2)首次推导出包含 4f 轨道的 INDD 分子轨道理论方法，建立了程序，计算了十余种类型的稀土化合物的电子结构，得到了稀土化合物的成键和结构规律。以上两部分工作对预测有机同系物和稀土化合物的结构与性能关系，推广稀土的应用有指导意义，达到国际水平，受到国内外专家的好评和引用。

36. 亚磺化脱卤研究

亚磺化脱卤是多卤代烷的新反应，具有新颖的单电子转移机理。其新颖性在于多卤代烃与一般的碳氢卤代烷与同样的试剂反应产物和机理截然不同。亚磺化脱碘、脱溴、脱氯的相继发现说明了此反应的普遍性，其研究在有机氟化学及有机合成上均具有学术意义。由于试剂廉价，产率好，条件温和，易于操作，使这个反应具有工业实用价值。它可以用来制备一系列的全氟的亚磺酸、磺酸、羧酸等一大类化合物，也可在全氟表面活性剂及全氟离子交换树脂的制备上，提供新的方法。

37. 高分子统计理论

(1)用简明的概率方法处理了缩聚反应和凝胶化问题，得到 10 多种线型，非线型及星型等缩聚反应产物的分子量分布公式，提出了重均分子量趋于无穷大为凝胶化临界点的明确概念。创造了处理多官能团缩聚凝胶化问题的统一的同心环模型。

(2)将复杂的加聚反应归纳为引发、增长、终止三个基本过程。并把链转移过程看作引发与终止的结合，导出了各过程的概率函数，在此基础上建立了加聚反应图形分析理论。

(3)建立了化学交联和辐射交联的溶胶分配理论；引入溶胶反应程度；利用临界反应程度和最大反应程度的概念，使理论预测的范围从凝胶点、凝

胶区间扩展到凝胶面。

38. 氟化学中单电子转移反应的研究

(1)系统地研究了氟烷基碘在铜、锌、铁、锡、铝、镍、镁及过镀金属铂(O),钯(O),铑(I),铱(I)的络合物引发下对碳—碳重键的加成反应,得到高产率的加成物,并证明反应都是单电子转移过程。

(2)阐明了钯或铂与全氟烷基碘所生成的稳定络合物的氧化加成基元反应是通过SET机理进行的。

(3)将Heck反应扩展到芳基SP^2碳的取代即在钯(O)的催化下,实现对$XC_6H_4O_3SRF$的氧化加成,然后通过与烯烃,炔烃、有机锌、有机锡,有机铝试剂配位和还原消除,将烯基、炔基或烷基引入苯环。这便扩大了Heck反应范围,为芳基之C—O断裂提供了一条新的合成路线。

(4)系统研究了多种亲核试剂与氟烷基碘的$S_{RN}I$反应,纠正了Feriring认为丙二酸酯烯醇阴离子与氟烷基碘不起反应的错误结论,并扩大至杂环化合物(如吡咯、咪唑、茚、苯并三唑等),为杂环的氟烷基化开辟了一条新的合成途径。

39. 紫外光谱区激光染料

在合成的四个系列约150种有机化合物中,经对取代基团和母体化合物结构的改变,考察其对紫外光谱、荧光光谱、激光光谱影响的变化,初步找出某些规律,为制取某些发光体提供依据。在合成的化合物的光谱测定的基础上,筛选出约20种染料,其激光转换效率超过国外同波段的激光染料,其中大部分为创新的化合物,为国内发展激光技术创造了条件。

40. 磷灰石在平板玻璃生产中的应用及其工艺

在平板玻璃中P_2O_5是以磷灰石的形式进入的,国外均以骨粉形式引入。由于引人磷灰石,其熔点高,属隐晶结构,如工艺及条件处理不当,会引起玻璃结石,于生产不利。该成果是以研究磷灰石在平板玻璃中的P_2O_5如何防止结晶及其结石所带来的严重问题为目标,通过研究不仅找出了以磷灰石引入P_2O_5所产生含磷结石的根源,并提出了解决磷结石的办法。该成果已在杭州玻璃厂采用,每年经济效益可达113万元左右。

41. 齿轮润滑用成膜膏的研制

为在润滑条件下能形成固体润滑转移膜,利用对金属摩擦面的化学激活及在摩擦过程中固体润滑剂间的协同效应,研制成GM系列成膜膏。其中GM-1型成膜膏,经辽宁省石化局、中国科学院兰州分院组织测定,其技术指标为:滴点198℃,蒸发度(120℃,1小时)0.27—0.30%,临界负荷150千克,烧结负荷为670千克。达到国际先进水平。GM-1型成膜膏由本溪润滑材料厂生产,GM-2型成膜膏由兰州固体润滑材料厂和河南省栾川钼业公司生产。据使用单位统计,一台减速机年用0.4千克成膜膏,与使用稀油相比,每年可节约各种费用共227元,1984年推广量达20吨。

鉴定认为:该成果是一种新型的齿轮润滑剂,具有成膜快,对金属附着力强,有极好的抗压性能,较低的摩擦系数和使用寿命长等优点,且能获得显著的节能效果,并改善了环境卫生条件,其性能指标超过国内现有水平。

42. 萃合物结构与萃取机理的研究

萃取化学是两相间的络合物化学。目前国内外大多数有关萃取机理的研究都集中在溶液热力学和动力学方面,三十多年来积累了大量的信息,解决了不少问题,但也有一些问题难以用宏观的热力学和动力学方法来解决。本项研究根据萃取体系的四种分类,即分为季铵盐体系、酸性络合萃取体系、中性络合萃取体系、协同萃取体系,以某些典型萃取剂为线索,加以适当模拟,比较系统地合成了一系列的萃合物,并培养了这些萃合物的单晶,通过对萃合物的表征和结构研究,为从分子水平上研究萃取机理开创了一条途径,是萃取机理研究方法上的创新。对萃合物空间构型、萃合物中化学键性质的研究,为深入认识和解决萃取工艺中所发生的问题提供了直接依据。

43. 胺存在下烯类聚合与引发机理

发现芳胺在微量氧存在下对含有α-甲基成醚键的烯类可引发聚合,提出并证明了胺存在下氧化还原引发的聚合机理;发现芳胺可促进丙烯酸酯类的光聚合，提出并证实了此种聚合是通过电荷转移引发机理进行的；提出了自由基聚合反应中的接枝方法。该成果不仅具有理论意义，同时在高分子合成上有应用价值，扩大了新的引发体系，开辟了自由基接枝或嵌段共聚合的新途径。该成果具有国际水平。

44. 分子筛晶化机理及杂原子分子筛的开发

硅铝分子筛用作催化剂在国内外得到大量应用。在硅铝分子筛骨架中引进非硅铝元素制成杂原子分子筛，是当前分子筛研究课题中一个新的研究领域。对于这类材料合成及其规律的研究，不仅可能制得很多有各种特殊性能的催化剂，而且为指导催化剂生产及合成新型催化剂提供科学依据。本课题从 80 年代初开始，先后研究了硼—硅、钛—硅、铬—硅、钒—硅、镓—硅等一系列杂原子分子筛。在上述工作的基础上，还开展了分子筛的定向设计合成与无机物造孔规律的研究，在大量的合成研究与现代测试配合下，寻求复杂无机分子的合成规律。该成果在国内外居领先地位。

45. 沸石分子筛的晶化理论研究

对各类沸石的晶化问题，特别是在沸石的成核与晶体生长动力学方面进行了广泛深入的研究，并以晶化机理的研究结果为基础，应用计算数学中单纯形梯度算法建立了分子筛的非自发成核体系的晶体生长模型与自发成核体系的晶化模型。另外，用导向剂法合成了 NH_4-ZSM-5（纯 NH_3 体系直接法）、毛沸石与菱钾沸石（K、Na 体系而不用有机碱）、无 A1 杂原子 Pentasil 型分子筛（B，Ga，Ti，V，Cr，Fe）。

评议认为，该成果发现了规律，提出了新的观点，对推动沸石分子筛科学的发展有重要意义和作用。

46. 环境中潜在致癌物硝基多环芳烃和多环芳烃的综合研究

（1）从柴油机排放颗粒中检出了 2-硝基芴致癌物，报道了各类柴油机中 1-硝基芘的含量。推测检出 50 多种硝基多环芳烃，证明它们是直接致突变物的重要组成部分。

（2）在北京大气飘尘中检出硝基荧蒽、硝基芘等致癌物。测定了北京若干地区冬夏两季飘尘中 NO_2—PAH 含量。

（3）研究了 1-硝基芘的光化学反应动力学方程，在光解产物中还发现有硝基-羟基-芘等活性产物，解释了光照后致突变性增加的原因。

（4）研究了北京不同地区大气中 10 余种 PAH 的成分分布及浓度随季节、日等变化规律。用 GC/MS 法一次检出 120 多种 PAH 成分。

（5）历年测得的关于燃烧蜂窝煤，型煤及各类燃煤锅炉排放 B(a)P 或 PAH 的结果，揭示出家用小煤炉是 PAH 的主要污染源，有关结果已为国内使用蜂窝煤及工业用型煤的重要科学依据之一。此外还为氧化沥青尾气治理，焦油炼钢，以及柴油掺水等节能减污措施的工艺条件的选择，提供了有决策意义的意见。

47. 南海珊瑚化学成分及其生理活性的研究

（1）从海南岛陵水、崖县附近海域采集到的 14 种软珊瑚以及从湛江硇洲岛采集到的 5 种柳珊瑚标本中，在主要次级代谢产物中发现了 11 个新的倍半萜；二萜和四萜化合物，7 个甾醇类化合物以及 4 个新的含氮化合物等共 22 个新化合物。测定了它们的结构。此外，还鉴定了 11 个常见的高级脂肪酸、醇、酯、鲨肝醇及氮杂环等化合物。其中从软珊瑚 *Sarcophyton toutuosum* Tixier- Durivault 中分离出 2 个罕见的四环四萜类化合物。打破了文献记载中四萜类化合物只有胡萝卜素类型碳架的状况。

（2）通过药理试验，发现了一些具有临床应用前景的生理活性物质，如喹诺酮（quinolone）类化合物是很有希望成为治疗心血管病的药物。

（3）从柳珊瑚中分离到的柳珊瑚酸是很好的抗神经毒的化合物，很有希望成为国防上用于抗“神经毒毒气的保护性药物”。

48. 中间体、过渡态和反应途径势能面理论研究

采用近年来国际上发展起来的用能量梯度法

优化中间体、过渡态以及求出反应途径(内禀反应坐标 IRC)的方法,较系统地研究了有机化合物的异构化反应;加成反应;热裂反应;重要的基元等反应。得到下述新认识:

(1)对取代基效应的新理解。通过对一系列化学反应过程中的电荷迁移量及对中间体的能量分解,得出取代基效应在于反应过程中改变了给受电子能力。有些反应通过提高其最高占据轨道,加强其在反应前期的给电子能力,而在反应后期又拉回电子,发生"动态"的给电子效应。

(2)中间体结构的理论确定法。首次利用从两步反应的过渡态出发的 IRC 交于一点的方法确定中间体的结构。

(3)异构化反应。用多组态自洽场方法辅以能量梯度法优化反应物,产物和过渡态的几何构型,证实可实验观察到$[HCOO]^+$离子。

(4)根据过渡态及 IRC 的研究,提供了四员氧杂环化合物的环加成反应及热裂反应的机理。

(5)对有争议的 H_2+I_2 反应,支持了 Sullivan 的观点。

49.氧化物或盐类在载体上单层分散的自发倾向及其在催化研究中的应用

研究发现氧化物或盐类相当普遍地有在一般催化剂载体上成单层分散(包括未敷满)的自发倾向。这一现象已得到 X 光衍射、光电子能谱、紫外线反射谱、电子显微镜、电子衍射、差热分析、吸附、表面酸性测定、还原失重及催化反应性能等大量实验所证实,并从热力学、动力学和表面结构及表面化学键的观点得到了理论阐明。该发现成功地解决了我国一些工业催化剂如聚烯烃高效催化剂、加氢脱硫催化剂、甲烷化催化剂、乙炔制醋酸乙烯催化剂及乙炔制氯乙烯催化剂等的研制中遇到的一些问题。在研究过程中先后发表论文 30 多篇,在第八届国际催化会议等四个国际会议上发表论文 4 篇,受到国内外同行的普遍好评和重视。

50.单电子转移反应的研究

用 ESR、CIDNP、循环伏安、紫外光谱等现代技术研究了氮氧自由基与维生素 C、半胱氨酸、谷胱甘钛等生物活性分子的反应及反应动力学,首次揭示了这些反应的单电子转移性质和反应的详细机理,为这类生物活性分子在有关生物化学过程中的作用提供了有价值的信息;研究了氮氧自由基对羟胺、芳胺和芳杂环的单电子氧化反应,检测了反应的活性中间体和提出了反应机理,并首次提出了一种用有机氧化剂产生自由基正离子的新方法;研究了烯基格氏试剂的生成及其与一系列苯基取代卤甲烷的反应,阐明了反应的单电子转移性质,对这一经典的反应提出了一些新观点。上述成果达到了国际先进水平。

51.丝氨酸蛋白酶和其复合物系列立体结构

丝氨酸蛋白酶广泛存在于生物体内,它和与之相结合的抑制剂一起执行一系列重要的生理机能,如在消化、凝血溶血栓和降压等过程中起重要作用。丝氨酸蛋白酶抑制剂普遍存在于植物贮藏器官和组织之中,在发芽和生长过程中起重要调节和保护作用,也对动物消化系统具有重要生理影响。国内现已分离出不少有意义的抑制剂。该成果在国内首次应用分子置换技术研究它们的复合物系列立体结构,成功地解决未知蛋白质相角,第一次阐明了结构和功能很特殊的 Bowman—Birk 型抑制剂立体结构图象,为进一步研究该类抑制结构与功能关系奠定了基础,为它们的蛋白质工程提供了结构依据,为蛋白质化学提供蛋白质—蛋白质相互作用的实际模型。

52.ECSS 工程化学模拟系统

该系统是规模较大的组合型工程化学应用软件,共有 11 个软件包。具有进行物性估算,过程流程模拟,分离过程模拟,化学反应器模拟,传质传热设备计算,经济评价,实验数据处理等功能。内容丰富,功能较全,可扩展性好,为过程设计、过程研究开发提供了一个有力的软件工具和程序库。试用表明,该系统技术可靠,使用灵活方便,可广泛推广应用于生产、科研、设计和教学。鉴定认为:ECSS 是一项重要的应用基础研究成果,它继承了国内十几年自己开发的工作,参考了近年国外大型系统,其总体设计合理,模型算法有所创新,具有 80 年代国际水平。

53. DSCPCF 模型在稀土络合物光谱解析中的应用

合成了 12 种新的稀土络合物,测定了它们的元素组成和各种光谱。应用双层点电荷配位场模型,分析了它们在溶液中的配位构型,能级分裂和吸收光谱的理论归属等有关问题。结果表明这一模型克服了经典晶场点电荷模型对微扰能计算中的固有缺点,具有明显的优越性。同时还探索、建立了基于络合单元构型畸变对中心离子能级的影响,进而通过实测光谱推测溶液中络合物构型的研究方法。这一工作对于从理论上深入探讨稀土化合物的发光机理与成键本质、指导合成具有特殊结构和特殊用途的新的发光材料具有重要意义。有关的理论方法和研究结果对于用稀土离子作荧光探针来研究生物大分子的活性部位具有应用价值。

生命科学

54. CT-HRP 及 CB-HRP 用作灵敏的神经解剖学探针

酶标霍乱毒素(CT-HRP)是经万选才等筛选出的较之国际流行的 WGA-HRP 更为灵敏的神经解剖学探针,两者的比灵敏度为 100∶60。并以之在舌下神经核发现前所未见的嫌高尔基树突(GBD)。后又去除了 CT 的毒性单位,提出比灵敏度为 130 的 CB-HRP,并使之国产化而在国内外推广应用。用当前最灵敏的 CT-HRP 及 CB-HRP 在前角运动神经元、侧角节前神经元、迷走运动背核、中缝核及下丘脑室旁核、视上核等多处均发现 GPD,从而对脑科学作出具有国际水平的新贡献。多处 GBD 的发现突破了高尔基解剖学的一些传统概念;在白质、软膜下及室管膜内等处的 GBD 上所发生的旁侧回路开拓了脑研究的新领域。鉴定认为:本工作在技术上有创新,在理论上开拓了新领域,在国内、外居于领先地位,对神经科学的发展有重大意义。

55. 中国动物志　昆虫纲　鞘翅目　铁甲科

本项研究共记载我国铁甲虫 4 亚科 49 属 417 种,其中包括 117 个新种,12 个新亚种、3 个新属、5 个新亚属以及许多新记录。

利用近代分类特征划分新种的原理和方法对整个叶甲类群提出一个反映进化历史的分类系统。通过对物种或种群生活习性的观察以及对寄主植物的分析和地理分布等的综合研究,探索种间及各类群间的内在联系,调整其间的关系或建立新的类群。

根据昆虫跗型、头型、跗毛、腹型和幼虫等特征,将铁甲科独立出来 。首次发现"成虫口器隐藏在胸腔"是龟甲亚科最可靠区别特征,明确了铁甲科在总科中的分类地位,并根据总科中最原始类群的幼虫蛀茎,腹部的背腹面具有步泡突的重要形态特征,将叶甲总科分为两大演化支系,将过去总科的三科分类改为六科分类。铁甲科的分布呈现为三种类型,潜甲和丽甲亚科是典型的热带类群;铁甲亚科主要分布于热带和亚热带地区,龟甲亚科属于全球分布。

56. 中国植物志　第 36,37,38 卷(蔷薇科牛栓藤科)

本项研究记载了蔷薇科和牛栓藤科植物,主要是蔷微科,共 61 属 880 多种和 300 多个变种。

(1)研究者通过几十年来多次野外采集,分析大量标本,考证文献所编制的检索表、文献引证、形态描述、分布、生境、经济用途以及与近缘种的区别等,达到了高标准。

(2)以生物进化论为指导,研究植物的变异和进化,修正并建立了悬钩子属、蔷薇属、委陵菜属等 15 个属的新分类系统。

(3)对种的概念持有独特见解,依据蔷薇科植物变异大而类群复杂的特点,对种和种下等级划分准确。

(4)发现一个对蔷薇科植物系统发育研究有重要意义的太行花属。

(5)发现和描述了 260 多个新种和新变种,丰富了我国植物区系成分。

(6)查明了我国栽培和野生的各类果树共 500

多种，对各类果树的起源、分类、命名原则、形态特征、分布、物候期、繁殖方法以及重点产区和主要品种等都作了详细记载。

57. 高分辨率高精度胰岛素及去五肽胰岛素晶体结构研究

本项目对胰岛素和去五肽胰岛素结构分析的分辨率分别达到 1.2 埃和 1.5 埃，精度指标（R 因子）分别达到 0.128 和 0.144。

(1)1.2 埃分辨率高精度胰岛素晶体结构分析具有原子分辨水平。可靠地确定了所有非氢原子的空间坐标，研究了晶体中水的结构及其与胰岛素分子间的作用；同时也确定了胰岛素分子中 80％氢原子的空间位置；准确地测定了胰岛素分子中所有原子的热运动参数（温度因子）。

(2)1.5 埃分辨率去 B 链羧端五肽（B26—B30）胰岛素结构研究。胰岛素具有复杂的聚合行为，而去五肽胰岛素是唯一以单体形态测定了三维结构的并保存相当高生物活力的胰岛素衍生物。其结构的测定是运用“反常散射定相角”方法而获成功。

(3)以高分辨率高精度天然胰岛素（六聚体）和五肽胰岛素单体结构为基础，运用分子拟合技术和图象显示技术进行了系统的结构比较研究。

58. 我国乙型脑炎主要传播媒介和主要宿主动物的研究

(1)在国际上首先确定猪为乙型脑炎的主要扩散宿主。根据大量动物血清学调查，动物病毒血症试验，动物与蚊类关系调查，仔猪母体抗体消失动态及幼猪自然感染动态观察等方面的结果，确定猪为乙型脑炎的主要扩散宿主。

(2)在国际上首先确定三带喙库蚊为乙型脑炎的主要传播媒介。根据不同疫区蚊虫相，常见蚊种密度指数及季节消长、蚊嗜血性、常见蚊种自然感染率及对乙型脑炎病毒的敏感性等方面的资料，充分证明三带喙库蚊为本病的主要传播媒介。

(3)在国际上首先开展了乙型脑炎地理学及疫区区划的研究。进行了大范围三带喙库蚊、人畜血清学调查，地理气象资料搜集和人畜历史发病资料的统计，以内蒙古自治区为实例，在 11 个省、市、自治区进行了研究，查明了各类型疫区的分布情况，为防治方案的修订提供了依据。

(4)乙型脑炎的流行病学监测有新发展。

59. α-地中海贫血产前诊断研究

从基因水平上研究地中海贫血病的分子基础，在世界范围内首次发现了三重 α-基因与 α-地贫 1 的基因复合体，在国内首次建立了用 α、ξ 两种基因探针对地贫进行产前基因诊断的新方法，该法不仅可早期诊断而且比常用 α-基因探针相比更准确可靠。该方法的建立，对优生优育，提高我国人口素质，具有重要的理论意义与实际意义。鉴定认为：该成果在国内处于领先地位并具有国际先进水平。

60. 生物力学与生物流变学——胆道流变学的理论及应用的研究

生物流变学是一门新兴学科，对于医学、保健、宇航、遗传工程等具有重要的理论意义及应用价值。国际上对其中的血液流变学研究较多，但对于胆道流变学的研究则基本上处于空白阶段。此项研究三年来取得了以下成果：

(1)基础研究方面。

①研究了人体胆汁及胆管的流变特性，肯定了它们在各种病理生理条件下其流变特性有显著的不同，收集并实验得出大量科学数据。研究论文分别在“中、日、美第一届生物力学大会”宣读，并刊登于《科学通报》（英文版）等刊物，获重庆大学一等理论成果奖。②研究分析了人体胆囊压力容积关系，揭示出 Oddi 氏括约肌的力学作用等。该成果在第一届中、日、美生物力学大会上发表，获重庆市优秀论文奖。③研究出术后炎性胆汁的流变特性及其变化规律，得出以胆汁流变参数作为术后炎性诊断指标，所写的论文“术后炎性胆汁的流变特性及其测定系统”获重庆市优秀论文奖，并在美国圣迭戈“生物力学前沿学科报告会”发表，获较好的评价。

(2)应用研究方面。

①研究出胆汁表观粘度快速测定系统，其成果在“弗尔克国际学术报告会”上交流。②研究出胆道排石方法，效果较好。

61. Langerhans 细胞的免疫生物学研究

①发现了移植物内部的郎格罕细胞（LC）在移

植本身被排斥过程中作用的 MHC 限制性，这将使人类异体器官移植的供受者选择，由极难获得的 HLA 配型一致，而变为很易获得的 HLA 配型不一致；②证实：皮肤移植物内，如含有较少的与移植物 MHC 一致的 LC，可导致宿主对移植物抗原的耐受；③手 SKn 不相容性移植物，也证实了 LC 的作用；④发现 LC 可来源于脾脏，这是基础医学的一项新发现；⑤发现造血系统嵌合体的皮扶内存在同种异基因 LC；⑥观察了皮肤移植物内 LC 的转换规律，提出表皮内 Ia 阳性树枝状细胞存在 2 个亚型；⑦得出了迄今国际上最完整的关于人 LC 分布的研究结果，这对于接触性超敏反应的预防及 LC 病理学研究有指导意义；⑧研究了大鼠 LC 的 Ia 抗原。

62. 二价镁离子影响线粒体 H^+-ATP 酶重建的研究

本项工作从 1978 年开始研究线粒体 H^+-ATP 酶的分离纯化并将之重建于人工膜-脂质体。一年半的时间内重建工作屡遭失败。后来结合研究线粒体的经验，在 H^+-ATP 酶重建于脂质体过程中对 Mg^{2+} 作用进行了探索，获得了理想的结果。

从膜脂-膜蛋白相互作用的观点来研究 Mg^{2+} 的作用机理。采用顺磁标记，荧光探针，激发二聚体形成效率和激光拉曼等方法测试膜脂流动性，以圆二色，马来酰胺顺磁标记，色氨酸内源荧光等技术测定重建的 H^+-ATP 酶蛋白的构象。根据实验结果提出了 Mg^{2+} 主要通过膜脂物理状态的改变间接影响重建 H^+-ATP 酶活性的模型，即一定量的 Mg^{2+} 使脂酶体的脂质分子具有适当的流动性，从而使内嵌的 H^+-ATP 酶具有合适的构象而呈现较高的活性。

除线粒体 H^+-ATP 酶外，Mg^{2+} 对细胞色素氧化酶，猪肾外髓质 Na、K-ATP 酶等在脂质体的重建过程中也有明显的促进作用，这说明 Mg^{2+} 的作用有一定的普遍性。

63. 福建省寄生虫病病原（吸虫、绦虫及植物线虫）生物学及流行病学研究

（1）福建省沿海一带流行的西里伯绦虫病是婴幼儿常受感染的寄生虫病，影响婴幼儿健康和发育，关于此病原的发育、传播媒介种类是未知的。本项研究通过多种试验、调查，首先发现人居处的一种肉食蚂蚁为此病的传播媒介，阐明了本病原的全过程生活史、发育过程、婴幼儿染病的原因和预防方法。

（2）对本省的海产鱼类、淡水鱼类、禽类的寄生虫病病原种类进行了调查，发现了世界上未曾发现的多种新种、新属的病原，在科学上阐明了这些病原的分布、区系情况、了解了本省主要经济动植物存在的寄生蠕虫的种类。

（3）有关家禽环肠吸虫和鸭嗜气管吸虫的生活史全过程连续两代的研究，在国内首次阐明禽类感染此吸虫病的途径和传播媒介。在国内首次发现家禽嗜眼吸虫的传播媒介，在国际上首次阐明鸡、鸭感染此病的途径，提出了治疗和预防方法。

（4）对经济植物的寄生线虫进行了研究并提出防治方法。

64. C-激酶与去甲肾上腺素作用机理的研究

本研究利用大白鼠输精管平滑肌证明：当去甲肾上腺作用到该平滑肌后，在促进肌醇磷脂代谢的同时可特异地活化 C-激酶，并使一分子量为 40 000 (40kD) 蛋白质磷酸化，从而发挥去甲肾上腺素的作用，使去甲肾上腺素（α 作用）的机理得到了说明，在有关激素的作用原理的研究上具有重要的意义。鉴定认为：目前国际上尚未见其他报道，不论对激素的作用原理及分子药理学的研究上，都是十分有价值的工作。

65. 针刺对实验性高血压、低血压、心室期前收缩、容量负荷和失血的调整作用

电针或刺激躯体神经对实验性高血压与心律失常有抑制作用，而对实验性低血压则有升压作用。这是由于机体发生防御反应，化学感受性反射时，躯体传入冲动能促进中枢内阿片肽的释放与 5-羟色胺途径、抑制心血管交感中枢而起降压，抑制心律失常的作用。在机体交感紧张性低、失血等低血压时，它又能激活中枢胆碱能系统，重调定降压反射而起兴奋交感、升压等作用。电针效应还与刺激部位与参数有关。本工作用实验验证了针刺对心血管功能有调整作用，初步分析了机制，对心血管调节与中枢递质等生理学课题提出了新的设想。也

为开展针刺治疗心血管疾病，为防治心血管疾病提供了新的途径与理论依据。

66. 铅对肺泡巨噬细胞影响的理论研究及其应用

铅为常见的工业污染大气的金属毒物，主要以呼吸道吸入，吸入后，首先被肺泡巨噬细胞PAM所吞噬。我们利用体外细胞培养方法，证明铅能损伤PAM的细胞膜，使胞质中的乳酸脱氢酶逸出胞外，同时也造成细胞膜表面的抗体受体活性或数量明显下降。我们在实验中运用同位素^{51}Cr标记方法，解决了指标的定量问题，方法简便准确。运用^{51}Cr标记方法和抗体介导的免疫吞噬手段，首次确定铅能干扰PAM的吞噬作用。采用^{3}H-TdR标记方法还发现10^{-5}摩尔/升以上浓度铅可以干扰PAM的杀伤肿瘤细胞的功能，这是继人们已肯定数种重金属离子能干扰巨噬细胞杀伤肿瘤细胞以后又确定的一种能抑制巨噬细胞这种重要作用的金属元素，对今后的肿瘤防治提供了新的线索和思路。鉴定认为：本项成果属于国内首创，达国际水平。

地球科学

67. 天文地质学基本问题的研究

在国际上首次测得二叠－三叠系、震旦－寒武系界线粘土层中铱等铂族元素异常，并开展了相应的稳定同位素、微球粒和生物地层等方面的研究。在国际上首次发现泥盆－石炭系界线附近出现重大的碳同位素异常。在亚洲首次测得白垩－第三系界线层中铱异常。基于众多研究资料提出了一些新见解：如界线层、界线粘土层和界线粘土的新概念；提出以地外成因的灾变事件作为大的自然阶段划分依据的新看法；并对地质灾变的性质提出新看法；提出了梅树村剖面震旦－寒武系界线划分的新看法。共写论文、短文50篇(其中英文9篇)，在国际学术会议上报告14人次。得到国外学者的高度评价。这些成果对我国地质基础理论和矿产资源预测等都将产生广泛而深远的影响。

68. 地质体中新生物标志化合物研究

参加该项研究的研究人员在我国盐湖沉积，煤系地层的原油中发现并研究了多种类型的新生物标志化合物，如红色素，2,5-二烷基噻吩，烷基苯并噻吩等含硫化合物、脱羟基维生素E，葡萄藻烷和芳构化萜类等。根据这些发现和研究，编写了中、外论文17篇。曾参加国际会议并获国外同行好评，这些新发现的生物标志物将可能用于建立沉积环境，成岩作用及原油对比新指标；为探索陆相石油成因新理论——非干酪根成油说提供了重要依据；为未成熟原油，特别是膏盐相中，高硫未成熟工业油流找到了实例。

材料与工程科学

69. 液力传动的应用理论及发展研究

在此项目中取得的成果有如下三项：

(1)液力变矩器计算机辅助设计系统软件，包括试验数据处理，共同工作及匹配，叶栅系统参数优化，内特性计算，外特性计算，液力机械变矩器特性计算，叶片及循环系统绘图等通用及专用程序。

(2)变能容双泵轮液力变矩器的理论、设计方法，产品图纸及实物。

(3)液体粘性传动的理论、设计方法、产品图纸及实物。包括大功率风扇和水泵用的奥美伽离合器、汽车风扇用硅油离合器等。

上述成果中，液体粘性调速离合器(即奥美伽离合器)是一种与液力和液压传动在概念和原理上完全不同的新型流体传动，具有无级调速和调节扭矩的能力，调节灵敏，性能稳定，其主要技术经济指标居国内领先地位，与国内外同类先进水平相当。变能容双泵轮液力变矩器是一种新型的可控变能容液力传动元件，可改善发动机与液力传动的匹配性能，提高工作机的效率。这一成果填补了我国在流体传动中的一项空白。

这一成果具有显著效益，据上海市节能技术服务中心对大型水泵安装这种调速离合器的节电效果测定，仅一台调速离合器装备的水泵年节电量达70万千瓦小时(70万度)。

70. 新型 MIG 焊接电弧控制法

针对近年来出现的有巨大发展潜力并在技术上也较为复杂的脉冲 MIG 焊接工艺，研究其电弧控制法。此项成果主要表现在以下方面：

(1)提出了采用多折线外特性控制焊接电弧的思想以及实现这种外特性的具体方法。

(2)提出了扫描外特性的概念，运用扫描外特性控制电弧工作点运动的思想以及实现扫描外特性的具体方法。

(3)采用上述两个新概念实现了脉冲 MIG 焊的弧长自适应控制，并制造出可供生产用的样机。

(4)利用上述焊机，提出了“脉动送丝脉冲 MIG 焊接”的工艺方法，为单面焊双面成型提供了有力的手段。

此项成果在国际上属于首创。它打破了焊接科学中的传统理论，所提出的“多折线外特性”、“陡升外特性”、“扫描外特性”等开阔了焊接理论领域，为焊接电弧的控制开辟了广阔的前途。

此项成果已获中国专利和美国专利，并已在欧洲申请专利。中国专利已在国内投产。

71. 阿依 24 发动机振动故障研究

阿依 24 发动机是我国民航短程航线主力机群安 24 飞机的发动机。该发动机原存在严重的振动问题，迫使大批发动机提前返厂修理，甚至发动机被迫在空中停车，严重影响航班的正常运行。该项目研究人员与民航 103 厂合作，采用模态分析、数字谱分析、时序建模、参数辨识及非线性故障检测等新技术，对发动机进行全面的振动故障分析与诊断，先后对 170 台次发动机的地面、空中各种工况进行信号及数据采集及大量试验分析工作。通过三年努力，找到了故障原因，并采取十三项针对性技术措施，彻底排除了故障。经过两年的使用考验，没有发现一台发动机因振动故障而提前返厂修理。

该成果经统计获年经济效益 185 万元，使我国现有运输机中的 64.3%受益，保证了航班的正常运行。该成果技术先进，达到 80 年代国际先进水平，有显著的经济及社会效益。

72. 四面体密堆相中的新相、畴结构研究及五次对称的发现五次对称性和钛镍准晶的发现与研究

在高温合金析出相中发现了 H,F,K,J 及 C,C_1 等六种新相，是二十年来在四面体密堆相结构测定方面的一个突破。并观察到大量的平移畴，旋转结构，将高温合金的复杂析出相的显微组织研究推进到纳米级的新层次，居于国际研究水平的前列。1984 年 5 月在由二十面体柱并置而成的四面体密堆相的复杂畴区中发现五次对称衍射图。这是由于各畴区的二十面体取向长程有序，但平移周期性受限制于几纳米，所以衍射图反映了取向长程有序的二十面体集合体的五次对称特征。这一突破传统晶体学的对称现象的发现，揭示了介于有序与无序之间新的结构状态，直接导致其后一系列四面体密堆相中准晶体的发现，并为建立四面体密堆相与准晶之间的结构关系奠定了基础。

73. 铜镍硫化矿热导离子体一步直接获取高冰镍的理论及新工艺铁质硫化矿一步直接获取元素硫

(1)铜镍硫化矿热导离子体一步直接获取高冰镍的理论及新工艺。

在传统工艺中，铜镍硫化矿通常是用电炉将其溶炼成低冰镍(Ni＋Cu＝18—20%)，然后再用转炉将低冰镍吹炼成高冰镍。这种工艺需要大量的电能(电炉溶炼每吨精矿用电 800—850 千瓦小时，吹炼每吨高冰镍需要电能 550 千瓦小时)，工艺过程效率低，金属富集比小，SO_2 气体污染严重，渣含金属高，须进行贫化处理。近些年来，闪速熔炼已进行了工业规模的生产，然而，由于闪速熔炼的强氧化性，大量的炉渣需要一个大电炉进行再处理，以回收其中的金属。尤其是磁性氧化铁在炉膛中析出不可避免地给操作过程带来危害。针对上述情况，在理论研究的基础上我们进行了用热导离子体熔炼一步直接获取高冰镍的新工艺研究，它具有以下优点：①可得元素硫，无 SO_2 对环境的污染；②生产效率高，金属富集比大；③无磁性氧化铁析出；④金属和硫的回收效率高；Ni 98—99%，Cu 96—98%，Co 75—80%(精矿含钴 0.2%)，S＞99%；⑤能耗低；⑥一步获取高冰镍，不需对炉渣进行再处理；⑦总投

资较小;⑧流程简单,易于控制。1989年内将建成年产500吨高冰镍试验生产厂。

(2)铁质硫化矿一步直接获取元素硫。

把硫化矿焙烧和硫吹炼产生的二氧化硫还原成元素硫,必须在高温下进行,燃料成本非常高。我们发明了一种能将硫化矿(铁质硫化矿)直接在低温低能耗条件下转换成元素硫的简单方法。该工艺是基于在较低温度下(小于1000℃)控制氧势,使金属硫化物中的硫直接转换为元素硫。因此,工艺流程能容易地、经济地在工业规模上实现。此外,反应中产生的高浓度含氢副产品气体能有效地作为二次能源。

目前,已有云南召通,贵州三都县等地要求转让该项技术。

74. 新型中碳及中高碳空冷贝氏体钢新型空冷贝氏体钢系列

研究了Fe-C-Mn-B钢TTT曲线河湾形成机制,提出无再分配局部平衡的相界平衡偏聚模型。研究过共析钢下贝氏体铁素体相变机制,提出基元以台阶机制生长。研究了低、中碳Mn-B钢贝氏体铁素体相变机制,贝氏体相变热力学,贝氏体转变不完全性问题,中温形变对贝氏体相变的影响。新型空冷贝氏体钢系列的研制与推广工作取得丰硕成果。首创的新系列包括低碳、中碳、高碳贝氏体钢、铸钢及耐磨堆焊焊条等五大类。采用我国富产合金元素,可以空冷自硬,减少了缺陷,改善了性能,有优良的强韧性配合,抗疲劳性能及高耐磨性。可以节约能源,减少环境污染。它标志着我国贝氏体钢新技术及其应用已处于国际前沿。已发表论文15篇,获经济效益1000万元。

75. 非连续岩体中地下结构粘弹塑性问题的理论与实践

通过对几种不同类别的软岩、岩体内有否泥质充填物的各种软弱夹层、断层破裂带和多组节理结构面剪切与压缩流变参数的测定,以及膨胀岩体渗水膨胀不同受力条件下的试验,研究中考虑了渗水岩体中膨胀围压、渗流与流变三者的耦合机理及其相互作用,利用不连续介质岩体力学、经典粘弹塑性理论和数值方法分析探讨了大断面地下结构洞室围岩-支护系统的力学与结构效应。理论上更夹深刻和如实地阐明了围岩支护相互作用的时效因素,并将力学分析引入工程施工领域,开拓了施工力学方面新的研究范畴,结合所承担的"六五"国家科技攻关项目,已将研究成果应用于工程设计,并在水电和石化部门得到推广,专家评议认为学术上有创新,达到了国际水平。

76. 水电、矿冶、土木岩体工程的初始地应力场的研究

岩体中的初始地应力与构造应力、自重应力、地下水、地温以及岩体的物理力学性质有关,它是由多元函数决定的复杂应力场。我们提出了有限元数学模型多元回归岩体初始地应力法,把工程数值分析方法、概率统计理论和地学原理结合起来进行分析,物理概念清楚,数学推导严谨,保证了解的唯一性与合理性,学术上有创新。在初始应力场的分析方面,经专家评审认为达到国际先进水平。第一次将整体应力场研究成果用于工程实际设计,在鲁布革工程、拉西瓦工程和二滩工程的大型地下厂房布置、轴线选择、断面选型和围岩稳定分析中得到应用,取得相应的经济效益。研究成果在龙羊峡水电站也得到应用,经济效益显著。

77. 材料的应力腐蚀和氢致开裂机理的研究

(1)在应力分析及断裂力学研究方面,发现Ⅲ型裂纹或缺口试样可以引起氢致开裂,从裂纹前的应力场及间隙氢的应变场的交互作用所导致的应变能,提出与实验相符的氢富集的新方式,纠正氢择优分布模型的计算结果,提出与实验结果符合较好的氢分布的玻尔兹曼规律。Ⅱ型裂纹的实验结果和应力计算,证实了氢在最大的多向正应力处偏聚,导致氢致开裂,裂纹扩展沿最大剪应力方向。从多方面实验证实了氢能促进塑性变形,以氢的不均匀分布,提出氢致软化机理。从实验和理论上,导出$K_{I}scc$随缺口半径的平方根而线性增加的新公式。发现压应力可以导致应力腐蚀开裂,纠正了"只有拉伸应力才产生应力腐蚀断裂"的传统概念。

(2)扩散与相变的研究。提出了一种力学-电化学新方法,利用Gorsky效应,测定氢在易形成稳定

钝化膜的金属(如钛,不锈钢)中的扩散系数。查明稀土元素提高低合金结构钢抗硫化氢应力腐蚀能力的机理。用超高压电镜跟踪了钛合金的氢致开裂过程。用离子探针证实了氢在钛合金氢致开裂过程中的富集。用X射线跟踪和阐明奥氏体不锈钢的氢致相变和开裂过程。

(3)提出氢致开裂机理的定量论据。根据氢致硅裂纹的尺寸和硅单晶中所产生的棱柱位错环数,以及功和能的转变关系,首次从结构参数确定氢气的内压。用离子分析器测定了将铁离子或铝离子从表面移至无穷远处所需的功及氢对这种功的影响,从而获得氢降低铁或铝结合键的定量数据。

成果具有创造性,处于学科前沿,在国际上处于领先水平(已在国内外重要刊物上发表论文67篇)。

78. 2FL6B 半封闭制冷压缩机

2FL6B半封闭制冷压缩机,是我国最近才开发的半封闭制冷压缩机之一,起更新换代的作用。它是洛阳制冷机械厂生产的装配式冷库的配套主机,并可用于冷藏柜、冷饮机械、降温机及小型柜式空调机中。在开发该机的过程中,应用了"活塞式制冷压缩机的数学模型及计算机仿真"课题的部分研究成果,主要有:

(1)同心式吸、排气腔之间传热的数学模型及新型的隔热结构。

(2)柔性环状阀运动规律的数学模型及应用此模型于吸气阀的设计。

该机已通过技术鉴定,鉴定意见认为:"2FL6B制冷压缩机的研制,对气阀理论和气缸盖传热机理的研究具有独创性。在设计中采用压缩机数学模型进行设计,为该机先进的技术性能提供保证","在单位输入电功率制冷量和单位质量制冷量指标方面,与国外先进水平相当"。

79. 机电跟踪离散控制系统研究

机电跟踪控制系统能够实现远距离变档位跟踪控制,可对机械、液压、气压及电力驱动等若干多位进行组合控制,采用机电式编码和译码,是迄今最简单的一种离散档位自动控制系统,是一项具有理论意义和应用前景的新技术。

通过对系统中关键部分组合开关及其他部分的系统深入研究,首次提出了控制端"依次"和"非依次"控制概念、表征及构造理论,开拓了非依次控制新领域;控制方案的设计原理及计算方法;优化算法及计算机程序;跟踪开关的自反且自补、自补、自反、自反补序列的构造方法及序列可用性判别方法;若干重要的定理及公式。

专家评审和鉴定认为:该项研究是十分有价值的,取得了突破和创造性成果,开拓了新的研究领域,在国内处于领先地位,在国际上具有先进水平。

根据上述部分理论研制的"机电跟踪控制器"已获准国家专利,在镗床上进行远距变速控制可行性试验已获得成功。

80. 新型直动式溢流阀

提出了用抑泡孔板强化沸腾传热的新方法。其结构简单,强化效果好,定义了低液位沸腾曲线,提出低液位沸腾转化点的汽泡最大浮升速度模型、液膜沸腾临界液位的双球泡模型、动态分析模型及壁面汽泡生长的当量模型。该成果学术思想新颖,具有创造性。从理论分析和实验研究得到16个有关传热的计算式,可作为工程实践中设计计算的依据和参考。

81. 准周期振动信号的处理技术及对振源的辨识和诊断

提出了一种和基频同步根据基频变化实现每周期按预先设定的采样点数的采样方法。这种采样方法在各周期内是等周期的,在相邻周期间却是非等时距的。提出了这种采样技术以及按基频周期分帧、逐帧分析,以研究系统的动态特性。这种方法称为"整周期分析方法"。以这种方法分析缓慢时变系统及激励源频率有变化的系统响应特性以及在强噪声背景下提取确定性信号很有效。在项目进行过程中,曾对汉语回声及浊音串的识别、旋转机械在转速有变化过程中的动平衡技术以及齿轮振动和噪声分析做了工程实例研究。采用这种技术所开发的微机化现场动平衡仪已获北京市科技成果二等奖和国家发明三等奖。新型的动平衡机电测电箱也已开发成功,一种新型的汉语语音识别装置正在开发研究中。

82. 钢锭液芯加热和液芯轧制研究

本研究包括有液芯钢锭冷凝、加热及轧制过程数学模型、连铸坯热应力状态数学模型和双辊液态连续铸轧凝固传热数学模型三部分。本研究中所包括的“钢锭液芯加热和液芯轧制研究”，于1985年获国家科技进步奖三等奖、冶金部科技成果二等奖。

在液芯钢锭数学模型的研究中所确定的钢锭在冷却、凝固、加热及轧制过程中的金属热状态随时间变化的模型是制定钢锭传搁制度和轧制工艺制度(特别是判别能否进行“液芯轧制”)的基础和依据。此模型以二维模型为基础，三维模型(考虑结晶沉降的)作为对二维的修正用，二维问题一维化模型用于制定均热炉控制策略和在线控制，因而模型较全面、合理，模型对物理、边界及开始条件考虑周密，因而计算较精确。在模型研究中提出并定义了“焓平均温度”新概念，它比现有的表面温度、平均温度都更能代表钢锭的“热位”，成为鉴别钢锭热状态的判据。所制定的“焓平均温度传搁时间表”、“焓温计算(回归)式”等已为工厂所接受和使用，它不仅用于液芯加热和液芯轧制的试验和生产，也用于后来在鞍钢等处所进行的具有重大经济效益的“微能加热”研究。

液态连续铸轧凝固传热模型研究中所得出“临界辊速”具有理论价值和实际参考价值。

83. 异型曲面磨削变性共轭原理及凹型曲面金刚石砂轮的直线修形法

本成果提出一种解决异型曲面精密加工问题的普遍性指导原理。应用此原理取得如下效果：①获得“凹形曲面金刚砂轮的直线修形法”发明专利一项，可应用于精密的复杂刀具制造(如解决负前角硬质合金齿轮滚刀的制造关键技术——铲磨砂轮修形)。1987年7月29日获专利权，专利号为86103890；②应用于“滚刀齿形铲磨原理的研究及应用”生产课题，达到国际先进水平，直接经济效益百万元，间接效益640万元，获第三届中国发明协会铜牌奖。此外，应用本原理还能有效地消化吸收与剖析在异型曲面制造方面的其他国外引进技术和KNOW-NOW。

84. 水库淤积与河床演变通用数学模型研究

本项研究成果分四个方面：

(1)在非均匀沙运动机理研究方面：对球状颗粒在床面的暴露度进行了测量，研究了其经验分布，在单颗粒泥沙单步运动参数方面完成了大量计算；对淤积物和干容重对挟沙能力影响也作过研究。

(2)挟沙能力级配及有效床沙级配：给出了在一般条件下有效床沙级配的方程及其简化形式，并据此解释了过去一些较难解释的现象。

(3)非均匀沙统一运动规律研究：对非均匀推移质交换与输沙率研究进行了总结，推广了扩散对流方程至非均匀沙，并给出了边界条件。

(4)非均匀沙统计规律在数学模型中的应用：主要完成了水库淤积与河床演变(一维)数学模型，并已在三峡水库淤积及坝下冲刷等研究中大量使用。

85. 浮选剂结构理论及其分子设计

浮选剂结构理论及找药分子设计，提出了浮选剂基团组装模型，将影响浮选剂结构与性能的因素分为价键因素、表面因素和空间因素，综合运用表面化学、有机结构理论、量子化学、络合物化学、浮选理论的新成就，进行原子-电子层次的定量讨论，得出了一系列预测浮选剂结构与性能的定量判据，用于讨论浮选剂作用机理，进行新药剂的分子设计。可以针对特定矿物浮选的需要，对药剂分子中极性基、非极性基的种类、数量、位置配比等重要参数给出定量设计，也可对未知性能的化合物的浮选功能进行预测。通过对浮选剂结构与性能关系的讨论，得出了第一代、第二代、第三代浮选剂的概念及其规律，指出了第三代浮选剂开发的途径。

通过药剂分子设计，预测筛选了一系列新型药剂，经合成小型实验验证，大大提高了找药成功率，使浮选剂研制开发进入一个新阶段。

本研究成果被国内外同行专家公认处于国际领先水平。

86. 微量元素在高温合金凝固过程中的行为

燃气轮机用高温合金，现已达到很高水平。由于合金化程度不断提高，使凝固偏析日趋严重，组织稳定性降低，工艺性能恶化。现在发现：某些微量元素对合金的凝固偏析有重大影响，因而控制某些微量元素可以减少合金的凝固偏析，改进高温合金。据此，发展了一系列低偏析铸造镍基燃机涡轮叶片合金，如航空用 M17F，舰艇用 M40，工业用 M38G 等，均比现有合金提高使用温度 20—25℃；发展出低偏析的定向凝固燃机涡轮叶片合金如 DZ38G 等，比现有定向合金使用温度提高 25℃，横向性能更好，纵向裂纹倾向性更低；发展了一些低偏析铁基涡轮盘合金。由于其开锻温度高，热加工性能好，成品率高，使用性能也好。由于提高了燃机的进气温度，燃机的热效率和功率都提高了；可节油 2—3%，功率提高 8—10%。一架年运行 1 500 小时的波音 707 飞机可节油 1 000 吨。此成果具有较大学术意义和经济效益。

87. 发挥金属材料强度潜力的理论研究

从疲劳裂纹萌生与扩展、疲劳门坎值、断裂韧性、低温脆性、腐蚀介质等多方面论证了根据服役条件合理选择材料的强度、塑性、韧性配合的规律的普遍性及其微观机制过程性的研究。提出了根据机件的过载水平、应力状态、应力集中、加载速度、环境介质及工作温度的不同，对材料的强度、塑性、韧性的配合的半定量或定性的要求，在生产应用中取得较大效益。对于材料的研制、应用和提高机械产品质量有重要的理论价值和应用前景。

88. 管内汽液两相流与沸腾传热特性的研究

本项目对管内气(汽)液两相流与沸腾传热的基础理论进行了系统而深入的研究。在国际上首先得出曲线管(螺旋管和 U 型管)的两相流型图和流型转换式，率先得出了在高压下这些曲线管的汽液两相流阻力，截面含汽率，沸腾传热以及传热恶化规律，并在螺旋管中首次用激光测出和用理论方法解得二次流速度场。对 U 型管提出了创新的解决传热恶化措施，从而发展了曲线管内气(汽)液两相流和沸腾传热理论。在国内首次进行了以高压水及氟里昂为介质的水平管的传热恶化及干涸后传热的研究，首次在国际上提出水平管存在上下管壁温度飞升点的理论。

本项目对脉动流动时的沸腾传热进行了开拓性研究，提出脉动流体沸腾传热机理并得出国际上第一个可用于光管和强化传热管的脉动流体沸腾传热计算式。发展了气(汽)液两相流和两相流测量学科中的孔板、文丘利管等节流元件理论，首次在国际上得出一个在宽广压力范围内能适用于多种工质的两相流和变压力工况的孔板计算式，在国际上被推荐为同类式中的最佳式。

关于节流元件理论的研究成果已被美国《流体力学百科全书》推荐采用；两相流阻力及截面含气率计算已被我国《电站锅炉水动力计算方法》中采用；U 型管传热恶化规律在解决引进大化肥装置废热锅炉爆管问题中起了指导作用。

89. 马氏体相变，马氏体相变热力学

(1)在“马氏体相变热力学及机制”的研究中，根据新发展的中心原子模型，计算了 Fe-C 合金马氏体相变驱动力及 M_s 温度，结果与实际值很好地相符，较 KRC 及 LFG 模型更为精确。应用中心原子模型，改进了的 LFG 模型及徐模型研究了 Fe-Mn-C，Fe-Ni-C 合金马氏体相变热力学，获得满意的结果。提出的马氏体相变中非化学自由能项表达式，完全适用于低合金钢和一般合金钢，不需任何修正。

研究 Cu-Zn 合金热弹性马氏体相变热力学，探讨其中 α，β 相的相平衡及有序化的热力学，据此计算的 α/β 平衡及有序化与现有相图相符，计算的 M_s 温度与实验值一致。这是国际上成功地计算热弹性马氏体相变点的首创工作。

(2)在“马氏体相变及其现代应用”的研究工作中，首次论证钢中低碳马氏体形成时存在碳的扩散，由此及相变时的力学稳定，使低碳马氏体组织内存在条间残余奥氏体，有利于低碳马氏体的韧性。提出回火马氏体致脆的新机制及低碳马氏体应用上应注意之点。建立铁基合金马氏体相变热力学模型，能据以直接计算纯铁，Fe-C，铁合金 Fe-X-C 及工业用钢的 M_s 温度，处于国际领先地位。首先测定残余奥氏体内等温马氏体相变动力学具“C”形特征。阐明等温马氏体相变的两阶段机制——变温马

氏体的回复长大和重新形核长大。GCr15 钢中残余奥氏体内少量等温马氏体的形成，提高了奥氏体稳定性，保证了轴承钢尺寸稳定，接触疲劳寿命增加。本工作对材料设计提供有关基础，扩展了相变研究领域。

90. 稀土-过渡金属化合物结构和磁性研究

应用差热、金相、X 射线衍射、电子探针微区分析，Mössbauer 效应和磁性测量等手段，系统研究了稀土-钴膺二元化合物 RCo_5-xMx（第一代稀土永磁材料）和 RC_2o_5－xMx（第二代稀土永磁材料）（R 代表 Y，Pr，Nd，Sm，Gd，Er，Ho，M 代表 Ni，Fe，Mn，Cr，V，Ti，Cu，Al，Ga）的结构，热稳定性或相变，相关系和磁能，确定了这两类二元化合物稳定的成分范围及其饱和磁化强度，居里温度随第三组元浓度变化情况。在 RCo_5 化合物中以 Ni，Cu，Ga 或 Al 部分替代 Co，可以提高其稳定性；以 Fe，Mn，Cr，Ti 或 V 部分替代 Co，则降低其稳定性。以 Cu 或 Al 部分置换 Co，对 RCo_5 相的分解机制无影响。以 Ni 或 Cu 部分置换 Co，RCo_5 的分解机制由局部 Spinodal 型改为沉淀型。以其他金属元素部分取代 Co 时，这些元素的原子往往优先占据 $CoCu_5$ 型晶格中钴原子的一定晶位，导致其磁性能随之发生明显变化，其居里温度和饱和磁化强度一般都随替代元素浓度的增加而降低。但在 Ho_2Co_{17}化合物中分别以 Fe，Ni 或 Cu 部分置换 Co 时，其居旦温度首先略为升高，然后再随置换元素浓度增加而降低，表明 Fe，Ni，或 Cu 原子对 Co 亚点阵中 Co-Co 交换作用的影响，稀浓度与高浓度是不同的。应用 Mössbauer 谱效应研究了 $Y_2(Co,Fe)_{17}$的磁性与 Fe 原子占据点阵位置的关系，得到了有意义的定量结果。

91. 稀土元素在铁基、镍基溶液中的热力学性质、相平衡及其作用机理的研究

本项目采用有特色的先进研究方法得到轻、重稀土元素在 18 个铁基、镍基三元、四元溶液体系在合金冶炼温度范围内分别与硫、氧、硫加氧、碳、氮等重要元素相互作用的系统性规律与热力学性质：它们包括有关稀土化合物平衡产物的鉴定及其标准生成自由能，反应平衡常数和标准自由能变化，溶质元素的活度系数，活度相互作用系数和自作用系数，1％稀土溶液的标准溶解自由能及上述性质与温度的关系式约 110 个，以及相应的稀土平衡产物（稀土夹杂沉淀相）的一些平衡图和夹杂物形态控制公式；并提出了一些有理论意义与实际指导作用的观点。本成果在国内外刊物发表论文 14 篇，被评议鉴定为重要的优秀科研成果，有重要的科学贡献，有高的学术水平。可作基础数据应用，对冶金工业中推广应用稀土，提高金属材料质量，有重要的指导作用。

92. 稀土合金相图的研究

稀土合金具有许多特殊的性能，稀土合金相图的研究给探索和开发稀土材料提供必不可少的基本资料，本项目的主要研究成果为：①新稀土系合金 Gd-In，Dy-Sn，Gd-Cu 等体系相图的研究。修正了 Fe-La 系相图的错误；②R-T 系如 Dy-Ni，Sm-Ni，Gd-Cc-Ni 等的研究，其中 R-Co-Ni 系相图的研究为磁性和贮氢材料的研究提供了基础；③R-Al，R-Cu 和 R-Fe 系的研究，对了解稀土在 Al 基，Cu 基和钢中作用机理及改善这些合金的性能提供了数据；④发现 Dy_4Ni_7，Dy_4Sn_7，Dy_2Sn，Dy_8Sn_9，$DySn_4$，DySn，Gd_3Sn，Gd_8Sn_7，Gd_3Sn_4，$LaAl_{1.43}Cu_{1.43}$等 10 个新相。$GdCu_6$，Dy_2Co_{17}和 $LaAl_2$ 相存在同素异构转变；⑤为探索稀土合金形成规律提供有价值的资料。本成果达国际先进水平。

93. 金属切削过程颤振的在线监控

此项研究建立了描述机床颤振过程一个比较完善的非线性理论模型，正确认识与深刻理解了机床颤振中许多线性理论所无法解释的重要现象。得出的实际结论是：机床颤振振幅对于切削用量有极其敏锐的依赖关系，切削用量的少量调整有可能使振幅在很大范围内变化。特别有意义的发现是：有时增加切削负荷，反而有利于系统的稳定性。在颤振的在线监控方面，所提的方法能及早识别颤振的预兆，并且能及时抑制颤振，其效果迅速、明显。这证明机床颤振的在线监控这一技术思想与技术路线是切实可行的。此研究处于国际领先水平，它不仅加深了这一学科的深度和广度，而且更重要的使得这一学科为正在发展的计算机数控机床和柔性制造系统提供关键技术。

94. 微衍射及其图象分析

本研究的主要内容是从衍射的原理出发，说明影响微衍射成像的各种因素，提出分析复杂的微衍射花样的方法及运用于研究晶体中线面缺陷及界面结构等原子构形的实例。

(1)将电子衍射动力理论的多层法应用于计算微衍射花样的几何构形及强度分布。使得任意复杂的电子微衍射花样有了分析、解释的理论基础。

(2)对具有面缺陷的反相畴界面、层错、GP(1)区等薄试样用运动学处理可以定性的给出微衍射斑点强度分布。对有点阵畸变的缺陷可以先算出位移函数，然后求出衍射振幅的解析表达式。

(3)定量的模拟相干与不相干的电子来源，改变源的尺寸计算出源相干性与源尺寸对微衍射花样的强度分布影响。

(4)指出了影响微衍射花样的主要因素是①试样的结构特性；②入射电子束源的相干性；③试样的厚度；④试样中需观测特征区域与入射电子束中心的相对位置；⑤电子束源的尺寸。

95. 粉末压制理论

(1)从非线性粘弹模型导出了粉末压制时间充分长的静压方程的应力和应变关系，遵从如下数学关系式 $б=M\varepsilon^m_{t\to\infty}$，并采用对数应变概念得到静压双对数方程 $\log б = m\log\ln\frac{(dm—do)d}{(dm-d)do}+\log M$，经国内、外学者提供的大量压制数据表明，上述方程是目前最精确的压制方程之一。

(2)提出了粉末压缩变形的压制功计算公式，$A_{总}=MW(\frac{1}{d_0}-\frac{1}{d_m})\Gamma(m+1)$，还得出粉体从应变 ε_1 到应变 ε_2 时压制实际功为

$A_{实}=MW(\frac{1}{d_o}-\frac{1}{d_m})\int_{\varepsilon_1}^{\varepsilon_2}e^{-\varepsilon}\varepsilon^m d\varepsilon$。

(3)提出了压制时间为 t 时粉末压缩变形的应力和应变关系遵从非线性粘弹方程

$б=M\varepsilon^m+\eta(\varepsilon)^k$。解上述粉体数学模型得到

$t=(\frac{\eta}{M})^{1/k}\int_{\varepsilon_o}^{\varepsilon_t}\frac{d\varepsilon}{[\varepsilon^m_{t\to\infty}—\varepsilon^m]^{1/k}}$经大量实验数据验证，理论计算值和实验测定值吻合良好，该方程是目前最精确的粉末动压流变方程之一。

96. 国产低合金钢焊接冷裂敏感指数的研究

在国内建立了第一个国产低合金高强度钢冷裂判据之后，又取得了以下成果：

(1)建立了国产低合金钢冷裂敏感系数 K 值。当 $K\geqslant 1$ 时，焊接接头不产生冷裂纹，当 $K<1$ 时，焊接接头将产生冷裂纹。由此提出了裂纹敏感系数的新概念。建立不同类型焊接结构的相应 K 值，可以有效地预测结构的冷裂倾向。在冷裂判据公式中首次考虑了局部预热造成的附加应力问题，增加了修正项。从而使该公式能反映工程实际的致裂条件。

(2)建立了 PRRC 试验与插销试验临界应力之间的关系，给比较复杂的 PRRC 试验与插销试验之间建立了一座桥梁。

(3)建立了冷裂纹临界的拘束度判据。根据有关参数直接计算临界拘束度在国内外尚属首次。采用此判据对评价焊接冷裂倾向又提供了一个有力的手段。

(4)首次提出局部预热产生附加应力问题及其估算公式。

通过在 30 万吨/年合成氨产品上的实际考核，证明上述理论完全正确。专家鉴定认为，此项成果填补了国内空白，达到了国际上同类研究的水平，具有潜在的巨大经济效益。

97. 金川资源综合利用

运用作者提出来的采矿理论研究方法——以信息时代新思维方式，变革传统岩土力学与采矿忽视工程因素和大量界限不分明中间状态的计算，以及开挖具有加载途径性，前次开挖对以后各次开挖都产生影响的认识方法，从工程/施工的工艺过程力学效应系统动态变化中来认识采矿稳定规律。以金川镍矿为具体生产对象，对该矿已用过的、正在使用的和试验的，以及将来有可能采用的采矿方法及其工艺，进行了新的理论计算与分析研究，比较了各种工艺过程系统工程力学效应动态变化规律，把岩土力学与采矿工程计算及采矿理论研究方法提高到新的近代定量分析的日程上来。为国家及时解决国内外对金川采矿方法的激烈争论和及早向金川投资提供了具有决定性的科学依据，从而保证了金川生产的连续性和为实现镍产量目标奠定了科学理论基础。研究工作在岩土力学与采矿规律认

识方法上有些突破，具有重要的科学意义、实用价值、社会效益。为金川矿山生产和经济发展作出了重要贡献。

98. 桥梁抗震研究

桥梁抗震研究是目前桥梁设计和加固中急待解决的问题，研究内容包括：桥梁、曲梁桥的地震反应分析；桥梁的减震和隔震研究；斜张桥非线性地震反应分析。

斜张桥的抗震研究为强震区新建桥梁提出了合理的抗震措施，并进行了施工全过程的抗震鉴定分析；桥梁的非线性抗震研究为旧桥的抗震验算和加固设计提供了依据；曲梁桥的抗震研究为该桥的设计提供了合理的抗震计算方法。

桥梁的减震、隔震措施、拱桥、曲梁桥的抗震分析方法都已纳入我国铁路、公路桥梁抗震设计规范。

成果具有较高的理论和学术水平，在新建桥的抗震设计和旧桥的抗震加固中都得到了应用。

99. 成形磨齿技术

成功地研制出一种新型的修整器，可以同时修出成型砂轮的两个成型面。从而简化了机床设备，能保证所加工齿轮达到六级精度，效率亦较高。适用于加工渐开线齿轮，渐开线花键轴及各种非渐开线齿轮，如谐波齿轮、行星摆线齿轮、棘轮、链轮等。为采用成型磨法解决了硬齿面齿轮的加工问题。

100. 载能离子束与金属相作用的基本研究

(1)“离子束冶金学研究”项目内含原子碰撞的计算机模拟、离子束混合、核反应分析及离子注入形成氮化物四方面研究。初步探讨类金属-金属的若干系统，如 B-Ni，B-Cr，B-Fe 在离子轰击下发生混合的行为。利用$^{18}O(p,\alpha)^{15}N$研究了锆的氧化动力学，得到满意结果，是国内首次将这种先进技术应用于金属氧化行为的研究。利用 N^{+}离子注入技术系统研究了十多个金属-氮系直接在表面形成氮化物的规律，是一项既有理论意义又有应用价值的工作。为了模拟研究载能粒子与固体的相互作用，编制了 TCIS Monte Carlo 程序，得到了国际同行的重视和承认。

(2)在“离子束作用下合金相的形成及相变研究”中，用离子束混合法系统地研究了二元系中非晶态合金形成规律。首先提出非晶态合金形成的判据，即结构差异规则。深入研究了系统的生成热对非晶态形成能力的影响，进而提出唯象模型，可以根据平衡相图的特征及生成热，预言二元系中非晶态合金的形成。系统地研究了氮注入时氮化物形成机理，热力学因素及新相生长动力学因素的作用及主次关系。提出了“结构适应性”的论点并论证其在氮化物形成中的重要作用。首次用离子束辐照先期形成的非晶态，在其相变过程中观察到新的亚稳态，在固体薄膜中观察到分形，在互不固溶的 Fe—Cu 系统中直接形成准晶，开拓了用离子束方法研究凝聚态物理和材料科学当前两大前沿课题的新学科分支。本工作获国内外专家的好评。

101. 空间机构位移分析

空间连杆机构的基础研究是它的运动分析，其中位移分析问题是十分困难的，尤其是导出不含中间变量而只含输入及输出变量的位移方程式尤为困难。截止到 1974 年，单环单自由度空间连杆机构的输入、输出位移方程式，大部分机构都已解决，只剩 RRRRRC 机构，6R—P 的四种机构，一种 5R—2P (即 RRPRPRR)机构及一般 7R 机构没有解决。7R 机构被喻为机构运动分析中的珠穆朗玛峰，是一个最困难的问题。

本项研究成果首先提出了两种新方法：新的矢量法和酉交矩阵法。这两种新方法都可以系统地对单环空间机构进行求解。在此基础上，经过努力解决了上述所有的困难问题，包括其中 7R 机构的位移分析问题。

单环机构的位移分析与机械手位置反解实质上是同一问题。单环机构位移分析的解决将有助于机器人学的发展。同时也为机构学的其他领域(如机构的综合以及多环机构的系统研究等)提供了新方法和新手段。

空间连杆机构位移分析的国际权威，美国学者 J. Duffy 教授认为此项成果是“自 1974 年以来最重要的结果”，是在该领域的“一项重要的突破”。

102. 冲击波作用下型砂紧实机理的研究

利用气体冲击波来紧实型砂的方法，自 80 年代初在铸造生产中得到实际应用后发展迅速。空气冲击造型机已逐渐成为取代震击造型机和高压造型机的应用广泛的新型铸造机械。

本项目对冲击波作用下型砂紧实过程，不同几何形状模样条件下型砂的运动规律以及冲击紧实机构结构参数对形成冲击波的升压速率的影响进行了系统的试验研究。特别是对冲击紧实机构的核心冲击阀的研究取得了高水平的成果，从理论上阐明了影响形成冲击波的升压速率的各种因素及其相互关系，并进行了实验验证。根据上述理论和试验研究结果所设计的冲击阀，在苏州铸造机械厂制造的空气冲击造型机上应用，使该机的各项技术性能指标达到并部分超过国际上同类产品80年代后期水平。由该机为主机组成的空气冲击造型生产线在山西某厂投产后，获得900万元人民币的直接经济效益，替代了进口的同类生产线，为国家节省了大量外汇。

103. 碳/碳复合材料热应力损毁机理的研究

三向碳/碳复合材料在恶劣的再入环境下能否由于热应力造成灾害性损毁，是至为重要的问题。关于其损毁机理和高温强度准则的研究已取得重大进展。提出了热应力计算的物理模型；提供材料高温热物理和力学性能数据；设计独特的简易高温双轴拉伸装置，可在普通单向拉伸试验机上实现室温和高温（～1300℃）时的双轴拉伸，国内外未见类似工作报道；高温碳素材料热应变仪可用于温度高达2750℃的拉伸、压缩模量和热膨胀的测试，达到国际先进水平；建成X射线CT装置，可对碳/碳材料的工艺裂纹作三维探测。

本研究项目综合性强，难度大。研究成果为国内首创，具有国际先进水平。

104. 低噪高效低压LHLA系列轴流通风机

本系列风机实现低噪、高效的技术原理是依靠减少内部流动的分离旋涡强度来提高其气动性能和声学性能的：①首先使风机的进口旋涡生成尽可能减少；②叶片设计成前倾型。减少叶片附面层的径向潜移，改善叶尖区叶片的流动情况，削弱叶尖区分离旋涡的生成条件；③控制流道结构，防止流程的突然扩张而引起的旋涡损失；④采用气动间隙这一新概念。在物理间隙一定的情况下，使气动间隙减小，有效控制叶尖泄漏旋涡的形成和发展。减少端部旋涡损失和降低端部强旋涡噪声。

通过流场显示和整台风试验研究，确实大大地削弱了风机内部的各种分离旋涡强度，使效率和噪声水平有大幅度的改善，达到和超过了国际同类产品的先进水平。

本系列风机已获国家实用新型专利。现由承德商机公司批量生产。已投放市场7000多台。经过一年多现场对比考核，本风机比现在市场上广泛选用的T-40风机，每年每台节电4430千瓦小时，以一万台计算，每年可为国家节约700万元。若在全国推广，则每年仅节电这一项可为国家节省上亿元资金。同时噪声明显降低(72.5分贝，比噪声为21分贝)改善工作条件，保障工作人员的身心健康。

由于采用了新技术和新原理，解决了长期以来未能从根本上解决的叶片表面附面层潜移和分离，叶尖和叶片通道内二次流对风机性能的严重影响这一难题，技术难度大。因此有很高的学术价值和意义，给叶轮机理论增加了新的内容，促进了叶轮机气动力学及设计、分离旋涡流动理论的发展。

信息科学

105. 用于电学光学测试的气控热开关恒温器

此恒温器为测量固体样品的电学光学性质随温度变化提供了良好条件。与同类恒温器比较具有变温快、恒温稳定性好、装卸样品方便等优点。其中气控热开关有创新。使用时节省液氮。做为一个优良的物理实验设备具有广泛的应用价值。

106. 双纵模双频激光干涉仪

双纵模双频干涉仪是一种高精度的精密仪器，可对大型、精密零件的长度、直线度、角度等做精密测量，该干涉仪采用热稳频光源，解决载波工作频率为500—700兆赫的电子系统，抗干扰能力强，并大大优于现有双频干涉仪的动态性能（目前具有国际先进水平的美国HP公司产品载波工作频率为1.5兆赫)。经国家级测定，单次不确定度<±0.2微米(在800毫米内)，与HP同类指标相当。激光源热稳频装置，采用改变激光器放电电流方法调节谐振腔长，无需加磁场也不用压电陶瓷控制，使用电真空玻璃做激光管，简化了结构，降低了成本。稳频精度达$1.1\sim2\times10^{-9}$，频率再现性达1×10^{-8}，精度具有国际先进水平，预热时间短，优于国际水平。现已研制两台用于精密机床生产车间使用，效果良好。

107. 准光谐振腔电子回旋脉塞的动力学理论

该成果从线性伏拉索夫-麦克斯韦方程出发，建立了准光学腔电子回旋脉塞的动力学理论。分析了准光腔电子回旋脉塞的各种可能方案，求得了各种方案下电子与波的互作用功率、起振电流、频偏等方程，研究了高次模式及波场极化的影响；对一系列重要问题都作了详细的分析和讨论。所得结论表明，准光腔电子回旋脉塞具有很多重要的特点，它适用于作短毫米波、亚毫米波、大功率、高效率的功率源。

评议认为：该成果结论是创新的，对于研究准光腔回旋管具有指导意义。是一篇具有国际水平的学术论文。

108. 强激光与等离子体相互作用中若干非线性过程研究

(1)提出了利用快离子发射特性研究电子热传导反常抑制并决定其阈值的新方法。

(2)全面论证了参量不稳定性机制的作用规律，从实验上确定出现红移谱成分的阈值并发现新的光谱复杂结构；发现了二次谐波发射的时间截止或迟后新特性及机制。

(3)自聚焦与成丝不稳定性研究方面，全面、系统地对各种机制及其作用规律进行了理论与实验上的研究。

(4)密度轮廓变陡及自生磁场效应理论，得到整个冕区的更接近真实的电磁场结构与密度分布，并得到描述密度轮廓修正的各种参数及定标律，研究了自主磁场对于密度轮廓变陡的重要影响，成功地解释了各种实验现象。

(5)建立了新的研究共振吸收的新方法及能满意解释谐波发射，特别是CO_2激光打靶中高次谐波发射等著名现象的理论。

(6)系统地研究了受激布里渊侧向散射及其与其他物理现象的关联问题。

109. 微型机Fuzzy(模糊)控制理论

在理论上推出“微机自优化Fuzzy控制理论”，它主要解决难以建立数学模型的非线性大滞后的复杂工业对象，建立微机Fuzzy自动控制系统的理论及设计技术。它大大发展了规则自修正的Fuzzy控制理论。在实践成果方面，将自优化模糊控制理论用于钨钼企业生产自动化的“微机Fuzzy自动控制系统”和“数字式双频道幅频仪”等科研项目中，均取得良好效果。所撰写的一本专著和四篇学术论文，系统的论述了模糊控制理论及其应用技术并详述了应用成果实例，对从事计算机自动化工作的广大科技工作者，有重要参考价值。鉴定委员会认为，该项成果在解决难以建立数学模型的复杂工业对象的控制方面取得了明显效果，已达到国际水平。建议扩大应用范围。

110. 列阵光学的建立过程

发展和运用矩阵光学技巧，络出了列阵综合象完整的一阶性质、综合象差和多光束干涉效应以及消除综合象差及多光束干涉的条件，建立了光学的新分支。

此项研究指出，目前所有线性元件的轴向组合，其光线变换矩阵的行列式均为1，具有相位共轭性质的非线性器件为-1。而列阵的行列式可自由选取。大量预测已演示成功，新型实用化器件正在涌现。本成果可用于自适应光学、准相位共轭、微型无象差成象、靶面均匀照明、广角无穷景深镜头、无影灯和太阳能利用等领域。

111. 非线性前馈网络的频谱分析与信息保密

(1)在频谱分析方面：对于逻辑函数的统计独立性和相关免疫性的研究，得到若干重要结果，其中“肖-Massey”定理对流密码的密钥流产生器设计有重要指导意义和实用价值；用频谱方法得到了布尔函数与某些变元无关的条件，在网络故障检测中有应用价值；另外研究了 Zm 上组合逻辑函数的相关免疫性。

(2)在公钥密码方面：对一类特殊的二次布尔公钥给出有效的破译方法，研究了格基约化算法解低密度子集和问题的复杂度，证明了求格 L(a,M)的约化基或半约化基算法计算量的更紧的上界，给出了用该算法解低密度子集和问题的条件与成功概率。

(3)伪随机序列等方面：关于序列的复杂度分析，提出了 d—复杂度，球面复杂度，球复杂度等新概念；证明了综合线性反馈多重序列的梅西猜想算法的正确性；对前馈网络如复合序列，钟控序列进行了比较透彻的分析；对广义逆进行了较深入研究，把广义逆推广到有限域上去并证明了它的存在性。

112. 分布参数系统的最优控制理论

(1)用无限维的向量值测度理论指出：线性分布参数系统的等时区在控制区域非凸时可能不凸，而等区的闭包是凸的。同时给出了时间最优控制的最短时间、最优控制的计算公式。

(2)对非线性分布参数系统在控制区域非凸终端有约束的最优控制问题，系统地利用无限维向量值测度研究证明，当终端约束具有有限余维时，分布参数系统最优控制的最大值原理成立。

(3)证明了有限维泛函微分系统的周期最优控制，最大值原理成立，还证明了当变分方程的能达集与终端约束集的代数差是 $C([-r,o];R^n)$ 中的有限余维数集时，最大值原理成立。

(4)利用二次泛函的极值原理，在二次判据不定时，研究了最优反馈控制，推进了 Lions 的工作，建立了三重结构的研究框架，给出了高维情形下分布参数系统点作用控制，边界控制的最优反馈控制。

(5)利用最大最小原理，对无限维系统的多人微分对策和线性二次微分对策问题，给出了闭环最优解的表达式。

(6)研究了时滞非线性控制的无条件稳定性，给出了运用频率判据的充分必要条件。

113. 蒸气二聚物激光与介质中非线性过程的研究

本项研究主要是寻找在蒸气同核二聚物，双原子分子中新的激光振荡，特别是准分子激光振荡，研究在金属蒸气和其他介质中的非线性过程及规律。取得成果：

(1)激光振荡探索方面：在 Na_2，S_2 中首次实现五个谱区的激光振荡；其中 $Na_2$890.0 纳米处第一三重态准分子激光；Na_2 脉冲光泵 B-X 带激光；S_2 短至 3 3 0 纳米的紫外激光；S_2 蓝—绿激光；Na_2 2.50—2.56 微米可调谐激光。

(2)非线性效应方面：首次观察到 Na3S—4S 电子喇曼散射；Na 蒸气中紫外泵浦四波参量过程形成的 598.0，589.4，589.6 纳米黄色维状辐射；Na 中 3S—$4P_{3/2}$，$4P_{1/2}$双支受激超喇曼散射；CH_4 中第二振动基频受激喇曼散射；K 中共振 6P 泵 4S—8S，两步吸收的激光感生荧光。

(3)激光感生荧光谱方面：首次发现 $Na_2$830.0—900.0 纳米，$b^3\Sigma_g^+ - X^3\Sigma_u^+$ 发射谱；$Na_2$750.0—810.0 纳米 ASE；$Na_2$2.2—2.3 微米高位电子态跃迁；Li_2 中 418—618 纳米 ASE；Li_2 第一三重态吸收；K_2 中 660 纳米橙黄色扩散带等 13 个新荧光谱区，并初步判断了其可能归属。

114. 分布参数系统的建模、控制及工业应用

研究了一类具有移动边界分布参数系统的建模和基于模型的启发式搜索优化策略；应用块脉冲技术的递阶最优控制，多目标对策，递阶控制和决策问题；最优控制的渐近解等分布参数控制问题。研究结果大多已在国内外刊物上发表，关于实现分布参数系统的最优控制具有重要的理论意义和工程应用价值。在这一理论研究结果的指导下，已成功地实现了工业型的板坯及步进加热炉的建模及递阶优化控制，经长时间工业应用的考核，已取得显著的经济效益。同时取得了连续铸锭及焦炉生产过程的建模及优化控制的仿真研究结果，对于进一步实现这些分布参数过程的高级计算机优化控制奠定了良好的基础。研究结果对于其他工业分布参数系统的控制也有指导意义。

115. 全 ROM 化运算器及其计算机辅助设计

过去在计算机中各种运算都是以全加器为基础构成的，但全加器存在对正、负权不能直接处理的问题，因此用它实现带权多输入并行运算有困难。本项目为解决这个问题，首先提出并行计数器 ROM 的数学模型，然后提出全 ROM 化并行加法网络，并行乘法器及并行乘加网络的算法，最后开发出实现这些计算机辅助设计软件包。本研究在理论上研究出全 ROM 化新型运算器的数学模型、算法，在实践上用计算机辅助设计方法研制出全 ROM 化并行加法网络、全 ROM 化并行乘法器，实践证明全 ROM 化并行运算器具有结构简单、处理速度快、容易实现计算机辅助设计等优点，因此本研究成果对各种智能仪表及专用处理器的研究具有重大意义。

116. 双注电子回旋脉塞、特种准光腔回旋管、多反射镜准光腔回旋管

该项成果提出了一种回旋不稳定性和等离子体双流不稳定性相结合的受激辐射新机理，理论分析和计算表明相应的器件具有高增益和宽频带；提出了两种新型的准光学谐振腔，进行了理论分析和实验验证，对该两种准光腔的电子回旋脉塞进行了线性、非线性分析；完成了器件的工程设计；其中一种已研制出了样管，测出了基波和二次谐波。该项成果对发展毫米波、亚毫米波具有重要意义，可在受控热核聚变及通讯、雷达、战略武器的研究等方面得到广泛的应用。该项成果已达到国际水平，为国内外许多学者所肯定。在第九届国际红外与毫米波会议上被誉为是“富有开创性”的工作。

二、机械工业技术发展基金

117. 大型振动输送式落砂机组的研制

ZL254 型惯性振动输送式落砂机组是为德国 KW339 高压造型线研制的配套产品，由 L254 型惯性振动输送式落砂机和 Y341250 型惯性振动输送机组成。适用于砂箱尺寸小于 1 500×1 200×900 毫米(长×宽×高)的任何大型铸件造型线上使用，生产率为每小时 60—120 型。填补了国内空白，国外也属最大规格，达到国际 80 年代先进水平。如从国外引进需 30 万美元。振动落砂机长期在高温、重载、高频动载下工作，易疲劳破坏，寿命低。为使落砂机破团能力大，落砂效果好，在设计上采用了新的平行轴式激振源和激振原理，并合理的选用工艺参数和结构参数。

产品已在山东潍坊柴油机厂安装使用一年多，落砂效果好，受到用户好评。

118. 超精密振动——位移测量仪

DWS/DWM 型是一种电容不接触原理的精密仪器，既是测振仪，又是电子测微计。主要用来测量各种金属零部件的机械振动和机械位移以及可以转换成机械位移的其他机械量(力、压力、变形、直线性及厚度等)，特别适用于旋转轴的回转精度，往复机构的运动精度测量，以及不能受力或怕划伤的小型、精密零部件的振动、位移与尺寸测量。“DWS”为 4 位数字显示，“DWM”为直流表头指示。

于 1988 年鉴定，技术性能指标达到国际同类产品的先进水平。其中 0.02 微米的高分辨率 0.0—7.5 千赫的宽频响，零点漂移＜0.5%/小时的稳定性以及对球面被测物体的非线性可进行补偿等多种功能，在国际同类仪器中也不多见。已转让给江苏泰兴机床测试仪器厂批量生产。

主要技术指标：

①量程/分辨率：DWS：±3.00/0.002，±30.00/0.02，±300.0/0.2 微米；DWM：±3.00/0.01，±30.0/0.1，±300/1 微米。②工作频率范围：0—7.5 千赫。③非线性：＜0.5%。④零点漂移＜0.5%/小时。

119. N 型热电偶合金丝研究

N 型热电偶是国际上的新型金属热电偶，系国际电工委员会(IEC)已公布的标准热电偶之一。适用于－200—1 300℃温域内氧化和中性气氛的温度测量。具有如下优点。

(1)在 1 200—1 300℃温域内，其使用寿命成倍高于 K 型热电偶；在 1 100—1 200℃温域内，其稳定性与 S 型贵金属热电偶相当，而比 K 型热电偶提高一个数量级。

(2)在 250—550℃升温过程中，其热电示值不一致性不大于 1℃，而 K 型热电偶为 2—5℃。

(3)该热电偶基体中基本不含有在热中子流辐照环境下易嬗变的元素，耐辐照性能比 K 型热电偶更好。

(4)在 1 000—1 300℃温域的工业测温中，可取代大部分 S 型热电偶，节约贵金属。

该项目填补了国内测温材料的一个空白，无论是配合偶还是单极合金线，均可与任何按 IEC 标准生产的产品互换。并由于对正负极合金成分设计作了改进，使高温抗氧化的性能有所改善，特别在 1 280—1 300℃时的稳定性和使用寿命，明显优于国外同类产品。

该产品已在重庆仪表材料研究所具备生产规模。已提供数百公斤，取得了明显的经济效果。

三、航空科学基金

120. 结构陶瓷烧结工艺理论

系统研究了添加剂和烧结工艺对反应烧结氮化硅(RBSN)组织性能的影响，深入探索了不同类型添加剂的作用机理，并以热力学中自由能变化规律作依据。在理论上提出添加剂的选用准则，对正确选择添加剂及其用量有较大的意义，较国内外文献报道的更为系统全面。在优化烧结工艺参数方面着重探索烧结温度、时间及氮气压力对烧结体结构性能的影响，深入分析温度时间氮气压在烧结中各自所起的作用和综合效果，烧成的 RBSN 试样室温及高温抗弯强度均大于 300 兆帕，达国内先进水平。为提高 RBSN 的性能，研究出浸渍强化新工艺，用稀土氧化物及乙醇配制成浸渍液对试样进行浸渍强化处理，使试样的致密度达 90%以上，抗弯强度达 350 兆帕接近国际先进水平。此项新工艺有较大的实用性。

121. 一种波导型 FET 低噪声放大器

本成果已获得国家发明专利(ZL861034074)，此项发明是把 FET(包括 GaAs MES FET，HEMT 等)直接安装在空波导中实现传输型二端口放大，解决了微带型 LNA 随微波工作频段上移电性能下降，甚至不能正常工作的缺点。和现有技术相比，在厘米波段的高端，在相同条件下，NF 可提高 0.2—0.4(分贝)。具有高的电性能、制造设备及工艺简便、成本低等特点。更重要的是本发明为高频段、低噪声、宽频带、大功率等放大技术及高性能的波导部件，例如波导型 FET 混频、振荡、变频技术等奠定了新的研究、开发基础、它可应用于卫星电视广播、通信，微波通信以及微波检测系统等。本成果曾多次被选送参加全国和国际科技展览。

四、测绘科技发展基金

122. 卫星网的联合平差以及在西北卫星网中的应用

该项成果首次提出了在不同坐标系中建立观测方程的方法，简化了算法；严密论证了各种转换参数模型的等价性和一些模型的亏秩性；提出了一个使平移参数只与卫星网尺度有关的模型和加入 VLBI 和 SLR 联合平差模型；提出了采用“影响率”进行误差分析的方法，并研制了多功能、快速、方便、实用的联合平差程序；布设了 39 个定位点，面积达 300 余万平方公里的西北卫星定位网，并采用了整体平差方法，提供的卫星定位精度为 0.5 米级，达到国际水平；利用联合平差成果求定的西北地区精确的转换参数，精度达到国际先进水平。

五、福州大学科技发展基金

123. 高效能单相异步发电机接线方式

本发明提出一种新型单相异步发电机装置，主要由电机本体和控制器组成。

本发明电机使用了一种新的接线方式，能以定子绕组的额定电流最大限度地提供电机所需的无功伏安、又实现了对外供应的最大单相阻性负载电流大于实际在电机绕组中流过的电流，从而大幅度提高了单相异步发电机的负载能力，使材料利用率大大提高，达到三相电动机的水平。在相同量的材料消耗前提下，本发明电机的输出功率是普通单相发电机的三倍左右。

本发明的控制器根据调磁原理能实现对电机的恒压控制，电压调整率达 1%左右。

本发明单相发电机效率高，输出电压波形良好，运行可靠，价格低廉，技术经济指标全面优于任何一种单相发电机，是理想的小型交流单相电源，特别适用于作为带高功率因数负载的小型独立电源，例如作为船用或飞行器上的小电源或在缺电地区利用风力、水力、柴油、汽油为动力作为小型家用电源。

六、上海第二医科大学医学卫生科研基金

124. 自体带瓣静脉段股浅静脉移植

下肢深静脉功能不全是国内外常见病，其中60%以上为血液倒流性病变。1982年美国Taheri提出以自体带瓣臂静脉段移植于股静脉来治疗下肢深静脉血栓后遗症。本课题研究的结果：①明确本手术的适应症为深静脉血液倒流性病变；②自体带瓣静脉段离体后，利用保养液方可使其内膜在30分钟内保持完整；③移植段术后反应期为2—4周，在此期内要采用抗血凝的药物治疗；④移植段离体后，其中的瓣膜始终保持正常功能，说明它是机械作用，并非神经支配；⑤移植段管径小于股浅静脉，但二者之间的差异不能小于1∶3，绝对管径应大于0.3厘米；⑥手术时以股血管鞘包绕缝合于移植段上，可防止其术后代偿扩大，而致其中的瓣膜关闭不全；⑦可供选用的静脉，依次为臂、腋和健侧股浅静脉。本成果为股浅静脉移植创建了理论基础。

社会科学

1. 新中国的考古发现和研究

本书由夏鼐同志主编，中国社会科学院考古研究所20余位同志执笔撰写的综合性考古著作。全书包括旧石器时代、新石器时代、商周时代、秦汉时代、魏晋南北朝时代、隋唐至明代六章，分为29节、140多个专题，共计80余万字，对新中国成立30多年来考古发现与研究的丰硕成果，首次进行比较详细的全面总结。书中不仅对史前时代各地的原始文化、历史时代的都城遗址、各类墓葬和少数民族遗迹分别作了全面的概括，而且对一些专门性课题，都有系统的论述。各章末尾附有注释，总计3 200多条。本书为中国考古学、中国古代史和其他方面的研究，有重要的参考价值，受到国内外学术界的广泛好评。

2. 中国石窟·克孜尔石窟（三卷）

本书由北京大学考古系和新疆拜城克孜尔千佛洞文物保管所有关同志撰写，文物出版社与日本平凡社共同出版，共三卷三册。

克孜尔石窟是古代龟兹境内最大的石窟群，延续时间长（4—8世纪），内容丰富，为龟兹石窟的代表。由于它地处中亚和我国内地之间，是研究中亚和我国佛教文化艺术的关键。本书用考古学的方法（类型学和地层学）调查研究石窟，这是一项开创性的工作。利用^{14}C测定不同时期石窟的年代，使克孜尔石窟的年代和分期有了科学的依据。把克孜尔石窟的研究和佛教史的研究、中西交通史的研究密切结合起来，有很多精辟的论断，使克孜尔石窟的研究提高到一个新的水平。

3. 校释敦煌变文及王梵志诗学义研究

项楚同志的论文校释敦煌变文及王梵志诗字义，多有发明。文章立论严谨，不为牵强附会之辞。征引繁富，考证精详。凡所论列，大都确凿可信。其中有不少说法能够纠正旧说的阙失和疏漏。这些论文对于敦煌学及唐宋口语词汇的研究都很有裨益。

4. 马克思社会再生产理论

该书对马克思再生产理论的阐述全面系统深入；对国内外再生产理论研究中的各种意见进行评介颇有见地；理论联系实际，在阐明理论时指明这一理论在社会主义建设中的应用方面和方向；在再生产理论的研究对象，劳务和两大部类的关系，两大部类增长速度的对比关系等问题上有创见。

5. 社会主义固定资产再生产

该书是从中国实际出发研究社会主义固定资产再生产特征和规律性的专著。书中有不少作者独到的分析和见解。特别是对长期规划中固定资产规模、方向、结构问题，从外延扩大再生产向以内含为主的扩大再生产的战略转移，对正确处理新建、扩建、改造和原有企业固定资产更新、改造之间的关系，对如何改革固定资产管理体制、提高经济效益

等问题作出的分析和建议，对实际工作有参考意义。

6. 社会主义消费经济学

该书是我国公开发行的第一部社会主义消费经济学专著。该书对于马克思主义的社会主义消费经济学的研究对象提出了科学的观点，并且据之建立了本学科的理论体系。对于马克思主义经典作家关于消费的思想，有比较全面和系统的论述。在比较充分地阐明社会主义消费关系的特点、地位和作用的基础上，提出了改变压抑消费、限制消费为扩大消费、鼓励消费的新观点。该书在我国为本学科填补了空白。

7. 论经济结构对策

该书从我国实际出发，在深入分析的基础上，对产业结构等十一个方面的经济结构提出了对策，在理论分析和政策建议方面都有一定的深度。

8. 财政信贷综合平衡论

该书以马克思主义基本原理为指导，针对我国多年来经济工作中存在的问题和学术界的不同观点，借鉴西方财政金融领域有用的观点和经验从货币流通入手，系统地论述了财政、信贷本身的运动规律和财政信贷与货币流通的相互关系，以及如何实现财政信贷的综合平衡等重大理论问题。同时还对财政金融领域中一些传统的提法与概念，在理论与实践结合的基础上做出了新的解释。全书既有质的分析，又有量的运算。该书不仅是一部有较高学术价值的理论著作，而且对建立社会主义有计划商品经济条件下的宏观调控体系也有实践意义。

9. 中国工业发展战略问题研究

该书是我国第一本系统研究工业发展战略的专著。它有以下优点：第一，全书共十四章，相当全面地论述了工业发展战略总体的和各个方面的问题。各章都有系统资料、中外对比、理论分析、对策研究，内容丰富。第二，全书以马列主义与中国实际相结合而不照搬任何国家的现成做法，提高经济效益而不盲目追求速度，重点进行内涵扩大再生产而不着重于外延扩大再生产等为指导思想，并在各章各节尽可能将这些思想具体化，全书的基本观点经过实践检验是合乎实际的。第三，本书对于工业发展战略中各种难度很大的理论和政策问题进行了认真研究。例如工农业总产值翻两番而能源只能翻一番的矛盾，扩大就业与提高劳动生产率的矛盾等，都尽可能提出对策，有独立见解。本书从理论上和实际上看，都是一本有较高学术价值的著作。

10. 社会必要产品论——社会政治经济学探索

该书是一部具有完整体系的科学著作，主要在以下一些问题上有所前进和发展。①以社会主义商品为分析的始点，指出联合劳动的不同层次是全民所有制商品生产存在的原因。运用联合劳动的不同层次阐述了社会主义经济中生产、分配、交换、消费各种关系。同时又论述了社会主义商品具有一定的直接社会产品的属性，并将此论点贯穿于全书。②提出 V＋m 是社会主义政治经济学的基本范畴，把社会主义基本经济规律用范畴表述出来。③不仅研究了社会主义生产关系，而且对生产力、生产结构、社会主义经济的运行和增长也进行了分析和探讨。④对一些经济现象不仅进行了质的分析，而且也进行了量的研究。该书是对社会主义政治经济学进行系统研究和探索的一本好书。

11. 国际竞争论

该书对比较利益理论及国际价值有关理论提出了自己的见解，并作了比较系统的论述，有的观点虽尚有争论，但作者能够自圆其说。

12. 论联产承包责任制——兼论具有中国特色的社会主义农业发展道路

该书从理论上总结了我国农村实行联产承包责任制的丰富经验，比较系统，比较深刻，有一定创见性。

13. 生产力经济学原理

该书是一部有相当研究深度的专著，并被国家教委定为高校教材。该书的结构严谨，对生产力经济学的范畴和规律、要素论和系统论静态分析和动态分析、质的分析和量的分析，都结合得比较好。而且全书层次分明，逻辑严密，联系实际，从体系上看，是国内已出版的生产力经济学著作和教科书中最有特色的。该书在总结国内已有的研究成果的基础上，对生产力经济学中许多重要问题提出了新见解。如对生产力的系统分析有自己的特点；对生产力的动态考察比较深入；对生产力中“软件”的提法和分析尚属首创，等等。

14. 竞争与垄断：社会主义微观经济分析

该书以马克思竞争理论的基本框架为依据，有分析地吸收了新古典学派完全竞争理论中某些有用的观点，对与社会主义企业行为有关的微观经济机制：竞争和垄断进行了系统、深入的分析，作者以规范的方法，对传统体制下的“行政垄断”及其弊病、对商品经济下的“市场竞争”及其作用作了实事求是的描述，指出了社会主义经济中妨碍、限制竞争的各种因素。在严密论证的基础上，作者指出了实现“真正完全的社会主义经济竞争”的途径是改革。其思路是：在国家计划高效率的协调控制下，以公平竞争代替垄断；以分散决策为其特征的市场经济代替传统的集中决策的产品经济等等。全书论证严密，史料观点明确。新古典学派的完全竞争理论用数理的叙述形式和静态分析法，研究市场上商品、劳务和生产要素的价格问题。作者把它与马克思竞争理论进行了比较，对瓦尔拉均衡假设前提予以否定，证为：“均衡体系关于实际经济运行状态的解释能力几乎趋近于零”。作者批评数理叙述形式，较多的用“文字叙述”。

15. 社会主义微观经济均衡论

该书以“均衡”体系的基本框架为依据，对与社会主义运行机制有关微观经济进行了系统全面的分析。作者以实证的方法，把社会主义经济体制划分为行政和市场两大类，重点考察了在行政体制和双轨体制下企业、个人和政府行为的特点，比如：行政体制下“闲暇”目标、双轨体制下收入最大化目标，考察了现实经济中资源配置和利用的规律。作者对近几年改革中出现的各种新问题，比如：双轨价格、短期行为也进行了实事求是的分析，指出削弱再分配和拆除要素壁垒、发展要素市场是使双轨体制向市场化过渡的关键。全书论证严密、史料观点明确。作者对“均衡”体系展开分析时，比较多的吸收了现代经济学中的成果，如：“棘轮效应”(Rateheteffect)等等，特别指出：用均衡分析“有助于经济分析的深化和细化”，而没有均衡分析的思维和表述，仅仅是研究经济制度或体制的“初期”。作者推崇数理叙述形式。

16. 中国改革大思路

受国家体改委委托，中国社会科学院、中央党校、国务院经研中心、北京大学、中国人民大学、国务院农研中心农村发展所、上海、国家计委等八单位，分别草拟了中期改革方案。该书系这些方案的汇编。这些方案各具特色，各有所长，言之成理，持之有据，既总结了十年改革的经验和教训，又分析了当前面临的问题，提出了进一步改革的方向。其中有的方案的基本思路已为国家所采纳；有的方案提出的建议受到国家的重视。这八个方案体现了我国经济学界在基本理论和对策研究方面的最新成果，集中了经济学界的集体智慧。

第Ⅵ部分

中国科学基金大事记

1981 年

5 月 15 日　中国科学院第四次学部委员大会在北京召开。5 月 15 日，物理学数学部 48 名学部委员、生物学部 41 名学部委员分别联名写信给邓小平等中央和国务院领导，“建议由国家每年拨专款”，“设立中国科学院学部科学基金”，“用来资助全国自然科学方面的基础研究和应用基础研究工作”。建议得到了中央和国务院的支持，批准从 1982 年起由国家拨出专款，设立面向全国的中国科学院科学基金。

11 月 14 日　中国科学院主席团第二次会议通过《中国科学院科学基金试行条例》。

1982 年

3 月 2 日　中国科学院科学基金委员会成立，卢嘉锡教授任主任，严东生研究员、谢希德教授任副主任。同时召开第一次全体委员会议，原则通过了《中国科学院科学基金试行条例实施办法》，责成基金会办公室根据讨论中提出的意见，修改后报基金会正副主任审定，发布施行。

10 月 14—15 日　中国科学院科学基金委员会召开第二次全体委员会议，听取科学基金申请、评审情况汇报，审批单项资助金额超过 10 万元的项目，审议《中国科学院科学基金试行条例实施办法补充修改意见》。当年共受理 1 260 项申请项目，申请总金额 16 527 万元。经中国科学院学部科学基金组和科学基金委员会审查，批准了首批资助项目 504 项，资助总金额 2 830 万元。

1983 年

1 月　贵州省科学技术委员会设立贵州省科学技术发展基金，经费来自省政府拨款，三年 350 万元。

6 月　孙冶方经济科学奖励基金设立。

6 月　中国社会科学院青年语言学奖金设立。

1984 年

7 月　水利水电科学基金委员会成立。

7 月 6 日　国家地震局地球物理研究所、工程力学研究所、中国科学院中国科学技术大学地球和空间科学系和北京大学地质系等四单位联合提出建议，共同集资，设立地震科学联合基金。

9 月 11 日　国务院科技领导小组批准建立地震学联合科学基金会。

1985 年

1 月　卫生部批准设立面向全国医药卫生行业的科学基金——卫生部科学研究基金。

1 月　上海市人民政府批准成立上海工业技术发展基金会。

1 月　夏鼐考古学研究成果奖金设立。

3 月 11 日　中国科学院决定设立“中国科学院院内科学基金”，主要用于资助院属单位的基础研究和应用研究中的基础性工作。从 1986 年起，停止受理申请项目。

3 月 13 日　《中共中央关于科技体制改革的决定》公布。提出“按照不同类型科学技术活动的特点，实行经费的分类管理”。“对基础研究和部分应用研究工作，逐步试行科学基金制，基金来源，主要靠国家预算拨款。设立国家自然科学基金会和其他科学技术基金会，根据国家科学技术发展规划，应争取几年之后做到科研经费主要靠申请基金，国家只拨给一定额度的事业费，以保证必要的经费使用和公共设施费用”。

7 月 16 日　邓小平同志接见美籍物理学家李政道教授时指出，成立国家自然科学基金委员会大家都会赞成，不会反对。

7 月 19 日　水利技术开发基金委员会成立。

10 月　国家测绘局测绘科学技术发展基金委员会成立。

11 月　航空工业部决定从预研经费中划出部分经费设立基金，并成立航空科学基金理事会。

煤炭工业部成立煤炭科技基金会，设立煤炭科技发展基金，包括煤炭科学基金、煤炭技术开发基金和煤炭技术推广基金三部分。

高等学校博士学科点专项科研基金开始实施。基金经费是 1982 年国务院批准对中央部门所属 88 所重点高等院校增拨的 2 000 万科研费。

1986 年

1 月 23 日　国务院发布《关于科学技术拨款管理的暂行规定》。规定：主要从事基础研究和近期尚不能取得实用价值的应用研究工作的单位，其研究经费应该逐步作到主要依靠申请基金，国家只拨给一定额度的事业费，以保证必要的经常费用和公共设施费用。同时还规定凡建立面向全国的行业技术开发基金的部门，经国家科委批准，其减下来的事业费，全部留给行业主管部门用作技术开发基金。

1月　云南省科委从1986年起设立“应用基础研究专项经费”，每年从科技三项费用中划出约5%的经费（每年约70万元），主要资助本省的应用基础研究项目和基本资料收集积累等基础性研究工作。

2月14日　国务院发出《关于成立国家自然科学基金委员会的通知》，任命唐敖庆教授为主任，对国家自然科学基金委员会的宗旨、任务、体制等作了明确的规定。

《人民日报》发表评论员文章《发展基础研究的战略性措施》，论述国家自然科学基金委员会成立的意义。

2月　国家气象局成立气象科学基金委员会，资助气象应用基础性、规律性研究。

3月5日　《人民日报》刊登国务院科技领导小组办公室负责人就设立国家自然科学基金委员会的有关问题答记者问。

3月　机械工业技术发展基金委员会成立，资助机械工业行业的基础技术（共性技术）、应用研究和重点技术开发项目。

6月　国务院批准中国社会科学院提出的《关于设立社会科学基金的请示报告》。10月27日召开全国哲学社会科学规划领导小组会议，通过了《国家社会科学基金暂行条例》，胡绳同志担任基金会主任。

6月　城乡建设部设立城乡建设科技发展基金，主要用于同国家自然科学基金委员会联合资助项目。

9月8日　山西省人民政府批准成立山西省自然科学基金委员会。

9月19日　国务委员、国家科委主任宋健同志在国家自然科学基金委员会的工作情况报告上批示：“基金会成立虽短，已取得了可喜的成绩，已迈出了重要一步。这对择优支持重要的基础应用研究有长远意义。保持高门槛，增加竞争性，也有利于大多数科技人员转向为当前经济建设服务”。

10月　国家自然科学基金委员会决定从1987年起设立青年科学基金项目，资助35岁以下具有博士学位或同等条件的优秀科研人员。

11月11日　国务委员、国家科委主任宋健同志在《机械工业技术发展基金会试行一年的报告》上批示：“祝贺基金会一年来取得的成绩。这样，基金会就有可能成为指导全国机械行业的领导机构之一。这证明中央关于改革的决定是完全正确的。希望基金会能继续前进，不断增加金额，形成指导机械工业技术发展潮流的强有力杠杆。五机部撤销后，基金会应更加兴旺而不应削弱”。

11月27日　原国务委员方毅同志在上述报告上批示：“这项措施很好，工作也很有成绩，应予表扬和推广，望继续努力，并向其他行业推广”。

12月　福建省科学技术委员会根据省政府的决定，设立省自然科学基金，成立福建省自然科学基金评审委员会，于当年评审出首批资助项目。

国家教委设立“资助优秀年轻教师基金”，用于资助教育系统回国留学人员。

内蒙古自治区人民政府批准成立内蒙古自治区自然科学基金委员会。

四川省科学技术委员会设立四川省应用基础研究基金，并于当年评审出第一批资助项目。

12月24—27日　国家自然科学基金委员会第1次全体会议在京召开，方毅、宋健、严济慈、周培源等领导同志出席了开幕式，方毅、周培源同志作了重要讲话。

12月27日　党和国家领导人在人民大会堂接见国家自然科学基金委员会委员和全委工作人员，并一起照相。参加接见的有万里、方毅、乔石、宋平、陈慕华、严济慈、张劲夫、宋健、周谷城、周培源等同志，陪同接见的有张寿、刘鸿儒、滕藤、卢嘉锡、严东生、高镇宁等同志。

1987年

1月　国家自然科学基金委员会发行第一部——《1987年度国家自然科学基金项目指南》。

贵州省科学技术发展基金经过三年试行，正式成立贵州省科学技术基金委员会。

2月　卫生部设立青年科学研究基金。

3月　国家医药管理局新药研究基金设立。

7月　《中国科学基金》杂志创刊，方毅同志题写刊名，宋健、严济慈、卢嘉锡等题词。

9月　地质行业科学技术发展基金委员会成立。

9月　国家计划委员会和中国科学院集资建立

科技促进经济发展基金会，这是以贷款及投资方式，对促进经济发展的有关科技成果推广项目提供财力资助的非赢利社会组织。

9月　上海市科学技术委员会和市财政局联合颁发《上海市自然科学基金试行条例》，设立上海市自然科学基金。

9月　上海市科学技术委员会设立“上海市青年科学基金”。

9月　广东省科学技术委员会设立广东省科委科学基金。

10月　霍英东教育基金会设立“青年教师基金和青年教师奖”，旨在鼓励高等院校的青年教师在教学及研究工作中做出优异成绩，促使优秀的青年教师脱颖而出，吸引留学人员学成及时回国。

10月　中美基础科学合作联合工作组第6次会议在美国华盛顿举行，一致同意中国国家自然科学基金委员会为中美基础科学合作议定书的参加者。

12月25日　中国管理科学研究会决定成立科学基金研究分会，挂靠在国家自然科学基金委员会。这是全国有志科学基金管理工作、研究工作者的群众性学术组织。

1988年

3月5日　管理科学研究会科学基金研究分会理事会召开第一次会议，正式开始工作。

3月24日　国防科技图书出版基金设立。

4月　浙江省政府批准建立浙江省自然科学基金委员会。

4月19日　中国科协振华基金会成立。

6月14日　山东省设立泰山科技专著出版基金。

6月　重庆出版社设立科学学术著作出版基金。

8月　河南省自然科学基金委员会成立。

10月　中华国际医学交流基金会成立。

11月4日　国务院批准设立数学专项基金(现称“数学天元基金”)，每年拨款100万元，带帽下达，由国家自然科学基金委员会管理。

11月7日　国家自然科学基金委员会发布关于设立地区科学基金的暂行规定，决定从1989年起设立地区科学基金，用以资助少数民族地区、边远地区和科学基础薄弱地区的基础性研究工作。

12月　轻工业科学技术发展基金委员会成立。

12月　长白山学术著作出版基金会成立。

1989年

3月4日　湖北省科学技术委员会设立湖北省自然科学基金，并成立评审委员会。

5月9—13日　中国管理科学研究会科学基金研究分会成立大会暨第一次学术研讨会在宁波召开。

5月　国际战略研究基金会成立。

6月　云南省人民政府批准在1986年设立的“云南省科委应用基础研究专项经费”的基础上，增加经费，成立云南省科委应用基础研究基金委员会。

9月　天津市成立天津市21世纪-青年科学基金。

10月25日　广东省设立优秀科技专著出版基金。

12月18日　极地科学研究发展基金会成立，作为地质行业科学技术发展基金会的分支机构，但具有独立法人资格。

12月26日　中国科学院科学出版基金专家委员会成立。

12月　马海德基金会成立。

12月　国家社会科学基金会设立青年社会科学研究基金。

第Ⅶ部分

基金会名录

全国性科学基金

国家自然科学基金委员会

主　　任　唐敖庆(1986—1990年)

成立日期　1986年2月

资金来源　国家财政拨款,捐赠

资助范围　基础研究、部分应用研究、科技基础数据采集研究

资助方式　无偿

常设机构　国家自然科学基金委员会

办公地址　北京市海淀区花园北路35号东门(100083)

电　　话　2010305(值班室)

电　　传　222434 NSFC CN

传　　真　201306

国家社会科学基金委员会

主　　任　胡　绳

主管部门　中国社会科学院

成立日期　1986年10月

资金来源　财政部拨款

资助范围　我国社会主义建设中重大理论问题与现实问题研究,以及社会科学各学科的理论研究

资助方式　无偿

常设机构　社会科学基金委员会办公室

办公地址　北京市东城区建国门内大街5号(100732)

联 系 人　朱崇利　王子豪

电　　话　5137744—2368

青年社会科学研究基金

主管部门　中国社会科学院

成立日期　1989年

资金来源　财政部拨款

资助对象　全国社会科学各学科39岁以下,副研究员以上工作者、研究人员

资助方式　无偿

常设机构　社会科学基金委员会办公室

办公地址　北京市东城区建国门内大街5号(100732)

联 系 人　朱崇利　王子豪

电　　话　5137744—2368

行业、部门科技基金

中国博士后科学基金会

名誉理事长　李政道

理 事 长　沈克琦

主管部门　全国博士后科学研究流动站管理协调委员会

成立日期　1990年5月30日

资金来源　中央财政部一次性拨款的存款利息、各种收益;国内外赞助、捐赠

资助范围　进入博士后流动站工作半年以上者

资助方式　无偿(人民币部分可终身使用;外汇部分出站后1年内保留使用权)

常设机构　基金会办公室

办公地址　北京市玉渊潭公园内(100038)

联 系 人　杨竫　田野冬

电　　话　8014447—312,315

电　　传　210429 MOP CN

交通科技发展基金会

主　　任　张叔辉

主管部门　交通部

成立日期　1990年8月

资金来源　科技三项费,行业开发费,部拨科技发展费,有偿合同回收的科技经费;社会集资、捐赠、利息等

资助范围　软科学研究;应用研究、重点技术开发项目、重大成果的推广应用;新技术、新工艺、新产品、新材料的开发研究和应用;技术基础工作等

资助方式　无偿,部分有偿,有偿,贷款

常设机构　交通科技发展基金会项目处

办公地址　北京复兴路交通部科技司(100845)

联 系 人　裴健康

电　　话　3261845

国家资助优秀年轻教师基金

主管部门　国家教育委员会
成立日期　1986年
资金来源　财政部拨款
资助范围　教育系统回国留学人员
资助方式　无偿
常设机构　国家教委科技管理中心
办公地址　北京市西城区大柗胡同37号(100816)
联 系 人　曹晓南
电　　话　651815
电　　传　6013350

高等学校博士学科点专项科研基金

主管部门　国家教育委员会
成立日期　1985年
资金来源　财政部拨款
资助对象　理工、农林、医药、军工、文科各学科的博士导师
资助方式　无偿
常设机构　基金办公室
办公地址　北京市西城区大木仓胡同37号(100816)
联 系 人　初庆春
电　　话　658731—2729

地质行业科技基金会

主　　任　王鸿祯
主管部门　地质矿产部
成立日期　1987年9月30日
资金来源　减拨的研究所技术开发部分事业费；部分科技三项费
资助范围　地质科学的应用研究、基础研究项目
资助方式　无偿
常设机构　基金办公室
办公地址　北京阜外百万庄26号中国地质科学院(1000 37)
联 系 人　李光岑
电　　话　8311966
电　　传　222721 CAGS CN

城乡建设科技发展基金

主管部门　建设部
成立日期　1986年6月
资金来源　科技三项费
资助范围　建设行业的基础性技术研究项目、应用研究项目、少量重点技术开发项目
资助方式　无偿
常设机构　建设部科技司代管
办公地址　北京西郊甘家口建设部科技发展司(100835)
联 系 人　李乃湘
电　　话　8311588

机械工业技术发展基金委员会

主　　任　陶亨咸
主管部门　机械电子工业部
成立日期　1985年3月
资金来源　科技三项费，部分事业费
资助范围　机械工业基础技术和重大产品开发项目
资助方式　无偿，部分有偿
常设机构　机械工业技术发展基金委员会秘书机构
办公地址　北京市西城区三里河机电部科技司(100823)
联 系 人　朱森第　吴祖聪
电　　话　866267

航空科学基金理事会

理 事 长　方宝瑞
主管部门　航空航天工业部
成立日期　1985年11月
资金来源　预研费
资助范围　航空科学技术基础研究，部分应用研究
资助方式　无偿
常设机构　基金办公室
办公地址　北京安定门外北苑大院2号院航空航天工业部620所
通信地址　北京761信箱10分箱
联 系 人　陈　勇　张应璇
电　　话　4022516　4021166—1232

轻工业科学技术发展基金会

主　　任　俞福良

主管部门　轻工业部
成立日期　1988年12月
资金来源　科技三项费，有偿回收的科技费，中国轻工业新技术组织研究开发中心的盈利，社会集资
资助范围　轻工业的应用研究、重点技术研究、开发项目
资助方式　有偿，部分有偿，无偿
常设机构　基金会办公室
办公地址　北京市朝阳区光华东路12号(100020)
联系人　王　珏　霍杜芳
电　　话　5005905

水利技术开发基金委员会

主　　任　徐乾清
主管部门　水利部
成立日期　1985年7月19日
资金来源　科技三项费
资助范围　水利技术应用和开发项目
资助方式　有偿
常设机构　基金会办公室
办公地址　北京市白广路二条水利部科技教育司(100761)
联系人　李生田
电　　话　365331－4362

水利水电科学基金委员会

主　　任　张泽祯
主管部门　水利部
成立日期　1984年7月
资金来源　科技三项费
资助范围　应用基础研究项目
资助方式　无偿
常设机构　基金会办公室
办公地址　北京市西郊车公庄西路10号(100044)
联系人　谢良安　王　蓓
电　　话　8415522－919

卫生部科学研究基金

主管部门　卫生部
成立日期　1985年1月
资金来源　科技事业费，卫生事业费，科技三项费
资助范围　应用研究和应用基础研究；少量开发研究
资助方式　无偿，有偿
常设机构　基金办公室
办公地址　北京市西城区后海北沿44号卫生部科技司计划处(100725)
联系人　薛志福　邵　新
电　　话　4011361

卫生部青年科学研究基金

主管部门　卫生部
成立日期　1987年2月21日
资金来源　科技三项费，卫生部部长基金
资助范围　35岁以下优秀青年科技工作者在国内的基础研究、应用研究
资助方式　无偿
常设机构　基金办公室
办公地址　北京市西城区后海北沿44号卫生部科技司计划处(100725)
联系人　薛志福　邵　新
电　　话　4011361

国家医药管理局新药研究基金

主管部门　国家医药管理局
成立日期　1987年3月
资金来源　财政部拨款，自筹款
资助范围　创新药物，发现有新的药理活性的已知化合物
资助方式　无偿
常设机构　国家医药管理局新药研究管理中心
办公地址　北京市北礼士路甲38号国家医药管理局大数四楼9号(100810)
联系人　任德权　王子厚
电　　话　8313344－0409,0418

气象科学基金委员会

主　　任　章基嘉
主管部门　国家气象局
成立日期　1986年2月
资金来源　科技三项费
资助范围　气象科学应用基础性、规律性(包括创新的预报方法)的研究

资助方式　无偿
常设机构　气象科学基金会办公室
办公地址　北京西郊白石桥路46号国家气象局科技教育司科技发展处(100081)
联 系 人　王远忠　钟志武
电　　话　8312277—2632

地震科学联合基金会

主　　任　安启元
主管部门　国家地震局
成立日期　1984年9月15日
资金来源　国家地震局地球物理所、工程力学所、中国科学技术大学地球科学系、北京大学地质系科研费
资助范围　地震科学基础研究与基础性应用研究
资助方式　无偿
常设机构　地震科学联合基金会办公室
办公地址　北京复兴路63号(100036)
联 系 人　吴宁远
电　　话　811531—342

测绘科技发展基金委员会

主　　任　杨凯
主管部门　国家测绘局
成立日期　1985年10月
资金来源　科技三项费、事业费
资助范围　基础研究、应用研究、开发研究、软科学研究和技术推广
资助方式　无偿,有偿,部分有偿
常设机构　基金会办公室
办公地址　北京阜外百万庄国家测绘局科技处(100830)
联 系 人　喻永昌
电　　话　8322026

科技促进经济发展基金会

名誉理事长　吕　东　严东生
理 事 长　周光召
主管部门　国家计划委员会,中国科学院
成立日期　1987年7月16日
资金来源　集资,委托代理项目资金,国内外赞助、捐赠
资助范围　与促进经济发展有关的科技成果推广项目
资助方式　贷款,投资
常设机构　科技促进经济发展基金会
办公地址　北京市西城区三里河54号(100864)
联 系 人　杨玉龙
电　　话　862460

地方科学基金

北京市自然科学基金委员会

会　　长　高　原
主管部门　北京市科学技术委员会
成立日期　1990年3月
资金来源　市财政拨款
资助范围　面向全市,资助自然科学领域的应用基础研究
资助方式　无偿和部分有偿
常设机构　基金会办公室
办公地址　北京市西城区西直门内南顺城街12号(100035)
联 系 人　徐桂滨
电　　话　6023253

天津市自然科学基金

主　　任　母国光
主管部门　天津市科委
成立日期　1990年8月
资金来源　科技三项费
资助范围　全市自然科学中应用性基础研究工作,以及部分应用研究和基础研究
资助方式　无偿
常设机构　天津市科委兼管
办公地址　天津市和平路287号(300041)
联 系 人　杨应敏　姚天侍
电　　话　303719

天津市21世纪-青年科学基金

主　　任　石则昌
主管部门　天津市科委

成立日期　1989年9月
资金来源　科技三项费
资助范围　全市35周岁以下的科技工作者从事基础研究、应用研究及实验
资助方式　无偿
常设机构　天津市科委综合计划处兼管
办公地址　天津市和平路287号(300041)
联 系 人　王士禧　魏 政
电　　话　303719

山西省自然科学基金委员会

主　　任　张永岩
主管部门　山西省人民政府
成立日期　1986年12月
资金来源　山西省科委科技三项费
资助范围　全省自然科学基础研究和应用基础研究
资助方式　无偿
常设机构　基金委员会秘书处
办公地址　山西省太原市迎泽大街60号省科技大楼720房间(030001)
联 系 人　冯政光
电　　话　441291—297

内蒙古自治区自然科学基金委员会

主　　任　陈 杰
主管部门　内蒙古自治区科委
成立日期　1986年
资金来源　科技三项费
资助范围　全区自然科学领域中基础研究和应用基础研究
资助方式　无偿
常设机构　基金办公室
办公地址　呼和浩特市内蒙古科委计划处(010055)
联 系 人　徐振明
电　　话　667477

上海市自然科学基金与上海青年科学基金

主管部门　上海市科委
成立日期　1987年
资金来源　上海市科技发展基金,国内外捐赠
资助范围　全市基础研究,应用基础研究
资助方式　无偿
常设机构　基金会办公室
办公地址　上海市福州路30号(200002)
联 系 人　李 跃
电　　话　212810

浙江省自然科学基金委员会

主　　任　周 文
主管部门　浙江省科委
成立日期　1988年4月
资金来源　省财政拨款
资助范围　全省自然科学基础研究和应用基础研究
资助方式　无偿
常设机构　基金办公室
办公地址　杭州市环城西路91号省科技大楼内(310007)
联 系 人　朱明权　宣晓东
电　　话　754050 559003
电　　传　35069 2PSTC CN
传　　真　558548

福建省自然科学基金评委会

主　　任　柯 冲
主管部门　福建省科委
成立日期　1986年12月
资金来源　科技三项费
资助范围　全省自然科学基础研究和应用基础研究
资助方式　无偿
常设机构　基金办公室
办公地址　福州市湖东路51号(350003)
联 系 人　程超华　卢春树
电　　话　555687
电　　传　92179

江西省自然科学基金委员会

主　　任　王 甡
主管部门　江西省科委
成立日期　1990年5月
资金来源　科技三项费

资助范围 全省自然科学基础研究和应用基础研究
资助方式 无偿
常设机构 基金办公室
办公地址 南昌市省政府大院内(330046)
联系人 张 宏
电 话 65355

山东省自然科学基金委员会

主 任 马长贵
主管部门 山东省教委
成立日期 1989年7月
资金来源 省财政拨款
资助范围 全省自然科学基础研究和应用基础研究
资助方式 无偿
常设机构 山东省自然科学基金办公室
办公地址 济南市青年东路1号(250011)
联系人 韩金远
电 话 26921—322,324

河南省自然科学基金委员会

主 任 许广先
主管部门 河南省科委
成立日期 1988年8月
资金来源 科技三项费
资助范围 全省自然科学基础研究和应用基础研究
资助方式 无偿
常设机构 河南省自然科学基金办公室
办公地址 郑州市河南省科委计划处(450003)
联系人 吴大寿
电 话 553368

湖北省自然科学基金评审委员会

主 任 崔 昆
主管部门 湖北省科委
成立日期 1989年3月4日
资金来源 省财政拨款
资助范围 全省自然科学基础研究
资助方式 无偿
常设机构 基金办公室
办公地址 武汉市武昌小洪山湖北省科委计划处(430071)
联系人 王红斌
电 话 812591
传 真 711792

广东省科委科学基金

主管部门 广东省科委
成立日期 1987年
资金来源 省科委科技三项费
资助范围 全省自然科学基础研究和应用基础研究
资助方式 无偿
常设机构 省科委综合处兼
办公地址 广州市东风二路广东省科学馆内(510033)
电 话 334100—325,332567
电 挂 0151

贵州省科学技术基金委员会

主 任 汪福清
主管部门 贵州省科委
成立日期 1987年1月(1983年设立科学技术发展基金)
资金来源 省财政拨款,科技三项费,有偿使用偿还经费
资助范围 全省自然科学基础研究和应用基础研究、技术开发研究、风险技术开发研究
资助方式 无偿,有偿
常设机构 基金办公室
办公地址 贵阳市贵山饭店(550002)
联系人 黄 明
电 话 524276

云南省应用基础研究基金

主 任 张敖罗
主管部门 云南省科委
成立日期 1989年6月
资金来源 省财政拨款、科技三项费
资助范围 全省自然科学应用基础研究
资助方式 无偿
常设机构 云南省科委应用基础研究基金办公室

办公地址 昆明市北京路 110 号(650021)
联系人 杨中润 黄文昆
电 话 36747

四川省应用基础研究基金

成立日期 1986 年
办公地址 四川成都市学道街 39 号(610016)
批准单位 四川省科委
主管部门 四川省科委计划处
联系人 刘川善(工程师)
电 话 663911,662146
电 传 641045 SPCST CN

贵阳市科学技术发展基金

主管部门 贵阳市科委
成立日期 1986 年 4 月
资金来源 省科技三项费、回收贷款
资助范围 以全市的开发项目为主
资助方式 以有偿为主
常设机构 贵阳市科委计划处兼管
办公地址 贵阳市市府路 14 号(550002)
联系人 陈之英
电 话 522057,523790

河北省卫生厅医学科研基金

主管部门 河北省卫生厅
成立日期 1985 年
资金来源 卫生事业费
资助范围 临床应用研究、基础研究
资助方式 无偿
办公地址 石家庄市合作路 6 号省卫生厅科教处(050051)
联系人 张学勤
电 话 742903

基层单位科技基金

中国医科大学青年科学基金

主 任 张开来
主管部门 中国医科大学
成立日期 1987 年
资金来源 校财政拨款
资助范围 35 岁以下科技人员的应用研究和应用基础研究
资助方式 无偿
常设机构 评审委员会
办公地址 沈阳市和平区南京街 5 段 3 号(110001)
联系人 姜志温
电 话 369477

辽宁省海洋水产研究所科研基金

主 任 吴敬南
成立日期 1989 年 3 月
资金来源 技术服务创收提成,科技三项费节余
资助范围 所内应用基础研究、技术发展、人才培养
资助方式 无偿
常设机构 科技办公室
办公地址 大连市黑石礁街 50 号(116023)
联系人 谭克非
电 话 491238

沈阳药学院中青年科技发展基金

主 任 王圣符
主管部门 沈阳药学院
成立日期 1989 年
资金来源 科技服务及科技筹划资金
资助范围 院内中青年的基础理论、应用研究、技术开发
资助方式 无偿
常设机构 基金评审组
办公地址 沈阳市文化路 103 号沈阳药学院科研处(110015)
联系人 吕向一
电 话 483706,483693

长春地质学院五四青年地质学家奖

主管部门 长春地质学院
成立日期 1985 年 9 月
资金来源 校友捐赠
资助范围 院内地质研究成果
资助类型 奖励

常设机构　办公室(设在人事处干部科)
办公地址　长春市地质宫长春地质学院人事处(130026)
联 系 人　周洪仁
电　　话　824781—445

哈尔滨建筑工程学院青年教师科学基金

主　　任　张树仁
主管部门　哈尔滨建筑工程学院
成立日期　1989年4月
资金来源　院发展基金
资助范围　院内35岁以下青年教师的基础研究、应用基础研究
资助方式　无偿
常设机构　基金办公室
办公地址　哈尔滨南岗区大直街144号(150006)
联 系 人　陈润明
电　　话　493739,493512—325

复旦大学社会科学青年基金

主管部门　复旦大学
成立日期　1986年
资金来源　校发展基金
资助范围　校内文科各系、研究所、研究中心40岁以下的青年教师的研究课题
资助方式　无偿
常设机构　复旦大学教务处
办公地址　上海市邯郸路220号(200433)
联 系 人　张　毅
电　　话　5484906—2289
电　　传　33317 HUA FU CN

复旦大学自然科学基金与青年科学基金

主管部门　复旦大学
成立日期　1986年
资金来源　科技三项费,本校发展基金(用于青年科学基金)
资助范围　校内应用研究、基础研究;青年科学基金限于35岁以下
资助方式　无偿
常设机构　复旦大学科技处
办公地址　上海市邯郸路220号(200433)
联 系 人　陆剑英
电　　话　5482061
电　　传　3317 HUAFU CN

华东师范大学自然科学基金

主　　任　张瑞琨
主管部门　华东师范大学
成立日期　1985年7月
资金来源　科学事业费,学校创收基金,有偿项目创收,捐赠
资助范围　校内基础研究、应用研究、开发研究
资助方式　无偿,部分有偿,有偿
常设机构　华东师范大学科研处
办公地址　上海市中山北路3663号(200062)
联 系 人　李天任　丁世根
电　　话　2577577—2621,2631　2577918

上海第二医科大学医学卫生科研基金(含青年基金)

主　　任　薛纯良
主管部门　上海第二医科大学
成立日期　1985年10月(校青年基金1987年设立)
资金来源　校发展基金,机动费,捐赠
资助范围　校内基础研究,应用研究,开发研究
资助方式　无偿,部分有偿
常设机构　科研处
办公地址　上海重庆南路280号(200025)
联 系 人　董云霓　李宣海
电　　话　3286590—250

第二军医大学青年科学基金

主　　任　张文康
主管部门　第二军医大学
成立日期　1987年3月
资金来源　总后勤部财政拨款
资助范围　校内青年的基础研究、应用基础研究、技术发展
资助方式　无偿
常设机构　基金委员会
办公地址　上海市翔殷路594号第二军医大学训练部科研处(200433)

联 系 人　唐国民
电　　话　5488706－41092

华东化工学院科学研究基金

主　　任　潘孝仁
成立日期　1985年4月4日
资金来源　科学事业费，科技三项费，部分学校自筹经费
资助范围　院内应用研究、应用基础研究
资助方式　无偿
常设机构　科学研究基金委员会
办公地址　上海市华东化工学院科研处（200237）
联 系 人　潘伯华
电　　话　394280－2410
电　　传　33428　ECICT

上海工业大学科学技术发展基金

主　　任　方明伦
成立日期　1986年9月
资金来源　科研管理费，完成项目结余经费
资助范围　校内基础研究、应用研究、新技术
资助方式　无偿，部分有偿，有偿
常设机构　上海工业大学科研处
办公地址　上海市延长路149号（200072）
电　　话　6631515
传　　真　86－21－6626083

浙江大学科学研究基金

主管部门　浙江大学
成立日期　1985年12月
资金来源　科学事业费，校发展基金
资助范围　基础研究，应用基础研究
资助方式　无偿
常设机构　浙江大学科研处
办公地址　杭州市玉泉（310027）
联 系 人　葛朝阳
电　　话　572244－2726，2626
电　　传　35040Z UFAO CN

浙江农业大学科技发展基金

主　　任　（评审委员会）　夏英武
成立日期　1986年
资金来源　科研经费，收入留成，有偿资助回收
资助范围　校内技术发展、应用基础研究、人才培养、基础研究
资助方式　无偿，部分有偿，有偿
常设机构　浙江农业大学科研处
办公地址　杭州华家池（310029）
联 系 人　周月群
电　　话　42605－56

福州大学科技发展基金（含青年科技发展基金）

主　　任　魏可镁
主管部门　福州大学
成立日期　科技发展基金，1986年4月，1988年（内设青年科技发展基金）
资金来源　集资，科研三项费
资助范围　校内基础研究、应用研究、技术发展、人才培养
资助方式　无偿，部分有偿，有偿
常设机构　福州大学科研处
办公地址　福州市福州大学怡园28幢403室（350002）
联 系 人　郑志宏
电　　话　710845－377　7100112

山东省农业科学院青年科学研究基金

主管部门　山东省农业科学院
成立日期　1987年5月
资金来源　院长基金，收入提成，捐赠
资助范围　院内青年应用、开发研究
资助方式　无偿
常设机构　山东省农业科学院科研处
办公地址　济南市东郊桑园路14号（250100）
联 系 人　王荫墀　邱若瑞
电　　话　43721－266

湖南大学科学基金（含青年科学基金）

主　　任　徐仲榆
主管部门　湖南大学
成立日期　1986年3月
资金来源　科研事业费，横向课题结余，科技成果转让费提成

资助范围　校内基础研究、应用基础研究、适用技术和新技术
资助方式　无偿，有偿，部分有偿
常设机构　湖南大学科研处科研管理科
办公地址　长沙市岳麓山(410082)
电　　话　83171—877

中山大学科学研究基金

主管部门　中山大学
成立日期　1987 年
资金来源　科研事业费，委托项目拨款提成，教育事业费，捐赠
资助范围　校内基础研究、应用研究；校内召开国际学术会议
资助方式　无偿，有偿
常设机构　中山大学科研处
办公地址　广州市新港西路中山大学科研处(510275)
联 系 人　张劲勋
电　　话　446300—609

广州中医学院科学基金

主管部门　广州中医学院
成立日期　1986 年
资金来源　卫生教育事业费的 3%，科技开发，转让收入的 30—40%，捐赠
资助范围　院内应用基础研究，开发研究
资助方式　无偿
常设机构　广州中医学院科研处
办公地址　广州市三元里(510407)
联 系 人　许卫华
电　　话　661233—267

华西医科大学科学研究基金、青年科学研究基金

主管部门　华西医科大学
成立日期　科学研究基金 1985 年；青年科学研究基金 1987 年
资金来源　教育事业费、卫生事业费，科技成果、技术转让、对外服务等收入提成
资助范围　校内基础研究与应用研究
资助方式　无偿
常设机构　华西医科大学科研处
办公地址　成都市人民南路三段 17 号(610041)
联 系 人　陈开俊
电　　话　581130—2384，2313
电　　传　60251

昆明工学院科研发展基金、青年科学基金

主　　任　廖伯瑜
主管部门　昆明工学院
成立日期　科研发展基金 1986 年 1 月 10 日；青年科学基金 1989 年
资金来源　昆明工学院教育事业事，科技三项费，集资等
资助范围　开发、应用研究项目，部分具有特色的基础研究项目
资助方式　无偿，部分有偿，有偿
常设机构　昆明工学院科研处管理科
办公地址　昆明市环城北路 38 号(650093)
联 系 人　易定芬　李胜长
电　　话　52740　52340

民间科技基金

(按汉字笔画排序)

马海德基金会

会　　长　苏　菲
主管部门　中国人民银行
成立日期　1989 年
资金来源　马海德个人赠捐和国内外捐赠
资助范围　对在我国消灭麻风病有促进作用的实验，临床和研究
资助方式　奖励，资助
联 系 人　潘春枝

中华国际医学交流基金会

主　　席　吴阶平
主管部门　中国人民银行
成立日期　1988 年 10 月
资金来源　捐赠
资助范围　国际医学交流
资助方式　无偿

常设机构　中华国际医学交流基金会
办公地址　北京东四西大街 42 号(100710)
联 系 人　王建平
电　　话　5133311—286
电　　传　210080

中国社会科学院青年语言学家奖金

主　　任　陈　坚
主管部门　中国社会科学院
成立日期　1983 年
资金来源　吕叔湘捐赠
资助范围　对中国境内的某种或某些语言文字的现状或历史进行调查研究有成绩的中国青年学者
资助方式　无偿
常设机构　中国社会科学院语言研究所科研处
办公地址　北京建国门内大街 5 号(100732)
联 系 人　卢荣和
电　　话　5122808

中国社会科学院考古研究所夏鼐考古学研究成果奖金

评委会主任　徐苹芳
主管部门　中国社会科学院
成立日期　1985 年 1 月
资金来源　夏鼐捐赠
资助范围　考古学研究成果
资助方式　奖金
常设机构　考古所科研组织处代管
办公地址　北京王府井大街 27 号(100710)
联 系 人　乌　恩
电　　话　557651

中国科协振华基金会

理 事 长　高　潮
主管部门　中国科协
成立日期　1988 年 4 月 19 日
资金来源　国内外捐赠,中国科协与所属学会的预算外资金
资助范围　资助和奖励社会化的创造发明和开展民间科技活动
资助方式　奖金,无偿,部分有偿
常设机构　振华基金会秘书处
办公地址　北京友谊宾馆科学会堂 304 室(100086)
联 系 人　沈晓丹
电　　话　8498144
电　　传　20035 CAST CN
传　　真　8321914

冯至德语文学研究奖

评委会主任　张　黎
主管部门　中国社会科学院
成立日期　1987 年
资金来源　冯至捐赠
资助范围　中青年德语文学研究人员
资助方式　奖金
常设机构　评委会
办公地址　北京建国门内大街 5 号中国社会科学院外国文学所(100732)
联 系 人　李永平
电　　话　513774—42335

孙冶方经济科学奖励基金

主　　任　马　洪
主管部门　中国社会科学院
成立日期　1983 年 6 月 19 日
资金来源　孙冶方遗著稿费;单位、个人捐献
资助范围　在经济科学领域作出贡献的集体和个人
资助方式　奖金
常设机构　奖励基金委员会办公室
办公地址　北京阜外月坛北小街 2 号中国社会科学院经济所(100836)
联 系 人　冒天启　旷建伟
电　　话　895323　895396

极地科学研究发展基金会

名誉理事长　黄汲清
理 事 长　郭克礼
主管部门　地质矿产部
成立日期　1989 年 12 月 18 日
资金来源　募集
资助范围　极地研究

资助方式　无偿资助，奖励
常设机构　基金会秘书处
办公地址　南京市南京地质矿产研究所
联 系 人　金庆民　杨锡庸

金岳霖学术基金会

名誉顾问　胡乔木
会　　长　邢贲思
主管部门　中国社会科学院
成立日期　1987 年 7 月 14 日
资金来源　金岳霖著作稿费；国内外捐赠
资助范围　逻辑学、现代哲学的重要科研项目；奖励逻辑专业的优秀大学生、研究生
资助方式　无偿
常设机构　金岳霖学术基金会办公室
办公地址　北京建国门内大街 5 号中国社会科学院哲学所(100372)
联 系 人　刘培育
电　　话　5137744—3019

国际战略研究基金会

会　　长　陈　楚
主管部门　中国人民银行
成立日期　1989 年 5 月
资金来源　国内外捐赠
资助范围　国内国际战略研究领域重大课题，全民国防教育活动
资助方式　无偿
常设机构　基金会办公室
办公地址　北京市 1530 信箱(100005)
联 系 人　倪　煌
电　　话　5130943　5130944　556320
传　　真　5130943

霍英东教育基金会青年教师基金和青年教师奖

主管部门　霍英东基金会
成立日期　1989 年 10 月 1 日
资金来源　霍英东教育基金会捐赠
资助范围　国内外高等学校各学科(军事除外)35 岁以下已取得博士学位的中国籍教学、研究人员
资助方式　无偿
常设机构　基金会办公室
办公地址　北京西城区大木仓胡同 37 号(100816)
联 系 人　王复孙　丁雨秋
电　　话　6014631　658731—3050

科技出版基金

国防科技图书出版基金

主　　任　邓佑生
主管部门　国防科学技术工业委员会综合计划部
成立日期　1988 年 3 月 24 日
资金来源　国防工业出版社上缴利润，技术基础科研费
资助范围　国防科技专著
资助方式　无偿资助出版亏损
常设机构　评审委员会办公室
办公地址　北京市海淀区紫竹院南路 23 号，国防工业出版社(100044)
联 系 人　刘琯德
电　　话　8411061　8412244—305

中国科学院科学出版基金专家委员会

荣誉主任　卢嘉锡
主　　任　苏世生
主管部门　中国科学院
成立日期　1989 年 12 月 9 日
资金来源　中国科学院科学事业费，社会捐赠
资助范围　优秀的自然科学和技术出版物
资助方式　无偿资助出版亏损
常设机构　专家委员会办公室
办公地址　北京市东黄城根北街 16 号(100707)
联 系 人　刘兴民
电　　话　4010680　4018833—361 或 374

长白山学术著作出版基金会

主　　任　刘希林
主管部门　吉林省出版局
成立日期　1988 年 12 月
资金来源　吉林出版社上缴税金

资助范围　学术水平高、发行量小、经济亏损大的学术著作
资助方式　无偿资助出版亏损
常设机构　基金会办公室(吉林省图书管理处兼管)
办公地址　长春市斯大林大街102号(130021)
联系人　高　声
电　话　882607

泰山科技专著出版基金

主　任　唐敖庆
主管部门　山东科技出版社
成立日期　1988年6月14日
资金来源　山东省科技出版社自筹
资助范围　具有国家或国际水平的科技专著
资助方式　无偿资助出版亏损
常设机构　基金办公室
办公地址　济南市立函路34号山东科技出版社(250002)
联系人　尹兆民
电　话　615007 615163

广东优秀科技专著出版基金

理事长　赵元浩
名誉会长　匡　吉　王屏山
主管部门　广东省新闻出版局
成立日期　1989年10月25日
资金来源　财政拨款,集资捐赠
资助范围　优秀科技专著
资助方式　无偿资助出版亏损
常设机构　基金会办公室
办公地址　广州市环市东路水荫路11号14楼1403室(510075)
电　话　768688—570

重庆出版社科学学术著作出版基金

主　任　钱伟长
主管部门　国家新闻出版署、四川省新闻出版局
成立日期　1988年6月
资金来源　重庆出版社利润
资助范围　国际水平或国内先进水平的学术专著
资助方式　无偿资助出版亏损
常设机构　重庆出版社综合编辑室
办公地址　重庆市长江二路205号(630050)
联系人　夏树人
电　话　812001—145

第Ⅷ部分

附录

附录 1. 1988 年我国科技指标摘要

(一)全国概况

表 1-1　机构、人员和经费概况

机构类别	机构数(个)	职工总数(人)	科学家工程师	其他科技人员	经费收入总额(千元)	政府拨款	经费支出总额(千元)	日常支出
合　计	5 671	1 043 991	410 456	210 244	14 456 576	7 417 080	13 324 472	7 572 538
县以上研究与开发机构	5 275	1 017 674	397 245	203 313	14 124 458	7 169 210	13 017 375	7 434 969
自然科学技术领域	4 933	996 342	383 538	198 936	13 927 605	6 984 130	12 822 814	7 301 865
社会、人文科学领域	342	21 332	13 707	4 377	196 853	185 080	194 561	133 104
县以上科技情报文献机构	396	26 317	13 211	6 931	332 118	247 870	307 097	137 569

注 1)职工总数:指在本机构直接组织安排工作并支付工资的年末在册各类人员,包括固定职工、合同制职工,不包括编外的离退休人员和停薪留职人员,但包括招聘人员。

2)科学家、工程师:指大学毕业和以上文化程度以及其他具有高、中级职称人员。

3)其他科技人员:指具有大、中专文化程度以上其他具有初级职称人员。

4)政府拨款:

研究与开发机构中自然科学技术领域:用于本机构的、由各级政府部门下达的经费,包括事业费拨款、自然科学基金、科技发展基金、科技专项费、设备购置费、其他专项拨款和基本建设投资;

社会、人文科学领域:指用于本机构的、由各级政府部门下达的经费,包括科学事业费、社会科学基金(含重点项目费)、其他专项科研费;

科技情报和文献机构:同自然科学技术领域。

表 1-2　人员按学位和文化程度分类

(单位:人)

机构类别	学位				文化程度			
	博士	硕士	学士	研究生	大学	大专	中专	其他
合　计	1 626	19 726	100 650	25 884	285 719	123 535	127 443	481 410
县以上研究与开发机构	1 609	19 423	97 437	25 441	276 087	118 027	124 982	473 137
自然科学技术领域	1 528	17 800	93 725	23 279	266 649	114 354	123 628	468 432
社会、人文科学领域	81	1 623	3 712	2 162	9 438	3 673	1 354	4 705
县以上科技情报文献机构	17	303	3 213	443	9 632	5 508	2 461	8 273

表 1-3-1　经费收入

（单位：千元）

机构类别	经费收入总额	政府拨款	事业收入	贷款	其他收入
合计	14 456 576	7 417 080	5 530 331	701 592	807 573
县以上研究与开发机构	14 124 458	7 169 210	5 478 607	695 978	780 663
自然科学技术领域	13 927 605	6 984 130	5 466 834	695 978	780 663
社会、人文科学领域	196 853	185 080	11 773	0	0
县以上科技情报文献机构	332 118	247 870	51 724	5 614	26 910

表 1-3-2　政府拨款

（单位：千元）

机构类别	政府拨款总额	科学事业费	基建拨款
合计	7 417 080	2 621 984	2 009 288
县以上研究与开发机构	7 169 210	2 461 878	1 965 498
自然科学技术领域	6 984 130	2 323 353	1 939 393
社会、人文科学领域	185 080	138 525	26 105
县以上科技情报文献机构	247 870	160 106	43 790

表 1-4　经费支出

（单位：千元）

机构类别	经费支出总额	劳务费	工资	科研业务费	管理费	资产购建支出	税金、能源基金	其他支出
合计	13 324 472	2 269 671	1 329 306	3 984 297	1 318 570	4 948 683	332 184	1 740 261
县以上研究与开发机构	13 017 375	2 213 009	1 293 968	3 931 295	1 290 665	4 884 605	327 855	1 688 516
自然科学技术领域	12 822 814	2 159 815	1 260 939	3 877 435	1 264 615	3 520 087	327 537	1 673 325
社会、人文科学领域	194 561	53 194	33 029	53 860	26 050	45 948	318	15 191
县以上科技情报文献机构	307 097	56 662	35 338	53 002	27 905	64 078	4 329	51 745

（二）自然科学技术领域研究与开发机构

表 1-5　机构、人员和经费概况

隶属关系	机构数（个）	职工总数（人）	科学家工程师	其他科技人员	经费收入总额（千元）	政府拨款	经费支出总额（千元）	日常支出
合计	4 933	996 342	383 538	198 936	13 927 605	6 984 130	12 822 814	7 301 865
地方县以上部门属	3 933	420 940	138 380	96 336	4 787 794	2 033 353	4 490 248	2 380 785
国务院部门属	1 000	575 402	245 158	102 600	9 139 811	4 950 777	8 332 566	4 921 080
中国科学院属	123	67 360	38 955	10 633	1 174 396	813 184	1 034 140	595 453

表 1-6　机构、人员和经费按国民经济行业分布

行业	机构数（个）	职工总数（人）	科学家工程师	其他科技人员	经费收入总额（千元）	政府拨款	经费支出总额（千元）	日常支出
合计	4 933	996 342	383 538	198 936	13 927 605	6 984 130	12 822 814	7 301 865
农、林、牧、渔、水利业	1 524	161 322	46 649	28 895	1 476 756	1 018 492	1 419 411	748 209
工业	1 904	504 448	185 379	94 535	7 530 889	2 869 383	6 865 527	3 899 644
地质普查及勘探业	81	20 771	11 129	3 822	225 538	158 613	205 542	128 556
建筑业	116	16 106	7 268	4 444	190 028	63 015	186 662	113 471
交通运输、邮电通讯业	127	26 452	11 777	5 509	466 494	219 405	408 354	232 653
商业、公共饮食业、物资供销和仓储业	29	1 653	798	429	18 595	13 412	16 584	7 978
房地产管理、公用事业、居民服务业和咨询服务业	48	4 511	1 167	934	33 394	19 462	32 626	18 474
卫生、体育和社会福利事业	354	47 960	19 321	19 228	548 256	342 021	532 988	241 785
教育、文化艺术和广播电视事业	34	1 553	780	267	25 040	17 040	23 264	10 524
科学研究与综合技术服务业	647	181 886	89 373	35 318	2 956 318	1 935 127	2 681 180	1 659 927
金融、保险业	4	354	83	133	19 866	885	17 411	3 380
其他	65	29 386	9 814	5 422	436 431	327 275	433 265	237 264

表 1-7　机构、人员和经费按地域分布情况

地区	机构数（个）	职工总数（人）	科学家工程师	其他科技人员	经费收入总额（千元）	政府拨款	经费支出总额（千元）	日常支出
合计	4 933	996 342	383 538	198 936	13 927 605	6 984 130	12 822 814	7 301 865
北京市	359	183 997	85 719	34 000	3 605 161	1 832 033	3 231 261	1 843 666
天津市	132	33 980	12 720	7 381	500 864	193 119	481 923	254 161
河北省	146	24 264	10 062	3 953	281 725	124 344	271 288	153 995
山西省	161	20 127	7 069	3 913	228 835	109 764	198 065	116 096
内蒙古自治区	117	13 624	4 652	3 150	127 686	70 353	116 871	79 604
辽宁省	328	54 665	21 346	11 197	823 412	372 355	770 188	465 838
沈阳市	133	30 831	12 795	5 948	531 756	239 730	484 654	295 714
大连市	39	9 529	3 916	1 893	138 613	58 339	129 841	82 576
吉林省	136	27 959	10 386	6 351	297 947	142 506	259 927	151 090
黑龙江省	228	25 490	10 067	5 869	290 749	161 086	279 475	154 258

（续表）

地　　区	机构数（个）	职工总数（人）	科学家工程师	其他科技人员	经费收入总额（千元）	政府拨款	经费支出总额（千元）	日常支出
哈尔滨市	127	18 047	8 144	4 117	217 768	111 284	209 540	119 670
上海市	223	94 731	36 609	19 285	1 250 218	523 221	1 161 956	749 279
江苏省	292	53 472	20 603	10 418	661 273	290 188	618 262	367 176
浙江省	140	17 619	7 803	3 412	284 449	136 867	253 967	139 202
宁波市	11	711	361	120	11 460	1 984	10 044	8 103
安徽省	179	18 331	7 045	3 789	243 535	126 543	216 040	119 405
福建省	113	8 576	3 908	1 475	94 198	56 436	84 344	52 253
厦门市	11	1 259	704	248	13 035	9 971	11 590	7 691
江西省	116	17 819	4 809	2 720	148 570	72 113	131 139	65 564
山东省	239	27 260	10 025	6 288	376 570	157 843	315 264	173 638
青岛市	40	7 397	2 847	1 296	117 924	45 835	80 617	48 132
河南省	166	31 120	12 031	5 712	322 506	169 323	298 296	181 171
湖北省	244	44 624	15 777	10 321	476 488	268 966	444 676	249 633
武汉市	119	29 538	11 059	7 307	299 385	170 618	281 092	166 325
湖南省	173	28 102	9 633	5 510	383 990	220 082	358 670	138 596
广东省	263	30 344	11 549	6 208	476 014	207 878	438 916	249 276
广州市	149	23 280	10 199	5 021	382 848	165 173	352 186	207 823
广西壮族自治区	134	16 257	5 157	3 392	148 433	67 791	135 995	87 656
海南省	35	6 069	525	716	33 166	11 026	34 142	16 151
四川省	250	88 357	28 497	17 295	1 277 772	756 047	1 233 128	629 387
重庆市	60	15 644	4 975	3 472	198 281	86 145	185 439	99 636
贵州省	103	10 715	3 992	2 127	87 407	71 271	80 998	49 993
云南省	147	16 905	6 430	3 801	197 198	112 299	175 654	107 152
西藏自治区	11	760	140	188	7 126	5 585	7 585	5 139
陕西省	181	64 313	22 543	12 679	840 238	449 564	784 893	471 736
西安市	99	49 358	17 467	9 658	680 163	381 419	643 362	380 057
甘肃省	114	18 653	7 240	3 739	282 726	151 440	264 831	130 193
青海省	44	3 911	1 839	930	49 726	39 343	53 049	25 719
宁夏回族自治区	49	5 067	1 358	919	38 739	21 519	34 597	20 559
新疆维吾尔自治区	110	9 231	4 004	2 198	90 884	63 225	87 414	54 279

表 1-8　机构、人员和经费按学科领域分布

学　科	机构数（个）	职工总数（人）			经费收入总额（千元）		经费支出总额（千元）	
			科学家工程师	其他科技人员		政府拨款		日常支出
合　计	4 933	996 342	383 538	198 936	13 927 605	6 984 130	12 822 814	7 301 865
自然科学	344	99 464	50 232	18 220	1 461 489	1 087 819	1 385 911	787 805
工程科学技术	2 704	679 862	265 922	130 764	10 265 829	4 493 101	9 352 112	5 520 084
医学科学	389	60 988	23 759	22 548	832 200	453 893	757 554	302 727
农业科学	1 496	156 028	43 625	27 404	1 368 087	949 317	1 327 237	691 249

表 1-9　机构、人员和经费按机构主管部门类型分布

机构性质	机构数（个）	职工总数（人）			经费收入总额（千元）		经费支出总额（千元）	
			科学家工程师	其他科技人员		政府拨款		日常支出
合　计	4 933	996 342	383 538	198 936	13 927 605	6 984 130	12 822 814	7 301 865
政府职能部门	4 146	762 579	284 334	156 560	10 271 894	4 977 470	9 447 015	5 476 001
行政性企业	490	138 868	50 634	26 002	2 080 517	1 038 177	1 967 754	1 053 405
工业企业	79	14 109	3 839	3 064	216 622	66 282	205 960	84 456
非工业企业	53	5 545	2 373	1 298	81 294	42 574	69 127	43 479
中国科学院	123	66 502	38 410	10 500	1 158 964	800 648	1 024 153	587 734
其　他	42	8 739	3 948	1 512	118 314	58 979	108 805	56 790

表 1-10　从事科技活动人员结构

（单位：人）

隶属关系	从事科技活动人员	科学家工程师	科技管理人员	科学家工程师	课题活动人员	科学家工程师	科技服务人员	科学家工程师
合　计	734 899	349 522	92 197	46 627	386 481	252 657	256 221	50 238
地方县以上部门属	316 814	128 202	44 392	19 795	151 275	89 921	121 147	18 486
国务院部门属	418 085	221 320	47 805	26 832	235 206	162 736	135 074	31 752
中国科学院属	57 124	36 645	4 517	2 609	37 270	29 426	15 337	4 160

注：从事科技活动人员，指各种研究与开发课题（项目）组人员；各类科技服务人员（如从事图书、情报、咨询等工作的人员）；科技管理人员；实验室、试验性工厂（车间）、农场的工人等。不包括司机、门卫、食堂人员、医务室人员、清洁工、幼儿园和托儿所工作人员以及劳动服务公司人员。

表 1-11　人员按学位和文化程度分类

（单位：人）

隶属关系	学位			文化程度				
	博士	硕士	学士	研究生	大学	大专	中专	其他
合计	1 528	17 800	93 725	23 279	266 649	114 354	123 628	468 432
地方县以上部门属	148	3 670	36 889	4 791	98 079	51 955	56 476	209 639
国务院部门属	1 380	14 130	56 836	18 488	168 570	62 399	67 152	258 793
中国科学院属	747	3 986	5 338	5 880	22 779	7 826	5 980	24 895

表 1-12　不同国民经济行业机构从事科技活动人员结构

（单位：人）

行业	从事科技活动人员	科学家工程师	科技管理人员	科学家工程师	课题活动人员	科学家工程师	科技服务人员	科学家工程师
合计	734 899	349 522	92 197	46 627	386 481	252 657	256 221	50 238
农、林、牧、渔、水利业	114 652	44 440	15 168	6 822	56 863	33 307	42 621	4 311
工业	374 865	168 105	46 607	23 263	182 342	117 344	145 916	27 498
地质普查及勘探业	15 569	10 349	1 821	1 168	8 508	6 840	5 240	2 341
建筑业	12 073	6 171	1 876	938	6 981	4 239	3 216	994
交通运输、邮电通讯业	21 023	11 191	2 512	1 406	11 969	8 315	6 542	1 470
商业、公共饮食、物资供销和仓储业	1 265	759	238	118	744	536	283	105
房地产管理、公用事业、居民服务业和咨询服务业	3 254	1 120	429	179	1 400	803	1 425	138
卫生、体育和社会福利事业	31 148	15 774	3 788	1 701	20 882	12 382	6 478	1 691
教育、文化艺术和广播电视事业	1 295	721	239	118	713	524	343	79
科学研究与综合技术服务业	140 498	82 027	16 704	9 453	85 136	62 037	38 658	10 537
金融、保险业	271	74	32	15	99	50	140	9
其他	18 986	8 791	2 783	1 446	10 844	6 280	5 359	1 065

表 1-13　不同地域机构从事科技活动人员结构

（单位：人）

地　区	从事科技活动人员	科学家工程师	科技管理人员	科学家工程师	课题活动人员	科学家工程师	科技服务人员	科学家工程师
合　计	734 899	349 522	92 197	46 627	386 481	252 657	256 221	50 238
北京市	132 185	75 923	15 676	9 057	82 523	57 834	33 986	9 032
天津市	24 123	11 565	3 091	1 635	11 821	7 903	9 211	2 027
河北省	18 957	9 480	2 306	1 235	9 427	6 975	7 224	1 270
山西省	16 415	6 608	1 936	943	6 991	4 450	7 488	1 215
内蒙古自治区	10 809	4 360	1 452	735	5 165	3 067	4 192	558
辽宁省	41 501	19 518	5 399	2 725	21 434	13 761	14 668	3 032
沈阳市	23 287	11 644	2 824	1 534	12 367	8 338	8 096	1 772
大连市	7 554	3 471	868	428	3 816	2 504	2 870	539
吉林省	19 437	8 966	2 378	1 145	9 578	6 228	7 481	1 593
黑龙江省	20 409	9 528	2 710	1 391	10 856	6 771	6 843	1 366
哈尔滨市	14 545	7 694	1 866	1 035	8 408	5 497	4 271	1 162
上海市	79 813	34 749	8 883	4 068	38 152	25 167	32 778	5 514
江苏省	38 592	19 419	5 251	2 450	21 487	14 271	11 854	2 698
浙江省	14 271	7 387	1 758	863	7 688	5 556	4 825	968
宁波市	568	351	61	33	358	283	149	35
安徽省	13 367	6 537	1 586	788	7 446	4 851	4 335	898
福建省	7 174	3 604	988	465	3 777	2 731	2 409	408
厦门市	893	508	133	58	538	388	222	62
江西省	11 193	4 419	1 505	785	4 867	3 053	4 821	581
山东省	20 439	9 071	2 832	1 272	9 641	6 451	7 966	1 348
青岛市	5 890	2 682	631	286	2 768	1 891	2 491	505
河南省	23 690	11 198	2 895	1 465	12 004	7 999	8 791	1 734
湖北省	34 712	14 945	4 291	2 129	17 002	10 429	13 419	2 387
武汉市	23 367	10 782	2 793	1 359	12 596	7 795	7 978	1 628
湖南省	19 269	8 907	2 428	1 249	9 359	6 240	7 482	1 418
广东省	24 480	11 056	3 562	1 604	12 533	7 825	8 385	1 627
广州市	19 460	9 820	2 763	1 328	10 622	7 043	6 075	1 449
广西壮族自治区	10 973	4 657	1 373	622	5 775	3 318	3 825	717
海南省	3 721	486	218	84	1 348	342	2 155	60
四川省	59 173	24 224	7 491	3 738	29 982	16 522	21 700	3 964
重庆市	11 116	4 130	1 261	634	4 771	2 814	5 084	682
贵州省	7 871	3 661	1 147	532	3 913	2 667	2 811	462
云南省	12 076	6 010	1 551	759	7 330	4 534	3 195	717
西藏自治区	456	116	56	18	277	97	123	1
陕西省	41 234	19 477	5 742	3 117	20 392	13 600	15 100	2 760
西安市	30 309	14 926	4 375	2 437	15 508	10 461	10 426	2 028

（续表）

地　　区	从事科技活动人员							
		科学家工程师	科技管理人员	科学家工程师	课题活动人员	科学家工程师	科技服务人员	科学家工程师
甘肃省	14 928	6 804	1 727	798	8 181	5 057	5 020	949
青海省	2 977	1 733	438	239	1 911	1 308	628	186
宁夏回族自治区	3 337	1 286	553	214	1 552	839	1 232	233
新疆维吾尔自治区	7 317	3 828	974	502	4 069	2 811	2 274	515

表 1-14　不同学科领域机构从事科技活动人员结构

（单位：人）

地　　区	从事科技活动人员							
		科学家工程师	科技管理人员	科学家工程师	课题活动人员	科学家工程师	科技服务人员	科学家工程师
合　　计	734 899	349 522	92 197	46 627	386 481	252 657	256 221	50 238
自然科学	75 473	46 643	8 142	4 492	48 136	35 730	19 195	6 417
工程科学技术	509 710	241 695	64 759	33 505	260 877	171 000	184 072	37 190
医学科学	40 074	19 675	4 825	2 187	24 622	14 873	10 627	2 615
农业科学	109 642	41 509	14 471	6 439	52 846	31 054	42 325	4 016

表 1-15-1　经费收入

（单位：千元）

隶　属　关　系	经费收入				
	总　　额	政府拨款	事业收入	贷　　款	其他收入
合　　计	13 927 605	6 984 130	5 466 834	695 978	780 663
地方县以上部门属	4 787 794	2 033 353	2 162 132	400 727	191 582
国务院部门属	9 139 811	4 950 777	3 304 702	295 251	589 081
中国科学院属	1 174 396	813 184	310 299	16 970	33 943

注：事业收入：包括横向技术性收入和非技术性收入。

(1)横向技术性收入：

研究与开发机构：

自然科学和技术领域：包括本机构在接受委托科研、技术成果转让、咨询服务、中试产品方面的收入；

社会、人文科学领域：

包括委托科研收入、咨询服务收入；

科技情报和文献机构：

包括科技情报文献服务收入、委托科研收入、技术成果转让收入。

(2)非技术性收入：

研究与开发机构：

自然科学技术领域：包括本机构事业收入中生产收入和其他收入；

社会、人文科学领域：包括国内外社会、个人资助或捐赠及出版印刷、复印、刊物等其他收入；

科技情报和文献机构：包括生产收入和其他收入。

表 1-15-2 政府拨款

（单位：千元）

隶属关系	政府拨款 合计	科学事业费	科技专项费	科学技术基金	自然科学基金	科技发展基金	基建拨款
合计	6 984 130	2 323 353	2 631 937	232 113	54 368	177 745	1 939 393
地方县以上部门属	2 033 353	862 761	471 982	57 278	9 823	47 455	656 548
国务院部门属	4 950 777	1 460 592	2 159 955	174 835	44 545	130 290	1 282 845
中国科学院属	813 184	332 366	302 434	35 953	33 069	2 884	165 198

注：政府拨款总数中扣除了转拨外单位科研经费。

表 1-16-1 经费支出

（单位：千元）

隶属关系	经费支出总额	劳务费	工资	科研业务费	管理费	资产购建支出	税金、能源基金	其他支出
合计	12 822 814	2 159 815	1 260 939	3 877 435	1 264 615	3 520 087	327 537	1 673 325
地方县以上部门属	4 490 248	897 090	527 254	1 014 169	469 526	1 261 986	121 406	726 071
国务院部门属	8 332 566	1 262 725	733 685	2 863 266	795 089	2 258 101	206 131	947 254
中国科学院属	1 034 140	159 701	84 620	318 243	117 509	296 653	8 016	134 018

注：经费支出：指当年在机构范围内为开展科技活动所实际开支的费用，不论其资金来源如何。包括：劳务费、科研业务费、管理费（以上几项合称日常支出）、固定资产购建支出、税金、能源基金、其他支出。

表 1-16-2 经费支出按国民经济行业分布

（单位：千元）

行业	经费支出总额	劳务费	工资	科研业务费	管理费	资产购建支出	税金、能源基金	其他支出
合计	12 822 814	2 159 815	1 260 939	3 877 435	1 264 615	3 520 087	327 537	1 673 325
农、林、牧、渔、水利业	1 419 411	321 578	197 340	290 321	136 310	499 575	34 050	12 206
工业	6 865 527	1 122 170	653 176	2 123 812	653 662	1 688 635	248 815	1 028 433
地质普查及勘探业	205 542	43 806	28 323	54 109	30 641	47 639	1 843	27 504
建筑业	186 662	40 601	22 520	48 267	24 603	52 028	6 960	14 203
交通运输、邮电通讯业	408 354	65 388	31 977	128 801	38 464	113 957	11 600	50 144
商业、公共饮食业、物资供销和仓储业	16 584	3 091	2 118	3 260	1 627	7 044	124	1 438
房地产管理、公用事业、居民服务业和咨询服务业	32 626	9 371	4 806	6 147	2 956	8 122	287	5 743
卫生、体育和社会福利事业	532 988	94 317	54 412	103 070	44 398	202 950	1 952	86 301

(续表)

行　　业	经费支出总　额	劳务费		科　研业务费	管理费	资产购建支　出	税金、能源基金	其他支出
			工　资					
教育、文化艺术和广播电视事业	23 264	3 651	2 142	4 693	2 180	9 323	543	2 874
科学研究与综合技术服务业	2 681 180	398 240	230 606	991 984	269 703	729 500	37 686	254 067
金融、保险业	17 411	960	390	1 906	514	1 569	1 020	11 442
其　　他	433 265	56 642	33 129	121 065	59 557	159 745	4 501	31 755

表 1-17-1　课题概况

隶　属　关　系	课题数（个）			推广应用课题数（个）	投入经费（千元）	投入人员（人）		
		当年内开题数	当年内完成数				科学家工程师	其他科技人员
合　　计	114 250	49 422	41 109	17 373	3 908 328	323 072	217 587	70 883
地方县以上部门属	51 362	23 256	18 675	7 364	891 495	126 280	77 037	34 858
国务院部门属	62 888	26 166	22 434	10 009	3 016 833	196 792	140 550	36 025
中国科学院属	7 579	2 125	1 370	779	406 348	29 575	24 474	3 543

表 1-17-2　课题投入按学科领域分布

学　　科	课题数（个）			投入经费（千元）	投入人员（人）		
		当年内开题数	当年内完成数			科学家工程师	其他科技人员
合　　计	114 250	49 422	41 109	3 908 328	323 072	217 587	70 883
自然科学	10 618	3 728	2 696	386 256	36 175	28 865	5 800
工程科学技术	74 835	36 094	31 285	3 069 105	212 529	142 814	45 075
医学科学	7 305	2 745	1 813	137 300	21 789	13 871	7 275
农业科学	20 947	6 511	5 096	308 675	51 483	31 195	12 519
社会、人文科学	545	344	219	6 992	1 096	842	214

表 1-17-3　课题数按活动类型分类

(单位：个)

隶　属　关　系	课题数合　计						
		基础研究	应用研究	试验发展	生产设计与试制	推广与服务	生产性活　动
合　　计	114 250	4 786	17 576	29 195	31 106	27 104	4 483
地方县以上部门属	51 362	451	3 737	13 018	15 113	16 586	2 457
国务院部门属	62 888	4 335	13 839	16 177	15 993	10 518	2 026
中国科学院属	7 579	2 654	3 372	1 017	171	261	104

表 1-18-1　R&D 课题投入按活动类型分类

隶属关系	合计				基础研究			
	课题数（个）	投入经费（千元）	投入人员（人）	科学家工程师	课题数（个）	投入经费（千元）	投入人员（人）	科学家工程师
合　计	51 557	2 140 604	172 431	121 243	4 786	188 559	16 724	13 113
地方县以上部门属	17 206	334 997	48 768	30 869	451	6 796	1 389	1 024
国务院部门属	34 351	1 805 607	123 663	90 374	4 335	182 063	15 335	12 089
中国科学院属	7 043	370 560	27 045	22 805	2 654	111 824	8 960	7 665

隶属关系	应用研究				试验发展			
	课题数（个）	投入经费（千元）	投入人员（人）	科学家工程师	课题数（个）	投入经费（千元）	投入人员（人）	科学家工程师
合　计	17 576	871 487	64 541	47 350	29 195	1 080 258	91 166	60 780
地方县以上部门属	3 737	70 800	10 671	7 180	13 018	257 401	36 708	22 665
国务院部门属	13 839	800 687	53 870	40 170	16 177	822 857	54 458	38 115
中国科学院属	3 372	178 419	14 017	11 988	1 017	80 317	4 068	3 152

注：R&D 意为科学研究与试验发展，简称“研究与发展”，内容包括基础研究、应用研究和试验发展。

表 1-18-2　R&D 课题投入经费按社会经济目标分类

（单位：千元）

隶属关系	投入经费合计	01	02	03	04	05	06
合　计	2 140 604	56 020	49 306	220 875	443 036	100 079	101 886
地方县以上部门属	334 997	1 637	546	109 988	126 642	8 091	9 104
国务院部门属	1 805 607	54 383	48 760	110 887	316 394	91 988	92 782
中国科学院属	370 560	31 312	13 453	41 000	41 759	21 146	10 202

隶属关系	投入经费						
	07	08	09	10	11	12	13
合　计	1 548	110 860	48 932	33 720	169 941	74 658	729 743
地方县以上部门属	517	40 977	8 282	9 305	5 888	10 146	3 874
国务院部门属	1 031	69 883	40 650	24 415	164 053	64 512	725 869
中国科学院属	390	16 286	27 324	12 256	112 505	20 412	22 515

注：社会经济目标
01 陆地海洋与大气的开发与估价；
02 民用宇宙空间；
03 农业、林业与渔业的发展；
04 促进工业的发展；
05 能源的生产、储存和分配；
06 交通、通讯事业的发展；
07 教育事业的发展；
08 卫生事业的发展；
09 社会发展和社会经济服务；
10 环境保护；
11 知识的全面发展；
12 其他目标（民用）；
13 国防。

表 1-18-3 R&D 课题投入人员按社会经济目标分类

（单位：人）

隶属关系	投入人员合计	01	02	03	04	05	06
合计	172 431	5 134	2 593	28 058	41 967	7 235	6 310
地方县以上部门属	48 768	223	110	19 421	14 548	839	866
国务院部门属	123 663	4 911	2 483	8 637	27 419	6 396	5 444
中国科学院属	27 045	2 703	1 122	3 144	2 914	1 403	467

隶属关	投入人员						
	07	08	09	10	11	12	13
合计	180	16 675	4 924	4 096	14 437	6 054	34 768
地方县以上部门属	108	8 322	1 048	1 261	811	956	255
国务院部门属	72	8 353	3 876	2 835	13 626	5 098	34 513
中国科学院属	33	1 219	1 723	1 140	8 036	1 569	1 572

表 1-18-4 R&D 课题投入科学家、工程师按社会经济目标分类

（单位：人）

隶属关系	投入科学家、工程师合计	01	02	03	04	05	06
合计	121 243	4 173	2 077	18 756	28 146	5 556	4 812
地方县以上部门属	30 869	168	78	11 860	8 881	613	607
国务院部门属	90 374	4 005	1 999	6 896	19 265	4 943	4 205
中国科学院属	22 805	2 363	983	2 652	2 386	1 176	399

隶属关系	投入科学家、工程师						
	07	08	09	10	11	12	13
合计	112	10 944	3 739	2 946	12 170	4 297	23 515
地方县以上部门属	68	5 524	776	877	614	639	164
国务院部门属	44	5 420	2 963	2 069	11 556	3 658	23 351
中国科学院属	25	973	1 396	923	6 878	1 327	1 324

(三)社会、人文科学领域研究与开发机构

表 1-19 机构、人员和经费概况

隶属关系	机构数（个）	职工总数（人）	科学家工程师	其他科技人员	经费收入总额（千元）	政府拨款	经费支出总额（千元）	日常支出
合计	342	21 332	13 707	4 377	196 853	185 080	194 561	133 104
地方县以上部门属	296	15 818	9 723	3 559	143 684	135 616	143 520	95 231
国务院部门属	46	5 514	3 984	18	53 169	49 464	51 041	37 873
中国社会科学院属	32	3 844	2 996	600	33 150	33 044	31 576	24 363

表 1-20 机构、人员和经费按学科分布

学科	机构数（个）	职工总数（人）			经费收入总额（千元）		经费支出总额（千元）
			科学家工程师	其他科技人员		政府拨款	
合计	342	21 332	13 707	4 377	196 853	185 080	194 561
马克思主义毛泽东思想研究	2	112	76	33	1 139	1 132	999
哲学	8	574	466	88	5 333	5 323	4 783
经济学	126	4 008	2 690	913	36 081	32 042	35 084
法学	5	306	225	58	2 640	2 623	2 376
政治学	2	101	73	21	1 022	953	910
社会学	8	181	146	28	1 580	1 481	1 433
历史学	8	701	548	69	5 257	5 242	4 850
考古学	15	1 074	546	299	12 043	11 097	12 072
语言学	3	201	140	47	1 531	1 531	1 529
文学与艺术科学	40	2 448	1 432	441	18 535	17 798	18 960
新闻学	4	202	124	43	1 784	1348	2 580
人口问题研究	1	50	39	11	579	559	591
民族问题研究	11	512	368	116	4 075	4 019	3 969
国际问题研究	10	813	606	141	6 369	5 568	6 328
其他	43	1 806	1 214	358	16 013	14 283	15 434
综合研究	56	8 243	5 014	1 711	82 872	80 081	82 663

表 1-21 从事科技活动人员结构

（单位：人）

隶属关系	从事科技活动人员	科学家工程师	科技管理人员	科学家工程师	课题活动人员	科学家工程师	科技服务人员	科学家工程师
合计	17 957	12 803	3 129	1 748	11 709	9 811	3 119	1 244
地方县以上部门属	13 451	9 075	2 542	1 370	8 524	6 841	2 385	864
国务院部门属	4 506	3 728	587	378	3 185	2 970	734	380
中国社会科学院属	3 455	2 929	401	274	2 504	2 336	550	319

表 1-22 人员按学位和文化程度分类

（单位：人）

隶属关系	学位			文化程度				
	博士	硕士	学士	研究生	大学	大专	中专	其他
合计	81	1 623	3 712	2 162	9 438	3 673	1 354	4 705
地方县以上部门属	11	747	2 864	1 033	6 860	3 026	1 170	3 729
国务院部门属	70	876	848	1 129	2 578	647	184	976
中国社会科学院属	55	720	696	908	1 884	413	78	561

表 1-23　经费收入

(单位:千元)

隶属关系	经费收入总额	政府拨款	事业收入
合　计	196 853	185 080	11 773
地方县以上部门属	143 684	135 616	8 068
国务院部门属	53 169	49 464	3 705
中国社会科学院属	33 150	33 044	106

表 1-24　政府拨款

(单位:千元)

隶属关系	政府拨款合计	科学事业费	社会科学基金	专项科研费	基建拨款
合　计	185 080	138 525	6 057	15 872	26 105
地方县以上部门属	135 616	99 153	3 528	11 151	22 668
国务院部门属	49 464	39 372	2 529	4 721	3 437
中国社会科学院属	33 044	28 770	1 788	2 283	203

注:政府拨款总数中扣除了转拨外单位科研经费。

表 1-25　经费支出

(单位:千元)

隶属关系	经费支出总额	劳务费		科研业务费	管理费	资产购建支出	税金、能源基金	其他支出
			工资					
合　计	194 561	53 194	33 029	53 860	26 050	45 948	318	15 191
地方县以上部门属	143 520	37 490	24 192	37 605	20 136	36 974	160	11 155
国务院部门属	51 041	15 704	8 837	16 255	5 914	8 974	158	4 036
中国社会科学院属	31 576	11 418	6 373	9 990	2 955	4 528	29	2 656

表 1-26　课题概况

隶属关系	课题数(个)	当年内开题数	当年内完成数	投入经费(千元)	投入人员(人)	科学家工程师	其他科技人员
合　计	5 896	4 153	3 536	41 011	10 949	9 084	1 686
地方县以上部门属	4 703	3 368	2 877	27 585	8 163	6 559	1 429
国务院部门属	1 193	785	659	13 426	2 786	2 525	257
中国社会科学院属	1 006	682	594	6 508	2 045	1 861	182

表 1-27　课题数、课题投入经费按活动类型分类

（课题数单位：人；
经费单位：千元）

隶属关系	合计									
			基础研究		应用研究		试验发展		其他	
	课题数	投入经费	课题数	投入经费	课题数	投入经费	课题数	投入经费	课题数	投入经费
合计	5 896	41 011	1 254	9 129	1 878	17 806	1 257	5 539	1 507	8 537
地方县以上部门属	4 703	27 585	727	4 935	1 374	8 862	1 220	5 433	1 382	8 355
国务院部门属	1 193	13 426	527	4 194	504	8 944	37	106	125	182
中国社会科学院属	1 006	6 508	477	2 603	387	3 712	31	73	111	120

表 1-28　课题投入人员活动类型分类

（单位：人）

隶属关系	投入人员									
	合计		基础研究		应用研究		试验发展		其他	
		科学家工程师		科学家工程师		科学家工程师		科学家工程师		科学家工程师
合计	10 949	9 084	3 214	2 811	3 814	3 250	1 818	1 453	2 103	1 570
地方县以上部门属	8 163	6 559	1 751	1 432	2 635	2 228	1 777	1 414	2 000	1 485
国务院部门属	2 786	2 525	1 463	1 379	1 179	1 022	41	39	103	85
中国社会科学院属	2 045	1 861	1 161	1 080	776	692	18	16	90	73

表 1-29　R&D 课题投入经费按社会经济目标分类

（单位：千元）

隶属关系	投入经费													
	合计	01	02	03	04	05	06	07	08	09	10	11	12	13
合计	32 474	22	0	429	909	290	343	1 980	12	17 708	18	10 396	357	10
地方县以上部门属	19 230	22	0	302	607	110	48	1 383	12	11 975	18	4 416	337	0
国务院部门属	13 244	0	0	127	302	180	295	297	0	5 733	0	5 980	20	10
中国社会科学院属	6 388	0	0	12	222	130	30	20	0	1 590	0	4 374	0	10

注：社会经济目标分类请见表 1-18-2 注

（摘自《中国科学技术政策指南》，1989，科学技术白皮书第 4 号）

附录 2. 国外科技指标摘要

(一)综合统计资料

表 2-1　若干国家的研究经费与研究人员

国　家	年　度	研究经费总额		政府负担比率(%)	国防研究经费以外的政府负担比率%	占国民生产总值的比率(%)	占国民收入的比率(%)	研究人员数(人)	每千人口中的研究人员数(人)	研究人员的人均研究费(日元)
		当地货币	亿日元							
日　本	1986	—	84 150	19.6	19.0	2.52	3.18	405 554	3.3	2 075
	1987	—	90 162	19.9	19.3	2.57	3.29	418 337	3.4	2 155
	1988	—	97 752	18.4	17.7	2.62	3.35	441 876	3.6	2 212
		百万美元								
美　国	1986※	112 497	189 557	48.3	26.3	2.65	2.97	791 100	3.3	2 396
	1987※	118 782	171 759	48.2	26.8	2.62	2.94	806 200	3.3	2 130
	1988※	126 115	161 679	48.0	27.3	2.59	2.89	—	—	—
		百万马克								
联邦德国	1985	51 598	41 810	38.4	35.2	2.80	3.20	143 627	2.4	2 911
	1986	53 516	41 534	37.5	34.3	2.75	3.14	—	—	—
	1987	56 860	45 755	37.7	34.4※	2.81	3.21	—	—	—
		百万法郎								
法　国	1986	113 260	27 556	53.2	41.5	2.26	2.58	104 953	1.9	2 626
	1987	121 364	29 200	52.4	40.1	2.30	2.64	109 359	2.0	2 670
	1988※	130 500	28 071	50.9	36.8	—	—	—	—	—
		百万镑								
英　国	1983	6 583.1	(23 719)	(48.9)	(26.9)	(2.16)	(2.45)	(94 000)	(1.7)	(2 523)
	1985	7 919.1	24 486	42.2	17.9	2.22	2.56	97 974	1.6	2 499
	1986	8 777.8	21 699	38.5	17.2	2.29	2.70	101 745	—	2 133
		百万卢布								
原苏联	1985	28 600	88 603	47.0	—	—	4.94	1 491 300	5.4	594
	1986	29 500	72 688	48.3	—	—	5.02	1 500 500	5.4	484
	1987	32 800	78 819	46.8	—	—	5.47	1 517 900	5.4	519
		百万加元								
加拿大	1987	7 395	8 060	—	—	1.35	—	—	—	—
	1988※	7 877	8 200	—	—	1.32	—	—	—	—
	1989※	8 315	—	—	—	—	—	—	—	—
		百万里拉								
意大利	1987	11 696 035	13 053	54.0	—	1.20	—	70 556	1.2	1 850
	1988※	14 470 331	14 253	55.1	—	—	—	—	—	—
	1989※	14 672 839	14 453	51.6	—	—	—	—	—	—
巴　西	1983	—	—	—	—	—	—	32 500	0.3	—
		百万元								
中　国	1986	10　935	5 337	—	—	1.16	1.39	320 081	0.3	167

（续表）

国　家	年　度	研究经费总额		政府负担比率(%)	国防研究经费以外的政府负担比率%	占国民生产总值的比率(%)	占国民收入的比率(%)	研究人员数(人)	每千人口中的研究人员数(人)	研究人员的人均研究费(日元)
		当地货币	亿日元							
中　国	1987	10 847	4 215	—	—	0.97	1.16	341 109	0.3	124
		十亿韩元								
韩　国	1985	1 155	3 166	19.3	—	1.59	2.03	41 473	1.0	763
	1986	1 523	2 913	19.0	—	1.82	2.32	47 042	1.1	619
	1987	1 878	3 301	20.3	—	1.93	2.47	52 783	1.3	625
		百万铢								
泰　国	1986	3 145	202	64.2	—	0.30	0.33	5233('82)	0.1	385
土耳其	1983	—	287	—	—	0.24	0.25	7 747	0.2	370
		百万新加坡元								
新加坡	1987	375	257	38.3	—	0.87	—	3 361	1.3	766
		百万荷兰盾								
荷　兰	1985	8 770	6 299	—	—	2.11	2.34	24 150	1.7	2 608
		百万丹麦克朗								
丹　麦	1985	7 692	1 591	46.0	—	1.43	1.43	8 567	1.7	1 858
		百万芬兰马克								
芬　兰	1983	3 626	1 546	39.0	—	1.35	1.59	9 421	1.9	1 641
	1986	5 775	1 920	—	—	—	1.94	—	—	—
		百万克朗								
瑞　典	1985	24 989	6 927	36.4	—	—	—	19 600	2.3	3 534
	1986	33 050	7 820	34.3	—	—	—	—	—	—
		百万捷克克朗								
捷克斯洛伐克	1987	24 684	3 798	—	—	—	—	24 511	1.6	1 623
		百万马克								
民主德国	1988	11 892.1	8 150	—	—	—	—	—	—	—
		百万澳元								
澳大利亚	1986	3 256	3 683	68.8	—	1.15	1.40	30 044	1.9	1 033
		百万新西兰元								
新西兰	1985	454.18	540	—	—	1.15	1.24	8 100	2.5	667
		百万比索								
菲律宾	1984	613.41	87	74.2	—	0.12	0.13	4 830	0.1	181
		百万比塞塔								
西班牙	1986	18 559	2 281	—	—	0.60	0.68	19 477	—	1 171
	1987	222 414	2 604	—	—	0.63	0.71	—	—	—

(续表)

国家	年度	研究经费总额		政府负担比率(%)	国防研究经费以外的政府负担比率%	占国民生产总值的比率(%)	占国民收入的比率(%)	研究人员数(人)	每千人口中的研究人员数(人)	研究人员的人均研究费(日元)
		当地货币	亿日元							
西班牙	1988	281 520	3 107	9.9	—	0.72	0.81	—	—	—
		百万瑞士法郎								
瑞士	1986	7 015	6 571	21.1	—	2.74	3.03	—	—	—
		百万比利时法郎								
比利时	1986	83 728	3 158	—	—	1.65	1.82	—	—	—
	1987	87 789	3 401	—	—	1.66	1.82	—	—	—
		千万卢比								
印度	1986	2 865.57	3 679	81	—	1.10	—	85 000	—	433

注：1)()内是OECD统计值。

2)＊是估算值，※是暂定值。

3)日本与英国只是自然科学，其他国家包括人文、社会科学。

4)英国的研究人员数及每一名研究人员的研究费只指产业与政府部门，不包括大学与民间研究机构。

5)原苏联的政府负担额采用国家预算支出额。

6)国防研究经费除外的政府负担比率(%)是：$\frac{\text{政府负担研究经费}-\text{国防研究经费}}{\text{研究经费}-\text{国防研究经费}}\times 100$

资料来源：日本：总务厅统计局《科学技术研究调查报告》；经济规划厅《国民经济计算年报》；预算书。

美国：NSF"National Patterns of R&DResources：1989"；行政管理预算局《联邦政府预算 Special Analysis》。

联邦德国：联邦研究技术部"Faktenbericht 1986 Zum Bundes bericht Forschung"；OECD统计。

法国："1990年预算法案附属书"；OECD统计。

英国：英国政府"Annual Review of Government Funded R&D"；OECD统计。

原苏联：原苏联部长会议附属中央统计局《苏联国民经济统计年鉴》。

加拿大：IMF"International Financial Statistics"等。

意大利：OECD统计。

中国：中国国家科学技术委员会《中国科学技术政策指南》。

韩国：韩国科学技术处《1987年科学技术年鉴》。

泰国：National Research Council 资料。

土耳其：土耳其国务部《土耳其的科学政策》。

荷兰：荷兰教育科学部资料；OECD统计。

丹麦：日本驻丹麦大使馆调查与OECD统计。

芬兰：日本驻芬兰大使馆调查与OECD统计。

瑞典："FoU-verkanbeten；Sverige1985—1987Överaikt"与OECD统计。

捷克斯洛伐克：日本驻捷克斯洛伐克大使馆调查。

民主德国：《德意志民主共和国统计年鉴》(1988)。

澳大利亚：日本驻澳大利亚大使馆调查。

新西兰："Key to Prosperity"(1986)。

新加坡：Science Council of Singapore"National of R&D Expenditure & Manpowor"。

菲律宾：菲律宾科学技术部"Statistical Survey of Science and Technology"。

西班牙：日本驻西班牙大使馆调查与OECD统计。

瑞士：OECD统计。

比利时：OECD统计。

印度："Research & Development Statistics1986—1987"。

表 2-2　经济发达国家国民生产总值与国民收入

国家	美国(亿美元)		联邦德国(亿马克)		法国(亿法郎)		英国(亿镑)	
年度＼项目	国民生产总值	国民收入	国民生产总值	国民收入	国民生产总值	国民收入	国民生产总值	国民收入
1965	7 051	6 477	4 581	4 149	4 873	4 401	363.5	333.0
1966	7 720	7 099	4 874	4 396	5 269	4 755	387.0	353.7

(续表)

国家	美国(亿美元)		联邦德国(亿马克)		法国(亿法郎)		英国(亿镑)	
年度 \ 项目	国民生产总值	国民收入	国民生产总值	国民收入	国民生产总值	国民收入	国民生产总值	国民收入
1967	8 164	7 490	4 937	4 432	5 694	5 135	409.2	374.1
1968	8 927	8 187	5 336	4 801	6 183	5 597	443.5	405.5
1969	9 640	8 825	5 977	5 396	7 046	6 393	475.3	433.8
1970	10 155	9 267	6 757	6 077	7 978	7 234	521.9	474.6
1971	11 027	10 052	7 518	6 743	8 916	8 084	585.0	530.5
1972	12 128	11 048	8 251	7 397	9 946	9 014	647.3	585.1
1973	13 593	12 412	9 189	8 243	11 369	10 304	752.5	678.9
1974	14 728	13 354	9 857	8 791	13 091	11 769	856.8	763.1
1975	15 984	14 366	10 294	9 135	14 708	13 132	1 072.4	952.9
1976	17 828	16 036	11 262	10 019	17 060	15 101	1 282.7	1 140.0
1977	19 905	17 890	11 993	10 662	19 244	17 232	1 461.9	1 293.5
1978	22 497	20 198	12 916	11 481	21 895	19 560	1 692.4	1 496.4
1979	25 082	22 424	13 965	12 400	24 910	21 827	1 983.4	1 750.3
1980	27 320	24 281	14 852	13 115	28 261	24 658	2 310.1	2 026.0
1981	30 526	27 048	15 451	13 565	31 806	27 555	2 560.4	2 244.4
1982	31 660	27 829	15 971	13 960	36 252	31 407	2 790.5	2 449.9
1983	34 057	30 091	16 803	14 690	39 948	34 863	3 060.7	2 689.2
1984	37 745	33 566	17 699	15 479	43 384	37 868	3 274.6	2 875.1
1985	40 149	35 777	18 443	16 125	46 692	40 788	3 567.6	3 088.0
1986	42 403	37 844	19 452	17 045	50 177	43 889	3 839.3	3 250.9
1987	45 267	40 468	20 202	17 006	52 694	46 050	4 195.7	—
1988	48 643	43 579	21 214	18 607	—	—	4 590.5	—

国家	原苏联(亿卢布)		意大利(100亿里拉)		加拿大(亿加元)		澳大利亚(亿澳元)		日本(100亿日元)	
年度 \ 项目	国民生产总值	国民收入	国民生产总值	国民收入	国民生产总值	国民收入	国民生产总值	国民收入	国民生产总值	国民收入
1965	2 421	1 935	3 926	3 598	565.3	498.5	211.2	184.8	3 360.2	2 638.0
1966	2 601	2 074	4 258	3 912	632.7	559.0	229.1	200.1	3 950.9	3 109.2
1967	2 820	2 255	4 686	4 316	678.2	599.4	247.5	215.9	4 623.9	3 691.1
1968	—	2 441	5 082	4 635	742.0	657.9	275.5	240.7	5 476.1	4 282.9
1969	3 296	2 619	5 614	5 174	818.2	726.7	305.6	267.2	6 492.0	5 142.2
1970	3 562	2 899	6 313	5 800	877.7	778.2	337.2	294.6	7 515.2	6 103.0

（续表）

国家	原苏联（亿卢布）		意大利（100亿里拉）		加拿大（亿加元）		澳大利亚（亿澳元）		日本（100亿日元）	
项目 / 年度	国民生产总值	国民收入	国民生产总值	国民收入	国民生产总值	国民收入	国民生产总值	国民收入	国民生产总值	国民收入
1971	3 757	3 050	6 877	6 322	957.8	850.2	377.2	328.9	8 260.6	6 591.1
1972	3 886	3 136	7 537	6 926	1 071.7	954.4	427.2	372.6	9 653.9	7 793.7
1973	4 122	3 378	8 994	8 242	1 256.4	1 120.1	512.1	449.6	11 667.9	9 584.0
1974	4 410	3 540	11 054	10 037	1 498.7	1 334.2	611.0	532.7	13 815.6	11 247.2
1975	4 605	3 633	12 484	11 192	1 690.0	1 502.4	724.2	625.8	15 220.9	12 399.1
1976	4 900	3 857	15 606	14 027	1 943.9	1 729.4	840.2	724.0	17 115.3	14 039.7
1977	5 166	4 056	18 966	17 022	2 133.1	1 895.1	914.8	781.1	19 003.5	15 570.3
1978	5 451	4 263	22 212	19 975	2 356.5	2 090.3	1 027.5	876.7	20 878.1	17 177.9
1979	5 632	4 406	27 079	24 436	2 689.4	2 382.0	1 157.1	986.0	22 545.3	18 220.7
1980	5 931	4 622	38 961	35 695	3 020.6	2 665.3	1 315.9	1 118.7	24 516.3	19 933.5
1981	6 242	4 867	46 409	42 342	3 446.6	3 039.8	1 483.0	1 256.4	25 966.9	20 815.7
1982	6 678	5 234	53 942	49 051	3 617.7	3 174.1	1 599.1	1 338.4	27 238.3	21 685.9
1983	—	5 481	62 708	57 114	3 941.1	3 470.5	1 731.7	1 441.2	28 405.8	22 811.9
1984	—	5 696	72 052	65 756	4 312.5	3 803.7	1 969.0	1 655.3	30 301.6	23 981.1
1985	—	5 785	80 762	73 849	4 644.5	4 086.9	2 190.8	1 841.0	32 129.0	25 439.5
1986	—	5 874	89 266	—	4 899.3	4 304.9	2 387.4	1 989.3	33 460.1	26 430.9
1987	—	5 996	97 392	—	5 330.9	4 697.9	2 684.5	2 233.8	35 136.6	27 324.8
1988	—	—	—	—	5 803.1	5 114.3	3 034.2	2 544.2	37 250.0	29 194.2

资料：IMF《International Financial Statistics》，但原苏联是中央统计局《苏联国民经济统计年鉴》，法国是 1982 年以后 OECD“Ndtional Accounts”。

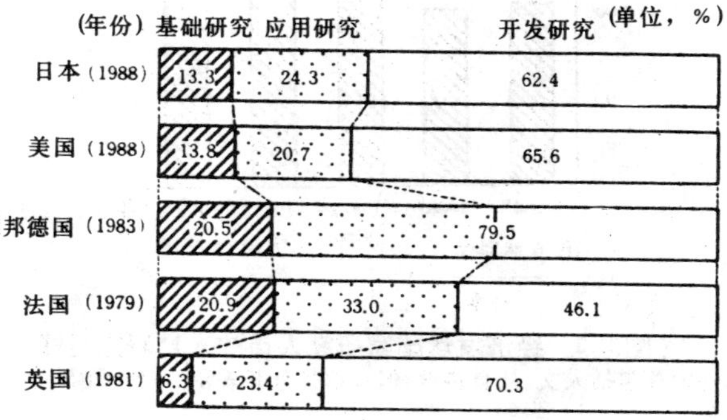

图 2-1 经济发达国家的研究经费按研究性质划分的组成比例

（单位：%）

1）日本及英国只是自然科学，美国、联邦德国、法国包括人文、社会科学；2）联邦德国未区分应用研究与开发研究；3）英国是大学除外；4）美国是估算值；5）由于小数点以下四舍五入，总和有时不是 100%。

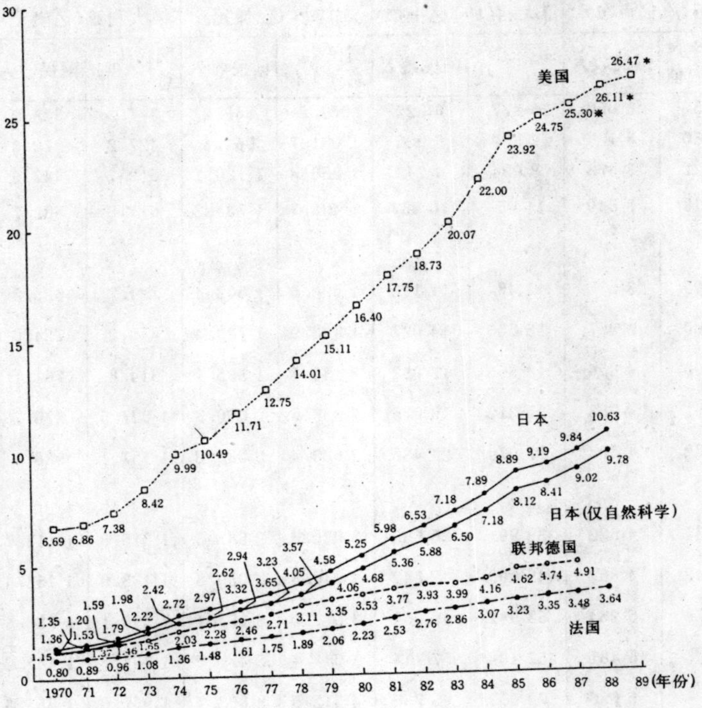

图 2-2　经济发达国家研究经费情况

1)为了进行国际比较,各国都包括人文、社会科学,但对于日本,括号内的数字仅是自然科学的研究经费。
2) * 是估算值,※是暂定值。
3)换算成日元是依据 OECD 的购买力比价。

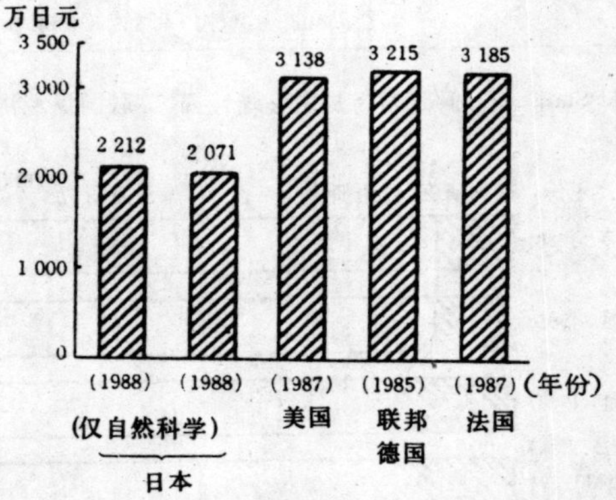

图 2-3　经济发达国家研究人员的人均研究经费

1)为了进行国际比较,各国都包括人文、社会科学,但日本是分开表示的;2)美国为估算值。

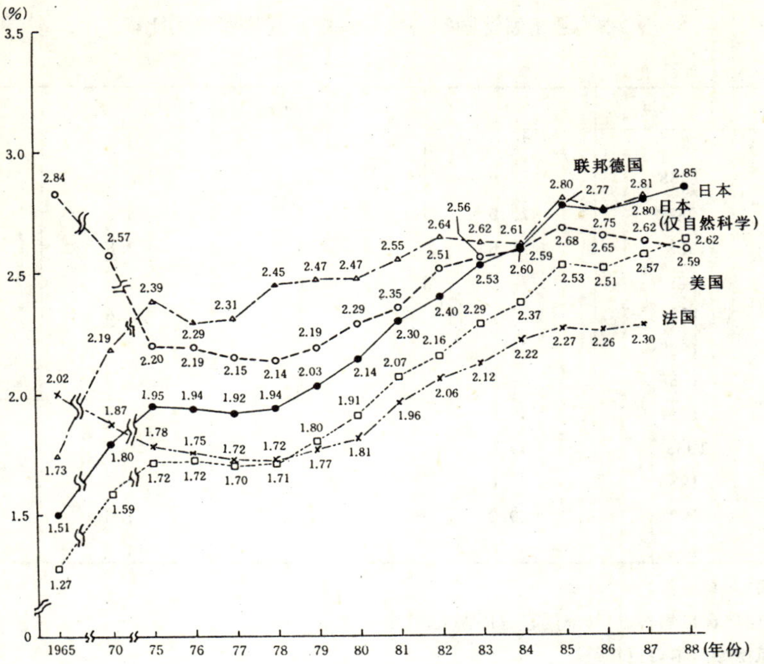

图 2-4　经济发达国家研究经费与国民生产总值之比

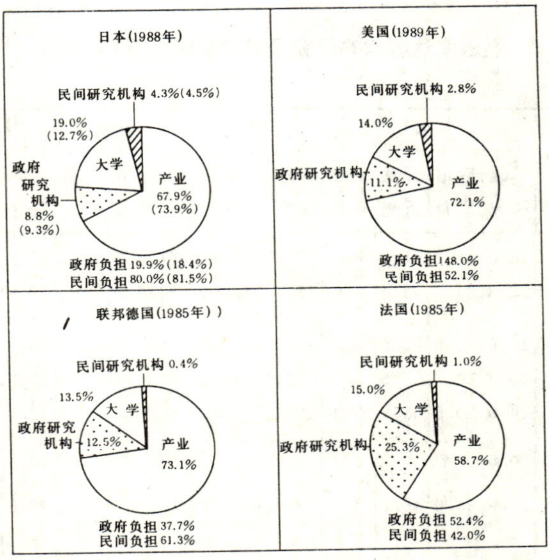

图 2-5 经济发达国家研究经费的使用比例与负担比例

1)为了进行国际比较,各国都包括人文、社会科学,但对于日本,括号内比例仅是自然科学;2)美国是估算值,法国是暂定值;3)由于小数点以下四舍五入,故合计有时不是 100%;4)负担的合计不是 100%者是因为有外国负担部分。

表 2-3　经济发达国家各组织系统研究经费使用比率

（单位：%）

国　家	年　度	产　业	政府研究机构	大　学	民间研究机构
日　本	1987	72.0	10.1	13.4	4.4
	1988	73.9	9.3	12.7	4.2
美　国	1987※	72.0	11.3	13.7	3.0
	1988*	71.8	11.5	13.8	2.9
	1989*	72.0	11.1	14.0	2.8
联邦德国	1983	70.7	13.2	15.6	0.5
	1985	73.1	12.5	13.5	0.4
法　国	1985	58.7	25.4	15.0	1.0
	1987	58.9		41.1	
	1988※	59.8		40.2	
英　国	1985	65.0	20.3	11.5	3.2
	1986	69.2	15.6	11.6	3.6
	1987	67.0	15.1	14.2	3.7

注：1）* 估算值，※暂定值。

2）日本、英国仅含自然科学，其他国家包括人文、社会科学。

3）政府的范围参照本要览凡例。

资料来源：日本：总务厅统计局《科学技术研究调查报告》；美国：NSF"National Patterns of R&D Resources，1989"；联邦德国、英国：OECD 统计，但英国 1985 年度以下资料据英国政府"Annual Review of Govement Funded R&D"；法国：OECD 统计，《预算法案附属书》。

表 2-4　经济发达国家的研究经费按研究性质划分的组成比率

（单位：%）

国　家	年　度	全体			产业			政府研究机构			大学			民间研究机构		
		基础研究	应用研究	开发研究	基础研究	应用研究	开发研究	基础研究	应用研究	开发研究	基础研究	应用研究	开发研究	基础研究	应用研究	开发研究
日　本	1987	14.0	24.3	61.7	6.6	21.7	71.7	14.6	28.3	57.1	54.2	37.4	8.4	18.3	20.8	60.9
	1988	13.3	24.3	62.4	6.6	21.7	71.7	13.5	26.8	59.7	52.8	38.5	8.7	8.5	26.7	64.8
美　国	1987※	13.6	20.9	65.5	3.0	19.2	77.8	15.3	25.3	59.4	63.0	24.3	12.6	35.0	28.6	36.4
	1988*	13.8	20.7	65.6	3.1	19.1	77.8	15.0	23.8	61.2	63.2	24.4	12.4	36.9	29.3	33.8
	1989*	14.0	20.6	65.3	3.3	19.1	77.6	15.4	23.7	60.9	63.3	24.4	12.2	37.8	28.9	33.2
联邦德国	1983	20.5	79.5		4.9	95.1		39.8	60.2		76.4	23.6		22.0	78.0	
法　国	1979	20.9	33.0	46.1	3.1	28.9	68.0	19.2	57.3	23.6	90.0	10.0	—	39.9	54.7	5.4
	1982	—	—	—	2.8	29.9	67.3	—	—	—	—	—	—	—	—	—
英　国	1983	—	—	—	—	—	—	16.7	34.0	49.3	—	—	—	—	—	—
	1987	—	—	—	—	—	—	18.2	36.6	45.2	—	—	—	—	—	—

注：1）* 估算值，※暂定值。

2）日本及英国仅含自然科学，其他国家包括人文、社会科学。

3）联邦德国"全体"栏中的组成比率中不包括"民间研究机构"。

4）英国"全体"栏中组成比率不包括"大学"。

表 2-5　经济发达国家各行业研究经费与销售金额的比率

（单位：%）

产业类别 \ 年度 \ 国家	日本	美国		联邦德国	法国	
	1988	1985	1986	1985	1975	1982
全产业	2.6 (2.5)	—	—(—)	3.2 (2.9)	3.0	3.5(2.3)
制造业	3.2 (3.1)	4.4	4.7(3.2)	3.8 (3.5)	—	5.4(3.4)
化学工业	4.6 (4.6)	4.9	5.1(4.9)	4.8 (4.6)	3.6	4.1(2.7)
机械工业	2.6 (2.5)	6.9	7.4(6.4)	3.3 (3.2)	2.6	2.5(2.1)
电气机械工业	5.5 (5.4)	8.6	9.1(5.3)	7.8 (7.2)	7.9	8.9(5.5)
汽车工业	4.9 (4.8)	10.3	10.5(3.6)	5.3 (5.1)	4.3	5.2(3.2)
飞机工业	3.3 (3.2)	—	—(—)	3.7 (3.4)	2.4	3.1(2.9)
	— (—)	16.9	15.7(4.0)	27.0 (25.3)	17.8	17.9(4.8)

注：1)括号内数字是企业负担的研究经费与销售金额的比率。

2)法国的 1982 年数据表示研究经费与交易金额的比率。

资料来源：日本：总务厅统计局《科学技术研究调查报告》；美国：NSF“National Patterns of R & D Resources，1989”；联邦德国：BMFT“Bundesbericht Forschung，1988”；法国科学技术研究总务厅“Recherche et Developement dans l′I-ndustrie en 1975”，研究技术部“La Recherche dans les Entreprises en1982”。

表 2-6　经济发达国家的科技预算情况

国家	项目 \ 年度	1981	1982	1983	1984	1985	1986	1987	1988	1989	1990
日　本	亿日元	14 031	14 536	14 619	14 838	15 329	16 064	16 623	17 157	18 156	19 196
美　国	百万美元	35 879	35 762	37 667	42 151	47 028	53 143	57 849	62 047	66 733*	
	亿日元	79 113	89 083	89 467	100 109	112 162	89 546	83 650	—	—	
联邦德国	百万马克	10 263	11 545	11 381	11 680	12 701	12 841	13 086	13 709※	14 103※	—
	亿日元	10 112	11 850	10 587	9 748	10 292	9 966	10 530	11 032	—	—
法　国	百万法郎	42 438	48 597	56 602	65 511	69 965	74 872	77 508	75 575	80 804	84 138
	亿日元	17 221	18 418	17 637	17 806	18 576	18 216	18 648	18 183	—	—
英　国	百万英镑	3 506	3 626	3 923	4 263	4 576	4 585	4 616	4 861	—	—
	亿日元	15 679	15 881	14 135	13 529	14 148	11 334	10 946	11 098	—	—
原苏联	亿卢布	107.1	115.5	125.4	130.2	134.5	142.4	—	—	—	—
	亿日元	32 800	39 420	38 890	36 364	41 656	35 080	—	—	—	—

注：1)总预算范围各国有所不同。

2)联邦德国政府预算不包括州政府负担的几乎全部大学的研究经费的大部分。

3) * 估算值，※暂定值。

资料来源：日本：科学技术厅调查，各年度均为年初预算。1990 年参考了政府原案的预算。美国：预算书“The Budget of the United States Government1990”及联邦政府预算“Special Analysis”，预算额是支出预算；联邦德国：联邦研究技术部“Bundesbericht Forschung1988”，“Statistische Information”；法国：《预算法案附属书》；英国：英国政府“Annual Review of Government Funded R&D”；苏联：苏联部长会议附属中央统计局《苏联国民经济统计年鉴》。

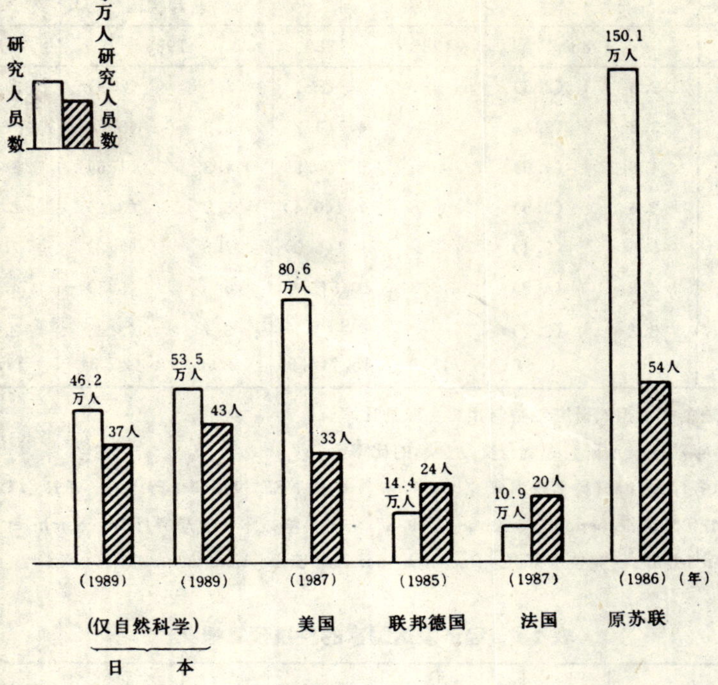

图 2-6 经济发达国家的研究人员数

1)为了进行国际比较,各国都包括人文、社会科学,但日本另列出自然科学者的;

2)美国是估算值。

表 2-7 经济发达国家研究人员数的变迁

(单位:千人)

年度 国家	1981	1982	1983	1984	1985	1986	1987	1988	1989
日 本	317.5	329.7	342.2	370.0	381.3	405.6	418.3	441.9	461.6
美 国	683.3	702.5	722.5	745.9	772.7	791.1	806.2	—	—
联邦德国	124.7	—	130.8	—	143.6	—	—	—	—
法 国	85.5	90.1	92.7	98.2	102.3	105.0	109.4	—	—
英 国	95.4	—	94.0	—	97.0	101.0	—	—	—
原 苏 联	1 411.2	431.7	440.0	463.8	491.3	500.5			

注:1)美国是估算值,不包括州、地方政府的研究人员。

2)美国、联邦德国、法国、原苏联包括人文、社会科学的研究人员。

3)英国是产业和政府部门的统计,不包括大学及民间研究机构的研究人员。

资料来源:日本:总务厅统计局《科学技术研究调查报告》;美国:NSF“National Patterns of R&D Resources,1989”;联邦德国:联邦研究技术部“Bundesbericht Forschung,1988”;法国:OECD 统计,预算法案附属书;英国:OECD 统计;原苏联:原苏联部长会议附属中央统计局《苏联国民经济统计年鉴》。

表 2-8　经济发达国家与研究工作有关的工作人员数

（单位：人）

国　　家	年　　度	总　　计	研究人员	技术人员	其他有关人员
日　　本	1989	740 438	461 634	104 497	174 307
		(100)	(62.3)	(14.1)	(23.5)
美　　国	1987	806 200	806 200	—	—
联邦德国	1985	398 328	143 627	118 080	136 621
		(100)	(36.1)	(29.6)	(34.3)
法　　国	1987	277 921	109 359	168 562	
		(100)	(37.3)	(60.7)	
英　　国	1983	245 500	94 000	69 500	82 000
		(100)	(38.3)	(28.3)	(33.4)

注：1）括号内数字是结构比率。

2）英国系产业及政府部门的计算值，大学及民间研究机构不包括在内。

3）美国、法国的研究人员数包括人文、社会科学。

4）美国系估算值（研究人员是科学与技术人员的总和）。

资料来源：日本：总务厅统计局《科学技术研究调查报告》；美国：NSF"National Patterns of R & D Resources，1989"；法国：《1987 年预算法案附属书》；联邦德国：联邦研究技术部"Bundesbericht Forschung，1988"；英国：OECD 统计。

表 2-9　经济发达国家取得学位人员的学科分布情况

（单位：人）

国　　家	年　　度	学　　位	理　　学	工　　学	农　　学	医药卫生
日　　本	1988	学士	13 388	76 362	13 161	21 723
	1987	硕士	2 261	10 390	2 305	1 002
		博士	820	1 493	646	5 233
美　　国	1985	学士	76 561	139 267	16 823	64 535
		硕士	14 074	30 054	3 801	18 624
		博士	7 651	3 765	1 158	1 241
联邦德国	1986	学士	8 745	7 815	2 623	12 164
		博士	3 126	1 072	728	6 802
法　　国	1985	学士		18 931（理学、工学、农学合计）		6 952
		硕士、博士		7 167（理学、工学、农学合计）		8 930
英　　国	1986	学士	26 300	15 800	1 400	7 400
		硕士、博士	5 900	4 400	600	1 700

资料来源：文部省《教育指标的国际比较（1989 年）》。

表 2-10　经济发达国家高等教育机构在学人员数

〔单位：千人(%)〕

国名＼年度	同龄人员	1984	1985	1986	1987	1988
日　本	18—21	2 134.6 (32.1)	2 124.3 (32.2)	2 174.4 (31.9)	2 263.2 (32.5)	2 331.3 (32.5)
美　国	18—24	12 242 (41.7)	12 247 (42.6)	12 501 (44.7)	— (—)	— (—)
联邦德国	19—22	1 019.9 (23.9)	1 035.7 (24.0)	1 054.4 (24.7)	— (—)	— (—)
法　国	18—22	1 164.6 (26.9)	1 186.0 (27.4)	— (—)	— (—)	— (—)
英　国	18—20	539 (18.7)	546 (19.2)	557 (20.1)	— (—)	— (—)

注：1)括号内数字是在学率。在学率 $=\frac{\text{高等教育机构在学人员数}}{\text{同龄人员数}}\times 100(\%)$

2)日本是大学、大专等在学者。

3)美国与英国包括不脱产的学习人员。

4)法国是大学、国民教育部的大专、师范学校、公立高中附设大专预备班等的总和。

资料来源：日本文部省《教育指标的国际比较(1989年)》。

(二)美国统计资料

表 2-11　美国按各组织系统的研究经费情况

(单位：百万美元)

年度＼区分	合计	联邦政府		产业		
		研究费	经费来源	研究费	经费来源	
			联邦政府		联邦政府	产业(注)
1980	62 594	7 632	7 632	44 505	14 029	30 476
1981	71 866	8 425	8 425	51 810	16 382	35 428
1982	79 364	9 141	9 141	57 995	18 483	39 512
1983	87 280	10 582	10 582	63 403	20 542	42 861
1984	97 793	11 572	11 572	71 470	23 162	48 308
1985	107 757	12 945	12 945	78 269	26 830	51 439
1986	112 497	13 535	13 535	80 631	27 783	52 848
1987*	118 782	13 413	13 413	85 500	30 000	55 500
1988※	126 115	14 500	14 500	90 600	31 500	59 100
1989※	132 350	14 750	14 750	92 350	32 750	62 600

（续表）

年度 \ 区分	大学 研究费	经费来源 联邦政府	经费来源 产业	经费来源 大学	经费来源 民间研究机构
1980	6 061	4 096	238	1 326	401
1981	6 845	4 561	293	1 555	436
1982	7 324	4 759	339	1 735	491
1983	7 883	4 980	388	1 936	579
1984	8 623	5 425	474	2 107	617
1985	9 694	6 064	559	2 377	694
1986	10 926	6 713	692	2 789	732
1987*	12 082	7 326	777	3 145	834
1988※	13 000	7 800	850	3 470	880
1989※	13 900	8 250	920	3 800	930

年度 \ 区分	大学管理联邦出资研究开发中心 研究费	大学管理联邦出资研究开发中心 经费来源 联邦政府	民间研究机构 研究费	民间研究机构 经费来源 联邦政府	民间研究机构 经费来源 产业	民间研究机构 经费来源 民间研究机构①
1980	2 246	2 246	2 150	1 450	200	500
1981	2 486	2 486	2 300	1 550	225	525
1982	2 479	2 479	2 425	1 650	250	525
1983	2 737	2 737	2 675	1 850	275	550
1984	3 118	3 118	3 010	2 100	325	585
1985	3 529	3 529	3 320	2 300	360	660
1986	3 900	3 900	3 505	2 400	410	695
1987*	4 202	4 202	3 585	2 350	445	790
1988※	4 400	4 400	3 615	2 300	480	835
1989※	4 650	4 650	3 700	2 300	515	885

注：1)研究经费是自然科学与人文、社会科学的总计。

2)大学管理联邦出资研究开发中心的广义是大学部门。产业或民间研究机构中管理的FFRDC′S研究费，计算在产业或民间研究机构中。

3)①栏包括州及其他的地方政府支出部分。

4)* 估算值，※暂定值。

资料来源：NSF“National Patterns of R & D Resources，1989”。

表 2-12　美国研究经费来源情况

（单位：百万美元）

年度＼区分	合　计	联邦政府	产　业	大　学	民间研究机构
1980	62 594	29 453	30 914	1 326	901
1981	71 866	33 404	35 946	1 555	961
1982	79 364	36 512	40 101	1 735	1 016
1983	87 280	40 691	43 524	1 936	1 129
1984	97 793	45 377	49 107	2 107	1 202
1985	107 757	51 668	52 358	2 377	1 354
1986	112 497	54 331	53 950	2 789	1 427
1987※	118 782	57 291	56 722	3 145	1 624
1988*	126 115	60 500	60 430	3 470	1 715
1989*	132 350	62 700	64 035	3 800	1 815

注：1）* 估算值，※暂定值。

2)研究经费为自然科学、人文、社会科学的总和。

资料来源：同表 2-11。

表 2-13　美国研究经费按研究性质划分的情况

（单位：百万美元）

年度＼区分	合　计	基　础	应　用	开　发
1980	62 594	8 415	13 892	40 287
1981	71 866	9 591	16 683	45 592
1982	79 364	10 410	18 311	50 643
1983	87 280	11 583	20 129	55 568
1984	97 793	12 706	21 959	63 128
1985	107 757	13 933	24 355	69 469
1986	112 497	15 089	23 307	74 101
1987※	118 782	16 165	24 778	77 839
1988*	126 115	17 355	26 060	82 700
1989*	132 350	18 570	27 300	86 480

注：1）* 估算值，※暂定值。

2)研究经费为自然科学、人文、社会科学的总和。

资料来源：同表 2-11。

表 2-14　美国各组织系统研究人员的分布情况

（单位：千人）

年　　度	总　　计	联邦政府	产　　业	大　　学	民间研究机构
1970	543.8	67.5	375.6	79.5	21.2
1971	523.5	63.9	358.6	79.4	21.6
1972	515.0	61.4	354.0	77.8	21.8
1973	514.6	58.2	358.9	75.2	22.3
1974	520.6	58.3	361.7	77.3	23.3
1975	527.4	58.4	363.9	82.1	23.0
1976	535.2	53.3	373.6	84.8	23.5
1977	560.6	55.0	393.6	88.0	24.0
1978	586.6	57.1	414.2	90.3	25.0
1979	614.5	57.4	437.3	92.3	27.5
1980	651.2	58.6	469.2	95.9	27.5
1981	683.3	59.2	498.8	98.3	27.0
1982	702.5	60.0	516.0	99.5	27.0
1983	722.5	61.3	533.3	100.4	27.5
1984	745.9	62.1	552.4	103.4	28.0
1985	772.7	62.9	571.7	108.6	29.5
1986	791.1	63.3	583.8	113.5	30.5
1987	806.2	62.3	594.8	119.1	30.0

注：1）研究人员范围包括自然科学、人文、社会科学的研究人员，系估算值。

2）州及其他地方政府的研究人员除外。

3）大学中包括大学管理联邦出资的研究开发中心（FFRDCs）的研究人员。

资料来源：同表 2-11。

表 2-15　美国产业部门各行业研究经费及研究人员数（1986 年）

行　业　种　类	使用研究经费（百万美元）	企业负担研究经费（百万美元）	联邦政府负担研究经费（百万美元）	使用研究经费与销售金额的比率（%）	研究人员数（千人）
总　　计	80 629	52 847	27 782	4.7	583.1
食　　品	—	1 083	—	—	—
纤维、服装	—	157	—	—	1.9
木材、木制品、家俱	—	175	—	—	—
纸、纸制品	—	887	—	—	9.2
化　　学	9 021	8 773	248	5.1	70.0
化学制品	4 059	3 812	247	4.6	27.1
药品及医药品	—	3 785	—	—	31.6
其　　他	—	1 176	—	—	11.3

（续表）

行业种类	使用研究经费（百万美元）	企业负担研究经费（百万美元）	联邦政府负担研究经费（百万美元）	使用研究经费与销售金额的比率（%）	研究人员数（千人）
石油精制	—	1 867	—	—	10.3
橡胶制品	1 075	776	300	—	—
陶　瓷	—	489	—	—	5.1
一次金属	—	809	—	—	12.9
钢　铁	—	388	—	—	9.3
非铁金属	454	421	34	1.5	3.5
金属制品	622	544	78	1.5	—
机　械	10 696	9 239	1 456	6.9	81.8
办公仪器、计算机	—	6 876	—	—	57.1
其他（电气制品除外）	—	2 364	—	—	24.6
电气、通信	18 030	10 460	7 569	8.6	119.4
无线电、电视接收	—	208	—	—	3.1
电子仪器	3 121	2 537	583	9.3	—
通信仪器	8 964	5 155	3 809	11.0	57.6
其　他	—	2 561	—	—	31.9
汽车及有关机械	—	7 253	—	—	33.9
其他运输机械	—	137	—	—	—
飞机、导弹	16.240	4 141	12 099	16.9	107.2
精密机械	5 421	4 576	844	10.3	—
计量测绘仪器	—	1 959	—	—	—
光学、医疗、照相等仪器	—	2 617	—	—	18.3
其他制造业	—	381	—	—	—
非制造业	2 716	1 099	1 616	—	37.1

注：1）“—”难以分类者，计算时包括在内。

2）计算值与表 2-13 不一致。

资料来源：同表 2-11。

表 2-16 美国各联邦政府部门有关科技预算的情况

(单位:百万美元)

年度＼部门	国防部	宇宙航空局(NASA)	能源部	保健、教育、福利部	卫生部	NSF	农业部	交通部	商业部	环境保护厅	其他	合计
1975	9 341	3 266	2 277	2 189	—	600	426	322	231	218	655	19 525
1976	9 470	3 641	2 595	2 611	—	673	469	315	232	258	753	21 017
1977	10 302	3 868	3 608	2 633	—	675	539	329	233	272	790	23 249
1978	11 039	3 957	4 406	3 048	—	701	554	326	266	310	1 031	25 637
1979	11 690	4 197	5 103	3 142	—	775	611	340	305	337	1 332	27 832
1980	13 656	4 851	5 650	—	3 595	855	687	377	355	388	1 469	31 882
1981	15 958	5 426	(6 232)	—	4 034	905	781	418	346	344	1 435	35 879
1982	18 433	3 329	5 778	—	4 016	1 014	838	349	285	336	1 414	35 762
1983	21 320	2 646	5 398	—	4 119	935	865	289	324	312	1 459	37 667
1984	23 966	3 731	5 611	—	4 484	1 151	896	342	330	266	1 374	42 151
1985	28 282	3 217	5 858	—	5 040	1 250	923	417	373	275	1 394	47 028
1986	33 576	3 731	5 489	—	5 537	1 464	964	430	373	307	1 274	53 143
1987	34 581	3 564	5 405	—	5 765	1 460	992	324	308	326	1 601	54 326
1988	35 839	4 231	5 875	—	6 895	1 551	1 050	321	413	340	1 334	57 849
1989*	37 772	5 225	6 147	—	7 417	1 699	1 133	391	449	364	1 450	62 047
1990*	39 937	6 663	6 469	—	8 146	1 836	1 179	384	278	405	1 436	66 733

注:1)本统计包括研究开发费与研究开发设施费。

2)本表是支出额。

3)* 估算值。

4)"能源部"栏中,1975—1978 年是能源研究开发局,1981 年的括号内数字是能源研究技术局的预算额。

5)"其他"栏中,包括内务部、教育部、能源规划委员会、复员局、国际开发局、城市住宅开发部、田纳西溪谷开发公司、司法部、劳动部、史密寿尼安协会等。

6)NSF、农业部、交通部、商业部及环境保护局的 1978—1985 年的研究开发设施费加在"其他"栏内。

7)保健、教育、福利部在 1980 年分为教育部与卫生部。

资料来源:行政管理预算局《联邦政府预算分析》"Special Analysis"。

表 2-17 美国联邦政府各部门的目标科技预算情况

(单位:百万美元)

年度＼目标	合计	国防	宇宙	能源	保健	天然资源·环境	一般科学	交通	农业	教育、训练、雇用、社会福利	区域开发	国际合作、开发	其他
1975	19 039	9 679	2 764	1 363	2 170	624	813	635	342	239	93	29	288
1976	20 780	10 430	3 130	1 649	2 351	683	858	631	383	255	109	42	266
1977	23 450	11 864	2 833	2 562	2 629	753	974	708	457	230	101	66	275
1978	25 976	12 899	2 939	3 134	2 968	904	1 050	768	501	345	92	57	319
1979	28 208	13 791	3 136	3 461	3 401	1 010	1 119	798	552	354	127	117	342
1980	29 739	14 946	2 738	3 603	3 694	999	1 233	887	585	468	119	125	341
1981	33 735	18 413	3 111	3 501	3 871	1061	1 340	869	659	298	104	160	348
1982	36 115	22 070	2 584	3 012	3 869	965	1 359	791	693	228	63	165	316
1983	38 768	24 936	2 134	2 578	4 298	952	1 502	876	745	189	44	177	339
1984	44 214	29 287	2 300	2 581	4 779	963	1 676	1 040	762	200	46	192	386

（续表）

年度 \ 目标	合计	国防	宇宙	能源	保健	天然资源·环境	一般科学	交通	农业	教育、训练、雇用、社会福利	区域开发	国际合作、开发	其他
1985	49 887	33 698	2 725	2 389	5 418	1 059	1 862	1 030	836	220	50	210	392
1986	53 249	36 926	2 894	2 286	5 565	1 062	1 873	917	813	248	88	211	363
1987	57 069	39 152	3 398	2 053	6 556	1 133	2 042	908	822	267	99	223	416
1988*	59 204	40 300	3 574	2 126	7 087	1 163	2 150	918	876	290	102	208	410
1989*	62 892	41 318	4 733	2 471	7 849	1 061	2 533	1 064	850	295	93	199	425

注：1）本表 1975—1977 年度为债务负担额，1978—1989 年度为预算权限额。

2）* 估算值。

资料来源：同表 2-11。

（三）联邦德国统计资料

表 2-18 联邦德国各组织系统的研究经费情况

（单位：百万联邦德国马克）

年度 \ 区分	合计	政府				产业					大学			民间研究机构				外国		
		研究费	经费来源			研究费	经费来源				研究费	经费来源		研究费	经费来源			研究费	经费来源	
			政府	产业与民间研究机构	外国		政府	产业	民间研究机构	外国		政府	产业		政府	产业与民间研究机构	外国		政府	产业
1962	4490	240	220	20	—	2450	340	2110	—	—	910	900	10	700	638	62	—	190	180	10
1963	5380	330	310	20	—	3030	400	2620	10	—	1000	990	10	750	677	73	—	270	250	20
1965	7910	430	400	30	—	4570	560	3970	30	10	1450	1430	20	1000	916	84	—	460	440	20
1967	9740	530	500	30	—	5650	986	4617	17	30	1710	1610	100	1270	1160	110	—	580	540	40
1969	12250	660	630	30	—	7320	1040	6222	28	30	2250	2200	50	1310	1154	156	—	710	650	60
1971	18000	890	870	20	—	10700	1950	8464	36	250	3500	3450	50	2120	1760	360	—	790	670	120
1973	20460	1040	1020	20	—	12020	2340	9448	15	217	4270	4200	70	2480	2190	287	3	650	600	50
1975	24645	1235	1215	20	—	14930	2862	11592	12	464	4590	4505	85	2955	2573	338	44	935	880	55
1977	27735	1300	1260	40	—	17360	2890	13849	15	606	5065	4961	104	3115	2704	311	100	895	785	110
1979	34477	1578	1508	38	31	23341	4430	18349	48	514	5154	5044	110	3465	3310	87	68	939	816	123
1981	39345	1709	1565	129	15	26610	4835	21407	58	311	5874	5759	115	4085	3745	303	37	1066	841	225
1983	43942	1756	1692	47	17	30462	5255	24702	81	424	6256	5907	349	4237	4077	119	41	1230	912	318
1985	51598	1843	1767	55	21	36640	5973	30108	55	504	6696	6302	394	4946	4741	147	58	1473	1007	466
1987	56860	1860	1777	61	22	40280	6155	33550	65	510	7110	6660	450	5820	5578	174	68	1790	1240	550

注：1）自然科学与人文、社会科学的总和。

2）“政府”指联邦与州。

资料来源：联邦研究技术部“Bundesbericht Forschung，1988”。

表 2-19　联邦德国研究经费来源情况

（单位：百万联邦德国马克）

年　度	合　计	政　府	产业与民间研究机构	国　外
1971	18 000	8 700	9 050	250
1973	20 460	10 350	9 890	220
1975	24 645	12 035	12 102	508
1977	27 735	12 600	14 429	706
1979	34 477	15 108	18 755	613
1981	39 345	16 745	22 237	363
1983	43 942	17 842	25 616	482
1985	51 598	19 790	31 225	583
1987	56 860	21 410	34 850	600

注：1）自然科学与人文、社会科学的总和。

2）"政府"指联邦及州。

3）联邦德国的大学系州立，所以无大学负担的研究经费。

资料来源：联邦研究技术部"Bundesbericht Forschung，1988"。

表 2-20　联邦德国研究经费按研究性质的分布

（单位：百万联邦德国马克）

年　度	合　计	基础研究	应用研究、开发研究
1973	13 629.0	4 028.0	9 601.0
1975	18 524.0	4 429.0	14 095.0
1977	21 447.2	4 780.1	16 667.1
1979	26 565.9	4 964.7	21 601.2
1981	33 323.6	6 271.3	27 052.3
1983	37 420.4	7 664.0	29 756.4

注：仅是自然科学，但 1983 年包括人文、社会科学。

资料来源：OECD 统计。

表 2-21　联邦德国研究人员按组织系统的分布

（单位：人）

年　度	合　计	产　业	政　府	民间研究机构	大　学
1973	92 046	59 038	14 063	372	18 573
1975	94 017	61 591	13 617	370	18 439
1977	100 372	66 223	14 541	239	19 369
1979	105 196	73 521	13 905	510	17 260
1981	111 626	77 017	14 839	985	18 785
1983	117 925	81 867	15 663	985	19 410
1985	130 825	93 546	16 260	985	20 034

注：仅含自然科学。

资料来源：OECD 统计。

表 2-22　联邦德国产业部门各行业的研究经费与研究人员情况

行业种类	研究经费（百万联邦德国马克）	自己负担的研究费（百万联邦德国马克）	研究经费与销售金额的比率(%)	研究人员数（人）
合　计	38 917	35 415	3.2	92 120
能源产业与矿产业	1 874	815	1.3	836
能源产业	1 330	399	1.4	390
矿业	544	415	1.2	445
制造业	36 045	33 772	3.8	88 172
化学工业与石油精制	8 220	7 756	3.3	12 445
化学工业	7 820	7 413	4.8	11 978
合成树脂、橡胶	579	553	2.5	1 264
石、土、玻璃	400	392	2.2	802
钢铁与非铁金属	936	914	1.0	1 726
钢铁	362	356	0.7	639
机械工业等	13 991	13 092	4.2	31 429
机械	4 135	3 993	3.3	12 997
车辆	5 891	5 383	3.7	8 881
飞机等	2 605	2 439	27.0	4 489
电子、精密光学机械等	11 128	10 296	7.0	39 097
电子	9 971	9 213	7.8	36 438
精密光学机械	551	532	5.3	1 627
木材、造纸、印刷	297	291	1.4	456
皮革、纤维	133	128	1.1	218
食品、嗜好品	362	350	0.7	730
其他产业	998	828	0.8	3 111

资料来源：BMFT"Bundesbericht Forschung，1988"。

(四)法国统计资料

表 2-23　法国各组织系统的研究经费情况

(单位:百万法郎)

<table>
<tr><th>年　　度</th><th>合　　计</th><th>产　　业</th><th>政　　府</th><th>民间研究机构</th><th>大学等</th><th>支出研究费</th></tr>
<tr><td>1977</td><td>33 185.0</td><td>19 999.0</td><td>7 569.0</td><td>462.0</td><td>5 155.0</td><td>33 062</td></tr>
<tr><td>其中政府资金</td><td>12 495.0</td><td>5 058.0</td><td>6 902.0</td><td>204.0</td><td>331.0</td><td>19 114</td></tr>
<tr><td></td><td>(17 497.0)</td><td>(5 060.0)</td><td>(7 128.0)</td><td>(386.0)</td><td>(5 023.0)</td><td></td></tr>
<tr><td>1979</td><td>44 123.0</td><td>26 260.0</td><td>10 428.0</td><td>607.0</td><td>6 828.0</td><td>43 990</td></tr>
<tr><td>其中政府资金</td><td>16 148.0</td><td>5 674.0</td><td>9 647.0</td><td>301.0</td><td>526.0</td><td>24 641</td></tr>
<tr><td></td><td>(22 530.0)</td><td>(5 679.0)</td><td>(9 881.0)</td><td>(408.0)</td><td>(6 562.0)</td><td></td></tr>
<tr><td>1981</td><td>62 471</td><td>36 805</td><td>14 740</td><td>670</td><td>10 256</td><td>62 600</td></tr>
<tr><td>其中政府资金</td><td>27 969</td><td>9 062</td><td>13 920</td><td>363</td><td>4 624</td><td>36 100</td></tr>
<tr><td></td><td>(33 482)</td><td>(9 064)</td><td>(13 928)</td><td>(385)</td><td>(10 105)</td><td></td></tr>
<tr><td>1982</td><td>74 836</td><td>43 351</td><td>18 850</td><td>706</td><td>11 929</td><td>75 371</td></tr>
<tr><td>其中政府资金</td><td>34 508</td><td>10 480</td><td>18 027</td><td>287</td><td>5 714</td><td>43 170</td></tr>
<tr><td></td><td>(40 589)</td><td>(10 483)</td><td>(18 048)</td><td>(310)</td><td>(11 748)</td><td></td></tr>
<tr><td>1983</td><td>84 671</td><td>48 098</td><td>22 373</td><td>785</td><td>13 415</td><td>85 604</td></tr>
<tr><td>其中政府资金</td><td>38 702</td><td>10 787</td><td>21 382</td><td>319</td><td>6 214</td><td>48 966</td></tr>
<tr><td></td><td>(45 700)</td><td>(10 789)</td><td>(21 416)</td><td>(345)</td><td>(13 220)</td><td></td></tr>
<tr><td>1984</td><td>96 198</td><td>54 981</td><td colspan="2">26 450</td><td>14 767</td><td>94 494</td></tr>
<tr><td>其中政府资金</td><td>—</td><td>—</td><td colspan="2">—</td><td>—</td><td>55 467</td></tr>
<tr><td>1985</td><td>105 917</td><td>62 197</td><td>26 795</td><td>1 024</td><td>15 931</td><td>106 278</td></tr>
<tr><td>其中政府资金</td><td>—</td><td>—</td><td>—</td><td>—</td><td>—</td><td>60 656</td></tr>
<tr><td>1986</td><td>113 260</td><td>66 499</td><td colspan="2">29 726</td><td>17 035</td><td>113 015</td></tr>
<tr><td>其中政府资金</td><td>—</td><td>—</td><td colspan="2">—</td><td>—</td><td>64 472</td></tr>
<tr><td>1987</td><td>121 364</td><td>71 476</td><td colspan="2">31 695</td><td>18 193</td><td>121 521</td></tr>
<tr><td>其中政府资金</td><td>—</td><td>—</td><td colspan="2">—</td><td>—</td><td>68 067</td></tr>
<tr><td>1988</td><td>(130 500)</td><td>78 000</td><td colspan="3">52 500</td><td>130 800</td></tr>
<tr><td>其中政府资金</td><td>66 400</td><td>16 600</td><td colspan="3">49 800</td><td>71 600</td></tr>
</table>

注:1)研究经费系自然科学与人文、社会科学的总和。

2)括号内数字是将大学本身的资金作为政府资金加入的值。

3)支出研究费是法国为了研究开发不分国内外所支出的资金总和,即从法国国内的研究经费合计中减去由外国负担的研究经费,再加上为了研究开发法国向国外支出的资金。

4)支出研究经费中的政府资金是政府支出的研究经费额加上民间研究机构与大学等支出的研究经费额。

5)1988 年系暂定值。

资料来源:OECD 统计,《预算法案附属书》。

表 2-24　法国研究经费的来源情况

（单位：百万法郎）

<table>
<tr><th>年　度</th><th>合　计</th><th>产　业</th><th>政　府</th><th>民间研究机构</th><th>大学等</th><th>外　国</th></tr>
<tr><td>1971</td><td>16 620.9</td><td>6 107.5</td><td>7 410.4</td><td>92.5</td><td>2 427.6</td><td>582.9</td></tr>
<tr><td>1973</td><td>19 788.8</td><td>7 583.7</td><td>8 478.3</td><td>111.1</td><td>2 942.9</td><td>672.8</td></tr>
<tr><td>1975</td><td>26 203.1</td><td>10 234.0</td><td>10 456.5</td><td>147.5</td><td>4 009.4</td><td>1 355.7</td></tr>
<tr><td>1977</td><td>33 185.0</td><td>13 633.0</td><td>12 495.0</td><td>191.0</td><td>5 002.0</td><td>1 864.0</td></tr>
<tr><td>1979</td><td>44 123.0</td><td>19 033.0</td><td>16 148.0</td><td>267.0</td><td>6 382.0</td><td>2 293.0</td></tr>
<tr><td>1981</td><td>62 471</td><td>25 562</td><td>27 969</td><td>233</td><td>5 513</td><td>3 194</td></tr>
<tr><td>1982</td><td>74 836</td><td>31 157</td><td>34 508</td><td>319</td><td>6 081</td><td>2 771</td></tr>
<tr><td>1983</td><td>84 671</td><td>35 525</td><td>38 702</td><td>363</td><td>7 068</td><td>3 013</td></tr>
<tr><td>1984</td><td>96 198</td><td>(39 200)</td><td colspan="3">(51 700)</td><td>(4 100)</td></tr>
<tr><td>1985</td><td>105 917</td><td>(44 500)</td><td colspan="3">(56 900)</td><td>(5 000)</td></tr>
<tr><td>1986</td><td>113 260</td><td>(47 300)</td><td colspan="3">(61 700)</td><td>(5 900)</td></tr>
<tr><td>1987</td><td>121 364</td><td>(49 300)</td><td colspan="3">(63 600)</td><td>(7 300)</td></tr>
<tr><td>1988</td><td>(130 500)</td><td>(56 200)</td><td colspan="3">(66 400)</td><td>(7 900)</td></tr>
</table>

注：1）自然科学与人文、社会科学的总和。

2）"政府"指中央政府。

3）由于法国的高等教育机关系国立的，故研究经费的负担比例是大学部门的负担与政府部门的一起计算。

4）1984—1988年系暂定值。

资料来源：OECD统计，《预算法附属书》。

表 2-25　法国研究经费按研究性质划分的情况

（单位：百万法郎）

年　度	合　计	基础研究	应用研究	开发研究
1971	16 006.4	2 956.4	5 594.5	7 455.5
1973	19 388.7	4 033.0	6 297.4	9 058.3
1975	25 657.1	5 211.3	9 288.6	11 157.2
1977	33 185.0	7 001.0	11 424.0	14 760.0
1979	44 123.0	9 200.0	14 579.0	20 344.0

注：自然科学与人文、社会科学的总计。

资料来源：OECD统计。

表 2-26　法国各组织系统的研究人员数

（单位：人）

区分 年度	合　计	产　业	政　府	民间研究机构	大　学
1977	67 981	30 952	12 915	1 647	22 467
1979	72 889	32 489	14 725	1 937	23 738
1981	85 500	35 095	15 700	2 005	32 700
1982	90 076	37 366	18 358	1 329	33 023
1983	92 682	38 269	19 127	1 428	33 858
1984	98 205	41 515	20 135	1 460	35 095
1985	102 253	43 863	21 215	1 509	35 666
1986	104 953	45 403	21 795	1 491	36 264
1987	109 359	49 157	(31 949)	1 495	(26 758)

注：自然科学与人文、社会科学的总和。

资料来源：OECD统计；括号内数字引自《预算法案附属书》。

表 2-27　法国与科学技术有关的预算情况

（单位：百万法郎）

项目＼年度	1988	1989	1990
民用研究开发	39 357	42 028	43 340
军事研究开发	29 148	31 000	33 000
其他	7 070	7 802	7 798
合计	75 575	80 830	84 138

注："其他"系"CNES"，"INRIA"与"Filiere Electronique"的统计。

资料来源：《预算法案附属书》。

（五）英国统计资料

表 2-28　英国各组织系统的研究经费情况

（单位：百万英镑）

年度＼区分		合计	产业	政府	民间研究机构	大学等
1972	使用研究费	1 354.6	830.5	341.5	33.7	148.8
	其中政府资金	670.8	275.2	258.0	27.3	110.3
1975	使用研究费	2 221.5	1 340.2	576.4	73.4	231.5
	其中政府资金	1 176.2	414.1	517.5	58.8	185.8
1978	使用研究费	3 622.3	2 324.3	769.2	116.6	412.2
	其中政府资金	1 742.6	679.7	657.7	81.1	342.1
1981	使用研究费	5 921.1	3 792.5	1 339.4	159.6	629.6
	其中政府资金	2 825.9	1 137.2	1 098.6	86.6	503.5
1983	使用研究费	6 583.0	4 163.3	1 493.8	176.4	749.5
	其中政府资金	3 217.9	1 257.5	1 228.8	97.5	634.0
1985	使用研究费	7 919.1	5 145.7	1 611.0	256.2	906.2
	其中政府资金	3 340.3	1 193.5	1 289.3	104.4	753.1
1986	使用研究费	8 777.8	6 075.5	1 366.2	315.0	1 021.1
	其中政府资金	3 382.3	1 516.9	914.8	150.0	800.6
1987	使用研究费	9 452.3	6 337.0	1 425.8	350.0	1 339.5
	其中政府资金	3 655.2	1 228.9	1 197.8	156.0	1 072.5

注：自然科学与人文、社会科学的总和，但 1981 年度以后只是自然科学。

资料来源：OECD 统计，但 1985 年度以下引自英国政府"Annual Review of Government Funded R&D"。

表 2-29　英国研究经费的来源情况

(单位:百万英镑)

年度＼区分	合计	产业	政府	民间研究机构	大学	外国
1972	1 354.6	576.4	670.8	18.5	17.0	71.8
1975	2 221.5	877.9	1 176.2	37.1	21.7	108.6
1978	3 622.3	1 554.3	1 742.6	61.4	39.8	224.1
1981	5 921.1	2 529.3	2 825.9	96.6	58.0	411.4
1983	6 583.0	2 869.4	3 217.9	122.8	25.0	347.9
1985	7 919.1	3 752.4	3 340.3	144.3	35.0	647.1
1986	8 777.8	4 347.8	3 382.3	164.9	40.0	842.8
1987	9 452.3	4 696.8	3 655.2	180.7	55.0	784.2

注:自然科学与人文、社会科学的总合,但 1981 年度以下只是自然科学。

资料来源:OECD 统计。

表 2-30　英国按研究性质划分的研究经费情况

(单位:百万英镑)

年度＼区分	合计	基础研究	应用研究	开发
1972	1 048.4	83.7	238.8	725.9
1975	1 938.2	312.0	492.7	1 133.5
1978	2 775.6	196.2	629.0	1 950.4
1981	4 698.3	296.0	1 101.6	3 300.7

注:1)只是自然科学。

2)1972 年度、1978 年度与 1981 年度者不包括大学的研究经费。

资料来源:OECD 统计。

表 2-31　英国各组织系统的研究人员数

(单位:千人)

年度＼区分	合计	产业	政府
1972	77.4	61.1	16.3
1975	81.3	61.7	19.6
1978	87.2	68.1	19.2
1981	95.4	76.8	18.6
1983	94.0	77.0	17.0
1985	90.0	73.0	17.0
1986	102.0	87.0	15.0
1987	101.0	87.0	14.0

注:1)包括人文、社会科学,但 1981 年以后只包括自然科学。

2)只包括产业及政府部门,不含大学及民间研究机构。

资料来源:OECD 统计,但 1985 年的产业部门引自"British Business 27 Feb. 1987",政府部门引自"Annual Review of Government Funded R & D 1987,1989"。

表 2-32　英国各部与科学技术有关的预算情况

（单位：百万英镑）

部门 \ 年度	1985	1986	1987	1988	1989
国防部	2 340.9	2 264.2	2 237.5	2 361.8	2 432.8
教育科学部	1 267.7	1 346.7	1 448.2	1 508.6	1 627.9
大学补助	669.0	720.0	760.0	770.0	780.0
科学工程学研究会议	277.4	295.9	334.5	341.2	373.6
医学研究会	121.3	127.6	139.1	149.3	176.1
自然环境研究会	66.1	68.0	70.8	86.2	118.8
农业粮食研究会	44.7	46.3	49.4	58.5	67.6
经济社会研究会	18.4	20.0	21.6	21.2	26.3
贸易产业部	374.4	362.9	324.4	315.8	384.0
能源部	221.9	192.4	176.4	195.8	174.6
原子能公司	189.6	—	—	—	—
农业水产粮食部	118.4	118.3	113.8	119.3	122.6
环境部	45.7	59.0	62.1	63.8	71.2
保健、社会保障部	27.2	49.4	47.3	62.1	63.8
交通部	25.0	24.6	26.4	27.0	27.8
其他	154.5	167.8	179.6	206.7	234.2
合计	4 575.7	4 585.3	4 615.7	4 860.9	5 138.9

资料来源：英国政府"Annual Review of Government Funded R& D1988,1989"。

（六）原苏联统计资料

表 2-33　原苏联研究经费及与科技有关的预算情况

（单位：亿卢布）

年度	研究经费(*a*)	国家预算支出(*b*)	国家预算以外的财源 (*a*—*b*)
1965	69	41.3	27.7
1970	117	64.3	52.7
1971	130	69.2	60.8
1972	144	73.0	71.0
1973	157	75.0	82.0
1974	165	79.0	86.0
1975	174	78.9	95.1
1976	177	79.0	98.0
1977	183	81.9	101.1
1978	193	87.8	105.2
1979	202	92.8	109.2

（续表）

年　　度	研究经费(a)	国家预算支出(b)	国家预算以外的财源($a—b$)
1980	223	99.5	123.5
1981	234	107.1	126.9
1982	249	115.5	133.5
1983	264	125.4	138.6
1984	276	130.2	145.8
1985	286	134.5	151.5
1986	295	142.4	152.6
1987	328	153.4	174.6

注:1)研究经费是自然科学与人文、社会科学的总和。

2)国家预算以外的财源系国营、协作组织、劳动组织、其他公共企业与团体等提供的资金。

资料来源:原苏联部长会议所属中央统计局《苏联国民经济统计年鉴》。

表 2-34　原苏联研究人员构成情况

（单位:千人）

区分 \ 年度		1981	1982	1983	1984	1985	1986	1987
总　　数		1 411.2	1 431.7	1 440.0	1 463.8	1 491.3	1 500.5	1 517.9
学位	博士	38.7	39.7	41.0	42.7	44.3	45.7	47.4
	博士候补	409.7	423.0	435.4	449.9	463.5	472.8	484.2
	无学位	962.8	969.0	963.6	971.2	983.5	982.0	986.3
专业职务	教授与学会会员	28.1	28.7	29.4	30.3	31.0	31.8	32.8
	助教	115.7	121.3	125.4	128.6	131.8	134.1	136.8
	主任研究员	68.6	70.9	73.5	75.4	77.5	78.6	80.3
	研究员及其助手	40.2	40.6	42.0	40.8	39.7	38.4	34.9
	其他	1 158.6	1 170.2	1 169.7	1 188.7	1 211.3	1 217.6	1 233.1

注:研究人员是自然科学与人文、社会科学的总和。

资料来源:原苏联部长会议所属中央统计局《苏联国民经济统计年鉴》。

(七)日本统计资料

表 2-35 日本国民生产总值、国民收入、民间企业设备情况

项目 年度	国民生产总值(总支出)					国民收入		民间企业设备	
	名目		实质		国民生产总值紧缩率(%)				
	总额(10亿日元)	与上一年度的比率(%)	总额(10亿日元)	与上一年度的比率(%)		总额(10亿日元)	与上一年度的比率(%)	总额(10亿日元)	与上一年度的比率(%)
1969	33 602.3	—	92 027.7	—	36.5	26 380.4	—	5 088.3	—
1970	75 152.0	15.8	153 915.4	7.6	48.8	61 029.7	18.7	15 668.5	15.5
1971	82 806.3	10.2	161 688.1	5.0	51.2	65 910.5	8.0	15 296.7	△2.4
1972	96 539.1	16.6	176 627.9	9.2	54.7	77 936.9	18.2	16 893.7	10.4
1973	116 679.2	20.9	184 569.3	4.5	63.2	95 839.6	23.0	22 429.9	32.8
1974	138 155.8	18.4	183 797.8	△0.4	75.2	112 471.6	17.4	24 551.8	9.5
1975	152 209.4	10.2	190 874.7	3.9	79.7	123 990.7	10.2	24 373.9	△0.7
1976	171 152.5	12.4	199 630.1	4.6	85.7	140 397.2	13.2	25 607.7	5.1
1978	190 034.8	11.0	210 234.4	5.3	90.4	155 703.2	10.9	26 453.4	3.3
1979	208 780.9	9.9	221 243.0	5.2	94.4	171 778.5	10.3	29 335.4	10.9
1980	225 452.6	8.0	232 878.3	5.3	96.8	182 206.9	6.1	34 018.8	16.0
1981	245 162.7	8.7	242 130.9	4.0	101.3	199 335.2	9.4	38 546.0	13.3
1982	259 668.8	5.9	250 158.8	3.3	103.8	208 156.6	4.4	40 105.0	4.0
1983	272 382.9	4.9	258 240.9	3.2	105.5	216 859.1	4.2	40 830.3	1.8
1984	284 058.3	4.3	267 699.7	3.7	106.1	228 118.8	5.2	42 312.9	3.6
1985	303 016.0	6.7	281 398.9	5.1	107.7	239 810.7	5.1	47 098.6	11.3
1986	321 290.3	6.0	293 981.8	4.5	109.3	254 394.9	6.1	52 814.9	12.1
1987	334 601.3	4.1	301 846.4	2.7	110.9	264 309.4	3.9	53 628.8	1.5
1988	351 366.1	5.0	318 109.2	5.4	110.5	273 248.3	3.4	57 648.4	7.5
1989	372 500.0	6.0	334 968.8	5.3	111.2	291 942.1	6.8	67 355.8	16.8

注:国民生产总值紧缩率以 1980 年为基准。

资料来源:经济规划厅《国民经济计算年报》。

表 2-36 日本研究经费总额情况

年度	研究经费总额(a)(百万日元)	政府负担研究经费(b)(百万日元)	国民生产总值(c)(亿日元)	国民收入(d)(亿日元)	$\frac{(a)}{(c)}$(%)	$\frac{(a)}{(d)}$(%)	$\frac{(b)}{(a)}$(%)	(参考)$\frac{x}{(c)}$
1966	488 659	156 546	395 089	310 917	1.24	1.57	32.0	1.46
1967	606 296	183 370	462 394	369 114	1.31	1.64	30.2	1.52
1968	767 834	216 390	547 605	428 291	1.40	1.79	28.2	1.60
1969	933 228	245 191	649 201	514 224	1.44	1.81	26.3	1.64
1970	1 195 328	301 413	751 520	610 297	1.59	1.96	25.2	1.80
1971	1 345 919	369 025	828 063	659 105	1.63	2.04	27.4	1.85
1972	1 586 708	432 068	965 391	779 369	1.64	2.04	27.2	1.86
1973	1 980 896	522 684	1 166 792	958 396	1.70	2.07	26.4	1.90
1974	2 421 367	641 077	1 381 558	1 124 716	1.75	2.15	26.5	1.97
1975	2 621 827	720 755	1 522 094	1 239 907	1.72	2.11	27.5	1.95

（续表）

年　度	研究经费总额(a)（百万日元）	政府负担研究经费(b)（百万日元）	国民生产总值(c)（亿日元）	国民收入(d)（亿日元）	$\frac{(a)}{(c)}$（%）	$\frac{(a)}{(d)}$（%）	$\frac{(b)}{(a)}$（%）	（参考）$\frac{x}{(c)}$
1976	2 941 373	800 386	1 711 525	1 403 972	1.72	2.10	27.2	1.94
1977	3 233 543	886 115	1 900 348	1 557 032	1.70	2.08	27.4	1.92
1978	3 569 953	999 502	2 087 809	1 717 785	1.71	2.08	28.0	1.94
1979	4 063 627	1 113 822	2 254 526	1 822 069	1.80	2.23	27.4	2.03
1980	4 683 768	1 209 557	2 451 627	1 993 352	1.91	2.35	25.8	2.14
1981	5 363 986	1 340 320	2 596 688	2 081 566	2.07	2.58	25.0	2.30
1982	5 881 539	1 388 812	2 723 829	2 168 591	2.16	2.71	23.6	2.40
1983	6 503 737	1 440 717	2 840 583	2 281 188	2.29	2.85	22.2	2.53
1984	7 176 511	1 494 546	3 030 160	2 398 107	2.37	2.99	20.8	2.61
1985	8 116 399	1 573 953	3 212 903	2 543 949	2.53	3.19	19.4	2.77
1986	8 414 993	1 651 680	3 346 013	2 643 094	2.51	3.18	19.6	2.75
1987	9 016 186	1 798 270	3 513 661	2 732 483	2.57	3.30	19.9	2.80
1988	9 775 165	1 801 373	3 725 000	2 919 421	2.62	3.35	18.4	2.85

注：1）研究经费指以自然科学系统研究为主要研究内容的机构内部使用的研究费，人文、社会科学系统的机构除外。

2）政府负担的研究经费指国家与地方公共团体负担的部分。

3）x是包括人文、社会科学的研究经费总额（过去3年研究经费总额是，1986年，9兆1 929亿日元；1987年，9兆8 366亿日元；1988年，10兆6 276亿日元）。

资料来源：总务厅统计局《科学技术研究调查报告》，经济规划厅《国民经济计算年报》。